KVS PGT

भौतिक विज्ञान

नवीनतम संस्करण
अभ्यास किट

08 टेस्ट्स

08 मॉक टेस्ट्स

वास्तविक परीक्षा प्रारूप पर आधारित टेस्ट

✓ पूर्णतः संशोधित और अद्यतन

✓ सभी बहुविकल्पीय प्रश्नो का विस्तृत विश्लेषण

शीर्षक	: **KVS PGT** भौतिक विज्ञान
लेखक का नाम	: **Mr. Rohit Manglik**
प्रकाशक	: **EduGorilla Community Pvt. Ltd.**
प्रकाशक का पता	: 12/651 प्रथम तल, अरविन्दो पार्क के सामने, निकट जामा मस्जिद, इंदिरा नगर लखनऊ, उत्तर प्रदेश, 226016, भारत।

कॉपीराइट EduGorilla

अस्वीकरण EduGorilla

रोहित मांगलिक
सीईओ, *EduGorilla*

प्रिय छात्रों,

एक बहुत ही प्रचलित कहावत है कि "सफलता उन्हीं को मिलती है जो उसके लिए कड़ी मेहनत करते हैं।" लेकिन मैंने लोगों को उनकी परीक्षाओं के लिए दिन-रात एक करके मेहनत करते हुए देखा है, पर फिर भी वे सफल नहीं हो पाते। तो वहीं दूसरी ओर, कुछ लोग बस आधी मेहनत करके परीक्षा में सफलता प्राप्त करते हैं। तो, क्या वे किस्मत वाले हैं? नहीं मेरा मानना है, कि ऐसा इसलिए है क्योंकि वे सिर्फ कड़ी नहीं बल्कि कुशल तरीके से अपनी तैयारी करते हैं। इसी तरह आपको भी अपनी परीक्षाओं की तैयारी के लिए अपनी योजना बनानी चाहिए, ताकि आपकी भी सफलता की संभावना बढ़ सके। तो तैयार हो जाइये *EduGorilla* के साथ अपनी परीक्षा में चयन होने की संभावना को 16 गुना बढ़ाने के लिए।

EduGorilla आपको न केवल कड़ी मेहनत करने में मदद करता है, बल्कि एक स्मार्ट और योजनाबद्ध तरीके से तैयारी करने में भी सहायता प्रदान करता है। *EduGorilla* की तैयारी पैकेज के साथ आप अपने परीक्षा में चयन होने के रास्ते को सहज और मनोरंजक बना सकते हैं। अपनी तैयारी के लिए सही रास्ता खोजना मुश्किल हो सकता है, यदि आप ये नहीं जानते कि आपको किस दिशा में जाना है। चिंता न करें हम आपके साथ खड़े हैं! *EduGorilla* आपकी सफलता में आपका मार्गदर्शक बनेगा। हमारे तैयारी पैकेज के साथ आप रणनीतिक रूप से तैयारी कर, अपनी परीक्षा में सिर्फ एक ही प्रयास में सफल हो सकते हैं।

EduGorilla के तैयारी पैकेज में शामिल हैं-

• टेस्ट सीरीज़　　　　　　• किताबें

हमारे तैयारी पैकेज को सभी तरह के नये बदलवों, विशेषज्ञों की राय एवं छात्रों के प्रतिक्रिया के अनुसार तैयार किया गया है। जो आपको परीक्षा के प्रत्येक चरण की चयन प्रक्रिया को पार करने के योग्य बनाता है।

हमारी किताबें शिक्षकों और विशेषज्ञों द्वारा आपकी परीक्षा के लिए तैयार की गई हैं, 150+ वर्षों के अनुभव के साथ; ताकि आपको आसान, कुशल और प्रभावी शिक्षण प्रदान किया जा सके। हमारी स्मार्ट किताबें न सिर्फ आपको प्रश्नों के उत्तर देने की समझ देती हैं, अपितु आपके अभ्यास के लिए समान रूप के प्रश्न भी प्रदान करती हैं।

EduGorilla की सक्षम टेस्ट सीरीज आपको वास्तविक अनुभव और आत्मविश्वास प्रदान करती हैं, जिसके माध्यम से आप केवल एक प्रयास में अपनी ऑफलाइन अथवा ऑनलाइन परीक्षा पास कर सकते हैं। वर्तमान में हम 84,000+ मॉक टेस्ट्स और 1,440+ प्रतियोगी एवं शैक्षणिक परीक्षाओं की तैयारी कराते हैं।

अर्थात, *EduGorilla* आपकी तैयारी में आपकी सहायता करने का कोई भी मौका नहीं छोड़ता है और परीक्षा के सभी चरणों को कवर करता है, ताकि परीक्षा की तैयारी के लिए आपको कहीं और भटकना ना पड़े।

हम आपको डिफेन्स, बैंकिंग, टीचिंग और अन्य राष्ट्रीय एवं राज्य स्तरीय परीक्षाओं के लिए सम्पूर्ण तैयारी पैकेज प्रदान करते हैं। अतः इससे कोई फर्क नहीं पड़ता कि आप किस परीक्षा के लिए तैयारी कर रहे हैं, क्योंकि आप सफलता हासिल करेंगे।

आपको परीक्षा की शुभकामनाएं!

रोहित मांगलिक,
संस्थापक और मुख्य कार्यकारी अधिकारी, *EduGorilla*

EduGorilla छात्रों को उनकी परीक्षा में सफल होने के लिए मार्गदर्शन प्रदान करता है। जिसको ध्यान में रखते हुए हमारे कुल 150+ वर्षों का अनुभव रखने वाले प्रतिष्ठित विशेषज्ञों ने कड़े प्रयासों के द्वारा "KVS PGT : भौतिक विज्ञान" को तैयार किया है। इस किताब के प्रश्नों को हाल ही में परीक्षा के पाठ्यक्रम और पैटर्न में हुए सभी बदलावों को ध्यान में रखकर बनाया गया है। वो प्रश्न जिनकी KVS PGT परीक्षा में आने कि संभवना काफी प्रबल है, उनको इस किताब मे रखा गया है। आप EduGorilla की "KVS PGT : भौतिक विज्ञान" के माध्यम से अपनी सफलता की संभावना को 16 गुना बढ़ा सकते हैं।

EduGorilla ये अपनी संपूर्ण तैयारी पैकेज के माध्यम से साकार करता है। इस किट में आपको प्रश्न अच्छी तरह अवधारित एवं संरचित रूप मे मिलेंगे जिन्हे आपकी जरूरतों के अनुसार बनाया गया है। इसके माध्यम से आपको स्मार्ट तरीके से परीक्षा के लिए अभ्यास करने में मदद मिलेगी। साथ ही आपको सहायक, समाधान और स्मार्ट उत्तर पत्रिका भी प्रदान की जायेंगी। जिससे आप अपना मूल्यांकन स्वयं कर सकते हैं। आप स्वयं की समीक्षा कर, उन सभी बिन्दुओं पर खुद को बेहतर तरीके से तैयार कर सकते हैं।

EduGorilla आपको अपनी परीक्षा में सफ़लता दिलाने और आपके लक्ष्य को हासिल करने में आपकी सहायता करने का वादा करता हैं। हम अपने प्रतिभागियों पर पूरा भरोसा करते हैं और उन्हें मेरिट सूची के शीर्ष पर देखते हैं। शीर्ष स्थान की ओर आपका पहला कदम है हमारे साथ तैयारी शुरू करना। EduGorilla की "KVS PGT : भौतिक विज्ञान" की विशेषताएं कुछ इस प्रकार हैं।

➤ अच्छी तरह से शोध किया हुआ पाठ्यक्रम

➤ उच्च गुणवत्ता

➤ विस्तृत उत्तर और विश्लेषण

➤ स्मार्ट उत्तर पत्रिका

➤ परीक्षा सुसंगत प्रश्न

इस प्रकार EduGorilla आपकी तैयारी को मजबूत और आपको परीक्षा में सफल होने के योग्य बनाता है।

KVS PGT
परीक्षा की योग्यता, परीक्षा पैटर्न, विषय को जानने के लिए **QR** कोड को स्कैन करें।

Book ID: 1229

विषय-सूची

Q.1 श्यानता गुणांक की विमा हैं:

A. $[MT^2]$ B. $[ML^{-3} T^{-4}]$

C. $[ML^{-1} T^{-2}]$ D. $[ML^{-1} T^{-1}]$

Q.2 द्रव्यमान और चाल के मापन में प्रतिशत त्रुटि क्रमशः 2% और 3% है। गतिज ऊर्जा में प्रतिशत त्रुटि इस प्रकार दी गई है:

A. 12%   B. 10%   C. 8%   D. 2%

Q.3 किसी भी समय t पर एक कण की स्थिति संबंध $x(t) = \frac{v}{A}(1 - e^{-At})$ द्वारा दी जाती है जहां v वेग है। तब A की विमा क्या होगी?

A. $[T^{-1}]$ B. $[T^2]$ C. $[L^1]$ D. $[L^{-2}]$

Q.4 इनमें से कौन सा संबंध गलत है?

A. 1 कैलोरी = 4.18 जूल

B. 1 Å = 10^{-10} मीटर

C. $1 MeV = 1.6 \times 10^{-13}$ जूल

D. 1 न्यूटन = 10^{-5} डाइन

Q.5 एक व्यक्ति एक सीधी सड़क के साथ पहले आधे समय में वेग v_1 के साथ और दूसरे आधे समय में वेग v_2 के साथ यात्रा करता है। औसत वेग $'V'$ दिया गया है

A. $V = \frac{v_1 + v_2}{2}$ B. $\frac{1}{V} = \frac{1}{v_1} + \frac{1}{v_2}$

C. $V = \sqrt{v_1 v_2}$ D. $V = \sqrt{\frac{v_2}{v_1}}$

Q.6 एक इलेक्ट्रिक ट्रेन की मोटर 1 मी /से ^{2} का त्वरण दे सकती है और इसके ब्रेक इसे 3 मी /से ^{2} का नकारात्मक त्वरण दे सकते हैं। सबसे कम समय जिसमें ट्रेन दो स्टेशनों के बीच 1350 मी के बीच की यात्रा कर सकती है

A. 14.5 से   B. 28.4 से   C. 60 से   D. 113.6 से

Q.7 5 मी/से $^{-1}$ के प्रारंभिक वेग और एक निरंतर त्वरण के साथ एक सीधी रेखा में चलने वाली वस्तु 3 सेकेण्ड में 30 मी की दूरी को तय करता है। यह अगले 2 सेकंड में लगभग कितनी दूरी तय करेगा?

A. 70 मी   B. 80 मी   C. 36 मी   D. 100 मी

Q.8 निम्नलिखित में से कौन पृथ्वी से प्रक्षेपित प्रक्षेप्य के लिए स्थिर रहता है?

A. वेग का क्षैतिज घटक   B. वेग का लंबवत घटक

C. प्रक्षेपण का वेग   D. प्रक्षेपित त्वरण

Q.9 एक पिंड X को एक टावर के शीर्ष से लंबवत रूप से गिराया जाता है। यदि एक ही बिंदु से एक ही क्षण में एक और समान पिंड Y को क्षैतिज रूप से फेंका जाता है, तो __________।

A. X पहले जमीन पर पहुंचेगा

B. Y, X से पहले जमीन पर पहुंचेगा

C. X और Y दोनों एक साथ जमीन पर पहुंचेंगे

D. बाहरी कारकों पर निर्भर करता है

Q.10 दो सदिशों का परिणामी दोनों में से किसी एक के बराबर होता है। उनके बीच का कोण __________ है।

A. 60°   B. 120°   C. 90°   D. 100°

Q.11 "जब एक लटकते कालीन को छड़ी से पीटा जाता है, तो उसमें से धूल के कण निकलने लगते हैं"। यह किस घटना का सबसे अच्छा उदाहरण है?

A. न्यूटन की गति का पहला नियम

B. न्यूटन की गति का दूसरा नियम

C. न्यूटन की गति का तीसरा नियम

D. न्यूटन के गुरुत्वाकर्षण के नियम

Q.12 निम्नलिखित में से कौन सा कथन गति के तीसरे नियम के बारे में सत्य है?

A. क्रिया और प्रतिक्रिया समान, विपरीत होती हैं और दो अलग-अलग निकायों पर कार्य करती हैं।

B. क्रिया और प्रतिक्रिया परिमाण में समान और एक ही दिशा में होती हैं लेकिन दो अलग-अलग निकायों पर कार्य करती हैं।

C. क्रिया और प्रतिक्रिया समान और विपरीत हैं लेकिन समान निकाय पर कार्य करते हैं।

D. इनमें से कोई नहीं

Q.13 एक बस 1 मीटर / सेकंड² के त्वरण के साथ चलना शुरू करती है। एक आदमी, जो बस के पीछे 48 मीटर है, इसे पकड़ने के लिए 10 मीटर / सेकंड के निरंतर वेग के साथ चलता है। वह बस को कितने समय में पकड़ लेगा?

A. 8 सेकंड   B. 10 सेकंड   C. 14 सेकंड   D. 16 सेकंड

Q.14 गति के पहले नियम को इस नियम के रूप में भी जाना जाता है:

A. जड़ता   B. गति   C. बल   D. आवेग

Q.15 जब 5 kg की वस्तु पर 50 N का बल लगाया जाता है तो यह 5 m की क्षैतिज दूरी को तय करता है। इस स्थिति में किए गए कार्य की मात्रा की गणना करें।

A. 150 J   B. 0 J   C. 1250 J   D. 250 J

Q.16 कार्य ऊर्जा प्रमेय के अनुसार "एक कण पर कार्यरत ______ बल द्वारा किया गया कार्य गतिज ऊर्जा में परिवर्तन के बराबर है"।

A. केवल संरक्षी   B. केवल गैर-संरक्षी

C. कुल   D. इनमें से कोई नहीं

Q.17 एक कण पर कार्य करने वाला बल (F) ऐसा है कि F तय की गई दूरी के व्युक्रमानुपाती होता है। बल द्वारा कण को बिंदु 'a' से बिंदु 'b' तक ले जाने में किया गया कार्य इसके समानुपाती होता है:

A. $a^2 - b^2$ B. $a + b$ C. $\frac{a}{b}$ D. $\ln\left(\frac{b}{a}\right)$

Q.18 द्रव्यमान 50 किलोग्राम का एक लड़का, 10 सेकंड में 45 सीढ़ियां चढ़ता है। यदि प्रत्येक कदम की ऊंचाई 14 सेमी है। उसकी शक्ति ज्ञात करें। $g = 10$ एमएस $^{-2}$

[RRB/RRC Group D, 2018]

A. 315 एमएस   B. 315 वाट

C. 337.5 वाट   D. 310.55 जूल

Q.19 अपने प्लेन के लंबवत अक्ष के बारे में जड़त्व I_2 के क्षण का एक गोल डिस्क और उसके केंद्र के माध्यम से गुजरना जड़त्व I_1 के क्षण के एक अन्य डिस्क के ऊपर रखा जाता है जो एक ही अक्ष के बारे में कोणीय वेग ω साथ घूमता है। डिस्क के संयोजन का अंतिम कोणीय वेग है

A. $\left[\frac{I_1}{I_1 - I_2}\right]\omega$ B. ω

C. $\frac{I_1 \omega}{I_1 + I_2}$ D. $\left[\frac{I_1 + I_2}{I_1}\right]\omega$

Q.20 एक चक्के में, द्रव्यमान पर केंद्रित होता है
A. केंद्र
B. किनारे
C. ठोस क्षेत्र
D. इनमें से कोई नहीं

Q.21 एक क्रिकेट बैट को उसके द्रव्यमान के केंद्र में दिखाया गया है। फिर,

A. नीचे के टुकड़े में अधिक द्रव्यमान होगा
B. दो टुकड़ों में समान द्रव्यमान होगा
C. हैंडल के टुकड़े में अधिक द्रव्यमान होगा
D. हैंडल पीस का द्रव्यमान नीचे के टुकड़े के द्रव्यमान का दोगुना होगा

Q.22 ब्लैक होल का गुरुत्वीय त्वरण क्या है?
A. $g = \frac{GM}{R^2}$
B. $g = \infty$
C. $g = 0$
D. $g = \sqrt{\frac{GM}{R^2}}$

Q.23 यदि पृथ्वी की परिक्रमा करने वाले उपग्रह का कक्षीय वेग 7 किमी/सेकंड है, तो उसका पलायन वेग ____ होगा।
A. 11.2 किमी/सेकंड
B. 8 किमी/सेकंड
C. 9.9 किमी/सेकंड
D. 10.2 किमी/सेकंड

Q.24 निम्नलिखित में से कौन सा कानून कहता है कि "ब्रह्मांड में प्रत्येक वस्तु प्रत्येक दूसरी वस्तु को एक बल के साथ आकर्षित करती है जो उनके द्रव्यमान के गुणनफल के अनुक्रमानुपाती है और उनके बीच की दूरी के वर्ग के व्युत्क्रमानुपाती है?"
A. गुरुत्वाकर्षण का सार्वभौमिक नियम
B. केप्लर का नियम
C. न्यूटन का गति का तीसरा नियम
D. न्यूटन की गति का पहला नियम

Q.25 गुरुत्वाकर्षण के कारण त्वरण का मान ______ होता है।
A. भूमध्य रेखा और ध्रुवों पर समान
B. ध्रुव से भूमध्य रेखा तक बढ़ा हुआ
C. भूमध्य रेखा पर न्यूनतम
D. ध्रुवों पर न्यूनतम

Q.26 यदि किसी उपग्रह को दिया गया क्षितिज वेग क्रांतिक वेग से अधिक लेकिन पलायन वेग से कम हो, तो उपग्रह ______ होगा।
A. एक गोलाकार कक्षा में घूमना
B. परवलयिक पथ के साथ पृथ्वी से टकराएगा
C. अंडाकार कक्षा में घूमना शुरू देगा
D. यह बाहरी अंतरिक्ष में गायब हो जाएगा

Q.27 एक प्रयोग में, 0.1 mm² खंड के क्षेत्रों के साथ 1 मीटर लंबाई के पीतल और स्टील के तारों का उपयोग किया जाता है। तारों को श्रृंखला में जोड़ा जाता है और संयुक्त तार का एक सिरा एक कठोर समर्थन से जुड़ा होता है और दूसरा सिरा बढ़ाव के अधीन होता है।. 0.2 mm का एक नया बढ़ाव उत्पन्न करने के लिए आवश्यक तनाव है।
[दिया गया है, स्टील और पीतल के लिए यंग मापांक क्रमशः हैं $120 \times 10^9 N/m^2$ and $60 \times 10^9 N/m^2$]
A. $8 \times 10^6 N/m^2$
B. $4.0 \times 10^6 N/m^2$
C. $1.2 \times 10^6 N/m^2$
D. $0.2 \times 10^6 N/m^2$

Q.28 पीतल की लोचदार सीमा $379 MPa$ है। एक पीतल की छड़ का न्यूनतम व्यास क्या होना चाहिए यदि उसे अपनी प्रत्यास्थ सीमा को पार किए बिना $400N$ भार का समर्थन करना है?
A. $1.00 mm$
B. $1.16 mm$
C. $0.90 mm$
D. $1.36 mm$

Q.29 यदि प्वासो अनुपात 0.2 के पदार्थ के प्रत्यास्थ तार पर एक बल लगाया जाता है, तो अनुप्रस्थ काट के क्षेत्रफल में 1% की कमी होती है। इसकी लंबाई में प्रतिशत वृद्धि है:
A. 1%
B. 5%
C. 2.5%
D. 1.5%

Q.30 यदि साबुन का बुलबुला फैलता है, तो बुलबुले के अंदर का दाब:
[NEET UG, 2022]
A. समान रहता है
B. वायुमंडलीय दाब के बराबर है
C. घटता है
D. बढ़ता है

Q.31 एक वस्तु बीकर में निहित तरल में तैरती है। यदि पूरी प्रणाली गुरुत्वाकर्षण के अंतर्गत आती है, तो उस तरल पदार्थ के कारण वस्तु पर अपध्रस्त होता है:
A. हवा में वस्तु के वजन के बराबर
B. तरल में वस्तु के वजन के बराबर
C. शून्य
D. वस्तु के डूबे हुए हिस्से के वजन के बराबर

Q.32 निम्न में से किस नियम पर वेन्चुरीमीटर की क्रियाविधि आधारित है :
A. टोरीसेली का नियम
B. पास्कल का नियम
C. बरनोली के सिद्धांत
D. आर्किमिडीज का सिद्धांत

Q.33 पानी से भरा एक आयताकार बर्तन, इसके तल में एक छिद्र के माध्यम से खाली होने के लिए 10 मिनट लेता है। पानी आधा खाली होने में कितना समय लगेगा?
A. 9 मिनट
B. 7 मिनट
C. 5 मिनट
D. 3 मिनट

Q.34 तापमान का वह पैमाना जिसमें तापमान केवल धनात्मक होता है:
A. फारेनहाइट
B. सेल्सियस
C. केल्विन
D. रियूमर

Q.35 "ऊष्मा का अच्छा अवशोषक ऊष्मा का अच्छा उत्सर्जक भी होता है" ______ है।
A. स्टीफन का नियम
B. किरचॉफ का नियम
C. प्लांक का नियम
D. वियन का कानून

Q.36 विद्युत केतली में पानी ______ के कारण गर्म हो जाता है।
A. चालन
B. संवहन
C. विकिरण
D. इसके अणुओं की गति

Q.37 ऊष्मागतिकी का कौन सा नियम तापमान की अवधारणा को परिभाषित करता है?
A. ऊष्मागतिकी का पहला नियम
B. ऊष्मागतिकी का दूसरा नियम
C. ऊष्मागतिकी का ज़ीरोथ नियम
D. ऊष्मागतिकी का तीसरा नियम

Q.38 एक गीजर 3.0 लीटर प्रति मिनट की दर से बहने वाले पानी को $27°C$ से $77°C$ तक गर्म करता है। यदि गीजर गैस बर्नर पर काम करता है, तो ईंधन की खपत की दर क्या है यदि इसकी दहन की गर्मी $4.0 \times 10^4 J/g$ है?
A. $4.0 \times 10^4 J/g$
B. $1.0 \times 10^4 J/g$
C. $4.0 \times 10^{-8} J/g$
D. $5.0 \times 10^5 J/g$

Q.39 गतिशील पिस्टन वाले सिलेंडर में मानक तापमान और दबाव पर हाइड्रोजन के 3 मोल हैं। सिलेंडर की दीवारें ऊष्मा इंसुलेटर से बनी होती हैं, और पिस्टन पर रेत का ढेर लगाकर इंसुलेटेड किया गया है। यदि गैस को उसके मूल आयतन से आधा कर दिया जाए तो गैस का दाब किस कारक से बढ़ जाता है?

A. 2.666   **B.** 3.656
C. 2.639   **D.** इनमे से कोई भी नहीं

Q.40 क्या होता है जब कोई गैस एडियाबेटिक रूप से फैलती है?
A. विस्तार के लिए किसी ऊर्जा की आवश्यकता नहीं होती है
B. ऊर्जा संरक्षण का नियम लागू नहीं होता
C. ऊर्जा की आवश्यकता होती है और यह गैस के पात्र की दीवार से आती है
D. गैस की आंतरिक ऊर्जा का उपयोग कार्य करने में किया जाता है

Q.41 $ABCDA$ उष्मागतिकी प्रक्रिया की व्याख्या करने वाली एक चक्रीय प्रक्रिया है। तंत्र द्वारा चक्र में क्या कार्य किया जाता है?

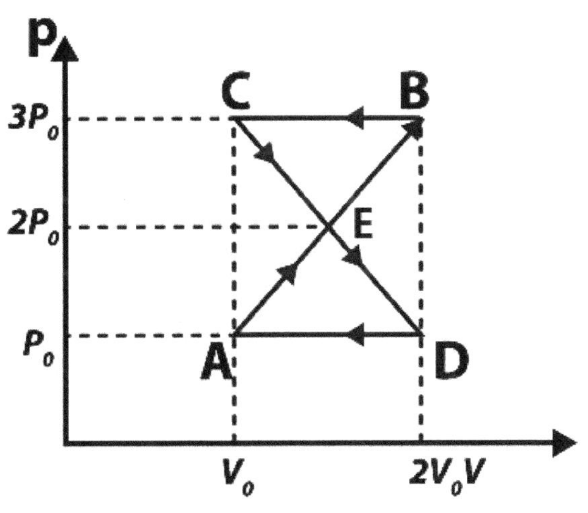

A. 0   **B.** $\frac{\rho_0 V_0}{2}$ **C.** $\rho_0 V_0$ **D.** $2\rho_0 V_0$

Q.42 एक फ्लास्क में द्रव्यमान के अनुसार $2:1$ के अनुपात में आर्गन और क्लोरीन होते हैं। मिश्रण का तापमान $27°C$ है। प्रति अणु दो गैसों की औसत गतिज ऊर्जाओं का अनुपात है:

A. $2:1$ **B.** $3:1$ **C.** $1:1$ **D.** $6:1$

Q.43 मानक दाब $1.013 \times 10^5 \ N/m^2$ को देखने पर, STP पर एक गैस की 5 लीटर की गतिज ऊर्जा ज्ञात कीजिये:

A. $9.597 \times 10^2 \ J$ **B.** $2.597 \times 10^2 \ J$
C. $6.597 \times 10^2 \ J$ **D.** $7.597 \times 10^2 \ J$

Q.44 यदि एक परमाणु गैस के α मोल को बहुपरमाणुक गैस के β मोल के साथ मिलाया जाता है और मिश्रण द्विपरमाणुक गैस की तरह व्यवहार करता है, तो:
[स्वतंत्रता के कंपन मोड की उपेक्षा करें]

A. $2\alpha = \beta$ **B.** $\alpha = 2\beta$
C. $\alpha = -3\beta$ **D.** $3\alpha = -\beta$

Q.45 एक गुब्बारे में $27°C$ और 4 वायुमंडलीय दबाव पर $1500 \ m^3$ हीलियम है। $-3°C$ तापमान और 2 वायुमंडलीय दबाव पर हीलियम का आयतन होगा:

A. $2700 \ m^3$ **B.** $1900 \ m^3$ **C.** $1700 \ m^3$ **D.** $1500 \ m^3$

Q.46 प्रक्रिया में एक आदर्श गैस का न्यूनतम प्राप्य दबाव ज्ञात कीजिए $T = T_0 + \alpha V^2$, जहां T_0 और α सकारात्मक स्थिरांक हैं और V गैस के एक मोल का आयतन $\frac{d^2 P}{dT^2} = +ve$ है।

A. $2R\sqrt{\alpha T_0}$ **B.** $3R\sqrt{\alpha T_0}$
C. $3R$ **D.** $3R\sqrt{\frac{\alpha T_0}{2}}$

Q.47 निम्नलिखित प्रतिक्रिया उत्पाद में P है:

$$R - \underset{\underset{O}{\|}}{C} - Cl \ \underset{Pd-BaSO_4}{\overset{H_2}{\rightarrow}} \ P$$

A. RCH_2OH **B.** $RCOOH$
C. $RCHO$ **D.** RCH_3

Q.48 एक्रोलिन में ध्रुवीकरण को इस प्रकार वर्णित किया जा सकता है:

A. $\overset{+\delta}{C}H_2 = CH - \overset{+\delta}{C}HO$
B. $\overset{-\delta}{C}H_2 = CH - \overset{+\delta}{C}HO$
C. $\overset{-\delta}{C}H_2 = CH - CH\overset{+\delta}{O}$
D. $\overset{+\delta}{C}H_2 = CH - CH\overset{-\delta}{O}$

Q.49 निम्नलिखित यौगिकों में सबसे मजबूत बेस है:

A. $NH_2 - \overset{\overset{O}{\|}}{C} - NH_2$ **B.** $NH_2 - \overset{\overset{NH}{\|}}{C} - NH_2$
C. $C_6H_5 - NH_2$ **D.** $CH_3 - NH - CH_3$

Q.50 $2Ag^+(aq) + Cu(s) \rightleftharpoons Cu^{2+}(aq) + 2Ag(s)$

इस प्रतिक्रिया के लिए मानक क्षमता $E°$ 0.46 V है। कौन सा परिवर्तन क्षमता को सबसे अधिक बढ़ाएगा?

A. $[Ag^+]$ को दोगुना करना
B. $[Cu^{2+}]$ को आधा करना
C. $Cu(s)$ इलेक्ट्रोड के आकार को दोगुना करना
D. Ag इलेक्ट्रोड के आकार को आधा घटाना

Q.51 $HgCl_2$ के $HgCl^+$ और $HgCl_3^-$ में अनुपातहीनता के लिए संतुलन स्थिरांक है,
दिया हुआ,

$$HgCl^+ + Cl^- \rightleftharpoons HgCl_2 ; K_1 = 3 \times 10^6$$
$$HgCl_2 + Cl^- \rightleftharpoons HgCl_3^- ; K_2 = 9.0$$

A. 27×10^6 **B.** 3.3×10^{-7}
C. 3.3×10^{-6} **D.** 3×10^{-6}

Q.52 हवा में $30 \ cm$ की दूरी पर रखे $2 \times 10^{-7}C$ और $3 \times 10^{-7}C$ आवेश वाले दो छोटे चार्ज गोलों के बीच लगने वाला बल क्या है?

A. $5 \times 10^3 \ N$ **B.** $4 \times 10^{-13} \ N$
C. $6 \times 10^{-3} \ N$ **D.** इनमे से कोई भी नहीं

Q.53 विद्युत क्षेत्र E में एक आवेश Q पर बल का परिमाण __________ है।

A. $\frac{E}{Q}$ **B.** $\frac{Q}{E}$ **C.** EQ **D.** $E^2 Q$

Q.54 दो बिंदु चार्ज के बीच कूलम्ब बल ________ के संबंध में दूरी 'r' से परिवर्तित होता है।

A. r **B.** $\frac{1}{r}$ **C.** r **D.** $\frac{1}{r^2}$

Q.55 निम्नलिखित में से कौन सा कथन सत्य / असत्य हैं?

A. आयन एक आवेशित कण है और इसे ऋणात्मक या धनात्मक रूप से आवेशित किया जा सकता है। एक ऋणात्मक रूप से आवेशित आयन को एक ऋणायन और एक धनात्मक रूप से आवेशित आयन, एक धनायन कहा जाता है।

B. आयन एक आवेशित कण है और ऋणात्मक या धनात्मक आवेशित हो सकता है। एक ऋणात्मक रूप से आवेशित आयन को एक धनायन कहा जाता है। और एक धनात्मक रूप से आवेशित आयन को, एक ऋणायन कहा जाता है।

A. A और B दोनों असत्य हैं

B. केवल A सत्य है

C. A और B दोनों सत्य हैं

D. केवल B सत्य है

Q.56 एक अनंत रेखा आवेश 2 सेमी की दूरी पर $9 \times 10^4 N/C$ का क्षेत्र उत्पन्न करता है। रेखीय आवेश घनत्व की गणना कीजिए।

A. $10^{-6} \, C/m$

B. $10^{-7} \, C/m$

C. $10^{-8} \, C/m$

D. $10^{-1} \, C/m$

Q.57 निम्नलिखित में से कौन ϵ_0 के लिए आयामी सूत्र है ?

A. $[M^{-2}L^{-4}T^4A^2]$

B. $[M^{-3}L^{-2}T^4A^4]$

C. $[M^{-2}L^{-3}T^5A^2]$

D. $[M^{-1}L^{-3}T^4A^2]$

Q.58 25×10^{31} इलेक्ट्रॉनों के पास कितने कूलॉम आवेश होते हैं?

A. $80 \times 10^{12} C$

B. $4 \times 10^{12} C$

C. $40 \times 10^{12} C$

D. $8 \times 10^{12} C$

Q.59 2.4 मीटर व्यास के एक समान रूप से चार्ज किए गए आवेशित गोले में सतह चार्ज घनत्व $80.0 \mu C/m^2$ है। गोले की सतह से निकलने वाला कुल विद्युत फ्लक्स कितना है?

A. $1.3 \times 10^8 \, Nm^2/C$

B. $1.6 \times 10^5 \, Nm^3/C$

C. $2.5 \times 10^8 \, Nm^2/C$

D. $1.6 \times 10^8 \, Nm^2/C$

Q.60 चित्र में दिखाए गए पोटेंशियोमीटर सर्किट में, $R = 10\Omega$ के साथ संतुलन बिंदु जब स्विच $S1$ बंद होता है और $S2$ खुला होता है, तो 50 सेमी होता है, जबकि जब $S2$ बंद होता है और $S1$ खुला होता है तो वह 60 सेमी होता है। X का मूल्य क्या है?

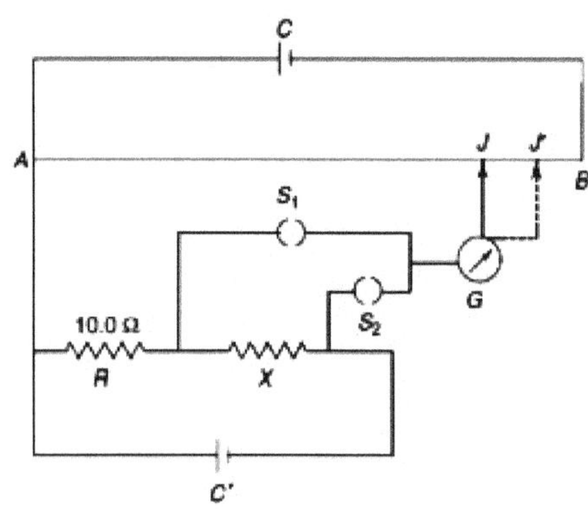

A. 1Ω

B. 2Ω

C. 3Ω

D. 4Ω

Q.61 नीचे दी गयी आकृति 8 प्रतिरोधों के एक नेटवर्क को दिखाता है जो 2Ω के बराबर 1 से 8 की संख्या में है, जो कि $3V$ बैटरी के आंतरिक प्रतिरोध से जुड़ा है। सर्किट में धारा I है:

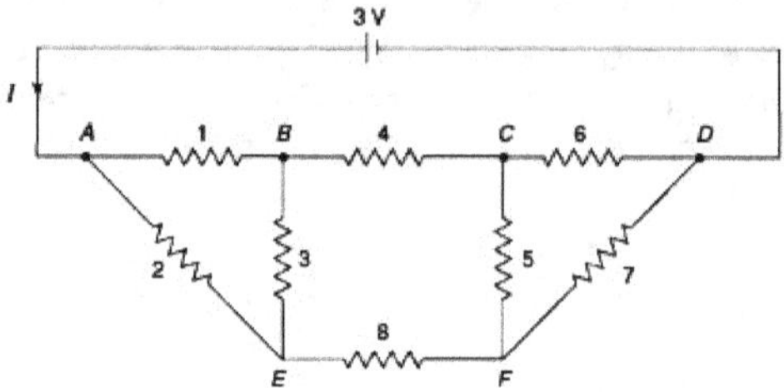

A. $0.25A$

B. $0.5A$

C. $0.75A$

D. $1.0A$

Q.62 मान लें कि तांबे का प्रत्येक परमाणु एक मुक्त इलेक्ट्रॉन का योगदान देता है। Cu का घनत्व $9 \, g/cm^3$ है और परमाणु भार $63 \, g$ है। यदि $1mm$ व्यास वाले Cu तार से प्रवाहित होने वाली धारा $1.1A$ है, तो इलेक्ट्रॉनों का बहाव वेग ______ होगा।

A. $0.1 \, mm/s$

B. $0.2 \, mm/s$

C. $0.3 \, mm/s$

D. $0.5 \, mm/s$

Q.63 अली धातुओं का विशिष्ट प्रतिरोध अधिकतर ______ द्वारा प्रभावित होता है।

A. तापमान

B. दाब

C. चुंबकीय क्षेत्र

D. आयतन

Q.64 एक बाहरी चुंबकीय क्षेत्र में रखी गई प्रतिचुंबकीय सामग्री की एक पट्टी:

A. क्षेत्र रेखाओं को खींचेगी और उच्च से निम्न क्षेत्र की ओर बढ़ेगी

B. क्षेत्र रेखाओं को पीछे हटाती है और निम्न से उच्च क्षेत्र की ओर बढ़ती है

C. क्षेत्र रेखाओं को खींचती है और निम्न से उच्च क्षेत्र की ओर बढ़ती है

D. क्षेत्र रेखाओं को पीछे हटाती है और उच्च से निम्न क्षेत्र की ओर बढ़ती है

Q.65 दो छोटे छड़ चुम्बकों को एक पंक्ति में रखा जाता है जिसमें समान ध्रुव एक दूसरे के सामने एक निश्चित दूरी d पर हैं। यदि प्रत्येक चुंबक की लंबाई d की तुलना में नगण्य है, तो उनके बीच का बल इसके व्युत्क्रमानुपाती होगा:

A. d

B. d^2

C. $\frac{1}{d^2}$

D. d^4

Q.66 यदि एक ऊर्ध्वधर तार में धारा ऊपर की ओर प्रवाहित हो रही है तो तार के बाईं ओर चुंबकीय क्षेत्र की दिशा क्या होगी?

A. कागज के लंबवत और बाहर की ओर

B. कागज के लंबवत और अंदर की ओर

C. ऊर्ध्वधर उपर की ओर

D. ऊर्ध्वधर नीचे की ओर

Q.67 विद्युत चुम्बक का प्रयोग ______ में किया जाता है।

A. विद्युत घंटी

B. लाउडस्पीकर

C. (A) और (B) दोनों

D. इनमें से कोई नहीं

Q.68 जब एक छड़ चुंबक के केंद्र में एक छेद काट दिया जाता है, तो छड़ चुंबक की ध्रुव शक्ति ______।

A. बढ़ेगी

B. घटेगी

C. अपरिवर्तित रहेगी

D. इनमें से कोई नहीं

Q.69 एक छोटे छड़ चुंबक को जब 800 के बाह्य चुंबकीय क्षेत्र में इस तरह रखा जाता है कि इसकी अक्ष क्षेत्र से $30°$ का कोण बनाए, तो यह $0.016 \, N\,m$ का बलआघूर्ण अनुभव करता है। चुंबक का चुंबकीय आघूर्ण कितना है?

A. $0.40 \, A\,m^2$

B. $0.20 \, A\,m^2$

C. $1.40 \, A\,m^2$

D. $0.70 \, A\,m^2$

Q.70 एक परिनालिका के क्रोड में भरे पदार्थ की आपेक्षिक चुंबकशीलता 400 है। परिनालिका के विद्युतीय रूप से पृथक्कृत फेरों में $2\ A$ की धारा प्रवाहित हो रही है। यदि इसकी प्रति $1\ m$ लंबाई में फेरों की संख्या 1000 है तो चुंबककारी धारा की गणना कीजिए।

A. $1.8\ T$ B. $1.5\ T$ C. $2\ T$ D. $1.0\ T$

Q.71 एक परिनालिका में पास-पास लपेटे गए 800 फेरे हैं, तथा इसका अनुप्रस्थ काट का क्षेत्रफल $2.5 \times 10^{-4}\ m^2$ है और इसमें $3.0\ A$ धारा प्रवाहित हो रही है। इसके साथ जुड़ा हुआ चुंबकीय आघूर्ण कितना है?

A. $1.6JT^{-1}$ B. $0.6JT^{-1}$ C. $2.6JT^{-1}$ D. $0.9JT^{-1}$

Q.72 कक्षीय कोणीय संवेग J वाले इलेक्ट्रॉन का चुंबकीय आघूर्ण होगा :

A. $\dfrac{eJ}{m}$ B. $\dfrac{eJ}{2\ m}$ C. $\dfrac{2\ m}{eJ}$ D. 0

Q.73 कुंडल में भंवर धाराओं के संबंध में निम्नलिखित में से कौन सा सही है?

A. भंवर धाराएँ तार की तरह सीधी रेखाओं में प्रवाहित होती हैं
B. भंवर धारा विद्युत ऊर्जा उत्पन्न करने में मदद करती है
C. पटलित कोर का उपयोग करने से भंवर धाराएं बढ़ जाती हैं
D. भंवर धाराएँ उपयोगी ऊर्जा को ऊष्मा में परिवर्तित करती हैं और उसे बर्बाद कर देती हैं

Q.74 एक अपचायी ट्रांसफार्मर एक संचरण लाइन के वोल्टेज को $2200\ V$ से $220\ V$ तक कम कर देता है। इसके द्वारा दी गई शक्ति $880\ W$ है और इसकी दक्षता 88% है। इनपुट धारा क्या है?

A. $4.65A$ B. $0.45A$ C. $0.0465A$ D. $4.65mA$

Q.75 प्रेरित विद्युतवाहक बल (emf) किसके द्वारा दिया गया है?

A. $E = -N\dfrac{d\phi}{dt}$ B. $E = -N\dfrac{dB}{dt}$
C. $E = -\dfrac{dH}{dt}$ D. $E = +\dfrac{dH}{dt}$

Q.76 एक भौतिक सतह पर एक समतल विद्युत चुम्बकीय तरंग आपतित होती है। तरंग गति p और ऊर्जा E प्रदान करती है:

A. $p = 0, E \neq 0$ B. $p \neq 0, E = 0$
C. $p \neq 0, E \neq 0$ D. $p = 0, E = 0$

Q.77 आवृत्ति की एक समतल विद्युतचुंबकीय तरंग $30\ MHz$ मुक्त स्थान में x - दिशा के अनुदिश गमन करती है। y -दिशा के साथ अंतरिक्ष और समय $E = 6\ vm^{-1}$ के एक विशेष बिंदु पर तरंग का विद्युत क्षेत्र घटक। इस बिंदु पर इसका चुंबकीय क्षेत्र घटक B क्या होगा?

A. z-दिशा के साथ $2 \times 10^{-8}\ T$
B. x-दिशा के साथ $6 \times 10^{-8}\ T$
C. y-दिशा के साथ $2 \times 10^{-8}\ T$
D. z-दिशा के साथ $6 \times 10^{-8}\ T$

Q.78 बंद संवाहक प्लेट के माध्यम से विद्युत क्षेत्र का प्रवाह समय के साथ बदलता है जैसे $\phi_E = (50t^2 + 10t + 2)Vm$ तब, $t = 2$ sec पर ϵ_0 के माध्यम में विस्थापन धारा का मान क्या है?

A. $210\epsilon_0$ B. $100\epsilon_0$ C. $110\epsilon_0$ D. $50\epsilon_0$

Q.79 विद्युत चुम्बकीय तरंगों की गति _______समान होती है।

A. सभी तरंग दैर्ध्यों के लिए B. सभी माध्यमों में
C. सभी तीव्रताओं के लिए D. सभी आवृत्तियों के लिए

Q.80 एक उत्तल दर्पण का उपयोग किसी वस्तु का प्रतिबिम्ब प्राप्त करने के लिए किया जाता है। तो निम्नलिखित में से कौन सा कथन गलत है?

A. प्रतिबिम्ब ध्रुव और फोकस के बीच होता है
B. प्रतिबिम्ब आकार में छोटा होता है
C. प्रतिबिम्ब सीधा होता है

D. प्रतिबिम्ब वास्तविक होता है

Q.81 समतल दर्पण की वक्रता त्रिज्या _______।

A. शून्य होती है
B. अनंत होती है
C. शून्य और अनंत के बीच कहीं भी हो सकती है
D. इनमें से कोई नहीं

Q.82 प्रकाश की किरण प्रिज्म कोण $8°$ के पतले प्रिज्म से गुजरती है। यदि विचलन कोण $2°$ है तो प्रिज्म अपवर्तनांक ज्ञात कीजिए।

A. 1.5 B. 2 C. 1.25 D. 2.25

Q.83 अवतल दर्पण की फोकस दूरी वायु में 50 सेमी है। जब इस दर्पण को पानी में रखा जाता है तो इसकी फोकस दूरी _______ होगी।

A. बढ़ेगी
B. घटेगी
C. समान रहेगी
D. बढ़ भी सकती है और घट भी सकती है

Q.84 दो सुसंगत तरंगें $y_1 = acos(\omega t)$ और $y_2 = 2acos(\omega t)$ हैं। यदि दोनों तरंगें रचनात्मक व्यतिकरण से गुजरती हैं, तो परिणामी आयाम होगा:

A. a B. $5a$
C. $3a$ D. इनमें से कोई नहीं

Q.85 यदि स्रोत स्लिट की चौड़ाई बढ़ा दी जाती है, तो यंग के दोहरे भट्टा प्रयोग में हस्तक्षेप करने वाले फ्रिंज पर क्या प्रभाव पड़ता है?

A. फ्रिंज की चौड़ाई बढ़ जाती है।
B. फ्रिंज की चौड़ाई कम हो जाती है।
C. फ्रिंज अधिक विशिष्ट हो जाते हैं।
D. फ्रिंज कम विशिष्ट हो जाते हैं।

Q.86 दूर के स्रोत से 600 मिमी तरंग दैर्ध्य की प्रकाश की किरण 1.0 मिमी चौड़ी एकल झिरी पर गिरती है और परिणामी विवर्तन पैटर्न 2 मीटर दूर एक स्क्रीन पर देखा जाता है। केंद्रीय दीप्त फ्रिंज के दोनों ओर प्रथम अदीप्त फ्रिंजों के बीच की दूरी है :

A. 1.2 सेमी B. 1.2 मिमी C. 2.4 सेमी D. 2.4 मिमी

Q.87 प्रोटॉन और अल्फा कणों में एक ही डी-ब्रोगली वेवलेंथ है। दोनों के लिए क्या समान है?

A. ऊर्जा   B. समय सीमा
C. आवृत्ति   D. संवेग

Q.88 निम्नलिखित में से कौन सा आकृति कण गति और संबंधित डी ब्रोगली तरंग दैर्ध्य की भिन्नता का प्रतिनिधित्व करता है?

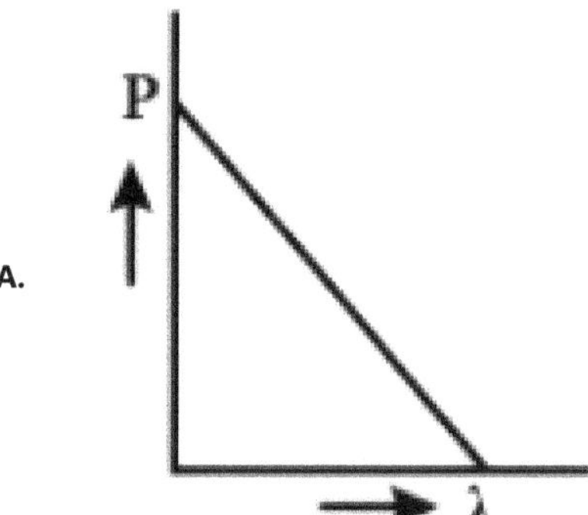

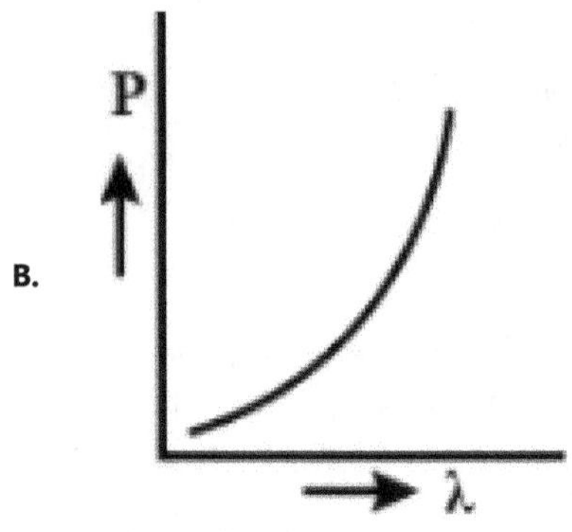

B.

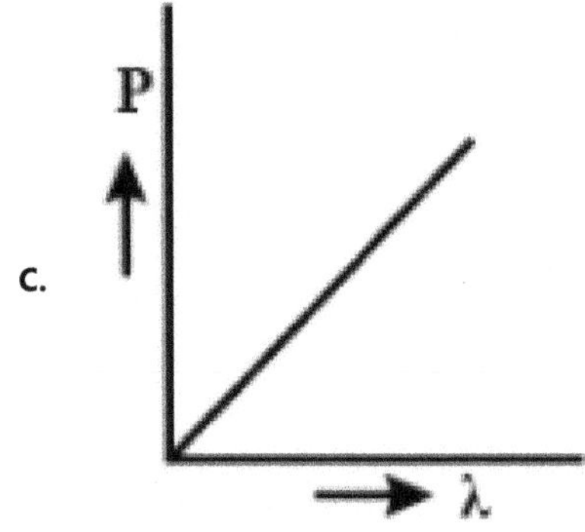

C.

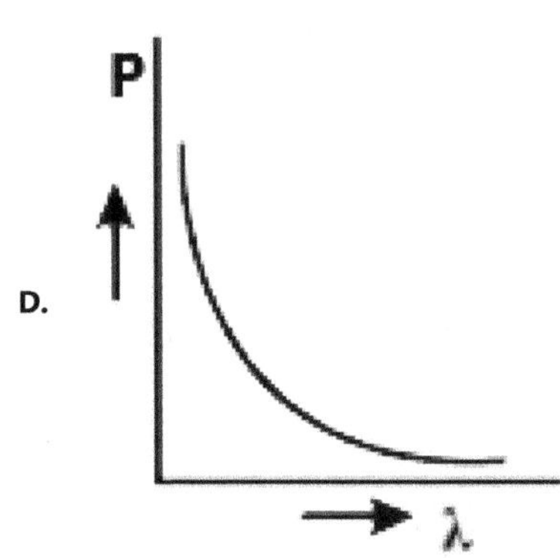

D.

Q.89 एक प्रोटॉन और एंटीप्रोटोन के विनाश के कारण समान आवृत्ति के दो फोटॉन उत्पन्न होते हैं। इस प्रकार उत्पादित प्रोटॉन की तरंगदैर्घ्य है:

A. $1.121 \times 10^{-14}\ m$
B. $1.323 \times 10^{-15}\ m$
C. $1.712 \times 10^{-17}\ m$
D. $1.923 \times 10^{-19}\ m$

Q.90 यदि किसी इलेक्ट्रॉन की गतिज ऊर्जा दो गुना हो जाती है, तो उसकी डी ब्रोगली तरंगदैर्घ्य _______ हो जाएगी।

A. दो गुना
B. $\left(\frac{1}{\sqrt{2}}\right)$ गुना
C. $\sqrt{3}$ गुना
D. $\sqrt{2}$ गुना

Q.91 प्रकाश संवेदी प्रभाव के कारण प्रकाश की आवृत्ति के साथ रिटायरिंग क्षमता कैसे बदलती है?

A. अनंत
B. शून्य
C. घट जाती है
D. बढ़ जाती है

Q.92 रदरफोर्ड प्रकीर्णन प्रयोग में, जब आवेश z_1 और द्रव्यमान M_1 का एक प्रक्षेप्य आवेश z_2 और द्रव्यमान M_2 के लक्ष्य नाभिक के पास पहुंचता है, तो निकटतम दृष्टिकोण की दूरी r_0 होती है। प्रक्षेप्य की ऊर्जा है:

A. $z_1 z_2$ के सीधे आनुपातिक
B. z_1 के व्युत्क्रमानुपाती
C. M_1 द्रव्यमान के सीधे आनुपातिक
D. $M_1 \times M_2$ के समानुपाती

Q.93 जब नाभिक में न्यूक्लियॉन की संख्या बढ़ जाती है, तो प्रति न्यूक्लियॉन बाध्यकारी ऊर्जा:

A. द्रव्यमान संख्या के साथ लगातार बढ़ता है
B. द्रव्यमान संख्या के साथ लगातार घटता है
C. द्रव्यमान संख्या के साथ स्थिर रहता है
D. द्रव्यमान संख्या में वृद्धि के साथ पहले बढ़ता है और फिर घटता है

Q.94 निम्नलिखित में से कौन सा वक्र हाइड्रोजन परमाणु में इलेक्ट्रॉन की गति को प्रमुख क्वांटम संख्या n के फलन के रूप में प्रदर्शित कर सकता है?

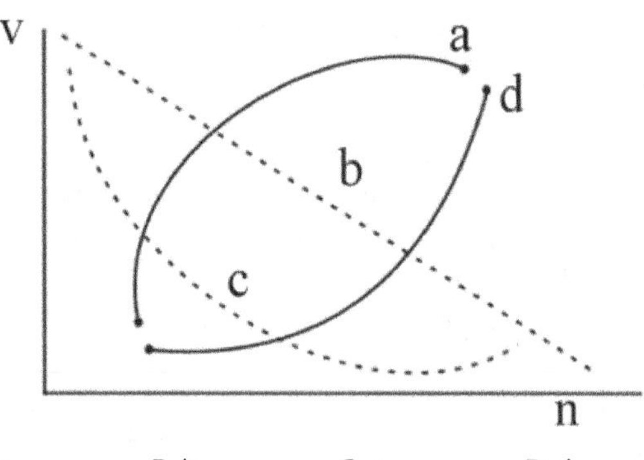

A. a
B. b
C. c
D. d

Q.95 यदि संक्रमण $n = 3$ से $n = 1$ तक हाइड्रोजन परमाणु की तरंग दैर्घ्य, λ है, तब समान संक्रमण के लिए द्वि-आयनित लीथियम आयन के लिए तरंगदैर्घ्य क्या है?

A. $\frac{\lambda}{3}$
B. 3λ
C. $\frac{\lambda}{9}$
D. 9λ

Q.96 अर्धचालक के प्रतिरोध का वर्गीकरण किस प्रकार किया जाता है?

A. उच्च प्रतिरोध
B. धनात्मक तापमान गुणांक
C. ऋणात्मक तापमान गुणांक
D. निम्न प्रतिरोध

Q.97 एक $p - n$ जंक्शन डायोड में रिक्तिकरण परत $10^{-6}\ m$ चौड़ी है और इसकी नी क्षमता $0.5V$ है। रिक्तिकरण क्षेत्र में आंतरिक विद्युत क्षेत्र क्या है?

A. $5 \times (10)^6\ \frac{V}{m} V/m$
B. $5 \times (10)^{-7}\ \frac{V}{m}$
C. $5 \times (10)^5\ \frac{V}{m}$
D. इनमें से कोई नहीं

Q.98 निम्न में से किसमें ऊर्जा बैंड गैप अधिकतम होता है?

A. धातुओं
B. सुपरकंडक्टर्स
C. इन्सुलेटर
D. सेमीकंडक्टर्स

Q.99 आंतरिक अर्धचालकों में आवेश वाहक कैसे उत्पन्न होते हैं?

A. शुद्ध परमाणुओं द्वारा
B. इलेक्ट्रॉनों द्वारा
C. अशुद्ध परमाणुओं द्वारा
D. छेदों द्वारा

Q.100 यदि किसी अर्धचालक की विद्युत चालकता तब बढ़ जाती है जब उस पर 2480 nm से कम तरंगदैर्घ्य का विद्युत चुम्बकीय विकिरण आपतित हो। अर्धचालक के लिए ऊर्जा अंतराल (eV में) क्या है?

A. 0.9 eV
B. 0.7 eV
C. 0.5 eV
D. 1.1 eV

// स्मार्ट उत्तर पुस्तिका //

सही उत्तर	उन छात्रों का प्रतिशत जिन्होंने प्रश्नों का सही उत्तर दिया था।	छोड़ दिया	उन छात्रों का प्रतिशत जिन्होंने प्रश्नों को छोड़ दिया था।

प्रश्न संख्या	उत्तर	सही उत्तर / छोड़ दिया	प्रश्न संख्या	उत्तर	सही उत्तर / छोड़ दिया	प्रश्न संख्या	उत्तर	सही उत्तर / छोड़ दिया	प्रश्न संख्या	उत्तर	सही उत्तर / छोड़ दिया	प्रश्न संख्या	उत्तर	सही उत्तर / छोड़ दिया	प्रश्न संख्या	उत्तर	सही उत्तर / छोड़ दिया
1	D	49.18 % / 1.76 %	18	B	52.42 % / 1.46 %	35	B	57.56 % / 1.09 %	52	C	69.31 % / 1.41 %	69	A	60.46 % / 1.52 %	86	D	83.52 % / 0.0 %
2	C	87.13 % / 0.0 %	19	C	69.34 % / 1.97 %	36	B	61.62 % / 1.72 %	53	C	88.77 % / 0.0 %	70	D	57.83 % / 1.17 %	87	D	76.68 % / 0.0 %
3	A	11.38 % / 4.5 %	20	B	80.76 % / 0.0 %	37	C	89.25 % / 0.0 %	54	D	83.91 % / 0.0 %	71	B	50.53 % / 1.55 %	88	D	79.46 % / 0.0 %
4	D	67.49 % / 1.05 %	21	A	86.11 % / 0.0 %	38	A	57.35 % / 1.48 %	55	B	17.1 % / 4.36 %	72	B	87.74 % / 0.0 %	89	B	52.88 % / 1.7 %
5	A	78.56 % / 0.0 %	22	B	53.96 % / 1.72 %	39	C	20.0 % / 4.12 %	56	B	77.88 % / 0.0 %	73	D	64.15 % / 1.67 %	90	B	83.36 % / 0.0 %
6	C	19.82 % / 3.46 %	23	C	57.7 % / 1.01 %	40	D	76.86 % / 0.0 %	57	D	66.05 % / 1.96 %	74	B	67.2 % / 1.94 %	91	D	66.86 % / 1.04 %
7	C	60.37 % / 1.95 %	24	A	58.74 % / 1.75 %	41	A	18.75 % / 4.8 %	58	C	44.0 % / 1.02 %	75	A	60.48 % / 1.4 %	92	A	57.9 % / 1.34 %
8	A	58.89 % / 1.87 %	25	C	42.89 % / 1.44 %	42	C	45.96 % / 1.5 %	59	D	27.19 % / 3.99 %	76	C	59.93 % / 1.2 %	93	D	54.04 % / 1.89 %
9	C	82.93 % / 0.0 %	26	C	87.15 % / 0.0 %	43	D	55.09 % / 1.98 %	60	B	18.48 % / 3.98 %	77	A	64.12 % / 1.79 %	94	C	40.06 % / 1.35 %
10	B	48.18 % / 1.93 %	27	A	42.93 % / 1.61 %	44	A	49.89 % / 1.95 %	61	D	44.93 % / 1.7 %	78	A	68.16 % / 1.19 %	95	C	40.8 % / 1.57 %
11	A	82.29 % / 0.0 %	28	B	65.4 % / 1.91 %	45	A	18.35 % / 4.41 %	62	A	68.13 % / 1.8 %	79	C	42.42 % / 1.96 %	96	C	44.58 % / 1.98 %
12	A	40.96 % / 1.06 %	29	C	68.6 % / 1.91 %	46	A	15.1 % / 4.35 %	63	A	28.45 % / 4.93 %	80	D	51.75 % / 1.97 %	97	C	53.99 % / 1.28 %
13	A	58.39 % / 1.59 %	30	C	40.92 % / 1.45 %	47	C	47.39 % / 1.8 %	64	D	60.98 % / 1.88 %	81	B	76.95 % / 0.0 %	98	C	51.23 % / 1.61 %
14	A	77.76 % / 0.0 %	31	A	53.13 % / 1.3 %	48	D	57.74 % / 1.27 %	65	D	17.33 % / 4.04 %	82	C	62.4 % / 1.05 %	99	C	68.47 % / 1.14 %
15	D	53.8 % / 1.64 %	32	C	45.08 % / 1.51 %	49	A	50.03 % / 1.35 %	66	A	11.21 % / 3.5 %	83	C	58.85 % / 1.24 %	100	C	43.79 % / 2.0 %
16	C	51.6 % / 1.33 %	33	B	42.92 % / 1.09 %	50	A	31.96 % / 3.75 %	67	C	76.85 % / 0.0 %	84	C	65.49 % / 1.86 %			
17	D	68.82 % / 1.8 %	34	C	76.15 % / 0.0 %	51	D	53.36 % / 1.08 %	68	C	58.53 % / 1.2 %	85	D	52.11 % / 1.53 %			

//संकेत और समाधान//

1. जैसा कि हम जानते हैं,

श्यानता गुणांक, $\eta = \dfrac{F}{\frac{Adv}{dx}}$

तब,

$[F] = [$ बल $] = MLT^{-2}$

$[A] = [$ क्षेत्र $] = L^2$

$\left[\dfrac{dv}{dx}\right] = [$ वेग प्रवणता $] = \dfrac{LT^{-1}}{L}$

$= T^{-1}$

$\therefore [\eta] = \dfrac{MLT^{-2}}{L^2 T^{-1}} = [ML^{-1} T^{-1}]$

अतः विकल्प (D) सही है।

2. दिया गया है,

द्रव्यमान के मापन में प्रतिशत त्रुटि, $\dfrac{\Delta m}{m} \times 100 = 2\%$

चाल के मापन में प्रतिशत त्रुटि, $\dfrac{\Delta v}{v} \times 100 = 3\%$

कण की गतिज ऊर्जा द्वारा दी गई है

$KE = \dfrac{mv^2}{2}$

गतिज ऊर्जा में प्रतिशत त्रुटि होगी,

$= \dfrac{\Delta m}{m} \times 100 + 2\dfrac{\Delta v}{v} \times 100$

$= 2 + 6$

$= 8\%$

अतः विकल्प (C) सही है।

3. दिया गया है,

$x(t) = \dfrac{v}{A}(1 - e^{-At})$

जैसा कि हम जानते हैं कि $(1 - e^{-At})$ एक स्थिर मान है और इसका कोई विमा नहीं होगी।

इस प्रकार, $\dfrac{v}{A}$ की विमा x की विमा के बराबर होगी।

स्थिति की विमा, $x = [M^0 L^1 T^0]$

वेग की विमा, $v = [M^0 L^1 T^{-1}]$

$\Rightarrow x = \dfrac{v}{A}$

$\Rightarrow [M^0 L^1 T^0] = \dfrac{[M^0 L^1 T^{-1}]}{A}$

$\Rightarrow A = [T^{-1}]$

अतः विकल्प (A) सही है।

4. जैसा कि हम जानते हैं,

$1\ kg = 1000\ gm$

$1\ m = 100\ cm$

1 न्यूटन $= 1\ kg\ m/s^2$

1 न्यूटन $= 1000\ gm \times 100\ cm/s^2$

1 न्यूटन $= 10^5\ gm\ cm/s^2$

$1\ gm\ cm/s^2 = 10^{-5}$ न्यूटन

जैसा कि हम जानते हैं,

1 डाइन $= 1\ gm\ cm/s^2$

फिर,

1 न्यूटन $= 10^5$ डाइन

अतः विकल्प (D) सही है।

5. कुल विस्थापन $= \left(v_1 \times \dfrac{t}{2}\right) + \left(v_2 \times \dfrac{t}{2}\right)$

$= (v_1 + v_2)\dfrac{t}{2}$

मतलब वेग $=$ कुल विस्थापन / कुल समय

$= \dfrac{\left[(v_1+v_2)\frac{t}{2}\right]}{t}$

$= \dfrac{(v_1+v_2)}{2}$

मनुष्य का औसत वेग $\dfrac{(v_1+v_2)}{2}$ है

अतः विकल्प (A) सही है।

6. माना कुल दूरी S है

$S = 1350$ मी

Let $a = 1$ मी /से^{2}

$r = 3$ मी /से^{2}

माना कि S_1 सकारात्मक त्वरण वाली दूरी तय करता है

माना कि S_2 नकारात्मक त्वरण वाली दूरी तय करता है

हम जानते है कि $v^2 - u^2 = 2as$

इसलिए, $S_1 = \dfrac{(v^2-u^2)}{2a}$ .... (i)

और $S_2 = \dfrac{(v^2-u^2)}{2r}$ .... (ii)

अब, v and u ट्रेन के लिए समान हैं

इसलिए $v^2 - u^2$ दोनों समीकरणों के लिए समान है

समीकरण (i) को (ii) से विभाजित करने पर प्राप्त होता है

$\dfrac{S_1}{S_2} = \dfrac{r}{a}$

अर्थात् $\dfrac{S_1}{S_2} = \dfrac{3}{1}$

$S_1 = 3\ S_2$

अब, $S_2 = S - S_1$

इसलिए, $S_1 = 3(S - S_1)$

अर्थात् $S_1 = 3S - 3S_1$

$4S_1 = 3S$

$S_1 = \frac{3}{4} \times S = \frac{(3 \times 1350)}{4} = 1012.5$ मी

और इसी तरह $S_2 = \frac{1}{4} \times S = \frac{1350}{4} = 337.5$ मी

अब, $S_1 = u + \frac{1}{2} \times a \times t^2$

$u = 0$ कि ट्रेन शेष-भाग से शुरू होती है

$1012.5 = \frac{1}{2} \times 1 \times t_1^2$

$t_1^2 = 2025$

$t_1 = 45$ से,

और $S_2 = \frac{1}{2} \times r \times t_2^2$

$337.5 = \frac{3}{2} \times t_2^2$

$t_2^2 = 225$

$t_2 = 15$ से

इसलिए, कुल समय

$T = t_1 + t_2$

$T = 45 + 15$

$T = 60$ से

इसलिए, ट्रेन द्वारा लिया गया कुल समय $= 60$ से

अतः विकल्प (C) सही है।

7. माना कि, निरंतर त्वरण के लिए गति के 4 मौलिक गतिज समीकरणों की समीक्षा करते हैं,

$s = ut + \frac{1}{2} at^2$

$v^2 = u^2 + 2as$

$v = u + at$

$s = (u + v)\frac{t}{2}$

जहाँ, s दूरी है, u प्रारंभिक वेग है, v अंतिम वेग है, एक त्वरण है और t समय है।

इस मामले में,

हम जानते हैं कि, $u = 5$ मी/से, $s = 30$ मी, $t = 3$ से

तो, हम पाते हैं a से $s = ut + \frac{1}{2} at^2$

$30 = 5 + \frac{1}{2a}$

So, $a = \frac{15}{4.5} = 3.333$ मी/से $^{-2}$

फिर, $v = u + at = 5 + 3.333 = 15$ मी/से $^{-2}$

और इसका उपयोग प्रारंभिक वेग के रूप में किया जाता है $s = ut + \frac{1}{2} at^2$, जहाँ, $t = 2$ से

$s = 15(2) + \frac{1}{2}(3.333)$

$s = 30 + 6.667 = 36.667$

अगले 2 से में यात्रा की दूरी 36.667 मी है।

अतः विकल्प (C) सही है।

8. प्रक्षेप्य गति केवल गुरुत्वाकर्षण के त्वरण के तहत हवा में प्रक्षेपित वस्तु की गति है। वस्तु को प्रक्षेप्य कहा जाता है, और उसके पथ को प्रक्षेपवक्र कहा जाता है। प्रक्षेप्य गति का क्षैतिज वेग गुरुत्वाकर्षण बल से प्रभावित नहीं होता है। प्रारंभिक वेग x घटकों और y घटकों के रूप में दिया जा सकता है।

क्षैतिज वेग एक घटक होता है और यह हमेशा स्थिर रहता है क्योंकि क्षैतिज दिशा में कोई त्वरण नहीं होता है।

$u_x = u\cos\theta = $ अधिकतम ऊंचाई पर क्षैतिज घटक

अतः वेग का क्षैतिज घटक पृथ्वी से प्रक्षेपित प्रक्षेप्य के लिए स्थिर रहता है।

अतः विकल्प (A) सही है।

9. X और Y दोनों का प्रारंभिक वेग शून्य है और गुरुत्वाकर्षण के कारण त्वरण के तहत समान ऊंचाई को कवर करते हैं। X और Y दोनों एक साथ जमीन पर पहुंचेंगे। X और Y क्षैतिज वेग में भिन्न हैं लेकिन दोनों की ऊर्ध्वाधर गति समान है, प्रारंभिक वेग नहीं है और त्वरण के रूप में 'g' है, इसलिए दोनों द्वारा लिया गया समय समान होगा।

$t = \sqrt{\frac{2h}{g}}$

जहाँ $h = $ टावर की ऊंचाई (ऊंचाई दोनों स्थितियों में समान है),

$g = $ गुरुत्वाकर्षण के कारण त्वरण,

$t = $ लगने वाला समय

अतः विकल्प (C) सही है।

10. हम जानते हैं कि,

परिणामी बल $R = \sqrt{(P^2 + Q^2 + 2PQ\cos\theta)}$

या $R^2 = P^2 + Q^2 + 2PQ\cos\theta$

दो समान सदिशों का परिणामी दोनों में से किसी एक के बराबर होता है

इसलिए $R = P = Q$

$Q^2 = Q^2 + Q^2 + 2Q^2\cos\theta$

$\Rightarrow -Q^2 = 2Q^2\cos\theta$

$\Rightarrow \cos\theta = -\frac{1}{2} = \cos 120°$

$\Rightarrow \theta = 120°$

इसलिए, दो सदिशों का परिणामी दोनों में से किसी एक के बराबर होता है, अतः उनके बीच का कोण 120° है।

अतः विकल्प (B) सही है।

11. अगर किसी कालीन को छड़ी से पीटा जाता है तो कालीन हिलने लगती है। लेकिन, धूल के कण अपने आराम की स्थिति का विरोध करने की कोशिश करते हैं। यह अवधारणा न्यूटन के गति के पहले नियम पर आधारित है।

न्यूटन का पहला नियम: जब तक किसी वस्तु पर बाहरी बल द्वारा कार्य नहीं किया जाता तब तक वह वस्तु स्थिर या एक समान गति की अवस्था में रहती है।

अतः विकल्प (A) सही है।

12. गति के तीसरे नियम में, क्रिया और प्रतिक्रिया समान, विपरीत हैं और दो अलग-अलग निकायों पर कार्य करती हैं। गति का तीसरा नियम इंगित करता है कि जब एक वस्तु किसी अन्य वस्तु पर बल लगाती है, तो दूसरी वस्तु तुरंत पहली वस्तु पर बल लगाती है। इस प्रकार, न्यूटन का गति का तीसरा नियम दो वस्तुओं के बीच परस्पर क्रिया की शक्तियों के बीच संबंध का वर्णन करता है। न्यूटन का गति का तीसरा नियम बलों की प्रकृति पर ध्यान दिए बिना लागू होता है। क्रिया और प्रतिक्रिया की शक्ति यांत्रिक, गुरुत्वाकर्षण, विद्युत या किसी अन्य प्रकृति की हो सकती है।

अतः विकल्प (A) सही है।

13. दिए गए प्रश्न के अनुसार, आइए हम विचार करें

समय ' t ' के बाद आदमी बस को पकड़ लेता है

इसलिए समय ' t ' के बाद बस द्वारा तय की गई दूरी है $\frac{1}{2}t^2 = \frac{t^2}{2}$

कुल दूरी के बराबर है $48 + \frac{t^2}{2}$

(बस का प्रारंभिक वेग $= 0$)

हम जानते हैं कि,

$vt = s$

$\Rightarrow 10t = 48 + \frac{t^2}{2}$

$\Rightarrow 20t = 96 + t^2$

$\Rightarrow t^2 - 20t + 96 = 0$

$\Rightarrow (t - 8)(t - 12) = 0$

इसका आशय है,

$\Rightarrow t = 8$ सेकंड, $t = 12$ सेकंड

चूँकि 12 विकल्प में उपस्थित नहीं है इसलिए 8 सही उत्तर होगा।

अतः विकल्प (A) सही है।

14. न्यूटन के गति के पहले नियम को जड़ता के नियम के रूप में भी जाना जाता है। न्यूटन के पहले कानून में कहा गया है कि जब तक कोई बाहरी बल द्वारा कार्रवाई नहीं की जाती है तब तक एक वस्तु एक सीधी रेखा में आराम या एकसमान गति में रहेगी। इसे जड़ता के बारे में एक बयान के रूप में देखा जा सकता है, जब तक कि कोई वस्तु गति को बदलने के लिए कार्य नहीं करती है, तब तक वस्तुएं अपनी गति की स्थिति में रहेंगी।

अतः विकल्प (A) सही है।

15. दिया गया है कि:

F= 50 N , विस्थापन (s) = 5 m और θ = 0 (क्योंकि बल गति की दिशा में है)

इस स्थिति में किए गए कार्य की मात्रा ज्ञात करने के लिए, हमें निम्नलिखित सूत्र को लागू करना होगा:

$\Rightarrow$ W = Fs cosθ

$\Rightarrow$ W = 50 × 5 = 250 J

अत: विकल्प (D) सही है।

16. कार्य ऊर्जा प्रमेय: कण पर कार्य करने वाले कुल बल द्वारा किया गया कार्य गतिज ऊर्जा में परिवर्तन के बराबर है।

किया गया कार्य = (KE)अंतिम − (KE)आरंभिक = ∆KE

उपरोक्त परिभाषा से यह स्पष्ट है कि कुल बल द्वारा किया गया कार्य कण की गतिज ऊर्जा को बदलने का कारण है।

अतः विकल्प (C) सही है।

17. मान लीजिये $F \propto \frac{1}{x}$.

जैसा कि हम जानते हैं,

एक चर बल द्वारा किया गया कार्य द्वारा दिया जाता है,

$$W = \int_a^b F(x)dx$$

मान लीजिए x तय की गई दूरी है।

काम हुआ, $(W) = \int_a^b F(x)dx$

$\therefore W \propto \int_a^b \frac{1}{x} dx$

$\Rightarrow W \propto [\ln(x)]_a^b$

$\Rightarrow W \propto \ln(b) - \ln(a)$

$\Rightarrow W \propto \ln\left(\frac{b}{a}\right)$

अतः विकल्प (D) सही है।

18. दिया गया है कि, शरीर का द्रव्यमान, $m = 50$ किलोग्राम। h ऊँचाई है, t समय है। g गुरुत्वाकर्षण के कारण त्वरण है जो कि लगभग 10 मी/से^{2} है।

$\Rightarrow h = 45 \times 14 = 630$ सेमी $= 6.30$ मी

$\Rightarrow t = 10\, s, g = 10$ एमएस$^{-2}$

स्थितिज ऊर्जा $= mgh = 50 \times 10 \times 6.30 = 3150$ जूल। (जहाँ J ऊर्जा/कार्य की इकाई है जो कि जूल है)

शक्ति $=$ स्थितिज ऊर्जा $/$ समय $=$ ऊर्जा $/$ समय $= \frac{3150}{10} = 315$ वाट

अत: विकल्प (B) सही है।

19. शुरू में सिस्टम की कुल कोणीय गति $L_i = I_1\omega + I_2(0) = I_1\omega$

अंत में सिस्टम की कुल कोणीय गति $L_f = (I_1 + I_2)\omega_2$

कोणीय गति के संरक्षण के अनुसार अर्थात् $L_i = L_f$

$\Rightarrow I_1\omega = (I_1 + I_2)\omega_2$

$\Rightarrow \omega_2 = \frac{I_1\omega}{I_1 + I_2}$

अतः विकल्प (C) सही है।

20. एक चक्के में, किनारे पर द्रव्यमान का सबसे अधिक सांद्रण पहिया की जड़ता के क्षण को बढ़ाता है। रोटेशन की धुरी से दूरी जितनी अधिक होगी, जड़ता का क्षण उतना ही बड़ा होगा। इस प्रकार, अधिकांश द्रव्यमान एक चक्का में किनारे पर केंद्रित होता है।

अत: विकल्प (B) सही है।

21. चूंकि बल्ले के निचले छोर के पास अधिक सामग्री होती है, इसलिए बल्ले के निचले छोर के पास बल्ले के द्रव्यमान का केंद्र होता है। द्रव्यमान के केंद्र में रखे

चाकु की धार पर बल्ला क्षैतिज रूप से संतुलन बनाएगा। द्रव्यमान का केंद्र वह बिंदु है जिसके बारे में कठोर शरीर को संतुलित किया जा सकता है। पूरे बल्ले के द्रव्यमान के केंद्र से क्रमशः संभाल के द्रव्यमान का केंद्र और निचला टुकड़ा दूरी d_1 और d_2 पर है।

घूर्णी संतुलन के लिए, हमारे पास $M_1d_1=M_2d_2$ है जहां M_1 और M_2 क्रमशः हैंडल के टुकड़े और नीचे के टुकड़े के द्रव्यमान हैं। दूरी d_1 d_2 से अधिक है क्योंकि हैंडल के टुकड़े में नीचे के टुकड़े की तुलना में पतले क्षेत्र होते हैं।

इसलिए, $M_2 > M_1$

अत: विकल्प (A) सही है।

22. ब्लैक होल एक बहुत सघन पिंड है जहाँ गुरुत्वाकर्षण क्षेत्र इतना मजबूत होता है कि वह निकट से प्रवाहित होने वाले सभी विकिरण को अवशोषित कर लेता है।

ब्लैक होल किसी भी अन्य तारे की तरह ही है लेकिन अपने उच्च घनत्व और छोटी त्रिज्या के कारण यह गुरुत्वाकर्षण के कारण भारी बल प्रदान करते है इसलिए इसकी सतह पर गुरुत्वीय त्वरण बहुत अधिक होगा।

यह प्रयोगात्मक रूप से सिद्ध किया गया था, कि ब्लैक होल के लिए गुरुत्वीय त्वरण अनंत है, अर्थात, $g = \infty$

अत: विकल्प (B) सही है।

23. दिया गया है कि $v_0 = 7$ किमी/सेकंड

हम जानते हैं कि कक्षीय वेग और पलायन वेग के बीच का संबंध इस प्रकार है,

$$v_e = \sqrt{2}v_0$$

जहाँ $v_e = $ पलायन वेग और $v_0 = $ उपग्रह की कक्षीय गति

इसलिए उपग्रह के पलायन वेग को निम्न रूप में दिया जाता है,

$$v_e = \sqrt{2}v_0$$

$$v_e = \sqrt{2} \times 7$$

$$v_e = 9.9 \text{ किमी/सेकंड}$$

अत: विकल्प (C) सही है।

24.

- गुरुत्वाकर्षण का सार्वभौमिक नियम सर आइजैक न्यूटन द्वारा वर्ष 1686 में प्रस्तावित किया गया था।
- न्यूटन का गुरुत्वाकर्षण का नियम: ब्रह्मांड का प्रत्येक कण प्रत्येक दूसरे कण को एक बल के साथ आकर्षित करता है, जो उनके द्रव्यमान के गुणनफल के समानुपाती और उनके बीच की दूरी के व्युत्क्रमानुपाती होता है।

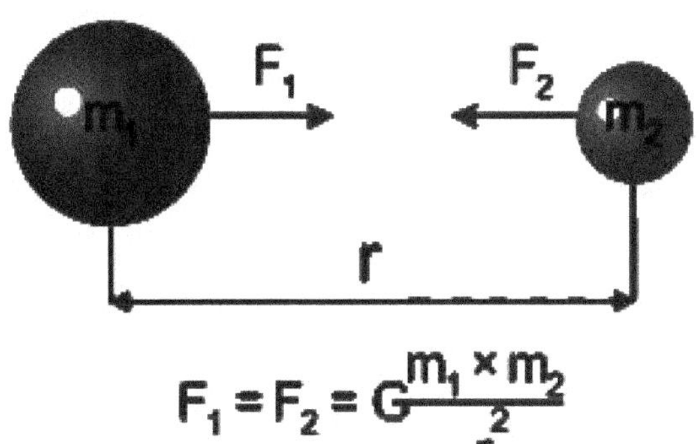

$$F_1 = F_2 = G\frac{m_1 \times m_2}{r^2}$$

- यदि दो निकायों का द्रव्यमान m_1 और m_2, है, जहाँ r दो द्रव्यमानों के बीच की दूरी है, तो गुरुत्वाकर्षण बल होगा,

$$F_1 = F_2 = F \propto \frac{m_1m_2}{r^2}$$

जहां, $F = $ आकर्षण बल, $G = 6.67 \times 10^{11} \, N - m^2/kg^2$ (गुरुत्वाकर्षण स्थिरांक) m_1 और $m_2 = $ निकायों के द्रव्यमान, $r = $ उनके बीच की दूरी

गुरुत्वाकर्षण का सार्वभौमिक नियम कहता है कि "ब्रह्मांड में प्रत्येक वस्तु प्रत्येक दूसरी वस्तु को एक बल के साथ आकर्षित करती है जो उनके द्रव्यमान के गुणनफल के अनुक्रमानुपाती है और उनके बीच की दूरी के वर्ग के व्युत्क्रमानुपाती है"।

अत: विकल्प (A) सही है।

25. गुरुत्वाकर्षण के कारण त्वरण (g):

- किसी पिंड पर पृथ्वी द्वारा लगाए गए आकर्षण बल को गुरुत्वाकर्षण खिंचाव या गुरुत्वाकर्षण कहते हैं।
- हम जानते हैं कि जब कोई बल किसी पिंड पर कार्य करता है तो वह त्वरण पैदा करता है।
- इसलिए, गुरुत्वाकर्षण खिंचाव के प्रभाव में एक निकाय को त्वरित करता है।
- पृथ्वी की सतह पर गुरुत्वाकर्षण के कारण त्वरण निम्न द्वारा दिया जाता है:

$$\Rightarrow g = \frac{GM}{R^2}$$

- चूँकि पृथ्वी आकार में दीर्घ वृत्ताकार है यानी यह ध्रुवों पर चपटी है और भूमध्य रेखा पर उभरी हुई है, जिसके कारण भूमध्यरेखीय त्रिज्या ध्रुवीय त्रिज्या से लगभग 21 km लंबी है।
- चूँकि ध्रुवीय त्रिज्या भूमध्यरेखीय त्रिज्या से छोटी होती है, इसलिए गुरुत्वाकर्षण के कारण त्वरण ध्रुवों पर अधिकतम और **भूमध्य रेखा पर न्यूनतम होता है।**

अत: विकल्प (C) सही है।

26. यदि किसी उपग्रह को दिया गया क्षैतिज वेग क्रांतिक वेग से अधिक लेकिन पलायन वेग से कम है, तो उपग्रह एक अण्डाकार कक्षा में घूमना शुरू कर देगा।

यदि प्रक्षेपण का वेग क्रांतिक वेग से कम है तो उपग्रह अण्डाकार कक्षा में गति करता है, लेकिन प्रक्षेपण बिंदु अपभू होता है और कक्षा में उपग्रह पृथ्वी के करीब आता है और इसका उपभू बिंदु $180°$ पर होता है। .

अत: विकल्प (C) सही है।

27. दिए गए प्रयोग में, एक संयुक्त तार को F बल द्वारा खींचा जाता है।

तार में नेट बढ़ाव = पीतल के तार में बढ़ाव + स्टील के तार में बढ़ाव... (i)

अब, अनुप्रस्थ काट (A) के एक तार का यंग गुणांक जब कुछ बल (F) लगाया जाता है,

$$Y = \frac{Fl}{A\Delta l}$$

हमारे पास है,

$$\Delta l = \text{बढ़ाव} = \frac{Fl}{AY}$$

अत: संबंध (i) से हमें प्राप्त होता है

$$\Delta l_{net} = \Delta l_{brass} + \Delta l_{steel}$$

$$\Rightarrow \Delta l_{net} = \left(\frac{Fl}{AY}\right)_{brass} + \left(\frac{Fl}{AY}\right)_{steel}$$

चूंकि तार श्रृंखला में जुड़े हुए हैं और वे क्रॉस-सेक्शन के समान क्षेत्र, लंबाई और समान बल के अधीन हैं, इसलिए

$$\Delta I_{net} = \frac{F}{A}\left(\frac{I}{Y_{brass}} + \frac{I}{Y_{steel}}\right)$$

यहां,

$$\Delta I_{net} = 0.2\ mm$$

$$= 0.2 \times 10^{-3}\ m$$

और $I = 1\ m$

$$Y_{brass} = 60 \times 10^9 Nm^{-2}$$

$$Y_{steel} = 120 \times 10^9 Nm^{-2}$$

मान को रखने पर, हमारे पास है

$$0.2 \times 10^{-3} = \frac{F}{A}\left(\frac{1}{60 \times 10^9} + \frac{1}{120 \times 10^9}\right)$$

$$\Rightarrow \text{stress} = \frac{F}{A} = 8 \times 10^6 Nm^{-2}$$

इसलिए, सही विकल्प (A) है।

28. दिया गया,

पीतल की लोचदार सीमा, $\sigma = 379 MPa$

भार, $P = 400\ N$

हम जानते हैं कि,

$$P = \sigma A$$

जहां, अनुप्रस्थ काट का क्षेत्रफल, $A = \frac{1}{4}\pi r^2$

$$\Rightarrow P = \sigma \frac{1}{4}\pi r^2$$

$$400 = 379 \times \left(\frac{1}{4} \times 3.14 \times r^2\right)$$

$$r^2 = \frac{400}{379} \times \frac{4}{3.14}$$

$$r^2 = 1.34$$

$$r = 1.15\ mm$$

इसलिए, एक पीतल की छड़ का न्यूनतम व्यास यदि इसकी लोचदार सीमा को पार किए बिना एक $400\ N$ भार का समर्थन करना है, तो यह लगभग $1.16\ mm$ है।

अतः विकल्प (B) सही है।

29. अनुप्रस्थ काट के क्षेत्रफल,

$$A = \pi r^2$$

$$\Rightarrow \frac{dA}{A} = 2\frac{dr}{r}$$

अनुप्रस्थ काट के क्षेत्रफल में कमी $\frac{dA}{A} = 1\%$

$$\Rightarrow \frac{dr}{r} = 0.5\%$$

प्वासो अनुपात के रूप में,

$$\sigma = \frac{\frac{dr}{r}}{\frac{dl}{l}}$$

$$\Rightarrow \frac{dl}{l} = 2.5\%$$

अतः विकल्प (C) सही है।

30. एक तरल बूंद में, हमारे पास केवल एक सतह होती है लेकिन हवा के बुलबुले में हमारे पास दो सतह होती हैं और पृष्ठ तनाव की अवधारणा का उपयोग करके एक हवाई बुलबुले के अंदर और तरल बूंद के अंदर अतिरिक्त दाब की गणितीय अभिव्यक्ति इस प्रकार लिखी जाती है;

$$P_i - P_o = \frac{4T}{\tau}$$

यहाँ, P_i और P_o अंदर और बाहर का दाब है, T तापमान है और r त्रिज्या है।

जब साबुन का बुलबुला फैलता है तो साबुन के बुलबुले की त्रिज्या बढ़ जाती है, इसलिए समीकरण (1) से हम देखते हैं कि दाब साबुन की त्रिज्या के व्युत्क्रमानुपाती होता है।

$\therefore$ साबुन का बुलबुला फैलता है त्रिज्या बढ़ जाएगी और दाब घट जाएगा।

अतः विकल्प (C) सही है।

31. अपघ्रस्त वस्तु के सभी कारकों जैसे कि इसके द्रव्यमान, आकार, घनत्व, आदि के अलावा, द्रव के अंदर वस्तु के आयतन को छोड़कर पर निर्भर करता है। तरल में डूबा हुआ आयतन का फ्रैक्शन $V_{in} = \left(\frac{\rho}{\sigma}\right)V$ यानी, यह ब्लॉक और तरल की घनत्व पर निर्भर करता है।

इसलिए, इसमें कोई बदलाव नहीं होगा यदि सिस्टम निरंतर वेग या कुछ त्वरण के साथ ऊपर या नीचे की ओर बढ़ता है। इसलिए, तरल के कारण वस्तु पर अपघ्रस्त हवा में वस्तु के वजन के बराबर है।

अतः विकल्प (A) सही है।

32. किसी पाइप में द्रव का प्रवाह होने पर जहाँ पाइप पतला होता है, (अर्थात जहाँ द्रव का वेग अधिक होता है) वहाँ द्रव का दाब कम हो जाता है, इसे ही वेंचुरी प्रभाव कहते हैं। इस प्रभाव का नामकरण इटली के भौतिकविज्ञानी गिओवानी बतिस्ता वेन्चुरी के नाम पर किया गया है। इसकी क्रियाविधि बरनोली के सिद्धांत पर आधारित है। वेन्चुरीमीटर से जल के प्रवाह की दर ज्ञात करते हैं।

अतः विकल्प (C) सही है।

33. माना कि मुक्त सतह के नीचे तल पर छिद्र का क्षेत्रफल A_0 और A आयताकार बर्तन का क्षेत्रफल है। उस समय, टैंक को खाली करने के लिए लिया गया समय t के रूप में दिया जाता है,

$$t = \frac{A}{A_0}\sqrt{\frac{2H}{g}}$$

$$\therefore \frac{t_1}{t_2} = \sqrt{\frac{H_1}{H_2}}$$

$$\Rightarrow \frac{t}{t_2} = \sqrt{\frac{H_1}{\frac{H_1}{2}}}$$

$$\Rightarrow \frac{t}{t_2} = \sqrt{2}$$

$$\therefore t_2 = \frac{t}{\sqrt{2}} = \frac{10}{\sqrt{2}}$$

$$= 5\sqrt{2} = 7\ \text{मिनट}$$

अतः विकल्प (B) सही है।

34. चूँकि परम शून्य तापमान 0 केल्विन है। इस तापमान के नीचे, हम केल्विन पैमाने में नहीं माप सकते।

इसलिए तापमान का केल्विन पैमाना केवल धनात्मक होता है।

विभिन्न तापमान पैमानों पर पानी का हिमांक और क्थनांक है:

पैमाना	हिमांक	क्थनांक
सेंटीग्रेड ($0°C$)	$0°C$	$100°C$
फारेनहाइट ($°F$)	$32°F$	$212°F$
केल्विन (K)	$273K$	$373K$
रियूमर ($0°R$)	$0°R$	$80°R$

अतः विकल्प (C) सही है।

35. "ऊष्मा का अच्छा अवशोषक ऊष्मा का अच्छा उत्सर्जक भी होता है" किरचॉफ का नियम है।

किरचॉफ का विकिरण नियम: ऊष्मागतिकी संतुलन में थर्मल विकिरण उत्सर्जित और अवशोषित करने वाले किसी भी एकपक्षीय बॉडी के लिए, उत्सर्जन अवशोषण के बराबर है।

एक ब्लैक बॉडी ऊष्मा के अच्छे अवशोषक के साथ-साथ ऊष्मा के अच्छे उत्सर्जक का एक उदाहरण है। जिस आसानी से एक ब्लैक बॉडी एक फोटॉन को अवशोषित कर सकती है, वह एक फोटान को उत्सर्जित करने की विपरीत प्रक्रिया है। यह पूरा चक्र EM क्षेत्र से जुड़े हुए संक्रमणों की संख्या के कारण होता है।

अतः विकल्प (B) सही है।

36. विद्युत केतली में जल संवहन द्वारा गर्म होता है। यह पानी जैसे तरल पदार्थ की द्रव्यमान गति से गर्मी के हस्तांतरण की प्रक्रिया है जब गर्म तरल पदार्थ अपने स्रोत से दूर जाने और इसके साथ ऊर्जा ले जाने के कारण होता है।

अतः विकल्प (B) सही है।

37. ऊष्मागतिकी का ज़ीरोथ नियम तापमान की अवधारणा को परिभाषित करता है।

ऊष्मागतिकी का प्रथम नियम हमें आंतरिक ऊर्जा की अवधारणा के बारे में बताता है।

ऊष्मागतिकी का दूसरा नियम हमें बताता है कि जब भी ऊर्जा को स्थानांतरित या रूपांतरित किया जाता है तो ऊर्जा का कोई न कोई रूप नष्ट हो जाता है।

ऊष्मागतिकी का तीसरा नियम हमें एन्ट्रापी की अवधारणा के बारे में बताता है।

अतः विकल्प (C) सही है।

38. यह दिया गया है,

पानी 3.0 लीटर $/min = 3 \times 10^{-3} m^3/min$ की दर से बहता है।

पानी का घनत्व, $\rho = 10^3 kg/m^3$.

स्पष्ट रूप से, प्रति मिनट बहने वाले पानी का द्रव्यमान $= 3 \times 10^{-3} \times 10^3 kg/min = 3kg/min$

गीज़र पानी को गर्म करता है, तापमान को $27°C$ से $77°C$ तक बढ़ाता है।

प्रारंभिक तापमान, $T_1 = 27°C$

अंतिम तापमान, $T_2 = 77°C$

इस प्रकार तापमान में वृद्धि,

$$\Delta T = T_2 - T_1$$

$$\Delta T = 77°C - 27°C$$

$$\Delta T = 50°C$$

दहन की ऊष्मा $= 4 \times 10^4 J/g = 4 \times 10^7 J/kg$

पानी की विशिष्ट ऊष्मा $= 4.2 J/g°C$

यह ज्ञात है कि कुल ऊष्मा का उपयोग किया जाता है

$$\Delta Q = mc\Delta T$$

$$\Delta Q = 3 \times 4.2 \times 10^3 \times 50$$

$$\Delta Q = 6.3 \times 10^5 J/min$$

प्रति मिनट $m kg$ ईंधन का उपयोग करने पर विचार करें।

इस प्रकार, ऊष्मा का उत्पादन $= m \times 4 \times 10^7 J/min$

हालांकि, पानी द्वारा ली गई ऊष्मा ऊर्जा = ईंधन द्वारा उत्पादित ऊष्मा

इस प्रकार, दोनों पक्षों को समान,

$$\Rightarrow 6.3 \times 10^5 = m \times 4 \times 10^7$$

$$\Rightarrow m = \frac{6.3 \times 10^5}{4 \times 10^4}$$

$$\Rightarrow m = 15.75 g/min$$

स्पष्ट रूप से, ईंधन की खपत की दर जब दहन की ऊष्मा होती है $4.0 \times 10^4 J/g$ मान लीजिए कि गैस बर्नर पर गीज़र संचालित होता है $15.75 g/min$ है।

अतः विकल्प (A) सही है।

39. सिलेंडर आस पास से पूरी तरह से इंसुलेटेड है। नतीजतन, सिस्टम (सिलेंडर) और उसके आस पास के बीच कोई ऊष्मा का आदान-प्रदान नहीं होता है। स्पष्ट है कि यह प्रक्रिया एडियाबेटिक सिद्ध होती है।

अब, विचार करें:

सिलेंडर के अंदर अंतिम दबाव $= P_2$

सिलेंडर के अंदर प्रारंभिक आयतन $= V_1$

सिलेंडर के अंदर अंतिम आयतन $= V_2$

विशिष्ट ऊष्मा का अनुपात $\gamma = 1.4$

एडियाबेटिक प्रक्रम के लिए, यह ज्ञात है कि

$$P_1 V_1^\gamma = P_2 V_2^\gamma.$$

साथ ही, अंतिम आयतन को उसके प्रारंभिक आयतन के आधे तक संकुचित किया जाता है।

$$\Rightarrow V_2 = \frac{V_1}{2}$$

इस प्रकार,

$$\Rightarrow P_1 V_1^\gamma = P_2 \left(\frac{V_2}{2}\right)^\gamma$$

$$\Rightarrow \frac{P_2}{P_1} = \frac{V_1^\gamma}{\left(\frac{V_1}{2}\right)^\gamma}$$

$$\Rightarrow \frac{P_2}{P_1} = 2^\gamma = 2^{1.4} = 2.639$$

स्पष्ट रूप से, दबाव 2.639 के कारक से बढ़ता है।

अतः विकल्प (C) सही है।

40. एडियाबेटिक प्रसार में कम काम होता है और कोई ऊष्मा प्रवाह नहीं होता है जिससे एक समतापीय विस्तार की तुलना में कम आंतरिक ऊर्जा होती है जिसमें ऊष्मा प्रवाह और कार्य दोनों होते हैं। एडियाबेटिक रूप से फैलने वाली आदर्श एकपरमाणुक गैस के लिए जो अपने पर्यावरण पर कार्य करती है (W धनात्मक है) गैस की आंतरिक ऊर्जा कम होनी चाहिए।

अतः विकल्प (D) सही है।

41. एक चक्रीय प्रक्रिया में किया गया कार्य चक्र के अंतर्गत क्षेत्र के बराबर होता है और यदि चक्र दक्षिणावर्त है तो सकारात्मक है और यदि वामावर्त है तो ऋणात्मक है।

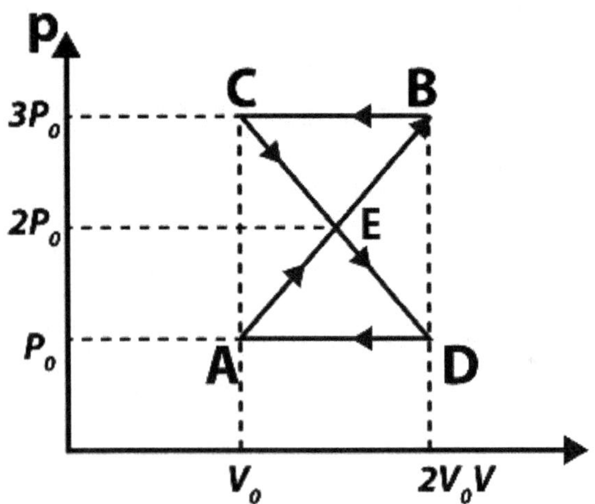

$$W_{AEDA} = + \triangle AED \text{ का क्षेत्र} = +\frac{1}{2}P_0 V_0$$

$$W_{BCEB} = - \triangle BCE \text{ का क्षेत्र} = -\frac{1}{2}P_0 V_0$$

सिस्टम द्वारा किया गया शुद्ध कार्य है

$$W_{net} = W_{AEDA} + W_{BCEB}$$

$$= +\frac{1}{2}P_0 V_0 - \frac{1}{2}P_0 V_0 = 0$$

अतः विकल्प (A) सही है।

42. किसी भी (आदर्श) गैस की औसत ट्रांसलेशनल गतिज ऊर्जा (प्रति अणु) (चाहे वह आर्गन की तरह मोनाटोमिक हो, क्लोरीन या पॉलीएटोमिक की तरह डायटोमिक हो) हमेशा $\frac{3}{2}k_B T$ के बराबर होती है। यह केवल तापमान पर निर्भर करता है और गैस की प्रकृति से स्वतंत्र है। चूंकि आर्गन और क्लोरीन दोनों का फ्लास्क में समान तापमान होता है, इसलिए दोनों गैसों की औसत गतिज ऊर्जा (प्रति अणु) का अनुपात $1:1$ है।

अतः विकल्प (C) सही है।

43. दिया गया,

$$P = 1.013 \times 10^5 \ N/m^2$$

$$V = 5 \text{ litres} = 5 \times 10^{-3} \ m^3$$

गतिज ऊर्जा दी जाती है,

$$E = \frac{3}{2}PV$$

$$\Rightarrow E = \frac{3}{2}(1.013 \times 10^5 \ N/m^2)(5 \times 10^{-3} \ m^3)$$

$$\Rightarrow E = 7.5 \times 1.013 \times 10^2 \ J$$

$$\Rightarrow E = 7.597 \times 10^2 \ J$$

अतः विकल्प (D) सही है।

44. दिया गया,

एकपरमाणुक गैस के मोल $= \alpha$

द्विपरमाणुक गैस के मोल $= \beta$

मिश्रण द्विपरमाणुक गैस के रूप में व्यवहार कर रहा है। यदि हम स्वतंत्रता के कंपन मोड की उपेक्षा करते हैं तो मिश्रण की स्वतंत्रता (f मिश्रण की डिग्री 3 (ट्रांसलेशनल के लिए) +2 (घूर्णन के लिए) $= 5$

हम जानते हैं कि,

$$f_{mix} = \frac{f_1 n_1 + f_2 n_2}{n_1 + n_2}$$

$$\Rightarrow 5 = \frac{3\alpha + 6\beta}{\alpha + \beta}$$

$$\Rightarrow 5\alpha + 5\beta = 3\alpha + 6\beta$$

$$\therefore 2\alpha = \beta$$

अतः विकल्प (A) सही है।

45. दिया गया,

$$P_1 = 4 \text{ atm}$$

$$T_1 = 27°C = 27 + 273 = 300K$$

$$T_2 = -3°C = 273 - 3 = 270 \ K$$

$$V_1 = 1500 m^3$$

$$P_2 = 2 \text{ atm}$$

आदर्श गैस समीकरण के अनुसार,

$$\frac{P_1 V_1}{T_1} = \frac{P_2 V_2}{T_2} \text{....(i)}$$

जहां P_1, V_1, P_2, V_2 तापमान पर दबाव और आयतन हैं, T_1 और T_2, क्रमशः

समीकरण (i) से, हम प्राप्त करते हैं

$$V_2 = \frac{P_1 V_1}{T_1} \times \frac{T_2}{P_2}$$

$$\Rightarrow V_2 = \frac{4 \times 1500}{300} \times \frac{270}{2}$$

$$\Rightarrow V_2 = 2700 \ m^3$$

अतः विकल्प (A) सही है।

46. दिया गया,

$$T = T_0 + \alpha V^2 \quad \ldots (i)$$

1 मोल गैस के लिए,

$$PV = RT$$

$$\Rightarrow V = \frac{RT}{P}$$

इस मान को समीकरण (i) में रखने पर हमें प्राप्त होता है

$$T = T_0 + \alpha \left(\frac{RT}{P}\right)^2$$

$$\Rightarrow T = T_0 + \alpha \frac{R^2 T^2}{P^2}$$

$$\Rightarrow TP^2 = T_0 P^2 + \alpha R^2 T^2 \Rightarrow P = \sqrt{\alpha} RT(T - T_0)^{\frac{-1}{2}} \quad ...(ii)$$

अवकलन के बाद, हम प्राप्त करते हैं

$$\frac{dP}{dT} = \sqrt{\alpha} R \left[(T - T_0)^{\frac{-1}{2}} - \frac{1}{2} T (T - T_0)^{\frac{-3}{2}}\right]$$

न्यूनतम दबाव के लिए,

$$\frac{dP}{dT} = 0$$

$$\therefore 0 = \sqrt{\alpha}\, R \left[(T - T_0)^{\frac{-1}{2}} - \frac{1}{2} T (T - T_0)^{\frac{-3}{2}}\right]$$

हल करने के बाद, हम प्राप्त करते हैं

$$T = 2T_0$$

समीकरण (ii) से, हम प्राप्त करते हैं

$$P_{min} = \sqrt{\alpha} R 2 T_0 (2T_0 - T_0)^{\frac{-1}{2}}$$

$$= 2R\sqrt{\alpha T_0}$$

$T = 2T_0$ पर

$$P = 2R\sqrt{\alpha T_0}$$

अत: विकल्प (A) सही है।

47. यह रोसेनमंड प्रतिक्रिया है। रोसेनमंड प्रतिक्रिया एक हाइड्रोजनीकरण प्रक्रिया है जहां आणविक हाइड्रोजन उत्प्रेरक की उपस्थिति में एसाइल क्लोराइड के साथ प्रतिक्रिया करता है - बेरियम सल्फेट पर पैलेडियम।

$$R - \underset{\underset{O}{\|}}{C} - Cl \xrightarrow[Pd-BaSO_4]{H_2} \underset{P}{RCHO}$$

BaSO₄ एल्डिहाइड को कम होने से रोकता है और इस प्रतिक्रिया में पैलेडियम उत्प्रेरक के लिए जहर का काम करता है।

अत: विकल्प (C) सही है।

48. O-परमाणु C-परमाणु की तुलना में अयस्क विद्युत ऋणात्मक होता है, इसलिए O-परमाणु आंशिक ऋणात्मक आवेश को वहन करता है, और C-परमाणु जिससे यह जुड़ा होता है, आंशिक धनात्मक आवेश धारण करता है। एक्रोलिन में ध्रुवीकरण को नीचे दी गई प्रतिक्रिया द्वारा वर्णित किया जा सकता है:

$$CH_2 = CH - C = O \longleftrightarrow \overset{\oplus}{CH_2} - CH = \underset{|}{C} - \overset{\ominus}{O}$$

अत: विकल्प (D) सही है।

49. विकल्प (A) (गुआनिडीन) सबसे मजबूत बेस है क्योंकि इसका संयुग्म एसिड निरूपण के कारण अत्यधिक स्थिर है। इसमें 3 समकक्ष प्रतिध्वनि संरचनाएं हैं।

अत: विकल्प (A) सही है।

50. दी गई प्रतिक्रिया के अनुसार, हम लिख सकते हैं

$$E = E° - \frac{0.059}{2} \log \frac{[Cu^{2+}]}{[Ag^+]^2}$$

Ag^+ आयन की सांद्रता को दोगुना करके सेल क्षमता सबसे अधिक बढ़ेगी।

अत: विकल्प (A) सही है।

51. पहली प्रतिक्रिया के लिए,

$$K_1 = \frac{[HgCl_2]}{[HgCl^+][Cl^-]}$$

दूसरी प्रतिक्रिया के लिए,

$$K_2 = \frac{[HgCl_3]}{[HgCl_2][Cl^-]}$$

आखिरकार,

$$K_3 = \frac{[HgCl^+][HgCl_3^-]}{[HgCl_2]^2}$$

$$\Rightarrow K_3 = \frac{K_2}{K_1}$$

$$\Rightarrow K_3 = \frac{9}{3 \times 10^6}$$

$$\Rightarrow K_3 = 3 \times 10^{-6}$$

अत: विकल्प (D) सही है।

52. परिमाण का प्रतिकारक बल, $F = 6 \times 10^{-3}\, N$

पहले गोले पर चार्ज, $q_1 = 2 \times 10^{-7} C$

दूसरे गोले पर चार्ज, $q_2 = 3 \times 10^{-7} C$

दो गोले के बीच की दूरी, $r = 30\, cm = 0.3\, m$

कूलम्ब के नियम द्वारा दो गोलों के बीच स्थिरवैद्युत बल इस प्रकार दिया जाता है,
$$F = \frac{1}{4\pi\varepsilon_0} \frac{q_1 q_2}{r^2}$$

जहां, ε_0 मुक्त स्थान की पारगम्यता है और,

$$\frac{1}{4\pi\varepsilon_0} = 9 \times 10^9 Nm^2 C^{-2}$$

अब दिए गए मानों को प्रतिस्थापित करने पर कूलम्ब का नियम बन जाता है।

$$F = \frac{9 \times 10^9 \times 2 \times 10^{-7} \times 3 \times 10^{-7}}{(0.3)^2}$$

$$F = 6 \times 10^{-3}\, N$$

इसलिए, हमने पाया कि दिए गए आवेशित गोले के बीच स्थिरवैद्युत बल $F = 6 \times 10^{-3}\, N$. चूँकि आवेश समान प्रकृति के होते हैं, इसलिए हम कह सकते हैं कि बल प्रतिकर्षण है।

अत: विकल्प (C) सही है।

53. विद्युत क्षेत्र में आवेशित कण द्वारा अनुभव किए गए विद्युत बल का परिमाण निम्नानुसार है,

$$F = Eq_0$$

जहाँ $E = $ विद्युत क्षेत्र की तीव्रता,

$q_0 = $ कण पर आवेश

इसलिए जब एक आवेश Q को विद्युत क्षेत्र E में रखा जाता है, तो आवेश Q पर बल का परिमाण होगा,

$$F = EQ$$

अतः विकल्प (C) सही है।

54. कूलम्ब का नियम: जब चार्ज q_1 और q_2 के दो आवेशित कण एक दूसरे से r दूरी से पृथक होते हैं, तो उनके बीच स्थिरवैद्युत बल दो कणों के चार्ज के गुणनफल के समानुपातिक होता है और उनके बीच की दूरी के वर्ग के व्युत्क्रमानुपाती होता है।

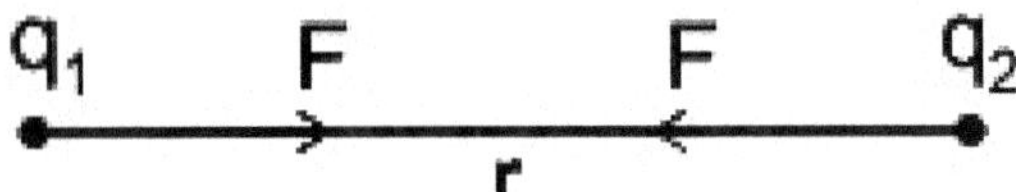

बल $(F) \propto q_1 \times q_2$

$$F \propto \frac{1}{r^2}$$

$$F = K \times \frac{q_1 \times q_2}{r^2}$$

जहाँ K स्थिरांक $= 9 \times 10^9 Nm^2/C^2$

उपरोक्त से यह स्पष्ट है कि,दो बिंदु चार्ज के बीच कूलम्ब बल 'r' के संबंध में दूरी $\frac{1}{r^2}$ के साथ परिवर्तित होता है।

अतः विकल्प (D) सही है।

55. आयन एक परमाणु या परमाणुओं का समूह है जो प्रोटॉन की संख्या के लिए इलेक्ट्रॉनों की संख्या के बराबर नहीं है। इलेक्ट्रॉनों पर एक ऋणात्मक आवेश होता है, जबकि प्रोटॉन के लिए एक धनात्मक आवेश होता है। यह एक ऋणात्मक आवेश में परिणाम देता है जब एक परमाणु इलेक्ट्रॉनों को प्राप्त करता है। आयनों का यह रूप ऋणायन कहा जाता है। यह एक सकारात्मक आवेश में परिणाम देता है जब एक परमाणु इलेक्ट्रॉनों को त्याग देता है। एक धनायन को धनात्मक आवेशित आयन माना जाता है। आमतौर पर, धनात्मक आयन धातु होते हैं या धातुओं की तरह व्यवहार करते हैं। जैसे परमाणुओं को धनात्मक बनने के लिए इलेक्ट्रॉनों को त्यागना पड़ सकता है, वैसे ही अन्य इलेक्ट्रॉनों को अवशोषित कर सकते हैं और ऋणात्मक आवेश वाले ऋणायन बन सकते हैं।

अतः विकल्प (B) सही है।

56. दिया गया है,

विद्युत क्षेत्र, $E = 9 \times 10^4 N/C$

दूरी, $r = 2 \times 10^{-2} m$

एकसमान आवेशित तार के लिए विद्युत क्षेत्र के सूत्र का उपयोग करने पर,

$$E = \frac{\lambda}{2\pi r \varepsilon_0}$$

$$\therefore \lambda = E \times 2\pi r \varepsilon_0$$

जहाँ, λ एक रैखिक आवेश घनत्व है,

और, $\varepsilon_0 = 8.854 \times 10^{-12}$

तब,

$$\lambda = 9 \times 10^4 \times 2\pi \times 2 \times 10^{-2} \times 8.854 \times 10^{-12}$$

$$\lambda = 18 \times 10^4 \times 2 \times 3.14 \times 10^{-2} \times 8.854 \times 10^{-12}$$

$$\lambda = 10^3 \times 10^{-10}$$

$$\Rightarrow \lambda = 10^{-7}$$

इसलिए,

रेखीय आवेश घनत्व, $\lambda = 10^{-7} C/m$

अतः विकल्प (B) सही है।

57. हम जानते हैं कि:

मुक्त स्थान की पारगम्यता निम्न के द्वारा दी जाती है:

$$\epsilon_0 = \frac{q_1 q_2}{4\pi F r^2}$$

के आयाम $[F] = [MLT^{-2}]$

जहाँ, M का अर्थ द्रव्यमान है, L का अर्थ लंबाई है, T का अर्थ समय है।

यहाँ, q_1 का आयाम $= q_2$ का आयाम

q_1 का आयाम $= AT$

q_2 का आयाम $= AT$

r का आयाम $= L$

इस प्रकार, $[\epsilon_0]$ का आयामी सूत्र$= \frac{[AT][AT]}{[MLT^{-2}][L^2]}$

$$\Rightarrow [\epsilon_0] = [M^{-1}L^{-3}T^4A^2]$$

अतः विकल्प (D) सही है।

58. दिया गया,

इलेक्ट्रॉनों की संख्या $= 25 \times 10^{31}$

हम जानते हैं कि:

एक इलेक्ट्रॉन का आवेश $= 1.6 \times 10^{-19}$ कूलम्ब।

इसलिए,

25×10^{31} इलेक्ट्रॉनों का आवेश होगा:

$Q = $ इलेक्ट्रॉनों की संख्या $\times$ एक इलेक्ट्रॉन का आवेश

$Q = 25 \times 10^{31} \times 1.6 \times 10^{-19}$

$Q = 40 \times 10^{12} C$

अतः विकल्प (C) सही है।

59. दिया गया,

गोले का व्यास $= 2.4$

$\therefore$ गोले की त्रिज्या, $r = \frac{2.4}{2} = 1.2m$

आवेशित गोले की सतह चार्ज घनत्व, $\sigma = 80 \times 10^{-6} C/m^2$

इसलिए,

गोले पर आवेश होगा :

$q = \sigma A = \sigma 4\pi r^2$

$q = 80 \times 10^{-6} \times 4 \times 3.14 \times (1.2)^2\backslash$

$q = 1.45 \times 10^{-3} C$

फिर, गोले की सतह से निकलने वाले कुल विद्युत फ्लक्स की गणना गॉस सूत्र का उपयोग करके की जाएगी, अर्थात,

$\phi = \dfrac{q}{\varepsilon_0}$

$\phi = \dfrac{1.45 \times 10^{-3}}{8.854 \times 10^{-12}}$ $(\because \varepsilon_0 = 8.854 \times 10^{-12})$

$\phi = 1.6 \times 10^8 Nm^2/C$

अतः विकल्प (D) सही है।

60. सेल के संभावित पोटेंशियल ग्रैडिएंट वायर K कारण करंट सेल E और सेल E से करंट हो सकता है और सेल E' के कारण प्रतिरोध 10Ω और $x\Omega$ के माध्यम से करंट हो।

$10\Omega = I \times 10$ वोल्ट में विभवांतर

$x\Omega = I \times x$ में विभवांतर

जब स्विच S_1 बंद होता है और $(10 + x)\Omega$ खुला होता है, तो 60 सेमी में विभवांतर लंबाई $I \times 10 = K \times 50$ के पार विभवांतर होता है।

जब स्विच S_2 बंद होता है और S_1 खुला होता है, तो 60 सेमी में विभवांतर लंबाई $I \times 10 = K \times 60$ के पार विभवांतर होता है।

अब, $10 + \dfrac{x}{10} = \dfrac{60}{50} = \dfrac{6}{5}$ या $x = 2\Omega$

अतः विकल्प (B) सही है।

61.

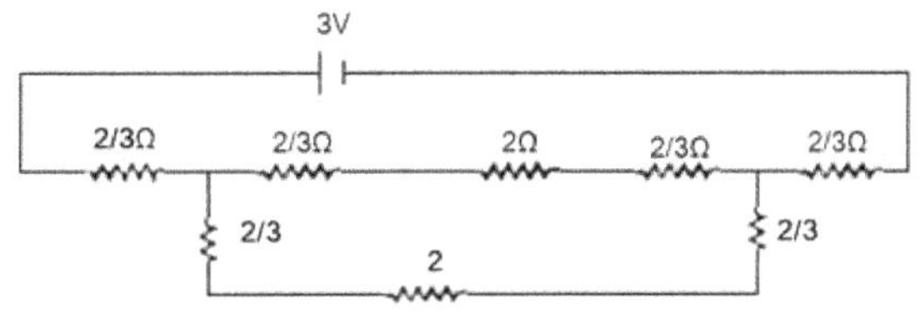

$ABC\&CDF$ के लिए डेल्टा स्टार रूपांतरण का उपयोग करना,

इसलिए प्रत्येक प्रतिरोध होगा $\left(\dfrac{2}{3}\right)\Omega$

इसलिए $\left(\dfrac{2}{3}\right) + 2 + \left(\dfrac{2}{3}\right) = \left(\dfrac{4}{3}\right) + 2 = \left(\dfrac{10}{3}\right)\Omega$

और $\left(\dfrac{2}{3}\right) + 2 + \left(\dfrac{2}{3}\right) = \left(\dfrac{10}{3}\right)\Omega$

इसलिये

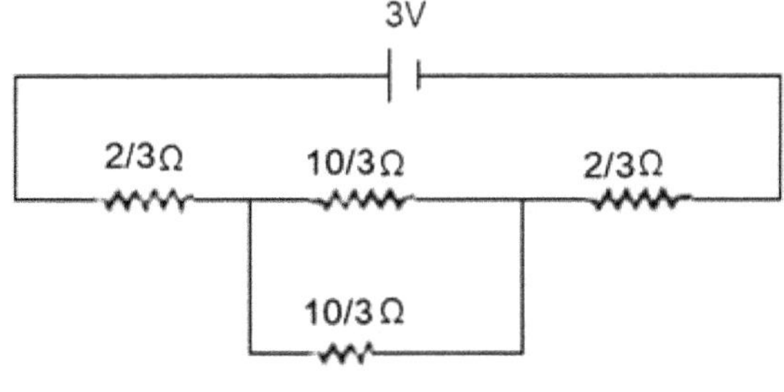

$\therefore$ समतुल्य $R = \left(\dfrac{2}{3}\right) + \left(\dfrac{2}{3}\right) + \left[\left(\dfrac{10}{3}\right) \parallel \left(\dfrac{10}{3}\right)\right]$

$= \left(\dfrac{4}{3}\right) + \left(\dfrac{5}{3}\right) = 3\Omega$

$\therefore l = \left(\dfrac{3}{R}\right) = \left(\dfrac{3}{3}\right) = 1\,A$

अतः विकल्प (D) सही है।

62. दिया गया:

तांबे का प्रत्येक परमाणु 1 मुक्त इलेक्ट्रॉन देता है तांबे का घनत्व $= 9\,g/cm^3$

तांबे के तार का व्यास $= 1\,mm$

तार से बहने वाली धारा $= 1.1\,A$

$63g$ तांबे के परमाणुओं की संख्या होगी $= 6.023 \times 10^{23}$

हम जानते हैं कि घनत्व द्रव्यमान प्रति इकाई आयतन के बराबर होता है। इसलिए

आयतन $=$ द्रव्यमान/घनत्व

$\dfrac{63}{9} = 7\,cm^3 = 7 \times 10^{-6}\,m^3$

इसलिए n होगा $= \dfrac{6.023 \times 10^{23}}{7 \times 10^{-6}}$

$= 0.86 \times 10^{29}$

क्षेत्रफल $= \pi r^2 = 3.14 \times (0.5 \times 10^{-3})^2$

$= 0.785 \times 10^{-6}$

हम जानते हैं कि बहाव वेग $(v_d) = \dfrac{I}{neA}$, जहां I धारा है, A क्षेत्रफल है।

मानों को प्रतिस्थापित करने पर हमें प्राप्त होता है-

$v_d = \dfrac{1.1}{0.86 \times 10^{29} \times 1.6 \times 10^{-19} \times 0.785 \times 10^{-6}}$

$v_d = 0.1\,mm\,s^{-1}$

अतः विकल्प (A) सही है।

63. अली धातुओं का विशिष्ट प्रतिरोध ज्यादातर तापमान से प्रभावित होता है।

तापमान पर धातु का विशिष्ट प्रतिरोध

$T, \quad \rho_T = \rho_0(1 + \alpha\Delta T)$

धातु का विशिष्ट प्रतिरोध धातु के तापमान पर निर्भर करता है और तापमान में वृद्धि के साथ इसमें वृद्धि होती है। साथ ही धातुओं का विशिष्ट प्रतिरोध पदार्थ के आयतन, दाब और अनुप्रयुक्त चुंबकीय क्षेत्र के साथ परिवर्तित नहीं होता है।

अतः विकल्प (A) सही है।

64. एक बाहरी चुंबकीय क्षेत्र में रखी गई प्रतिचुंबकीय सामग्री की एक पट्टी क्षेत्र रेखाओं को पीछे हटा देगी और उच्च से निम्न क्षेत्र में चली जाएगी।

प्रतिचुंबकीय पदार्थ: वे पदार्थ जो बाहरी चुंबकीय क्षेत्र में लगाए गए क्षेत्र के विपरीत दिशा में रखे जाने पर कमजोर रूप से चुम्बकित होते हैं, प्रतिचुंबकीय पदार्थ कहलाते हैं।

उदाहरण: तांबा, सीसा, सोना, चांदी, जस्ता, सुरमा, बिस्मथ, आदि।

गुण:

- इन पदार्थों को एक चुंबक द्वारा प्रतिकर्षित किया जाता है।

- इन पदार्थों के परमाणु कक्षक पूर्ण रूप से भरे हुए हैं।
- यह लागू चुंबकीय क्षेत्र की दिशा के विपरीत दिशा में कमजोर चुंबकत्व विकसित करता है।
- जैसे ही चुंबकीय क्षेत्र हटा दिया जाता है, यह अपना चुंबकत्व खो देता है।
- जब एक गैर-समान चुंबकीय क्षेत्र में रखा जाता है, तो यह चुंबकीय क्षेत्र के मजबूत से कमजोर क्षेत्रों में स्थानांतरित हो जाता है।
- जब एक समान चुंबकीय क्षेत्र में रखा जाता है, तो यह स्वयं को चुंबकीय क्षेत्र की दिशा के लंबवत संरेखित करता है।
- चुंबकीय संवेदनशीलता एक छोटा नकारात्मक मूल्य है।
- सापेक्ष पारगम्यता एक के करीब होती है और हमेशा 1 से कम होती है।
- मुक्त स्थान की तुलना में चुंबकीय पारगम्यता थोड़ी कम होती है।

अतः विकल्प (D) सही है।

65. एक बार चुंबक एक चुंबकीय द्विध्रुवीय है। यह एक विद्युत द्विध्रुव के समान है जो दो समान और विपरीत समान आवेशों की एक प्रणाली है। प्रकृति में पृथक चुंबकीय आवेश या चुंबकीय मोनोपोल मौजूद नहीं होते हैं। यदि कोई छड़ चुम्बक परमाणु स्तर तक टूट भी जाए तो भी उत्तरी और दक्षिणी ध्रुवों को कभी अलग नहीं किया जा सकता।

दो छड़ चुम्बकों के बीच बल के सूत्र का प्रयोग करने पर:

$$F = \frac{\mu_0}{4\pi} \frac{6M_1M_2}{r^4}$$

यहां,

F दो छड़ चुम्बकों के बीच लगने वाला बल है।

M_1 और M_2 चुंबकीय क्षण हैं।

r बार चुम्बकों के बीच की दूरी है।

μ_0 खाली जगह की पारगम्यता है।

यदि छड़ चुम्बकों की लंबाई की तुलना में नगण्य है तो $r = d$

इस प्रकार, उनके बीच कार्य करने वाला बल $\frac{1}{d^4}$ के अनुपात में होगा।

अतः विकल्प (D) सही है।

66. दाहिने हाथ के अंगूठे के नियम से, हम कह सकते हैं कि यदि एक ऊर्ध्वाधर तार में धारा ऊपर की ओर बह रही है तो तार के बाईं ओर चुंबकीय क्षेत्र की दिशा कागज के लंबवत और बाहर की ओर होगी क्योंकि जब अंगूठे का दाहिने हाथ को धारा की दिशा में रखा जाता है, बाईं ओर की उंगलियों की दिशा कागज के लंबवत और बाहर की ओर होती है।

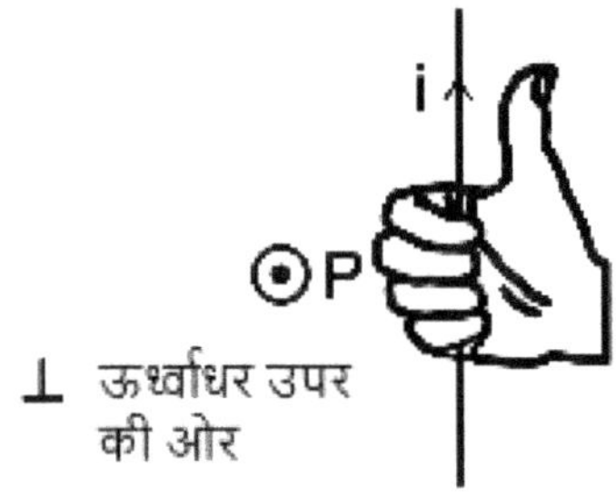

अतः विकल्प (A) सही है।

67. विद्युत चुम्बक का प्रयोग विद्युत घंटियों, लाउडस्पीकरों और टेलीफोन डायाफ्राम में किया जाता है।

- विद्युत चुंबक एक प्रकार का चुंबक होता है, जिसमें विद्युत प्रवाह द्वारा चुंबकीय क्षेत्र उत्पन्न होता है।
- विद्युत चुंबक में सामान्यतः तार के लपेटे होते हैं, जो एक कुंडली में होते हैं।
- परिनालिका के अंदर एक नरम लोहे की छड़ रखकर विद्युत चुम्बकों के चुंबकत्व को बढ़ाया जा सकता है।
- विद्युत चुम्बकों का कोर लौहचुम्बकीय पदार्थों से बना होता है जिनमें उच्च पारगम्यता और कम धारण क्षमता होती है।
- विशाल विद्युत चुम्बकों का उपयोग क्रेनों में मशीनरी उठाने और भारी मात्रा में लोहा और इस्पात के लिए किया जाता है।

अतः विकल्प (C) सही है।

68. जब एक छड़ चुंबक के केंद्र में एक छेद काट दिया जाता है, तो छड़ चुंबक की ध्रुव शक्ति अपरिवर्तित रहेगी।

- चुम्बक पर वह बिंदु जिसमें अधिकतम आकर्षण गुण होता है, चुम्बक के ध्रुव कहलाते हैं।
- चुम्बक के ध्रुव सिरे से थोड़े अंदर होते हैं।
- जब चुंबक के केंद्र में एक छेद काट दिया जाता है, तो उसका सिरा अप्रभावित रहता है जहां चुंबक के ध्रुव होते हैं।

अतः विकल्प (C) सही है।

69. दिया गया है,

$$\theta = 30°$$

चुंबकीय क्षेत्र, $B = 800\,\text{G}$

बलआघूर्ण $\tau = 0.016\,\text{Nm}$

जैसा कि हम जानते हैं,

चुंबक का चुंबकीय आघूर्ण,

$$\tau = mB\sin\theta$$

$$0.016 = m \times (800 \times 10^{-4}\,T) \times (\sin30)$$

$$0.016 = m \times (800 \times 10^{-4}\,T) \times \left(\frac{1}{2}\right)$$

$$m = 160 \times \frac{2}{800} = 0.40\,A\,m^2$$

अतः विकल्प (A) सही है।

70. दिया गया है,

आपेक्षिक चुंबकशीलता, $\mu_r = 400$

धारा $I = 2\,A$

$\mu_0 = 4\pi \times 10^{-7}$

क्षेत्र H क्रोड के पदार्थ पर निर्भर करता है और इसके लिए सूत्र है,

$$H = nI$$

$$= 1000 \times 2.0$$

$$= 2 \times 10^3\,A/m$$

चुंबकीय क्षेत्र B के लिए सूत्र है,

$$B = \mu_r\mu_0 H$$

$$= 400 \times 4\pi \times 10^{-7} \times 2 \times 10^3$$

$= 1.0\, T$

अतः विकल्प (D) सही है।

71. दिया गया है,

$n = 800$

$A = 2.5 \times 10^{-4}\, m^2$

$I = 3.0\, A$

सोलेनोइड की धुरी के साथ एक चुंबकीय क्षेत्र विकसित होता है। इसलिए: धारावाही परिनालिका छड़ चुम्बक की भाँति कार्य करती है।

जुड़ा हुआ चुंबकीय आघूर्ण,

$m = nIA$

$= 800 \times 3 \times 2.5 \times 10^{-4}$

$= 0.6 J T^{-1}$

अतः विकल्प (B) सही है।

72. जैसा कि हम जानते हैं,

कक्षीय कोणीय संवेग $J = m\omega r^2 \dots (1)$

जहां ω कोणीय वेग है, r कक्षा की त्रिज्या है।

जैसा कि हम जानते हैं,

चुंबकीय आघूर्ण $\mu = i\, A$

$= \dfrac{e\omega}{2\pi} \pi r^2 \dots (2)$

समीकरण (1) और (2) को विभाजित करने पर, हम प्राप्त करते हैं

$\therefore \dfrac{\mu}{J} = \dfrac{\frac{e\omega}{2\pi}\pi r^2}{m\omega r^2} = \dfrac{e}{2m}$

$\Rightarrow \mu = \dfrac{eJ}{2\,m}$

अतः विकल्प (B) सही है।

73. कुंडल में भंवर धाराओं के संबंध में "भंवर धाराएँ उपयोगी ऊर्जा को ऊष्मा में परिवर्तित करती हैं और उसे बर्बाद कर देती हैं" सही है।

भंवर धारा: चालक में चुंबकीय क्षेत्र को बदलकर चालक के भीतर प्रेरित विद्युत धारा के लूप को भंवर धाराएं कहा जाता है। भंवर धाराएँ उपयोगी ऊर्जा को ऊष्मा में बदल देती हैं, जो आम तौर पर उपयोगी नहीं होती है। भंवर धाराएं ऊर्जा की हानि का कारण बनती हैं क्योंकि उनमें विरोध करने की प्रवृत्ति होती है।

अतः विकल्प (D) सही है।

74. दिया गया,

इनपुट वोल्टेज, $V_i = 2200\, V$

आउटपुट वोल्टेज, $V_o = 220\, V$

$P_{\text{आउटपुट}} = 880\, W$

दक्षता $(\eta) = 88\%$

$= \dfrac{88}{100}$

$= 0.88$

$\eta = P_{\text{आउटपुट}} \,/\, P_{\text{इनपुट}}$

$\Rightarrow 0.88 = 880 \,/\, P_{\text{इनपुट}}$

$\Rightarrow P_{\text{इनपुट}} = 1000\, W$

अब,

शक्ति, $P = VI$

$\Rightarrow I = \dfrac{P}{V}$

$\Rightarrow I_{\text{इनपुट}} = P_{\text{इनपुट}} \,/\, V_i$

$\Rightarrow I_{\text{इनपुट}} = \dfrac{1000}{2200}$

$\Rightarrow I_{\text{इनपुट}} = 0.45\, A$

अतः विकल्प (B) सही है।

75. प्रेरित विद्युतवाहक बल (emf) $E = -N\dfrac{d\phi}{dt}$ के द्वारा दिया गया है।

फैराडे के विद्युत चुम्बकीय प्रेरण के दूसरे नियम के अनुसार, एक कुंडली में प्रेरित emf कुंडली के साथ जुड़े प्रवाह के परिवर्तन की दर के बराबर है।

i.e., $E = -N\dfrac{d\phi}{dt}$

जहाँ, N = आवर्त संख्या, $d\phi$ = चुंबकीय अभिवाह में परिवर्तन और E = प्रेरित e.m.f.

ऋणात्मक संकेत के अनुसार यह चुंबकीय अभिवाह में बदलाव का विरोध करता है जिसे लेंज नियम द्वारा समझाया गया है।

N घुमाव के लिए, विद्युतवाहक बल (emf) इस प्रकार होगा

$E = -N\dfrac{d\phi}{dt}$

अतः विकल्प (A) सही है।

76. जब एक विद्युत चुम्बकीय तरंग किसी भौतिक सतह से टकराती है, तो यह गति, साथ ही ऊर्जा को सतह तक पहुँचाती है। स्ट्राइकिंग विद्युत चुम्बकीय तरंग सतह पर दबाव डालती है। विद्युत चुम्बकीय तरंग द्वारा सतह पर स्थानांतरित कुल ऊर्जा $E = pc$ द्वारा दी जाती है। इसलिए, $p \neq 0, E \neq 0$।

अत: विकल्प (C) सही है।

77. दिया गया,

y- दिशा के साथ विद्युत चुम्बकीय तरंग की आवृत्ति

$\nu = 30\, MHz$

y -दिशा के साथ तरंग का विद्युत क्षेत्र घटक

$E = 6\, vm^{-1}$

निर्वात में प्रकाश की गति $c = 3 \times 10^8$ m/sec

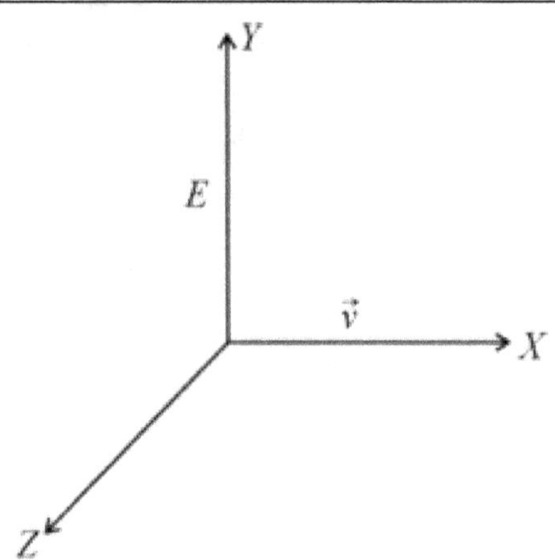

विद्युतचुंबकीय में, विद्युत और चुंबकीय क्षेत्र के आयामों का अनुपात हमेशा स्थिर रहता है और यह विद्युतचुंबकीय तरंगों के वेग के बराबर होता है।

$$\frac{E}{B} = c$$

$$B = \frac{E}{c} = \frac{6}{3 \times 10^8}$$

$$B = 2 \times 10^{-8}\,T$$

अत: विकल्प (A) सही है।

78. दिया गया:

$$\phi_E = (50t^2 + 10t + 2)Vm$$

हम जानते हैं कि:

विस्थापन धारा के लिए व्यंजक दिया जाता है,

$$i_d = \epsilon_0 \frac{d\phi_E}{dt}$$

$$= \epsilon_0 \frac{d(50t^2 + 10t + 2)}{dt}$$

$$= \epsilon_0(100t + 10)$$

$t = 2$ sec के लिए,

$$i_d = \epsilon_0(100 \times 2 + 10)$$

$$= \epsilon_0(200 + 10) = 210\epsilon_0$$

$$= 210\epsilon_0 A$$

अत: विकल्प (A) सही है।

79. *गति एक ही माध्यम में सभी तीव्रताओं के लिए समान होगी।*

सभी विद्युत चुम्बकीय तरंगे आवृत्तियों के निरपेक्ष निर्वात में प्रकाश की गति पर चलती है अर्थात $c = v \times \lambda$ जहाँ v आवृत्ति है, λ तरंगदैर्ध्य है और c प्रकाश की गति है।

एक तरंग की गति और तीव्रता के बीच संबंध इस प्रकार दिया जाता है: $I = \frac{1}{2}\epsilon_o E_o^2 c$ जहां ϵ_o मुक्त स्थान (निर्वात) की विद्युत पारगम्यता है और $8.85 \times 10^{-12} C^2 N^{-1} m^{-2}$ के बराबर है, c तरंग की गति है और E_o विद्युत क्षेत्र का आयाम है।

एक माध्यम के लिए: $\lambda \times v = v$, इस प्रकार सभी आवृत्तियों और तरंग दैर्ध्यों के लिए गति समान नहीं होगी, इसलिए विकल्प (A) और (D) गलत हैं।

जैसा कि हम जानते हैं कि जब तरंग एक माध्यम से दूसरे माध्यम में जाती है, तो इसकी गति बदल जाती है इसलिए विकल्प (B) गलत है।

अत: विकल्प (C) सही है।

80. उत्तल दर्पण वह दर्पण होता है जिसकी परावर्तक सतह वक्रता के केंद्र से दूर होती है।

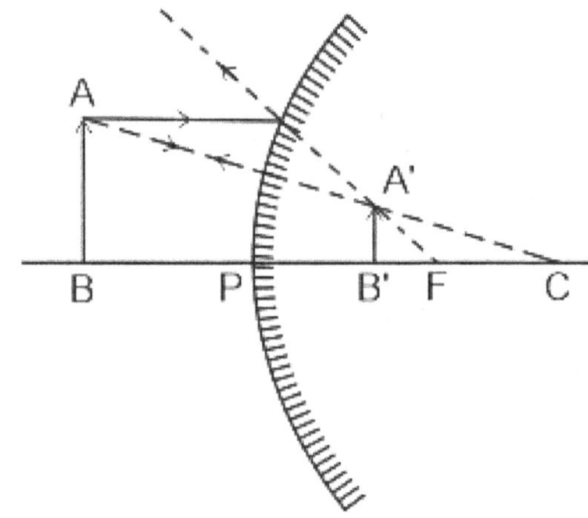

उत्तल दर्पण का फोकस दर्पण के पीछे होता है। जब वस्तु अनंत और दर्पण के ध्रुव के बीच होती है, तब निर्मित प्रतिबिंब दर्पण के फोकस और ध्रुव के बीच और दर्पण के पीछे होता है। उत्तल दर्पण द्वारा बनाया गया प्रतिबिंब आभासी और सीधा होता है। उत्तल दर्पण हमेशा वस्तु से छोटे आकार का प्रतिबिम्ब बनाता है।

अत: विकल्प (D) सही है।

81. *समतल दर्पण की वक्रता त्रिज्या अनंत होती है।*

एक समतल दर्पण को एक असीम रूप से बड़े गोलाकार सतह का हिस्सा माना जा सकता है और एक असीम रूप से बड़े गोलाकार सतह में अनंत त्रिज्या होगी। इसलिए, समतल दर्पण की वक्रता त्रिज्या अनंत होगी।

अत: विकल्प (B) सही है।

82. दिया गया,

प्रिज्म कोण $(A) = 8°$

विचलन कोण $(\delta) = 2°$

अब,

हम जानते है कि,

विचलन कोण $(\delta) = (\mu - 1)A$

तो,

$$2° = (\mu - 1) \times 8°$$

$$\Rightarrow \mu - 1 = \frac{2}{8}$$

$$\Rightarrow \mu - 1 = \frac{2}{8}$$

$$\Rightarrow \mu - 1 = 0.25$$

$$\Rightarrow \mu = 0.25 + 1$$

$$\Rightarrow \mu = 1.25$$

इस प्रकार, प्रिज्म का अपवर्तनांक $(\mu) = 1.25$

अत: विकल्प (C) सही है।

83. दिया गया,

$$f = 50 \text{ सेमी (वायु में)}$$

अवतल दर्पण की फोकस दूरी इस प्रकार है,

$$f = \frac{R}{2}$$

दिए गए समीकरण से यह स्पष्ट है कि अवतल दर्पण की फोकस दूरी वक्रता त्रिज्या पर निर्भर करती है। अवतल दर्पण की वक्रता त्रिज्या हवा और पानी में समान होगी। तो हवा और पानी में फोकस दूरी भी समान होगी।

अतः विकल्प (C) सही है।

84. दिया है:

$$y_1 = a \cdot \cos(\omega t) \text{ और } y_2 = 2a \cdot \cos(\omega t)$$

यदि दो तरंगें रचनात्मक व्यतिकरण से गुजरती हैं, तो परिणामी विस्थापन इस प्रकार दिया जाता है,

$$y = y_1 + y_2$$
$$\Rightarrow y = a\cos(\omega t) + 2a\cos(\omega t)$$
$$\Rightarrow y = 3a \cdot \cos(\omega t) \quad \dots(1)$$

समीकरण (1) द्वारा, परिणामी तरंग का आयाम 'A' इस प्रकार दिया जाता है,

$$A = 3a$$

अतः विकल्प (C) सही है।

85. जब दो स्लिट्स की चौड़ाई बढ़ जाती है, तो फ्रिंज चमकीले बन जाते हैं। हालांकि, प्रत्येक भट्टा की चौड़ाई स्लिट्स के बीच दूरी से काफी छोटी होनी चाहिए। जब स्लिट्स इतने चौड़े हो जाते हैं कि यह स्थिति संतुष्ट नहीं होती है, तो हस्तक्षेप पैटर्न गायब हो जाता है, यानी, फ्रिंज कम विशिष्ट हो जाते हैं।

अतः विकल्प (D) सही है।

86. एक डार्क फ्रिंज बनाने के लिए,

$$\frac{dy}{D} = \lambda$$
$$y = \frac{D\lambda}{d}$$
$$= \frac{2 \times 600 \times 10^{-9}}{10^{-3}}$$
$$= 1.2 \text{ मिमी}$$

केंद्रीय दीप्त फ्रिंज के दोनों ओर प्रथम अदीप्त फ्रिंजों के बीच की दूरी $=$ $2 \times y = 2.4$ मिमी

अतः विकल्प (D) सही है।

87. तरंग-कण द्वैत के अनुसार, डी ब्रोगली तरंग दैर्ध्य क्वांटम यांत्रिकी में सभी वस्तुओं में प्रकट एक तरंग दैर्ध्य है जो कॉन्फ़िगरेशन स्थान के दिए गए बिंदु पर ऑब्जेक्ट को खोजने की संभावना घनत्व निर्धारित करता है। किसी कण की डी ब्रोगली तरंग दैर्ध्य उसकी गति के विपरीत आनुपातिक होती है। इसलिए गति समान रहती है।

अतः विकल्प (D) सही है।

88.

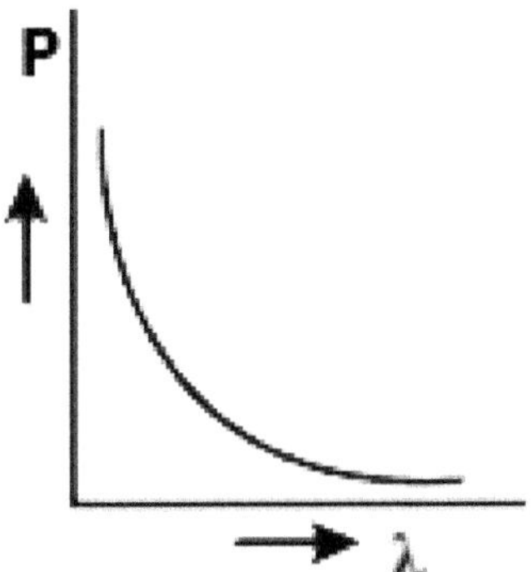

डी-ब्रोगली तरंग दैर्ध्य दिया जाता है

$$\lambda = \frac{n}{P}$$
$$\lambda \propto \frac{1}{P},$$
$$\lambda P = \text{स्थिर}$$

अतः विकल्प (D) सही है।

89. दिया गया है,

एक प्रोटॉन और एंटीप्रोटोन के विनाश के कारण समान आवृत्ति के दो फोटॉन उत्पन्न होते हैं।

हम जानते हैं कि,

$$c = 3 \times 10^8$$

एक प्रोटॉन का द्रव्यमान, $m = 1.67 \times 10^{-27}$

आइंस्टाइन के नियम के अनुसार,

$$E = mc^2$$

मानों को उपरोक्त सूत्र में रखने पर, हम प्राप्त करते हैं

$$E = (2 \times 1.67 \times 10^{-27}) \times (3 \times 10^8)^2 \, J$$
$$= 3.006 \times 10^{-10} \, J$$

डी-ब्रॉग्ली समीकरण से,

$$2h\nu = E \text{ या } 2h\frac{c}{\lambda} = E$$
$$\therefore \lambda = \frac{2hc}{E}$$

मानों को उपरोक्त सूत्र में रखने पर, हम प्राप्त करते हैं

$$= \frac{2 \times 6.62 \times 10^{-34} \times 3 \times 10^8}{3.006 \times 10^{-10}} \, m$$
$$= 1.323 \times 10^{-15} \, m$$

अतः विकल्प (B) सही है।

90. दिया गया है,

गतिज ऊर्जा, $(K.E.) = E_2 = 2E_1$

डी ब्रोगली तरंगदैर्ध्य सूत्र से,

$$\lambda = \frac{h}{p} = \frac{h}{\sqrt{2m(K.E.)}}$$

इसलिए,

$$\lambda_1 = \frac{h}{\sqrt{2mE_1}} \quad \text{...... (i)}$$

$$\lambda_2 = \frac{h}{\sqrt{2mE_2}} \quad \text{...... (ii)}$$

समीकरण (i) को समीकरण (ii) से भाग देने पर, हमें प्राप्त होता है

$$\frac{\lambda_1}{\lambda_2} = \sqrt{\frac{E_2}{E_1}} = \sqrt{\frac{2E_1}{E_1}}$$

$$\frac{\lambda_2}{\lambda_1} = \sqrt{\frac{1}{2}}$$

$$\lambda_2 = \lambda_1 \left(\frac{1}{\sqrt{2}}\right)$$

अत: विकल्प (B) सही है।

91. रोक क्षमता प्रकाश की आवृत्ति के लिए सीधे आनुपातिक है। इसलिए, घटना प्रकाश की आवृत्ति में वृद्धि के साथ रोक क्षमता बढ़ जाती है।

अतः विकल्प (D) सही है।

92. रदरफोर्ड प्रकीर्णन प्रयोग के अनुसार प्रक्षेप्य की ऊर्जा निकटतम दृष्टिकोण पर स्थितिज ऊर्जा के बराबर होती है।

$$KE = \frac{1}{4\pi\varepsilon_0}\frac{z_1 z_2}{r_0}$$

इसलिए, ऊर्जा $\propto z_1 z_2$.

अत: विकल्प (A) सही है।

93.

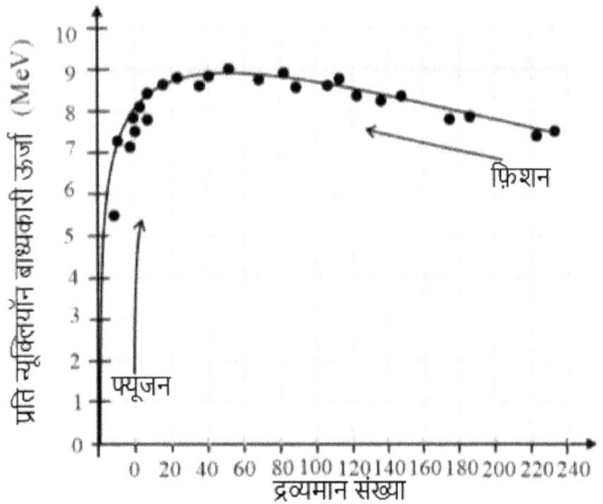

उपरोक्त आरेख प्रति न्यूक्लियॉन बनाम द्रव्यमान संख्या ग्राफ बाध्यकारी ऊर्जा है। ग्राफ से, हम देख सकते हैं कि प्रति न्यूक्लियॉन बाध्यकारी ऊर्जा पहले बढ़ती है और फिर द्रव्यमान संख्या के साथ घट जाती है।

अत: विकल्प (D) सही है।

94. सिद्धांत क्वांटम संख्या n के कार्य के रूप में एक इलेक्ट्रॉन की गति दी जाती है,

$$v = (2.17 \times 10^7 \ m \ s^{-1}) \times \frac{Z}{n}$$

फिर,

$$v \propto \frac{1}{n}$$

गति और प्रमुख क्वांटम संख्या के बीच का ग्राफ एक आयताकार अतिपरवलय है जिसे ग्राफ c द्वारा दर्शाया जाता है।

अत: विकल्प (C) सही है।

95. जैसा कि दिया गया है, λ संक्रमण परमाणु $n = 3$ से $n = 1$ तक हाइड्रोजन परमाणु की तरंग दैर्ध्य है।

तरंगदैर्ध्य के लिए,

$$\frac{1}{\lambda} = RZ^2 \left(\frac{1}{n_1^2} - \frac{1}{n_2^2}\right)$$

यहाँ संक्रमण समान है, इसलिए, $\lambda \propto \frac{1}{Z^2}$

$$\frac{\lambda_H}{\lambda_{Li}} = \frac{(Z_{Li})^2}{(Z_H)^2} = \frac{(3)^2}{(1)^2} = 9$$

$$\lambda_{Li} = \frac{\lambda_H}{9} = \frac{\lambda}{9}$$

अत: विकल्प (C) सही है।

96. अर्धचालकों का तापमान गुणांक ऋणात्मक होता है। इसका कारण यह है कि जब तापमान में वृद्धि होती है, तो सहसंयोजक बंधों के टूटने के कारण बड़ी संख्या में आवेश वाहक उत्पन्न होते हैं और इसलिए ये इलेक्ट्रॉन स्वतंत्र रूप से चलते हैं और चालकता को जन्म देते हैं।

अतः विकल्प (C) सही है।

97. फॉरवर्ड बायसिंग और रिवर्स बायसिंग दोनों में, लागू क्षमता एक आंतरिक विद्युत क्षेत्र स्थापित करता है जो क्षमता अवरोध के खिलाफ या उसके खिलाफ कार्य करता है। यह आंतरिक विद्युत क्षेत्र जंक्शन पर कमजोर या मजबूत होता है। फॉरवर्ड बायसिंग में नी वोल्टेज फॉरवर्ड वोल्टेज होता है जिस पर जंक्शन के माध्यम से करंट तेजी से बढ़ने लगता है। एक बार जब लागू फॉरवर्ड वोल्टेज नी के वोल्टेज से अधिक हो जाता है, तो करंट तेजी से बढ़ने लगता है।

फॉरवर्ड बायसिंग स्थिति में, आंतरिक विद्युत क्षेत्र द्वारा दिया जाता है $E = -\frac{\Delta V}{\Delta r}$

या

$$|E| = \frac{\Delta V}{\Delta r} = \frac{0.5}{10^{-6}}$$

$$= \frac{5 \times 10^{-1}}{10^{-6}}$$

$$= 5 \times 10^5 \ \frac{V}{m}$$

अतः विकल्प (C) सही है।

98. इन्सुलेटर में ऊर्जा बैंड गैप अधिकतम होता है। इससे इलेक्ट्रॉनों के लिए चालन बैंड में जाना मुश्किल हो जाता है। यह धातुओं और सुपरकंडक्टर्स के विपरीत है, जिसमें न्यूनतम ऊर्जा बैंड गैप होते हैं जो इलेक्ट्रॉनों की गति को सुविधाजनक बनाते हैं।

अतः विकल्प (C) सही है।

99. अशुद्ध अर्धचालक जिनमें अशुद्धता परमाणुओं के कारण आवेश वाहक उत्पन्न होते हैं उन्हें बाह्य अर्धचालक कहते हैं। वे अशुद्धता परमाणुओं के साथ एक आंतरिक अर्धचालक डोपिंग द्वारा प्राप्त किए जाते हैं। विद्युतधारा का प्रवाह होता है "मुक्त" इलेक्ट्रॉन और "छिद्रों" के द्वारा, जिन्हे आवेश वाहक भी कहते है। सिलिकॉन जैसे अर्धचालक में फॉस्फोरस या बोरॉन जैसे तत्वों को डालकर डोपिंग

किया जाता है, जिससे अर्धचालक में उपलब्ध मुक्त इलेक्ट्रान या छिद्रों की मात्रा काफी हद तक बढ जाती है।

अतः विकल्प (C) सही है।

100. हम जानते हैं कि, प्रकाश की गति (c) $= 3 \times 10^8$ ms $^{-1}$

$h = 6.6 \times 10^{-34}$ js

दिया गया,

तरंग दैर्ध्य (λ) $= 2480$ nm

$= 2480 \times 10^{-9}$ m $\qquad$ ($\because$ 1 nm $= 10^{-9}$ m)

ऊर्जा अंतराल (E_g) $=?$

ऊर्जा अंतराल, $E_g = \dfrac{hc}{\lambda}$ j

$= \dfrac{(6.63 \times 10^{-34})(3 \times 10^8)}{2480 \times 10^{-9} \times 1.6 \times 10^{-19}}$ eV

$= 0.5$ eV

अतः विकल्प (C) सही है।

Q.1 विद्युत शक्ति की इकाई को ______ के रूप में भी व्यक्त किया जा सकता है।

A. वोल्ट एम्पीयर
B. किलोवाट घंटा
C. वाट सेकंड
D. जूल सेकंड

Q.2 यदि किसी पिंड के वेग के मापन में 50% की धनात्मक त्रुटि है, तो गतिज ऊर्जा के मापन में त्रुटि है:

A. 25%
B. 50%
C. 100%
D. 125%

Q.3 वह मात्रा जिसकी विमा में द्रव्यमान नहीं होता है:

A. विद्युत विभव
B. विद्युत प्रतिरोध
C. विशिष्ट ऊष्मा
D. चुंबकीय प्रवाह

Q.4 निम्नलिखित में से किसका मात्रक मीटर है?

A. प्रकाश वर्ष
B. तरंगदैर्घ्य
C. विस्थापन
D. उपरोक्त सभी

Q.5 ग्राफ एक वस्तु के लिए समय पर वेग की निर्भरता को दर्शाता है जो एक्स-अक्ष के साथ एक आयाम में स्थानांतरित करने के लिए प्रतिबंधित है। T = 0 पर, वस्तु x = 0 पर एक अवस्था में है।

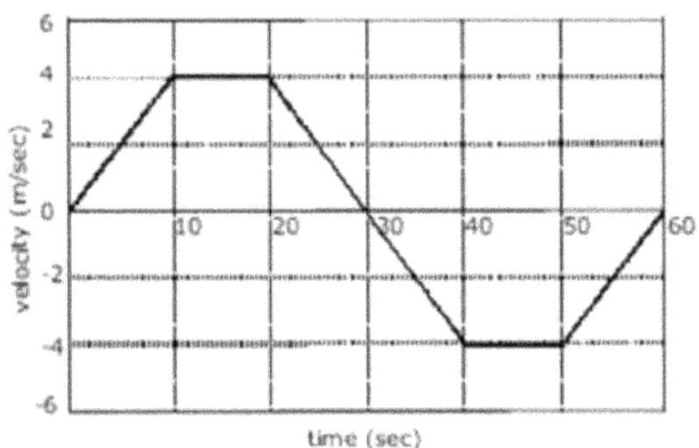

T = 60 सेकंड पर, वस्तु स्थित है

A. x = 0 मी
B. x = 40 मी
C. x = 6 मी
D. x = -60 मी

Q.6 एक एक्सप्रेस ट्रेन 5 मीटर/सेकंड की गति से से चलती है जिसे उसी ट्रैक पर 30 मीटर/सेकंड की गति से एक एक्सप्रेस ट्रेन पीछा कर रही है। पैसेंजर ट्रेन का पिछला हिस्सा कुछ दूरी पर है। एक्सप्रेस ट्रेन का ड्राइवर टकराव से बचने के लिए ब्रेक लगाता है। यदि ब्रेक के कारण मंदन 4 मीटर/सेकंड ^{2} है, तो उस समय का पता लगाएं जिसमें ब्रेक के लगाने के बाद दुर्घटना से बचा जाता है ?

A. 4.25 सेकंड
B. 5.25 सेकंड
C. 6.25 सेकंड
D. 7.25 सेकंड

Q.7 द्रव्यमान m का एक गतिशील कण द्रव्यमान $2m$ के एक और कण के साथ एक सिर पर लोचदार टकराव करता है, जो शुरू में एक अवस्था में है। टकराव के समय में विखंडित कण की ऊर्जा में प्रतिशत नुकसान करीब है:

A. 50%
B. 66.7%
C. 90%
D. 100%

Q.8 एक कण के सदिश पथ की कुल लंबाई हमेशा विस्थापन के परिमाण से _________ होती है।

A. बराबर
B. अधिक या बराबर
C. कम
D. इनमे से कोई नहीं

Q.9 हवाई जहाज से फेंकी गई वस्तु ______ का एक उदाहरण है।

A. प्रक्षेप्य गति
B. बलों की स्थिरता
C. सदिशों की संरचना
D. सदिशों का योग

Q.10 प्रति मिनट 420 चक्कर लगाने वाले फ्लाईव्हील की कोणीय गति की गणना करें।

A. 42 रेडियन प्रति सेकंड
B. 12 रेडियन प्रति सेकंड
C. 56 रेडियन प्रति सेकंड
D. 44 रेडियन प्रति सेकंड

Q.11 एक ऊर्ध्वाधर छड़ पर संतुलित गेंद किसका उदाहरण है?

A. स्थिर साम्य
B. अस्थिर साम्य
C. तटस्थ साम्य
D. पूर्ण साम्य

Q.12 l लम्बाई की एक डोरी का एक सिरा m द्रव्यमान के किसी कण से तथा दूसरा सिरा चिकनी क्षैतिज मेज पर लगी खूँटी से बँधा है। यदि कण v चाल से वृत्त में गति करता है तो कण पर (केन्द्र की ओर निर्देशित) नेट बल है-

A. T
B. $T - \dfrac{mv^2}{l}$
C. $T + \dfrac{mv^2}{l^2}$
D. 0

Q.13 $15\ ms^{-1}$ की आरम्भिक चाल से गतिशील $20\ kg$ संहति के किसी पिण्ड पर $50\ N$ का स्थायी मन्दन बल आरोपित किया गया है। पिण्ड को रुकने में कितना समय लगेगा?

A. 6 सेकण्ड
B. 10 सेकण्ड
C. 12 सेकण्ड
D. 14 सेकण्ड

Q.14 चित्र में दिखाए गए तात्कालिक ब्लॉक 'B' का वेग ज्ञात कीजिए।

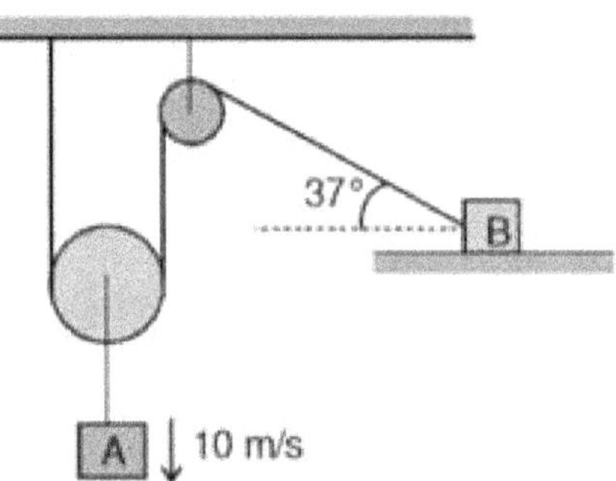

A. 25 m/s
B. 20 m/s
C. 22 m/s
D. 30 m/s

Q.15 किया गया कार्य (kJ में) ज्ञात करें यदि 750 N का बल द्रव्यमान 30 kg की गाड़ी को 16 m धकेलता है।

A. 24
B. 12
C. 36
D. 48

Q.16 कार्य को बेहतर रूप से परिभाषित किया गया है:

A. कार्य की केवल दिशा होती है, कोई परिमाण नहीं होता है।
B. कार्य का परिमाण और दिशा दोनों होती है।
C. कार्य का कोई परिमाण और कोई दिशा नहीं होती है।
D. कार्य का केवल परिमाण होता है, कोई दिशा नहीं होती है।

Q.17 संक्षिप्त स्प्रिंग में ऊर्जा के प्रकार (गतिज ऊर्जा K या स्थितिज ऊर्जा U) का नाम बताइए:

A. स्थितिज ऊर्जा
B. गतिज ऊर्जा
C. (A) और (B) दोनों
D. इनमे से कोई भी नहीं

Q.18 द्रव्यमान m का एक कठोर पिंड एक स्थिर गति v के साथ त्रिज्या r के एक वृत्त में घूम रहा है। पिंड पर बल $\frac{mv^2}{r}$ है और यह केंद्र की ओर निर्देशित है। इस बल द्वारा वृत्त की आधी परिधि पर पिंड को घुमाने में किया गया कार्य क्या है?

A. $\frac{mv^2}{\pi r^2}$ B. शून्य   C. $\frac{mV^2}{l^2}$ D. $\frac{\pi r^2}{mv^2}$

Q.19 लंबाई l की एक समान छड़ O से एक निश्चित क्षैतिज अक्ष की ओर एक ऊर्ध्वधर समतल में घूमने के लिए स्वतंत्र है। छड़ को अपनी अस्थिर ऊर्ध्वधर स्थिति से विराम से घुमाने की अनुमति है। फिर छड़ का कोणीय वेग बताइए जब यह कोण θ पर घूमती है:

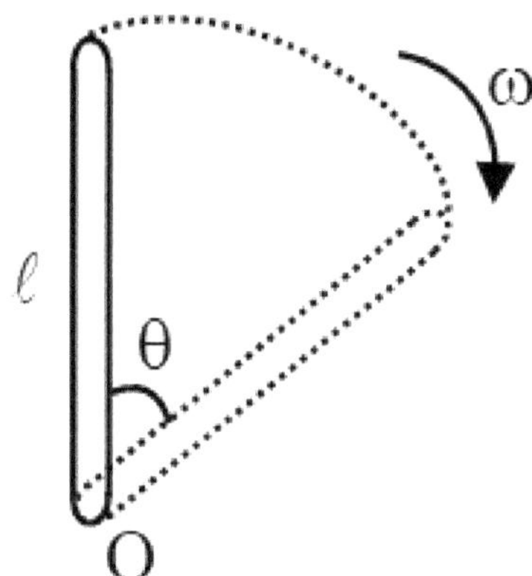

A. $\sqrt{\frac{3g}{l}}\sin\left(\frac{\theta}{2}\right)$ B. $\sqrt{\frac{6g}{l}}\sin\left(\frac{\theta}{2}\right)$

C. $\sqrt{\frac{3g}{l}}\cos\left(\frac{\theta}{2}\right)$ D. $\sqrt{\frac{6g}{l}}\cos\left(\frac{\theta}{2}\right)$

Q.20 कठोर निकाय तीन समान पतली छड़ों से बना होता है, जो एक अक्षर H के रूप में एक साथ बंधे होते हैं। निकाय एक क्षैतिज अक्ष की ओर घूमने के लिए स्वतंत्र है जो अक्षर H के एक पैर से गुजरता है। निकाय को विराम से एक स्थिति में गिरने की अनुमति है, जिसमें H का तल क्षैतिज है। तब निकाय का कोणीय वेग जब H का तल लंबवत होता है -

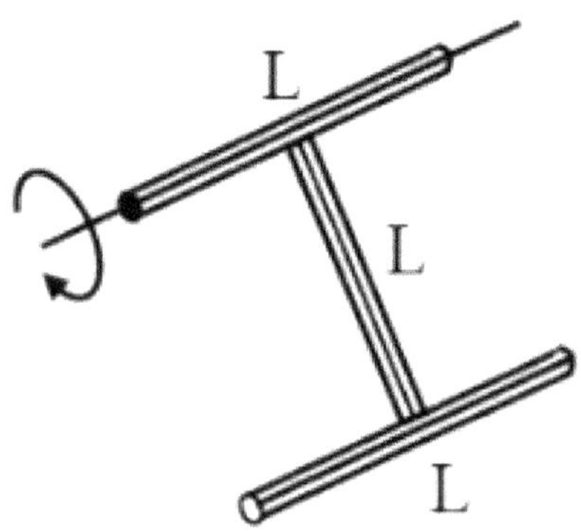

A. $\sqrt{\frac{9g}{4L}}$ B. $\sqrt{\frac{3g}{4L}}$

C. $\sqrt{\frac{3g}{4L}}$ D. इनमें से कोई नहीं

Q.21 10 किलोग्राम द्रव्यमान की एक वस्तु छत से एक डोरी द्वारा जुड़ी हुई है जो ऊर्ध्वधर से $30°$ झुकाव पर 4 मीटर की त्रिज्या के एक क्षैतिज वृत्त में घूर्णन करती है। डोरी में तनाव (लगभग) है :

A. 720 N   B. 960 N   C. 114 N   D. 125 N

Q.22 यदि पृथ्वी की सतह पर गुरुत्वाकर्षण के कारण g त्वरण है, तो पृथ्वी की सतह से पृथ्वी की त्रिज्या के बराबर ऊंचाई पर उठाए गए द्रव्यमान m की एक वस्तु पर संभावित ऊर्जा होगी:

A. $mg\frac{R}{4}$ B. $mg\frac{R}{2}$ C. mgR D. $2mgR$

Q.23 गुरुत्वाकर्षण का नियम _______ के बीच गुरुत्वाकर्षण बल देता है।

A. केवल पृथ्वी और एक बिंदु द्रव्यमान

B. केवल पृथ्वी और सूर्य

C. किन्हीं दो पिंडों का द्रव्यमान

D. केवल दो आवेशित निकाय

Q.24 गोलाकार कोश के केंद्र के गुरुत्वाकर्षण क्षेत्र की तीव्रता कितनी होती है?

A. परिवर्तनशील   B. न्यूनतम

C. अधिकतम   D. शून्य

Q.25 एक मिसाइल को पलायन वेग से कम वेग से प्रक्षेपित किया जाता है। इसकी गतिज और स्थितिज ऊर्जा का योग _______ है।

A. धनात्मक

B. ऋणात्मक

C. शून्य

D. इसके प्रारंभिक वेग के आधार पर धनात्मक या ऋणात्मक हो सकता है

Q.26 जिस वेग से एक प्रक्षेप्य को दागा जाना चाहिए ताकि वह पृथ्वी के गुरुत्वाकर्षण से बच सके _______ पर निर्भर नहीं करता है।

A. पृथ्वी का द्रव्यमान

B. प्रक्षेप्य का द्रव्यमान

C. प्रक्षेप्य की कक्षा की त्रिज्या

D. गुरुत्वाकर्षण स्थिरांक

Q.27 $50\ g$ द्रव्यमान का एक लोलक गोलक एक लिफ्ट की छत से लटकाया गया है। यदि लिफ्ट एकसमान वेग के साथ ऊपर जाती है, तो डोरी में तनाव लगभग है:

A. $0.30\ N$ B. $0.40\ N$ C. $0.42\ N$ D. $0.50\ N$

Q.28 समान आयामों के दो बेलनाकार छड़, रबर में से एक और स्टील के दूसरे पर विचार करें। दोनों छड़ को छत के एक छोर पर सख्ती से बांधा जाता है। एक मास M छड़ के केंद्र में प्रत्येक मुक्त छोर से जुड़ा होता है-

A. दोनों छड़ें लम्बी होंगी लेकिन आकार में कोई बोधगम्य परिवर्तन नहीं होगा।

B. स्टील रॉड बढ़ेगी और आकार बदलेगी लेकिन रबर रॉड केवल बढ़ेगी।

C. स्टील रॉड आकार में किसी भी बोधगम्य परिवर्तन के बिना बढ़ेगी, लेकिन रबर की छड़ी बढ़ेगी और नीचे के किनारे का आकार एक दीर्घवृत्त में बदल जाएगा।

D. स्टील रॉड आकार में किसी भी बोधगम्य परिवर्तन के बिना लम्बी हो जाएगी, लेकिन रबर की छड़ केंद्र में एक टिप के नीचे पतला किनारे के आकार के साथ बढ़ेगी।

Q.29 एक ग्लास स्लैब की मात्रा में आंशिक परिवर्तन की गणना करें, जब 10 atm के हाइड्रोलिक दबाव के अधीन। ग्लास 37 GPa के थोक मापांक।

A. 0.0022   B. 0.0027   C. 0.0024   D. 0.0030

Q.30 एक टैंक घनत्व के पानी से भरा है 1 ग्राम/सेमी ^{3} और घनत्व का तेल 0.9 ग्राम/सेमी ^{3} है। पानी की परत की ऊंचाई है 100 सेमी और तेल की परत 400 सेमी है। अगर $g = 980$ ग्राम/सेमी ^{2} है, तो टैंक के तल में एक छिद्र से प्रवाह का वेग होगा-

A. (952.53) सेमी/सेकंड   B. (940.23) सेमी/सेकंड

C. (949.53) सेमी/सेकंड   D. (939.54) सेमी/सेकंड

Q.31 एक तरल पदार्थ अलग-अलग व्यास के पाइप से बहता है। तरल का वेग एक बिंदु पर 2 मी/सेकंड है। जहां पाइप का व्यास 6 सेमी है। एक बिंदु पर तरल का वेग जहां पाइप का व्यास 3 सेमी है कितना होगा ?

A. 1 मी/सेकंड **B.** 4 मी/सेकंड
C. 8 मी/सेकंड **D.** 16 मी/सेकंड

Q.32 जमीन के ऊपर 10 मीटर की ऊंचाई पर रखे 9 मीटर^3 क्षमता के ओवरहेड टैंक को भरने के लिए एक इलेक्ट्रिक पंप का उपयोग किया जाता है। यदि पंप 10 किलोवाट घात की खपत करके टैंक को भरने के लिए 5 मिनट लेता है, तो पंप की क्षमता कितनी होगी: (दिया हुआ ग्राम $= 10$ मीटर/सेकंड$^{-2}$)

A. 60% **B.** 40% **C.** 30% **D.** 20%

Q.33 घनत्व ρ का एक पिंड आराम की ऊँचाई h से घनत्व $\sigma(\sigma > \rho)$ की झील में गिरा दिया जाता है। तरल के अंदर शरीर की अधिकतम गहराई क्या होगी: (तरल के नकारात्मक प्रभाव)

A. $\frac{h}{\sigma-\rho}$ **B.** $\frac{h\rho}{\sigma}$ **C.** $\frac{h\rho}{\sigma-\rho}$ **D.** $\frac{h\sigma}{\sigma-\rho}$

Q.34 गर्म करने पर ठोस सीधे गैसीय अवस्था में परिवर्तित हो जाता है। इस प्रक्रिया को ______ कहा जाता है।

A. उर्ध्वपातन **B.** वाष्पीकरण **C.** विसरण **D.** संक्षेपण

Q.35 चरण परिवर्तन के दौरान किसी पदार्थ को दी जाने वाली ऊष्मा ______ कहलाती है।

A. विशिष्ट ऊष्मा **B.** गुप्त ऊष्मा
C. तापीय क्षमता **D.** इनमें से कोई नहीं

Q.36 फारेनहाइट और सेल्सियस किस तापमान पर बराबर होते हैं?

A. $-40°$ **B.** 574.59 **C.** 40 **D.** -574.59

Q.37 केल्विन पैमाने में जल का हिमांक ______ होता है।

A. $273.15K$ **B.** $373.15K$
C. $0K$ **D.** $-273.15K$

Q.38 स्थिर दबाव पर नाइट्रोजन का तापमान $45°C$ बढ़ाने के लिए को ऊष्मा की कितनी आपूर्ति की जानी चाहिए? द्रव्यमान $N_2 = 2.0 \times 10^{-2} kg$ आणविक द्रव्यमान $N_2 = 28; R = 8.3 J mol^{-1} K^{-1}$)

A. 773.38J **B.** 933.38J **C.** 903.28J **D.** 900.38J

Q.39 'निम्न तापमान वाले पिंड से उच्च तापमान वाले पिंड में ऊष्मा अपने आप प्रवाहित नहीं हो सकती है' - निम्नलिखित में से कौन सा कथन है?

A. उष्मागतिकी का पहला नियम
B. द्रव्यमान का संरक्षण
C. संवेग का संरक्षण
D. उष्मागतिकी का दूसरा नियम

Q.40 गैस के लिए $\frac{C_p}{C_v}$ का अनुपात क्या है यदि गैस का दबाव उसके तापमान के घन के समानुपाती है और प्रक्रिया एक एडियाबेटिक प्रक्रिया है?

A. $\frac{4}{3}$ **B.** $\frac{5}{7}$ **C.** $\frac{3}{2}$ **D.** $\frac{7}{9}$

Q.41 एक आदर्श रेफ्रिजरेटर में $-13°C$ के तापमान पर एक फ्रीजर होता है। इंजन के प्रदर्शन गुणांक 5 है। जिस तापमान पर गर्मी खारिज कर दी जाती है वह होगा:

A. $30.5°C$ **B.** $32.5°C$ **C.** $39°C$ **D.** $38°C$

Q.42 दो बर्तन A और B, ऊष्मीय रूप से रोधित, में एक आदर्श मोनोएटोमिक गैस होती है। वाल्व से सुसज्जित एक छोटी ट्यूब इन बर्तन को जोड़ती है। प्रारंभ में बर्तन A में $300\,K$ और $2 \times 10^5\,N/m^2$ दबाव पर 2 लीटर गैस है जबकि बर्तन B में $350\,K$ और $4 \times 10^5\,N/m^2$ दबाव पर 4 लीटर गैस है। वाल्व अब खोला गया और सिस्टम दबाव और तापमान में संतुलन तक पहुंच जाता है। नए दबाव और तापमान की गणना करें।

A. $T = 338.71\,K,\ P = 3.3 \times 10^5 N/m^2$
B. $T = 328.7\,K,\ P = 3.4 \times 10^5 N/m^2$
C. $T = 238.7\,K,\ P = 3.4 \times 10^5 N/m^2$
D. $T = 368.71\,K,\ P = 3.4 \times 10^5 N/m^2$

Q.43 C_V और C_P क्रमशः स्थिर आयतन और स्थिर दाब पर गैस की मोलर विशिष्ट ऊष्मा क्षमता को निरूपित करते हैं। फिर:

A. $C_P - C_V$ एक द्विपरमाणुक आदर्श गैस के लिए एक मोनोआटोमिक आदर्श गैस की तुलना में बड़ा है
B. $C_P + C_V$ एक द्विपरमाणुक आदर्श गैस की तुलना में एक द्विपरमाणुक आदर्श गैस के लिए बड़ा है
C. $C_P.C_V$ एक द्विपरमाणुक आदर्श गैस की तुलना में एक द्विपरमाणुक आदर्श गैस के लिए छोटा है
D. दोनों (B) और (C)

Q.44 एक गुब्बारे में हाइड्रोजन गैस $20°C$ पर भरी जाती है। यदि तापमान $40°C$ बना दिया जाता है, तो दबाव समान रहता है, हाइड्रोजन का कितना अंश निकलेगा?

A. 0.07 **B.** 0.25 **C.** 0.5 **D.** 0.75

Q.45 एक बंद बर्तन में एक आदर्श गैस की एक निश्चित मात्रा निहित होती है। बर्तन एक नियत वेग v से गतिमान है। गैस का आणविक द्रव्यमान M है। जब बर्तन अचानक बंद हो जाता है तो गैस के तापमान में वृद्धि होती है: $\left(\gamma = \frac{c_p}{c_v}\right)$

A. $\frac{Mv^2(\gamma-1)}{2R(\gamma+1)}$ **B.** $\frac{Mv^2(\gamma-1)}{2R}$
C. $\frac{Mv^2}{2R(\gamma+1)}$ **D.** $\frac{Mv^2}{2R(\gamma-1)}$

Q.46 गैस की अवस्था का समीकरण $\left(P + \frac{aT^2}{V}\right)V^c = (RT + b)$ द्वारा दिया जाता है, जहां, a, b, c और R स्थिरांक हैं। समतापी को $P = AV^m - BV^n$ द्वारा दर्शाया जा सकता है, जहां, A और B केवल तापमान पर निर्भर करता है:

A. $m = -c\ \&\ n = -1$
B. $m = c\ \&\ n = 0$
C. $m = -1\ \&\ n = c$
D. $m = c\ \&\ n = 1$

Q.47 एक साधारण पेंडुलम में की समयावधि T है, यदि गोलक का द्रव्यमान एक चौथाई किया जाता है, तो पेंडुलम की समयावधि कितनी हो जायेगी?

A. 2T **B.** $\sqrt{2}T$ **C.** $\frac{1}{\sqrt{2}}T$ **D.** T

Q.48 किस प्रकार की गति में प्रत्यानयन बल निकाय के विस्थापन के समानुपाती होता है?

A. एकसमान वृत्तीय गति **B.** आवधिक गति
C. सरल आवर्त गति **D.** दीर्घवृत्तीय गति

Q.49 एक साधारण आवर्त गति में एक कण के विस्थापन और त्वरण के बीच का चरण अंतर है:

A. π रेडियन **B.** $\frac{3\pi}{2}$ रेडियन
C. $\frac{\pi}{2}$ रेडियन **D.** शून्य

Q.50 एक वाद्य यंत्र की डोरी 90 cm लंबी होती है और इसकी मौलिक आवृत्ति 124 Hz होती है। स्ट्रिंग के एक छोर से x की दूरी जहां इसे दबाया जाना चाहिए ताकि 186 Hz की मौलिक आवृत्ति उत्पन्न हो सके।

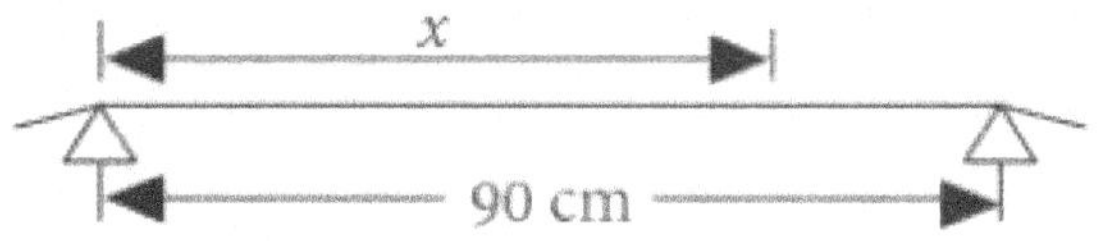

A. 60 cm **B.** 50 cm **C.** 45 cm **D.** 75 cm

Q.51 आयाम y के साथ एक साइनसॉइडल तरंग रैखिक घनत्व ρ के साथ एक स्ट्रिंग पर गति v के साथ यात्रा कर रही है। तरंग की कोणीय आवृत्ति ω है। निम्नलिखित निष्कर्ष निकाले जाते हैं। जो सही है उसे चिन्हित करें। (विशेष रूप से यदि हम एक मात्रा को बदल रहे हैं तो मान लें कि अन्य को स्थिर रखा गया है)

A. आवृत्ति को दोगुना करने से उस दर को दोगुना कर दिया जाता है जिस पर स्ट्रिंग के साथ ऊर्जा ले जायी जाती है

B. यदि आयाम को दोगुना कर दिया जाता है, तो जिस दर पर ऊर्जा ले जायी जाती है है वह आधा हो जाएगा

C. यदि आयाम को दोगुना कर दिया जाता है, तो जिस दर पर ऊर्जा वहन की जाती है वह दोगुनी हो जाएगी

D. जिस दर पर ऊर्जा का वहन किया जाता है वह तरंग के वेग के समानुपाती होता है

Q.52 निम्न में से कौनसा विकल्प आवेश के संरक्षण से सम्बंधित नहीं है?

A. आवेश निकाय में उत्पन्न किया जा सकता है

B. आवेश एक वस्तु से दूसरे वस्तु में स्थानांतरित किया जा सकता है

C. प्रणाली का कुल आवेश स्थिर रहता है

D. आवेश को ना तो उत्पन्न किया जा सकता है ना ही नष्ट किया जा सकता है

Q.53 दो छोटे आवेशित गोले A और B के आवेश क्रमशः $10\mu C$ और $940\mu C$ हैं। और एक दूसरे से 90 सेमी की दूरी पर आयोजित किए जाते हैं। A से कितनी दूरी पर विद्युत तीव्रता शून्य होगी?

A. 22.5 सेमी **B.** 18 सेमी **C.** 36 सेमी **D.** 30 सेमी

Q.54 जब हम रेशम के साथ एक कांच की छड़ को रगड़ते हैं तो कांच की छड़ पर किस प्रकार का आवेश होगा?

A. धनात्मक **B.** ऋणात्मक
C. उदासीन **D.** इनमें से कोई नहीं

Q.55 एक बिंदु चार्ज $+q$ एक पृथक संवाहक सतह से दूरी d पर रखा जाता है। सतह के दूसरी तरफ एक बिंदु P पर क्षेत्र है:

A. सतह के लंबवत और सतह से दूर निर्देशित
B. सतह के लिए सीधा, सीधा लेकिन सतह की ओर
C. निर्देशित रेडियल बिंदु से दूर आवेश
D. बिंदु चार्ज की ओर रेडियल रूप से निर्देशित

Q.56 $3.2 \times 10^{-15} m$ द्वारा अलग किए गए 2 अल्फा कणों के बीच कूलम्ब बल की गणना करें।

A. $60N$ **B.** $50N$ **C.** $90N$ **D.** $70N$

Q.57 एक बिंदु पर विद्युत क्षेत्र _______ होता है।

A. हमेशा सतत
B. सतत, अगर उस बिंदु पर कोई चार्ज नहीं है।
C. असतत, यदि उस बिंदु पर कोई चार्ज है।
D. दोनों (B) और (C)

Q.58 एक बिंदु आवेश $+10\mu C$ भुजा $10cm$ के एक वर्ग के केंद्र से सीधे $5cm$ की दूरी पर है, जैसा कि चित्र में दिखाया गया है। वर्ग से प्रवाहित होने वाले विद्युत फ्लक्स का परिमाण ज्ञात कीजिये। (संकेत: वर्ग को $10cm$ घन के एक फलक के रूप में मानें)।

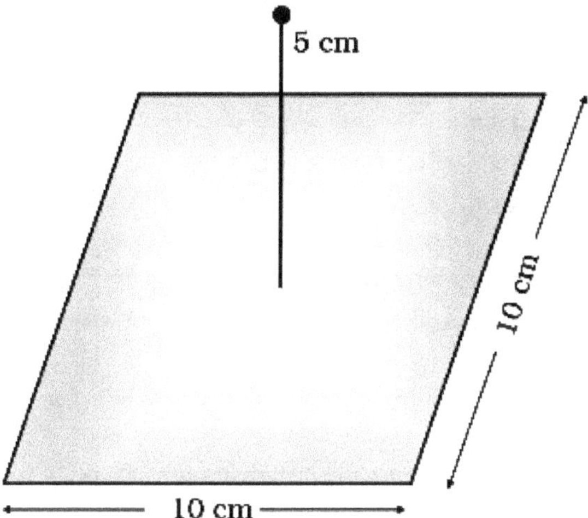

A. $1.88 \times 10^5 Nm^2 C^{-1}$
B. $2.90 \times 10^5 Nm^2 C^{-1}$
C. $1.52 \times 10^5 Nm^2 C^{-1}$
D. $3.2 \times 10^5 Nm^2 C^{-3}$

Q.59 मोटाई 1.0 सेमी और डाइइलेक्ट्रिक स्थिरांक 5 का एक डाइइलेक्ट्रिक स्लैब प्लेट क्षेत्र के समानांतर प्लेट संधारित्र की प्लेटों के बीच रखा जाता है 0.01 मी.^{2} और पृथक्करण 2.0 सेमी डाइइलेक्ट्रिक लगाने पर क्षमता में परिवर्तन की गणना करें।

A. 4.425×10^{-13} फैरड **B.** 5.436×10^{-12} फैरड
C. 2.95×10^{-12} फैरड **D.** 5.436×10^{-13} फैरड

Q.60 90% की दक्षता वाला ट्रांसफार्मर $200\,V$ और $3\,kW$ की धारा आपूर्ति पर काम कर रहा है। यदि द्वितीयक कुंडली में धारा $6\,A$ है, तो द्वितीयक कुंडली में वोल्टेज और प्राथमिक कुंडली में धारा क्रमशः हैं:

A. $300V$, $15\,A$ **B.** $450V$, $15\,A$
C. $450V$, $13.5\,A$ **D.** $600V$, $13.5\,A$

Q.61 तांबे के पतले तार की तुलना में तांबे की एक छड़ का विशिष्ट प्रतिरोध _______ होता है।

A. कम
B. अधिक
C. समान
D. तार के अनुप्रस्थ काट की लंबाई और क्षेत्रफल पर निर्भर करता है

Q.62 $1.0 \times 10^{-7}\, m^2$ अनुप्रस्थ काट क्षेत्रफल वाले ताँबे के तार में $1.5\,A$ धारा प्रवाहित हो रही है। इसमें चालक इलेक्ट्रॉनों की औसत अपवाह चाल का आंकलन कीजिए। मान लीजिए कि ताँबे का प्रत्येक परमाणु धारा के प्रवाह में एक चालक इलेक्ट्रॉन का योगदान करता है। तांबे का घनत्व $9.0 \times 10^3\, kg/m^3$ तथा इसका परमाणु द्रव्यमान $63.5\,u$ है।

A. $3.1 \times 10^{-3}\, ms^{-1}$ **B.** $1.1 \times 10^{-3}\, ms^{-1}$
C. $4.1 \times 10^{-3}\, ms^{-1}$ **D.** $2.1 \times 10^{-3}\, ms^{-1}$

Q.63 जब एक तार की लंबाई 0.1 मी को 5 विभवांतर पर लगाया जाता है, तो इलेक्ट्रॉन बहाव का वेग 2.5×10^{-4} होती है। यदि तार में इलेक्ट्रॉन घनत्व 8×10^{28} मी $^{-3}$ है, तो तार की प्रतिरोधकता होगी:

A. $1.6 \times 10^{-8} \Omega$मी   **B.** $1.6 \times 10^{-7} \Omega$मी
C. $1.6 \times 10^{-6} \Omega$मी   **D.** $1.6 \times 10^{-5} \Omega$मी

Q.64 एक समतल विद्युत-चुम्बकीय तरंग की आवृत्ति $2.0 \times 10^{10}\ Hz$ है तथा इसका निर्वात में ऊर्जा घनत्व $1.02 \times 10^{-8}\ J/m^3$ है। इससे संबंधित चुम्बकीय क्षेत्र का आयाम निम्न में से किसके निकट होगा $\left(\frac{1}{4\pi\epsilon_0} = 9 \times 10^9\ \frac{Nm^2}{C^2}, \text{ प्रकाश की निर्वात में गति } = 3 \times 10^8\ ms^{-1} \right)$:

A. $160 nT$ **B.** $180 nT$ **C.** $190 nT$ **D.** $150 nT$

Q.65 एक चुंबकीय क्षेत्र एक __________ के साथ परस्पर क्रिया नहीं करता है।

A. गतिमान विद्युत आवेश   **B.** गतिमान स्थायी चुंबक
C. स्थिर विद्युत आवेश   **D.** स्थिर स्थायी चुंबक

Q.66 धारावाही कुण्डली के केंद्र में चुंबकीय क्षेत्र B_0 है यदि इसकी त्रिज्या धारा को रखते हुए आधा कर दी जाती है तो "समान रूप से इसके केंद्र में चुंबकीय क्षेत्र _______ बन जाता है।

A. B_0 **B.** $2 B_0$ **C.** $4 B_0$ **D.** $\frac{B_0}{2}$

Q.67 एक श्रृंखला LCR सर्किट के लिए, विभिन्न घटकों में वोल्टेज के वर्ग माध्य मूल (RMS) मान $V_L = 90\ V$, $V_C = 60\ V$ और $V_R = 40\ V$ हैं।
सर्किट के वोल्टेज का RMS मान है:

A. $190\ V$ **B.** $110\ V$ **C.** $70\ V$ **D.** $50\ V$

Q.68 एक प्रयोग के दौरान, विभिन्न प्रकार के चुंबकीय पदार्थों के गुणों का अध्ययन किया गया, जहां एक लौहचुंबकीय पदार्थ को इसके क्यूरी तापमान से ऊपर के तापमान गर्म किया गया। इस स्थिति के लिए कौन सा कथन सही है?

A. डोमेन यादृच्छया व्यवस्थित हो जाता है
B. डोमेन पर कोई प्रभाव नहीं पड़ता है
C. लौहचुंबकीय पदार्थ अनुचुंबकीय बन जाता है
D. डोमेन उत्तम तरीके से व्यवस्थित हो जाता है

Q.69 चुंबकीय सुई का चुंबकीय आघूर्ण $6.7 \times 10^{-2} Am^2$ और जडत्वाघूर्ण $I = 7.5 \times 10^{-6}\ kg\ m^2$ है। यह $6.70\ s$ में 10 पूरे दोलन करती है। चुंबकीय क्षेत्र का परिमाण क्या है?

A. 0.01 T   **B.** 0.1 T   **C.** 0.07 T   **D.** 0.5 T

Q.70 $5\ cm$ लंबाई के छड़ चुंबक के केंद्र से $50\ cm$ की दूरी पर स्थित बिंदु पर, विषुवतीय एवं अक्षीय स्थितियों के लिए चुंबकीय क्षेत्र का परिकलन कीजिए। छड़ चुंबक का चुंबकीय आघूर्ण $0.40\ A\ m^2$ है।

A. $0.2 \times 10^{-7}\ T$ और $6.4 \times 10^{-7}\ T$
B. $1.2 \times 10^{-7}\ T$ और $6.4 \times 10^{-7}\ T$
C. $3.2 \times 10^{-7}\ T$ और $6.4 \times 10^{-7}\ T$
D. $2.2 \times 10^{-7}\ T$ और $6.4 \times 10^{-7}\ T$

Q.71 विषुवत रेखा पर पृथ्वी के चुंबकीय क्षेत्र का परिमाण लगभग $0.4G$ है। पृथ्वी के चुंबक के द्विध्रुव आघूर्ण की गणना कीजिए।

A. $3 \times 10^{23} Am^2$ **B.** $1 \times 10^{23} Am^2$
C. $1.05 \times 10^{23} Am^2$ **D.** $2.05 \times 10^{23} Am^2$

Q.72 किसी स्थान के चुंबकीय याम्योत्तर में पृथ्वी के चुंबकीय क्षेत्र का क्षैतिज अवयव $0.26G$ है एवं नमन कोण $60°$ है। इस स्थान पर पृथ्वी का चुंबकीय क्षेत्र क्या है?

A. $0.62G$ **B.** $2G$ **C.** $0.52G$ **D.** $1.52G$

Q.73 ट्रांसफॉर्मर का कोर लैमिनेटेड होता है क्योंकि:

A. ट्रांसफार्मर का वजन कम किया जा सकता है
B. कोर की जंग को रोका जा सकता है
C. प्राथमिक और माध्यमिक में अनुपात बढ़ सकता है
D. एडी धाराओं के कारण ऊर्जा हानि को कम किया जा सकता है

Q.74 यदि R-L परिपथ में अनुप्रयुक्त AC विभव की आवृत्ति बढ़ा दी जाती है तो परिपथ की प्रतिबाधा:

A. बढ़ेगी   **B.** घटेगी
C. समान रहेगी   **D.** इनमें से कोई नहीं

Q.75 एक ac परिपथ में प्रत्यावर्ती वोल्टेज $e = 200\sqrt{2}\sin100t$ वोल्ट्स $1\mu F$ क्षमता के संधारित्र क साथ संयोजित है।परिपथ में धारा का r.m.s. मान क्या होगा?

A. $20 mA$ **B.** $10 mA$ **C.** $100 mA$ **D.** $200 mA$

Q.76 यदि n_R और n_V एक निश्चित समय में समान शक्ति वाले लाल बल्ब और बैंगनी बल्ब द्वारा उत्सर्जित फोटॉनों की संख्या को निरूपित करते हैं, तो:

A. $n_R = n_V$ **B.** $n_R > n_V$
C. $n_R < n_V$ **D.** $n_R \geq n_V$

Q.77 किसी समतल वैद्युत चुंबकीय तरंग में चुंबकीय क्षेत्र $B_y = (2 \times 10^{-7})\sin(0.5 \times 10^3 x + 1.5 \times 10^{11} t)\ T$ है। यह विद्युत चुम्बकीय तरंग है:

A. दृश्य प्रकाश   **B.** अवरक्त
C. माइक्रोवेव   **D.** रेडियोवेव

Q.78 _______ का उपयोग करके ठोस पदार्थों की संरचना की जांच की जाती है।

A. γ - किरणें   **B.** X - किरणें
C. ब्रह्मांडीय किरणें   **D.** अवरक्त विकिरण

Q.79 X-किरण की तरंगदैर्ध्य कोटि _______ की है।

A. 10⁻¹⁰ m   **B.** 10⁻¹⁰ cm   **C.** 10¹⁰ m   **D.** 10¹⁰ cm

Q.80 खगोलीय दूरबीन के संबंध में निम्नलिखित में से कौन सा कथन सही है?

A. एक खगोलीय दूरबीन के नेत्रक की फोकल लंबाई इसके लक्ष्य की फोकल लंबाई से अधिक होती है।
B. दूरबीन के लक्ष्य लेंस का छिद्र नेत्रक के छिद्र से बड़ा होता है।
C. दूरबीन के लक्ष्य लेंस का छिद्र नेत्रक के छिद्र से छोटा होता है।
D. एक खगोलीय दूरबीन के आवर्धन में उसके लक्ष्य की फोकल लंबाई में कमी के साथ वृद्धि होती है।

Q.81 यदि एक काँच की छड़ को समान अपवर्तनांक के तरल में निमज्जित किया जाता है तो वह कैसी प्रतीत होगी?

A. बंकित   **B.** लंबी   **C.** छोटी   **D.** अदृश्य

Q.82 ऑप्टिकल फाइबर में प्रयुक्त प्रकाश का गुण _____ है।

A. विक्षेपण   **B.** व्यतिकरण
C. पूर्ण आंतरिक परावर्तन   **D.** विवर्तन

Q.83 यदि एक समतुल्य लेंस दो उत्तल लेंस जिसकी फोकल दुरी 10 सेमी, 20 सेमी से बना है, तो समतुल्य फोकल दुरी का पता लगाए?

A. 20 सेमी   **B.** -20 सेमी
C. -6.67 सेमी   **D.** $+6.67$ सेमी

Q.84 यंग के दोहरे स्लिट प्रयोग में, यदि स्लिट्स और स्क्रीन के बीच की दूरी दोगुनी हो जाती है और स्लिट्स के बीच की दूरी घटकर आधी रह जाती है, तो फ्रिंज की चौड़ाई कितनी हो जाती है ?

A. दोगुनी हो जाती है   **B.** चार गुना हो जाती है

C. आधा कर दी जाती है   **D.** अपरिवर्तित

Q.85 व्यतिकरण _______ को सिद्ध करता हैं।

[UPSESSB TGT Science, 2016]

A. एक तरंग की अनुप्रस्थ प्रकृति
B. तरंग की अनुदैर्घ्य प्रकृति
C. तरंग प्रकृति
D. कण प्रकृति

Q.86 कांच की सतह पर आपतन कोण पर आपतित होने पर प्रकाश का अधिकतम ध्रुवण है:

[UPSESSB TGT Science, 2016]

A. 57°   **B.** 67°   **C.** 53°   **D.** 37°

Q.87 डी ब्रोगली के अनुसार, निम्नलिखित में से कौन सा कथन गतिमान कण की तरंग दैर्घ्य के बारे में सही है?

A. यह कभी भी मापने के लिए पर्याप्त बड़ा नहीं होता है
B. यह कण की गति के समानुपाती होता है
C. यह कण के संवेग के व्युत्क्रमानुपाती होता है
D. यह प्लांक नियतांक के बराबर होता है

Q.88 डी ब्रोगली संबंध _______ के लिए सत्य है।

A. सभी कण
B. केवल आवेश कण
C. केवल ऋणावेशित कण
D. द्रव्यमान रहित कण केवल फोटॉन जैसे

Q.89 एक इलेक्ट्रॉन से जुड़ी डी ब्रोगली तरंग दैर्घ्य क्या है, जो 100 वोल्ट के संभावित अंतर के माध्यम से त्वरित होती है?

A. $0.123 \, nm$ **B.** $1.123 \, nm$
C. $0.223 \, nm$ **D.** $0.423 \, nm$

Q.90 पृथ्वी की सतह तक पहुँचने वाले सूर्य के प्रकाश का ऊर्जा प्रवाह $1.388 \times 10^3 Wm^{-2}$ है। सूर्य के प्रकाश में फोटॉन की औसत तरंगदैर्घ्य $550 \, nm$ होती है। पृथ्वी पर प्रति सेकण्ड कितने फोटॉन प्रति वर्ग मीटर आपतित होते हैं?

A. 4×10^{21} **B.** 4×10^{34} **C.** 4×10^{31} **D.** 4×10^{28}

Q.91 A $100 \, W$ सोडियम लैंप सभी दिशाओं में समान रूप से ऊर्जा विकीर्ण करता है। दीपक एक बड़े गोले के केंद्र में स्थित है जो उस पर आपतित सभी सोडियम प्रकाश को अवशोषित करता है। सोडियम प्रकाश की तरंगदैर्घ्य $589 \, nm$ है। प्रति सेकंड गोले में वितरित किए गए फोटॉनों की संख्या है:

A. 3×10^{15} **B.** 3×10^{10} **C.** 3×10^{20} **D.** 3×10^{19}

Q.92 यदि हाइड्रोजन सदृश परमाणु का प्रथम उत्तेजन विभव V इलेक्ट्रॉन वोल्ट है, तब इस परमाणु की आयनन ऊर्जा होगी:

A. V इलेक्ट्रॉन वोल्ट
B. $\frac{3V}{4}$ इलेक्ट्रॉन वोल्ट
C. $\frac{4V}{3}$ इलेक्ट्रॉन वोल्ट
D. दी गई जानकारी द्वारा गणना नहीं की जा सकती

Q.93 एक इलेक्ट्रॉन का वेग क्या होना चाहिए ताकि इसका संवेग 5200 Å तरंगदैर्घ्य के फोटॉन के संवेग के बराबर हो जाए?

A. $700 \, m \, s^{-1}$ **B.** $1000 \, m \, s^{-1}$
C. $1400 \, m \, s^{-1}$ **D.** $2800 \, m \, s^{-1}$

Q.94 यदि H-परमाणु की जमीनी अवस्था की ऊर्जा 13.6 eV है, तो H-परमाणु को उसकी दूसरी उत्तेजित अवस्था से आयनित करने के लिए कितनी ऊर्जा की आवश्यकता होगी?

A. 3.4 eV   **B.** -1.51 eV   **C.** 12.1 eV   **D.** 13.6 eV

Q.95 वे कण जो किसी परमाणु के नाभिक में उसके रासायनिक गुणों को बदले बिना जोड़े जा सकते हैं, _______ कहलाते हैं।

A. न्यूट्रॉन   **B.** इलेक्ट्रॉनों
C. प्रोटॉन   **D.** अल्फा कण

Q.96 निम्नलिखित में से कौन सा गेट डिजिटल सर्किट में बिल्डिंग ब्लॉक के रूप में कार्य करता है?

A. OR और AND गेट
B. AND और NOT गेट
C. OR और NOT गेट
D. NAND और NOR गेट

Q.97 निम्नलिखित में से किसे इनडायरेक्ट बैंड गैप सेमीकंडक्टर के रूप में जाना जाता है?

A. जर्मेनियम   **B.** निकेल   **C.** प्लैटिनम   **D.** कार्बन

Q.98 चित्र में दिखाए गए अनुसार दो आदर्श जंक्शन डायोड D_1 और D_2 एक बैटरी से जुड़े हैं। यदि बैटरी के टर्मिनलों को आपस में बदल दिया जाता है तो बैटरी द्वारा आपूर्ति की जाने वाली धारा क्या है?

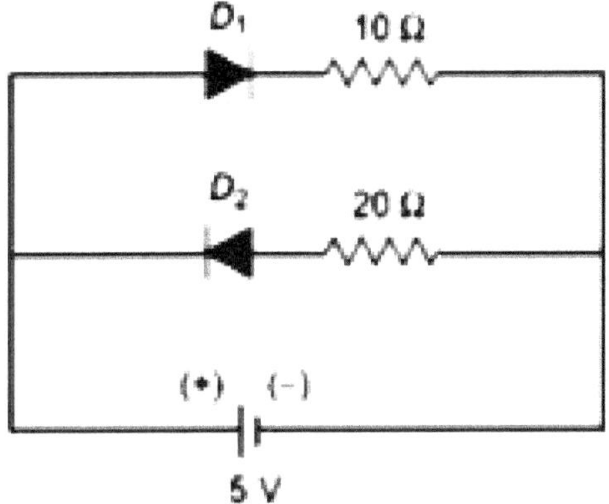

A. 0.25 A   **B.** 0.5 A   **C.** 0.75 A   **D.** शून्य

Q.99 एक शुद्ध अर्धचालक क्रिस्टल में यदि क्रिस्टल आबंधों के टूटने के कारण धारा प्रवाहित होती है, तो अर्धचालक क्या कहलाता है?

A. ग्राही   **B.** दाता
C. आंतरिक अर्धचालक   **D.** बाहरी अर्धचालक

Q.100 एक p-n-p ट्रांजिस्टर में, एक सामान्य आधार एम्प्लीफायर के रूप में काम करते हुए, 0.96 धारा प्राप्त है और उत्सर्जक धारा 7.2 mA है। आधार धारा है?

A. 0.20 mA   **B.** 0.36 mA   **C.** 0.30 mA   **D.** 0.45 mA

// स्मार्ट उत्तर पुस्तिका //

सही उत्तर — उन छात्रों का प्रतिशत जिन्होंने प्रश्नों का सही उत्तर दिया था। **छोड़ दिया** — उन छात्रों का प्रतिशत जिन्होंने प्रश्नों को छोड़ दिया था।

प्रश्न संख्या	उत्तर	सही उत्तर	छोड़ दिया
1	A	78.92 %	0.0 %
2	C	24.66 %	3.31 %
3	C	55.61 %	1.03 %
4	D	84.29 %	0.0 %
5	A	64.98 %	1.9 %
6	C	85.91 %	0.0 %
7	C	61.74 %	1.1 %
8	B	86.12 %	0.0 %
9	A	85.83 %	0.0 %
10	D	62.7 %	1.88 %
11	B	89.11 %	0.0 %
12	A	48.32 %	1.85 %
13	A	45.1 %	1.92 %
14	A	15.35 %	4.95 %
15	B	45.7 %	1.09 %
16	D	87.05 %	0.0 %
17	A	42.61 %	1.91 %
18	B	61.4 %	1.67 %
19	B	20.9 %	4.0 %
20	A	65.61 %	1.58 %
21	C	46.03 %	1.14 %
22	B	17.26 %	4.64 %
23	C	78.9 %	0.0 %
24	D	78.66 %	0.0 %
25	B	79.39 %	0.0 %
26	B	47.66 %	1.63 %
27	D	65.12 %	1.5 %
28	D	54.3 %	1.47 %
29	B	56.0 %	1.22 %
30	C	66.32 %	1.99 %
31	C	82.58 %	0.0 %
32	C	89.04 %	0.0 %
33	C	50.51 %	1.88 %
34	A	55.55 %	1.84 %
35	B	89.56 %	0.0 %
36	A	59.77 %	1.48 %
37	A	51.88 %	1.9 %
38	B	13.37 %	3.05 %
39	D	79.32 %	0.0 %
40	C	62.47 %	1.29 %
41	C	55.03 %	1.21 %
42	A	69.66 %	1.75 %
43	D	69.3 %	1.69 %
44	A	55.02 %	1.62 %
45	B	47.61 %	1.94 %
46	A	51.6 %	1.39 %
47	D	45.8 %	1.73 %
48	C	69.02 %	1.68 %
49	A	60.43 %	1.14 %
50	A	67.89 %	1.9 %
51	D	40.24 %	1.89 %
52	A	56.62 %	1.83 %
53	D	46.06 %	1.67 %
54	A	78.18 %	0.0 %
55	A	60.48 %	1.61 %
56	C	25.45 %	4.71 %
57	D	86.48 %	0.0 %
58	A	21.81 %	4.97 %
59	C	43.18 %	1.44 %
60	B	59.27 %	1.81 %
61	C	57.41 %	1.3 %
62	B	44.68 %	1.15 %
63	D	16.01 %	4.39 %
64	A	26.03 %	4.3 %
65	C	82.72 %	0.0 %
66	B	47.68 %	1.23 %
67	D	10.82 %	4.71 %
68	C	17.39 %	4.21 %
69	A	10.48 %	4.12 %
70	C	20.87 %	4.26 %
71	C	60.45 %	1.61 %
72	C	44.87 %	1.09 %
73	D	62.97 %	1.35 %
74	A	58.95 %	1.43 %
75	A	44.22 %	1.19 %
76	B	48.7 %	1.93 %
77	C	46.97 %	1.99 %
78	B	41.46 %	1.82 %
79	A	77.31 %	0.0 %
80	B	12.06 %	4.25 %
81	D	67.62 %	1.59 %
82	C	65.78 %	1.12 %
83	D	88.5 %	0.0 %
84	B	64.69 %	1.05 %
85	C	89.05 %	0.0 %
86	A	45.2 %	1.48 %
87	C	58.91 %	1.88 %
88	A	76.62 %	0.0 %
89	A	48.59 %	1.31 %
90	A	29.79 %	4.7 %
91	C	14.57 %	4.47 %
92	C	63.32 %	1.96 %
93	C	59.14 %	1.55 %
94	B	59.66 %	1.63 %
95	A	50.76 %	1.97 %
96	D	79.82 %	0.0 %
97	A	81.36 %	0.0 %
98	A	16.17 %	4.76 %
99	C	48.0 %	1.76 %
100	C	50.35 %	1.56 %

//संकेत और समाधान//

1. विद्युत शक्ति की इकाई को वोल्ट एम्पीयर के रूप में भी व्यक्त किया जा सकता है।

विद्युत परिपथ में जिस दर से विद्युत ऊर्जा का क्षय या उपभोग होता है उसे विद्युत शक्ति कहा जाता है।

शक्ति P इस प्रकार है: $P = VI$

विद्युत शक्ति का SI मात्रक वाट (W) या वोल्ट एम्पीयर है। यह एक उपकरण द्वारा खपत की जाने वाली शक्ति है जो $1\ V$ के विभव अंतर पर संचालित होने पर धारा का $1\ A$ वहन करती है।

अतः विकल्प (A) सही है।

2. दिया गया है,

वेग में प्रतिशत त्रुटि $= \frac{\Delta v}{v} \times 100$

गतिज ऊर्जा, $K.E. = \frac{1}{2} mv^2$

गतिज ऊर्जा में प्रतिशत त्रुटि,

$\frac{\Delta K.E.}{K.E.} \times 100 = m \times 2\frac{\Delta v}{v} \times 100$

$\Rightarrow \frac{\Delta K.E.}{K.E.} \times 100 = 2 \times 50\%$

$\Rightarrow \frac{\Delta K.E.}{K.E.} \times 100 = 100\%$

इस प्रकार, गतिज ऊर्जा के मापन में त्रुटि 100% है।

अतः विकल्प (C) सही है।

3. विशिष्ट ऊष्मा: $[L^2 T^{-2} K^{-1}]$

विद्युत विभव: $[M^1 L^2 T^{-3} A^{-1}]$

विद्युत प्रतिरोध: $[M^1 L^2 T^{-3} A^{-2}]$

चुंबकीय प्रवाह: $[M^1 L^2 T^{-2} A^{-1}]$

उपरोक्त जानकारी से यह स्पष्ट है कि विशिष्ट ऊष्मा की विमा में द्रव्यमान नहीं होता है।

अतः विकल्प (C) सही है।

4. प्रकाश वर्ष का मात्रक मीटर होता है। एक प्रकाश वर्ष एक वर्ष में प्रकाश द्वारा यात्रा की जाने वाली दूरी है। और तरंगदैर्ध्य दो क्रमागत शीर्षों या उतार के बीच की दूरी है। तरंगदैर्ध्य का भी मात्रक मीटर होता है। किसी निर्देश बिंदु के सापेक्ष वस्तु द्वारा निश्चित दिशा में तय की गई न्यूनतम दूरी को विस्थापन कहते हैं। विस्थापन का भी मात्रक मीटर होता है।

अतः विकल्प (D) सही है।

5. जैसा की इस ग्राफ से लगता है की t=60 सेकंड पर, वस्तु x=0 पर स्थित है।

वस्तु पहले अपने वेग को लगातार बढ़ाता है और फिर घटाता है। इसलिए, स्पष्ट रूप से, उत्तर 0 होगा।

अतः विकल्प (A) सही है।

6. एक्सप्रेस ट्रेन का प्रारंभिक सापेक्ष वेग यात्री ट्रेन के सन्दर्भ में,

$u_{ep} = u_e - u_p$

$= 30 - 5$

$= 25$ मीटर/सेकंड

एक्सप्रेस ट्रेन का अंतिम सापेक्ष वेग यात्री ट्रेन के सन्दर्भ में,

$v_{ep} = 0$ है (एक्सप्रेस ट्रेन यात्री ट्रेन के सापेक्ष विराम अवस्था में चली जाती है)

गति के पहले समीकरण से,

$v_{eq} = u_{ep} - at$

$\Rightarrow 0 = 25 - 4t$

$\Rightarrow 4t = 25$

$\Rightarrow t = 6.25$ सेकंड

अतः विकल्प (C) सही है।

7. प्रश्न के अनुसार,

द्रव्यमान m की गतिज ऊर्जा में आंशिक कमी आती है।

$= 1 - \left(\frac{m_2 - m_1}{m_2 + m_1}\right)^2$

$= 1 - \left(\frac{2-1}{2+1}\right)^2$

$= 1 - \left(\frac{1}{3}\right)^2 = 1 - \frac{1}{9}$

$= \frac{8}{9}$

ऊर्जा में नुकसान का प्रतिशत $= \frac{8}{9} \times 100 \simeq 90\%$

अतः विकल्प (C) सही है।

8. कुल पथ लंबाई एक अदिश राशि है, जबकि विस्थापन एक सदिश राशि है। इसलिए पथ की कुल लंबाई हमेशा विस्थापन के परिमाण से अधिक होती है। यह केवल विस्थापन के परिमाण के बराबर होता है जब कोई कण एक सीधी रेखा में गति कर रहा हो।

अतः विकल्प (B) सही है।

9. हवाई जहाज से फेंकी गई वस्तु प्रक्षेप्य गति का एक उदाहरण है। जब एक कण को पृथ्वी की सतह के पास तिरछा प्रक्षेपित किया जाता है, तो यह एक इंजन या ईंधन द्वारा प्रेरित किए बिना क्षैतिज और ऊर्ध्वाधर दिशा में एक साथ चलता है। ऐसे कण की गति को प्रक्षेप्य गति कहते हैं। प्रक्षेप्य द्वारा अनुसरण किए जाने वाले पथ को प्रक्षेप वक्र कहा जाता है।

अतः विकल्प (A) सही है।

10. दिया हुआ है:

कुल चक्करों की संख्या $(N) = 420$

लिया गया कुल समय $(t) = 1$ मिनट $= 60$ सेकेंड

हमें कोणीय वेग ज्ञात करना है।

हम जानते हैं कि,

कोणीय वेग $(\omega) = 2 \times \pi \times \frac{N}{t}$

$(\omega) = 2 \times \frac{22}{7} \times \frac{420}{60}$

$(\omega) = 2 \times 22 \times \frac{60}{60}$

$(\omega) = 44$ रेडियन प्रति सेकंड

अतः, फ्लाईव्हील का कोणीय वेग $(\omega) = 44$ रेडियन प्रति सेकंड है।

अतः विकल्प (D) सही है।

11. एक ऊर्ध्वाधर छड़ पर संतुलित गेंद अस्थिर साम्य का एक उदाहरण है। एक प्रणाली अस्थिर साम्य में है, जब साम्य से विस्थापित होने पर, यह साम्य से विस्थापन के समान दिशा में एक शुद्ध बल या आघूर्ण का अनुभव करता है।

यदि एक गेंद को ऊर्ध्वाधर छड़ पर रखा जाता है, तो यह अस्थिर साम्य में होती है क्योंकि एक बार जब यह अपने स्थान से विस्थापित हो जाती है, तो यह विस्थापन की दिशा में शुद्ध बल का अनुभव करेगी और कभी भी अपनी मूल स्थिति में वापस नहीं आएगी

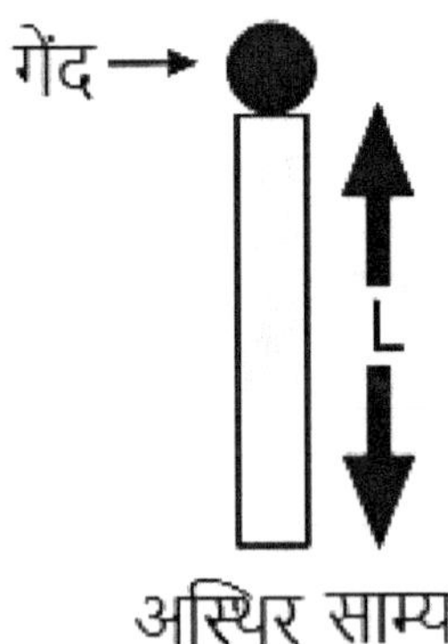

अतः विकल्प (B) सही है।

12. दिया गया है,

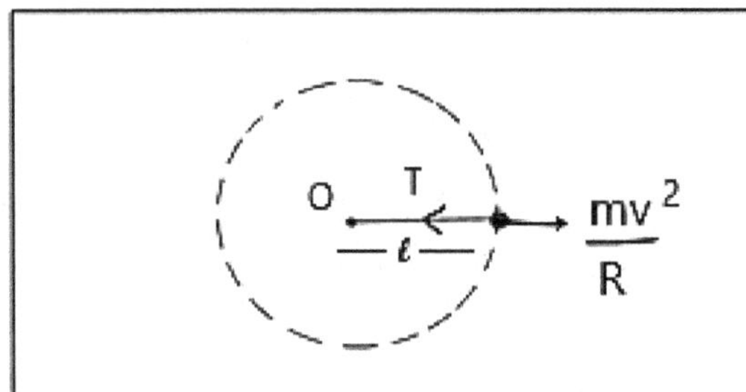

त्रिज्या, $R = l$

आकृति से हम लिख सकते है,

$$T = \frac{mv^2}{R}$$

$$T = \frac{mv^2}{l}$$

अतः विकल्प (A) सही है।

13. दिया गया है,

मंदक बल, $F = -50\ N$

पिण्ड का द्रव्यमान, $m = 20\ kg$

आरम्भिक वेग, $u = 15\ ms^{-1}$

अंतिम वेग, $v = 0$

पिण्ड में अवमन्दन, $a = \dfrac{F}{m}$

$$= \frac{-50}{20} = -2.5\ ms^{-2}$$

गति के प्रथम समीकरण से,

$$v = u + at$$

$$0 = 15 + (-2.5) \times t$$

$$t = \left(\frac{15}{2.5}\right)$$

$$t = 6\ \text{सेकण्ड}$$

अतः विकल्प (A) सही है।

14. चूँकि ब्लॉक A का वेग नीचे की दिशा में है इसलिए ब्लॉक B का वेग बायीं दिशा में है।

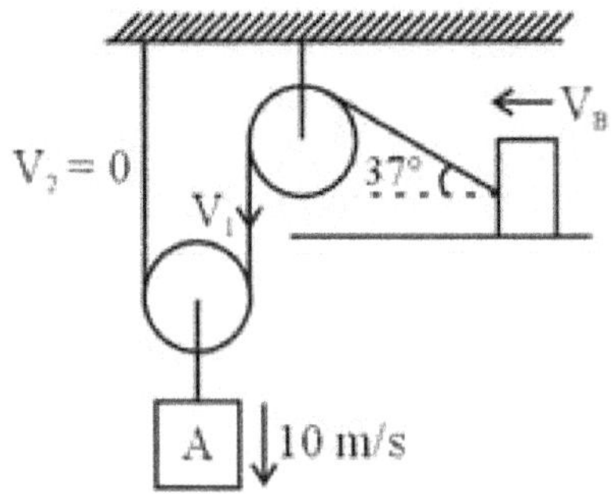

बाईं पुली के लिए रस्सी का दाहिनी ओर वेग V_1 है।

प्रतिबंध समीकरण के लिए,

$$V_1 + V_2 = 2V_A$$

$$0 + V_1 = 2 \times 10$$

$$V_1 = 20\ \text{m/s}$$

अब, ब्लॉक B के लिए,

ब्लॉक B का मुक्त पिंड आरेख

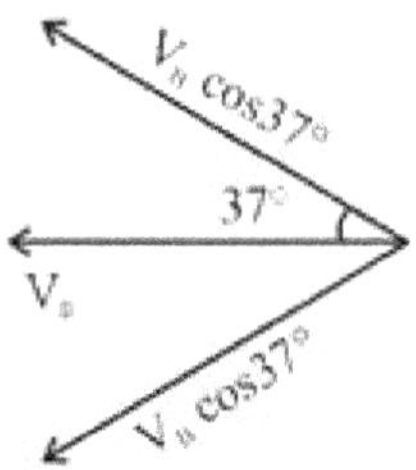

ब्लॉक B के मुक्त पिंड आरेख से,

$$V_B \cos37° = V_1$$

$$V_B = \frac{V_1}{\cos37°}$$

$$= \frac{20}{\left(\frac{4}{5}\right)}$$

$$= 25\ \text{m/s}$$

अतः विकल्प (A) सही है।

15. दिया हुआ है कि:

बल, F = 750 N

विस्थापन, s = 16 m

किया गया कार्य, w = Fs Cos θ

यहाँ θ शून्य डिग्री है तो Cos θ = 1

⇒ W = 750 × 16

⇒ W = 12000 J

जूल को किलो जूल में बदलने के लिए 1000 से विभाजित करें

$$\Rightarrow w = \frac{12000}{1000}$$

⇒ किया गया कार्य, W = 12 KJ

अतः विकल्प (B) सही है।

16. सही कथन यह है कि कार्य का केवल परिमाण होता है लेकिन दिशा नहीं होती है।

- कार्य तब होता है जब एक पिंड बाहरी बल के अनुप्रयोग के साथ चलता है या बाहरी बल लगने के बाद गतिमान पिंड रुक जाता है।
- किया गया कार्य बल और विस्थापन का अदिश-गुणनफल है।
- W = F × d
    a.   जहाँ F = लागू किया गया बल
    b.   d = विस्थापन
- सदिश राशियों का अदिश-गुणनफल सदैव अदिश होता है जिसका अर्थ है कि कार्य में केवल परिमाण होता है लेकिन कोई दिशा नहीं होती है।

अतः विकल्प (D) सही है।

17. जब आप किसी स्प्रिंग को संक्षिप्त करते हैं, तो उसमें स्थितिज ऊर्जा होती है। हुक के नियम के अनुसार, संक्षिप्त का बल संक्षिप्त के समानुपाती होता है। स्प्रिंग छोड़ने से स्थितिज ऊर्जा गतिज ऊर्जा में बदल जाती है। स्प्रिंग का उपयोग तब किसी वस्तु को आगे बढ़ाने के लिए किया जा सकता है।

अतः विकल्प (A) सही है।

18. जब बल की दिशा गति की दिशा के लंबवत होती है तो किया गया कार्य शून्य होता है। बल को केंद्र और विस्थापन की ओर निर्देशित किया जाता है, जिसका अर्थ है कि दो बिंदुओं के बीच की सबसे छोटी दूरी वृत्त के एक बिंदु से दूसरे बिंदु तक आधी परिधि पर एक सीधी रेखा है।

तो, बल और विस्थापन के बीच बनने वाला कोण $90°$ है।

अत: विकल्प (B) सही है।

19. जैसा कि दिया गया है, लंबाई l की एक समान छड़ कोणीय वेग ω के साथ छड़ी के एक बिंदु से घूमने के लिए स्वतंत्र है जब यह कोण θ पर घूमती है।

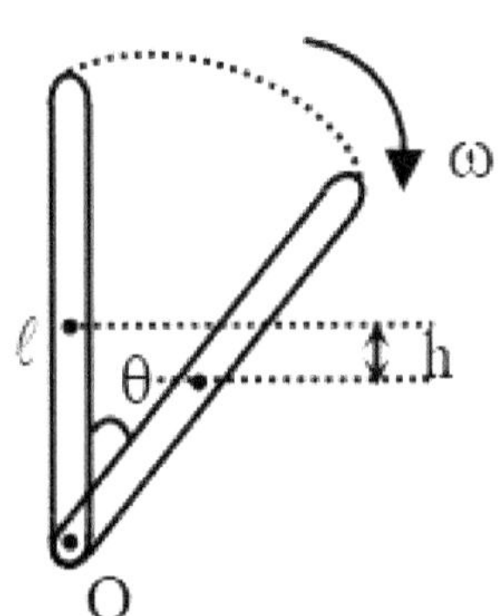

ऊर्जा के संरक्षण के नियम द्वारा,

$$\frac{1}{2}I\omega^2 = mgh$$

यहां, $h = \frac{\ell}{2}(1 - \cos\theta)$

$$\Rightarrow h = \frac{\ell}{2}\left(2\sin^2\frac{\theta}{2}\right)$$

$$\Rightarrow h = \ell\sin^2\frac{\theta}{2} \quad ....(i)$$

और इस केस के लिए,

$$I = \frac{m\ell^2}{3} ....(ii)$$

समीकरण (i) से h का मान रखने पर, हम प्राप्त करते हैं

$$\frac{1}{2}I\omega^2 = mg\ell\sin^2\frac{\theta}{2}$$

$$\Rightarrow \omega^2 = \frac{2mg\ell}{I}\sin^2\frac{\theta}{2}$$

और, समीकरण (ii) से I का मान रखने पर, हम प्राप्त करते हैं

$$\Rightarrow \omega^2 = \frac{2mg\ell}{\frac{m\ell^2}{3}}\sin^2\frac{\theta}{2}$$

$$\Rightarrow \omega = \sqrt{\frac{6g}{\ell}}\sin\frac{\theta}{2}$$

अतः विकल्प (B) सही है।

20.

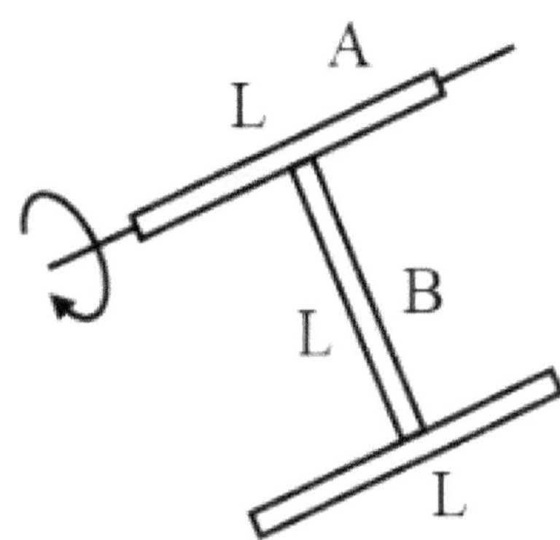

दी गयी अक्ष की ओर जड़त्वाघूर्ण,

$$I = I_A + I_B + I_C = 0 + \frac{mL}{3} + mL^2$$

$$I = \frac{4}{3}mL^2$$

गतिज ऊर्जा (घूर्णिय)$= \frac{1}{2}I\omega^2$

$$= \frac{1}{2} \times \frac{4}{3}mL^2\omega^2$$

$$= \frac{2}{3}mL^2\omega^2$$

स्थितिज ऊर्जा में कमी $= 0 + mg\frac{L}{2} + mgL$

$$= \frac{3}{2}mgL$$

ऊर्जा संरक्षण से

$$\frac{2}{3}mL^2\omega^2 = \frac{3}{2}mgL$$

$$\Rightarrow \omega^2 = \frac{9}{4}\frac{g}{L}$$

$$\Rightarrow \omega = \sqrt{\frac{9}{4}\frac{g}{L}}$$

अतः विकल्प (A) सही है।

21. आकृति में, $\sin\theta = \frac{AB}{OA}$

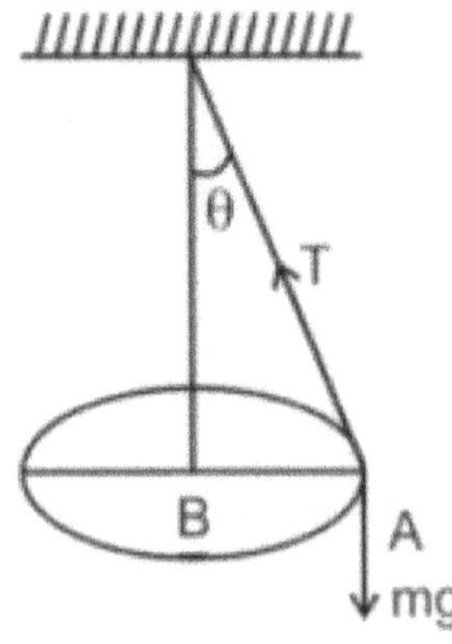

मान लीजिए डोरी में तनाव T है।

आकृति के अनुसार, क्षैतिज और ऊर्ध्वाधर घटक हैं-

$$T\sin\theta = \frac{mv^2}{r}$$

$$T\cos\theta = mg$$

$$\Rightarrow T = \frac{mg}{\cos\theta}$$

$$\Rightarrow T = \frac{(10)(10)}{\left(\frac{\sqrt{3}}{2}\right)}$$

$$\Rightarrow T = \frac{200}{\sqrt{3}} \approx 114 \text{ N}$$

अतः विकल्प (C) सही है।

22. पृथ्वी की सतह से ऊंचाई h पर एक निकाय की गुरुत्वीय स्थितिज ऊर्जा इस प्रकार है,

$$U = -\frac{GMm}{r}$$

जहाँ M = पृथ्वी का द्रव्यमान, m = निकाय का द्रव्यमान, r = पृथ्वी से दूरी

$$U_i = \frac{GMm}{R} = \text{प्रणाली की प्रारंभिक संभावित ऊर्जा}$$

$$U_f = \frac{GMm}{2R} = \text{प्रणाली की अंतिम संभावित ऊर्जा}$$

$$\therefore \Delta U = U_f - U_i$$

$$= -GMm\left[\frac{1}{2R} - \frac{1}{R}\right] = \frac{GMm}{2R} \text{ .... } (i)$$

परंतु $g = \frac{GM}{R^2}$

$$\therefore GM = gR^2 \text{ .... } (ii)$$

(i) और (ii) से

$$\Delta U = \frac{gR^2m}{2R} = \frac{mgR}{2}$$

अतः विकल्प (B) सही है।

23. गुरुत्वाकर्षण का सार्वभौमिक नियम कुछ द्रव्यमान वाले किन्हीं दो पिंडों के बीच गुरुत्वाकर्षण बल देता है।

कुछ द्रव्यमान वाले किन्हीं दो पिंडों के बीच गुरुत्वाकर्षण बल को न्यूटन के गुरुत्वाकर्षण के नियम से निर्धारित किया जा सकता है। पिंडों के बीच आकर्षण बल उनके द्रव्यमान के गुणनफल के सीधे समानुपाती होता है और उनके बीच की दूरी के वर्ग के व्युत्क्रमानुपाती होता है।

यह बल दोनों पिंडो को मिलाने वाली रेखा की दिशा में लगता है,

$$F = G\frac{Mm}{r^2}$$

यहाँ, G को सार्वभौमिक गुरुत्वीय स्थिरांक कहा जाता है।

अतः विकल्प (C) सही है।

24. शून्य एक गोलाकार खोल के केंद्र में गुरुत्वाकर्षण क्षेत्र की तीव्रता है।

ऐसा इसलिए है क्योंकि सभी दिशाओं से खींच बिल्कुल समान है। यह केंद्र से स्पष्ट है, लेकिन जैसे ही आप एक तरफ जाते हैं, आप उस तरफ के करीब होते हैं, जो इसके खिंचाव को बढ़ाता है, लेकिन इस तथ्य से पूरा होता है की दूसरी तरफ अब अधिक द्रव्यमान होगा ।

अतः विकल्प (D) सही है।

25. एक मिसाइल को पलायन वेग से कम वेग से प्रक्षेपित किया जाता है। इसकी गतिज और स्थितिज ऊर्जा का योग ऋणात्मक होता है।

गतिज ऊर्जा और स्थितिज ऊर्जा का योग ऋणात्मक होता है। ऐसा इसलिए है क्योंकि पलायन वेग से कम वेग के लिए मिसाइल पृथ्वी के गुरुत्वाकर्षण क्षेत्र के कारण बाध्य है। अतः इसकी कुल ऊर्जा ऋणात्मक है।

अतः विकल्प (B) सही है।

26. जिस वेग से प्रक्षेप्य को प्रक्षेपित किया जाना चाहिए ताकि वह पृथ्वी के गुरुत्वाकर्षण से बच सके, प्रक्षेप के द्रव्यमान पर निर्भर नहीं करता है।

पलायन वेग की गणना करते हैं:

$$v_e = \sqrt{\frac{2GM}{R}}$$

इस व्यंजक में हम पृथ्वी का द्रव्यमान (M), पृथ्वी की त्रिज्या (R), गुरुत्वीय स्थिरांक (G) देख सकते हैं। प्रक्षेप्य के द्रव्यमान का कोई फर्क नहीं पड़ता।

अतः विकल्प (B) सही है।

27. जैसे ही लिफ्ट एकसमान वेग के साथ ऊपर जाती है, तो त्वरण $a = 0$

तो डोरी में तनाव,

$$T = m(g + a)$$

$T = m\,g = 5 \times 10^{-3} \times 10$

$= 0.50\ N$

अतः विकल्प (D) सही है।

28. सामग्री के अलग-अलग लोचदार गुणों के कारण, स्टील रॉड आकार में किसी भी परिवर्तनशील परिवर्तन के बिना लम्बी हो जाएगी, लेकिन रबर की छड़ केंद्र में एक टिप तक नीचे किनारे के आकार के साथ लम्बी हो जाएगी।

M वह द्रव्यमान है जो रबर और स्टील से बनी छड़ों के बीच में स्थित होता है,

$\therefore Y_{स्टील} > Y_{रबर}$

अतः विकल्प (D) सही है।

29. हाइड्रोलिक दबाव ग्लास स्लैब पर डाला, ग्लास के $\rho = 10$ atm

बल्क मापांक $B = 37 \times 10^9\ Nm^{-2}$

जहां, $\dfrac{\Delta V}{V} =$ खंड में आंशिक परिवर्तन $\dfrac{\Delta V}{V} = \dfrac{P}{B}$

$= \dfrac{10 \times 1.013 \times 10^5}{(37 \times 10^9)}$

$= 2.73 \times 10^{-5}$

इसलिए, ग्लास स्लैब की मात्रा में आंशिक परिवर्तन $= 2.73 \times 10^{-5}$

अतः विकल्प (B) सही है।

30. मान लीजिए $d(w)$ तथा $d(o)$ पानी और तेल के घनत्व का सम्मान करते हैं, तो टैंक के तल पर दबाव होगा

$= \mathbf{h(w) \times d(w) \times g + h(o) \times d(o) \times g}$

ऊंचाई h के पानी के कारण इस दबाव को दबाव के बराबर होने दें

$\mathbf{h \times d(w) \times g = h(w) \times d(w) \times g + h(o) \times d(o) \times g}$

$h = h(w) + \left[h(o) \times \dfrac{d(0)}{d(w)}\right]$

$h = 100 + \left[\dfrac{400(0.9)}{1}\right]$

$h = 100 + 360 = 460$ सेमी

ऊंचाई h के पानी के कारण इस दबाव को दबाव के बराबर होने दें

$v = \sqrt{2gh}\,v = \sqrt{2 \times 980 \times 460}\,v = \sqrt{920 \times 980}\,v = \sqrt{901600}$

वेग का प्रवाह $= 949.53$ सेमी/सेकंड

अतः विकल्प (C) सही है।

31. निरंतरता के सिद्धांत के अनुसार,

$A_1 V_1 = A_2 V_2$

$\Rightarrow V_2 = \dfrac{A_1 V_1}{A_2}$

$\therefore V_2 = \left[\dfrac{\pi(3)^2}{\pi(1.5)^2}\right] \times 2 = 8$ मी/सेकंड

अतः विकल्प (C) सही है।

32. दिया हुआ,

उठाए जाने वाले पानी का आयतन $= 9$ मीटर ^{3}

चूंकि हम जानते हैं कि

पानी का घनत्व $= 1000$ किलोग्राम-मीटर $^{-3}$

इसलिए, पानी का द्रव्यमान बढ़ाया

द्रव्यमान $= 1000 \times 9$

द्रव्यमान $= 9000$ किलोग्राम

इसलिए, जमीन से ऊपर 10 मीटर की ऊँचाई तक उठाए जाने वाले पानी के लिए संभावित ऊर्जा परिवर्तन 9000 किलोग्राम हो जाता है;

$PE = 9000 \times 10 \times 10$

$PE = 9 \times 10^5 J$

क्योंकि,

शक्ति $=$ ऊर्जा / समय

तो, आउटपुट शक्ति $= \dfrac{9 \times 10^5}{t}$

दिया गया है कि पानी को बढ़ाने के लिए लिया गया समय 5 मिनट है, S.I. इकाई (सेकंड) में समय को परिवर्तित करना, हम प्राप्त करते हैं;

समय $= 5 \times 60$

$t = 300$ सेकंड

इस प्रकार, आउटपुट शक्ति द्वारा दिया जाता है,

$p = \dfrac{9 \times 10^5}{300} = 3000$ वाट

दिया हुआ,

इनपुट शक्ति $= 10$ किलोवाट $= 10 \times 10^3 W$

इसलिए, पंप की दक्षता $=$ आउटपुट / इनपुट

$e = \dfrac{3000}{10000}$

$e = 0.3$

$e = 0.3 \times 100 = 30\%$

अतः विकल्प (C) सही है।

33. पानी की सतह तक पहुँचने पर गेंद का वेग $\sqrt{2gh}$ है

शरीर पर कार्य करने वाला शुद्ध उर्ध्व बल $F = \sigma V g - \rho V g$

$\Rightarrow ma = \sigma V g - \rho V g$

$\Rightarrow (\rho V)a = V g(\sigma - \rho)$

$\Rightarrow a = g\left(\dfrac{\sigma - \rho}{\rho}\right)$ ऊपर की दिशा में

मान लें कि यह गहराई H तक डूब जाता है, इस समय अंतिम वेग बन जाता है $v = 0$, तो हमारे पास है,

$0 = \left(\sqrt{2gh}\right)^2 - 2 \times g\left(\dfrac{\sigma - \rho}{\rho}\right) \times H \quad \because v^2 = u^2 + 2as$

$$\Rightarrow H = \left(\frac{h\rho}{\sigma-\rho}\right)$$

अतः विकल्प (C) सही है।

34. किसी ठोस का सीधे वाष्प में परिवर्तन ऊर्ध्वपातन कहलाता है।

ऊर्ध्वपातन: यह एक ठोस का सीधे वाष्प में परिवर्तन है। ऊर्ध्वपातन तब होता है जब क्वथनांक गलनांक से कम होता है।

किसी दिए गए तापमान पर ठोस के एकांक द्रव्यमान को सीधे वाष्प में बदलने के लिए आवश्यक ऊष्मा उस तापमान पर ऊर्ध्वपातन की ऊष्मा कहलाती है।

अतः विकल्प (A) सही है।

35. चरण परिवर्तन के दौरान पदार्थ को दी गई ऊष्मा गुप्त ऊष्मा कहलाती है। यह चरण परिवर्तन के आधार पर या तो संलयन की गुप्त ऊष्मा या वाष्पीकरण की ऊष्मा गर्मी हो सकती है।

गुप्त ऊष्मा से संबंधित कुछ महत्वपूर्ण शब्दों का प्रयोग किया जाता है:

- तरल से ठोस: जमने की गुप्त ऊष्मा
- तरल से वाष्प: वाष्पीकरण/वाष्पीकरण की गुप्त ऊष्मा (सीडी)
- वाष्प से द्रव: संघनन की गुप्त ऊष्मा

अतः विकल्प (B) सही है।

36. संकल्पना:

तापमान: यह शरीर की गर्मी और ठंडक की डिग्री का माप है। तापमान का SI मात्रक केल्विन (K) है।

फारेनहाइट और सेल्सियस तापमान के माप हैं और एक दूसरे से इस प्रकार संबंधित हैं:

$$C = (F - 32) \times \frac{5}{9}$$

जहां C सेल्सियस में तापमान है और F फारेनहाइट में तापमान है।

गणना:

चूँकि हमें समान होने के लिए फ़ारेनहाइट और सेल्सियस में तापमान की आवश्यकता होती है:

अब, माना $C = F = x$

इसलिए,

$$x = (x - 32) \times \frac{5}{9}$$

या, $9x = 5x - 160$

या, $4x = -160$

या, $x = -40$

इसलिए, $-40°C = -40°F$

अतः विकल्प (A) सही है।

37. संकल्पना:

तापमान: यह निकाय की गर्मी और ठंडक की डिग्री का माप है। तापमान का SI मात्रक केल्विन (K) है। प्रमुख तापमान पैमाने हैं:

सेल्सियस पैमाना: इसे सेंटीग्रेड पैमाना और सबसे अधिक इस्तेमाल किया जाने वाला पैमाना भी कहा जाता है। इसे $0°C$ से $100°C$ को 1 वायुमंडलीय दबाव पर जल के हिमांक और क्वथनांक को निर्दिष्ट करने से परिभाषित किया गया है।

केल्विन पैमाना: यह तापमान की आधार इकाई है, जिसे K से दर्शाया जाता है। केल्विन पैमाने पर कोई ऋणात्मक संख्या नहीं है क्योंकि सबसे कम $0K$ है। सेल्सियस और केल्विन के बीच संबंध है:

$$°C + 273.15 = K$$

दिया है:

जल का हिमांक $= 0°C$

तापमान $(T) = 0°C$

$$°C + 273.15 = K$$

$$\Rightarrow K = 273.15K$$

अतः विकल्प (A) सही है।

38. मान लीजिये,

नाइट्रोजन का द्रव्यमान, $m = 2.0 \times 10^{-2} kg = 20g$.

तापमान में वृद्धि, $\Delta T = 45°C$.

आणविक द्रव्यमान $N_2, M = 28$

यूनिवर्सल गैस स्थिरांक, $R = 8.3 J mol^{-1} K^{-1}$

मोलों की संख्या, $n = \frac{m}{M}$

$$n = \frac{2 \times 10^{-2} \times 10^3}{28}$$

$$n = 0.714$$

नाइट्रोजन के लिए लगातार दबाव में मोलर विशिष्ट ऊष्मा,

$$C_p = \frac{7}{2} R$$

$$C_p = \frac{7}{2} \times 8.3$$

$$C_p = 29.05 J mol^{-1} K^{-1}$$

आपूर्ति की जाने वाली ऊष्मा की कुल मात्रा को संबंध द्वारा दिया जाता है:

$$\Delta Q = n C_p \Delta T$$

$$\Delta Q = 0.714 \times 29.05 \times 45$$

$$\Delta Q = 933.38 J$$

स्पष्ट रूप से, आपूर्ति की जाने वाली ऊष्मा की मात्रा $933.38 J$ है।

अतः विकल्प (B) सही है।

39. भौतिकी में उष्मागतिकी का दूसरा नियम कहता है कि ऊष्मा स्वाभाविक रूप से उच्च तापमान पर किसी वस्तु से कम तापमान वाली वस्तु की ओर प्रवाहित होती है और ऊष्मा अपने आप विपरीत दिशा में प्रवाहित नहीं होती है।

अतः विकल्प (D) सही है।

40. दिया हुआ,

$$p \propto T^3 \quad \ldots (i)$$

एडियाबेटिक प्रक्रम में,

$$T^\gamma p^{1-\gamma} = \text{स्थिर} \left[\text{जैसे } \gamma = \frac{C_p}{C_v} \right]$$

$$T \propto \frac{1}{p^{\frac{(1-\gamma)}{\gamma}}}$$

$$T^{\left(\frac{\gamma}{\gamma-1}\right)} \propto p \quad \text{... (ii)}$$

(i) और (ii), की तुलना करने पर

चूँकि दोनों स्थितियों में दाब समान होता है, दोनों पक्षों से तापमान की शक्तियों की बराबरी करने पर हमें प्राप्त होता है,

$$3\gamma - 3 = \gamma \text{ या } 2\gamma = 3$$

$$\frac{C_p}{C_v} = \gamma = \frac{3}{2}$$

अतः विकल्प (C) सही है।

41. यह देखते हुए कि फ्रीजर का तापमान,

$$T_2 = -13°C$$

$$\Rightarrow \quad T_2 = -13 + 273 = 260K$$

प्रदर्शन गुणांक, $\beta = 5$

प्रदर्शन गुणांक के रूप में परिभाषित किया गया है,

$$\beta = \frac{T_2}{T_1 - T_2}$$

$$= 5 = \frac{260}{T_1 - 260}$$

$$= T_1 - 260 = \frac{260}{5}$$

$$= T_1 - 260 = 52$$

$$T_1 = (52 + 260)K = 312K$$

$$T_1 = (312 - 273)°C$$

$$T_1 = 39°C$$

अतः विकल्प (C) सही है।

42. दिया गया,

$$P_1 = 2 \times 10^5 \quad N/m^2$$

$$P_2 = 4 \times 10^5 \quad N/m^2$$

$$V_1 = 2 ∟$$

$$V_2 = 4 ∟$$

$$T_1 = 300 \text{ K}$$

$$T_2 = 350 \text{ K}$$

आदर्श गैस के लिए,

$$U = \frac{3}{2}nRT = \frac{3}{2}PV$$

$$\Rightarrow \frac{3}{2}P_1V_1 + \frac{3}{2}P_2V_2 = \frac{3}{2}PV$$

$$\Rightarrow P = \frac{P_1V_1 + P_2V_2}{V}$$

मान रखने पर, हम प्राप्त करते हैं

$$P = \frac{2 \times 2 \times 10^5 + 4 \times 4 \times 10^5}{2+4}$$

$$P = 3.3 \times 10^5 \; N/m^2$$

मोल्स की संख्या संरक्षित होगी।

$$n = n_1 + n_2$$

$$\therefore \frac{P_1V_1}{RT_1} + \frac{P_2V_2}{RT_2} = \frac{PV}{RT}$$

$$\Rightarrow \frac{2 \times 10^5 \times 2}{300} + \frac{4 \times 10^5 \times 4}{350} = \frac{10 \times 10^5 \times 6}{3\,T}$$

$$\Rightarrow \frac{4}{300} + \frac{16}{350} = \frac{20}{T}$$

$$\Rightarrow T = 338.71 \; K$$

अतः विकल्प (A) सही है।

43. जैसा कि हम जानते हैं,

मात्रा स्थिर होने पर मोलर ताप क्षमता,

$$C_V = \frac{f}{2}R \text{....(i)}$$

मोलर ताप क्षमता जब दाब स्थिर होता है,

$$C_P = \left(\frac{f}{2} + 1\right)R \text{....(ii)}$$

जहाँ, R आदर्श गैस स्थिरांक है और इसका मान $8.31432 \times 10^3 \; N \cdot m \cdot kmol^{-1} \cdot K^{-1}$ है।

$f = 3$ (एकपरमाणुक गैस के लिए) $= 5$ (द्विपरमाणुक गैस के लिए)

(B) समीकरण (i) और (ii) को जोड़ने पर, हम प्राप्त करते हैं

$$C_P + C_V = (f + 1)R$$

एकपरमाणुक आदर्श गैस के लिए, f = 2

$$C_P + C_V = (3 + 1)$$

$$= 4R$$

द्विपरमाणुक गैस के लिए, f = 5

$$C_P + C_V = (5 + 1)$$

$$= 6R$$

इस प्रकार, $C_P + C_V$ एक द्विपरमाणुक आदर्श गैस की तुलना में एक द्विपरमाणुक आदर्श गैस के लिए बड़ा है।

(C) समीकरण (i) और (ii) को गुणा करके, हम प्राप्त करते हैं

$$C_P \cdot C_V = \frac{f}{2}\left(\frac{f}{2} + 1\right)R^2$$

$$= \left(\frac{f^2}{4} + \frac{f}{2}\right)R^2$$

एकपरमाणुक गैस के लिए, f = 3

$$C_P \cdot C_V = \frac{15R^2}{4}$$

द्विपरमाणुक गैस के लिए, f = 5

$$C_P \cdot C_V = \frac{35R^2}{4}$$

अत: विकल्प (D) सही है।

44. दिया हुआ, तापमान $20°C$ से $40°C$ तक बढ़ा दिया गया है।

फिर, $T_1 = 20°C$

$= 20 + 273$

$= 293$ к

$T_2 = 40°C$

$= 40 + 273$

$= 313$ к

चूंकि, यहाँ दबाव स्थिर है इसलिए चार्ल्स के नियम को लागू करने पर,

$$V \propto T$$

$$\therefore \frac{V_1}{T_1} = \frac{V_2}{T_2}$$

$$\Rightarrow V_2 = \left(\frac{T_2}{T_1}\right) \times V_1 \ ...(i)$$

हाइड्रोजन का अंश जो निकलता है $= \frac{V_2 - V_1}{V_1}$

(i) से V_2 का मान रखने पर हमें प्राप्त होता है

$$\frac{V_2 - V_1}{V_1} = \frac{\left(\frac{313}{293}\right)V_1 - V_1}{V_1}$$

$$= \frac{313V_1 - 293V_1}{293V_1}$$

$$= \frac{20}{293}$$

$$= 0.07$$

अत: विकल्प (A) सही है।

45. यदि m गैस का कुल द्रव्यमान है, तो इसकी गतिज ऊर्जा $= \frac{1}{2}mv^2$ है।

जब बर्तन अचानक बंद हो जाता है, तो अव्यवस्थित गतिज ऊर्जा गैस के तापमान को बढ़ा देगी (क्योंकि प्रक्रिया रुद्धोष्म होगी)।

फिर, संरक्षण की ऊर्जा से,

$$\frac{1}{2}mv^2 = nC_v \Delta T$$

$$\because n = \frac{m}{M}$$

जहां,

n = गैस आणविक की कुल संख्या

m = गैस का कुल द्रव्यमान

M = आणविक द्रव्यमान

$$\frac{1}{2}mv^2 = \frac{m}{M}C_v \Delta T$$

$$\because C_v = \left(\frac{R}{\gamma - 1}\right)$$

$$\Rightarrow \frac{m}{M}\frac{R}{\gamma - 1}\Delta T = \frac{1}{2}mv^2$$

$$\Rightarrow \Delta T = \frac{Mv^2(\gamma - 1)}{2R}$$

अत: विकल्प (B) सही है।

46. दिया हुआ,

$$\left(P + \frac{aT^2}{V}\right)V^c = (RT + b)$$

$$\Rightarrow P = (RT + b)V^{-c} - (aT^2)V^{-1} .....(i)$$

जैसा कि हम जानते हैं,

$$P = AV^m - BV^n ....(ii)$$

समीकरण (i) और समीकरण (ii) की तुलना करने पर, हम प्राप्त करते हैं

$$m = -c \ \& \ n = -1$$

अत: विकल्प (A) सही है।

47. दिया है: $m_2 = \frac{1}{4}m_1$

साधारण पेंडुलम की समय अवधि इस प्रकार है:

$$\Rightarrow T = 2\pi\sqrt{\frac{l}{g}} \ .....(i)$$

जहाँ, т = दोलन की समय अवधि, l = पेंडुलम की लंबाई, और g = गुरुत्वीय त्वरण

चूंकि साधारण पेंडुलम की समय अवधि गोलक के द्रव्यमान पर निर्भर नहीं करती है, इसलिए, गोलक के द्रव्यमान में बदलाव से पेंडुलम की समय अवधि प्रभावित नहीं होगी।

अत: विकल्प (D) सही है।

48. सरल आवर्त गति:

- यह एक विशेष प्रकार की आवधिक गति है, जिसमें एक कण एक माध्य स्थिति के अनुरूप इधर-उधर गति करता है।

- रैखिक S.H.M. एक प्रत्यानयन बल जो हमेशा माध्य स्थिति की ओर निर्देशित होता है और जिसका परिमाण किसी भी क्षण पर उस स्थिति में माध्य स्थिति से कण के विस्थापन के समान आनुपातिक होता है।

अर्थात माध्य स्थिति से कण का प्रत्यानयन बल विस्थापन:

F -x F = -kx

जहाँ k को बल स्थिरांक के रूप में जाना जाता है।

अत: विकल्प (C) सही है।

49. SHM को क्रियान्वित करने वाले कण का विस्थापन,

$$x = A\sin(\omega t + \phi) \ ...(i)$$

$$\frac{dx}{dt} = A\omega\cos(\omega t + \phi)$$

जैसा कि हम जानते हैं,

त्वरण $(a) = \frac{d^2x}{dt^2}$

$$a = -\omega^2 A\sin(\omega t + \phi)$$

$$\Rightarrow a = \omega^2 A\sin(\omega t + \phi + \pi) \ ...(ii)$$

इस प्रकार, कण के विस्थापन और त्वरण के बीच चरण अंतर π रेडियन है।

अत: विकल्प (A) सही है।

50. यात्रा तरंग का वेग स्थिर रहता है।

मूल विधा के लिए प्रारंभ में, डोरी की लंबाई तरंगदैर्घ्य की आधी होती है।

$$\lambda = 180 \; cm$$

$$\nu = 124 Hz$$

नई आवृत्ति दी गई है,

$$\nu_2 = 186 \; Hz$$

$$\nu\lambda = \text{स्थिरांक}$$

$$\nu_1\lambda_1 = \nu_2\lambda_2$$

मान रखने पर, हम प्राप्त करते हैं

$$\lambda_2 = 120 \; cm$$

इसका मध्य बिंदु नोड होगा (जहां स्ट्रिंग को तोड़ने की जरूरत है)। स्ट्रिंग को $60 \; cm$ पर खींचने की जरूरत है।

अत: विकल्प (A) सही है।

51. दिया गया,

आयाम y के साथ एक साइनसॉइडल तरंग रैखिक घनत्व ρ के साथ एक स्ट्रिंग पर गति v के साथ यात्रा कर रही है। तरंग की कोणीय आवृत्ति ω है।

जैसा कि हम जानते हैं कि तरंग की ऊर्जा की दर एक तरंग द्वारा प्रेषित औसत शक्ति के बराबर होती है।

प्रति तरंगदैर्घ्य ऊर्जा,

$$E_\lambda = \frac{1}{2}\mu\omega^2 A^2 \lambda$$

$$P_{avg} = \frac{E_\lambda}{\text{time}}$$

$$= \frac{1}{2}\mu\omega^2 A^2 \frac{\lambda}{t}$$

$$v = \frac{\lambda}{t}$$

जहां,

$\lambda \rightarrow$ तरंग दैर्घ्य

$t \rightarrow$ समय

$v \rightarrow$ वेग

$$= \frac{1}{2}\mu\omega^2 A^2 v$$

$$Pavg \propto \omega^2$$

इसका मतलब है कि कोणीय आवृत्ति को दोगुना करने से ऊर्जा दर 4 गुना हो जाएगी।

$$Pavg \propto A^2$$

इसका मतलब है कि आयाम को दोगुना करने से ऊर्जा दर 4 गुना हो जाएगी।

$$Pavg \propto v$$

शक्ति ऊर्जा या वह दर जिस पर ऊर्जा का वहन किया जाता है, तरंग के वेग के सीधे आनुपातिक होती है।

अत: विकल्प (D) सही है।

52. आवेश के संरक्षण का नियम:

एक पृथक प्रणाली का कुल आवेश स्थिर रहता है। विद्युत आवेशों को न तो उत्पन्न किया जा सकता है और न ही नष्ट किया जा सकता है, उन्हें केवल एक निकाय से दूसरे में स्थानांतरित किया जा सकता है। आवेश संरक्षण का नियम बड़े पैमाने पर और सूक्ष्म प्रक्रियाओं दोनों में माना जाता है। वास्तव में आवेश संरक्षण एक वैश्विक घटना है यानी पूरे ब्रह्मांड का कुल आवेश स्थिर रहता है।

ऊपर से यह स्पष्ट है कि आवेश को ना तो पैदा किया जा सकता है ना ही नष्ट किया जा सकता है, लेकिन इसे कुछ विधियों जैसे कि प्रेरण और चालन के द्वारा एक निकाय से दूसरे निकाय में स्थानांतरित किया जा सकता है। इसलिए विकल्प (A) गलत है और विकल्प (B) और (D) सही हैं।

यदि आवेश को निकाय में वितरित किया जाता है, तो निकाय का कुल आवेश नियत रहेगा। इसलिए विकल्प (C) सही है।

अत: विकल्प (A) सही है।

53.

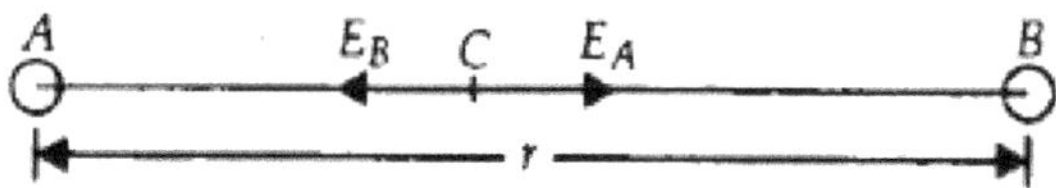

यहां, $AB = r = 90$ सेमी $= 0.9$ मी

$$q_A = 10\mu C = 10 \times 10^{-6} C$$

$$q_B = 40\mu C = 40 \times 10^{-6} C, AC = ?$$

C बिंदु पर, $E_A = E_B$

$$\frac{q_A}{4\pi\varepsilon_0(AC)^2} = \frac{q_B}{4\pi\varepsilon_0(BC)^2}$$

$$\frac{q_A}{(AC)^2} = \frac{q_B}{(r-AC)^2}$$

$$\frac{10\times10^{-6}}{(AC)^2} = \frac{40\times10^{-6}}{(0.9-AC)^2}$$

$$\frac{1}{(AC)^2} = \frac{4}{(0.9-AC)^2}$$

$$\frac{1}{AC} = \frac{2}{(0.9-AC)}$$

$$0.9 - AC = 2AC$$

$$3AC = 0.9$$

$$AC = 0.3 \text{ मी} = 30 \text{ सेमी}$$

तो A से 30 सेमी दूरी पर विद्युत तीव्रता शून्य होगी।

अतः विकल्प (D) सही है।

54. जब हम कांच की छड़ को रेशम से रगड़ते हैं तो कांच की छड़ पर आवेश धनात्मक होगा। जब हम रेशम के साथ कांच की छड़ को रगड़ते हैं, तो छड़ से कुछ इलेक्ट्रॉन रेशम के कपड़े में स्थानांतरित हो जाते हैं। इस प्रकार छड़ धनात्मक रूप से आवेशित हो जाता है और रेशम ऋणात्मक रूप से आवेशित हो जाता है।

अत: विकल्प (A) सही है।

55. जब एक बिंदु चार्ज $+q$ एक पृथक संवाहक सतह से दूरी (d) पर रखा जाता है, कुछ ऋणात्मक चार्ज सतह की सतह पर चार्ज की ओर विकसित होता है

और समतुल्य धनात्मक चार्ज सतह के विपरीत दिशा में विकसित होता है. इसलिए, सतह के दूसरी तरफ एक बिंदु P पर स्थित क्षेत्र को सतह के लंबवत और सतह से दूर निर्देशित किया जाता है जैसा कि आकृति में दिखाया गया है।

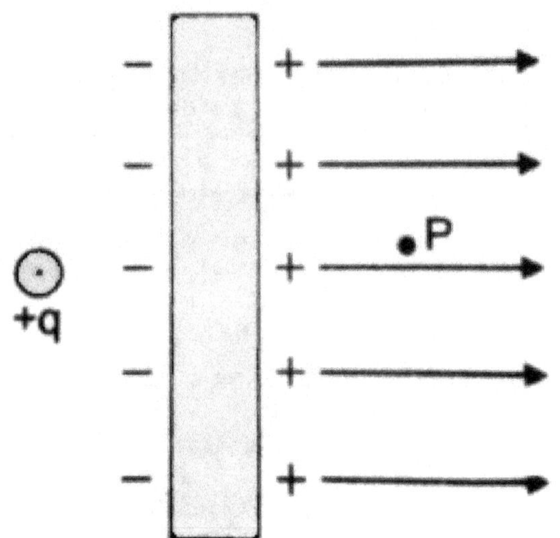

अतः विकल्प (A) सही है।

56. दिया गया,

अल्फा कण पर आवेश, $q_1 = q_2 = +2e$

कणों के बीच की दूरी, $r = 3.2 \times 10^{-15} m$

हम जानते हैं कि:

एक इलेक्ट्रॉन पर चार्ज, $e = 1.6 \times 10^{-19}$

और, $\frac{1}{4\pi\epsilon_0} = 9 \times 10^9$

अब, कूलम्ब के नियम का उपयोग करते हुए, हम प्राप्त करते हैं,

कणों पर कार्य करने वाला बल निम्न के द्वारा दिया जाता है,

$$F = \frac{1}{4\pi\epsilon_0} \frac{q_1 q_2}{r^2}$$

$$F = \frac{9 \times 10^9 \times 2 \times 1.6 \times 10^{-19} \times 2 \times 1.6 \times 10^{-19}}{3.2 \times 10^{-15} \times 3.2 \times 10^{-15}} N$$

$$F = \frac{36 \times 10^9 \times 2.56 \times 10^{-19} \times 10^{-19}}{3.2 \times 10^{-15} \times 3.2 \times 10^{-15}}$$

$$F = 90N$$

अतः विकल्प (C) सही है।

57. एक बिंदु पर विद्युत क्षेत्र सतत होता है यदि उस बिंदु पर कोई आवेश नहीं होता है और यदि उस बिंदु पर कोई आवेश होता है तो असंतत होता है।

विद्युत क्षेत्र स्थान का एक क्षेत्र है जिसमें एक विद्युत आवेश एक बल का अनुभव करता है। स्थान में एक बिंदु पर विद्युत क्षेत्र की दिशा वह दिशा है जिसमें उस बिंदु पर रखे जाने पर एक सकारात्मक परीक्षण चार्ज चलता है।

एक बिंदु पर विद्युत क्षेत्र निरंतर तभी होता है जब उसके आसपास के क्षेत्र में कोई ऋणात्मक या धनात्मक आवेश न हो जो उसके मार्ग को प्रभावित करता हो। यदि माध्यम में कोई अन्य चार्ज नहीं है, तो किसी भी चार्ज के कारण विद्युत क्षेत्र सतत रहेगा। यदि उस व्यवहार्य बिंदु पर कोई चार्ज है तो यह बंद हो जाएगा।

आवेशित कण निरंतर विद्युत क्षेत्र रेखाओं के उद्भव और विचलन को बदलते हैं।

अतः विकल्प (D) सही है।

58. माना कि चार्ज $q = 10\mu C = 10^{-5} C$ वर्ग $ABCD$ से 5 सेमी की दूरी पर रखा गया है जिसकी प्रत्येक भुजा $10cm$ है। वर्ग $ABCD$ की प्रत्येक भुजा 10 सेमी को क्यूबिक गाऊसी सतह के छह फलकों में से एक माना जा सकता है।

अब गाऊसी प्रमेय के अनुसार घन के फलकों से होकर जाने वाला कुल विद्युत फ्लक्स:

$$\phi = \frac{q}{\epsilon_0}$$

इसलिए, वर्ग $ABCD$ के माध्यम से कुल विद्युत फ्लक्स होगा:

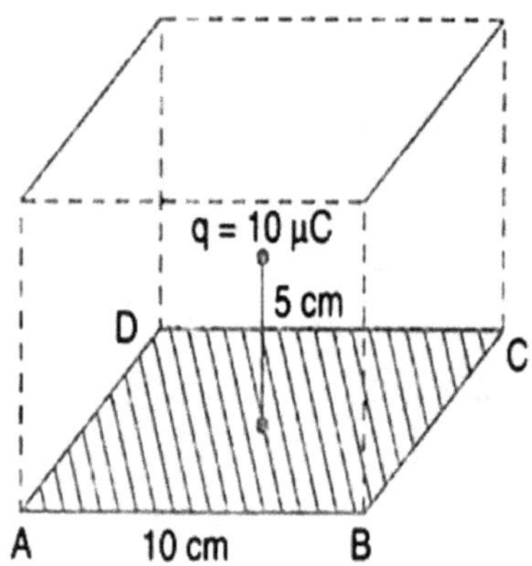

$$\phi_E = \frac{1}{6} \times \phi$$

$$= \frac{1}{6} \times \frac{q}{\epsilon_0}$$

$$= \frac{1}{6} \times \frac{10^{-5}}{8.854 \times 10^{-12}} \quad (\because \epsilon_0 = 8.854 \times 10^{-12})$$

$$= 1.88 \times 10^5 Nm^2 C^{-1}$$

अतः विकल्प (A) सही है।

59. दिया गया,

डाइइलेक्ट्रिक स्लैब की मोटाई, $t = 1cm = 10^{-2} m$

डाइइलेक्ट्रिक स्थिरांक, $\epsilon_\tau = K = 5$

संधारित्र की प्लेटों का क्षेत्रफल, $A = 0.01 m^2 = 10^{-2} m^2$

संधारित्र की समानांतर प्लेटों के बीच की दूरी, $d = 2$ cm $= 2 \times 10^{-2} m$

हम जानते हैं कि:

प्लेटों के बीच हवा के साथ क्षमता,

$$C_0 = \frac{\epsilon_0 A}{d}$$

जहां, $\epsilon_0 = 8.854 \times 10^{-12}$

$$= \frac{8.85 \times 10^{-12} \times 10^{-2}}{2 \times 10^{-2}}$$

$$C_0 = 4.425 \times 10^{-12} \text{ फैरड}$$

प्लेटों के बीच में डाइइलेक्ट्रिक स्लैब के साथ क्षमता,

$$C = \frac{\epsilon_0 A}{d - t\left(1 - \frac{1}{K}\right)}$$

$$= \frac{8.85 \times 10^{-12} \times 10^{-2}}{(2 \times 10^{-2}) - 10^{-2}\left(1 - \frac{1}{5}\right)}$$

$$C = 7.375 \times 10^{-12} \text{ फैरड}$$

डाइइलेक्ट्रिक लगाने पर क्षमता में वृद्धि:

$$C - C0 = (7.375 \times 10^{-12}) - (4.425 \times 10^{-12})$$

$$= 2.95 \times 10^{-12} \text{ फैरड}$$

अतः विकल्प (C) सही है।

60. यहाँ,

ट्रांसफार्मर की क्षमता

$$\eta = 90\%$$

शक्ति आपूर्ति, $P_{in} = 3 \, kW = 3 \times 10^3 \, W = 3000 \, W$

प्राथमिक कुंडली पर विभव,

$$V_p = 200 \, V$$

द्वितीयक कुंडली में धारा, $I_s = 6 \, A$

जैसे $P_{in} = I_p V_p$

$\therefore$ प्राथमिक कुंडल में धारा,

$$I_p = \frac{P_{in}}{V_p} = \frac{3000 \, W}{200 \, V} = 15 \, A$$

ट्रांसफार्मर की क्षमता,

$$\eta = \frac{P_{out}}{P_{in}} = \frac{V_s I_s}{V_p I_p}$$

$$\therefore \frac{90}{100} = \frac{6 V_s}{3000} \text{ or}$$

$$V_s = \frac{90 \times 3000}{100 \times 6}$$

$$= 450 \, V$$

अतः विकल्प (B) सही है।

61. तांबे के पतले तार की तुलना में तांबे की एक छड़ का विशिष्ट प्रतिरोध समान है।

एक कंडक्टर का विशिष्ट प्रतिरोध सामग्री की प्रकृति पर निर्भर करता है लेकिन कंडक्टर के आयाम से स्वतंत्र होता है। इस प्रकार तांबे के पतले तार की तुलना में तांबे की छड़ का विशिष्ट प्रतिरोध समान होता है।

अतः विकल्प (C) सही है।

62. चालक इलेक्ट्रॉन के अपवाह वेग की दिशा विद्युत क्षेत्र की दिशा के विपरीत है अर्थात इलेक्ट्रॉन बढ़ते हुए विभव की दिशा में अपवाह करते हैं।

अपवाह चाल v_d है,

$$v_d = \frac{I}{neA}$$

अब, $e = 1.6 \times 10^{-19} C, A = 1.0 \times 10^{-7} \, m^2, I = 1.5 \, A$ है।

चालक इलेक्ट्रॉनों का घनत्व, n प्रति घन मीटर में परमाणुओं की संख्या के बराबर है (मान लीजिए कि प्रति ताँबे के परमाणु में एक चालक इलेक्ट्रॉन है जो संयोजकता इलेक्ट्रॉन की संख्या 1 के अनुसार यथोचित है)। एक घन मीटर ताँबे का द्रव्यमान $9.0 \times 10^3 \, kg$ है।

चूँकि 6.0×10^{23} ताँबे के परमाणुओं का द्रव्यमान $63.5 \, g$ है, अतः

$$n = \frac{6.0 \times 10^{23}}{63.5} \times 9.0 \times 10^6 = 8.5 \times 10^{28} \, m^{-3}$$

जिससे हमें अपवाह चाल का निम्न मान प्राप्त होता है:

$$v_d = \frac{1.5}{8.5 \times 10^{28} \times 1.6 \times 10^{-19} \times 1.0 \times 10^{-7}}$$

$$= 1.1 \times 10^{-3} \, m \, s^{-1}$$

अतः विकल्प (B) सही है।

63. प्रश्न के अनुसार,

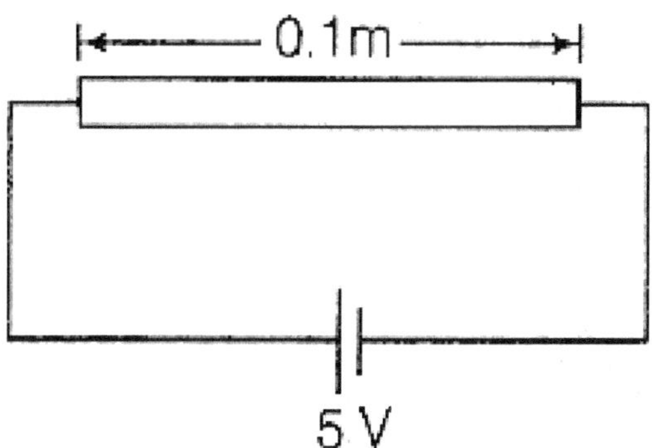

दिया गया है:

$$v_d = 2.5 \times 10^{-4} \text{ मी/से}$$

$$\Rightarrow n = 8 \times 10^{28} \text{मी-3}$$

$$L = 0.1 \, m$$

$$p = 5 \, V$$

हम जानते हैं कि,

$$J = nev_d \text{ या } l = nev_d \, A$$

जहाँ, प्रतीकों का अपना सामान्य अर्थ है।

$J = $ इलेक्ट्रॉन घनत्व

$v_d = $ बहाव का वेग

$p = $ विद्युत विभव

$L = $ तार की लंबाई

अब,

$$\frac{V}{R} = nev_d A$$

या $$\frac{V}{\frac{pL}{A}} = nev_d A$$

या $\dfrac{V}{pL} = nev_d$

$\rho = \dfrac{V}{nev_dL}$

$= \dfrac{5}{8\times10^{28}\times16\times10^{-19}\times25\times10^{-4}\times0.1}$

$\rho = 16 \times 10^{-5} \Omega$मी

अत: विकल्प (D) सही है।

64. दिया गया है:

$\mu = 9 \times 10^9$

$U = 1.02 \times 10^{-8} \, J/m^2$

ऊर्जा घनत्व $(U) = \dfrac{B_0^2}{2\mu_0}$ ...(1)

और $C = \dfrac{1}{\sqrt{\mu_0\epsilon_0}}$ ...(2)

$\mu_0 = \dfrac{1}{C^2\varepsilon_0}$

$B = \sqrt{U \times 2\mu_0}$

$B = \sqrt{1.02 \times 10^{-8} \times 2 \times \dfrac{1}{9\times10^{16}} \times 4\pi \times 9 \times 10^9}$

$= 160 nT$

अत: विकल्प (A) सही है।

65. एक चुंबकीय क्षेत्र एक स्थिर विद्युत आवेश के साथ परस्पर क्रिया नहीं करता है।

चुंबकीय क्षेत्र B में वेग v के साथ गति करने वाले आवेशित कणों पर कार्य करने वाला चुंबकीय बल निम्नानुसार दिया जाता है

$F = qV \times B$

-यह बल चाल को नहीं बदलता है लेकिन आवेशित कण की दिशा बदल देता है।

-यदि चाल $v = 0$ है, तो बल शून्य है। इसलिए, यदि दिए गए चुंबकीय क्षेत्र के संबंध में आवेश की गति नहीं है, तो उस पर कोई चुंबकीय बल लागू नहीं किया जाएगा।

विद्युतचुम्बकीय प्रेरण की स्थिति में, अगर चुम्बकीय क्षेत्र और धारा-युक्त चालक के बीच सापेक्ष गति होती है, या चुम्बकीय क्षेत्र में कोई परिवर्तन होता है, तो यहाँ धारा प्रेरित होती है।

किसी भी स्थिति में, विद्युत आवेश प्रवाह या चुंबकीय क्षेत्र के बीच सापेक्ष परिवर्तन केवल किसी भी संबंधित परिवर्तन का उत्पादन करेगा।

अत: विकल्प (C) सही है।

66. मान लीजिए त्रिज्या बदलने के बाद B_0 प्रारंभिक चुंबकीय क्षेत्र और $B = $ नया चुंबकीय क्षेत्र है।

त्रिज्या बदलने से पहले वृत्ताकार लूप के केंद्र में चुंबकीय क्षेत्र द्वारा दिया जाता है $B_0 = \dfrac{\mu_0 I}{2\pi R}$

त्रिज्या को आधा करने के बाद नए चुंबकीय क्षेत्र को इस प्रकार लिखा जा सकता है,

$B = \dfrac{\mu_0 I}{2\pi\frac{R}{2}}$

$\Rightarrow B = 2\dfrac{\mu_0 I}{2\pi R}$

$\Rightarrow B = 2B_0$

अत: विकल्प (B) सही है।

67. दिया हुआ,

$V_R = 40 \, V; V_L = 90 \, V; V_C = 60 \, V$

हम जानते हैं कि,

$iZ = \sqrt{i^2R^2 + i^2\left(\dfrac{1}{\omega C} - \omega L\right)^2}$

$E = \sqrt{V_R^2 + (V_C - V_L)^2}$

जहां E ईएमएफ है, V_R प्रतिरोधी में संभावित गिरावट है, V_L अधिष्ठापन में संभावित गिरावट है, और V_R कैपेसिटेंस में संभावित गिरावट है।

$E = \sqrt{V_R^2 + (V_C - V_L)^2}$

$E = \sqrt{40^2 + (60 - 90)^2}$

$E = 50V$

अत: विकल्प (D) सही है।

68. क्यूरी तापमान के ऊपर एक फेरोमैग्नेटिक सामग्री को गर्म करने पर, विभिन्न डोमेन में शुद्ध चुंबकीयकरण होता है जो कि यादृच्छिक रूप से वितरित किया जाता है। इस प्रकार विभिन्न डोमेन के कारण पदार्थ का शुद्ध चुंबकत्व कम से कम हो जाता है। और फेरोमैग्नेटिक मैटीरियल पैरामैग्नेटिक मैटीरियल बन जाता है।

अत: विकल्प (C) सही है।

69. दिया गया है,

चुंबकीय सुई का चुंबकीय आघूर्ण, $m = 6.7 \times 10^{-2} Am^2$

जडत्वाघूर्ण $I = 7.5 \times 10^{-6} \, kg \, m^2$

चुंबकीय सुई $6.70 \, s$ में 10 पूरे दोलन करती है।

दोलन का आवर्तकाल है,

$T = \dfrac{6.70}{10} = 0.67 \, s$

जैसा कि हम जानते हैं, चुंबकीय क्षेत्र,

$B = \dfrac{4\pi^2 I}{mT^2}$

$= \dfrac{4\times(3.14)^2\times7.5\times10^{-6}}{6.7\times10^{-2}\times(0.67)^2}$

$= 0.01 \, T$

अत: विकल्प (A) सही है।

70. दिया गया है,

छड़ चुंबक का चुंबकीय आघूर्ण, $m = 0.40 \, A \, m^2$

छड़ चुंबक के केंद्र से दूरी, $r = 50 \, cm = 0.5 \, m$

$\frac{\mu_0}{4\pi} = 10^{-7}$

जैसा कि हम जानते हैं,

विषुवतीय स्थिति के लिए चुंबकीय क्षेत्र,

$B_E = \frac{\mu_0 m}{4\pi r^3}$

$= \frac{10^{-7} \times 0.4}{(0.5)^3}$

$= \frac{10^{-7} \times 0.4}{0.125} = 3.2 \times 10^{-7}\ T$

अक्षीय स्थिति के लिए चुंबकीय क्षेत्र,

$B_A = \frac{\mu_0 2m}{4\pi r^3}$

$B_A = \frac{10^{-7} \times 2 \times 0.40}{(0.5)^3}$

$= 6.4 \times 10^{-7}\ T$

अतः विकल्प (C) सही है।

71. दिया गया है,

$B_E = 0.4G = 4 \times 10^{-5}\ T$

पृथ्वी की त्रिज्या $r = 6.4 \times 10^6\ m$

विषुवतरेखीय चुंबकीय क्षेत्र,

$B_E = \frac{\mu_0 m}{4\pi r^3}$

$m = \frac{4 \times 10^{-5} \times (6.4 \times 10^6)^3}{\frac{\mu_0}{4\pi}}$

जैसा कि हम जानते हैं,

$\frac{\mu_0}{4\pi} = 10^{-7}$

$= \frac{4 \times 10^{-5} \times (6.4 \times 10^6)^3}{10^{-7}}$

$= 4 \times 10^2 \times (6.4 \times 10^6)^3$

$= 1.05 \times 10^{23}\ Am^2$

अतः विकल्प (C) सही है।

72. दिया गया है,

पृथ्वी के चुंबकीय क्षेत्र का क्षैतिज अवयव, $H_E = 0.26G$

नमन कोण, $\theta = 60°$

जैसा कि हम जानते हैं,

$B_E = \frac{H_E}{\cos\theta}$

$B_E = \frac{H_E}{\cos 60°}$

$= \frac{0.26}{\left(\frac{1}{2}\right)} = 0.52G$

अतः विकल्प (C) सही है।

73. ट्रांसफॉर्मर का कोर लैमिनेटेड होता है क्योंकि एडी धाराओं के कारण होने वाली ऊर्जा हानि को कम किया जा सकता है।

इन्हें कम करने के लिए ट्रांसफार्मर के कोर को लैमिनेट किया जाता है क्योंकि वे प्राथमिक कॉइल से सेकेंडरी कॉइल में ऊर्जा के कुशल हस्तांतरण में हस्तक्षेप करते हैं। एडी धाराएं ट्रांसफार्मर से ऊर्जा खो देती हैं क्योंकि वे कोर को गर्म करते हैं - जिसका अर्थ है कि विद्युत ऊर्जा गर्मी के रूप में बर्बाद हो रही है।

अतः विकल्प (D) सही है।

74. यदि R-L परिपथ में अनुप्रयुक्त AC विभव की आवृत्ति बढ़ा दी जाती है तो परिपथ की प्रतिबाधा बढ़ेगी।

हम जानते है कि,

प्रेरक कुंडल का प्रतिघात इस प्रकार है,

$X_L = 2\pi f L \quad \ldots (i)$

और R-L परिपथ को प्रतिबाधा इस प्रकार है,

$Z = \sqrt{R^2 + X_L^2} \quad \ldots (ii)$

समीकरण (i) और समीकरण (ii) से,

हमें मिलता है,

$Z = \sqrt{R^2 + (2\pi f L)^2} \quad \ldots (iii)$

समीकरण (iii) से यह स्पष्ट है कि यदि R-L परिपथ में लागू AC विभव की आवृत्ति बढ़ा दी जाती है तो परिपथ की प्रतिबाधा बढ़ जाएगी।

अतः विकल्प (A) सही है।

75. दिया गया,

वोल्टेज $(e) = 200\sqrt{2}\sin 100t$,

धारिता $(C) = 1\mu F = 1 \times 10^{-6}$ फैराड,

कोणीय वेग $(\omega) = 100$ रेड/सेकंड

$V_0 = 200\sqrt{2}$

RMS वोल्टेज निम्न द्वारा दिया जाता है

$V_{rms} = \frac{V_0}{\sqrt{2}}$

$\Rightarrow V_{rms} = \frac{200\sqrt{2}}{\sqrt{2}}$

$\Rightarrow V_{rms} = 200$

परिपथ में प्रतिघात निम्न द्वारा दिया जाता है:

$Z = \frac{1}{C\omega}$

$\Rightarrow Z = \frac{1}{1 \times 10^{-6} \times 100}$

$\Rightarrow Z = 10^4 \Omega$

परिपथ में धारा निम्न द्वारा दी जाती है:

$I = \frac{V_{rms}}{Z}$

$I = \frac{200}{10^4}$

$= 20 \times 10^{-3}$

$= 20\ mA$

अतः विकल्प (A) सही है।

76. एक फोटॉन के पास ऊर्जा दी जाती है,

$$E = hv = \frac{hc}{\lambda}$$

यदि प्रत्येक फोटॉन की शक्ति P है तो t सेकंड में दी गई ऊर्जा Pt के बराबर होती है। मान लीजिए, फोटॉनों की संख्या n हो, तो

लाल रोशनी के लिए, $n_R = \dfrac{Pt\lambda_R}{hc}$

बैंगनी रोशनी के लिए, $n_V = \dfrac{Pt\lambda_V}{hc}$

$\therefore \dfrac{n_R}{n_V} = \dfrac{\lambda_R}{\lambda_V}$

जैसे, $\lambda_R > \lambda_V$

इसलिए, $n_R > n_V$

अत: विकल्प (B) सही है।

77. विद्युत चुम्बकीय तरंग के एक समतल में चुंबकीय क्षेत्र,

$$B = 2 \times 10^{-7}\sin(0.5 \times 10^3 x + 1.5 \times 10^{11}t)$$

मानक तरंग समीकरण के साथ इस समीकरण की तुलना:

$$B_y = B_0\sin[Kx + \omega t]$$

उपरोक्त समीकरण से, $K = 0.5 \times 10^3 = $ प्रसार निरंतर

$K = \dfrac{2\pi}{\lambda}$ जहां, $\lambda = $ तरंग की तरंग दैर्ध्य

$\lambda = \dfrac{2 \times 3.14}{0.3 \times 10^3}$

$\lambda = 1.256 \times 10^{-2}\ m$

$\lambda = 1.256\ cm$

माइक्रोवेव की तरंगदैर्ध्य सीमा $10^{-3}\ m$ से $0.3\ m$ है। इस तरंग की तरंगदैर्ध्य $10^{-3}\ m$ से $0.3\ m$ के बीच है, इसलिए, समीकरण माइक्रोवेव का प्रतिनिधित्व करता है।

अत: विकल्प (C) सही है।

78. X- किरणों में ठोस क्रिस्टल के परमाणुओं के अंतर-परमाणिक रिक्ति के क्रम का तरंगदैर्ध्य होता है। तो X- किरणों ठोस संरचना की जांच के लिए सबसे अनुकूल हैं।

अतः विकल्प (B) सही है।

79. चूंकि 1 nm = 10⁻⁹ m

X-किरणों की तरंग दैर्ध्य (λ) रेंज: 0.01 nm से 10 nm

तो λ = (0.01 × 10⁻⁹) m से (10 × 10⁻⁹) m = 10⁻¹¹ m से 10⁻⁸ m

इस प्रकार X-किरणों की तरंग दैर्ध्य कोटि 10⁻¹⁰ m की है।

अत: विकल्प (A) सही है।

80. चूंकि दूरबीन के लक्ष्य लेंस की फोकल लंबाई उनके नेत्रक लेंस की फोकल लंबाई से अधिक होती है। तो विकल्प (A) सही नहीं है।

दूरबीन के लक्ष्य लेंस का छिद्र नेत्रक के छिद्र से बड़ा होता है ताकि लक्ष्य से दूर रखी गई वस्तु से लक्ष्य लेंस को अधिक प्रकाश प्राप्त हो सके और उस वस्तु की चमकदार छवि बने। तो विकल्प (B) सही है।

दूरदर्शी के अभिदृश्यक लेंस का द्वारक नेत्रिका के द्वारक से बड़ा होता है जिससे दूर स्थित वस्तु से वस्तुनिष्ठ लेंस को अधिक प्रकाश प्राप्त होता है और उस वस्तु का एक उज्ज्वल प्रतिबिंब बनता है। तो विकल्प (C) सही है।

दूरबीन का आवर्धन $M = \dfrac{f_0}{f_e}$ है इसलिए लक्ष्य की फोकल लंबाई में कमी के साथ आवर्धन घट जाता है। तो विकल्प (D) सही नहीं है।

अत: विकल्प (B) सही है।

81. जब कांच की छड़ में तरल के समान अपवर्तनांक होता है, इसलिए प्रकाश किरणें बिलकुल बंकित नहीं होती। इसलिए तरल में कांच की छड़ अदृश्य दिखाई देती है। प्रकाश का अपवर्तन एक माध्यम से दूसरे में जाने पर होता है क्योंकि प्रकाश की गति दो माध्यमों में भिन्न होती है। दो माध्यमों में प्रकाश की गति में अंतर जितना अधिक होगा, अपवर्तन की मात्रा उतनी ही अधिक होगी। एक माध्यम जिसमें प्रकाश की गति अधिक होती है,उसे प्रकाशतः विरल माध्यम के रूप में जाना जाता है और एक माध्यम जिसमें प्रकाश की गति कम होती है, प्रकाशतः सघन माध्यम के रूप में जाना जाता है।

अत: विकल्प (D) सही है।

82. ऑप्टिकल फाइबर में प्रयुक्त प्रकाश का गुण पूर्ण आंतरिक परावर्तन है।ऑप्टिकल फाइबर को इस तरह से डिज़ाइन किया गया है कि आंतरिक कोर का अपवर्तनांक उच्च होता है, और बाहरी कोर का अपवर्तनांक निम्न होता है जिसके कारण प्रकाश का पूर्ण आंतरिक परावर्तन होता है। इसलिए, ऑप्टिकल फाइबर कुल आंतरिक परावर्तन के सिद्धांत पर कार्य करता है।

अत: विकल्प (C) सही है।

83. हम जानते है कि,

$$\frac{1}{F_{eq}} = \frac{1}{f_1} + \frac{1}{f_2}$$

यहां, $f_2 = +20$ सेमी और $f_1 = +10$ सेमी

अब,

$$\frac{1}{F_{eq}} = \frac{1}{20} + \frac{1}{10}$$

$$\Rightarrow \frac{1}{F_{eq}} = \frac{3}{20}$$

$$\Rightarrow F_{eq} = +6.67 \text{ सेमी}$$

अत: विकल्प (D) सही है।

84. फ्रिंज चौड़ाई $\beta = \dfrac{D\lambda}{d}$

जहा D स्लिट्स और स्क्रीन के बीच की दूरी है

तथा d स्लिट्स के बीच की दूरी है।

इस प्रकार, प्रश्न से $D' = 2D$ तथा $d' = \dfrac{d}{2}$

जब D को दोगुना और d आधा हो जाता है, फिर फ्रिंज चौड़ाई बन जाती है

$$\beta' = \frac{\lambda 2D}{\left(\frac{d}{2}\right)}$$

$$= \frac{4\lambda D}{d}$$

$$= 4\beta$$

इस प्रकार, जब डबल स्लिट प्रयोग करते हैं तो स्लिट्स और स्क्रीन के बीच की दूरी दोगुनी हो जाती है और स्लिट्स के बीच की दूरी घटकर आधी रह जाती है, फ्रिंज की चौड़ाई चार गुना हो जाती है।

अतः विकल्प (B) सही है।

85. प्रकाश के तरंग सिद्धांत को पहली बार 1801 में थॉमस यंग द्वारा यंग के द्विक रेखा छिद्र प्रयोग के माध्यम से प्रदर्शित किया गया था।

इस प्रयोग से पता चलता है कि व्यतिकरण का अवलोकन स्वरूप प्रकाश तरंगों के अध्यारोपण के कारण होता है जो प्रकाश की तरंग प्रकृति को प्रमाणित करता है।

इस प्रयोग में, दो संकीर्ण पट्टिका जो एक दूसरे के निकट हैं, एक एकवर्णी प्रकाश स्रोत से दीप्तिमान होती हैं।

दो पट्टिका दो अलग-अलग तरंगों के निर्माण के लिए जिम्मेदार हैं जो निश्चित व्यतिकरण पैटर्न बनाने वाली स्क्रीन पर अध्यारोपित की जाती हैं।

दो संसक्त स्रोतों s_1 और s_2 के लिए, किसी बिंदु P पर परिणामी तीव्रता इस प्रकार होगी:

$$I = I_1 + I_2 + 2\sqrt{I_1 I_2}\cos\phi$$

इसलिए, व्यतिकरण तरंग प्रकृति को सिद्ध करता है।

अतः विकल्प (C) सही है।

86. आपतन कोण जिस पर एक पारदर्शी सतह पर गिरने वाले ध्रुवीकृत प्रकाश की किरण पूरी तरह से तल ध्रुवीकृत प्रकाश के पुंज के रूप में परावर्तित होती है, उसे ध्रुवीकरण या ब्रूस्टर कोण कहा जाता है। यह i_P द्वारा दर्शाया जाता है।

ब्रूस्टर का नियम: इसमें कहा गया है कि जब किसी किरण को किसी विशेष आपतन कोण पर μ अपवर्तनांक वाले किसी पारदर्शी माध्यम से गुजारा जाता है, तो परावर्तित किरण पूरी तरह से ध्रुवीकृत हो जाती है और परावर्तित और अपवर्तित किरण के बीच का कोण $90°$ होता है।

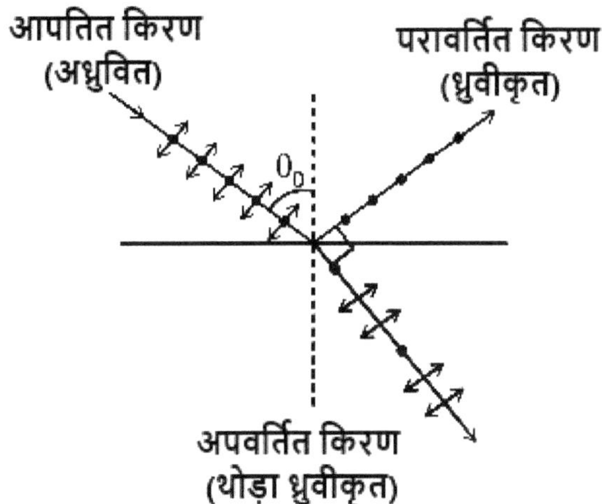

$$\mu = \tan\theta_B$$

जहां $\mu =$ अपवर्तनांक और θ_B ब्रूस्टर कोण या ध्रुवीकरण कोण (i_p) है।

दिया है:

प्रकाश कांच पर आपतित होता है।

कांच का अपवर्तनांक $(\mu) = \dfrac{3}{2}$

आपतन कोण $(i_p) =?$

$$\dfrac{3}{2} = \tan\theta$$

$$\Rightarrow \theta = \tan^{-1}\left(\dfrac{3}{2}\right)$$

$$\Rightarrow \theta = 56.30° \approx 57°$$

अतः विकल्प (A) सही है।

87. कण से जुड़ी डी ब्रोगली तरंग दैर्ध्य:

$$\lambda = \dfrac{h}{p}$$

$$\Rightarrow \lambda \propto \dfrac{1}{p}$$

जहाँ h प्लांक नियतांक है।

इस प्रकार डी ब्रोगली तरंग दैर्ध्य कण की गति के व्युत्क्रमानुपाती होता है।

अतः विकल्प (C) सही है।

88. डी ब्रोगली ने प्रस्तावित किया कि चूंकि प्रकाश तरंग-समान और कण-समान दोनों गुणों को प्रदर्शित करता है, पदार्थ तरंग-समान और कण-समान गुणों को प्रदर्शित करता है। इस प्रकृति को पदार्थ के दोहरे व्यवहार के रूप में वर्णित किया गया था।

द्रव्यमान m के किसी भी कण के लिए वेग v के साथ गतिमान होने के लिए एक डी ब्रोगली तरंगदैर्ध्य दिया गया है:

$$\lambda = \dfrac{h}{p}$$

यह सभी भौतिक कणों के लिए सत्य है।

अतः विकल्प (A) सही है।

89. एक इलेक्ट्रॉन का डी-ब्रोग्ली तरंग दैर्ध्य दिया जाता है,

$$\lambda = \dfrac{h}{\sqrt{2}\, m_e v}$$

यहाँ λ एक इलेक्ट्रॉन की तरंग दैर्ध्य है।

$$h = 6.63 \times 10^{-34}$$

$m_e =$ एक इलेक्ट्रॉन का द्रव्यमान

$v =$ विभवांतर

हम जानते हैं कि,

प्लैंक स्थिरांक $(h) = 6.63 \times 10^{-34}$

वोल्ट $= 100\, v$

इलेक्ट्रॉन का द्रव्यमान $(m_e) = 9.1 \times 10^{-31}$

$\lambda = \dfrac{h}{\sqrt{2}\, m_e v}$ में इन सभी मानों को रखने पर

$$= \dfrac{6.63 \times 10^{-34}}{\sqrt{2} \times 9.1 \times 10^{-31} \times 100}$$

$$= 0.123\, nm$$

अतः विकल्प (A) सही है।

90. दिया गया है,

$$I = 1.388 \times 10^3\, Wm^{-2}$$

$$\lambda = 550 \times 10^{-9}\, m$$

$$h = 6.63 \times 10^{-34} Js$$

जैसा कि हम जानते हैं,

$$E = \frac{hc}{\lambda}$$

पृथ्वी की सतह पर प्रति सेकण्ड प्रति वर्ग मीटर में आपतित फोटो की संख्या है,

$$n = \frac{I}{E}$$

$$= \frac{I\lambda}{hc}$$

$$= \frac{1.388 \times 10^3 \times 550 \times 10^{-9}}{6.63 \times 10^{-34} \times 3 \times 10^{-8}}$$

$$= 4 \times 10^{21}$$

अतः विकल्प (A) सही है।

91. दिया गया है,

$$\lambda = 589 \times 10^{-9}\, m$$

$$h = 6.63 \times 10^{-34} Js$$

$$P = 100\, W$$

एक फोटॉन की ऊर्जा,

$$E = \frac{hc}{\lambda}$$

$$= \frac{6.63 \times 10^{-34} \times 3 \times 10^8}{589 \times 10^{-9}}$$

$$= 3.38 \times 10^{-19}$$

प्रति सेकंड वितरित फोटॉनों की संख्या,

$$n = \frac{P}{E}$$

$$= \frac{100}{3.38 \times 10^{-19}} = 3 \times 10^{20}$$

अतः विकल्प (C) सही है।

92. प्रथम उत्तेजन विभव $= Rhc\left(\frac{1}{1^2} - \frac{1}{2^2}\right) = Rhc\,\frac{3}{4}$

$$\therefore \frac{3}{4} Rhc = V \text{ इलेक्ट्रॉन वोल्ट...(i)}$$

आयनन ऊर्जा

$$n = 1 \to n = \infty$$

$$E = Rhc\left[1 - \frac{1}{-\infty^2}\right]$$

$$E = Rhc \text{ ....(ii)}$$

समीकरण (i) और (ii) से,

$$\frac{3}{4} E = V$$

$$E = \frac{4V}{3}$$

$$\therefore Rhc = \frac{4V}{3} \text{ इलेक्ट्रॉन वोल्ट}$$

अतः विकल्प (C) सही है।

93. जैसा कि दिया गया है, इलेक्ट्रॉन का संवेग 5200 Å तरंगदैर्ध्य के फोटॉन के संवेग के बराबर है।

डी-ब्रोग्ली संवेग समीकरण के अनुसार,

$$p = \frac{h}{\lambda}$$

या $v = \frac{h}{m\lambda}$

$$\Rightarrow v = \frac{6.62 \times 10^{-34}}{9.1 \times 10^{-31} \times 5.2 \times 10^{-7}}$$

$$\Rightarrow v = 1.4 \times 10^3\, m\, s^{-1} = 1400\, m\, s^{-1}$$

अतः विकल्प (C) सही है।

94. जैसा कि हम जानते हैं,

दूसरी उत्तेजित अवस्था $n = 3$ से मेल खाती है

$$\therefore E = -\frac{13.6}{n^2}$$

$$\Rightarrow E = -\frac{13.6}{(3)^2}\, eV$$

$$\Rightarrow E = -\frac{13.6}{9}\, eV = -1.51\, eV$$

अतः विकल्प (B) सही है।

95. वे कण जो किसी परमाणु के नाभिक में उसके रासायनिक गुणों को बदले बिना जोड़े जा सकते हैं, न्यूट्रॉन कहलाते हैं।

जब किसी परमाणु के नाभिक में न्यूट्रॉन जोड़े जाते हैं तो उसके रासायनिक गुण अपरिवर्तित रहते हैं क्योंकि कण की परमाणु संख्या समान रहती है। लेकिन जब इलेक्ट्रॉन, प्रोटॉन या अल्फा कण जोड़े जाते हैं तो परमाणु संख्या में परिवर्तन होता है इसलिए रासायनिक गुण बदल जाते हैं।

अतः विकल्प (A) सही है।

96.

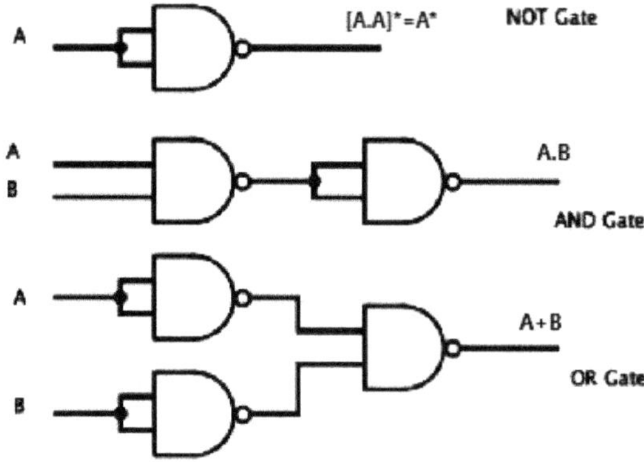

NOR Implementation

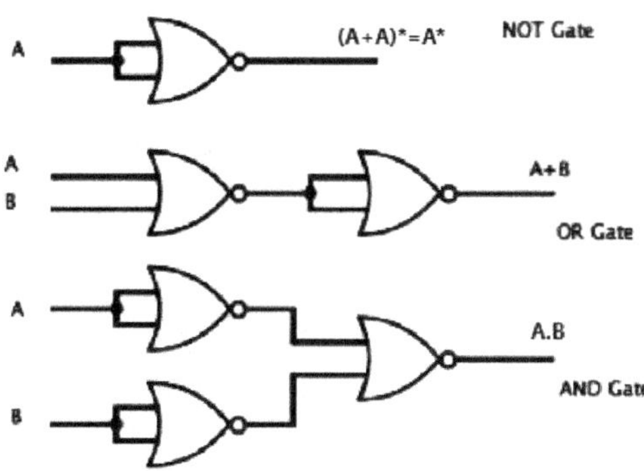

NAND और NOR गेट्स को यूनिवर्सल गेट्स के रूप में जाना जाता है। इनमें से किसी भी गेट का उपयोग किसी भी तरह के लॉजिक गेट को प्रयुक्त करने के लिए किया जा सकता है। इस तरह की व्यवहार्यता अन्य गेट्स के साथ मौजूद नहीं है यानी कोई अन्य गेट पूरी तरह से सभी लॉजिक गेटों को प्रयुक्त नहीं कर सकता है। उदाहरण के लिए (AND) गेट को (OR) गेट और (इसके विपरीत) का उपयोग करके कार्यान्वित नहीं किया जा सकता है। अन्य लॉजिक गेट्स उत्पन्न करने के लिए (NAND) और (NOR) गेट्स का कार्यान्वयन ऊपर दिखाया गया है।

अतः विकल्प (D) सही है।

97. मौलिक सेमीकंडक्टर जर्मेनियम जैसे चौथे स्तंभ तत्वों के एकल तत्व से बना होता है। यहां पुनर्संयोजन जाल के माध्यम से होता है। इसे अप्रत्यक्ष बैंड गैप सेमीकंडक्टर कहा जाता है।

जर्मेनियम (Ge) एक समूह- IV इनडायरेक्ट बैंड गैप सेमीकंडक्टर है लेकिन इसके प्रत्यक्ष और अप्रत्यक्ष बैंड गैप के बीच अंतर केवल $140 meV$ है।

अतः विकल्प (A) सही है।

98. जब टर्मिनलों को आपस में बदल दिया जाता है, तब D_1 पश्च अभिनत हो जाता है जिसके द्वारा कोई करंट प्रवाहित नहीं होगा , इसलिए प्रतिरोध $10 \ \Omega$ की गणना नहीं की जाएगी। चूंकि, अब D_2 अग्र अभिनत है, इसलिए केवल $20 \ \Omega$ के प्रतिरोध की गणना की जाएगी।

हम जानते हैं कि, $i = \dfrac{V}{R}$

इसलिए धारा $\dfrac{5}{20} = 0.25 \ A$ के बराबर है।

अतः विकल्प (A) सही है।

99. एक शुद्ध अर्धचालक क्रिस्टल में यदि क्रिस्टल आबंधों के टूटने के कारण धारा प्रवाहित होती है, तो अर्धचालक आंतरिक अर्धचालक कहलाता है।

एक आंतरिक (शुद्ध) अर्धचालक, जिसे एक अनडॉप्ड अर्धचालक या आई-टाइप अर्धचालक भी कहा जाता है, एक शुद्ध अर्धचालक है जिसमें कोई महत्वपूर्ण डोपेंट प्रजाति मौजूद नहीं है। इसलिए आवेश वाहकों की संख्या अशुद्धियों की मात्रा के बजाय सामग्री के गुणों से ही निर्धारित होती है। आंतरिक अर्धचालकों में उत्तेजित इलेक्ट्रॉनों की संख्या और छिद्रों की संख्या बराबर होती है: $n = p$ अर्धचालक को डोपिंग करने के बाद भी ऐसा हो सकता है, हालांकि केवल तभी जब इसे दाताओं और ग्राहीओ दोनों के साथ समान रूप से डोप किया जाता है। इस मामले में, $n = p$ अभी भी धारण करता है, और अर्धचालक आंतरिक रहता है, हालांकि डोप किया जाता है।

अतः विकल्प (C) सही है।

100. धारा लब्धि $= \dfrac{I_C}{I_B}$

$I_C = $ संग्राहक धारा

$I_B = $ मूल धारा

$I_E = $ उत्सर्जक धारा

इसलिए, $\quad I_B = I_C/$(धारा लब्धि)

$= \dfrac{7.2}{0.96}$ mA

$= 7.5$ mA

जैसे, $I_E = I_B + I_C$

इसलिए, $I_B = I_E - I_C$

$= (7.5 - 7.2)$ mA

$= 0.30$ mA

अतः विकल्प (C) सही है।

Q.1 एक आयत के लिए, यदि लंबाई $l = 16.2$ सेमी और चौड़ाई $b = 10.1$ सेमी है, तो इस आयत के क्षेत्रफल में प्रतिशत अनिश्चितता ज्ञात कीजिए।

A. 1.6% **B.** 1.0% **C.** 1.9% **D.** 2.6%

Q.2 निम्नलिखित में से कौन मूल इकाई नहीं है?

A. मीटर **B.** किलोग्राम **C.** एम्पियर **D.** वोल्ट

Q.3 पृथ्वी से ग्रह की दूरी _______ द्वारा मापी जाती है।

A. प्रत्यक्ष विधि **B.** सीधे मीटर स्केल द्वारा
C. स्फेरोमीटर विधि **D.** लंबन विधि

Q.4 एक खगोलीय इकाई को किस रूप में परिभाषित किया गया है?

A. पृथ्वी के केंद्र और चंद्रमा के केंद्र के बीच औसत दूरी
B. सूर्य के केंद्र और चंद्रमा के केंद्र के बीच की औसत दूरी
C. पृथ्वी के केंद्र और ध्रुव तारे के बीच की औसत दूरी
D. पृथ्वी के केंद्र और ध्रुव तारे के बीच की औसत दूरी

Q.5 किसी गतिमान वस्तु के लिए वेग-समय $v - t$ चित्र में दिखाया गया है। शून्य अंतराल और मंदता होने पर समय अंतराल के दौरान वस्तु का कुल विस्थापन होता है:

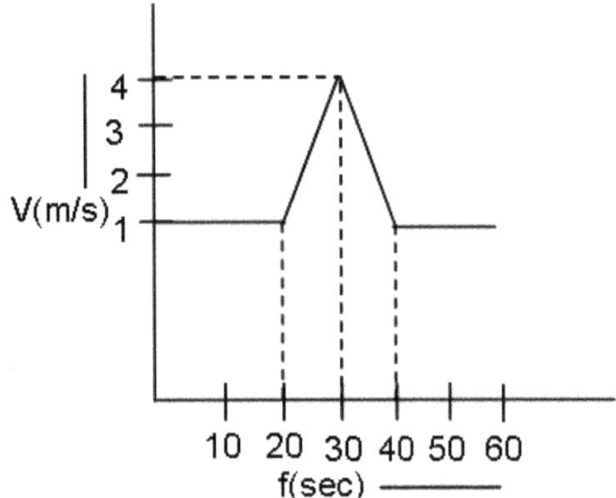

A. 60 मीटर **B.** 50 मीटर **C.** 40 मीटर **D.** 30 मीटर

Q.6 एकसमान त्वरण a के साथ गतिमान पिंड के लिए, समय अंतराल t में प्रारंभिक और अंतिम वेग क्रमशः u और v हैं। फिर, समय अंतराल t में इसका औसत वेग है:

A. $\left(v + \frac{at}{2}\right)$ **B.** $\left(v - \frac{at}{2}\right)$
C. $(v - at)$ **D.** इनमें से कोई नहीं

Q.7 एक वस्तु $20m$ 7वीं सेकंड में दूरी कवर करती है और $24m$ 9वीं सेकंड में दूरी कवर करती है। 15वें सेकंड में कितनी दूरी कवर करती है?

A. $32m$ **B.** $36m$ **C.** $45m$ **D.** $35m$

Q.8 वर्षा लंबवत रूप से $30\ m/s$ की गति से गिर रही है। एक महिला उत्तर से दक्षिण दिशा में $10\ m/s$ की गति से साइकिल चलाती है। उसे अपना छाता किस दिशा में रखना चाहिए?

A. 45°12′ **B.** 30°20′ **C.** 14°45′ **D.** 18°26′

Q.9 एक पंखे के ब्लेड की नोक पर एक कण के अभिकेन्द्र त्वरण का परिमाण ज्ञात कीजिए, जिसका व्यास $0.30\ m$ है और वह 1200 परिक्रमण/मिनट पर घूर्णन करता है।

A. 4397.5 m/s^2 **B.** 2366.30 m/s^2
C. 4737.6 m/s^2 **D.** 2034.5 m/s^2

Q.10 $360\ km/h$ की गति से क्षैतिज रूप से उड़ने वाला एक हवाई जहाज जमीन से $490\ m$ की ऊंचाई पर एक बम छोड़ता है। यदि $g = 9.8\ m/s^2$ तो यह जमीन से कितनी दूरी पर टकराएगा।

A. 10 km **B.** 5 km **C.** 1 km **D.** 16 km

Q.11 एक मशीन गन एक क्षैतिज घर्षण रहित सतह पर $2000\ kg$ कार पर लगाई जाती है। किसी क्षण गन कार के सापेक्ष $500\ m/sec$ के वेग से द्रव्यमान $10gm$ की गोलियां चलाती है। प्रति सेकंड चलायी गई गोलियों की संख्या दस है। सिस्टम पर औसत थ्रस्ट है:

A. 550 N **B.** 50 N
C. 250 N **D.** 250 डाईन

Q.12 5.0 किग्रा संहति के किसी पिण्ड पर 8 न्यूटन व 6 न्यूटन के दो लम्बवत् बल आरोपित हैं। पिण्ड के त्वरण का परिमाण ज्ञात कीजिए।

A. 9 मी/से ^{2} **B.** 3 मी/से ^{2} **C.** 2 मी/से ^{2} **D.** 4 मी/से ^{2}

Q.13 36 किमी/घण्टा की चाल से गतिमान किसी ऑटो रिक्शा का चालक सड़क के बीच एक बच्चे को खड़ा देखकर अपने वाहन को ठीक 4.0 सेकंड में रोककर उस बच्चे को बचा लेता है। यदि ऑटो रिक्शा बच्चे के ठीक निकट रुकता है तो वाहन पर लगा औसत मन्दन बल क्या है? ऑटो रिक्शा तथा चालक की संहतियाँ क्रमशः 400 किग्रा और 65 किग्रा हैं।

A. 3.162×10^3 न्यूटन **B.** 1.162×10^4 न्यूटन
C. 2.162×10^3 न्यूटन **D.** 1.162×10^3 न्यूटन

Q.14 120 किग्रा द्रव्यमान का एक स्कूटर 108 किमी/घण्टा के एक समान वेग से गति कर रहा है। 10 सेकंड में वाहन को रोकने के लिए आवश्यक बल क्या होगा ?

A. 720 न्यूटन **B.** 180 न्यूटन
C. 1200 न्यूटन **D.** 360 न्यूटन

Q.15 एक आयामी गति के लिए, बल F(x) और स्थितिज ऊर्जा U(x) इस प्रकार से संबंधित हैं:

A. $F(x) = \frac{-dU(x)}{dx}$ **B.** $F(x) = \frac{dU(x)}{dx}$
C. $U(x) = \frac{dF(x)}{dx}$ **D.** $U(x) = \frac{-dF(x)}{dx}$

Q.16 एक प्रत्यास्थ संघट्टन में निकाय की गतिज ऊर्जा ______।

A. घटती है
B. बढ़ती है
C. स्थिर रहती है
D. पहले घटती है फिर बढ़ती है

Q.17 त्रिज्या R के एक वृत्त के साथ गतिमान एक कण की गतिज ऊर्जा k उस दूरी पर निर्भर करती है जो s, $k = as^2$ है, जहां a स्थिर है कण पर कार्य करने वाला बल है:

A. $\frac{2as^2}{R}$ **B.** $2as\sqrt{1 + \left[\frac{s}{R}\right]^2}$
C. $2as$ **D.** $\frac{2aR^2}{s}$

Q.18 निम्नलिखित में से किस स्थिति में किया गया कार्य अधिकतम होगा? निकाय को जमीन पर S दूरी से ले जाया जाता है।

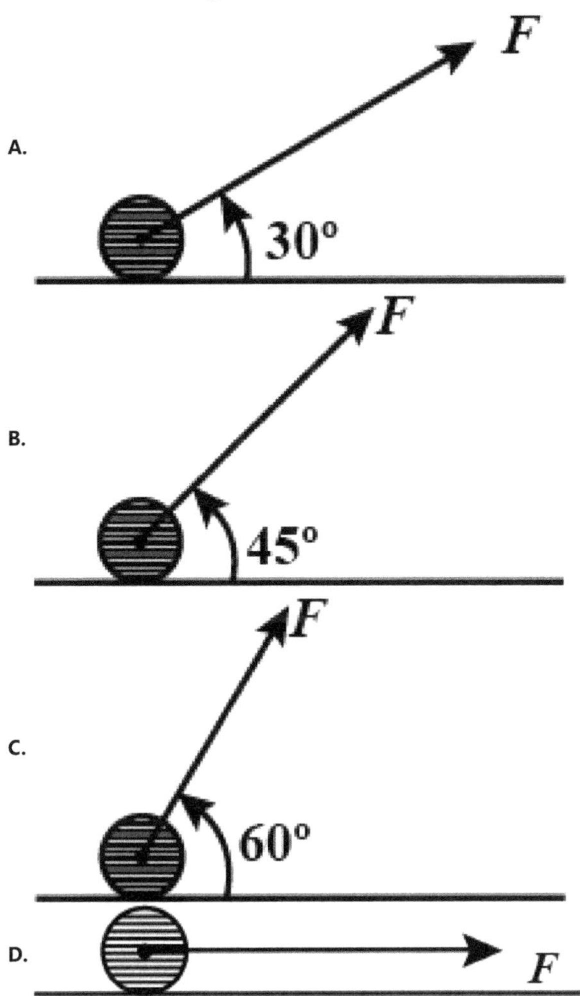

Q.19 त्रिज्या r की एक डिस्क कोणीय गति ω_0 के साथ अपने केंद्र में घूम रही है, इसे धीरे से एक क्षैतिज सतह पर रखा गया है। शुद्ध रोलिंग में यह किस समय होगा?

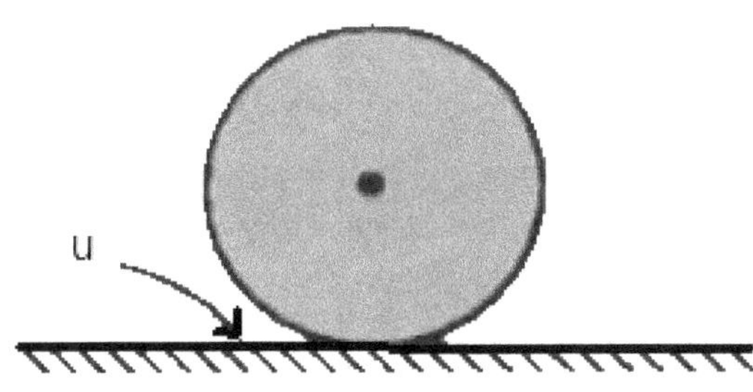

A. $\frac{\omega_0 r}{2\mu g}$ **B.** $\frac{\omega_0 r}{3\mu g}$ **C.** $\frac{\omega_0 r}{\mu g}$ **D.** $\frac{3}{2}\frac{\omega_0 r}{\mu g}$

Q.20 'M' द्रव्यमान तथा 'R' त्रिज्या के एक वृत्तीय छल्ले से $90°$ सेक्टर के संगत एक चाप (आर्क) हटा दिया जाता है। बचे हुए छल्ले के भाग का जड़त्व आघूर्ण छल्ले के केंद्र से गुजरने वाली तथा छल्ले के तल के लम्बवत अक्ष के सापेक्ष 'MR^2' का 'K' गुना है। 'K' का मान है:

[NEET UG, 2021]

A. $\frac{1}{8}$ **B.** $\frac{3}{4}$ **C.** $\frac{7}{8}$ **D.** $\frac{1}{4}$

Q.21 एक 200 से.मी., लम्बाई तथा 500 ग्राम द्रव्यमान की समान छड़ एक वेज के 40 से.मी. निशान पर संतुलित होती है। एक 2 कि.ग्रा. का द्रव्यमान छड़ से 20 से.मी. पर निलम्बित किया जाता है तथा दूसरा अज्ञात द्रव्यमान 'm' छड़ से 160 से.मी. निशान से निलम्बित किया जाता है। ज्ञात कीजिए 'm' का मान जिससे छड़ संतुलन अवस्था में रहे। $(g = 10$ मी./से.$^2)$,

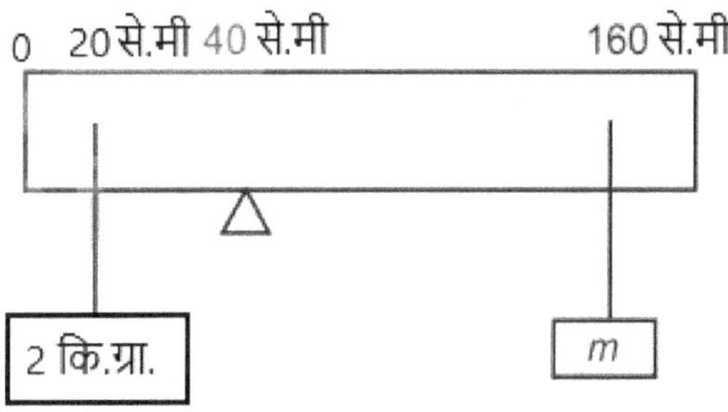

[NEET UG, 2021]

A. $\frac{1}{12}$ कि.ग्रा.   **B.** $\frac{1}{2}$ कि.ग्रा.

C. $\frac{1}{3}$ कि.ग्रा.   **D.** $\frac{1}{6}$ कि.ग्रा.

Q.22 दो समान आकार के गोलाकार द्रव्यमानों को नीचे दिये गये चित्र के अनुसार कुछ दूरी पर रखा है। यदि द्रव्यमान m को दूसरे द्रव्यमान की तरफ ले जाया जाए तो स्थितिज ऊर्जा _____।

A. लगातार बढ़ेगी   **B.** लगातार घटेगी
C. पहले बढ़ेगी फिर घटेगी   **D.** पहले घटेगी फिर बढ़ेगी

Q.23 एक अनोखे ग्रह पर एक अंतरिक्ष यात्री ने पाया कि गुरुत्वाकर्षण के कारण त्वरण पृथ्वी की सतह पर दोगुना होता है। निम्नलिखित में से कौन इसका वर्णन कर सकता है?

A. ग्रह का द्रव्यमान और त्रिज्या दोनों पृथ्वी से दोगुना होता है।

B. ग्रह का द्रव्यमान पृथ्वी से आधा है, लेकिन त्रिज्या पृथ्वी के समान होती है।

C. ग्रह का द्रव्यमान और त्रिज्या दोनों पृथ्वी की तुलना में आधे हैं।

D. ग्रह की त्रिज्या पृथ्वी की तुलना में आधी है, लेकिन द्रव्यमान पृथ्वी के समान ही होता है।

Q.24 किसी उपग्रह को उसकी उचित कक्षा में प्रक्षेपित करने के लिए दो चरणों वाले रॉकेट को कितनी बार दागा जाना चाहिए?

A. एक   **B.** दो   **C.** तीन   **D.** चार

Q.25 यदि चंद्रमा पर किसी पिंड का गुरुत्वीय द्रव्यमान M_m से और पृथ्वी पर M_e द्वारा निरूपित किया जाए, तो:

A. $M_m = \frac{1}{6}M_e$ **B.** $M_m = M_e$

C. $M_m = 2M_e$ **D.** $M_m = 6M_e$

Q.26 दो वस्तुओं के बीच गुरुत्वाकर्षण बल F है। यदि दोनों वस्तुओं के द्रव्यमान को उनके बीच की दूरी को बदले बिना आधा कर दिया जाए, तो गुरुत्वाकर्षण बल _______ हो जाएगा।

A. $F/4$ **B.** $F/2$ **C.** F **D.** $2F$

Q.27 एक झील के तल पर एक हवाई बुलबुले की त्रिज्या r है और यह $2r$ हो जाता है जब हवा का बुलबुला झील की ऊपरी सतह तक बढ़ जाता है। यदि पानी का वायुमंडलीय दबाव P सेमी है, तो झील की गहराई क्या है?

A. $2P$ **B.** $8P$ **C.** $4P$ **D.** $7P$

Q.28 प्रवाही पदार्थ आंतरिक घर्षण के कारण गति के प्रतिरोध को प्रस्तुत करते हैं, इस गुण को ______ कहा जाता है।

A. श्यानता **B.** उत्प्लावकता

C. विशिष्ट गुरुत्व **D.** निरंतरता

Q.29 क्षेत्र $10^3 \ cm^2$ की एक धातु की प्लेट 6 मिमी मोटी तेल की परत पर टिकी हुई है। $10^2 \ N$ के एक स्पर्शरेखा बल को $6 \ cm \ s^1$ के निरंतर वेग के साथ स्थानांतरित करने के लिए लागू किया जाता है। तरल की चिपचिपाहट का गुणांक है

A. 0.1 पोइस **B.** 0.5 पोइस

C. 0.7 पोइस **D.** 0.9 पोइस

Q.30 त्रिज्या r की कोई केशिका नली जल में डूबी है और इसमें जल ऊँचाई h तक चढ़ गया है। केशिका नली में भरे जल का द्रव्यमान $5 \ g$ है। त्रिज्या $2r$ की कोई अन्य केशिका नली जल में डूबी है। इस नली में ऊपर चढ़े जल का द्रव्यमान होगा:

[NEET UG, 2020], [MPPEB Sub Engineer (Mechanical), 2020]

A. 2.5 g **B.** 5.0 g **C.** 10.0 g **D.** 20.0 g

Q.31 बाहर सर्दियों में लकड़ी के टुकड़े की तुलना में धातु का एक टुकड़ा ठंडा क्यों महसूस होता है?

A. लकड़ी की तुलना में धातु ऊष्मा का अच्छा सुचालक है

B. लकड़ी धातु की तुलना में ऊष्मा की अच्छी चालक है

C. लकड़ी धातु की तुलना में तेजी से ऊष्मा का संचालन करती है

D. धातु और लकड़ी दोनों ही ऊष्मा की कुचालक होती हैं

Q.32 $200°$ सेल्सियस = ______ फारेनहाइट।

A. −73° फारेनहाइट **B.** −328° फारेनहाइट

C. 392° फारेनहाइट **D.** 73° फारेनहाइट

Q.33 प्रकाश बल्ब में ऊष्मा का स्थानांतरण किसके कारण होता है:

A. चालन **B.** संवहन

C. विकिरण **D.** इनमें से कोई नहीं

Q.34 कठोर शीतकाल में झील की सतह क्यों जम जाती है, लेकिन इसके तल का पानी अभी भी तरल अवस्था में है?

A. पानी का घनत्व अधिकतम 3°C होता है

B. चूंकि झील की सतह हवा के समान तापमान पर है, इसलिए कोई ऊष्मा नहीं खोती है

C. बर्फ ऊष्मा की कुचालक होती है

D. इनमें से कोई नहीं

Q.35 जैसा कि चित्र में दिखाया गया है, चक्र $ABCD$ के माध्यम से एक ऊष्मागतिकी सिस्टम लिया जाता है। चक्र के दौरान गैस द्वारा अस्वीकार की गई ऊष्मा ______ होती है।

A. PV **B.** $2PV$ **C.** $4PV$ **D.** $\frac{1}{2}PV$

Q.36 लोहे के ब्लेड में एक छल्ला होता है जिसमें लकड़ी का हैंडल लगा होता है। रिंग लकड़ी के हैंडल से आकार में थोड़ी छोटी होती है। रिंग गरम की जाती है। जब रिंग ठंडी हो जाए तो ______ और कसकर हैंडल पर फिट हो जाती है।

A. संकुचन **B.** विस्तार **C.** वाष्पित **D.** संघनित

Q.37 ______ कारक जो अभिक्रिया की ऊष्मा को प्रभावित करता है जो किरचॉफ के समीकरण पर आधारित है।

A. आण्विकता **B.** तापमान

C. दबाव **D.** आयतन

Q.38 संपर्क में दो पिंडों को ऊष्मीय साम्य में कहा जाता है जब ______।

A. निकायों द्वारा कोई कार्य नहीं किया जाता है

B. जब किसी एक के निकाय का तापमान अधिक होता है

C. दोनों पिंडों के बीच कोई ऊष्मा प्रवाह नहीं होता है

D. उपरोक्त सभी

Q.39 एक आदर्श गैस एक सिलेंडर में 2 atm और तापमान $300 \ K$ के दबाव में संलग्न है। दो क्रमिक टकरावों के बीच का समय $6 \times 10^{-8} \ s$ है। यदि दबाव को दोगुना कर दिया जाता है और तापमान बढ़ाकर $500 \ K$ है, तो दो क्रमिक टकरावों के बीच का समय होगा:

A. $0.5 \times 10^{-8} \ s$ **B.** $2 \times 10^{-7} \ s$

C. $3 \times 10^{-6} \ s$ **D.** $4 \times 10^{-8} \ s$

Q.40 द्विपरमाणु गैस का एक kg, $8 \times 10^4 \ N/m^2$ के दबाव में है। गैस का घनत्व $4 \ kg/m^3$ है। तापीय गति के कारण गैस की ऊर्जा क्या है?

A. $3 \times 10^4 \ J$ **B.** $5 \times 10^4 \ J$

C. $6 \times 10^4 \ J$ **D.** $7 \times 10^4 \ J$

Q.41 एक सिलेंडर में $249 kPa$ के दबाव और $27°C$ तापमान पर हाइड्रोजन गैस होती है। इसका घनत्व क्या है?

$R = 8.3 J mol^{-1} K^{-1}$

A. $0.2 kg/m^3$ **B.** $0.1 kg/m^3$

C. $0.02 kg/m^3$ **D.** $0.5 kg/m^3$

Q.42 किस ताप पर आर्गन गैस सिलेंडर में अणुओं की v_{rms}, $-20°C$ पर हीलियम गैस परमाणुओं की v_{ms} के बराबर होगी। (Ar

का परमाणु द्रव्यमान $= 39.9\ u$, एवं हीलियम का परमाणु द्रव्यमान $= 4.0u$)।

A. $2.52 \times 10^3\ K$

B. $2.52 \times 10^2\ K$

C. $4.03 \times 10^3\ K$

D. $4.03 \times 10^2\ K$

Q.43 H_2 गैस का 1 मोल आयतन $V = 1.00m^3$ के एक बॉक्स में $T = 300K$ पर संग्रहित किया जाता है। गैस को $T = 3000K$ के ताप पर गर्म किया जाता है और गैस हाइड्रोजन परमाणुओं की गैस में परिवर्तित हो जाती है। अंतिम दाब (सभी गैसों को आदर्श मानते हुए) होगा:

A. प्रारंभिक दाब के समान

B. प्रारंभिक दाब का 2 गुना

C. प्रारंभिक दाब का 10 गुना

D. प्रारंभिक दाब का 20 गुना

Q.44 $m = 4\ kg$ का एक ब्लॉक घर्षण सतह पर आयाम $A = 6\ cm$ के साथ सरल हार्मोनिक गति से गुजरता है। ब्लॉक बल स्थिर $k = 400\ N/m$ के एक स्प्रिंग से जुड़ा हुआ है यदि ब्लॉक $t = 0$ समय पर $x = 6\ cm$ है संतुलन की स्थिति $x = 0$ है तो ब्लॉक स्थिति समय के रूप में है: (x सेंटीमीटर में और t सेकंड में)

A. $x = 6\sin\left(10t + \frac{1}{2}\pi\right)$

B. $x = 6\sin(10\pi t)$

C. $x = 6\sin\left(10\pi t - \frac{1}{2}\pi\right)$

D. $x = 6\sin\left(10t - \frac{1}{4}\pi\right)$

Q.45 दो द्रव्यमान A और B समान द्रव्यमान स्प्रिंग स्थिरांक क्रमशः k_1 और k_2 के दो बड़े पैमाने पर स्प्रिंग्स से आरोपित हैं। यदि दोलनों के दौरान अधिकतम वेग, समान हैं, तो A और B के आयामों का अनुपात है:

A. $\sqrt{\frac{k_1}{k_2}}$

B. $\frac{k_2}{k_1}$

C. $\sqrt{\frac{k_2}{k_1}}$

D. $\frac{k_1}{k_2}$

Q.46 लंबाई $10\ m$ और द्रव्यमान $3\ kg$ की एक समान रस्सी एक कठोर समर्थन से लंबवत लटकती है। द्रव्यमान का एक खंड $1\ kg$ रस्सी के मुक्त सिरे से जुड़ा हुआ है। रस्सी के निचले सिरे पर तरंग दैर्ध्य $0.05\ m$ की एक अनुप्रस्थ कंपन उत्पन्न होती है। रस्सी के शीर्ष पर पहुंचने पर कंपन की तरंग दैर्ध्य है:

A. 0.10 m

B. 0.12 m

C. 0.16 m

D. 0.18 m

Q.47 दो कंपन ट्यूनिंग कांटे $y_1 = 4\sin(500\pi t)$ और $y_2 = 2\sin(506\pi t)$ द्वारा दी गई प्रगतिशील तरंगें उत्पन्न करते हैं। प्रति मिनट उत्पादित बीट्स की संख्या है:

A. 360

B. 180

C. 3

D. 60

Q.48 एक 10 kg धातु खंड को 1000 Nm⁻¹ के स्प्रिंग नियतांक के स्प्रिंग के साथ जोड़ा गया है। खंड को संतुलन की स्थिति से 10 cm विस्थापित किया जाता है और फिर अवमुक्त किया जाता है। खंड का अधिकतम त्वरण है-

A. 10 ms⁻²

B. 100 ms⁻²

C. 200 ms⁻²

D. 0.1 ms⁻²

Q.49 एक प्रणाली में दो आवेश होते हैं $q_A = 2.5 \times 10^{-7}C$ और $q_B = -2.5 \times 10^{-7}C$ बिंदुओं पर स्थित होते हैं $A: (0, 0, -15\ cm)$ और $B: (0, 0, +15\ cm)$ क्रमानुसार। प्रणाली का कुल आवेश और वैद्युत द्विध्रुव आघूर्ण क्या है?

A. $8.5 \times 10^8\ Cm$

B. $7.5 \times 10^{18}\ Cm$

C. $4.5 \times 10^{-8}\ Cm$

D. $7.5 \times 10^{-8}\ Cm$

Q.50 यदि कोई निकाय सकारात्मक रूप से चार्ज किया जाता है, तो उसके पास है:

A. इलेक्ट्रॉनों की अधिकता

B. प्रोटॉन की अधिकता

C. इलेक्ट्रॉनों की कमी

D. न्यूट्रॉन की कमी

Q.51 एक आवेश q को r त्रिज्या के एक वलय पर एकसमान रूप से वितरित किया जाता है। समान त्रिज्या r का एक गोला, वलय की परिधि पर इसके केंद्र के साथ लगाया जाता है। गोले के पृष्ठ से गुजरने वाला विद्युत फ्लक्स है।\

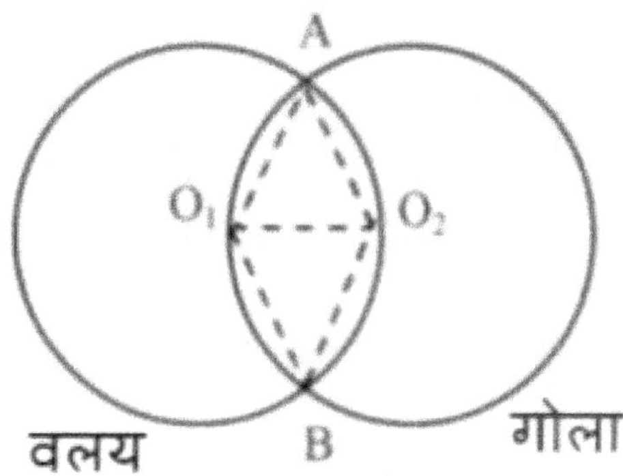

A. $\frac{q}{\varepsilon_0}$

B. $\frac{2q}{\varepsilon_0}$

C. $\frac{q}{2\varepsilon_0}$

D. $\frac{q}{3\varepsilon_0}$

Q.52 दो शरीरों को एक दूसरे के खिलाफ रगड़ कर चार्ज किया जाता है। प्रक्रिया के दौरान, एक सकारात्मक रूप से चार्ज हो जाता है जबकि दूसरा नकारात्मक चार्ज हो जाता है। फिर प्रत्येक पिंड का द्रव्यमान:

A. कुछ नहीं बदला है

B. मामूली रूप से बदलता है

C. थोड़ा बदल जाता है और इसलिए कुल द्रव्यमान

D. थोड़ा बदलता है लेकिन कुल द्रव्यमान वही रहता है

Q.53 जब प्लेटों का क्षेत्रफल और उनके बीच की दूरी आधी कर दी जाती है, तो समानांतर प्लेट संधारित्र की धारिता का क्या होता है?

A. यह दोगुना हो जाता है

B. यह 4 गुना हो जाता है

C. वही रहता है

D. आधा हो जाता है

Q.54 समान आवेश वाले दो धनवेशित आयनों के बीच प्रतिकर्षण का स्थिरवैद्युत बल $3.7 \times 10^{-9}N$ होता है, जब वे $5A$ की दूरी से अलग हो जाते हैं। प्रत्येक आयन से कितने इलेक्ट्रॉन गायब हैं?

A. 2

B. 4

C. 6

D. 8

Q.55 द्रव्यमान m आवेश $+q_1$ का एक कण त्रिज्या r के एक वृत्ताकार पथ में एक निश्चित आवेश $-q_2$ के चारों ओर घूम रहा है। परिक्रमण काल की गणना करें।

A. $4\pi r \sqrt{\frac{\pi\varepsilon_0 mr}{q_1 q_2}}$

B. $8\pi r \sqrt{\frac{\pi^3 \varepsilon_0 mr^3}{q_1 q_2}}$

C. $\sqrt{\frac{q_1 q_2}{16\pi^3 \varepsilon_0 mr^3}}$

D. शून्य

Q.56 $10^4 NC^{-1}$ तीव्रता के एकसमान विद्युत क्षेत्र में, द्विध्रुव आघूर्ण 3×10^{-3} सेमी के एक द्विध्रुव को उसकी स्थिर संतुलन की स्थिति से अस्थिर संतुलन की स्थिति तक घुमाने में किए गए कार्य की मात्रा ज्ञात कीजिए।

A. 50 J

B. 60 J

C. 80 J

D. 70 J

Q.57 एक e.m.f. $E = 4\cos(1000t)$ वोल्ट अधिष्ठापन $3mH$ के LR-परिपथ पर लागू होता है और 4 ओम का प्रतिरोध करता है। सर्किट में करंट का आयाम है

A. 0.8A

B. $\frac{4}{\sqrt{7}}A$

C. 1.0A

D. $\frac{4}{7}A$

Q.58 दिखाए गए परिपथ में, 1Ω अवरोध धारा है:

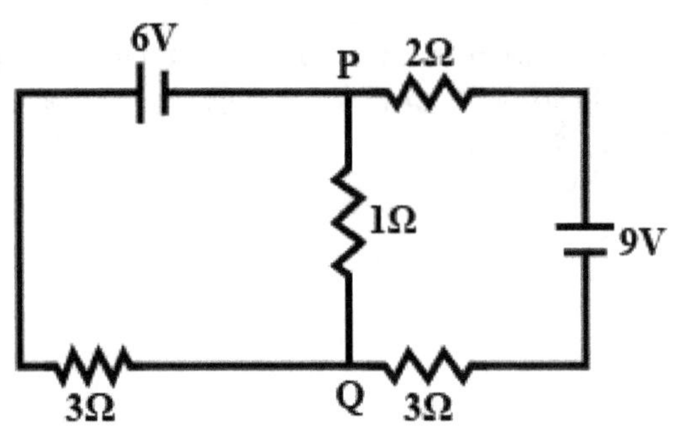

[JEE Main Advanced, 2015]

A. 1.3A, P से Q तक

B. 0A

C. 0.13A, Q से P तक

D. 0.13A, P से Q तक

Q.59 धाराओं के मान i_1 और i_2 प्रतिरोधों के माध्यम से क्रमशः $R_1 (= 10\Omega)$ और $R_2 (= 30\Omega)$ परिपथ आरेख में $E_1 = 3V, E_2 = 3V$ और $E_3 = 2V$, के साथ बहते हैं:

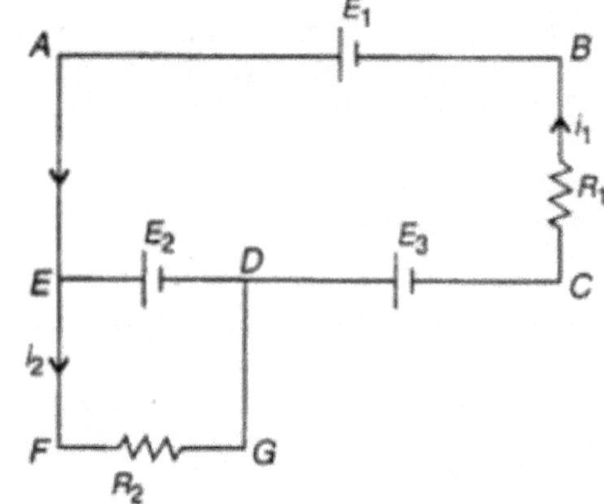

A. 0.2A, 0.1A

B. 0.4A, 0.2A

C. 0.1A, 0.2A

D. 0.2A, 0.4A

Q.60 आकृति में दिखाए गए प्रतिरोध संजाल के लिए, सही विकल्प चुनें।

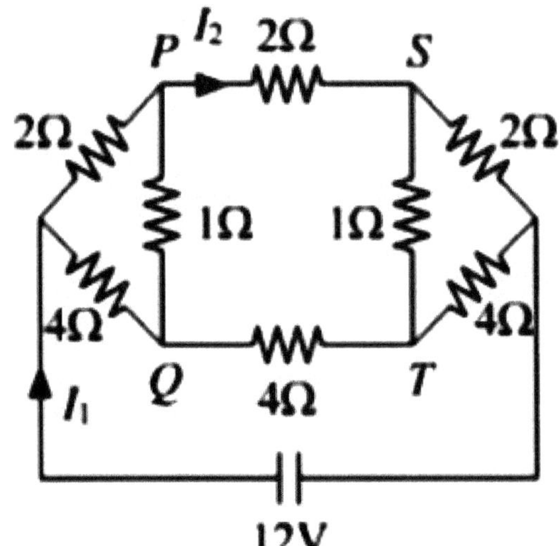

A. PQ के माध्यम से धारा 6A है

B. $I_1 = 4A$

C. S पर विभव Q से अधिक है

D. $I_2 = 2A$

Q.61 एक प्लॉटिंग कंपास को एक बार चुंबक के दक्षिणी ध्रुव के पास रखा जाता है। कंपास प्लॉट करने का सूचक होगा:

A. दक्षिणी ध्रुव से दूर इंगित करें

B. दक्षिणी ध्रुव के समानांतर बिंदु

C. दक्षिणी ध्रुव की ओर इंगित करें

D. दक्षिणी ध्रुव पर समकोण पर बिंदु

Q.62 कुंडल में प्रेरित धारा __________ को बदलकर उत्पत्र की जा सकती है।

A. विद्युत क्षेत्र

B. चुंबकीय क्षेत्र

C. गुरुत्वाकर्षण क्षेत्र

D. किसी भी क्षेत्र में परिवर्तन प्रेरित धारा उत्पत्र कर सकता है

Q.63 एक समान दूरी पर अलग दो लंबे कंडक्टर, समान दिशा में धारा I_1 और I_2 ले जाते हैं। वे एक दूसरे पर एक बल F लागू करते हैं। अब उनमें से एक में धारा में दो गुना वृद्धि हुई और इसकी दिशा उलट दी गई है। दूरी भी 3d तक बढ़ी है। उनके बीच बल का नया मान है:

A. $-2F$

B. $\frac{F}{3}$

C. $\frac{-2F}{3}$

D. $\frac{-F}{3}$

Q.64 क्यूरी तापमान वह तापमान है जिसके ऊपर:

A. एक अनुचुम्बकीय पदार्थ लौहचुम्बकीय हो जाता है।

B. एक लौहचुम्बकीय पदार्थ अनुचुम्बकीय बन जाता है।

C. एक अनुचुम्बकीय पदार्थ प्रतिचुम्बकीय हो जाता है।

D. एक लौहचुम्बकीय पदार्थ प्रतिचुम्बकीय हो जाता है।

Q.65 त्रिज्या R की एक गोलाकार कुंडली जिसमें घुमावों की संख्या N, में एक स्थिर धारा I प्रवाहित हो रही है। कुंडली के केंद्र में चुंबकीय प्रेरण 0.1 टेस्ला है। यदि घुमावों की संख्या दोगुनी कर दी जाए और त्रिज्या आधी, तो निम्नलिखित में से कौन सा कुंडली के केंद्र में चुंबकीय प्रेरण के लिए सही मान होगा?

A. 0.05 टेस्ला

B. 0.2 टेस्ला

C. 0.4 टेस्ला

D. 0.8 टेस्ला

Q.66 __________ ऐसे पदार्थ होते हैं जो बाह्य चुंबकीय क्षेत्र में रखे जाने पर शक्तिशाली चुंबक बन जाते हैं।

A. लौह चुंबकीय पदार्थ

B. प्रतिचुंबकीय पदार्थ

C. अनुचुंबकीय पदार्थ

D. उपरोक्त सभी

Q.67 लौह चुंबकीय पदार्थ लोहे में कोई डोमेन 10^{-4} m भुजा वाले घन के रूप में है। डोमेन में लौह परमाणुओं की संख्या, अधिकतम संभावित चुंबकीय द्विध्रुव आघूर्ण और इसके चुंबकन का मान ज्ञात कीजिए। लोहे का परमाण्वक द्रव्यमान 55 $g/mole$ और इसका घनत्व 7.9 g/cm^3 है। यह मान लीजिए कि प्रत्येक लौह परमाणु का चुंबकीय द्विध्रुव आघूर्ण 9.27×10^{-24} $A\,m^2$ है।

A. $7.0 \times 10^5 Am^{-1}$

B. $7.0 \times 10^3 Am^{-1}$

C. $6.0 \times 10^4 Am^{-1}$

D. $8.0 \times 10^5 Am^{-1}$

Q.68 एक चुंबक की प्रभावी लंबाई 31.4 cm है और इसकी ध्रुव शक्ति 0.8Am है। चुंबकीय क्षण, यदि इसे अर्धवृत्त के रूप में मोड़ा जाता है, तो _____ Am^2 है।

A. 1.2

B. 1.6

C. 0.16

D. 0.12

Q.69 एक लौहचुम्बकीय पदार्थ को क्यूरी ताप से ऊपर गर्म करने पर __________।

A. अनुचुंबकीय हो जाता है

B. प्रतिचुंबकीय हो जाता है
C. निरंतर चुंबकीय संवेदनशीलता के साथ लौहचुम्बकीय रहता है
D. विद्युत चुम्बकीय हो जाता है

Q.70 एक विद्युत चुंबक का विद्युत प्रवाह बंद कर दिया जाता है तो विद्युत चुम्बक का चुंबकीय गुण:
A. कुछ समय तक रहेगा
B. तुरंत समाप्त हो जाता है
C. लंबे समय के साथ कम हो जाएगा
D. लंबे समय के साथ बढ़ेगा

Q.71 कुंडली से जुड़ा चुंबकीय प्रवाह के रूप में कुछ इस प्रकार बदलता है $\phi = 3t^2 + 4t + 9$। $t = 2$ सेकंड पर प्रेरित emf का परिमाण है?
A. $8V$ **B.** $16V$ **C.** $32V$ **D.** $64V$

Q.72 श्रृंखला LCR परिपथ में शक्ति अपव्यय किसके माध्यम से होता है?
A. R **B.** L
C. C **D.** L और C दोनों

Q.73 विस्थापन धारा की अवधारणा ____ द्वारा प्रस्तावित की गई थी।
A. फैराडे **B.** बायोट-सावर्ट
C. एम्पेयर **D.** मैक्सवेल

Q.74 $18\ W/cm^2$ के ऊर्जा फ्लक्स का प्रकाश किसी अपरावर्तक सतह पर अभिलंबवत आपतित होता है। यदि सतह का क्षेत्रफल $20\ cm^2$ हो तो 30 मिनट की समयावधि में सतह पर लगने वाले औसत बल का परिकलन कीजिए।
A. $6.48 \times 10^5 N$ **B.** $3.60 \times 10^2 N$
C. $1.2 \times 10^{-6} N$ **D.** $2.16 \times 10^{-3} N$

Q.75 समतल वैद्युतचुंबकीय तरंग का विद्युत क्षेत्र आयाम $2\ V\ m^{-1}$ के समय के साथ बदलता रहता है जो z-अक्ष के अनुदिश फैलता है। चुंबकीय क्षेत्र का औसत ऊर्जा घनत्व (Jm⁻³ में) है:
A. 13.29×10^{-12} **B.** 8.86×10^{-12}
C. 17.71×10^{-12} **D.** 4.43×10^{-12}

Q.76 हीरे में प्रकाश का वेग क्या है यदि निर्वात के संबंध में हीरे का अपवर्तनांक 2.5 है?
A. $1.2 \times 10^8 m/s$ **B.** $5 \times 10^8 m/s$
C. $1.2 \times 10^{10} m/s$ **D.** $2.5 \times 10^8 m/s$

Q.77 एक लेंस की फोकल लंबाई $+20$ सेमी है। इसकी शक्ति क्या होगी?
A. $\frac{1}{20}$ डायोप्टर **B.** $\frac{1}{500}$ डायोप्टर
C. $\frac{1}{5}$ डायोप्टर **D.** 5 डायोप्टर

Q.78 एक यौगिक माइक्रोस्कोप में, वस्तु और उपनेत्र की क्रमशः फोकस दूरी 5 सेमी और 9.5 सेमी है, और दोनों को 20 सेमी की दूरी पर रखा गया है। यदि अंतिम प्रतिबिम्ब उपनेत्र से कम से कम 25 सेमी की दूरी पर बनाई गई है, तो कुल आवर्धन ज्ञात कीजिए।
A. 19.6 **B.** 89 **C.** 6 **D.** 1.2

Q.79 एक प्रकाश विद्युत प्रयोग में, यदि आपतित प्रकाश की तीव्रता और आवृत्ति दोनों दोगुनी हो जाती है, तो संतृप्त प्रकाश विद्युत धारा :
A. स्थिर रहती है **B.** आधी हो जाती है
C. दोगुनी हो जाती है **D.** चार गुनी हो जाती है

Q.80 उत्तल लेंस द्वारा बनाई गई छवि को कैसे प्रभावित किया जाएगा यदि लेंस का केंद्रीय भाग काले कागज में लिपटा हो, जैसा कि चित्र में दिखाया गया है?

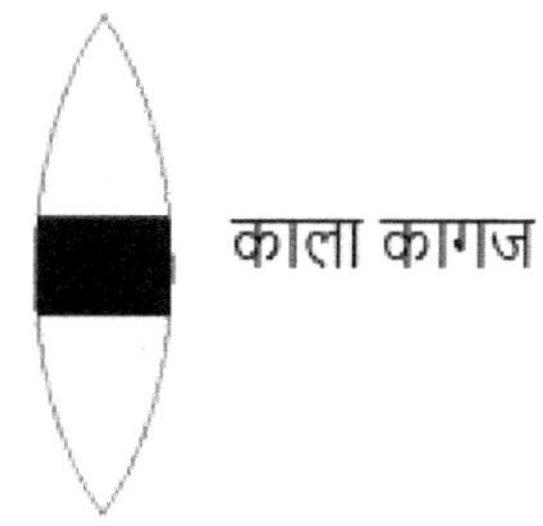

A. लेंस के शेष हिस्से द्वारा कोई छवि नहीं बनाई जाएगी
B. छवि का मध्य भाग अनुपस्थित रहेगा
C. एक पूर्ण छवि बनाई जाएगी, लेकिन यह कम उज्ज्वल होगा
D. दो छवियां होंगी, जिनमें से प्रत्येक का विस्तार आधा होने के कारण होगा

Q.81 प्रकाश की एक समानांतर किरण पारदर्शी कांच के एक टुकड़े से टकराती है जिसमें क्रॉस सेक्शन होता है जैसा कि नीचे दिए गए चित्र में दिखाया गया है। निर्गत तरंगाग्र का सही आकार होगा: (आंकड़े योजनाबद्ध हैं और पैमाने पर नहीं खींचे गए हैं)

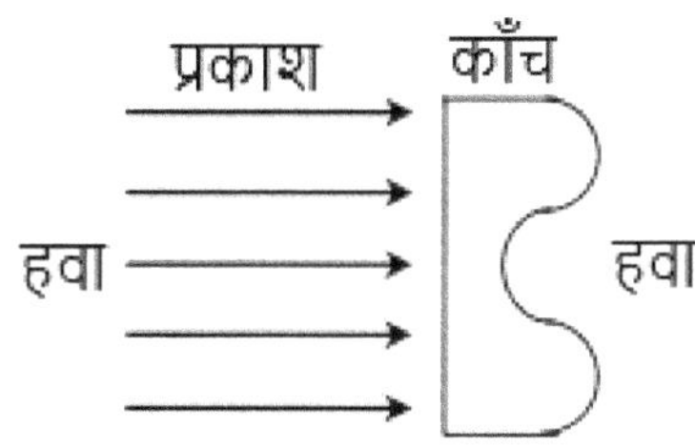

[JEE Main Advanced, 2020]

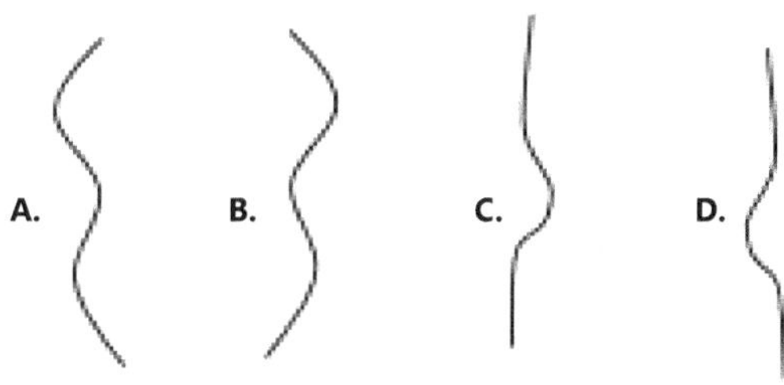

Q.82 रैखिक रूप से ध्रुवीकृत तरंग:
A. एक सीधी रेखा में यात्रा करता है
B. एक दिशा में एक क्षेत्र वेक्टर है
C. क्षेत्र दोलन x-दिशा में हैं
D. इनमें से कोई नहीं

Q.83 वायु में ध्वनि का संचरण प्रक्रम है:
A. समतापीय प्रक्रम **B.** समदावीय प्रक्रम
C. रुद्धोष्म प्रक्रम **D.** इनमें से कोई नहीं

Q.84 दो फोटॉनों की ऊर्जाओं का अनुपात क्या होगा जिनकी तरंग दैर्घ्य $600A$ और $400A$ है?
A. $2:3$ **B.** $3:2$ **C.** $1:5$ **D.** $5:1$

Q.85 प्रकाश विद्युत प्रभाव तभी होता है यदि:
A. आपतित प्रकाश की आवृत्ति देहली आवृत्ति से कम होती है

B. आपतित प्रकाश की आवृत्ति देहली आवृत्ति से अधिक होती है

C. आपतित प्रकाश की आवृत्ति देहली आवृत्ति के बराबर होती है

D. आपतित प्रकाश की आवृत्ति, देहली आवृत्ति के बराबर या उससे अधिक होती

Q.86 प्रकाश संवेदी धातु पर आवृत्ति v का विकिरण आपतित होता है। फोटोइलेक्ट्रॉनों की अधिकतम गतिज ऊर्जा E है। यदि आपतित विकिरण की आवृत्ति दोगुनी कर दी जाए, तो फोटोइलेक्ट्रॉनों की अधिकतम गतिज ऊर्जा ज्ञात कीजिए।

A. 2E   **B.** $\frac{E}{2}$ **C.** $E + hv$ **D.** $E - hv$

Q.87 फोटोइलेक्ट्रिक प्रयोग के संबंध में निम्नलिखित में से कौन सा कथन सत्य है?

A. आपतित प्रकाश की तीव्रता में वृद्धि के साथ रुकने की क्षमता बढ़ जाती है

B. प्रकाश की तीव्रता के साथ प्रकाश धारा बढ़ती है।

C. आवृत्ति में वृद्धि के साथ फोटो करंट बढ़ती है

D. उपरोक्त सभी

Q.88 दो फोटॉन एक धातु के किए कार्य के दोगुनी और तिगुनी ऊर्जा के साथ धातु की सतह पर घटित होती है। क्रमशः दो स्थितियो में उत्सर्जित फोटोइलेक्ट्रॉन के अधिकतम वेगों का अनुपात है:

A. $\sqrt{2} : 1$ **B.** $\sqrt{3} : \sqrt{3}$ **C.** $\sqrt{3} : \sqrt{2}$ **D.** $1 : \sqrt{2}$

Q.89 दो मुक्त प्रोटॉन 1 Å की दूरी से अलग होते हैं। यदि वे मुक्त हो जाते हैं, तो अनंत पृथक्करण पर प्रत्येक प्रोटॉन की गतिज ऊर्जा है:

A. $5.6 \times 10^{-19} J$ **B.** $11.5 \times 10^{-19} J$

C. $23.0 \times 10^{-19} J$ **D.** $46.0 \times 10^{-19} J$

Q.90 α-क्षय के दौर से गुजर रहे $^{238}_{92}U$ का आधा जीवन 4.5×10^9 वर्ष है। $^{238}_{92}U$ के $1\ g$ नमूने की गतिविधि क्या है?

A. $9.00 \times 10^4\ Bq$ **B.** $1.23 \times 10^4\ Bq$

C. $4.23 \times 10^4\ Bq$ **D.** $5.23 \times 10^4\ Bq$

Q.91 निम्नलिखित में से कौन-सा कथन सही है?

A. रदरफोर्ड के अल्फा-कण प्रकीर्णन प्रयोग के कारण इलेक्ट्रॉन की खोज हुई।

B. जे. जे. थॉमसन ने सुझाव दिया कि एक परमाणु के नाभिक में प्रोटॉन होते हैं।

C. किसी तत्व के इलेक्ट्रॉन की परमाणु संख्या उसके परमाणु के प्रोटॉन की संख्या के समान होती है।

D. एक परमाणु की द्रव्यमान संख्या उसके गोले में इलेक्ट्रॉनों की संख्या के बराबर होती है।

Q.92 जब यूरेनियम के किसी समस्थानिक $_{92}U^{235}$ पर न्यूट्रॉन बमबारी करता है, तो $_{36}Kr^{89}$ और तीन न्यूट्रॉनों के साथ उत्पन्न होने वाला नाभिक है:

A. $_{56}Ba^{144}$ **B.** $_{40}Zr^{91}$

C. $_{36}Kr^{101}$ **D.** इनमें से कोई नहीं

Q.93 कमरे के तापमान $30°C$ पर एक तार का प्रतिरोध 10Ω पाया जाता है। अब प्रतिरोध को बढ़ाने के लिए 10% तार का तापमान होना चाहिए [तार की सामग्री के प्रतिरोध का तापमान गुणांक $0.002°C$ है]।

A. $36°C$ **B.** $83°C$ **C.** $63°C$ **D.** $33°C$

Q.94 यदि एक पूर्ण-तरंग रेक्टिफायर सर्किट 50 हर्ट्ज मेन से संचालित हो रहा है, तो रिपल में मौलिक आवृत्ति होगी

A. 70.7 हर्ट्ज   **B.** 100 हर्ट्ज

C. 25 हर्ट्ज   **D.** 59 हर्ट्ज

Q.95 $300K$ पर शुद्ध सिलिकॉन में समान इलेक्ट्रॉन (n_e) और होल (n_h) की सांद्रता $1.5 \times 10^{16} m^{-3}$ है। इंडियम द्वारा डोपिंग को n_h से $4.5 \times 10^{22} m^{-3}$ तक बढ़ जाता है। डोपिंग सिलिकॉन में n_e है:

A. $3 \times 10^9 m^{-3}$ **B.** $4 \times 10^9 m^{-3}$

C. $5 \times 10^9 m^{-3}$ **D.** $6 \times 10^9 m^{-3}$

Q.96 किसी $p - n$ संधि डायोड में अवक्षय-क्षेत्र की चौड़ाई में वृद्धि का कारण है:

[NEET UG, 2020], [MPPEB Sub Engineer (Mechanical), 2020]

A. केवल अग्रदिशिक बायस

B. केवल पश्चदिशिक बायस

C. अग्रदिशिक और पश्चदिशिक बायस दोनों

D. अग्रदिशिक धारा (current) में वृद्धि

Q.97 ट्रांजिस्टर क्रिया के लिए नीचे दिया गया कौनसा कथन सही है?

[NEET UG, 2020], [MPPEB Sub Engineer (Mechanical), 2020]

A. आधार, उत्सर्जक और संग्राहक क्षेत्रों की डोपन सांद्रताएँ समान होनी चाहिए।

B. आधार, उत्सर्जक और संग्राहक क्षेत्रों के साइज समान होने चाहिए।

C. उत्सर्जक संधि और संग्राहक संधि दोनों ही अग्रदिशिक बायसित होती हैं।

D. आधार क्षेत्र बहुत पतला और हल्का डोपित होना चाहिए।

Q.98 लंबाई 2 मीटर का एक तार 10 सेमी ^{3} तांबे से बनाया गया है। एक बल F लगाया जाता है ताकि उसकी लंबाई 2 मिमी बढ़ जाए। लंबाई 8 मीटर का एक और तार तांबे की एक ही आयतन से बनाया गया है। यदि बल F उस पर लागू होता है, इसकी लंबाई में वृद्धि होगी:

A. $0.8\ cm$ **B.** $1.6\ cm$ **C.** $2.4\ cm$ **D.** $3.2\ cm$

Q.99 एक तार का ब्रेकिंग स्ट्रेस ___ पर निर्भर करता है।

A. तार की लंबाई

B. तार की त्रिज्या

C. तार की सामग्री

D. क्रॉस-सेक्शन का आकार

Q.100 अनुप्रस्थ काट क्षेत्रफल A तथा लम्बाई L का कोई तार किसी स्थायी टेक से लटका है। इस तार के मुक्त सिरे से किसी द्रव्यमान M को निलंबित करने पर इसकी लम्बाई L_1 हो जाती है। यंग-गुणांक के लिए व्यंजक है:

[NEET UG, 2020], [MPPEB Sub Engineer (Mechanical), 2020]

A. $\frac{MgL_1}{AL}$ **B.** $\frac{Mg(L_1-L)}{AL}$

C. $\frac{MgL}{AL_1}$ **D.** $\frac{MgL}{A(L_1-L)}$

// स्मार्ट उत्तर पुस्तिका //

सही उत्तर — उन छात्रों का प्रतिशत जिन्होंने प्रश्नों का सही उत्तर दिया था।   **छोड़ दिया** — उन छात्रों का प्रतिशत जिन्होंने प्रश्नों को छोड़ दिया था।

प्रश्न संख्या	उत्तर	सही उत्तर / छोड़ दिया
1	A	56.78 % / 1.26 %
2	D	59.14 % / 1.52 %
3	D	40.01 % / 1.25 %
4	D	69.02 % / 1.69 %
5	B	55.79 % / 1.31 %
6	B	46.75 % / 1.02 %
7	B	46.54 % / 1.35 %
8	D	54.6 % / 1.72 %
9	B	60.25 % / 1.83 %
10	C	62.42 % / 1.01 %
11	B	56.46 % / 1.47 %
12	C	55.48 % / 1.11 %
13	D	69.93 % / 1.72 %
14	D	42.6 % / 1.29 %
15	A	88.4 % / 0.0 %
16	C	43.8 % / 1.94 %
17	B	32.6 % / 3.02 %

प्रश्न संख्या	उत्तर	सही उत्तर / छोड़ दिया
18	D	66.2 % / 1.87 %
19	B	56.29 % / 1.76 %
20	B	80.1 % / 0.0 %
21	A	31.47 % / 3.43 %
22	C	80.02 % / 0.0 %
23	C	62.18 % / 1.71 %
24	B	86.08 % / 0.0 %
25	B	81.85 % / 0.0 %
26	A	88.0 % / 0.0 %
27	D	53.02 % / 1.32 %
28	A	77.74 % / 0.0 %
29	A	55.69 % / 1.35 %
30	C	41.09 % / 1.57 %
31	A	40.82 % / 1.88 %
32	C	47.93 % / 1.29 %
33	C	84.38 % / 0.0 %
34	C	45.37 % / 1.12 %

प्रश्न संख्या	उत्तर	सही उत्तर / छोड़ दिया
35	B	24.66 % / 3.58 %
36	B	52.1 % / 1.03 %
37	B	41.97 % / 1.32 %
38	C	83.0 % / 0.0 %
39	D	57.51 % / 1.27 %
40	B	57.73 % / 1.37 %
41	A	40.19 % / 1.2 %
42	A	61.17 % / 1.7 %
43	D	29.5 % / 4.31 %
44	A	42.97 % / 1.39 %
45	C	61.05 % / 1.88 %
46	A	66.29 % / 1.33 %
47	B	18.32 % / 3.71 %
48	A	59.62 % / 1.3 %
49	D	27.8 % / 3.9 %
50	C	43.87 % / 1.6 %
51	D	68.65 % / 1.04 %

प्रश्न संख्या	उत्तर	सही उत्तर / छोड़ दिया
52	D	63.34 % / 1.59 %
53	C	46.28 % / 1.29 %
54	A	58.82 % / 1.42 %
55	A	80.88 % / 0.0 %
56	B	47.18 % / 1.66 %
57	A	49.51 % / 1.12 %
58	C	51.59 % / 1.39 %
59	A	86.52 % / 0.0 %
60	D	65.99 % / 1.33 %
61	C	28.77 % / 3.76 %
62	B	76.03 % / 0.0 %
63	C	10.38 % / 3.24 %
64	B	66.83 % / 1.02 %
65	C	16.96 % / 3.75 %
66	A	89.92 % / 0.0 %
67	D	26.87 % / 3.97 %
68	C	51.97 % / 1.83 %

प्रश्न संख्या	उत्तर	सही उत्तर / छोड़ दिया
69	A	67.08 % / 1.94 %
70	A	42.64 % / 1.0 %
71	B	58.02 % / 1.93 %
72	A	89.24 % / 0.0 %
73	D	44.51 % / 1.95 %
74	C	64.26 % / 1.78 %
75	B	56.91 % / 1.35 %
76	A	66.41 % / 1.9 %
77	D	83.48 % / 0.0 %
78	A	26.68 % / 3.73 %
79	C	77.27 % / 0.0 %
80	C	48.91 % / 1.04 %
81	A	78.26 % / 0.0 %
82	B	88.03 % / 0.0 %
83	C	40.43 % / 1.67 %
84	A	68.12 % / 1.43 %
85	B	81.83 % / 0.0 %

प्रश्न संख्या	उत्तर	सही उत्तर / छोड़ दिया
86	C	58.01 % / 1.67 %
87	B	64.55 % / 1.67 %
88	D	42.82 % / 1.28 %
89	B	12.09 % / 3.35 %
90	B	50.83 % / 1.56 %
91	C	54.84 % / 1.76 %
92	A	40.65 % / 1.1 %
93	B	68.98 % / 1.56 %
94	B	57.28 % / 1.33 %
95	C	68.66 % / 1.78 %
96	B	50.72 % / 1.93 %
97	D	68.26 % / 1.97 %
98	D	84.53 % / 0.0 %
99	C	40.7 % / 1.68 %
100	D	52.7 % / 1.56 %

//संकेत और समाधान//

1. दिया गया है,

लंबाई $l = 16.2$ सेमी

चौड़ाई $b = 10.1$ सेमी

अल्पतमांक के साथ लिखने पर,

$l = 16.2 \pm 0.1$ सेमी

अब, लंबाई में प्रतिशत अनिश्चितता $= \frac{0.1}{16.2} \times 100$

$= 0.617 \approx 0.6\%$

इसी तरह, अल्पतमांक के साथ लिखने पर,

$b = 10.1 \pm 0.1$ सेमी

चौड़ाई में प्रतिशत अनिश्चितता $\frac{0.1}{10.1} \times 100$

$= 0.990099 \approx 1\%$

अब हम लिख सकते हैं,

$l = 16.2$ सेमी $\pm 0.6\%$

$b = 10.1$ सेमी $\pm 1\%$

आयत का क्षेत्रफल $= l \times b$

$= 16.2 \pm 0.6\% \times 10.1 \pm 1\%$

$= 163.62$ सेमी^{2} $\pm 1.6\%$

इस प्रकार, इस आयत के क्षेत्रफल में प्रतिशत अनिश्चितता $= 1.6\%$

अतः विकल्प (A) सही है।

2. मूल इकाइयाँ अंतर्राष्ट्रीय इकाई प्रणाली द्वारा परिभाषित आधार इकाइयाँ हैं। ये इकाइयाँ किसी अन्य इकाई से व्युत्पन्न नहीं हैं, इसलिए इन्हें मूल इकाइयाँ कहा जाता है। सात मूल इकाइयाँ हैं:

- लंबाई के लिए मीटर (m)
- समय के लिए सेकंड (s)
- द्रव्यमान के लिए किलोग्राम (kg)
- विद्युत धारा के लिए एम्पियर (A)
- तापमान के लिए केल्विन (K)
- पदार्थ की मात्रा के लिए मोल (mol)
- ज्योति तीव्रता के लिए कैंडेला (Cd)

वोल्ट एक मूल इकाई नहीं है, यह एक व्युत्पन्न इकाई है।

अतः विकल्प (D) सही है।

3. पृथ्वी से ग्रह की दूरी लंबन विधि द्वारा मापी जाती है। लंबन दृष्टि की दो अलग-अलग रेखाओं के साथ देखी गई वस्तु की स्पष्ट स्थिति में एक विस्थापन या अंतर है, और उन दो रेखाओं के बीच झुकाव के कोण या अर्ध-कोण द्वारा मापा जाता है। लंबन विधि का प्रयोग बड़ी दूरियों को मापने के लिए किया जाता है।

अतः विकल्प (D) सही है।

4. एक खगोलीय इकाई को पृथ्वी के केंद्र और सूर्य के केंद्र के बीच औसत दूरी के रूप में परिभाषित किया गया है। खगोलीय इकाई लम्बाई की इकाई है, जो लगभग 150 मिलियन किलोमीटर है और पृथ्वी से सूर्य की दूरी पर आधारित है।

1 खगोलीय इकाई $(1AU) = 1.496 \times 10^{11}$ मीटर

अतः विकल्प (D) सही है।

5. समय अंतराल 20 सेकंड से 40 सेकंड के बीच, गैर-शून्य त्वरण और मंदता है।

इसलिए इस अंतराल के दौरान तय की गई दूरी

$=$ समय अंतराल 20 सेकंड से 40 सेकंड के बीच का क्षेत्रफल

$=$ त्रिभुज का क्षेत्रफल $+$ त्रिकोण के नीचे आयत का क्षेत्रफल

अंतराल के दौरान $=$ दूरी $=$ त्रिभुज के अंतर्गत क्षेत्र

$= \frac{1}{2} \times 20 \times 3 + 20 \times 1$

$= 30 + 20 = 50$ मीटर

अतः विकल्प (B) सही है।

6. हम जानते हैं, औसत वेग की गणना सूत्र का उपयोग करके की जा सकती है।

औसत वेग $=$ कुल विस्थापन / कुल समय $= \frac{ut + \frac{1}{2}at^2}{t}$

औसत वेग $= u + \frac{1}{2}at$

वेग के समीकरणों से $v = u + at$

इस समीकरण का प्रयोग करके हम लिख सकते हैं $u = v - at$

ऊपर दिए गए औसत वेग के लिए प्राप्त समीकरण में $u = v - at$ को प्रतिस्थापित करें

औसत वेग $= v - at + \frac{1}{2}at = v - \frac{1}{2}at.$

अतः विकल्प (B) सही है।

7. मान लीजिए u प्रारंभिक वेग है और a त्वरण है

$\Rightarrow s_{n^{th}} = u + \frac{1}{2}a(2n - 1)$

$\Rightarrow 20 = u + \frac{1}{2}a(14 - 1) = u + \frac{13a}{2}$

$\Rightarrow 2u + 13a = 40 \quad ...(i)$

$2u = u + \frac{1}{2}a(18 - 1)$

$\Rightarrow 2u + 17a = 48 \quad ...(ii)$

समीकरण (i) को (ii) से घटाने पर हम पाते हैं

$4a = 8 \Rightarrow a = 2 m/s^2$

समीकरण (i) से

$2u + 13 \times 2 = 40$

$\Rightarrow 2u = 40 - 26 = 14$

$\Rightarrow u = 7 m/s$

$$\Rightarrow s_{15} = u + \frac{1}{2}a(2 \times 15 - 1)$$

$$= 7 + \frac{1}{2} \times 2(29)$$

$$= 7 + 29 = 36m$$

अतः विकल्प (B) सही है।

8. वर्णित स्थिति को नीचे दिए गए चित्र द्वारा समझाया जा सकता है:

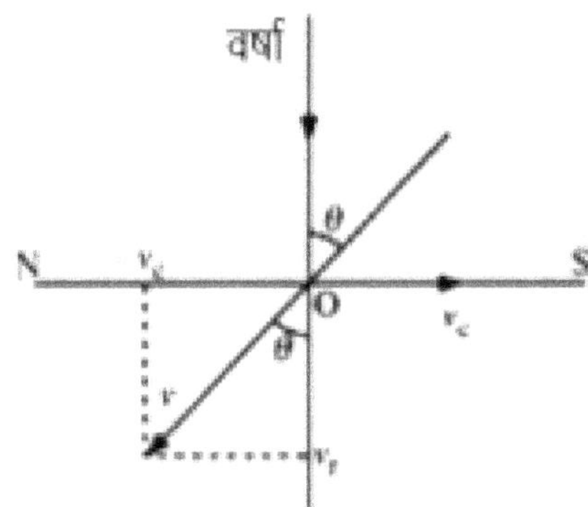

यहां,

v_c = साइकिल सवार का वेग

v_r = वर्षा का वेग

वर्षा से खुद को बचाने के लिए, महिला को अपना छाता महिला के सापेक्ष, वर्षा के सापेक्ष वेग (v) की दिशा में रखना चाहिए।

$$v = v_r + (-v_c)$$

$$= 30 + (-10) = 20 \, m/s$$

$$\tan\theta = \frac{v_c}{v_r} = \frac{10}{30}$$

$$\theta = \tan^{-1}\left(\frac{1}{3}\right)$$

$$= \tan^{-1}(0.3333) = 18°26'$$

इसलिए, महिला को छतरी को दक्षिण की ओर, लंबवत के साथ लगभग $18°26'$ के कोण पर रखना चाहिए।

अतः विकल्प (D) सही है।

9. दिया हुआ है,

व्यास $= 0.30 \, m$

तब त्रिज्या, $(r) = \frac{0.30}{2} = 0.15 \, m$

और आवृत्ति, $(n) = 1200$ परिक्रमण/मिनट

$$= \frac{1200}{60} = 20 \text{ परिक्रमण/सेकेंड}$$

$\therefore$ कोणीय वेग, $(\omega) = 2\pi n = 2\pi \times 20 = 40\pi$ रेडियन प्रति सेकेंड

इसलिए, अभिकेन्द्र त्वरण, $a_c = \omega^2 r$

$$\Rightarrow \quad a_c = 0.15 \times (40\pi)^2$$

$$\Rightarrow a_c = 2366.30 \, m/s^2$$

अतः कण के अभिकेन्द्र त्वरण का परिमाण $2366.30 \, m/s^2$ है।

अतः विकल्प (B) सही है।

10. बम को $490 \, m$ की ऊंचाई से जमीन पर टकराने में लगा समय

$$t = \sqrt{\frac{2h}{g}}$$

$$= \sqrt{\frac{2 \times 490}{9.8}} = 10 \text{sec}$$

वह दूरी जिस पर बम जमीन से टकराता है = क्षैतिज वेग $\times$ समय

$$= 360 \times 10$$

$$= 360 \times \left(\frac{10}{3600}\right)$$

$$= 36 \times \left(\frac{1}{36}\right)$$

$$= 1 \, km$$

अतः, बम $= 1 \, km$ दूरी पर जमीन से टकराएगा।

अतः विकल्प (C) सही है।

11. दिया गया है,

कार का द्रव्यमान, $M = 2000 \, kg$

गोली का द्रव्यमान, $m = 10 \times 10^{-3} \, kg$

गोली का वेग, $u = 500 \, m/sec$

प्रति सेकंड चलायी गई गोलियों की संख्या दस है। फिर,

$$\frac{N}{t} = 10$$

$$F_{\text{avg}} = \frac{\Delta P}{\Delta t}$$

$$= \frac{Nm(v_2 - v_1)}{t}$$

$$= 10 \times 10 \times 10^{-3} \times 5 \times 10^2$$

$$= 50 \, N$$

अतः विकल्प (B) सही है।

12. दिया गया है,

पिण्ड का द्रव्यमान, $m = 5.0$ किग्रा

बलों के परिमाण,

$$\left|\vec{F_1}\right| = 8 \text{ न्यूटन}$$

$$\left|\vec{F_2}\right| = 6 \text{ न्यूटन}$$

इन बलों के परिणामी बल का परिमाण,

$$F = \sqrt{\left|\vec{F_1}\right|^2 + \left|\vec{F_2}\right|^2}$$

$$= \sqrt{[8^2 + 6^2]}$$

$$= \sqrt{(64 + 36)}$$

$$= \sqrt{100} = 10 \text{ न्यूटन}$$

त्वरण का परिमाण,

$$a = \frac{F}{M}$$

$$= \frac{10}{5.0}$$

$$= 2 \text{ मी/से}^2$$

अतः विकल्प (C) सही है।

13. दिया गया है,

ऑटो रिक्शा की प्रारम्भिक चाल, $u = 36$ किमी/घण्टा $= 36 \times \left(\frac{5}{18}\right)$ मी/से $= 10$ मी/से

रुकने पर ऑटो रिक्शा की अन्तिम चाल, $v = 0$

रुकने में लिया गया समय, $t = 4.0$ सेकंड

गति के प्रथम समीकरण से,

$$v = u + at$$

$$0 = 10 + a \times 4$$

$$a = -\left(\frac{10}{4}\right)$$

$$a = -2.5 \text{ मी/से}^2$$

निकाय (ऑटो-रिक्शा + चालक) का द्रव्यमान, $M = 400 + 65 = 465$ किग्रा

$\therefore$ औसत मंदन बल, $F = M \times a$

$$= 465 \times (2.5)$$

$$= 1,162.5$$

$$= 1.162 \times 10^3 \text{ न्यूटन}$$

अतः विकल्प (D) सही है।

14. दिया गया है,

स्कूटर का द्रव्यमान, $m = 120$ किग्रा

वेग $v = 108$ किमी/घंटा $= 108 \times \frac{5}{18} = 30$ मी/सेकंड

रुकने में लगा समय $t = 10$ सेकंड

अंतिम वेग, $v = 0$ मी/सेकंड

गति के पहले समीकरण से,

$$v = u + at$$

$$0 = 30 + a \times 10$$

$$a = -\frac{30}{10} = -3 \text{ मी/सेकंड}^2$$

चूँकि बल ऋणात्मक नहीं हो सकता इसलिए हम त्वरण के लिए धनात्मक मान का उपयोग करेंगे।

बल, $F = ma$

$$= 120 \times 3 = 360 \text{ न्यूटन}$$

अतः विकल्प (D) सही है।

15. स्थितिज ऊर्जा किसी वस्तु को किसी संदर्भ बिंदु से अपरिवर्तनवादी बल के लिए किसी दिए गए स्थान पर स्थानांतरित करने में किए गए नकारात्मक कार्य के बराबर होती है।

गणितीय रूप में, यह इस रूप में दिया गया है,

$$dU(x) = -F(x)dx$$

$$\therefore F(x) = \frac{-dU(x)}{dx}$$

जहां F न्यूटन में बल है और $\frac{dU}{dx}$ प्रति इकाई लंबाई में स्थितिज ऊर्जा में परिवर्तन है।

अतः विकल्प (A) सही है।

16. प्रत्यास्थ संघट्टन में निकाय की गतिज ऊर्जा स्थिर रहती है। प्रत्यास्थ संघट्टन में संवेग तथा गतिज ऊर्जा दोनों संरक्षित रहते हैं। चूँकि प्रत्यास्थ संघट्टन में निकाय की गतिज ऊर्जा संरक्षित रहती है, यह स्थिर रहती है।

अतः विकल्प (C) सही है।

17. दिया हुआ है:

$$\frac{1}{2}mv^2 = as^2$$

$$\Rightarrow v = s\sqrt{\frac{2a}{m}}$$

तो $a_R = \dfrac{v^2}{R} = \dfrac{2as^2}{mR} \quad \dots \dots (i)$

इसके अलावा $a_t = \dfrac{dv}{dt} = \dfrac{dv}{ds} \cdot \dfrac{ds}{dt} = v\dfrac{dv}{ds} \quad \dots \dots (ii)$

समीकरण (i) से अर्थात $v = s\sqrt{\dfrac{2a}{m}} \; a_t = \left[s\sqrt{\dfrac{2a}{m}}\right]\left[\sqrt{\dfrac{2a}{m}}\right] = \dfrac{2as}{m} \quad \dots \dots (iii)$

इस प्रकार $a = \sqrt{a_R^2 + a_t^2}$

$$= \sqrt{\left[\frac{2as^2}{mR}\right]^2 + \left[\frac{2as}{m}\right]^2}$$

इसलिए $a = \dfrac{2as}{m}\sqrt{1 + \left[\dfrac{s}{R}\right]^2}$

$\therefore F = ma = 2as\sqrt{1 + \left[\dfrac{s}{R}\right]^2}$

अतः विकल्प (B) सही है।

18. किया गया कार्य बल और विस्थापन के बिंदु गुणनफल द्वारा दिया जाता है।

$$W = F.S$$

बल और विस्थापन दोनों सदिश घटक हैं और उनका डॉट उत्पाद अदिश राशि है और $|\vec{F}| \cdot |\vec{S}| \cos\theta$ द्वारा दिया जाता है।

जहां θ बल और विस्थापन के बीच का कोण है। जैसा कि निकाय को विस्थापन और बल के समान परिमाण के साथ भूमि के साथ ले जाया जाता है और फिर क्षैतिज के साथ सबसे कम कोण वाला बल उच्चतम कार्य होगा, क्योंकि $\cos\theta$ अधिकतम है θ शून्य की ओर जाता है।

अत: विकल्प (D) सही है।

19. घर्षण के कारण त्वरण इस प्रकार दिया जाता है,

$$a = \frac{f}{m}$$

$$= \frac{\mu mg}{m}$$

$$= \mu g$$

घर्षण के कारण कोणीय त्वरण इस प्रकार दिया जाता है,

$$\alpha = \frac{\tau}{I}$$

$$= \frac{fR}{\frac{1}{2}mR^2} = \frac{2f}{mR} = \frac{2ma}{mR}$$

$$= \frac{2\mu g}{R}$$

अंतिम कोणीय वेग निम्नानुसार है,

$$\omega = \omega_0 - \alpha$$

$$\omega = \omega_0 - \frac{2\mu gt}{R}$$

अंतिम वेग के रूप में दिया गया है

$$v = at$$

$$v = \mu gt$$

हम जानते हैं कि,

$$v = R\omega$$

$$\mu gt = R\left(\omega_0 - \frac{2\mu gt}{R}\right)$$

$$t = \frac{\omega_0 R}{3\mu g}$$

इस प्रकार, समय $\frac{\omega_0 R}{3\mu g}$ है उसके बाद डिस्क शुद्ध रोलिंग में होगी।

अतः विकल्प (B) सही है।

20. दिया गया है,

रिंग का द्रव्यमान $= M$; रिंग की त्रिज्या $= R$

अब $90°$ सेक्टर के संगत एक चाप को वृत्ताकार वलय से हटा दिया जाता है, तब हटाया गया द्रव्यमान है $= \frac{M}{4}$

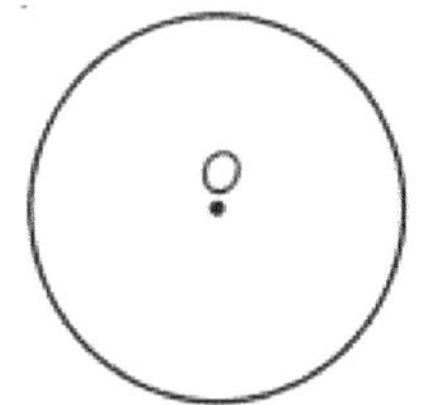 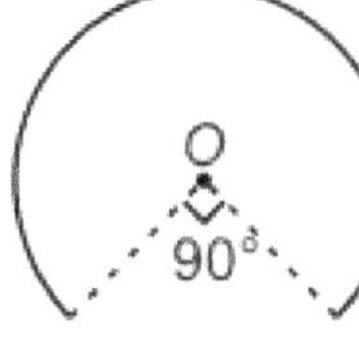

शेष भाग का द्रव्यमान $= \frac{3M}{4}$

शेष भाग की जड़ता का क्षण $= \int dm r^2$

$$\Rightarrow I = R^2 \int dm \quad (\because r = R)$$

$$\Rightarrow I = \frac{3MR^2}{4}$$

इसलिए, K का मान $\frac{3}{4}$ है।

अत: विकल्प (B) सही है।

21. दिया है:

छड़ का द्रव्यमान = 500 ग्राम; छड़ की लंबाई = 200 से.मी.

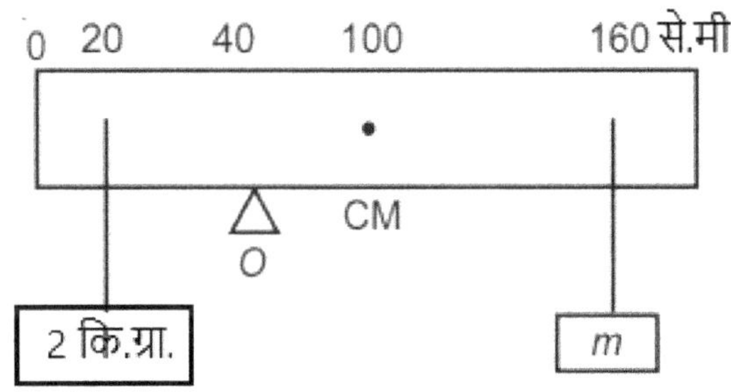

जब बिंदु O पर कुल बलाघूर्ण शून्य होगा तब छड़ संतुलन में होगी,

बिंदु O पर $2\,kg$ द्रव्यमान के कारण बलाघूर्ण

$$\vec{\tau} = \vec{r} \times \vec{F} = rF\sin\theta(\hat{n})$$

$$\tau_1 = 20 \times 20 \times 10^{-2} \times \sin 90°(\hat{k})$$

$$= 4 \text{ न्यूटन मी.} (\hat{k})$$

छड़ के द्रव्यमान के कारण बलाघूर्ण:

$$\tau_2 = 5 \times 60 \times 10^{-2} \times \sin 90°(-\hat{k})$$

$$= 3 \text{ न्यूटन मी.} (-\hat{k})$$

द्रव्यमान m के कारण बलाघूर्ण

$$\tau_3 = mg \times 120 \times 10^{-2} \times \sin 90°(-\hat{k})$$

$$= 12 \text{ न्यूटन मी.} (-\hat{k})$$

बिंदु O के परितः कुल बलाघूर्ण शून्य होगा।

इसलिए, $\vec{\tau_1} + \vec{\tau_2} + \vec{\tau_3} = 0$

$$\Rightarrow 4 - 3 - 12m = 0$$

$$\Rightarrow 12m = 1$$

$$m = \frac{1}{12} \text{ कि.ग्रा.}$$

अत: विकल्प (A) सही है।

22. माना द्रव्यमान m एक गोले से r दूरी पर है और गोले का द्रव्यमान M है

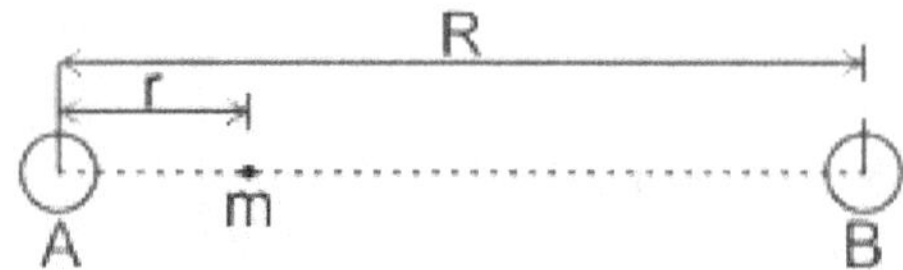

तब निकाय की कुल स्थितिज ऊर्जा है,

$$U = -\frac{GM^2}{R} - \frac{GMm}{r} - \frac{GMm}{(R-r)}$$

अब $r = \frac{R}{4}$, पर, प्रणाली की स्थितिज ऊर्जा है,

$$U_1 = -\frac{GM^2}{R} - \frac{GMm}{\frac{R}{4}} - \frac{GMm}{\left(R-\frac{R}{4}\right)}$$

$$\Rightarrow U_1 = -\left(\frac{GM^2}{R} + \left(\frac{16}{3}\right)\frac{GMm}{R}\right) \cdots (1)$$

अब $r = \frac{R}{2}$, पर, प्रणाली की स्थितिज ऊर्जा है,

$$U_2 = -\frac{GM^2}{R} - \frac{GMm}{\frac{R}{2}} - \frac{GMm}{\left(R-\frac{R}{2}\right)}$$

$$\Rightarrow U_2 = -\left(\frac{GM^2}{R} + 4\frac{GMm}{R}\right) \cdots (2)$$

अब $r = \frac{3R}{4}$, पर, प्रणाली की स्थितिज ऊर्जा है,

$$U_3 = -\frac{GM^2}{R} - \frac{GMm}{\frac{3R}{4}} - \frac{GMm}{\left(R-\frac{3R}{4}\right)}$$

$$\Rightarrow U_3 = -\left(\frac{GM^2}{R} + \left(\frac{15}{3}\right)\frac{GMm}{R}\right) \cdots (3)$$

अब समीकरण 1, 2 और 3 से,

U_1, U_2 से कम है और U_2, U_3, से बड़ा है, इसलिए स्थितिज ऊर्जा पहले बढ़ती है और फिर घटती है।

अत: विकल्प (C) सही है।

23. दिया गया है कि अनोखे ग्रह पर गुरुत्वाकर्षण के कारण त्वरण पृथ्वी की सतह पर दोगुना होता है
ग्रह की सतह पर गुरुत्वाकर्षण के कारण त्वरण निम्न द्वारा दिया जाता है

$$g = \frac{GM}{r^2}$$

माना कि g' अनोखे ग्रह पर गुरुत्वीय त्वरण है।इसका द्रव्यमान M_s और त्रिज्या R_s है इस प्रकार

$$g' = \frac{GM_s}{R_s^2}$$

माना कि g पृथ्वी पर गुरुत्वीय त्वरण है। इसका द्रव्यमान M और त्रिज्या R है

इस प्रकार $g = \frac{GM}{R^2}$

$$\frac{g'}{g} = \frac{\frac{GM_s}{n_3^2}}{\frac{CM}{M^2}}$$

$$\frac{g'}{g} = \frac{M_s}{M}\frac{R^2}{R_s^2}$$

g का मान दूसरे ग्रह पर इससे दोगुना होता है तो यह विकल्प 3 में केवल एक शर्त से संतुष्ट होगा।

$$\frac{g'}{g} = \frac{M_s/2}{M}\frac{R^2}{(R_s/2)^2}$$

$$\frac{g'}{g} = 2$$

$$g' = 2g$$

अत: विकल्प (C) सही है।

24. किसी उपग्रह को उसकी उचित कक्षा में प्रक्षेपित करने के लिए दो चरणों वाले रॉकेट को दो बार दागा जाना चाहिए।

लॉन्चिंग पैड को छोड़ने के तुरंत बाद रॉकेट पर कार्य करने वाले दो बल गुरुत्वाकर्षण बल और घर्षण बल हैं। गुरुत्वाकर्षण बल पृथ्वी की ओर नीचे की ओर कार्य करता है और घर्षण बल आसपास की हवा के कारण कार्य करता है।

अतः विकल्प (B) सही है।

25. द्रव्यमान उस स्थान से स्वतंत्र होता है जहाँ इसे मापा जाता है। भार अलग-अलग जगहों पर अलग-अलग गुरुत्वाकर्षण क्षेत्र के साथ अलग-अलग हो सकता है।

किसी पिंड का द्रव्यमान स्थिर होता है जो न तो पिंड की स्थिति पर निर्भर करता है और न ही पिंड पर लगने वाले गुरुत्वाकर्षण बल पर होता है। अतः पिंड का द्रव्यमान चंद्रमा पर अपरिवर्तित रहेगा अर्थात, $M_m = M_e$

अतः विकल्प (B) सही है।

26. दो वस्तुओं के बीच गुरुत्वाकर्षण बल F है। यदि दोनों वस्तुओं का द्रव्यमान उनके बीच की दूरी को बदले बिना आधा कर दिया जाए, तो गुरुत्वाकर्षण बल $F/4$ हो जाएगा।

दो वस्तुओं के बीच गुरुत्वाकर्षण बल सीधे उनके द्रव्यमान के समानुपाती और उनके बीच की दूरी के वर्ग के व्युत्क्रमानुपाती होता है। इसलिए, जब दोनों वस्तुओं के द्रव्यमान को बिना दूरी बदले आधा कर दिया जाता है, तो उनके बीच गुरुत्वाकर्षण बल मूल्य का एक चौथाई हो जाएगा।

अतः विकल्प (A) सही है।

27. प्रारंभ में बुलबुले की त्रिज्या r है। सतह पर पहुँचने के बाद यह $2r$ हो जाता है। वायुमंडलीय दबाव के रूप में दिया जाता है,

$$P_{atm} = P\,cm\ \text{पानी}$$

इस प्रक्रिया से हम जो निष्कर्ष निकाल सकते हैं वह यह है कि हवा के बुलबुले में आयतन बदल रहा है लेकिन तापमान अपरिवर्तित रहता है।

इज़ोटेर्मल प्रक्रिया के लिए,

$$P_1 V_1 = P_2 V_2$$

माना पानी की सतह की ऊंचाई h है।

$$(P + h)\left(\frac{4}{3}\pi r^3\right) = P\left(\frac{4}{3}\pi 8 r^3\right)$$

$$\Rightarrow h + P = 8P$$

$$\Rightarrow h = 7P$$

अतः विकल्प (D) सही है।

28. प्रवाही पदार्थ आंतरिक घर्षण के कारण गति के प्रतिरोध को प्रस्तुत करते हैं, इस गुण को श्यानता कहा जाता है। एक प्रवाही का गुणधर्म जिसके कारण वह अपनी विभिन्न परतों के बीच सापेक्ष गति का विरोध करता है उसे श्यानता (या प्रवाही घर्षण या आंतरिक घर्षण) कहा जाता है और सापेक्ष गति का विरोध करने वाली परतों के बीच के बल को श्यान बल कहा जाता है।

अतः विकल्प (A) सही है।

29. $\eta = \dfrac{F}{A\left(\frac{dv}{dy}\right)}$

$\therefore \eta = \dfrac{10^{-2}}{(10^3 \times 10^{-4})\left(\frac{6 \times 10^{-2}}{6 \times 10^{-3}}\right)} = \dfrac{10^{-2} \times 6 \times 10^{-3}}{10^{-1} \times 6 \times 10^{-2}}$

$\eta = 10^{-2} Nsm^{-2} = 0.1$ पोइस

अतः विकल्प (A) सही है।

30. दिया गया है:

$r_1 = r;\ h_1 = h;\ r_2 = 2r$

$rh = $ स्थिरांक का उपयोग करना

$r_2 h_2 = r_1 h_1$

$(2r)h_2 = rh$

$\Rightarrow h_2 = \dfrac{h}{2}$

केशिका में जल का द्रव्यमान $M = \rho(\pi^2 h)$ जहां ρ केशिका में जल का द्रव्यमान

जल का द्रव्यमान जो पहली केशिका में ऊपर चढ़ता है $M_1 = 5\ g$

$\therefore 5 = \rho \pi r^2 h$ ....(1)

जल का द्रव्यमान जो दूसरी केशिका में ऊपर चढ़ता है।

$M_2 = \rho(\pi r_2^2\ h_2)$

$M_2 = \rho \pi (2r)^2 \dfrac{h}{2} = 2 \times \rho \pi r^2\ h$

$\Rightarrow M_2 = 2 \times 5 = 10g$

अतः विकल्प (C) सही है।

31. संकल्पना:

दो प्रणालियों के बीच ऊष्मा स्थानांतरण के तीन तरीके हैं। वे चालन, संवहन और विकिरण हैं।

- **चालन** ठोस पदार्थों में ऊष्मा अंतरण की एक विधि है और ऊष्मा का स्थानांतरण कणों की गति के बिना होता है।

- **संवहन** तरल पदार्थ (गैसों और तरल पदार्थ) में ऊष्मा स्थानांतरण की एक विधि है और कणों की गति के कारण गर्मी हस्तांतरण होता है।

- **विकिरण** ऊष्मा हस्तांतरण की एक विधि है जहां ऊष्मा स्थानांतरण के माध्यम को प्रभावित किए बिना ऊष्मा को एक स्थान से दूसरे स्थान पर स्थानांतरित किया जाता है।

दोनों एक ही तापमान पर हैं, लकड़ी की तुलना में धातु की तापीय चालकता अधिक होने के कारण धातु लकड़ी की तुलना में अधिक ठंडी महसूस करेगी।

धातु एक निश्चित समय में लकड़ी की तुलना में आपके हाथ से अधिक ऊष्मा का संचालन करती है। इसलिए, आप धातु को लकड़ी की तुलना में अधिक ठंडा महसूस करते हैं।

अतः विकल्प (A) सही है।

32. आमतौर पर इस्तेमाल किए जाने वाले विभिन्न तापमान पैमाने हैं सेल्सियस (C), केल्विन (K), फारेनहाइट (F), और रैंकिन (Ra)।

$^\circ F = \dfrac{9}{5}{}^\circ C + 32$

$^\circ F = \dfrac{9}{5} \times 200 + 32$

$= 360 + 32$

$= 392^\circ$ फारेनहाइट

अतः विकल्प (C) सही है।

33. ऑक्सीजन की उपस्थिति में, उच्च तापमान के परिणामस्वरूप प्रकाश बल्ब का फिलामेंट जल जाएगा। इसलिए प्रकाश बल्ब में निर्वात बना रहता है। चूँकि प्रकाश बल्ब में कोई माध्यम मौजूद नहीं होता है, इसलिए ऊष्मा का स्थानांतरण विकिरण द्वारा होता है क्योंकि चालन और संवहन के लिए ऊष्मा को स्थानांतरित करने के लिए एक भौतिक माध्यम की आवश्यकता होती है।

अतः विकल्प (C) सही है।

34. संकल्पना:

ऊष्मा का सुचालक: वह पदार्थ जो ऊष्मा को अपने माध्यम से आसानी से स्थानांतरित करने की अनुमति देता है, ऊष्मा का अच्छा संवाहक कहलाता है। उदाहरण: तांबा, चांदी, लोहा, आदि।

ऊष्मा का कुचालक: वह पदार्थ जो ऊष्मा को अपने माध्यम से आसानी से स्थानांतरित नहीं होने देता, कुचालक कहलाता है। उदाहरण: लकड़ी, बर्फ, कांच, प्लास्टिक, आदि।

ऊष्मा स्थानांतरण मुख्य रूप से तापमान अंतर के कारण होता है।

हवा पानी की तुलना में तेजी से तापमान बदलती है, इसलिए सर्दियों में हवा पानी से पहले ठंडी हो जाती है। सतह पर पानी हवा के सीधे संपर्क में है और इसलिए तल पर पानी से पहले सबसे पहले जम जाता है।

अब चूंकि बर्फ पानी की तुलना में कम घनी होती है, इसलिए यह तैरती रहती है और डूबती नहीं है। यह बर्फ की चादर मोटी होती जाती है और तल पर ठंडी हवा और गर्म पानी के बीच इंसुलेटर का काम करती है। इसलिए नीचे का पानी तरल रहता है। इसलिए हम कह सकते हैं कि बर्फ ऊष्मा का कुचालक है इसलिए झील के तल का जल द्रव अवस्था में रहता है।

अतः विकल्प (C) सही है।

35. निम्नलिखित आंकड़ा गैस की चक्रीय प्रक्रिया को दर्शाता है। यदि कोई वस्तु एक या अधिक प्रक्रियाओं से गुजरने के बाद अपनी प्रारंभिक स्थिति में लौट आती है।

$ABCDA$ चक्र है। D और C दोनों बिंदुओं पर दबाव समान रहता है, जो $2P$। बिंदु D पर आयतन V है और बिंदु C पर $3V$ है। तो, गैस द्वारा बिंदु D से बिंदु C, $W_{DC} = 2P(3V - V) = 4PV$ तक किया गया कार्य

बिंदुओं C और B पर दबाव क्रमशः $2P$ और P हैं। C और B दोनों बिंदुओं पर आयतन समान रहता है, जो $3V$ है। तो, गैस द्वारा बिंदु C से बिंदु B, तक किया गया कार्य

$W_{CB} = P(3V - 3V) = 0$

B और A दोनों बिंदुओं पर दबाव समान रहता है, जो P है। बिंदु B पर आयतन $3V$ है और बिंदु A पर V है, तो, गैस द्वारा बिंदु B से बिंदु A, $W_{BA} = P(V - 3V) = -2PV$ तक किया गया कार्य

बिंदुओं A और D पर दबाव क्रमशः P और $2P$ हैं। A और D दोनों बिंदुओं पर आयतन समान रहता है, जो V है। तो, गैस द्वारा बिंदु A से बिंदु D, $W_{AD} = P(V - V) = 0$ तक किया गया कार्य

अतः पूरे चक्र में किया गया कुल कार्य,

$W = 4PV - 2PV = 2PV$

हम जानते हैं कि चक्र से अस्वीकृत ऊष्मा गैस द्वारा किए गए कुल कार्य के बराबर होती है, इसलिए $Q = W$

$$Q = 2PV$$

अतः विकल्प (B) सही है।

36. जब धातु गर्म होती है तो धातु की लंबाई, सतह का क्षेत्रफल, आयतन भी बढ़ जाता है। तापमान में वृद्धि जिसके परिणामस्वरूप धातु का विस्तार होता है और इस विस्तार को धातु का ऊष्मीय विस्तार कहा जाता है अर्थात ताप प्रभाव के कारण धातु में विस्तार होता है।

तो, लोहे के ब्लेड में एक अंगूठी होती है जिसमें लकड़ी का हत्था लगा होता है। अंगूठी लकड़ी के हत्थे से आकार में थोड़ी छोटी होती है। जब अंगूठी गर्म होती है जो धातु से बनी होती है तो वह फैलती है, ठंडी होने के बाद अंगूठी लकड़ी के हत्थे में कसकर फिट हो जाती है।

अतः विकल्प (B) सही है।

37. किरचॉफ का नियम तापमान परिवर्तन के साथ अभिक्रिया की ऊष्मा की तापीय धारिता का वर्णन करता है। सामान्य तौर पर, किसी भी पदार्थ की एन्थैल्पी तापमान के साथ बढ़ती है, जिसका अर्थ है कि उत्पादों और अभिकारकों की एन्थैल्पी दोनों में वृद्धि होती है। यदि उत्पादों और अभिकारकों की एन्थैल्पी में वृद्धि भिन्न है, तो प्रतिक्रिया की समग्र एन्थैल्पी बदल जाएगी।

निरंतर दबाव पर, ऊष्मीय दक्षता तापमान में परिवर्तन से विभाजित एन्थैल्पी में परिवर्तन के बराबर होती है।

$$c_p = \frac{\Delta H}{\Delta T}$$

इसलिए, यदि ऊष्मीय दक्षता तापमान के साथ भिन्न नहीं होती है, तो एन्थैल्पी में परिवर्तन तापमान और ऊष्मीय दक्षता में अंतर का एक कार्य है। एन्थैल्पी परिवर्तन की मात्रा तापमान परिवर्तन और उत्पादों और अभिकारकों की ऊष्मीय दक्षता में परिवर्तन के गुणनफल के समानुपाती होती है।

अतः विकल्प (B) सही है।

38. संपर्क में दो पिंडों को ऊष्मीय साम्य में कहा जाता है जब दोनों पिंडों के बीच कोई ऊष्मा प्रवाह नहीं होता है।

ऊष्मीय साम्यः ऊष्मीय साम्य वह स्थिति है जब भौतिक संपर्क में दो सतहों के बीच ऊष्मा का कोई आदान-प्रदान नहीं होता है।

- ऊष्मा का प्रवाह अधिक तापमान वाली वस्तु से कम तापमान वाली वस्तु की ओर होता है।
- तो, तापमान गर्मी के प्रवाह की दिशा को नियंत्रित करता है।
- जब कोई ऊष्मा प्रवाह नहीं होता है, तो यह अनुमान लगाया जाता है कि सतहें समान तापमान पर हैं।

अतः विकल्प (C) सही है।

39. दिया हुआ है:

$T_1 = 300K$ और $T_2 = 500K$

माध्य समय $\tau_1 = 6 \times 10^{-8}$

$\tau_2 = ?$

$$\tau = \frac{1}{(\sqrt{2}\pi\eta d^2 V_{Avg})}$$

$$\eta = \left(\frac{\text{No. of molecules}}{\text{volume}}\right) = \frac{N}{V}$$

$$\tau = \frac{V}{\sqrt{2}\pi N d^2 V_{Avg}}$$

$$V_{Avg} = \sqrt{\frac{2RT}{MW}}$$

$$\tau \alpha \frac{V}{\sqrt{T}}$$

$$\tau \alpha \frac{\sqrt{T}}{p}$$

$$\frac{\tau_1}{\tau_2} = \sqrt{\frac{T_1}{T_2}}\left(\frac{p_2}{p_1}\right)$$

$$\tau_2 = (6 \times 10^{-8})\sqrt{\frac{T_2}{T_1}}\left(\frac{p_1}{p_2}\right)$$

$$\tau_2 = (6 \times 10^{-8})\sqrt{\frac{500}{300}}\left(\frac{p}{2p}\right)$$

$$\tau_2 = (3 \times 10^{-8})\sqrt{\frac{5}{3}}$$

$$\tau_2 = 4 \times 10^{-8} \text{ sec.}$$

अतः विकल्प (D) सही है।

40. दिया हुआ है:

घनत्व $= 4 Kg/m^3$

$P = 8 \times 10^4 N/m^2$

$U = \frac{5}{2}\mu RT$

द्विपरमाणु गैसों के लिए (5 स्वतंत्रता की डिग्री है क्योंकि गैस द्विपरमाणु है) लेकिन $PV = \mu RT$

इसलिए,

$$U = \frac{5}{2}PV$$

$$V = \frac{\text{mass}}{\text{density}}$$

$$= \frac{1 \text{ kg}}{4 \text{ kg}/m^3}$$

$$= \frac{1}{4} m^3$$

$$P = 8 \times 10^4 N/m^2$$

$$\therefore U = \frac{5}{2} \times 8 \times 10^4 \times \frac{1}{4}$$

$$= 5 \times 10^4 J$$

अतः विकल्प (B) सही है।

41. दिया हुआ,

$$P = 249 kPa = 249 \times 10^3 \text{ Pa}$$

$$T = 27°C = 27 + 273 = 300K$$

$$R = 8.3 J mol^{-1}K^{-1}$$

हम जानते हैं कि,

$$PV = nRT$$

$$\Rightarrow \therefore PV = \left(\frac{m}{M}\right)RT$$

$$\Rightarrow PM = \frac{m}{V}RT$$

$$\Rightarrow \rho = \frac{PM}{RT}$$

$$\Rightarrow \rho = \frac{249 \times 10^3 \times 2 \times 10^{-3}}{8.3 \times 300}$$

$$\Rightarrow \rho = 0.2 kg/m^3$$

अतः विकल्प (A) सही है।

42. 1 और 2 आर्गन परमाणु और हीलियम परमाणु का प्रतिनिधित्व करते हैं।

आर्गन की गति, $v_{rms_1} = \sqrt{\frac{3RT_1}{M_1}}$

हीलियम की गति, $\mathbf{v}_{rms_2} = \sqrt{\dfrac{3RT_2}{M_2}}$

प्रश्न के अनुसार,

$\mathbf{v}_{rms_1} = \mathbf{v}_{rms_2}$

$\therefore \sqrt{\dfrac{3RT_1}{M_1}} = \sqrt{\dfrac{3RT_2}{M_2}}$

या $\dfrac{T_1}{M_1} = \dfrac{T_2}{M_2}$

या $T_1 = \dfrac{T_2}{M_2} \times M_1 = \dfrac{253}{4} \times 39.9 = 2.52 \times 10^3 \, K$

अतः विकल्प (A) सही है।

43. जैसा कि हम जानते हैं,

$PV = nRT$

जब R और n नियत होते हैं, तो हम इसे इस प्रकार लिख सकते हैं;

$\dfrac{PV}{T} = $ नियत

अब, हम लिख सकते हैं,

$\dfrac{P_2 V_2}{T_2} = \dfrac{P_1 V_1}{T_1}$

$\Rightarrow \dfrac{P_2}{P_1} = \dfrac{V_1}{V_2} \dfrac{T_2}{T_1}$

दिया गया है: $T_1 = 3000K$ और $T_2 = 300K$

$\Rightarrow \dfrac{P_2}{P_1} = \dfrac{V_1}{V_2} \times \dfrac{300}{3000}$

जब H_2 हाइड्रोजन परमाणुओं में विभाजित हो जाता है, हम आयतन को निम्न प्रकार प्राप्त करते हैं, $\dfrac{V_1}{2}$ इसलिए,

$\Rightarrow \dfrac{P_2}{P_1} = \dfrac{V_1}{\frac{V_1}{2}} \times \dfrac{300}{3000}$

$\Rightarrow P_2 = 20 P_1$

अतः विकल्प (D) सही है।

44. SHM निष्पादित करने की स्थिति $x = A\sin\left(\dfrac{2\pi t}{T} + \phi\right)$ है।

जहां ϕ प्रारंभिक चरण है

$t = 0, x = 6 \, cm$ और $A = 6 \, cm$ दिया गया है

इसलिए उपरोक्त समीकरण द्वारा $6 = 6\sin(0 + \phi)$

या $1 = \sin\phi$

या $\sin\dfrac{\pi}{2} = \sin\phi$

या $\phi = \dfrac{\pi}{2}$

प्रणाली की समयावधि $T = 2\pi\sqrt{\dfrac{m}{k}}$

$T = 2\pi\sqrt{\dfrac{4}{400}}$

$T = \pi/5$

ब्लॉक की स्थिति $x = 6\sin\left(10t + \dfrac{\pi}{2}\right)$

जैसा कि प्रारंभिक चरण धनात्मक x है, इसलिए $+$ चिह्न वहां लिया है।

अतः विकल्प (A) सही है।

45. कण को SHM क्रियान्वित का अधिकतम वेग $v = Aw$ द्वारा दिया जाता है

जहां A आयाम और $w = \sqrt{\dfrac{k}{m}}$ है

कण A और B का आयाम क्रमशः A_1 और A_2 है

दिया गया है: $v_1 = v_2$

$A_1 \times \sqrt{\dfrac{k_1}{m_1}} = A_2 \times \sqrt{\dfrac{k_2}{m_2}}$

$\therefore m_1 = m_2$

$\Rightarrow \dfrac{A_1}{A_2} = \sqrt{\dfrac{k_2}{k_1}}$

अतः विकल्प (C) सही है।

46. चूंकि रस्सी का द्रव्यमान होता है, इसलिए इसकी लंबाई के साथ तनाव एक परिवर्तनशील होता है।

ऊपरी सिरे पर, इसका तनाव T_{Top} ऊपर $= (3 + 1)g \, N$

$= 4 \, g \, N$

निचले सिरे पर, इसका तनाव $T_{Bottom} = 1g \, N$

अब, डोरी पर अनुप्रस्थ तरंग की गति,

$c = \sqrt{\dfrac{T}{\mu}}$

$\Rightarrow v\lambda = \sqrt{\dfrac{T}{\mu}} \quad (\because c = v\lambda)$

$\dfrac{\sqrt{T_{Top}}}{\lambda_{Top}} = \dfrac{\sqrt{T_{Bottom}}}{\lambda_{Bottom}}$

$\Rightarrow \dfrac{\sqrt{4g}}{\lambda_{Top}} = \dfrac{\sqrt{1g}}{0.05}$

$\Rightarrow \lambda_{Top} = 0.05 \times 2 \, m$

$\Rightarrow \lambda_{Top} = 0.10 \, m$

अतः विकल्प (A) सही है।

47. दिया हुआ,

$y_1 = 4\sin 500\pi t \quad …(i)$

$y_2 = 2\sin 506\pi t \quad …(ii)$

मानक समीकरण के साथ समीकरण (i) और (ii) की तुलना करना,

$y = a\sin(\omega t) …………….(iii)$

हमारे पास है,

$\omega_1 = 500\pi$

फिर, $f_1 = \dfrac{2\pi}{\omega_1}$

$= 250$

और $\omega_2 = 506\pi$

फिर, $f_2 = \frac{2\pi}{\omega_2}$

$= 253$

इस प्रकार, उत्पादित बीट्स की संख्या $= f_2 - f_1$

$= 253 - 250$

$= 3$ बीट्स $/s$

$= 3 \times 60$ बीट्स $/min$

$= 180$ बीट्स $/min$

अतः विकल्प (B) सही है।

48. हम जानते हैं कि सरल आवर्त गति में, प्रत्यानयन बल विस्थापन के समानुपाती होता है

यानी, $F = -m\omega^2 y$ ...(i)

$F = -ky$ ...(ii)

जहां, $k =$ स्प्रिंग का बल स्थिरांक

दिया गया,

$m = 10kg, A = 10cm = 0.1m, k = 1000Nm^{-1}$

दोनों समीकरणों (i) और (ii) की तुलना करने पर, हम पाते हैं

$\omega^2 = \frac{k}{m}$

$\Rightarrow \omega = \sqrt{\frac{k}{m}}$

$= \sqrt{\frac{1000}{10}}$

$= 10 \text{ rads}^{-1}$

और सरल आवर्त गति में त्वरण।

$a_{max} = -\omega^2 \cdot y = -10^2 \times (0.1) = -10ms^{-2}$

इसलिए अधिकतम त्वरण का परिमाण है $= 10ms^{-2}$

अतः विकल्प (A) सही है।

49. नीचे दिया गया चित्र प्रश्न में वर्णित प्रणाली का प्रतिनिधित्व करता है:

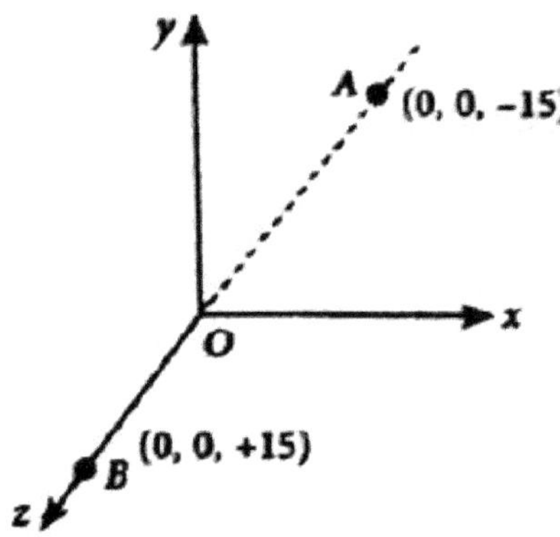

बिंदु पर आवेश $A(q_A) = 2.5 \times 10^{-7}C$

बिंदु पर आवेश $B(q_B) = -2.5 \times 10^{-7}C$

कुल आवेश

$q = q_A + q_B = 2.5 \times 10^{-7}C - 2.5 \times 10^{-7}C = 0$

A और B पर दो आवेशों के बीच की दूरी होगी,

$d = 15 + 15 = 30\,Cm$

$d = 0.3\,m$

निकाय का विद्युत द्विध्रुव आघूर्ण के द्वारा दिया जा सकता है,

$P = q_A \times d = q_B \times d$

$P = 2.5 \times 10^{-7} \times 0.3$

$P = 7.5 \times 10^{-8}Cm + z$ अक्ष के अनुदिश

इसलिए, निकाय का विद्युत द्विध्रुव आघूर्ण $7.5 \times 10^{-8}Cm$ पाया जाता है और इसे धनात्मक z-अक्ष के अनुदिश निर्देशित किया जाता है।

अतः विकल्प (D) सही है।

50. इलेक्ट्रिक चार्ज पदार्थ की भौतिक संपत्ति है जो इसे विद्युत चुम्बकीय क्षेत्र में रखे जाने पर बल का अनुभव करने का कारण बनती है। दो प्रकार के विद्युत प्रभार हैं: सकारात्मक और नकारात्मक। सकारात्मक रूप से आवेशित पदार्थ अन्य धनात्मक रूप से आवेशित पदार्थों से निकाले जाते हैं, लेकिन नकारात्मक रूप से आवेशित पदार्थों से आकर्षित होते हैं, नकारात्मक रूप से आवेशित पदार्थ नकारात्मक से प्रतिकारक होते हैं और सकारात्मक की ओर आकर्षित होते हैं। किसी वस्तु में धनात्मक आवेश होता है यदि उसमें इलेक्ट्रॉनों की कमी होती है, और अन्यथा ऋणात्मक रूप से आवेशित या अपरिवर्तित होती है।

अतः विकल्प (C) सही है।

51.

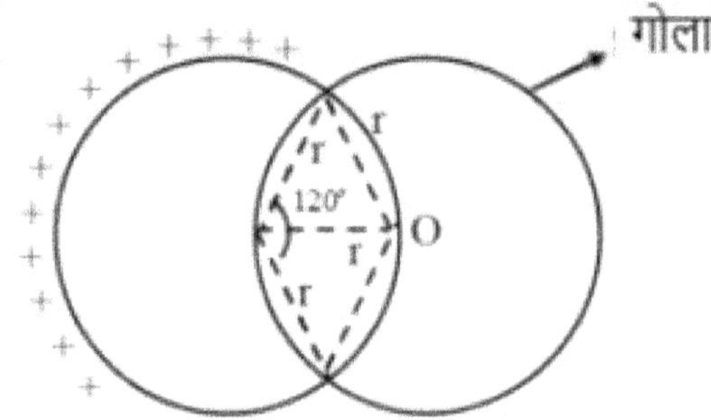

यदि केंद्र पर कोण $360°$ है, तो आवेश q है।

यदि केंद्र पर कोण $120°$ है, तो आवेश $= \frac{q}{360} \times 120$ है।

इसीलिए, $q_{eq} = \frac{q}{3}$

गॉस के नियम से,

$\phi = \frac{q_{eq}}{\varepsilon_0}$

$\Rightarrow \phi = \frac{q}{3\varepsilon_0}$

अतः विकल्प (D) सही है।

52. एक पिंड से दूसरे पिंड में इलेक्ट्रॉनों का स्थानांतरण आवेशों का विकास है। तो, नहीं। एक पिंड द्वारा दिए गए इलेक्ट्रॉनों की दूसरे द्वारा प्राप्त इलेक्ट्रॉनों की संख्या।

अतः ऋणावेशित पिंड का द्रव्यमान थोड़ा बढ़ जाता है जबकि धन आवेशित पिंड का द्रव्यमान थोड़ा बढ़ जाता है, जबकि निकाय का कुल द्रव्यमान समान रहता है।

अतः विकल्प (D) सही है।

53. हम जानते हैं कि:

एक संधारित्र में एक कंडक्टर की दो प्लेटें और उनके बीच एक डाइलेक्ट्रिक इन्सुलेटर होता है:

$$C = \frac{\epsilon A}{d}$$

जहाँ,

C = फैरड में धारिता

ϵ = डाइलेक्ट्रिक की पारगम्यता

A = वर्ग मीटर में प्लेट ओवरलैप का क्षेत्रफल

d = प्लेटों के बीच की दूरी मीटर में

यदि प्लेटों का क्षेत्रफल आधा कर दिया जाता है, मतलब $\frac{A}{2}$ और उनके बीच की दूरी आधी कर दी जाती है, मतलब $\frac{d}{2}$, तो नई धारिता:

$$C' = \frac{\epsilon \frac{A}{2}}{\frac{d}{2}}$$

$$\therefore C' = C$$

अतः विकल्प (C) सही है।

54. दिया गया:

प्रतिकर्षण का स्थिरवैद्युत बल, $F = 3.7 \times 10^{-9}$ N

मान लें कि चार्ज $q_1 = q_2 = q$ है

दो आवेशों के बीच की दूरी, $r = 5A = 5A = 5 \times 10^{-10}$ m\)

हमें ज्ञात करना है, गायब इलेक्ट्रॉनों की संख्या (n)।

कूलम्ब के नियम का उपयोग करते हुए,

$$F = \frac{1}{4\pi\epsilon_0} \frac{q_1 q_2}{r^2}$$

$$\Rightarrow 3.7 \ times 10^{-9} = 9 \times 10^9 \times \frac{q \times q}{(5 \times 10^{-10})^2}$$

$$\Rightarrow q^2 = \frac{3.7 \times 10^{-9} \times 25 \times 10^{-20}}{9 \times 10^9}$$

$$\Rightarrow q^2 = 10.28 \times 10^{-38}$$

$$\Rightarrow q = 3.2 \times 10^{-19} \text{ कूलॉम}$$

जैसा कि हम जानते हैं कि:

$$q = ne$$

$$\therefore n = \frac{q}{e}$$

$$= \frac{3.2 \times 10^{-19}}{1.6 \times 10^{-19}}$$

$$= 2$$

इसलिए, गायब इलेक्ट्रॉनों की संख्या $n = 2$ है।

55. चूँकि धनात्मक आवेश वाला कण दूसरे आवेश के चारों ओर घूम रहा है,

इलेक्ट्रोस्टैटिक बल = अभिकेंद्रीय बल

$$\Rightarrow \frac{1}{4\pi\epsilon_0} \frac{q_1 q_2}{r^2} = mr\omega^2$$

$$\Rightarrow \frac{1}{4\pi\epsilon_0} \frac{q_1 q_2}{r^2} = \frac{4\pi^2 mr}{T^2}$$

$$\Rightarrow T^2 = \frac{(4\pi\epsilon_0) r^2 (4\pi^2 mr)}{q_1 q_2}$$

$$\Rightarrow T = 4\pi r \sqrt{\frac{\pi\epsilon_0 mr}{q_1 q_2}}$$

अतः विकल्प (A) सही है।

56. माना,

द्विध्रुव आघूर्ण, $P = 3 \times 10^{-3} cm$

विद्युत क्षेत्र की तीव्रता, $E = 10^4 NC^{-1}$

हम जानते हैं कि:

द्विध्रुव को स्थिर संतुलन की स्थिति से एक कोण θ से घुमाने में, किए गए कार्य की मात्रा निम्न के द्वारा दी जाती है,

$$W = PE(1 - \cos\theta)$$

अस्थिर संतुलन के लिए, $\theta = 180°$

$$\therefore W = PE(1 - \cos 180°) \quad [\because \cos 180° = -1]$$

$$= 2PE$$

$$= 2 \times 3 \times 10^{-3} \times 10^4 \, J$$

अतः विकल्प (B) सही है।

57. प्रतिबाधा के सूत्र से
$$Z = \sqrt{R^2 + \omega^2 L^2}$$
$$= \sqrt{(4)^2 + (1000 \times 3 \times 10^{-3})^2} = 5\Omega$$
अब, e.m.f. $E = 4\cos(1000t)$
$\omega = 1000$ तथा $v = 4$
इस प्रकार, वर्तमान $I = \frac{V}{Z}$
$$\Rightarrow \frac{4}{5} = 0.8A$$
अतः विकल्प (A) सही है।

58. बिंदु Q को आधार से जोड़ कार KCL लागू करने पर, नीचे दिए चित्र पर आधारित परिपथ पर विचार करें।

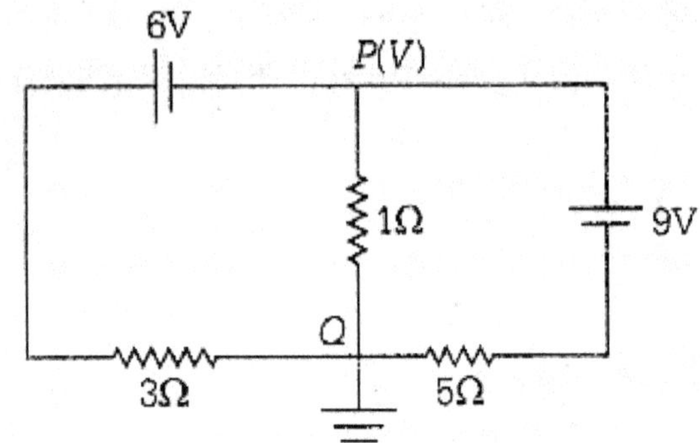

बिंदु Q के KCL को लागू करके हम लिख सकते हैं।

Q पर आने वाली धारा = Q से जाने वाली धारा।

$$\Rightarrow \frac{V+6}{3} + \frac{V}{1} = \frac{9-V}{5}$$

या $V\left[\frac{1}{3} + \frac{1}{5} + 1\right] = \frac{9}{5} - 2$

या $V\left[\frac{5+3+15}{15}\right] = \frac{9-10}{5}$

या $V\left[\frac{23}{15}\right] = \frac{-1}{5}$

या $V = -\frac{3}{23} = -0.13\ V$

इस प्रकार, धारा में 1Ω प्रतिरोध $0.13A$, Q से P तक है।

अत: विकल्प (C) सही है।

59.

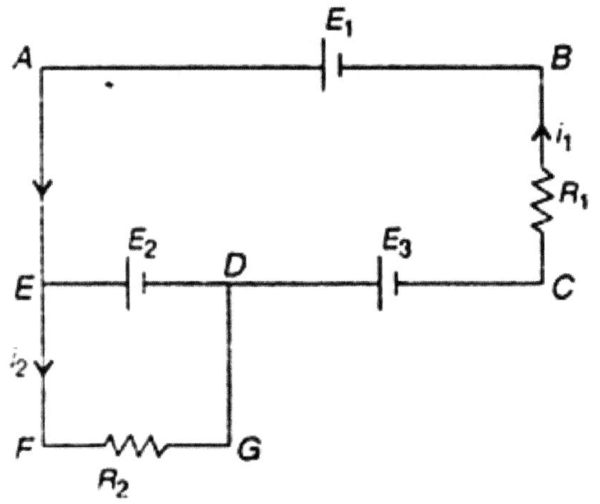

बंद-पाश EFGDE में

$$i_2 R_2 = E_2$$

$$\Rightarrow i_2 \times 30 = 3$$

$$\Rightarrow i_2 = 0.1A$$

बंद-पाश ABCEA में

$$\Rightarrow -i_1 R_1 - E_1 + E_2 + E_3 = 0$$

$$\Rightarrow -i_1 \times 10 - 3 + 3 + 2 = 0$$

$$\Rightarrow i_1 = 0.2A$$

अत: विकल्प (A) सही है।

60. इनपुट और आउटपुट समरूपता के कारण P और Q और S और T के विभव समान है।

$$R_{eq} = \frac{6\times12}{18} = 4\ \Omega$$

$$I_1 = \frac{12}{4} = 3A$$

$$I_2 = \left(\frac{12}{6+12}\right) \times 3$$

$$I_2 = 2A$$

$$V_A = V_S = 2 \times 4 = 8V$$

$$V_A = V_T = 1 \times 8 = 8V$$

$$V_P = V_Q \Rightarrow \text{के माध्यम से धारा } PQ = 0$$

$$V_P = V_Q \Rightarrow V_Q > V_S$$

$$I_1 = 3A$$

$$I_2 = 2A$$

अत: विकल्प (D) सही है।

61. एक फ्लॉटिंग कंपास को एक बार चुंबक के दक्षिणी ध्रुव के पास रखा जाता है। कम्पास की साजिश रचने का सूचक दक्षिणी ध्रुव की ओर इशारा करता है।

जैसे-जैसे आप चुंबकीय दक्षिणी ध्रुव के करीब पहुंचेंगे, क्षेत्र रेखाएं घुमावदार होकर सीधे चुंबकीय दक्षिणी ध्रुव में गोता लगाएँगी, जो पृथ्वी की सतह के लंबवत चलती है। "अक्सर, कम्पास वास्तव में काम नहीं करेगा," ब्रिटिश अंटार्कटिक सर्वेक्षण के एक भूभौतिकीविद् टॉम जॉर्डन ने कहा।

अत: विकल्प (C) सही है।

62. कुंडल में प्रेरित धारा चुंबकीय क्षेत्र को बदलकर उत्पन्न की जा सकती है।

प्रेरित धारा: यदि एक संवाहक लूप को एक बदलते चुंबकीय क्षेत्र के संपर्क में लाया जाता है, तो उसमें एक धारा को प्रेरित किया जा सकता है। इस धारा को प्रेरित धारा के रूप में जाना जाता है।

चुंबकीय क्षेत्र में यह परिवर्तन कई तरीकों से उत्पन्न हो सकता है; आप चुंबकीय क्षेत्र की शक्ति को बदल सकते हैं, संवाहक को क्षेत्र के अंदर और बाहर ले जा सकते हैं, चुंबक और संवाहक के बीच की दूरी की लंबाई को बदल सकते हैं, या स्थिर चुंबकीय क्षेत्र में स्थित लूप के क्षेत्र को बदल सकते हैं।

भले ही यह परिवर्तन कैसे प्राप्त किया जाता है, परिणाम, एक प्रेरित धारा, हमेशा समान होती है।

धारा की शक्ति चुंबकीय प्रवाह के परिवर्तन के अनुपात में भिन्न होगी।

अत: विकल्प (B) सही है।

63. दो लंबे धारावाही तारों के बीच प्रति इकाई लंबाई पर बल द्वारा दिया जाता है,

$$F_1 = \frac{\mu_0 I_1 I_2}{2\pi d}$$

जब I_1 को $2I_1$ में बदल दिया जाता है और d को $3d$ में बदल दिया जाता है

$$\therefore \quad F_2 = \frac{\mu_0 (2I_1)(I_2)}{2\pi (3d)}$$

$$= \frac{\mu_0 I_1 I_2}{2\pi d} \times \frac{2}{3}$$

$$= \frac{2F}{3}$$

जैसे ही धारा की दिशा उलटी होती है, बल की दिशा भी उलट जाएगी।

$$\therefore F_2 = \frac{-2F}{3}$$

यहाँ, ऋणात्मक चिह्न दर्शाता है कि बल अब प्रतिकारक प्रकृति का है।

अतः विकल्प (C) सही है।

64. क्यूरी तापमान: क्यूरी तापमान वह तापमान है जिस पर किसी पदार्थ के चुंबकीय गुण बदलते हैं। इस तापमान पर, चुंबकीय पदार्थ अपना चुंबकीय गुण खो देते हैं।

जब तापमान क्यूरी तापमान से अधिक होता है, तो लौहचुम्बकीय पदार्थ अनुचुम्बकीय पदार्थ बन जाता है।

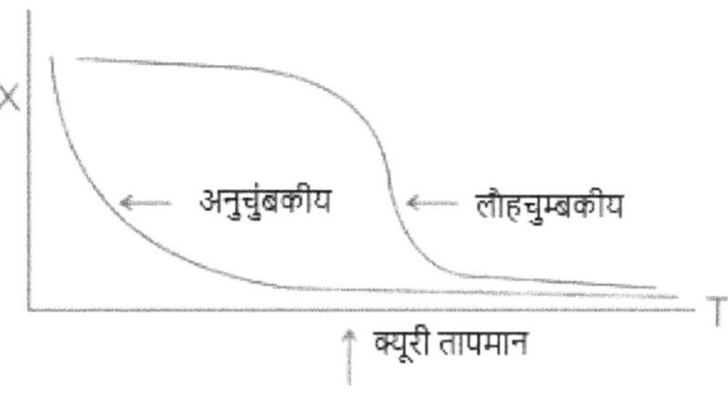

अतः विकल्प (B) सही है।

65. दिया गया है,

$$B = 0.1 \text{ टेस्ला}$$

एक वृत्ताकार कुंडली के केंद्र पर चुंबकीय क्षेत्र $B = \frac{\mu_0 NI}{2R} = 0.1$ टेस्ला

यदि घुमावों की संख्या दोगुनी और त्रिज्या आधी हो जाए यानी,

अब घुमावों की संख्या, $N' = 2N$ और त्रिज्या $R' = \frac{R}{2}$

तब नया चुंबकीय प्रेरण,

$$B' = \frac{\mu_o N'I}{2R'}$$

$$= \frac{\mu_o 2NI}{2\left(\frac{R}{2}\right)}$$

$$= \frac{4\mu_o NI}{2R}$$

$$\because B = \frac{\mu_o NI}{2R} = 0.1$$

$$= 4 \times 0.1 = 0.4T$$

अतः विकल्प (C) सही है।

66. लौह चुंबकीय पदार्थ ऐसे पदार्थ होते हैं जो बाह्य चुंबकीय क्षेत्र में रखे जाने पर शक्तिशाली चुंबक बन जाते हैं। उनमें चुंबकीय क्षेत्र के क्षीण भाग शक्तिशाली भाग की ओर चलने की तीव्र प्रवृत्ति होती है अर्थात वे चुंबक की ओर भारी आकर्षण बल का अनुभव करते हैं।

किसी लौह चुंबकीय पदार्थ के एकल परमाणुओं (या आयनों या अणुओं) का भी अनुचुंबकीय पदार्थों की तरह ही चुंबकीय द्विध्रुव आघूर्ण होता है। परंतु, वे एक-दूसरे के साथ इस प्रकार अन्योन्य क्रिया करते हैं कि एक स्थूल आयतन में (जिसे डोमेन कहते हैं) सब एक साथ एक दिशा में संरेखित हो जाते हैं।

अतः विकल्प (A) सही है।

67. घनीय डोमेन का आयतन होगा,

$$V = (10^{-6} m)^3$$

$$= 10^{-18} m^3$$

$$= 10^{-12} cm^3$$

इसका द्रव्यमान = आयतन $\times$ घनत्व

$$= 7.9 \ g \ cm^{-3} \times 10^{-12} \ cm^3 = 7.9 \times 10^{-12} \ g$$

यह दिया गया है कि एक एवोगाद्रो संख्या (6.023×10^{23}) के बराबर लौह परमाणुओं का द्रव्यमान $55 \ g$ है। अतः डोमेन में परमाणुओं की संख्या.

$$N = \frac{7.9 \times 10^{-12} \times 6.023 \times 10^{23}}{55}$$

$$= 8.65 \times 10^{10} \text{ परमाणु}$$

अधिकतम संभावित चंबकीय द्विध्रव आघूर्ण mअधिकतम तब प्राप्त होता है (यद्यपि यह एक अवास्तविक स्थिति है), जब सभी परमाणविक आघूर्ण पूर्णतः पंक्तिबद्ध हो जाते हैं।

अतः:

$$m = (8.65 \times 10^{10}) \times (9.27 \times 10^{-24})$$

$$= 8.0 \times 10^{-13} Am^2$$

परिणामी चुंबकन की मान

Mअधिकतम $= m$अधिकतम / डोमेन आयतन

$$= \frac{8.0 \times 10^{-13} Am^2}{10^{-18} m^3}$$

$$= 8.0 \times 10^5 Am^{-1}$$

अतः विकल्प (D) सही है।

68. चुंबक की प्रभावी लंबाई $= 31.4 \ cm$

ध्रुव की ताकत $m = 0.8Am$

अर्धवृत्त की लंबाई $= \pi \frac{D}{2} = L$

जहाँ, $D =$ वृत्त का व्यास

$$\Rightarrow D = \frac{2L}{\pi}$$

$$= \frac{2 \times 3.14 \times 10^{-2}}{3.14}$$

$$D = 20 \times 10^{-2} m$$

अब, चुंबकीय क्षण

$$= ml = mD$$

$$= 0.8 \times 20 \times 10^{-2}$$

$$= 16.0 \times 10^{-2}$$

$$= 0.16 Am^2$$

अतः विकल्प (C) सही है।

69. जब एक लौहचुम्बकीय पदार्थ को क्यूरी तापमान पर गर्म किया जाता है, तो यह अणुओं की व्यवस्था को बाधित कर देता है और एक कमजोर चुंबकीय

व्यवहार बना रहता है। इस कमजोर चुंबकीय व्यवहार को अनुचुंबकीय कहा जाता है। इस तापमान के ऊपर, अनुचुम्बकत्व गुण भी कम हो जाता है। ठंडा होने पर, यह अपने लौहचुंबकीय व्यवहार को पुनः प्राप्त कर लेता है।

अतः विकल्प (A) सही है।

70. एक विद्युत चुंबक का विद्युत प्रवाह बंद कर दिया जाता है तो विद्युत चुम्बक का चुंबकीय गुण कुछ समय तक रहेगा।

चूंकि विद्युत चुंबक एक अस्थायी चुंबक है जो केवल तब तक काम कर रहा है जब तक हम इसे धारा प्रदान करते हैं। एक बार विद्युत प्रवाह बंद होने के बाद विद्युत चुंबक का चुंबकीय गुण समाप्त हो जाता है। लेकिन वह समय अवधि बहुत कम है, जिसमें विद्युत प्रवाह को रोकने के बाद विद्युत चुंबक का चुंबकीय गुणधर्म उपस्थित रहता है। ऐसा विद्युत चुंबक के कुंडली में विद्युत चुंबकीय प्रेरण के कारण होता है।

अतः विकल्प (A) सही है।

71. दिया गया,

$$\phi = 3t^2 + 4t + 9$$

घुमावों की संख्या नहीं दी गई है, इसलिए हम N = 1 लेंगे

समय (t) = 2 सेकंड

हम जानते है कि,

ईएमएफ इन्क्लुड $(V) = -N \dfrac{d\varphi}{dt}$

जहां N, घुमावों की संख्या है, ϕ प्रवाह है और t समय है

यहां ऋणात्मक चिह्न प्रेरित emf की दिशा बताता है।

अब,

$$(V) = -N \frac{d\varphi}{dt}$$

$$= -1 \times \frac{d(3t^2 + 4t + 9)}{dt}$$

$$= -(6t + 4 + 0)$$

$$= -(6t + 4)$$

$$= -(6 \times 2 + 4)$$

$$= -16V$$

इस प्रकार प्रेरित emf का परिमाण = $16V$
अतः विकल्प (B) सही है।

72. श्रृंखला LCR परिपथ में शक्ति अपव्यय R के माध्यम से होता है।

कैपेसिटर और इंडक्टर भंडारण उपकरण हैं जो इसमें ऊर्जा संग्रहीत करते हैं। इंडक्टर और कैपेसिटर ऊर्जा को नष्ट नहीं कर सकते। जैसा कि प्रतिरोध विद्युत प्रवाह के प्रवाह का विरोध करता है। तो किसी भी सर्किट का प्रतिरोध शक्ति को नष्ट कर देता है।

अतः विकल्प (A) सही है।

73. विस्थापन धारा की अवधारणा मैक्सवेल द्वारा प्रस्तावित की गई थी।

विद्युत चुंबकत्व विस्थापन में वर्तमान घनत्व वह मात्रा है $\dfrac{\partial D}{\partial t}$ जो मैक्सवेल के समीकरणों में प्रदर्शित होती है जो विद्युत विस्थापन क्षेत्र D के परिवर्तन की दर के संदर्भ में परिभाषित हैं। विस्थापन धारा घनत्व में वैद्युत धारा घनत्व के समान इकाइयाँ होती हैं और यह वास्तविक धारा की तरह ही चुंबकीय क्षेत्र का स्रोत है। हालाँकि यह गतिमान आवेशों का विद्युत प्रवाह नहीं है, बल्कि समय-भिन्न विद्युत

क्षेत्र है। भौतिक पदार्थों में (निर्वात के विपरीत) परमाणुओं में बंधे हुए आवेशों की हल्की गति से भी योगदान होता है जिसे ढांकता हुआ ध्रुवीकरण कहा जाता है।

विद्युत विस्थापन क्षेत्र को इस प्रकार परिभाषित किया गया है:

$$D = \varepsilon_0 E + P$$

जहां

ε_0 मुक्त स्थान की पारगम्यता है

E विद्युत क्षेत्र की तीव्रता है

P माध्यम का ध्रुवीकरण है

समय के संबंध में इस समीकरण को अलग करना विस्थापन वर्तमान घनत्व को परिभाषित करता है, इसलिए एक ढांकता हुआ में दो घटक होते हैं:

$$J_D = \varepsilon_0 \frac{\partial E}{\partial t} + \frac{\partial P}{\partial t}$$

दायीं ओर का पहला पद भौतिक मीडिया और मुक्त स्थान में मौजूद है

दायीं ओर का दूसरा पद ध्रुवण धारा घनत्व कहलाता है।

$$I_D = \iint_S J_D \cdot dS$$

$$= \iint_S \frac{\partial D}{\partial t} \cdot dS$$

$$= \frac{\partial}{\partial t} \iint_S D \cdot dS$$

$$= \frac{\partial \Phi_D}{\partial t}$$

अतः विकल्प (D) सही है।

74. दिया है,

ऊर्जा फ्लक्स $= 18 \ W/cm^2$

सतह का क्षेत्रफल $= 20 \ cm^2$

समयावधि $(T) = 30 \ min$

सतह पर पड़ने वाली कुल ऊर्जा

$U =$ ऊर्जा प्रवाह $\times$ सतह क्षेत्र $\times$ समय सीमा

$$U = (18 \ W/cm^2) \times (20 \ cm^2) \times (30 \times 60)$$

$$= 6.48 \times 10^5 \ J$$

इसलिए, इस सतह को प्रदत्त कुल संवेग (संपूर्ण अवशोषण के लिए):

$$p = \frac{U}{c}$$

$$= \frac{6.48 \times 10^5 \ J}{3 \times 10^8 \ m/s}$$

$$= 2.16 \times 10^{-3} kg \ m/s$$

अतः सतह पर लगा औसत बल है:

$$F = \frac{p}{t}$$

$$= \frac{2.16 \times 10^{-3}}{0.18 \times 10^4} \qquad [\because t = 30 \times 60s = 1800 = 0.18 \times 10^4]$$

$$= 1.2 \times 10^{-6} \ N$$

अत: विकल्प (C) सही है।

75. दिया गया,

$$E_0 = 2\ V\ m^{-1}$$

$$\epsilon_0 = 8.85 \times 10^{-12}$$

विद्युत क्षेत्र के आयाम और चुंबकीय क्षेत्र के संबंध से संबंधित हैं,

$$\frac{E_0}{B_0} = c$$

$$\Rightarrow B_0 = \frac{E_0}{c} ....(i)$$

चुंबकीय क्षेत्र का औसत ऊर्जा घनत्व है,

$$U_B = \frac{1}{4} \frac{B_0^2}{\mu_0}$$

समीकरण (i) से, हम प्राप्त करते हैं

$$U_B = \frac{1}{4} \frac{E_0^2}{\mu_0 c^2}$$

जैसा कि हम जानते हैं,

$$c = \frac{1}{\sqrt{\mu_0 \epsilon_0}} ....(ii)$$

समीकरण (ii) से c का मान रखने पर, हमें प्राप्त होता है

$$U_B = \frac{1}{4} \epsilon_0 E_0^2$$

$$= \frac{1}{4} \times 8.854 \times 10^{-12} \times (2)^2$$

$$= 8.854 \times 10^{-12}\ J\ m^{-3}$$

$$\approx 8.86 \times 10^{-12}\ J\ m^{-3}$$

अत: विकल्प (B) सही है।

76. दिया हुआ है कि:

हीरे का अपवर्तनांक $(\mu_d) = 2.5$

हम जानते हैं

निर्वात में प्रकाश का वेग $(c) = 3 \times 10^8 m/s$

हीरे में प्रकाश का वेग (v) ज्ञात करना है

अब,

$$\mu_d = \frac{c}{v}\ \text{या},\ 2.5 = \frac{3 \times 10^8}{v}\ \text{या},\ v = \frac{3 \times 10^8}{2.5} = 1.2 \times 10^8 m/s$$

अत: विकल्प (A) सही है।

77. लेंस की शक्ति: फोकल लंबाई के व्युत्क्रम को लेंस की शक्ति के रूप में जाना जाता है। यह लेन्स की प्रकाश की किरणों को झुकाने की शक्ति दर्शाता है। लेंस की शक्ति की इकाई डायोप्टर है। जब लेंस की फोकल लंबाई मीटर में ली जाती है।

$$\Rightarrow P = \frac{1}{f(m)} = \frac{100}{f(cm)}$$

जहां P लेंस की शक्ति है और f लेंस की फोकल लंबाई है।

दिया गया,

$$f = 20\ \text{सेमी}$$

लेंस की शक्ति को निम्न रूप में लिखा जाता है,

$$P = \frac{100}{f(cm)}$$

$$\Rightarrow P = \frac{100}{20}$$

$$\Rightarrow P = 5\ \text{डायोप्टर}$$

अत: विकल्प (D) सही है।

78. उपनेत्र लेंस के केस में

$$\frac{1}{v} - \frac{1}{u} = \frac{1}{f}$$

$$\Rightarrow \frac{1}{25} - \frac{1}{u} = \frac{1}{5}$$

$$\Rightarrow \frac{1}{u} = \frac{1}{25} - \frac{1}{5}$$

$$\Rightarrow u = \frac{-5}{4}$$

$$\Rightarrow u = -1.25\ \text{सेमी}$$

वस्तु के लिए प्रतिबिम्ब की दूरी

$$v = 20 - 1.25$$

$$= 18.75\ \text{सेमी}$$

फिर, उपरोक्त सूत्र द्वारा-

$$\frac{1}{18.75} - \frac{1}{u} = \frac{1}{9.5}$$

$$\Rightarrow \frac{1}{u} = \frac{4}{75} - \frac{2}{19}$$

$$\Rightarrow \frac{1}{u} = \frac{76 - 150}{75 \times 19}$$

$$\Rightarrow u = \frac{75 \times 19}{-74}$$

$$\Rightarrow u = -19.25\ \text{सेमी}$$

कुल आवर्धन,

$$m = m_1 \times m_2$$

यहाँ, $m = \frac{v}{u}$

$$\Rightarrow m = \frac{18.75}{19.25} \times \frac{25}{1.25}$$

$$\Rightarrow m = 19.6$$

अत: विकल्प (A) सही है।

79. संतृप्त प्रकाश विद्युत धारा, आपतित विकिरण की तीव्रता के समानुपाती होती है, लेकिन यह इसकी आवृत्ति से स्वतंत्र होती है। इसलिए, संतृप्त प्रकाश विद्युत धारा दोगुनी हो जाती है, जब आपतित प्रकाश की तीव्रता और आवृत्ति दोनों दोगुनी हो जाती है।

अत: विकल्प (C) सही है।

80.

उत्तल लेंस में जब लेंस की सतह पर समानांतर किरणें घटित होती हैं तो किरणें लेंस के दूसरी तरफ एक बिंदु पर परावर्तित हो जाती हैं। यदि काले रंग के कागज

से लेंस का मध्य भाग लिपटा होगा तो, पूर्ण छवि बनेगी, लेकिन उज्ज्वलता के साथ।

अतः विकल्प (C) सही है।

81.

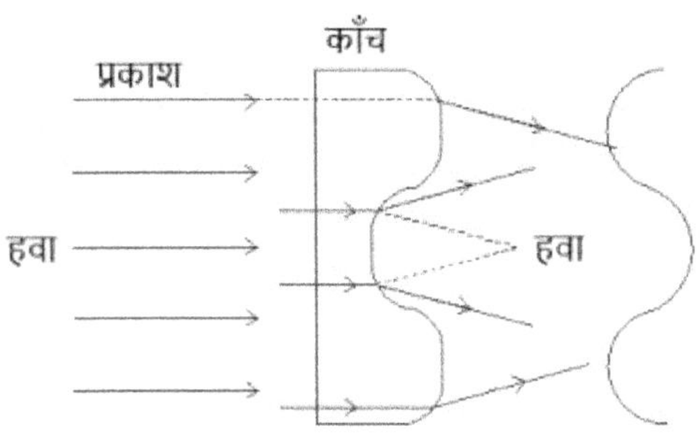

यह हाइगेंस सिद्धांत की अवधारणा पर आधारित है।

तरंगाग्र का सिद्धांत → तरंग इस प्रकार गति करती है कि संचरण की दिशा तरंगाग्र के लंबवत होती है।

हम देख सकते हैं कि प्रकाश किरण कांच की तुलना में वायु के माध्यम में अधिक यात्रा करेगी।

अत: विकल्प (A) सही है।

82. तरंग $x - y$ तल में होती है, इसलिए इसे समतल-ध्रुवीकृत तरंग कहते हैं।

तरंगक्षेत्र y-दिशा में विस्थापित होता है, इस प्रकार इसे y-ध्रुवीकृत या रैखिक रूप से ध्रुवीकृत तरंग कहा जाता है। जब दो ओर्थोगोनल विद्युत क्षेत्र घटक वैक्टर समान परिमाण के होते हैं और बिल्कुल $90°$ से चरण से बाहर होते हैं, तो तरंग को गोलाकार ध्रुवीकृत कहा जाता है।

अतः विकल्प (B) सही है।

83. ध्वनि एक यांत्रिक तरंग है। इसके संचरण के लिये माध्यम की आवश्यकता होती है। निर्वात में ध्वनि का संचरण नहीं होता। वायु में ध्वनि का संचरण एक अनुदैर्घ्य तरंग के रूप में होता है। वायु में ध्वनि का संचरण वायु के कणों के कम्पन के कारण उत्पन्न हुए संपीडन और विरलन के रूप में होता है। इसलिए, वायु में ध्वनि का संचरण की रुद्धोष्म प्रक्रम है।

अतः विकल्प (C) सही है।

84. दिया गया है,

$$\lambda_1 = 600 \overset{\circ}{A}$$

$$\lambda_2 = 400 \overset{\circ}{A}$$

फोटॉन ऊर्जा सूत्र द्वारा दिया गया है,

$$E = \frac{hc}{\lambda} \quad \cdots (i)$$

जहां,

$E = $ ऊर्जा

$c = $ प्रकाश की गति $= (3 \times 10^8 \ m/s)$

$\lambda = $ तरंग दैर्ध्य

$h = $ प्लांक स्थिरांक $(6.6 \times 10^{-34} Js)$

समीकरण (i) से, हम प्राप्त करते हैं

$$E_1 = \frac{hc}{\lambda_1}$$

$$\Rightarrow E_1 = \frac{hc}{600} \quad \cdots (ii)$$

$$\Rightarrow E_2 = \frac{hc}{\lambda_2}$$

$$\Rightarrow E_1 = \frac{hc}{400} \quad \ldots (iii)$$

समीकरण (ii) और समीकरण (iii) से, हम प्राप्त करते हैं

$$\frac{E_1}{E_2} = \frac{\frac{hc}{600}}{\frac{hc}{400}}$$

$$\Rightarrow \frac{E_1}{E_2} = \frac{400}{600}$$

$$\Rightarrow \frac{E_1}{E_2} = \frac{2}{3}$$

अतः विकल्प (A) सही है।

85. प्रकाशविद्युत प्रभाव

प्रकाशविद्युत प्रभाव एक ऐसी घटना है जहां इलेक्ट्रॉन एक धातु की सतह से निकल जाते हैं जब पर्याप्त आवृत्ति का प्रकाश उस पर आपतित होता है। जब कोई फोटॉन धातु की सतह पर गिरता है, तो फोटॉन की ऊर्जा इलेक्ट्रॉन में स्थानांतरित हो जाती है। ऊर्जा का कुछ हिस्सा धातु की सतह से इलेक्ट्रॉन को हटाने में उपयोग किया जाता है और शेष उत्सर्जित इलेक्ट्रॉन के लिए गतिज ऊर्जा देने में जाता है।

इसलिए, फोटॉन की कुल ऊर्जा = कार्य फलन + इलेक्ट्रॉन की अधिकतम गतिज ऊर्जा।

एक फोटॉन की ऊर्जा निम्न समीकरण द्वारा दी गई है:

$$E = h\nu$$

जहाँ ν आपतित प्रकाश की आवृत्ति और h प्लांक स्थिरांक है।

कार्य फलन: यह एक धातु की सतह से इतेक्ट्रॉनों के फोटो-उत्सर्जन का कारण होने के लिए आवश्यक ऊर्जा की न्यूनतम मात्रा है जब प्रकाश इस पर आपतित होता है। कार्य फलन को देहली ऊर्जा के रूप में भी जाना जाता है।

प्रकाशविद्युत प्रभाव तब होना कहा जाता है जब कोई इलेक्ट्रॉन उस पर आपतित प्रकाश के साथ धातु की सतह से निकल जाता है। एक इलेक्ट्रॉन को उत्सर्जित

करने के लिए, धातु की सतह को छोड़ने के लिए बड़ी ऊर्जा प्राप्त करनी चाहिए। ऐसा होने के लिए, इलेक्ट्रॉन में देहली ऊर्जा से अधिक ऊर्जा होनी चाहिए।

चूंकि ऊर्जा आवृत्ति के लिए सीधे आनुपातिक है, इलेक्ट्रॉन को देहली आवृत्ति से अधिक आवृत्ति प्राप्त करनी चाहिए। इसलिए, आपतित प्रकाश की आवृत्ति प्रकाशविद्युत प्रभाव होने के लिए देहली आवृत्ति से अधिक होनी चाहिए।

अतः विकल्प (B) सही है।

86. हम जानते हैं कि,

ऊर्जा आपतित विकिरण = कार्य फलन + गतिज ऊर्जा... (1)

समीकरण (1) बन जाता है

$$hv = hv_0 + E \ldots (2)$$

जहां v और v_0 आपतित और श्रेशोल्ड आवृत्तियां हैं। जब घटना की आवृत्ति

विकिरण को दोगुना कर दिया जाता है यानी $v = 2v$ तो समीकरण का उपयोग करके नई गतिज ऊर्जा E_1 पर विचार करें

समीकरण (1) और (2) से

ऊर्जा घटना विकिरण = कार्य फलन + गतिज ऊर्जा ... (1)

समीकरण (1) बन जाता है

$$hv = hv_0 + E \ldots (2)$$

जहां v और v_0 आपतित और श्रेशोल्ड आवृत्तियां हैं। जब घटना की आवृत्ति

विकिरण को दोगुना कर दिया जाता है यानी $v = 2v$ तो समीकरण का उपयोग करके नई गतिज ऊर्जा E_1 पर विचार करें

(1) और (2) से

$$h(2v) = hv_0 + E_1$$
$$2hv = (hv - E) + E_1$$
$$E_1 = -(hv - E) + 2hv$$
$$E_1 = E + hv$$
$$h(2v) = hvv_0 + E_1$$
$$2hv = (hv - E) + E_1$$
$$E_1 = -(hv - E) + 2hv$$
$$E_1 = E + hv$$

अतः विकल्प (C) सही है।

87. प्रकाश-विद्युत प्रभाव एक ऐसी घटना है जिसमें किसी धातु पर प्रकाश पड़ने पर उसकी सतह से इलेक्ट्रॉन बाहर निकल जाते हैं। इन उत्सर्जित इलेक्ट्रॉनों को फोटोइलेक्ट्रॉन कहा जाता है। यह ध्यान रखना महत्वपूर्ण है कि फोटोइलेक्ट्रॉनों का उत्सर्जन और उत्सर्जित फोटोइलेक्ट्रॉनों की गतिज ऊर्जा धातु की सतह पर आपतित प्रकाश की आवृत्ति पर निर्भर करती है। वह प्रक्रिया जिसके माध्यम से प्रकाश की क्रिया के कारण धातु की सतह से फोटोइलेक्ट्रॉनों को बाहर निकाल दिया जाता है, आमतौर पर प्रकाश उत्सर्जन के रूप में जाना जाता है।

अतः विकल्प (B) सही है।

88. दिया गया है,

$$E_1 = 2\phi$$
$$E_2 = 3\phi$$

गतिज ऊर्जा $= \frac{1}{2}mV^2$

गतिज ऊर्जा $=$ फोटॉन की ऊर्जा $-$ किया कार्य

फोटॉन 1 की गतिज ऊर्जा $= 2\phi - \phi = \phi \ldots\ldots (i)$

फोटॉन 2 की गतिज ऊर्जा $= 3\phi - \phi = 2\phi \ldots\ldots (ii)$

समीकरण (i) को (ii) द्वारा विभाजित करने पर, हम प्राप्त करते हैं

$$\frac{\frac{1}{2}mV_1^2}{\frac{1}{2}mV_2^2} = \frac{\phi}{2\phi}$$

$$\Rightarrow \frac{V_1^2}{V_2^2} = \frac{1}{2}$$

$$\Rightarrow \frac{V_1}{V_2} = \frac{1}{\sqrt{2}}$$

$$V_1 : V_2 = 1 : \sqrt{2}$$

अत: विकल्प (D) सही है।

89. दिया गया:

मुक्त प्रोटॉन के बीच की दूरी, $r = 1 \text{ Å} = 1 \times 10^{-10} \, m$

प्रारंभ में प्रोटॉन की गतिज ऊर्जा शून्य होती है और विद्युत स्थितिज ऊर्जा अधिकतम होती है।

अनंत पृथक्करण पर, स्थितिज ऊर्जा शून्य होती है और सारी ऊर्जा गतिज ऊर्जा में परिवर्तित हो जाती है (ऊर्जा के संरक्षण के नियम का उपयोग करके)

यानी, $2K = U$

जहाँ, K प्रत्येक प्रोटॉन की गतिज ऊर्जा है।

$$K = \frac{1}{2}U = \frac{1}{2}\frac{e^2}{4\pi\epsilon_0 I} \ldots\ldots(1)$$

जहाँ,

$e = 1.6 \times 10^{-19} C$ (प्रोटॉन पर आवेश)

$\epsilon_0 = 8.85 \times 10^{-12} C^2 \, N^{-1} \, m^{-2}$ (मुक्त स्थान की पारगम्यता)

दिए गए सभी मानों को (1) में रखें

$$K = \frac{1}{2} \times \frac{(1.6 \times 10^{-19} C)^2}{(10^{-10} \, m)} \times \frac{1}{4\pi\epsilon_0}$$

साथ ही, $\frac{1}{4\pi\epsilon_0} = 9 \times 10^9 Nm^2 C^{-2}$

$$\Rightarrow K = \frac{1}{2} \times \frac{(1.6 \times 10^{-19} C)^2}{(10^{-10} \, m)} \times 9 \times 10^9 Nm^2 C^{-2}$$

$$\Rightarrow K = 11.5 \times 10^{-19} \, J$$

अत: विकल्प (B) सही है।

90. दिया गया:

$$T_{\frac{1}{2}} = 4.5 \times 10^9 y$$

$$= 4.5 \times 10^9 y \times 3.16 \times 10^7 \, s/y$$

$$= 1.42 \times 10^{17} \, s$$

किसी भी आइसोटोप के एक k mol अवोगैड्रो के परमाणुओं की संख्या होती है, और इसलिए $_{92}^{238}U$ के $1\ g$ में होता है:

$$N = \frac{1}{238 \times 10^{-3}} kmol \times 6.025 \times 10^{26}\ \text{परमाणु/k mol}$$

$$N = 25.3 \times 10^{20}\ \text{परमाणु}$$

क्षय दर R है:

$$R = \lambda N$$

$$= \frac{0.693}{T_{1/2}} N = \frac{0.693 \times 25.3 \times 10^{20}}{1.42 \times 10^{17}}\ s^{-1}$$

$$= 1.23 \times 10^4\ s^{-1}$$

$$= 1.23 \times 10^4\ Bq$$

अतः विकल्प (B) सही है।

91. किसी तत्व के इलेक्ट्रॉन का परमाणु संख्या उसके परमाणु के प्रोटॉनों की संख्या के बराबर होता है, यह कथन सही है।

परमाणु के नाभिक में प्रोटॉनों की संख्या परमाणु संख्या (Z) के बराबर होती है। एक तटस्थ परमाणु में इलेक्ट्रॉनों की संख्या प्रोटॉन की संख्या के बराबर होती है। परमाणु की द्रव्यमान संख्या (M) नाभिक में प्रोटॉन और न्यूट्रॉन की संख्या के योग के बराबर होती है। न्यूट्रॉनों की संख्या परमाणु की द्रव्यमान संख्या (M) और परमाणु संख्या (Z) के बीच के अंतर के बराबर होती है।

अतः विकल्प (C) सही है।

92. चूंकि किसी भी प्रकार की परमाणु प्रतिक्रिया द्रव्यमान के संरक्षण के नियमों का पालन करती है। इस प्रकार, हम कह सकते हैं कि परमाणु प्रतिक्रिया में अभिकारकों का द्रव्यमान उत्पादों के द्रव्यमान के बराबर होता है। तो प्रतिक्रिया होगी:

$$_{92}U^{235} + _0n^1 \rightarrow _qX^P + _{36}Kr^{89} + 3\,_0n^1 + E\ \text{(ऊर्जा)}$$

जहाँ हमने X को वह तत्व माना है जिसे हमे प्राप्त करना है

बाएं पक्ष पर परमाणु संख्या का योग $92 + 0 = 92$

दाएं पक्ष पर परमाणु संख्या का योग $= q + 36 + 3 \times 0$

चूँकि, हम जानते हैं कि नाभिकीय अभिक्रियाएँ भी द्रव्यमान संरक्षण के नियम का पालन करती हैं। हम कह सकते हैं कि अभिकारकों या बाएं पक्ष का कुल परमाणु द्रव्यमान उत्पादों या दाएं पक्ष के कुल परमाणु द्रव्यमान के बराबर है।

$\therefore$ बायाँ पक्ष = दायाँ पक्ष

$$92 = 36 + q$$

$$q = 56$$

और, बाएं पक्ष पर परमाणु द्रव्यमान संख्या का योग $235 + 1 = 236$

परमाणु द्रव्यमान संख्या का योग

दाएं पक्ष $= p + 89 + 3 \times 1$

बायाँ पक्ष = दायाँ पक्ष के रूप में,

$$p + 92 = 236$$

$$\therefore p = 144$$

तो, तत्व $_{56}Ba^{144}$ है।

अतः विकल्प (A) सही है।

93. $R = R_0(1 + \alpha t)$

$\therefore R_0(1 + 30\alpha) = 10\Omega$

तथा $R_0(1 + \alpha) = 11\Omega$

इसलिए, $\frac{11}{10} = \frac{1 + \alpha t}{1 + 30\alpha}$

$\Rightarrow 11 + 330\alpha = 10 + 10\alpha t$

$\Rightarrow 11 + 330 \times 0.002 = 10 + 10 \times 0.002t$

$\Rightarrow 11.66 = 0.02t + 10$ या $0.02t = 1.66$

$$t = 83°C$$

अतः विकल्प (B) सही है।

94. पूर्ण-तरंग सुधारक के लिए, तरंग आवृत्ति $= 2 \times$ इनपुट आवृत्ति $= 2 \times 50$

$$= 100\ \text{हर्ट्ज}$$

नोट: एक पूर्ण-तरंग रेक्टिफायर में दो जंक्शन डायोड होते हैं, इसलिए, इसकी दक्षता अर्ध-तरंग रेक्टिफायर से दोगुनी होती है।

अतः विकल्प (B) सही है।

95. दिया है :

$$n_i = 1.5 \times 10^{16} m^{-3}\ \text{and}\ n_h = 4.5 \times 10^{22} m^{-3}$$

हम जानते हैं कि एक बाह्य अर्धचालक में,

$$n_e n_h = (n_i)^2$$

$$n_e \times 4.5 \times 10^{22} = (1.5 \times 10^{16})^2$$

$$n_e = \frac{2.25 \times 10^{32}}{4.5 \times 10^{22}}$$

$$n_e = 5 \times 10^9 m^{-3}$$

अतः विकल्प (C) सही है।

96. रिक्तीकरण क्षेत्र की चौड़ाई में वृद्धि क्षेत्र में इलेक्ट्रॉनों और छिद्रों की अनुपस्थिति के कारण होती है। यह केवल डायोड में केवल पश्चदिशिक बायस की स्थिति में होता है।

जब हम डायोड पर एक ऋणात्मक वोल्टेज लागू करते हैं अर्थात एक धनात्मक टर्मिनल N-प्रकार की ओर जुड़ा होता है और ऋणात्मक टर्मिनल P-प्रकार की ओर होता है, तो जंक्शन की चौड़ाई या अवक्षय परत की चौड़ाई बढ़ जाती है। इसे रिवर्स बायस कहते हैं।

अतः विकल्प (B) सही है।

97. एक ट्रांजिस्टर क्रिया के लिए, जंक्शन को हल्के ढंग से डोप किया जाना चाहिए ताकि आधार क्षेत्र बहुत पतला हो। साथ ही, उत्सर्जक संधि को पश्चदिशिक बायस्ड होना चाहिए।

अतः विकल्प (D) सही है।

98. $\ell = \left(\frac{FL}{AY}\right)$

अर्थात्, $\ell = \left(\frac{FL}{AY}\right) \times \frac{L}{L} = \left(\frac{FL^2}{VY}\right)$ where $AL = V$

दिया हुआ: आयतन स्थिर है

F समान है

Y समान है

$\therefore \ell \propto L^2$

$$\left(\frac{\ell_1}{\ell_2}\right) = \left(\frac{L_1}{L_2}\right)^2$$

$$\left(\frac{2}{\ell_2}\right) = \left(\frac{2}{8^2}\right)$$

$$\left(\frac{2}{\ell_2}\right) = \left(\frac{1}{16}\right)$$

$$\ell_2 = 32 \ mm$$

$$\ell_2 = 3.2 \ cm$$

अतः विकल्प (D) सही है।

99. एक तार का ब्रेकिंग स्ट्रेस तार की सामग्री पर निर्भर करता है।

हम जानते हैं कि स्ट्रेस और स्ट्रेन के संबंध के लिए समीकरण स्ट्रेस\स्ट्रेन $= \gamma$ है। इसका मतलब है कि किसी वस्तु पर स्ट्रेस γ पर निर्भर करता है। अब γ जैसा कि हम पहले से ही जानते हैं कि तार बनाने वाली सामग्री पर निर्भर करता है।

वास्तविक समाधान शुरू करने से पहले, तनाव, तनाव और उनके संबंधों पर चर्चा करना अच्छा होगा।

स्ट्रेस - स्ट्रेस एक सामग्री पर प्रति इकाई क्षेत्र में लगाया जाने वाला बल है।

स्ट्रेन - स्ट्रेन के तहत सामग्री के आयामों में परिवर्तन तनाव है।

स्ट्रेस- स्ट्रेन का संबंध नीचे दिया गया है:

स्ट्रेस\स्ट्रेन $= \gamma$

यहाँ, $\gamma =$ रैखिक विस्तार की आनुपातिकता

स्ट्रेस-स्ट्रेन समीकरण, यानी स्ट्रेस\स्ट्रेन $= \gamma$, से हम देख सकते हैं कि निकाय का स्ट्रेस तार की लंबाई पर निर्भर नहीं करता है , तार के अनुप्रस्थ काट का आकार और तार की त्रिज्या।

लेकिन स्ट्रेस γ पर निर्भर करता है। अब γ तार की सामग्री पर निर्भर करता है, इसलिए ब्रेकिंग स्ट्रेस भी तार की सामग्री पर निर्भर करता है।

सरल शब्दों में, इसका मतलब है कि अलग-अलग सामग्री से बनी दो वस्तुओं में अलग-अलग ब्रेकिंग स्ट्रेस (निकाय की सीमा जो निकाय सहन कर सकता) है।

अत: विकल्प (C) सही है।

100. जब नए द्रव्यमान को तार से लटकाया जाता है, तो तार पर लगने वाला बल है:

$$F = mg$$

तार की प्रारंभिक लम्बाई L है और नई लम्बाई L_1 है।

हम जानते हैं कि यंग का मापांक इस प्रकार है:

$$Y = \frac{FL}{A\Delta l}$$

यहाँ, $L_\circ$ तार की प्रारंभिक लम्बाई है और Δl तार की लम्बाई में परिवर्तन है।

मानों को प्रतिस्थापित करें:

$$Y = \frac{mg \times L}{A \times (L_1 - L)}$$

इसलिए, $Y = \frac{mgL}{A(L_1 - L)}$

अत: विकल्प (D) सही है।

Q.1 निम्नलिखित में से कौन सा कथन सही है?

A. बलाघूर्ण और संवेग की एक ही विमा है लेकिन कार्य की अलग विमा है

B. बलाघूर्ण और कार्य की विमा समान होती है लेकिन संवेग की भिन्न विमा है

C. बलाघूर्ण और कार्य की विमा समान होती है लेकिन संवेग की भिन्न विमा है

D. बलाघूर्ण, संवेग और कार्य सभी की विमा समान होती है

Q.2 वर्तमान में समय अंतराल को मापने के लिए हम निम्नलिखित में से किस मानक का उपयोग करते हैं?

A. पृथ्वी की घूर्णन अवधि

B. परमाणु मानक समय

C. खगोलीय समय मानक

D. उपरोक्त सभी

Q.3 1.06×10^{-10} मीटर के रूप में हाइड्रोजन परमाणु के व्यास की माप में शुद्धता है:

A. 0.01

B. 106×10^{-10}

C. $\frac{1}{106}$

D. 0.01×10^{-10}

Q.4 पृथ्वी से किसी ग्रह या तारे की दूरी को मापने के लिए निम्न में से किस विधि का उपयोग किया जाता है?

A. त्रिकोणीयकरण विधि

B. लंबन विधि

C. प्रतिध्वनि विधि

D. उपरोक्त सभी

Q.5 मुक्त रूप से गिरते हुए पिंड द्वारा पहले, दूसरे, तीसरे और चौथे सेकंड में तय की गई दूरियों का अनुपात _____ है।

[NEET UG, 2022]

A. 1 : 3 : 5 : 7

B. 1 : 1 : 1 : 1

C. 1 : 2 : 3 : 4

D. 1 : 4 : 9 : 16

Q.6 दो गतिमान कणों के विस्थापन-समय के ग्राफ x-अक्ष के साथ $30°$ और $45°$ के कोण बनाते हैं जैसा कि चित्र में दिखाया गया है। उनके संबंधित वेग का अनुपात है:

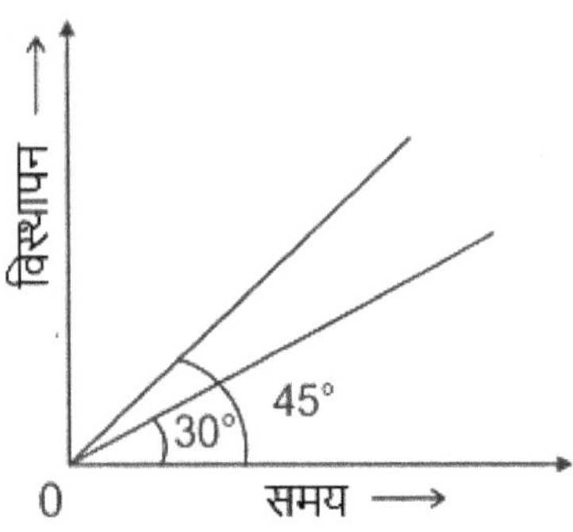

[NEET UG, 2022]

A. 1 : 2

B. 1 : $\sqrt{3}$

C. $\sqrt{3}$: 1

D. 1 : 1

Q.7 एक टावर के ऊपर से गिरा हुआ पत्थर $4s$ में जमीन तक पहुँच जाता है। टॉवर की ऊँचाई $(g = 10 m/s^2)$ है

A. $20m$

B. $40m$

C. $80m$

D. $160m$

Q.8 एक $80\ cm$ लंबे तार के सिरे से बंधा एक पत्थर एक स्थिर गति के साथ एक क्षैतिज वृत्त में घुमाया जाता है। यदि पत्थर $25\ sec$ में 14 चक्कर लगाता है, तो पत्थर के त्वरण का परिमाण क्या है?

A. $9.89\ m/s^2$

B. $3.30\ m/s^2$

C. $8.90\ m/s^2$

D. $6.90\ m/s^2$

Q.9 दो गोलियां एक साथ, क्षैतिज रूप से और एक ही स्थान से अलग-अलग गति से दागी जाती हैं। कौन सी गोली पहले जमीन पर लगेगी?

A. तेज गति वाली

B. उनके द्रव्यमान पर निर्भर करता है

C. धीमी गति वाली

D. दोनों एक साथ पहुंचेंगी

Q.10 वृत्तीय गति में एक कण का शुद्ध त्वरण _________ होता है।

A. केंद्र की ओर

B. सदैव त्रिज्या के अनुदिश

C. अनियमित

D. वृत्तीय गति में

Q.11 द्रव्यमान M का एक पिंड खुरदरी क्षैतिज सतह पर रखा जाता है। एक व्यक्ति क्षैतिज बल लगाकर पिंड को खींचने की कोशिश कर रहा है लेकिन पिंड गति नहीं कर रहा है। सतह द्वारा पिंड पर लगने वाला बल F है, जहाँ:

A. $F = Mg$

B. $F = \mu Mg$

C. $Mg \leq F \leq Mg\sqrt{1 + \mu^2}$

D. $Mg \geq F \geq Mg\sqrt{1 - \mu^2}$

Q.12 निम्नलिखित में से किसमें अधिकतम जड़त्व है?

A. एक परमाणु

B. एक अणु

C. एक रुपये का सिक्का

D. एक क्रिकेट गेंद

Q.13 $20\ g$ द्रव्यमान के पिंड पर कार्य करने वाला बल $5.0\ cm/s^2$ का त्वरण उत्पन्न करता है। पिंड पर कार्य करने वाले बल का पता लगाएं।

A. $2 \times 10^{-3}\ N$

B. $4 \times 10^{-3}\ N$

C. $1 \times 10^{-3}\ N$

D. $6 \times 10^{-3}\ N$

Q.14 एक बोर्ड एक खुरदुरे क्षैतिज अर्धवृत्ताकार लॉग पर संतुलित है। जब बोर्ड क्षैतिज के साथ कोण बनाता है तो बोर्ड के किसी एक सिरे पर भार जोड़कर साम्य प्राप्त किया जाता है। लॉग और बोर्ड के बीच घर्षण का गुणांक है:

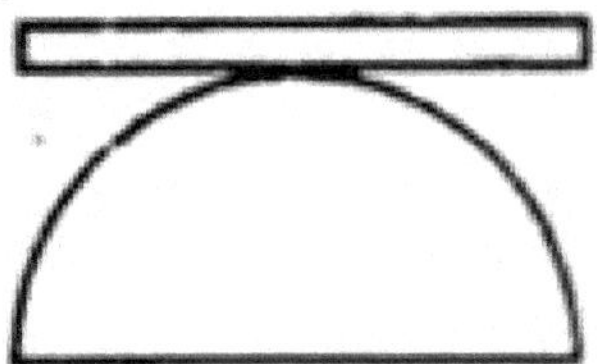

A. $\tan\theta$

B. $\cos\theta$

C. $\cot\theta$

D. $\sin\theta$

Q.15 किलोवाट-घंटा निम्नलिखित में से किसकी इकाई है?

A. शक्ति

B. बल

C. ऊर्जा

D. संवेग

Q.16 $10\ w$ की दर से $260\ J$ कार्य करने में कितना समय लगेगा?

A. 24 सेकेंड

B. 52 सेकेंड

C. 26 सेकेंड

D. 32 सेकेंड

Q.17 एक विद्युत जनित्र किसको परिवर्तित करता है?

A. विद्युत ऊर्जा को रासायनिक ऊर्जा में

B. रासायनिक ऊर्जा को विद्युत ऊर्जा में

C. विद्युत ऊर्जा को यांत्रिक ऊर्जा में

D.

$$(x) = \frac{-dF(x)}{dx}$$

Q.18 यदि 100 वाट के बल्ब को प्रति दिन पांच घंटे के लिए जलाया जाता है, तो प्रति यूनिट 75 पैसे की दर से 30 दिन का व्यय कितना होगा?

A. 10 रु.
B. 7.5 रु.
C. 15 रु.
D. 11.25 रु.

Q.19 तीन कणो के द्रव्यमानो का केंद्र 2,2,2 है जिनके द्रव्यमान 1 किलो, 2 किलो, तथा 3 किलो है। चौथे द्रव्यमान की स्थिति क्या होगी जो की 4 किलो का है और एक निकाय में रखा जाता है ताकि द्रव्यमान का नया केंद्र 0,0,0 हो ?

A. $-3,-3,-3$
B. $-3,3,-3$
C. $2,3,-3$
D. $2,-2,3$

Q.20 अपने केंद्र से गुजरने वाली धुरी के बारे में एक पतली एकसमान डिस्क के त्रिज्या का अनुपात और उसके तल के अभिलंब से उसके व्यास के बारे में डिस्क के घूमने की त्रिज्या का अनुपात है:

[NEET UG, 2022]

A. $4:1$
B. $1:\sqrt{2}$
C. $2:1$
D. $\sqrt{2}:1$

Q.21 क्रमशः $10\,kg$ और $20\,kg$ द्रव्यमान की दो वस्तुएं नगण्य द्रव्यमान के साथ $10\,m$ लंबाई की कठोर छड़ के दो सिरों से जुड़ी होती हैं। $10\,kg$ द्रव्यमान से निकाय के द्रव्यमान केंद्र की दूरी है:

[NEET UG, 2022]

A. $10\,m$
B. $5\,m$
C. $\frac{10}{3}\,m$
D. $\frac{20}{3}\,m$

Q.22 उपग्रह का क्रांतिक वेग ________ है।

A. गुरुत्वाकर्षण खिंचाव से बचने के लिए उपग्रह को दिया गया न्यूनतम वेग

B. उपग्रह को स्थिर कक्षा में रखने के लिए दिया गया निरंतर क्षैतिज वेग

C. उपग्रह को उसके त्वरण को शून्य के बराबर रखने के लिए दिया गया निरंतर क्षैतिज वेग

D. गुरुत्वाकर्षण के कारण त्वरण के बराबर त्वरण रखने के लिए उपग्रह को दिया गया निरंतर क्षैतिज वेग

Q.23 चंद्रमा की सतह के पास स्वतंत्र रूप से गिरने वाले विभिन्न द्रव्यमानों की दो वस्तुएं ______ होंगी।

A. अलग-अलग त्वरण हों
B. उनकी जड़ता में परिवर्तन से गुजरना
C. किसी भी पल में समान वेग रखें
D. समान परिमाण के अनुभव बल

Q.24 दो पिंडों के बीच की दूरी सामान्य दूरी से 6 गुना अधिक हो जाती है। तब F ______ बन जाता है।

A. 36 गुना
B. 6 गुना
C. 12 गुना
D. 1/36 गुना

Q.25 चार मूलभूत अंतःक्रियाओं में सबसे कमजोर है:

[UPSESSB TGT Science, 2019]

A. गुरुत्वाकर्षण बल
B. विद्युत चुम्बकीय बल
C. मजबूत परमाणु बल
D. कमजोर परमाणु बल

Q.26 एक महिला जिसका वजन पृथ्वी की सतह पर 60 किग्रा है, यदि वह अंतरिक्ष यान में पृथ्वी की त्रिज्या से दोगुनी ऊंचाई पर। वहाँ उसका वजन होगा:

[UPSESSB TGT Science, 2019]

A. 6.7 किलोग्राम
B. 15 किलोग्राम
C. 20 किलोग्राम
D. 60 किलोग्राम

Q.27 यदि किसी द्रव को अंतरिक्ष में बिना गुरुत्वाकर्षण के गर्म किया जाता है, तो ऊष्मा का स्थानान्तरण किस प्रक्रिया द्वारा होगा:

A. चालन
B. संवहन
C. विकिरण
D. इनमें से कोई नहीं

Q.28 बॉयल का नियम किसके दौरान आदर्श गैस के लिए मान्य है?

A. समदाब रेखीय परिवर्तन
B. समतापी परिवर्तन
C. समस्थानिक परिवर्तन
D. रुद्धोष्म प्रक्रिया

Q.29 निम्नलिखित में से किस पदार्थ में सबसे कम तापीय चालकता है?

A. पानी
B. वायु
C. पारा
D. पीतल

Q.30 सेल्सियस और फारेनहाइट पैमाने के बीच क्या संबंध है?

A. $C = \frac{9}{5}(F - 32)$
B. $C = \frac{5}{9}(F - 32)$
C. $C = 5(F - 32)$
D. $C = 9(F - 32)$

Q.31 निम्नलिखित में से कौन उष्मागतिकी का नियम है?

A. उष्मागतिकी का ज़ीरोथ नियम
B. फैराडे का उष्मागतिकी का नियम
C. उष्मागतिकी का आदर्श गैस नियम
D. बॉयल का उष्मागतिकी का नियम

Q.32 निम्नलिखित में से कौन सा नियम नर्न्स्ट द्वारा व्यक्त किया गया था?

A. उष्मागतिकी का पहला नियम
B. उष्मागतिकी का दूसरा नियम
C. उष्मागतिकी का तीसरा नियम
D. उपरोक्त में से कोई नहीं

Q.33 किसी रासायनिक या परमाणु संयंत्र में शीतलक (अर्थात, प्लांट के विभिन्न भागों को अत्यधिक गर्म होने से रोकने के लिए प्रयुक्त द्रव) में ______ होना चाहिए।

A. कम विशिष्ट ऊष्मा
B. उच्च विशिष्ट ऊष्मा
C. उच्च अव्यक्त ऊष्मा
D. उपरोक्त में से कोई नहीं

Q.34 एक इलेक्ट्रिक हीटर एक सिस्टम को $100W$ की दर से ऊष्मा की आपूर्ति करता है। यदि सिस्टम 75 जूल प्रति सेकंड की दर से कार्य करता है। आंतरिक ऊर्जा किस दर से बढ़ रही है?

A. $25W$
B. $20W$
C. $15W$
D. $35W$

Q.35 दो गैसों A और B में समान दबाव P, तापमान T और आयतन V है। दो गैसों को एक साथ मिलाया जाता है और परिणामस्वरूप मिश्रण में पहले की तरह समान तापमान T और आयतन V है। दोनों गैसों में मिश्रण द्वारा डाले गए दबाव का अनुपात है:

A. $1:1$
B. $2:1$
C. $3:1$
D. $1:2$

Q.36 एक आदर्श गैस $27°C$ पर उसके मूल आयतन के $\frac{8}{27}$ एडियाबेटिक दबाया जाता है. इसके तापमान में वृद्धि है: $\left(\gamma = \frac{5}{3}\right)$

A. $225°C$
B. $375°C$
C. $400°C$
D. $450°C$

Q.37 अंतरिक्ष के एक निश्चित क्षेत्र में औसतन केवल 5 अणु$/cm^3$ होते हैं। वहां का तापमान $3\,K$ है। इस विलायक गैस का दबाव $(k = 1.38 \times 10^{-23}JK^{-1})$ है:

A. $20.7 \times 10^{-17}Nm^{-2}$
B. $15.3 \times 10^{-13}Nm^{-1}$
C. $2.3 \times 10^{-10}Nm^{-1}$
D. $3.5 \times 10^{-8}Nm^{-1}$

Q.38 दो गैसें- आर्गन (परमाणु त्रिज्या 0.07 एनएम, परमाणु भार 40) और ज़ेनॉन (परमाणु त्रिज्या 0.1 nm, परमाणु भार 140) समान संख्या घनत्व और समान तापमान पर हैं। उनके संबंधित औसत समय का अनुपात निकटतम है:

A. 3.67   **B.** 1.83   **C.** 1.09   **D.** 4.67

Q.39 किस तापमान पर एक आर्गन गैस सिलेंडर में एक परमाणु की मूल माध्य वर्ग गति एक हीलियम गैस परमाणु की r.m.s. गति के बराबर होती है - 20^0C ? दिया गया परमाणु द्रव्यमान है $Ar = 39.9$ और $He = 4.0$?

A. 2523.7K   **B.** 2423.7K
C. 2223.7K   **D.** 3023.7K

Q.40 दो पेंडुलम 90° के निरंतर चरण अंतर के साथ दोलन करते हैं। यदि उनमें से एक की समय अवधि 2 सेकंड है। तो दूसरे की समय अवधि है:

[UPSESSB TGT Science, 2019]

A. 2 सेकंड   **B.** 4 सेकंड   **C.** 1 सेकंड   **D.** 6 सेकंड

Q.41 किस माध्यम से रेडियो तरंगों को एक स्थान से दूसरे स्थान पर भेजा जा सकता है?

A. अंतरिक्ष तरंग प्रसारण   **B.** आकाश तरंग प्रसारण
C. भू-तरंग प्रसारण   **D.** उपरोक्त सभी

Q.42 दो ध्वनि तरंगे एक ही दिशा में चल रही है अगर दोनो तरंगो द्वारा प्रसारित औसत शक्ति व तरंग दैर्ध का अनुपात $1:2$ है तो दबाव के आयाम का अनुपात ___ है।

A. 1   **B.** 2   **C.** 4   **D.** $\frac{1}{2}$

Q.43 त्रिज्या 'r' की एक गेंद को त्रिज्या 'R' के कटोरे में दोलन कराया जाता है। इसके दोलन का आवर्तकाल होगा $(R > r)$:

A. $2\pi\sqrt{\frac{r}{g}}$ **B.** $2\pi\sqrt{\frac{R}{g}}$

C. $2\pi\sqrt{\frac{R-r}{g}}$ **D.** $2\pi\sqrt{\frac{R+r}{g}}$

Q.44 एक कण की गति का समीकरण $a = -bx$ द्वारा दिया जाता है, जहां a त्वरण है, x माध्य स्थिति से विस्थापन है और b कोई स्थिरांक है। कण की समयावधि क्या होगी?

A. $2\sqrt{\frac{\pi}{b}}$ **B.** $\frac{2\pi}{b}$ **C.** $\frac{2\pi}{\sqrt{b}}$ **D.** $2\pi\sqrt{b}$

Q.45 जब कागज के हल्के टुकड़े जिन पर कोई आवेश नहीं होता है, उन्हें ऋणात्मक रूप से आवेशित कंघी के निकट रखा जाता है, तो वहां _______ होगा।

A. आकर्षण   **B.** प्रतिकर्षण
C. कोई बल नहीं   **D.** इनमे से कोई भी नहीं

Q.46 दो छोटे चार्ज किए गए गोले A और B में क्रमशः चार्ज $10\mu C$ और $940\mu C$, होते हैं, और एक दूसरे से 90 सेमी की दूरी पर रखे गए है। A से किस दूरी पर विद्युत की तीव्रता शून्य होगी?

A. 22.5 cm   **B.** 18 cm   **C.** 36 cm   **D.** 30 cm

Q.47 पांच समान आवेश R को अर्धवृत्त पर समतुल्य रखा जाता है जैसा कि चित्र में दिखाया गया है। एक अन्य बिंदु आवेश q को त्रिज्या R के वृत्त के केंद्र में रखा जाता है। आवेश q द्वारा अनुभव किए गए स्थिर विद्युत बल की गणना करें।

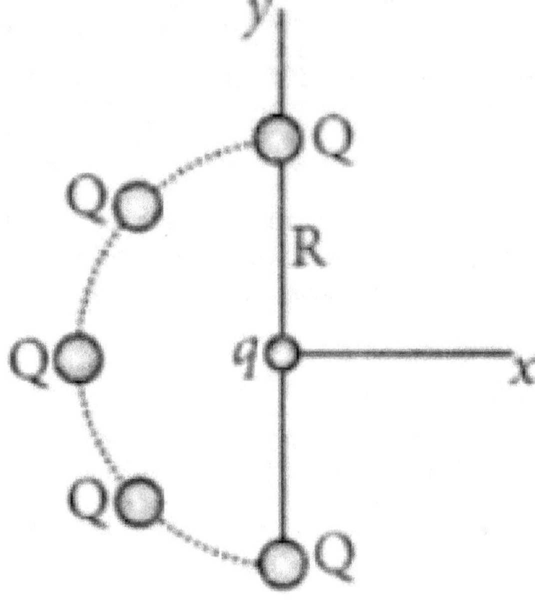

A. $\vec{F} = \frac{1}{2\pi\varepsilon_0}\frac{qQ}{R^4}(1+\sqrt{2})N\hat{i}$

B. $\vec{F} = \frac{1}{8\pi\varepsilon_0}\frac{qQ}{R^4}(1+\sqrt{4})N\hat{i}$

C. $\vec{F} = \frac{1}{4\pi\varepsilon_0}\frac{qQ}{R^2}(1+\sqrt{2})N\hat{i}$

D. $\vec{F} = \frac{1}{2\pi\varepsilon_0}\frac{qQ}{R^2}(1+\sqrt{4})N\hat{i}$

Q.48 चित्र में दिखाए गए अनुसार दो बिंदु आवेश q_1 और q_2 पर विचार करें।

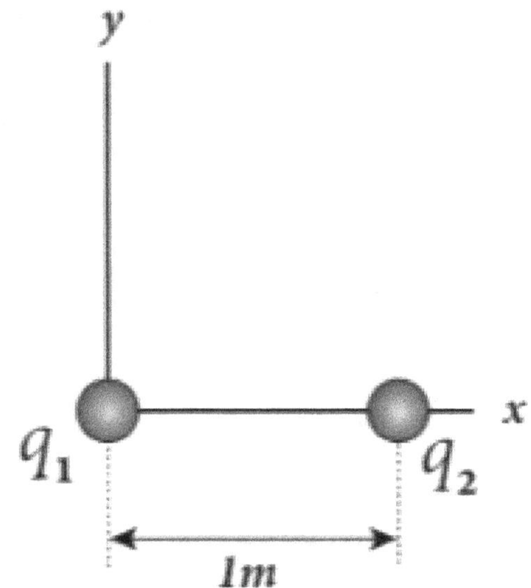

वे $1\,m$ की दूरी पर हैं। निम्नलिखित के लिए दो आवेश द्वारा अनुभव किए गए बल की गणना करें: $q_1 = +2\mu C$ और $q_2 = +3\mu C$

A. $\vec{F}_{12} = -54 \times 10^{-3}\,N\hat{i}$

B. $\vec{F}_{12} = -52 \times 10^{-5}\,N\hat{i}$

C. $\vec{F}_{12} = -53 \times 10^{-4}\,N\hat{i}$

D. $\vec{F}_{12} = -51 \times 10^{-3}\,N\hat{i}$

Q.49 मुक्त स्थान में रखे $200\mu C$ और $500\mu C$ के आवेशों के बीच स्थिरवैद्युत बल $5gf$ है। दोनों आवेशों के बीच की दूरी ज्ञात कीजिए। $g = 10ms^{-2}$ लें।

A. 2.35×10^3 m **B.** 1.34×10^3 m

C. 1.34×10^2 m **D.** 2.34×10^2 m

Q.50 एक अल्फा कण और एक प्रोटॉन के बीच 5.12×10^{-15} m द्वारा अलग किए गए बल की गणना करें।

A. 11.5 N **B.** 15.5 N **C.** 17.5 N **D.** 20.5 N

Q.51 दो आवेश, एक $+5\mu C$ और दूसरा $-5\mu C$ को 1 मिमी अलग-अलग रखा जाता है। द्विध्रुवीय आघूर्ण की गणना करें।

A. $2 \times 10^{-9} Cm$ **B.** $5 \times 10^{-9} Cm$

C. $8 \times 10^{-9} Cm$ **D.** $7 \times 10^{-9} Cm$

Q.52 एक विद्युत द्विध्रुव, जब $30°$ पर $10^4 \ N/C$ के एक समान विद्युत क्षेत्र के संबंध में आयोजित किया जाता है, $9 \times 10^{-26} Nm$ के बल आघूर्ण का अनुभव करता है। द्विध्रुव के द्विध्रुवीय आघूर्ण की गणना करें।

A. 1.8×10^{-19} Cm **B.** 2.7×10^{-18} Cm

C. 1.7×10^{-14} Cm **D.** 3.8×10^{-20} Cm

Q.53 ओम के नियम को सत्यापित करने के लिए, एक छात्र को एक टेस्ट रेसिस्टर R_T के साथ एक उच्च प्रतिरोध R_1 एक छोटा प्रतिरोध R_2 दो समान गैल्वेनोमीटर G_1 और G_2 और एक चर वोल्टेज स्रोत V प्रदान किया जाता है। प्रयोग करने के लिए सही परिपथ है:

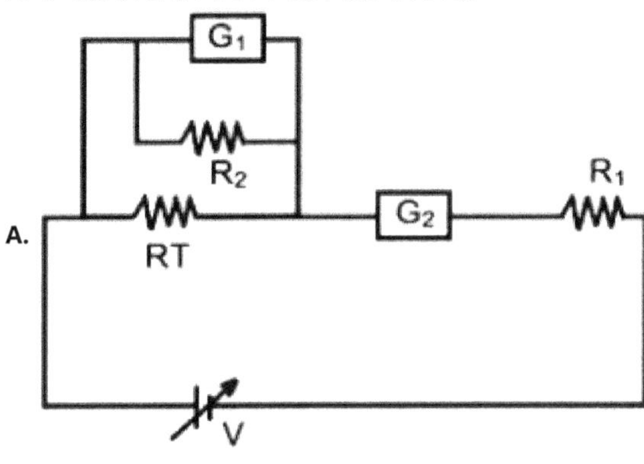

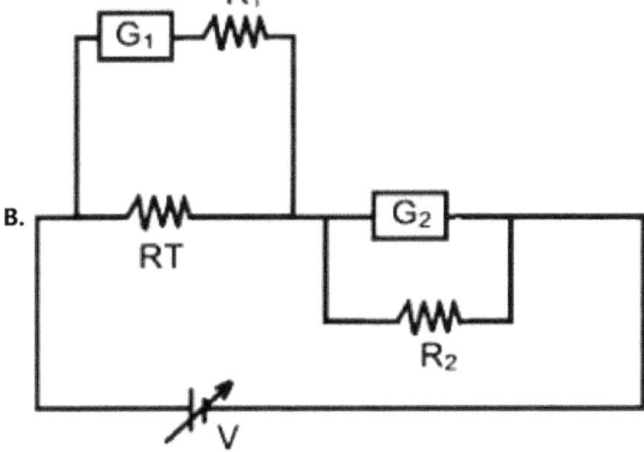

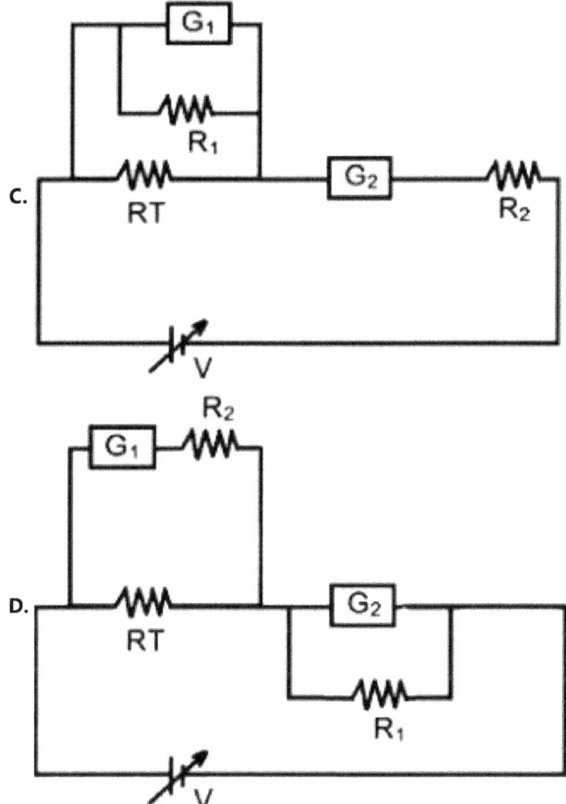

Q.54 एक तापक को 620 वाट से अंकित किया गया है। जब यह $310V$ के स्रोत से जुड़ा होता है तो ली गई विद्युत धारा का मान क्या होगा?

A. $2A$

B. $0.5A$

C. निर्धारित नहीं किया जा सकता

D. विद्युत धारा नहीं ली गई है

Q.55 R के किस मान के लिए, जैसा कि परिपथ में दिखाया गया है, 4Ω प्रतिरोध से गुजरने वाली धारा शून्य होगी?

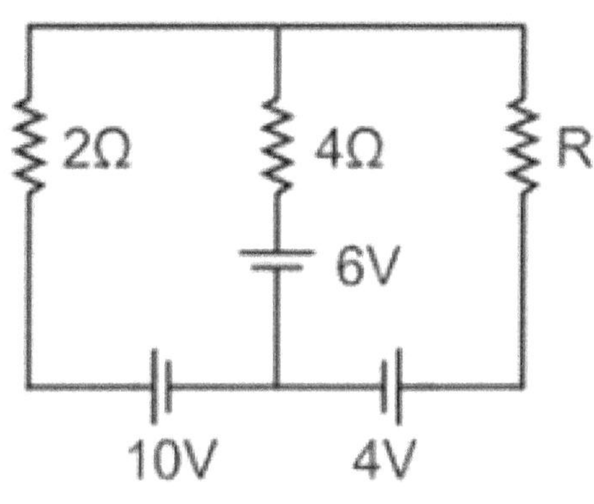

A. 1Ω **B.** 2Ω **C.** 3Ω **D.** 4Ω

Q.56 एक घर की तारों का प्रतिरोध 6Ω होता है। एक $100 \ W$ बल्ब चमक रहा है, जैसा कि चित्र में दिखाया गया है। यदि $1000 \ W$ का गीजर चालू किया जाता है, तो बल्ब के आर-पार विभव गिरावट में परिवर्तन ________ के करीब होता है।

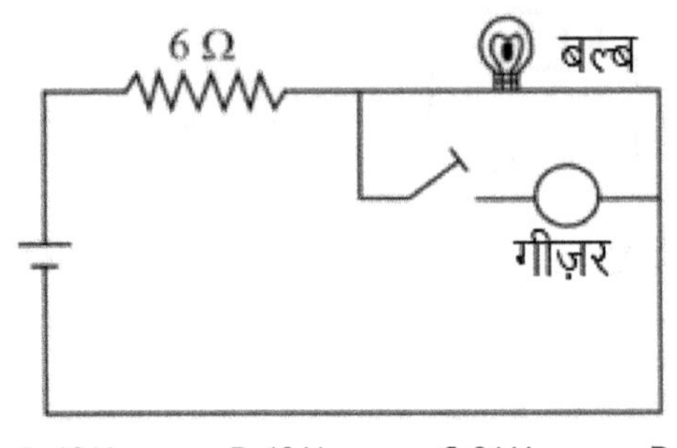

A. 10 V   **B.** 12 V   **C.** 24 V   **D.** 32 V

Q.57 दो चुंबकीय ध्रुवों के बीच लगने वाला बल निम्नलिखित में से किस पर निर्भर नहीं करता है?

A. ध्रुव सामर्थ्य

B. ध्रुवों के बीच की दूरी

C. माध्यम

D. चुंबक का आकार

Q.58 चुंबकत्व की तीव्रता का चुंबकत्व बल से अनुपात को किस रूप में जाना जाता है?

A. फ्लक्स घनत्व

B. संवेदनशीलता

C. तुलनात्मक भेद्यता

D. इनमें से कोई नहीं

Q.59 जब कुंजी K_1 बन्द है तथा कुंजी K_2 खुली है तो गैल्वेनोमापी में विक्षेप θ_0 है (चित्र देखिये)। K_2 को बन्द करके R_2 को 5Ω रखने पर गैल्वेनोमापी में विक्षेप $\frac{\theta_0}{5}$ हो जाता है। गैल्वेनामापी का प्रतिरोध होगा, [बैटरी का आन्तरिक प्रतिरोध नगण्य है]:

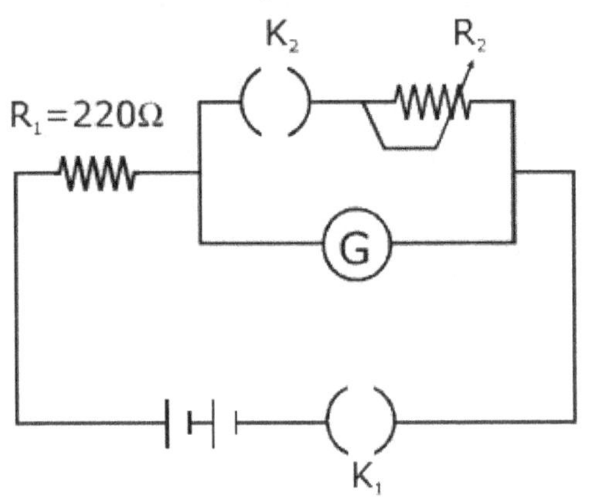

[JEE Main Advanced, 2019]

A. 22 Ω   **B.** 25 Ω   **C.** 12 Ω   **D.** 5 Ω

Q.60 एक विद्युत चुम्बकीय तरंग में, विद्युत और चुंबकीय क्षेत्र का परिमाण 100 V/m और 0.265 A/m होता है। अधिकतम ऊर्जा प्रवाह ______ है

A. 26.5 W/m^2

B. 36.5 W/m^2

C. 46.7 W/m^2

D. 765 W/m^2

Q.61 एक अनुचुंबकीय नमूना $6\ A/m$ का एक शुद्ध चुम्बकत्व दिखाता है जब इसे $4K$ के तापमान पर $0.4T$ के बाहरी चुंबकीय क्षेत्र में रखा जाता है। जब नमूना $24K$ के तापमान पर $0.3T$ के बाहरी चुंबकीय क्षेत्र में रखा जाता है, तो चुंबकत्व ______ होगा।

A. $4A/m$

B. $0.75\ A/m$

C. $2.25\ A/m$

D. $1\ A/m$

Q.62 एक छोटा छड़ चुंबक जो एकसमान बाह्य चुंबकीय क्षेत्र $0.25\ T$ के साथ $30°$ का कोण बनाता है, पर $4.5 \times 10^{-2}\ J$ का बल आघूर्ण लगता है। चुंबक के चुंबकीय आघूर्ण का परिमाण क्या है?

A. $0.16JT^{-1}$

B. $1.36JT^{-1}$

C. $0.56JT^{-1}$

D. $0.36JT^{-1}$

Q.63 एक प्रोटॉन 2500 न्यूटन/एम्पियर-मी वाले चुम्बकीय क्षेत्र में 4×10^5 मी/से के वेग से क्षेत्र के समान्तर प्रवेश करता है। 1 प्रोटॉन पर आरोपित बल का मान होगा:

[Joint Entrance Examination (Polytechnic), 2019]

A. 4.8×10^{-10} न्यूटन

B. 0.48×10^{-10} न्यूटन

C. 0 न्यूटन

D. 4.8×10^{10} न्यूटन

Q.64 चुम्बकीय प्रवाह को अधिक प्रेरित करने के लिए एक चुम्बकीय परिपथ में क्या न्यूनतम होना चाहिए?

A. प्रतिष्टम्भ   **B.** प्रतिरोध   **C.** प्रतिघात   **D.** चालकता

Q.65 चुंबकीय आघूर्ण क्या है?

A. ध्रुव शक्ति

B. सार्वत्रिक नियतांक

C. आदिश राशि

D. सदिश राशि

Q.66 एक संधारित्र और एक प्रेरक में AC स्रोत के साथ परिपथ मे श्रृंखला में जुड़े हुए है। यदि संधारित्र की धारिता $18\mu F$ है और प्रेरक का प्रेरकत्व $8H$ है तो परिपथ की अनुनाद आवृत्ति ज्ञात कीजिए।

A. $\frac{250}{3}\pi Hz$ **B.** $\frac{200}{3}\pi Hz$ **C.** $\frac{125}{3}\pi Hz$ **D.** $50\ Hz$

Q.67 4 A की धारा का वहन करने वाले एक 50 mH प्रेरक में संग्रहित ऊर्जा कितनी होगी?

A. 0.4 J   **B.** 4.0 J   **C.** 0.8 J   **D.** 0.04 J

Q.68 एक बेलनाकार छड़ चुंबक को एक गोलाकार कुंडली के अक्ष के साथ अक्षीय रूप से रखा जाता है। यदि कुंडली को इसके अक्ष के अनुरूप घुमाया जाता है, तो:

A. केवल एक e.m.f. कुंडली में प्रेरित होगा

B. केवल एक धारा कुंडली में प्रेरित होगी

C. दोनों धारा और e.m.f. कुंडली में प्रेरित होंगे

D. न तो e.m.f. न ही कुंडली में धारा प्रेरित होगी

Q.69 निम्न में से कौन-सा विद्युतचुम्बकीय तरंग नहीं है?

A. पराबैंगनी   **B.** पराध्वनि   **C.** सूक्ष्म तरंग   **D.** एक्स-रे

Q.70 आवृत्ति की एक विद्युतचुंबकीय तरंग $\nu = 3.0$ MHz निर्वात से विद्युतीय माध्यम में पारगम्यता $\varepsilon = 4.0$ के साथ गुजरती है। फिर:

A. तरंगदैर्घ्य दोगुना हो जाता है और आवृत्ति अपरिवर्तित रहती है

B. तरंगदैर्घ्य दोगुना हो जाता है और आवृत्ति आधी हो जाती है

C. तरंगदैर्घ्य आधा कर दिया जाता है और आवृत्ति अपरिवर्तित रहती है

D. तरंग दैर्घ्य और आवृत्ति दोनों अपरिवर्तित हो जाते हैं

Q.71 निम्नलिखित में से कौन सा प्रभाव विद्युत चुम्बकीय तरंगों से संबंधित नहीं है?

A. डॉप्लर प्रभाव

B. मैग्नस प्रभाव

C. व्यतिकरण

D. विवर्तन

Q.72 निम्नलिखित में से कौन सा विस्थापन धारा (i_d) के लिए सही व्यंजक है?

A. $i_d = \mu_0 \frac{d\phi_E}{dt}$

B. $i_d = c^2 \frac{d\phi_E}{dt}$

C. $i_d = \epsilon_0 \frac{d\phi_E}{dt}$

D. उल्लिखित में से कोई नहीं

Q.73 एक वृहत फोकस दूरी तथा वृहत द्वारक का लेंस दूरदर्शी के अभिदृश्यक के लिए अत्यधिक उपयोगी होता है, क्योंकि:

[NEET UG, 2021]

A. एक वृहत द्वारक गुणता तथा दृश्यता के लिए योगदान करता है।

B. एक वृहत क्षेत्रफल का अभिदृश्यक उपयुक्त प्रकाश संग्रहण क्षमता का कारक होता है।

C. एक वृहत द्वारक उत्तम विभेदन प्रदान करता है।

D. उपर्युक्त में सभी

Q.74 समान अक्ष के अनुदिश 'd' दूरी पर एक 20 से.मी. फोकस दूरी का उत्तल लेंस 'A' तथा 5 से.मी. फोकस दूरी का अवतल लेंस 'B' रखे हैं। यदि 'A' पर आपतित समान्तर प्रकाश पुंज 'B' से निकलने पर भी समांतर पुंज रहती है, तो दूरी 'd' से.मी. में होगी:

[NEET UG, 2021]

A. 30   **B.** 25   **C.** 15   **D.** 50

Q.75 प्रिज्म से निर्गत कोण के मान को ज्ञात कीजिए। काँच का अपवर्तनांक $\sqrt{3}$ है।

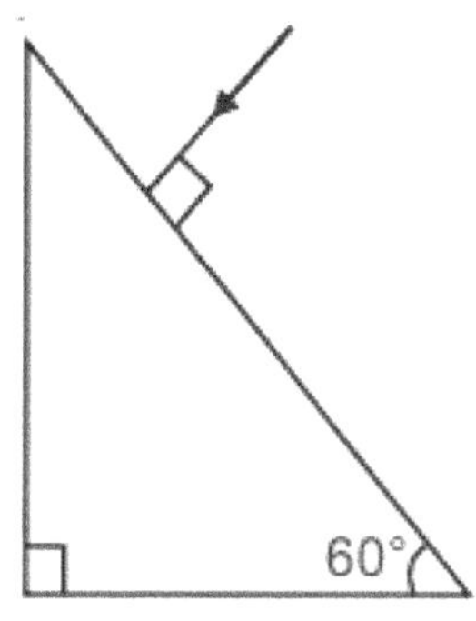

[NEET UG, 2021]

A. 90°   **B.** 60°   **C.** 30°   **D.** 45°

Q.76 एक समबाहु त्रिभुजाकार प्रिज्म कांच का $(\mu = 1.5)$ बना होता है। प्रकाश की किरण इसके किसी एक फलक पर अभिलम्बवत् आपतित होती है। आकस्मिक और आपाती किरणों के बीच का कोण है:

A. 180°   **B.** 120°   **C.** 60°   **D.** 30°

Q.77 I_0 तीव्रता की दो समान सुसंगत तरंगें एक बिंदु पर आरोपित हैं। यदि इस बिंदु पर परिणामी तीव्रता I_0 की तीन गुना है तो इस बिंदु पर दो तरंगों के बीच चरण अंतर ज्ञात कीजिए।

A. $\frac{\pi}{6}$ **B.** $\frac{\pi}{4}$

C. $\frac{\pi}{3}$ **D.** इनमें से कोई नहीं

Q.78 तरंग दैर्ध्य 480 नैनोमीटर और 600 नैनोमीटर उत्सर्जित करने वाले स्रोत का उपयोग यंग के डबल स्लिट प्रयोग में किया जाता है। स्लिट्स के बीच का अलगाव 0.25 मिलीमीटर है। हस्तक्षेप को स्लिट्स से 1.5 मीटर दूर माना जाता है। दो तरंग दैर्ध्य की पहली मैक्सिमा सीमा के बीच रैखिक पृथक्करण है :

A. 0.72 मिलीमीटर   **B.** 0.62 मिलीमीटर

C. 0.76 मिलीमीटर   **D.** 0.27 मिलीमीटर

Q.79 9 : 1 के अनुपात में तीव्रता वाली दो तरंगें व्यतिकरण उत्पन्न करती हैं। व्यतिकरण पैटर्न में, अधिकतम से न्यूनतम तीव्रता का अनुपात बराबर होता है:

A. $\frac{4}{1}$ **B.** $\frac{8}{4}$ **C.** $\frac{2}{3}$ **D.** $\frac{1}{2}$

Q.80 एक धातु की सतह को $400\ nm$ के प्रकाश से प्रकाशित किया जाता है। निकाले गए फोटोइलेक्ट्रॉनों की गतिज ऊर्जा $1.68eV$ प्राप्त की गई। धातु का कार्य फलन $(hc = 1240eV\ nm)$ है:

A. $3.09eV$ **B.** $1.42eV$ **C.** $1.51eV$ **D.** $1.68eV$

Q.81 एक धातु पर पड़ने वाले विकिरण की तरंगदैर्ध्य जब $500\ nm$ से बदलकर $200\ nm$ की जाती है, तो इससे उत्सर्जित होने वाले फोटोइलेक्ट्रॉन की अधिकतम गतिज ऊर्जा तीन गुना हो जाती है। ऐसी स्थिति में धातु की कार्यफलन निम्न में से किसके निकटतम है?

A. $0.62eV$ **B.** $0.52eV$ **C.** $0.81eV$ **D.** $1.02eV$

Q.82 डी-ब्रोग्ली तरंग दैर्ध्य 2A वाले इलेक्ट्रॉन की गतिज ऊर्जा क्या होगी?

A. 37.5 eV   **B.** 75 eV   **C.** 150 eV   **D.** 300 eV

Q.83 डी-ब्रोग्ली द्वारा प्रस्तावित पदार्थ के दोहरे व्यवहार से इलेक्ट्रॉन माइक्रोस्कोप की खोज हुई जिसका उपयोग अक्सर जैविक अणुओं और अन्य प्रकार की सामग्री की अत्यधिक आवर्धित छवियों के लिए किया जाता है। यदि इस सूक्ष्मदर्शी में इलेक्ट्रॉन का वेग 1.6×10^6 ms^{-1} है, तो इस इलेक्ट्रॉन से संबद्ध डी ब्रोग्ली तरंगदैर्ध्य की गणना कीजिए।

A. $4.55 \times 10^{-10}\ m$ **B.** $4 \times 10^{-10}\ m$

C. $6.5 \times 10^{-10}\ m$ **D.** $4.55 \times 10^{-12}\ m$

Q.84 दो फोटोन जिनकी तरंगदैर्ध्य 600A और 400A है, की ऊर्जाओं का अनुपात है:

A. $2 : 3$ **B.** $3 : 2$ **C.** $1 : 5$ **D.** $5 : 1$

Q.85 कौन सा वक्र हाइड्रोजन परमाणु में इलेक्ट्रॉन की गति को प्रमुख क्वांटम संख्या n के फलन के रूप में निरूपित कर सकता है?

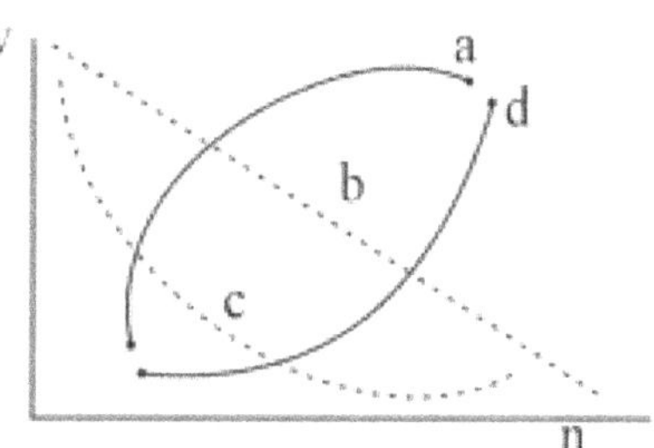

A. a   **B.** b   **C.** c   **D.** d

Q.86 फोटोन का शेष द्रव्यमान है:

A. 0   **B.** ∞

C. 0 और ∞ के बीच   **D.** एक इलेक्ट्रॉन के बराबर

Q.87 एक प्रोटॉन के एक α-कण के विशिष्ट आवेश का अनुपात है:

A. $2:1$ **B.** $1:1$ **C.** $1:2$ **D.** $1:3$

Q.88 हाइड्रोजन स्पेक्ट्रम में लाइमैन श्रृंखला की पहली पंक्ति की तरंग दैर्ध्य 1210 A है। $Z = 11$ के हाइड्रोजन समान परमाणु की संगत रेखा किसके बराबर होती है:

A. 4000 Å   **B.** 100 Å   **C.** 40 Å   **D.** 10 Å

Q.89 विद्युत रोधी (इंसुलेटर) के संबंध में निम्नलिखित में से कौन सा विकल्प गलत है?

A. निम्न चालकता

B. बड़े निषिद्ध अंतराल

C. बहुत उच्च प्रतिरोधकता

D. धनात्मक तापमान गुणांक

Q.90 अपने शुद्धतम रूप में अर्धचालक को _________ के रूप में जाना जाता है।

A. अतिचालक   **B.** बाह्य अर्धचालक
C. अवरोधक   **D.** आंतरिक अर्धचालक

Q.91 अर्धचालकों में आवेश वाहक क्या होते हैं?

A. इलेक्ट्रॉन और छिद्र   **B.** इलेक्ट्रॉन
C. छिद्र   **D.** आवेश

Q.92 अग्र अभिनति PN जंक्शन डायोड में के क्रम का प्रतिरोध है।

A. Ω **B.** $k\Omega$
C. $M\Omega$ **D.** इनमें से कोई भी नहीं

Q.93

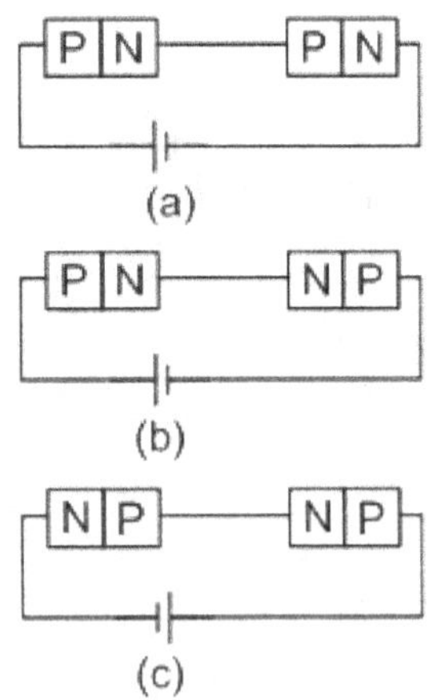

दिए गए परिपथ (a), (b) और (c) में, दो p-n संधि जंक्शनों में विभव पात किसके बराबर है?

[NEET UG, 2022]

A. केवल परिपथ (c)
B. दोनों परिपथ (a) और (c)
C. केवल परिपथ (a)
D. केवल परिपथ (b)

Q.94 स्टील तथा ताँबे के समान लम्बाई के तारों को एक के बाद एक समान भार से खींचा जाता है। स्टील तथा ताँबे का यंग प्रत्यास्थता गुणांक क्रमशः $2.0 \times 10^{11} N/m^2$ तथा $1.2 \times 10^{11} N/m^2$ है। स्टील तथा ताँबे की लम्बाईयों में वृद्धि का अनुपात होगा:

A. $\frac{2}{5}$ **B.** $\frac{3}{5}$ **C.** $\frac{5}{4}$ **D.** $\frac{5}{2}$

Q.95 निर्देश: नीचे दो कथन दिए गए हैं: एक को अभिकथन (A) के रूप में लेबल किया गया है और दूसरे को कारण (R) के रूप में लेबल किया गया है।

अभिकथन (A):
एक कमानी की खिंचाव कमानी की सामग्री के अपरूपण मापांक द्वारा निर्धारित की जाती है।

कारण (R):
तांबे के एक कुंडल कमानी में समान आयामों के स्टील कमानी की तुलना में अधिक तन्यता शक्ति होती है।

उपर्युक्त कथनों के आलोक में, नीचे दिए गए विकल्पों में से सबसे उपयुक्त उत्तर को चुनिए:

A. (A) सत्य है लेकिन (R) असत्य है
B. (A) असत्य है लेकिन (R) सत्य है
C. (A) और (R) दोनों सत्य हैं और (R) (A) की सही व्याख्या है
D. (A) और (R) दोनों सत्य हैं और (R) (A) की सही व्याख्या नहीं है

Q.96 एकसमान अनुप्रस्थ काट के क्षेत्रफल वाली U-नली, जिसके दोनों सिरे खुले हुए हैं, में जल भरा है। जल का घनत्व $10^3\ kg\ m^{-3}$ है। आरम्भ में U-नली की दोनों भुजाओं में जल स्तम्भ की ऊंचाई, नली की पेंदी

के सापेक्ष $0.29\ m$ है। U-नली की बाई भुजा में किरोसिन तेल तब तक डाला जाता है जब तक इसकी ऊंचाई $0.1\ m$ न हो जाये, जैसा की चित्र में दर्शाया गया है। किरोसिन तेल एक जल में अघुलनशील द्रव है तथा इसका घनत्व $800\ kg\ m^{-3}$ है। नली की दोनों भुजाओं में द्रव स्तंभों की ऊंचाई का अनुपात $\left(\frac{h_1}{h_2}\right)$_________ है।

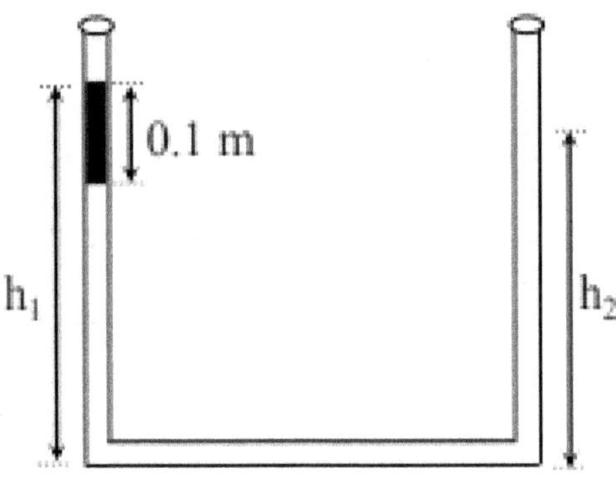

[JEE Main Advanced, 2020]

A. $\frac{15}{14}$ **B.** $\frac{35}{33}$ **C.** $\frac{7}{6}$ **D.** $\frac{5}{4}$

Q.97 एक धात्विक वर्गाकार प्लेट EFGH को एक हल्के बेलोचदार डोरी (चित्र में दिखाया गया है) द्वारा क्षैतिज भुजाओं की एक जोड़ी के साथ लंबवत रूप से निलंबित किया गया है। पानी का एक बीकर प्लेट के नीचे लाया जाता है और तब तक उठाया जाता है जब तक कि प्लेट पूरी तरह से डूब न जाए और पानी का स्तर प्लेट से ऊपर न हो जाए। यदि समर्थन बिंदु को स्थिर वेग से धीरे-धीरे लंबवत रूप से ऊपर उठाया जाता है, तो बिंदु समर्थन के विस्थापन s के विरुद्ध स्ट्रिंग में तनाव T का ग्राफ _____ द्वारा दर्शाया जाता है।

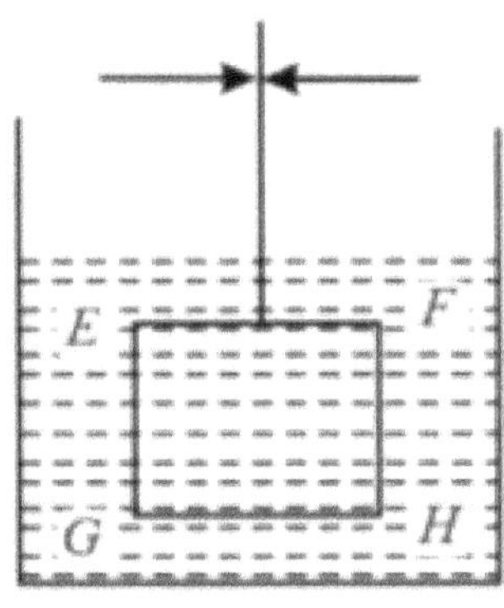

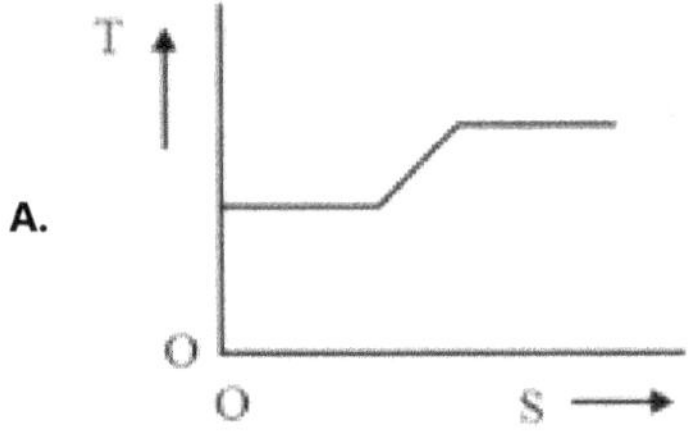

B.

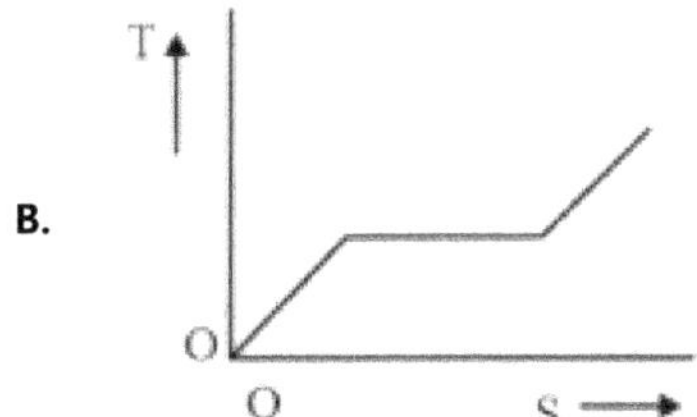

C.

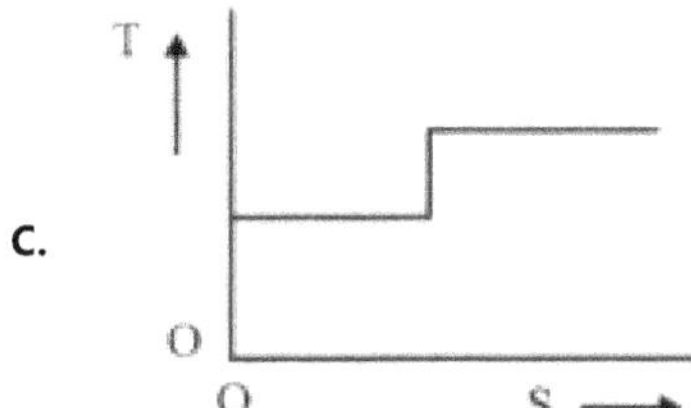

D.

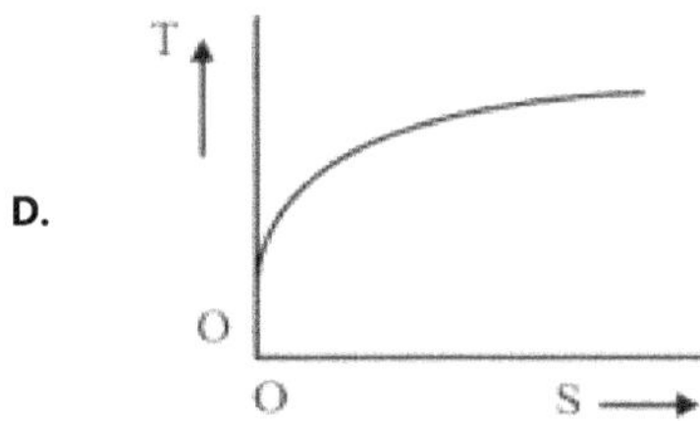

Q.98 M द्रव्यमान तथा d घनत्व की छोटी गेंद का वेग ग्लिसरीन से भरे बर्तन में डालने पर कुछ समय बाद अचर हो जाता है। यदि ग्लिसरीन का घनत्व $\frac{d}{2}$ हो, तो गेंद पर लगने वाला श्यान बल होगा:

[NEET UG, 2021]

A. $2Mg$　　　**B.** $\frac{Mg}{2}$　　　**C.** Mg　　　**D.** $\frac{3}{2}Mg$

Q.99 एक तरल के बढ़ते आणविक द्रव्यमान के साथ, श्यानता:

[UPSESSB TGT Science, 2016]

A. कम हो जाती है　　　　　**B.** बढ़ती है
C. अप्रभावित रहती है　　　　**D.** इनमें से कोई नहीं

Q.100 एक अत्यधिक श्यान द्रव के लंबे स्तंभ में एक गोलाकार गेंद को गिराया जाता है। दिखाए गए ग्राफ में वक्र, जो गेंद की गति (v) को समय (t) के एक फलन के रूप में दर्शाता है:

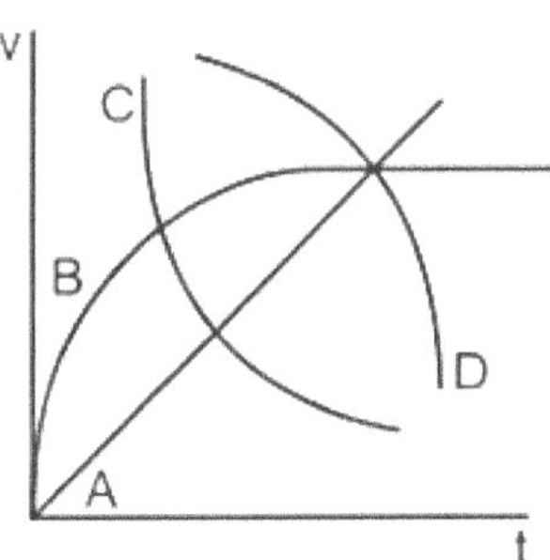

[NEET UG, 2022]

A. C　　　**B.** D　　　**C.** A　　　**D.** B

// स्मार्ट उत्तर पुस्तिका //

सही उत्तर	उन छात्रों का प्रतिशत जिन्होंने प्रश्नों का सही उत्तर दिया था।		छोड़ दिया	उन छात्रों का प्रतिशत जिन्होंने प्रश्नों को छोड़ दिया था।

प्रश्न संख्या	उत्तर	सही उत्तर / छोड़ दिया	प्रश्न संख्या	उत्तर	सही उत्तर / छोड़ दिया	प्रश्न संख्या	उत्तर	सही उत्तर / छोड़ दिया	प्रश्न संख्या	उत्तर	सही उत्तर / छोड़ दिया	प्रश्न संख्या	उत्तर	सही उत्तर / छोड़ दिया	प्रश्न संख्या	उत्तर	सही उत्तर / छोड़ दिया
1	B	23.84 % / 3.5 %	18	D	12.76 % / 4.66 %	35	B	84.4 % / 0.0 %	52	A	59.5 % / 1.04 %	69	B	44.53 % / 1.85 %	86	A	88.7 % / 0.0 %
2	B	89.49 % / 0.0 %	19	A	50.66 % / 1.78 %	36	B	46.96 % / 1.1 %	53	C	51.16 % / 1.28 %	70	C	49.53 % / 1.36 %	87	C	48.88 % / 1.39 %
3	C	68.98 % / 1.73 %	20	D	62.73 % / 1.36 %	37	A	54.72 % / 1.66 %	54	A	60.62 % / 1.98 %	71	B	52.98 % / 1.82 %	88	D	12.01 % / 3.3 %
4	B	46.97 % / 1.44 %	21	D	44.92 % / 1.47 %	38	C	55.06 % / 1.35 %	55	A	18.51 % / 4.43 %	72	C	81.97 % / 0.0 %	89	D	85.22 % / 0.0 %
5	A	27.26 % / 4.52 %	22	B	87.52 % / 0.0 %	39	A	57.34 % / 1.44 %	56	C	56.13 % / 1.62 %	73	D	65.51 % / 1.48 %	90	D	45.39 % / 1.56 %
6	B	83.66 % / 0.0 %	23	C	40.14 % / 1.85 %	40	A	66.28 % / 1.03 %	57	D	84.28 % / 0.0 %	74	C	48.86 % / 1.9 %	91	A	65.54 % / 1.85 %
7	C	76.51 % / 0.0 %	24	D	64.15 % / 1.53 %	41	D	28.66 % / 3.28 %	58	B	59.4 % / 1.4 %	75	B	55.2 % / 1.09 %	92	A	81.85 % / 0.0 %
8	A	40.61 % / 1.85 %	25	A	89.0 % / 0.0 %	42	A	11.22 % / 3.84 %	59	A	21.8 % / 3.11 %	76	C	54.99 % / 1.91 %	93	B	60.74 % / 1.16 %
9	D	54.77 % / 1.1 %	26	D	20.18 % / 4.15 %	43	C	50.76 % / 1.24 %	60	A	42.99 % / 1.47 %	77	C	24.43 % / 4.85 %	94	B	66.86 % / 1.84 %
10	A	78.51 % / 0.0 %	27	C	63.18 % / 1.44 %	44	C	68.28 % / 1.97 %	61	B	48.85 % / 1.46 %	78	A	47.57 % / 1.56 %	95	A	51.64 % / 1.67 %
11	C	13.3 % / 4.93 %	28	B	89.15 % / 0.0 %	45	A	49.7 % / 1.36 %	62	D	46.79 % / 1.25 %	79	A	44.89 % / 1.9 %	96	B	44.8 % / 1.26 %
12	D	79.63 % / 0.0 %	29	B	85.03 % / 0.0 %	46	D	49.12 % / 1.62 %	63	C	21.42 % / 4.12 %	80	B	86.19 % / 0.0 %	97	A	51.33 % / 1.96 %
13	C	80.11 % / 0.0 %	30	B	82.3 % / 0.0 %	47	C	25.81 % / 4.16 %	64	A	76.0 % / 0.0 %	81	A	40.68 % / 1.51 %	98	B	57.69 % / 1.75 %
14	A	24.21 % / 3.16 %	31	A	77.91 % / 0.0 %	48	A	48.67 % / 1.28 %	65	D	78.2 % / 0.0 %	82	A	53.82 % / 1.66 %	99	B	78.9 % / 0.0 %
15	C	85.58 % / 0.0 %	32	C	59.05 % / 1.16 %	49	C	82.44 % / 0.0 %	66	C	52.61 % / 1.2 %	83	A	42.43 % / 1.98 %	100	D	55.84 % / 1.04 %
16	C	47.26 % / 1.35 %	33	B	57.4 % / 1.48 %	50	C	60.99 % / 1.57 %	67	A	68.35 % / 1.49 %	84	A	48.37 % / 1.1 %			
17	D	46.46 % / 1.72 %	34	A	82.55 % / 0.0 %	51	B	86.77 % / 0.0 %	68	D	63.99 % / 1.69 %	85	C	44.34 % / 1.87 %			

//संकेत और समाधान//

1. बलाघूर्ण की विमा निम्नानुसार है,

$$\Rightarrow [T] = [M^1 L^2 T^{-2}]$$

कार्य की विमा निम्नानुसार है,

$$\Rightarrow [T] = [M^1 L^2 T^{-2}]$$

संवेग की विमा निम्नानुसार है,

$$\Rightarrow [T] = [M^1 L^1 T^{-1}]$$

उपरोक्त स्पष्टीकरण से, यह स्पष्ट है कि बलाघूर्ण और कार्य की विमा समान है लेकिन संवेग की एक अलग विमा है।

अतः विकल्प (B) सही है।

2. समय मानक समय मापने के लिए एक विनिर्देश है। इसे उस दर के रूप में वर्गीकृत किया जा सकता है जिस पर समय व्यतीत होता है। वर्तमान समय में, हम समय के परमाणु मानक का उपयोग करते हैं। सीज़ियम परमाणु में उत्पन्न आवधिक कंपन समय के परमाणु मानक का आधार होते हैं। जिस तरह बैलेंस व्हील के कंपन एक साधारण कलाई घड़ी को नियंत्रित करते हैं, उसी तरह सीज़ियम परमाणु के कंपन इस सीज़ियम परमाणु घड़ी की दर को नियंत्रित करते हैं। सीज़ियम परमाणु घड़ी में, एक सेकंड का समय सीज़ियम -133 परमाणु की मूल अवस्था के दो अति सूक्ष्म स्तरों के बीच पारगमन के अनुरूप विकिरण के 9,192,631,770 कंपन के लिए आवश्यक समय के रूप में लिया जाता है। इसे सीज़ियम घड़ी या परमाणु घड़ी कहते हैं।

अतः विकल्प (B) सही है।

3. दिया गया है,

हाइड्रोजन परमाणु के व्यास का माप,

$$d = 1.06 \times 10^{-10}$$

अल्पतमांक, $\Delta d = 0.01 \times 10^{-10}$

शुद्धता = अल्पतमांक / मूल माप

$$= \frac{\Delta d}{d}$$

$$= \frac{0.01 \times 10^{-10}}{1.06 \times 10^{-10}}$$

$$= \frac{1}{106}$$

अतः विकल्प (C) सही है।

4. लंबन विधि का उपयोग बड़ी दूरियों जैसे कि पृथ्वी से किसी ग्रह या एक तारे की दूरी का निर्धारण करने के लिए किया जाता है। लंबन एक वस्तु की स्थिति में दूसरे के संबंध में अनुमानित स्थानांतरण है जब हम बिंदु अवलोकन तिरछा स्थानांतरित करते हैं। अवलोकन के दो बिंदुओं के बीच की दूरी को आधार (b) कहा जाता है। दो दृष्टिकोणों से वस्तु की दूरी D है। दो दिशाओं के बीच का कोण जिसके अनुदिश वस्तु को देखा जाता है वह लंबन कोण या विस्थापनाभासी कोण (θ) है।

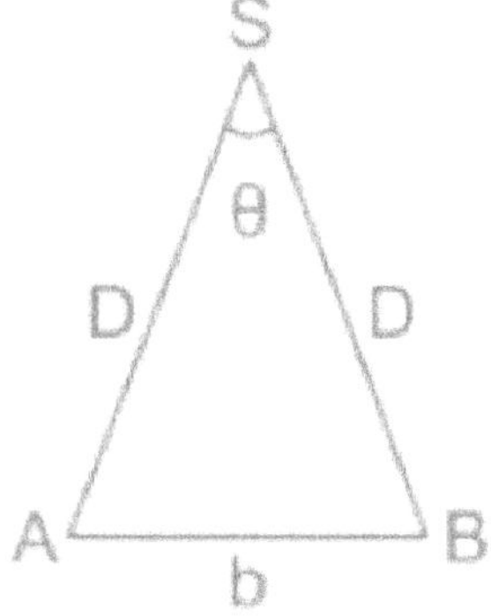

यदि S वस्तु की स्थिति है और AB अवलोकन के दो बिंदु हैं,

$$\theta = \frac{b}{D}$$

त्रिकोणीयकरण विधि तीन अवलोकन बिंदुओं द्वारा गठित त्रिकोण में कोणों का पता लगाती है। त्रिकोणमिति और सिर्फ एक पक्ष की मापित लंबाई का उपयोग करके त्रिकोण में अन्य दूरी की गणना की जाती है। इसका उपयोग भौगोलिक माप के लिए किया जाता है न कि खगोलीय दूरी के लिए।

प्रतिध्वनि विधि ध्वनि या प्रकाश के परावर्तन के सिद्धांत का उपयोग करती है। तरंग की गति और स्रोत पर वापस परावर्तन के समय को जानने के बाद, दो बिंदुओं के बीच की दूरी की गणना की जाती है। यह बहुत सटीक तरीका नहीं है और इसलिए खगोलीय दूरी पर भरोसा नहीं किया जा सकता है।

अतः विकल्प (B) सही है।

5. जैसा कि हम जानते हैं कि tवें सेकंड के लिए गति के समीकरण को इस प्रकार लिखा जाता है;

$$S_t = u + \frac{1}{2} g(2t - 1)$$

यहाँ S दूरी है, u प्रारंभिक वेग है, a त्वरण है और t समय है।

tवें सेकंड के अनुसार गति का समीकरण निम्न है

$$S_t = u + \frac{1}{2} g(2t - 1) \quad \cdots (1)$$

यहाँ मुक्त रूप से गिरने वाले पिंड का प्रारंभिक वेग शून्य के बराबर है, अर्थात $u = 0$

$$S_t = 0 + \frac{1}{2} g(2t - 1)$$

$$\Rightarrow S_t = \frac{1}{2} g(2t - 1) \cdots (2)$$

अब $t = 1$ सेकंड के लिए,

$$S_1 = \frac{1}{2} g(2 - 1)$$

$$\Rightarrow S_1 = \frac{1}{2} g \quad \cdots (3)$$

$t = 2$ सेकंड के लिए,

$$S_2 = \frac{1}{2} g(4 - 1)$$

$$\Rightarrow S_2 = \frac{3}{2} g \quad \ldots (4)$$

अब $t = 3$ सेकंड के लिए,

$$S_3 = \frac{1}{2} g (6 - 1)$$

\(\Rightarrow {S}_3=\frac{5}{2} {~g} \quad \cdots\) (5)

$t = 4$ सेकंड के लिए,

$$S_3 = \frac{1}{2} g (8 - 1)$$

\(\Rightarrow {S}_3=\frac{7}{2} {~g} \quad \cdots\) (6)

अब पहले, दूसरे, तीसरे और चौथे सेकंड में एक स्वतंत्र रूप से गिरने वाले पिंड द्वारा तय की गई दूरी के अनुपात की गणना करने के लिए हम समीकरण (3), (4), (5), और (6) को विभाजित करते हैं;

$$S_1 : S_2 : S_3 : S_4 = \frac{1}{2}\,g : \frac{3}{2}\,g : \frac{5}{2}\,g : \frac{7}{2}\,g$$

$$\Rightarrow S_1 : S_2 : S_3 : S_4 = 1 : 3 : 5 : 7$$

अतः विकल्प (A) सही है।

6. विस्थापन-समय ग्राफ का उपयोग समय के संबंध में किसी पिंड के विस्थापन को व्यक्त करने के लिए किया जाता है। विस्थापन-समय ग्राफ का ढलान वेग के बराबर है।

ढलान $= \tan\theta = $ वेग

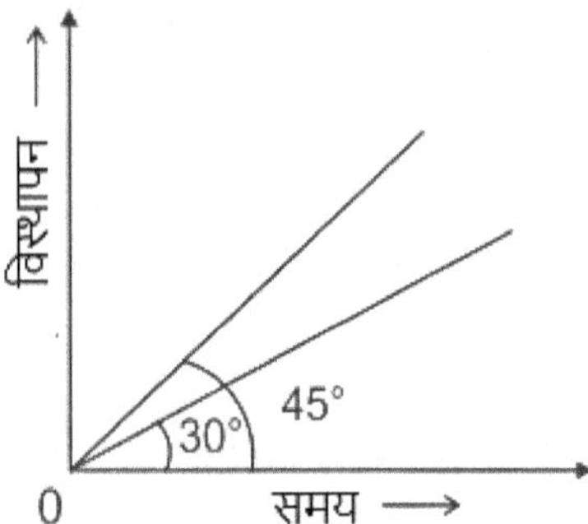

पहले निकाय द्वारा बनाया गया कोण, $\theta_1 = 30°$

पहले निकाय का वेग, $v_1 = \tan\theta_1 = \tan 30° = \frac{1}{\sqrt{3}}$

दूसरे निकाय द्वारा बनाया गया कोण, $\theta_2 = 45°$

दूसरे निकाय का वेग, $v_2 = \tan\theta_2 = \tan 45° = 1$

वेग का अनुपात $= \frac{v_1}{v_2} = \frac{\frac{1}{\sqrt{3}}}{1} = 1 : \sqrt{3}$

अतः विकल्प (B) सही है।

7. जैसे,

$$h = ut + \frac{1}{2} g t^2$$

यहाँ, $u = 0, g = 10 ms^{-2}, t = 4s$

$$\therefore h = 0 \times 4 + \frac{1}{2} \times 10 \times 4^2 = 80m$$

अतः विकल्प (C) सही है।

8. दी गई स्ट्रिंग की लंबाई $80\ cm = 0.8\ m$

यह $25 sec$ में 14 चक्कर लगाता है

आवृत्ति को एक निश्चित समयावधि में घटित होने वाली घटनाओं की संख्या के रूप में परिभाषित किया जाता है। इसका सूत्र:

$f = $ चक्कर की संख्या / समय

स्ट्रिंग की आवृत्ति $f = \frac{14}{25}$ होगी

अब,

कोणीय गति को कोणीय विस्थापन के परिवर्तन की दर के रूप में परिभाषित किया गया है। एक चक्कर में, कोणीय दूरी 2π है और समय अवधि T है।

कोणीय वेग सूत्र द्वारा दिया जाता है:

$$\Rightarrow \omega = \frac{2\pi}{t}$$

हम जानते हैं कि,

$$\frac{1}{t} = f$$

$$\Rightarrow \omega = 2 \times \pi \times f$$

जहां ω कोणीय गति है f आवृत्ति है

उपरोक्त सूत्र में मानों को प्रतिस्थापित करते हुए,

$$\Rightarrow \omega = 2\pi \times \frac{14}{25}$$

$$\Rightarrow \omega = \frac{28\pi}{25}\ rad/sec$$

साथ ही एक घूर्णन पिंड का त्वरण निम्न द्वारा दिया जाता है:

$$a = \omega^2 r$$

ω पत्थर की कोणीय गति है

r त्रिज्या है

$$\Rightarrow a = 0.8 \times \left(\frac{28\pi}{25}\right)^2$$

$$\Rightarrow a = 0.8 \times \frac{784 \times 9.859}{625} = \frac{6183.564}{625}$$

$$\Rightarrow a = 9.89\ m/s^2$$

अतः पत्थर के त्वरण का परिमाण $9.89\ m/s^2$ है।

अतः विकल्प (A) सही है।

9. प्रक्षेप्य के वेग में पहले केवल एक क्षैतिज घटक होता है, और लंबवत घटक शून्य होता है। दूसरी ओर, गोलियों का त्वरण नीचे की ओर होता है, जिससे उनका मार्ग अर्ध-परवलयिक हो जाता है। गुरुत्वाकर्षण के कारण उनके लंबवत नीचे की ओर त्वरण के परिणामस्वरूप, दोनों गोलियां जमीन को प्रभावित करेंगी।

वेग के लिए कोई लंबवत घटक नहीं है, केवल एक क्षैतिज घटक है। गोलियां समान ऊंचाई हैं क्योंकि उन्हें एक ही स्थान से क्षैतिज रूप से निकाल दिया जाता है। समय की गणना सूत्र द्वारा की जाती है:

$$T = \sqrt{\frac{2h}{g}}$$

दोनों गोलियां एक ही समय पर जमीन से टकराएंगी क्योंकि उनका त्वरण समान है। फलस्वरूप, गोलियों को जमीन तक पहुंचने में लगने वाला समय उनकी प्रारंभिक क्षैतिज गति से अप्रभावित रहता है। फलस्वरूप, एक ही ऊंचाई से क्षैतिज दिशा में दागी गई दोनों गोलियां एक ही समय में जमीन पर लगेंगी।

अतः विकल्प (D) सही है।

10. वृत्तीय गति में कण का शुद्ध त्वरण केंद्र की ओर तभी होता है जब उसकी गति स्थिर हो। एकसमान वृत्तीय गति में, वेग सदिश समय के प्रत्येक क्षण में परिवर्तित होता है, अर्थात वेग की दिशा में परिवर्तन होता है क्योंकि यह पथ की स्पर्शरेखा। वृत्तीय गति अभिकेन्द्रीय त्वरण के कारण होती है जिसकी दिशा वृत्तीय गति के केंद्र की ओर होती है।

अतः विकल्प (A) सही है।

11. मुक्त पिंड आरेख इस प्रकार दिया गया है,

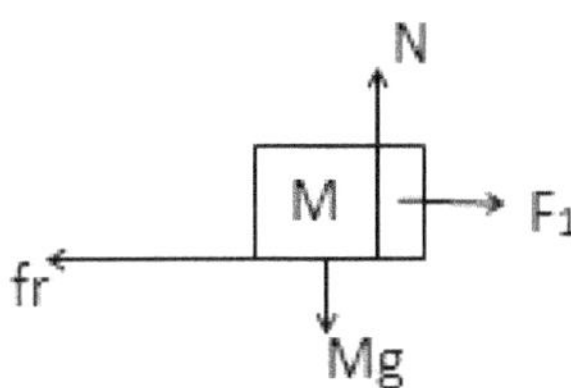

यदि $F_1 = 0$

तो संपर्क बल केवल Mg के बराबर है।

तो F, Mg होगा।

अब जैसे-जैसे F_1 बढ़ता है f_r भी बढ़ता रहता है जब तक कि यह सीमित मान तक नहीं पहुंच जाता है, अर्थात $\mu N = \mu mg$.

तो, उस स्थिति में, संपर्क बल F होगा,

$$\sqrt{N^2 + f_r^2} = \sqrt{(Mg)^2 + (\mu Mg)^2}$$

$$F = Mg\sqrt{1 + \mu^2}$$

इसका मतलब है कि संपर्क बल F, $Mg \leq F \leq Mg\sqrt{1 + \mu^2}$ के बीच स्थित होगा।

अतः विकल्प (C) सही है।

12. वस्तु जितनी भारी होती है उसे हिलाना उतना ही कठिन होता है या उसे स्थानांतरित करने के लिए जितना अधिक बल की आवश्यकता होती है, जड़त्व उतना ही अधिक होता है। चूंकि उच्च द्रव्यमान में उच्च ज जड़त्व होता है। उपरोक्त सभी चार विकल्पों में, एक क्रिकेट गेंद का द्रव्यमान अधिकतम होता है, इसलिए इसका जड़त्व अधिकतम होगा।

न्यूटन के गति के पहले नियम के अनुसार, कोई वस्तु स्थिर या एकसमान गति में एक सीधी रेखा में तब तक रहेगी जब तक कि उस पर कोई बाहरी बल न लगाया जाए।

विराम का जड़त्व : जब कोई वस्तु विरामावस्था में होती है तो वह तब तक विरामावस्था में रहती है जब तक कि हम उसे गतिमान करने के लिए कोई बाह्य बल न लगा दें। इस गुण को विराम का जड़त्व कहते हैं।

गति का जड़त्व: जब कोई पिंड एकसमान गति में होता है, तो वह तब तक गति में रहेगा जब तक हम उसे रोकने के लिए बाहरी बल नहीं लगाते। इस गुण को गति का जड़त्व कहते हैं।

अतः विकल्प (D) सही है।

13. दिया गया है,

पिंड का द्रव्यमान, $m = 20\ g = 0.02 kg$

त्वरण, $a = 5.0\ cm/s^2 = 0.05 m/s^2$

जैसा कि हम जानते हैं,

$$F = ma$$

$$= 0.02 \times 0.05$$

$$= 1 \times 10^{-3}\ N$$

अतः विकल्प (C) सही है।

14. जब भार बोर्ड के किसी एक सिरे पर हो, तब प्रणाली का मुक्त पिंड आरेख,

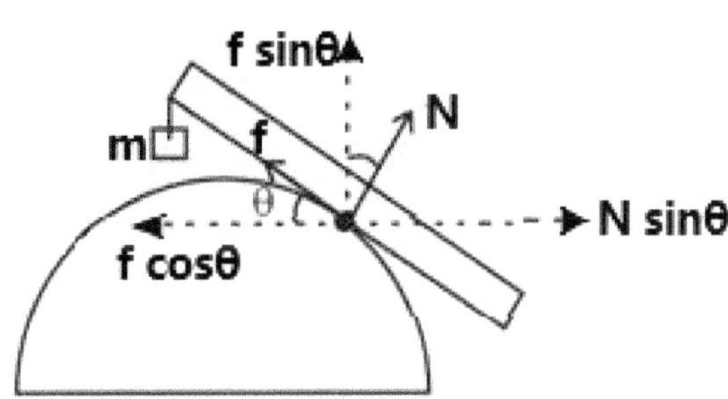

अब, बोर्ड पर नेट बल शून्य है।

नेट क्षैतिज बल $= 0$

$$f cos\theta - N sin\theta = 0$$

$$f = N tan\theta \ldots (1)$$

जैसा कि हम जानते हैं, घर्षण बल है

$$f = \mu N \ldots (2)$$

समीकरण (1) और (2) से, हम प्राप्त करते हैं

$$\mu = \tan\theta$$

अतः विकल्प (A) सही है।

15. किसी समय में काम या शक्ति की खपत करने की क्षमता को ऊर्जा कहा जाता है। शक्ति कार्य करने की दर है या वह दर जिस पर ऊर्जा खर्च की जाती है। किलोवाट-घंटा ऊर्जा की इकाई है।

अतः विकल्प (C) सही है।

16. दिया गया है,

किया गया कार्य $= W = 260$ J

शक्ति $= P = 10$ W

कार्य करने की दर शक्ति है,

$$P = \frac{W}{t}$$

या $t = \frac{W}{P} = \frac{260}{10} = 26$ सेकेंड

इसलिए, 10 W की दर से 260 J काम करने के लिए आवश्यक समय 26 सेकेंड है।

अतः विकल्प (C) सही है।

17. एक विद्युत जनरेटर एक उपकरण है जिसका उपयोग यांत्रिक ऊर्जा को विद्युत ऊर्जा में बदलने के लिए किया जाता है। इसे डायनेमो के रूप में भी जाना जाता है। एक विद्युत जनरेटर विद्युत चुम्बकीय प्रेरण सिद्धांत पर कार्य करता है। विद्युत चुम्बकीय प्रेरण सिद्धांत में कहा गया है कि जब एक चालक एक बदलते अभिवाह के साथ जुड़ा होता है तो यह उस के पार एक umf प्रेरित

करेगा। चालक में प्रेरित emf का मूल्य चालक से जुड़े अभिवाह के परिवर्तन की दर पर निर्भर करता है।

एक चुंबकीय क्षेत्र के अंदर एक कुंडल को घुमाकर एक विद्युत जनरेटर उत्पन्न किया जाता है। जब एक कुंडल को चुंबकीय ऊर्जा द्वारा चुंबकीय क्षेत्र में घुमाया जाता है, तो कुंडल के माध्यम से चुंबकीय अभिवाह को बदल दिया जाता है। और इसलिए EMF कुंडल में प्रेरित होता है जो धारा उत्पन्न करता है। तो विद्युत ऊर्जा उत्पन्न होती है।

अतः विकल्प (D) सही है।

18. विद्युत की 1 इकाई $= 1$ किलोवाट-घंटा $= 1000$ वाट-घंटा $= 3.6 \times 10^6 J$

1 किलो वाट $= 1000$ वाट

$100W = 0.1$ किलोवाट $\quad [\because 1$ किलोवाट $= 1000W]$

30 दिनों में बल्ब की कुल खपत $= 0.1$ किलोवाट $\times 30$ दिन $\times 5$ घंटे/दिन $= 15$ किलोवाट-घंटा

दिया गया है, 1 यूनिट की लागत $= 75$ पैसे

तो कुल व्यय $= 75 \times 15 = 1125$ पैसे $= 11.25$ रु.

अतः विकल्प (D) सही है।

19. जैसा कि तीन कणों के द्रव्यमानो का केंद्र $2,2,2$ है,

$\therefore$ कुल द्रव्यमान $= 1 + 2 + 3 = 6$ किलो

अब विचार करें 4 किलो द्रव्यमान की स्थिति (x, y, z) है,

अब कुल निकाय के द्रव्यमान का केंद्र $0,0,0$ है,

$\therefore \frac{6 \times 2 + 4x}{10} = 0$

$\Rightarrow 12 = -4x$

$\Rightarrow x = -3$

इसी तरह, $\frac{6 \times 2 + 4y}{12} = 0$

$\Rightarrow y = -3$

इसी तरह, $\frac{6 \times 2 + 4z}{12} = 0$

$\Rightarrow z = -3$

उपरोक्त से हम यह निष्कर्ष निकाल सकते हैं

$x = -3, y = -3, z = -3$

अतः विकल्प (A) सही है।

20. परिभ्रमण (जाइरेशन) की त्रिज्या को जड़त्व आघूर्ण और द्रव्यमान के अनुपात के वर्गमूल के रूप में परिभाषित किया जाता है और इसे इस प्रकार लिखा जाता है;

$$k = \sqrt{\frac{I}{m}} \quad \cdots (1)$$

यहाँ k परिक्रमण की त्रिज्या है, I जड़त्व आघूर्ण है और m द्रव्यमान है।

एक पतली एकसमान डिस्क और डिस्क का चित्र नीचे दिखाया गया है;

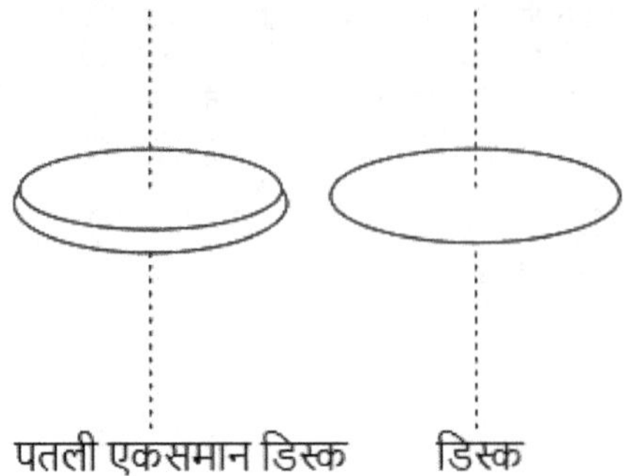

एक पतली एकसमान डिस्क के परिभ्रमण(जाइरेशन) की त्रिज्या, $= k = \sqrt{\frac{I}{m}}$ और

डिस्क की जड़त्व आघूर्ण, $I = \frac{mR^2}{4}$

यहाँ हमारे पास त्रिज्या के रूप में R है,और m द्रव्यमान के रूप में है अब, मानों को समीकरण (1) में रखने पर हमें प्राप्त होता है;

एकसमान डिस्क के परिभ्रमण(जाइरेशन) की त्रिज्या;

$$k_1 = \sqrt{\frac{mR^2}{2}}$$

$$k_1 = \sqrt{\frac{R^2}{2}} \quad \cdots (2)$$

और एकसमान डिस्क के परिभ्रमण(जाइरेशन) की त्रिज्या;

$$k_2 = \sqrt{\frac{\frac{mR^2}{4}}{m}}$$

$$k_2 = \sqrt{\frac{R^2}{4}} \quad \cdots (3)$$

अब, समीकरण (2) को समीकरण (3) से भाग देने पर हमें प्राप्त होता है;

$$\frac{k_1}{k_2} = \frac{\sqrt{\frac{R^2}{2}}}{\sqrt{\frac{R^2}{4}}}$$

$$\Rightarrow k_1 : k_2 = \sqrt{2} : 1$$

अतः विकल्प (D) सही है।

21. मान लीजिए कि द्रव्यमान के दो कणों का एक निकाय M_1 और M_2 क्रमशः बिंदु A और B पर स्थित है। माना X_1 और X_2 को एक निश्चित मूल O के सापेक्ष कणों की स्थिति हैं। फिर, प्रणाली के द्रव्यमान के केंद्र की स्थिति X की गणना सूत्र का उपयोग करके की जा सकती है:

द्रव्यमान का केंद्र, $X = \frac{M_1 X_1 + M_2 X_2}{M_1 + M_2}$ ....(1)

दिया है ,

$M_1 = 10 \, kg, M_2 = 20 \, kg,$

छड़ की लम्बाई $= 10 \, m$

मान लीजिए M_1 मूल स्थान पर है, तो X_1 और X_2 क्रमशः 0 और $10\ m$ होगा।

मान को समीकरण (1) में रखने पर,

$$X = \frac{10 \times 0 + 20 \times 10}{10 + 20} = \frac{200}{30} = \frac{20}{3}$$

$10\ kg$ द्रव्यमान से निकाय के द्रव्यमान केंद्र की दूरी $\frac{20}{3}\ m$ है।

अतः विकल्प (D) सही है।

22. एक उपग्रह का क्रांतिक वेग उपग्रह को स्थिर कक्षा में रखने के लिए दिया गया निरंतर क्षैतिज वेग है।

क्रांतिक वेग को उस गति के रूप में परिभाषित किया जाता है जिस पर एक गिरती हुई वस्तु उस तक पहुँचती है जब वस्तु पर गुरुत्वाकर्षण और वायु प्रतिरोध दोनों बराबर हो जाते हैं। क्रांतिक वेग को परिभाषित करने का दूसरा तरीका वह गति और दिशा है जिस पर द्रव बिना अशांत हुए एक नाली के माध्यम से प्रवाहित हो सकता है।

अतः विकल्प (B) सही है।

23. चंद्रमा की सतह के पास स्वतंत्र रूप से गिरने वाले विभिन्न द्रव्यमानों की दो वस्तुएं किसी भी पल में समान वेग रखें होंगी।

जब कोई वस्तु मुक्त रूप से गिरती है, तो उसका त्वरण केवल गुरुत्वाकर्षण के कारण त्वरण पर निर्भर करता है और द्रव्यमान की कोई भूमिका नहीं होती है। जिसके परिणामस्वरूप; उनके द्रव्यमान के बावजूद, मुक्त रूप से गिरने वाली वस्तु का किसी भी क्षण समान वेग होता है।

अतः विकल्प (C) सही है।

24. दो पिंडों के बीच की दूरी सामान्य दूरी से 6 गुना अधिक हो जाती है। F $1/36$ बार बन जाता है।

सरल शब्दों में, नया बल दी गई नई दूरी के वर्ग के व्युत्क्रम होगा। उपरोक्त प्रश्न में दूरी 6 गुना हो जाती है, इसलिए 6 का वर्ग लेते हुए इसे $1/36$ के व्युत्क्रम में लेते हैं। अतः नया बल पिछले बल का $1/36$ गुना हो जाएगा।

अतः विकल्प (D) सही है।

25. गुरुत्वाकर्षण बल सभी चार मूलभूत बलों में से सबसे कमजोर है, लेकिन इसमें अनंत सीमा है। यह हमेशा प्रकृति में आकर्षक होता है।

विद्युत चुम्बकीय बल दो आवेशित कणों या चुंबक के दो ध्रुवों के बीच का बल है। यह गुरुत्वाकर्षण से अधिक मजबूत है।

मजबूत परमाणु बल परमाणु बल का मजबूत संस्करण है। यह प्रकृति की सबसे मजबूत शक्ति है।

कमजोर परमाणु बल एक परमाणु के नाभिक के उप-परमाणु कणों के बीच आकर्षण का कमजोर बल है। हालांकि नाम से पता चलता है कि यह कमजोर है, यह विद्युत चुम्बकीय बल से ज्यादा मजबूत है।

इसलिए, चार मूलभूत अंतःक्रियाओं में से सबसे कमजोर गुरुत्वाकर्षण बल है।

अतः विकल्प (A) सही है।

26. किसी पिंड का वजन नहीं बदलेगा यदि पिंड पर गुरुत्वाकर्षण खिंचाव बदलता है; लेकिन पिंड का वजन बदल जाएगा।

"उदाहरण के लिए, यदि आप पृथ्वी पर अपने वजन को मापते हैं और फिर चंद्रमा पर या कहीं और अंतरिक्ष में अपने वजन को मापते हैं, तो आपका वजन समान रहेगा।"

ब्रह्मांड में हर जगह एक पिंड का वजन स्थिर होता है।

इसलिए, इस 60 किलोग्राम महिला का वजन पृथ्वी की सतह के साथ-साथ अंतरिक्ष यान में भी समान होगा।

अतः विकल्प (D) सही है।

27. यदि किसी द्रव को अंतरिक्ष में बिना गुरुत्वाकर्षण के गर्म किया जाता है तो ऊष्मा का स्थानान्तरण विकिरण की प्रक्रिया द्वारा होगा।

चालन और संवहन के मामले में, इन प्रक्रियाओं के होने के लिए गुरुत्वाकर्षण की उपस्थिति महत्वपूर्ण है।

विकिरण के मामले में, इसे गुरुत्वाकर्षण की आवश्यकता नहीं होती है इसलिए ऊष्मा का स्थानान्तरण केवल विकिरण की प्रक्रिया से ही हो सकता है।

अतः विकल्प (C) सही है।

28. बॉयल का नियम समतापीय परिवर्तनों के दौरान एक आदर्श गैस के लिए मान्य है।

बॉयल के नियम के अनुसार, एक स्थिर तापमान पर एक आदर्श गैस के दिए गए द्रव्यमान के लिए, गैस का आयतन उसके दबाव के व्युत्क्रमानुपाती होता है अर्थात

$$V \propto \frac{1}{P} \text{ या } PV = \text{स्थिरांक}$$

$$P_1 V_1 = P_2 V_2$$

अतः विकल्प (B) सही है।

29. वायु में सबसे कम तापीय चालकता होती है।

किसी सामग्री की तापीय चालकता ऊष्मा का संचालन करने के लिए सामग्री की क्षमता का एक उपाय है। तापीय चालकता के लिए एक उच्च मान इंगित करता है कि सामग्री एक अच्छा ऊष्मा संवाहक है और कम मान इंगित करता है कि सामग्री एक खराब ऊष्मा संवाहक या इन्सुलेटर है। पीतल और पारा धातु हैं इसलिए उनके पास उच्च चालकता है, जबकि वायु में सबसे कम है।

अर्थात, $K_{\text{वायु}} < K_{\text{पानी}} < K_{\text{पारा}} < K_{\text{पीतल}}$

अतः विकल्प (B) सही है।

30. संकल्पना:

सेल्सियस पैमाना:

इस पैमाने में, LFP (बर्फ बिंदु) $0°$ लिया जाता है और UFP (भाप बिंदु) $100°$ लिया जाता है। इस पैमाने पर तापमान सभी डिग्री सेल्सियस $(°C)$ में मापा जाता है।

फारेनहाइट पैमाना:

तापमान के इस पैमाने में LFP $32°F$ और UFP $212°F$ है। $1°F$ के तापमान में परिवर्तन सेल्सियस पैमाने पर $1°$ से कम के परिवर्तन से मेल खाता है।

केल्विन पैमाना:

केल्विन तापमान पैमाने को थर्मोडायनामिक पैमाने के रूप में भी जाना जाता है। तापमान के पैमाने के शून्य होने के लिए पानी के त्रिगुण बिंदु को भी चुना जाता है। इस पैमाने पर मापा गया तापमान केल्विन (K) में होता है।

ये सभी तापमान एक दूसरे से निम्नलिखित संबंध द्वारा संबंधित हैं।

$$\frac{F - 32}{9} = \frac{C}{5} = \frac{K - 273}{5}$$

गणना:

सेल्सियस और फारेनहाइट पैमाने के बीच संबंध है:

$$\frac{F - 32}{9} = \frac{C}{5}$$

$$\Rightarrow C = \frac{5}{9}(F - 32)$$

अतः विकल्प (B) सही है।

31. उष्मागतिकी मुख्य रूप से चार नियमों के एक समूह पर आधारित है जो सार्वभौमिक रूप से लागू होते हैं जब उन प्रणालियों पर लागू होते हैं जो उनकी संबंधित सीमाओं के भीतर आते हैं। वे इस प्रकार हैं:

- उष्मागतिकी का ज़ीरोथ नियम
- उष्मागतिकी का पहला नियम
- उष्मागतिकी का दूसरा नियम
- उष्मागतिकी का तीसरा नियम

अतः विकल्प (A) सही है।

32. तीसरा नियम वाल्थर नन्र्स्ट द्वारा वर्ष $1906 - 12$ के दौरान विकसित किया गया था और इसलिए इसे अक्सर नन्र्स्ट के प्रमेय या नन्र्स्ट के अभिधारणा के रूप में जाना जाता है। उष्मागतिकी का तीसरा नियम कहता है कि निरपेक्ष शून्य पर एक प्रणाली की एन्ट्रापी एक अच्छी तरह से परिभाषित स्थिरांक है। ऐसा इसलिए है क्योंकि शून्य तापमान पर एक प्रणाली इसकी जमीनी अवस्था में मौजूद होती है, जिससे इसकी एन्ट्रापी केवल जमीनी अवस्था की गिरावट से निर्धारित होती है।

1912 में नन्र्स्ट ने नियम को इस प्रकार कहा: "किसी भी प्रक्रिया के लिए सीमित चरणों में इज़ोटेर्म $T = 0$ तक ले जाना असंभव है।"

अतः विकल्प (C) सही है।

33. किसी रासायनिक या परमाणु संयंत्र में शीतलक की विशिष्ट ऊष्मा उच्च होनी चाहिए क्योंकि यह ज्ञात है कि शीतलक की विशिष्ट ऊष्मा जितनी उच्च होगी, उसकी ऊष्मा-अवशोषण क्षमता उतनी ही उच्च होगी और इसके विपरीत।

इस प्रकार, एक तरल जिसमें उच्च विशिष्ट ऊष्मा होती है, परमाणु या रासायनिक संयंत्र में उपयोग करने के लिए सबसे अच्छा शीतलक होता है। यह प्लांट के विभिन्न भागों को अत्यधिक ऊष्मा होने से रोकता है।

अतः विकल्प (B) सही है।

34. एक इलेक्ट्रिक हीटर द्वारा $100W$ की दर से सिस्टम को ऊष्मा की आपूर्ति की जाती है।

इस प्रकार, आपूर्ति की गई ऊष्मा, $Q = 100J/s$

सिस्टम $75J/s$ की दर से संचालित होता है।

स्पष्ट रूप से, किया गया कार्य, $W = 75J/s$

उष्मागतिकी के पहले नियम का उपयोग करते हुए,

$$Q = U + W$$

जहां,

$U =$ आंतरिक ऊर्जा

$$\Rightarrow U = Q - W$$

$$\Rightarrow U = 100 - 75$$

$$\Rightarrow U = 25J/s$$

$$\Rightarrow U = 25W$$

अतः विकल्प (A) सही है।

35. माना P_1 और P_2 क्रमशः गैसों A और B के आंशिक दबाव होंगे। तापमान और आयतन की समान स्थितियों के तहत,

$$P_1 = P_2$$

माना P A और B के मिश्रण द्वारा डाला गया कुल दबाव, डाल्टन के आंशिक दबाव के नियम का उपयोग करते हुए,

$$P = P_1 + P_2$$

$$\Rightarrow P = 2P_1$$

$$\Rightarrow \frac{P}{P_1} = \frac{2}{1}$$

$$\Rightarrow P : P_1 = 2 : 1$$

अतः विकल्प (B) सही है।

36. प्रारंभिक आयतन V_1 V है

दिया हुआ:

अंतिम आयतन, $V_2 = \frac{8}{27} V$

प्रारंभिक तापमान, $T_1 = 273 + 27 = 300K$

$$\gamma = \frac{5}{3}$$

हमें तापमान में वृद्धि का पता लगाना है, T_2.

एक एडियाबेटिक प्रक्रिया के लिए:

$$TV^{\gamma-1} = \text{नियतांक}$$

इस प्रकार,

$$T_1 V_1^{\gamma-1} = T_2 V_2^{\gamma-1}$$

$$\Rightarrow T_2 = T_1 \left(\frac{V_1}{V_2}\right)^{\gamma-1}$$

$$\Rightarrow T_2 = 300 \times \left(\frac{27}{8}\right)^{\frac{5}{3}-1}$$

$$\Rightarrow T_2 = 300 \times \left(\frac{27}{8}\right)^{\frac{2}{3}}$$

$$\Rightarrow T_2 = 300 \times \frac{9}{4} = 675K$$

$$\Rightarrow T_2 = 675 - 273 = 402°C$$

तापमान में वृद्धि $= 402°C - 27°C = 375°C$

अतः विकल्प (B) सही है।

37. दिया गया,

$$\frac{n}{V} = 5 \text{ अणु}/cm^3 = 5 \times 10^6/m^3$$

T = 3 K

$$k = 1.38 \times 10^{-23} JK^{-1}$$

आदर्श गैस समीकरण से,

$$pV = nkT$$

$$p = \frac{n}{V} kT$$

$$= (5 \times 10^6/m^3)(1.38 \times 10^{-23}/JK^{-1}) \times 3\,K$$

$$= 20.7 \times 10^{-17} Nm^{-2}$$

अतः विकल्प (A) सही है।

38. गैस अणु का माध्य मुक्त पथ निम्न द्वारा दिया जाता है:

$$\lambda = \frac{1}{\sqrt{2}\pi d^2 n}$$

यहाँ, $n =$ अणु के प्रति इकाई आयतन $d =$ व्यास में टक्करों की संख्या

यदि अणु की औसत गति v है तो

माध्य मुक्त समय, $\tau = \frac{\lambda}{v}$

$$\Rightarrow \tau = \frac{1}{\sqrt{2}\pi n d^2 v} = \frac{1}{\sqrt{2}\pi n d^2}\sqrt{\frac{M}{3RT}}$$

$$\left(\because v = \sqrt{\frac{3RT}{M}}\right)$$

$$\therefore \tau \propto \frac{\sqrt{M}}{d^2} \quad \text{और} \quad \frac{\tau_1}{\tau_2} = \frac{\sqrt{M_1}}{d_1^2} \times \frac{d_2^2}{\sqrt{M_2}}$$

$$= \sqrt{\frac{40}{140}} \times \left(\frac{0.1}{0.07}\right)^2 = 1.09$$

अतः विकल्प (C) सही है।

39. हम जानते हैं कि, वी.आर.एम.एस. और V^1 r.m.s.आर्गन और हीलियम की मूल माध्य वर्ग गति हैं

हमारे पास क्रमशः तापमान T और T^1 पर परमाणु हैं।

$T = $ सार्वभौमिक गैस स्थिरांक

$T = $ तापमान

$M = $ गैस का परमाणु द्रव्यमान अब, Vr.m.s. $= \sqrt{\frac{3RT}{M}}$

$$V^1 r \cdot m.s. = \sqrt{\frac{3RT^1}{M^1}}$$

दिया गया है, $M = $ आर्गन का द्रव्यमान $= 39.9$

$M^1 = $ हीलियम का द्रव्यमान $= 4.0$

$T^1 = $ हीलियम का तापमान $= -20^0 C$

$T^1 = 273 + (-20) = 253K$

$T = $ आर्गन का तापमान $=?$

अब, Vr.m.s. $= V^1 R \cdot m.$

$$\sqrt{\frac{3RT}{M}} = \sqrt{\frac{3RT^1}{M^1}}$$

दोनों तरफ से,

$$\frac{T}{M} = \frac{T^1}{M^2} \Rightarrow T = \frac{T^1 M}{M^1}$$

$$T = \frac{253 \times 39.9}{4.0} = 2523.7K$$

अतः विकल्प (A) सही है।

40. दो पेंडुलम $90°$ के निरंतर चरण अंतर के साथ दोलन करते हैं। यह तभी संभव हो सकता है जब उनके कोणीय वेग और आयाम समान हों।

$\omega_1 = \omega_2,$और

$A_1 = A_2$

तो, $A_1 \omega_1 = A_2 \omega_2$

स्ट्रिंग की लंबाई जितनी लंबी होगी, पेंडुलम की लंबी अवधि या आगे और पीछे स्विंग होगी।

आयाम, या कोण जितना अधिक होगा, पेंडुलम जितना दूर होगा, अवधि उतनी ही लंबी होगी।

पेंडुलम का कोणीय वेग जितना लंबा होगा, समय अवधि उतनी ही कम होगी।

तो, $90°$ के निरंतर चरण अंतर में उनके दोलन के कारण समय अवधि बराबर होनी चाहिए।

इसलिए, दूसरे पेंडुलम की समय अवधि पहले एक $= 2$ सेकंड के बराबर होनी चाहिए।

अत: विकल्प (A) सही है।

41. रेडियो तरंग प्रसारण रेडियो तरंगों के व्यवहार से संबंधित है जब तरंगों एक छोर से दूसरे छोर तक जाती हैं। विद्युत चुम्बकीय रेडियो तरंगों के चलने के लिए, एक ट्रांसमिटिंग(प्रेषण) एंटीना और एक रिसीविंग (ग्राही) एंटीना की आवश्यकता होती है। जिस पथ या मोड में रेडियो तरंगें अनुसरण करती हैं या यात्रा कर सकती हैं उसे रेडियो तरंग प्रसारण कहा जाता है। रेडियो तरंग प्रसारण के तीन (3) तरीके इस प्रकार हैं:

1. भू-तरंग या सतह तरंग प्रसारण
2. अंतरिक्ष तरंग और दृष्टि रेखा (LOS) प्रसारण
3. आकाश तरंग प्रसारण

अत: विकल्प (D) सही है।

42. दिया गया है:

औसत शक्ति संचरित, $P_1 : P_2 = 1 : 1,$

तरंगदैर्घ्य, $\lambda_1 : \lambda_2 = 1 : 2$

औसत शक्ति निम्न द्वारा दी जाती है, $P = \frac{1}{2}\rho\omega^2 A^2 Sv$

चूंकि दो तरंगों द्वारा एक अनुप्रस्थ काट में प्रसारित औसत शक्ति बराबर होती है।

$$\frac{1}{2}\rho\omega_1^2 A_1^2 Sv = \frac{1}{2}\rho\omega_2^2 A_2^2 Sv$$

$$\Rightarrow \omega_1^2 A_1^2 = \omega_2^2 A_2^2$$

$$\Rightarrow \omega_1 A_1 = \omega_2 A_2$$

या, $\frac{A_1}{A_2} = \frac{\omega_2}{\omega_1} \ldots \ldots \ldots (1)$

कोणीय आवृत्ति और तरंग दैर्घ्य के बीच संबंध एक दूसरे के व्युत्क्रमानुपाती होता है, इसलिए, $\omega \propto \frac{1}{\lambda}$

$$\frac{\omega_1}{\omega_2} = \frac{\lambda_2}{\lambda_1} = \frac{2}{1}$$

समीकरण (1) से, $\frac{A_1}{A_2} = \frac{1}{2}$

अब, दबाव आयाम, $P = B_0 A K$

$$\therefore \frac{P_1}{P_2} = \frac{A_1 \times K_1}{A_2 \times K_2}$$

$$= \frac{A_1 \times \lambda_2}{A_2 \times \lambda_1}, \text{ यहाँ, } K = \frac{2\pi}{\lambda}$$

$$\Rightarrow \frac{P_1}{P_2} = \frac{1}{2} \times \frac{2}{1}$$

$$= 1$$

अत: विकल्प (A) सही है।

43. गेंद और कटोरे की यह प्रणाली साधारण पेंडुलम प्रणाली के समान है। एक साधारण लोलक का आवर्तकाल निम्न द्वारा दिया जाता है:

$$T = 2\pi\sqrt{\frac{l}{g}}$$

जहाँ l = लंबाई और g = गुरुत्वाकर्षण के कारण त्वरण

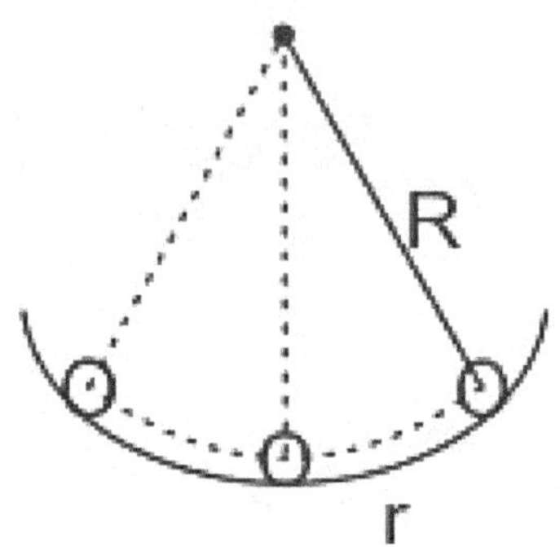

आरेख के अनुसार, हम देख सकते हैं कि प्रणाली की प्रभावी लंबाई होगी

$$l_{\text{dff}} = R - r$$

इस प्रकार आवर्तकाल होगा

$$T = 2\pi\sqrt{\frac{l}{g}}$$

$$T = 2\pi\sqrt{\frac{R-r}{g}}$$

अत: विकल्प (C) सही है।

44. दिया गया है:

गति का समीकरण $a = -bx$,

जहां a त्वरण है, x माध्य स्थिति से विस्थापन है और b कोई स्थिरांक है।

इसकी तुलना त्वरण के समीकरण $a = -\omega^2 x$ से करने पर,

$$\omega^2 = b$$

$$\omega = \sqrt{b}$$

$$T = \frac{2\pi}{\omega}$$

$$T = \frac{2\pi}{\sqrt{b}}$$

अत: विकल्प (C) सही है।

45. जब कागज के हल्के टुकड़े जिन पर कोई आवेश नहीं होता है, उन्हें ऋणात्मक रूप से आवेशित कंघी के निकट रखा जाता है, तो वहां आकर्षण होगा। एक आवेशित निकाय एक उदासीन निकाय को आकर्षित कर सकता है। इसलिए जब कागज के हल्के टुकड़े जिन पर कोई आवेश नहीं होता है, उन्हें ऋण आवेशित कंघी के निकट रखा जाता है, तो आकर्षण होगा।

अत: विकल्प (A) सही है।

46.

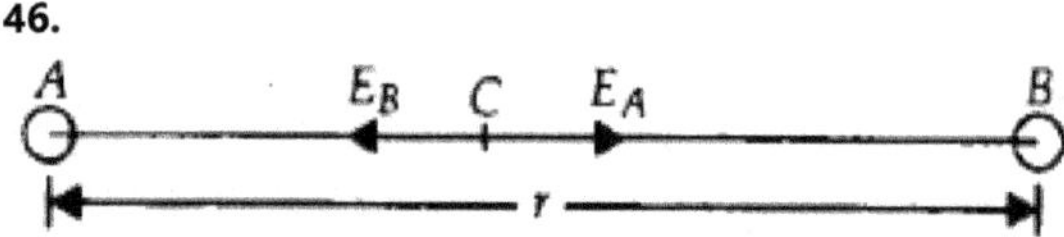

यहां, $AB = r = 90$ cm $= 0.9$ m

$$q_A = 10\mu C = 10 \times 10^{-6} C$$

$$q_B = 40\mu C = 40 \times 10^{-6} C, AC = ?$$

C बिंदु पर, $E_A = E_B$

$$\frac{q_A}{4\pi\varepsilon_0 (AC)^2} = \frac{q_B}{4\pi\varepsilon_0 (BC)^2}$$

$$\frac{q_A}{(AC)^2} = \frac{q_B}{(r-AC)^2}$$

$$\frac{10\times10^{-6}}{(AC)^2} = \frac{40\times10^{-6}}{(0.9-AC)^2}$$

$$\frac{1}{(AC)^2} = \frac{4}{(0.9-AC)^2}$$

$$\frac{1}{AC} = \frac{2}{(0.9-AC)}$$

$$0.9 - AC = 2AC$$

$$3AC = 0.9$$

$$AC = 0.3 \text{ m} = 30 \text{ cm}$$

अतः विकल्प (D) सही है।

47. Q_1 और Q_5 के कारण q पर कार्यकारी करने वाले बल विपरीत दिशा में हैं, इसलिए एक दूसरे को निरस्त कर देने के कारण q पर कार्य करने वाला बल

$$Q_3, \quad F_3 = \frac{1}{4\pi\varepsilon_0}\frac{qQ_3}{R^2} \text{ है}$$

Q_2 और Q_4 के कारण q पर कार्य करने वाला बल

दो घटक विधि में हल करके:

(i) उर्ध्वादर घटक: $Q_2 Sin\theta$ और $Q_4 Sin\theta$ समान और विपरीत दिशा हैं, इसलिए वे एक दूसरे के लिए रद्द हो जाते हैं।

(ii) क्षैतिज घटक: $Q_2 Sin\theta$ और $Q_4 cos\theta$ समान और समान दिशा हैं, इसलिए वे जुड़ सकते हैं।

$$F_{24} = F_{q_2} + F_{q_4} = F_2\cos45° + F_4\cos45°$$

$$F_{24} = \frac{1}{4\pi\varepsilon_0}\frac{qQ_2}{R^2}\cos45° + \frac{1}{4\pi\varepsilon_0}\frac{qQ_4}{R^2}\cos45°$$

परिणामी शुद्ध बल F

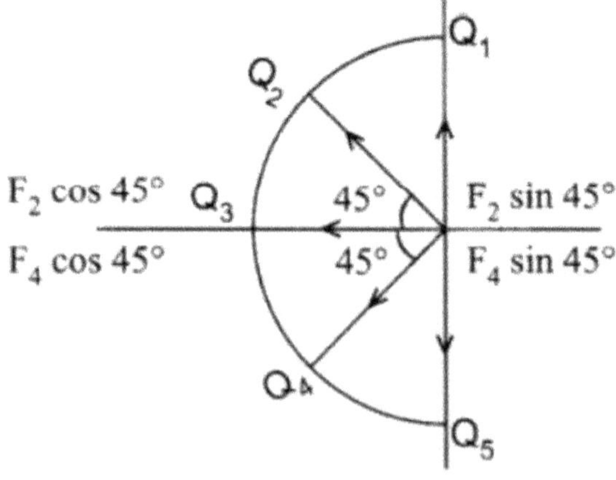

$$F = F_3 + F_{24} + F_{15}$$

$$\cos 45° = \frac{1}{\sqrt{2}}$$

$$F = \frac{qQ}{4\pi\varepsilon_0 R^2}\left[1 + \frac{1}{\sqrt{2}} + \frac{1}{\sqrt{2}}\right]$$

$$= \frac{1}{4\pi\varepsilon_0}\frac{qQ}{R^2}\left[1 + \frac{2}{\sqrt{2}}\right]$$

$$F = \frac{1}{4\pi\varepsilon_0}\frac{qQ}{R^2}[1 + \sqrt{2}]N$$

वेक्टर रूप:

$$\vec{F} = \frac{1}{4\pi\varepsilon_0}\frac{qQ}{R^2}\left(1 + \sqrt{2}\right)N\hat{\imath}$$

अतः विकल्प (C) सही है।

48.

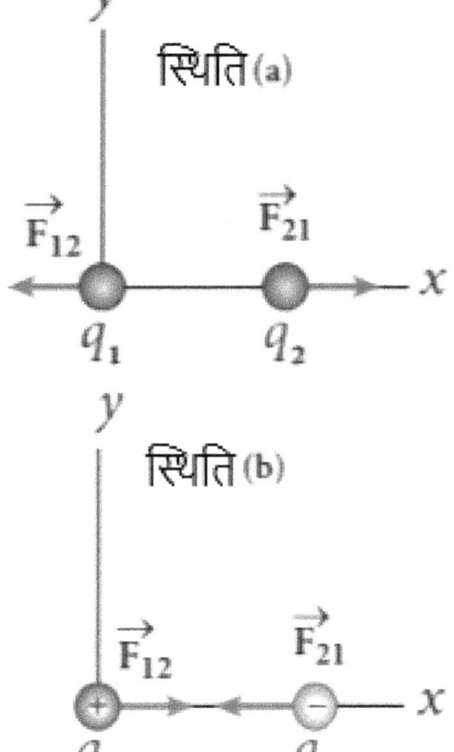

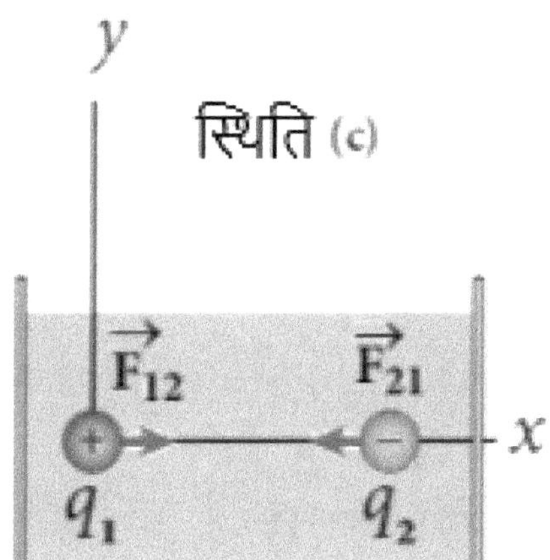

$q_1 = +2\mu C, q_2 = +3\mu C,$ और $r = 1\,m.$

दोनों धनात्मक आवेश हैं, तो बल प्रतिकारक होगा।

$$\vec{F}_{21} = \frac{1}{4\pi\varepsilon_0}\frac{q_1 q_2}{r^2}\hat{r}_{12}$$

यहाँ $\hat{r}_{12}$ q_1 से q_2 तक इकाई सदिश है क्योंकि q_2 q_1 के दाईं ओर स्थित है,

हमारे पास है,

$\hat{r}_{12} = \hat{\imath},$ ताकि

$$\vec{F}_{21} = \frac{9\times10^9 \times 2\times10^{-6} \times 3\times10^{-6}}{1^2}\hat{\imath}\left[\frac{1}{4\pi\varepsilon_0} = 9\times10^9\right]$$

$$= 54 \times 10^{-3} N\hat{\imath}$$

न्यूटन के तीसरे नियम के अनुसार, आवेश द्वारा बल का अनुभव होता है q_2 के कारण q_1 $\vec{F}_{12} = -\vec{F}_{21}$ है

$$\vec{F}_{12} = -\vec{F}_{21}$$

$$\vec{F}_{12} = -54 \times 10^{-3} \, N\hat{\imath}$$

अतः विकल्प (A) सही है।

49. दिया गया:

आवेश, $q_1 = 200 \times 10^{-6} C = 2 \times 10^{-4} C$

आवेश, $q_2 = 500 \times 10^{-6} C = 5 \times 10^{-4} C$

स्थिरवैद्युत बल, $F = 5gf = 5 \times 10^{-3} kgf$

$$= 5 \times 10^{-3} \times 10N$$

$$= 5 \times 10^{-2} N$$

हमें दो आवेशों के बीच की दूरी ज्ञात करनी है अर्थात् r

सूत्र का उपयोग करना:

$$F = \frac{1}{4\pi\varepsilon_0} \frac{q_1 q_2}{r^2}$$

$$\Rightarrow 5 \times 10^{-2} = \frac{9 \times 10^9 \times 2 \times 10^{-4} \times 5 \times 10^{-4}}{r^2}$$

$$\Rightarrow r = 1.34 \times 10^2 \, m$$

अतः विकल्प (C) सही है।

50. माना,

पृथक्करण दूरी, $r = 5.12 \times 10^{-15}$ m

हम जानते हैं कि:

एक इलेक्ट्रॉन पर आवेश, $e = 1.6 \times 10^{-19}$

और, $\frac{1}{4\pi\epsilon_0} = 9 \times 10^9$

अल्फा कण पर आवेश $2e$ होता है।

$\therefore$ कूलॉम के नियम का उपयोग करते हुए,

$$F = \frac{1}{4\pi\epsilon_0} \frac{q_1 q_2}{r^2}$$

$$= \frac{1}{4\pi\epsilon_0} \frac{2 \times 1.6 \times 10^{-19} \times 1.6 \times 10^{-19}}{(5.12 \times 10^{-15})^2}$$

$$= 9 \times 10^9 \times 0.195 \times 10^{-8}$$

$$= 17.5 \, N$$

अतः विकल्प (C) सही है।

51. दिया गया है:

द्विध्रुव पर आवेश $\pm 5\mu C = \pm 5 \times 10^{-6} C$

आवेशों के बीच की दूरी $= 1 \, mm = 10^{-3} \, m$

हम जानते हैं कि:

द्विध्रुवीय आघूर्ण निम्न द्वारा दिया जाता है:

$$P = q(2a) = qd$$

$$= 5 \times 10^{-6} \times 10^{-3}$$

$$= 5 \times 10^{-9} Cm$$

अतः विकल्प (B) सही है।

52. दिया गया है,

विद्युत क्षेत्र, $E = 10^4 N \, C^{-1}$

टॉर्क:

$$T = 9 \times 10^{-26} Nm$$

$$\theta = 30°$$

जब विद्युत द्विध्रुव को विद्युत क्षेत्र की दिशा के साथ कोण θ पर रखा जाता है, तो द्विध्रुव पर अभिनय करने वाला बलाघूर्ण निम्न के द्वारा दिया जाता है,

$$T = pE\sin\theta$$

$\therefore$ द्विध्रुव का विद्युत आघूर्ण,

$$p = \frac{T}{E\sin\theta}$$

$$= \frac{9 \times 10^{-26}}{10^4 \times \sin30°}$$

$$= \frac{9 \times 10^{-26}}{10^4 \times 0.5}$$

$$= 1.8 \times 10^{-19} \, Cm$$

अतः विकल्प (A) सही है।

53.

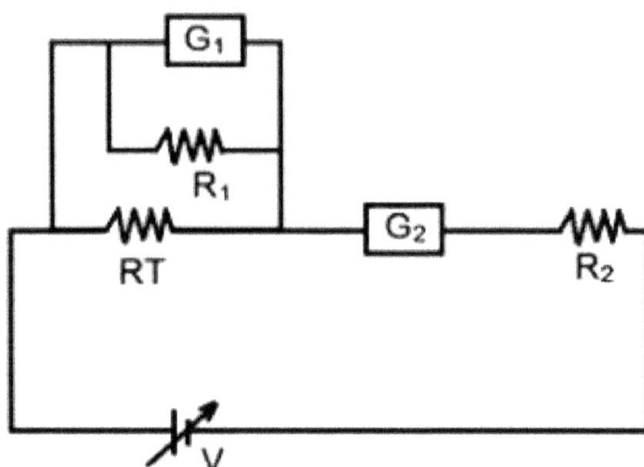

ओम के नियम को सत्यापित करने के लिए, एक गैल्वेनोमीटर का उपयोग अमीटर और दूसरे गैल्वेनोमीटर का उपयोग वोल्टमीटर के रूप में किया जाता है।

वोल्टमीटर में उच्च प्रतिरोध होना चाहिए (समानांतर में जुड़ा हुआ) अमीटर में कम प्रतिरोध (श्रृंखला में जुड़ा) होना चाहिए

दिया है: R_1 - उच्च प्रतिरोध, R_2 - कम प्रतिरोध

$\therefore R_1$ वोल्टमीटर के समान्तर क्रम में होना चाहिए और R_2 अमीटर के साथ श्रेणी क्रम में होना चाहिए।

अतः विकल्प (C) सही है।

54. विद्युत धारा द्वारा किए गए कार्य की दर को शक्ति कहते हैं। इसे P द्वारा निरूपित किया गया है। शक्ति की SI इकाई वाट (W) है।

$$शक्ति\ (P) = VI = \frac{V^2}{R} = I^2 R$$

जहाँ V प्रतिरोध के पार विभवांतर है, I प्रवाहित धारा है और R प्रतिरोध है।

दिया हुआ,

$$P = 620W\ और\ V = 310$$

शक्ति $P = VI$

$$\Rightarrow I = \frac{P}{V}$$

$$\Rightarrow I = \frac{620}{310}$$

$$\Rightarrow धारा\ (I) = 2A$$

अत: विकल्प (A) सही है।

55.

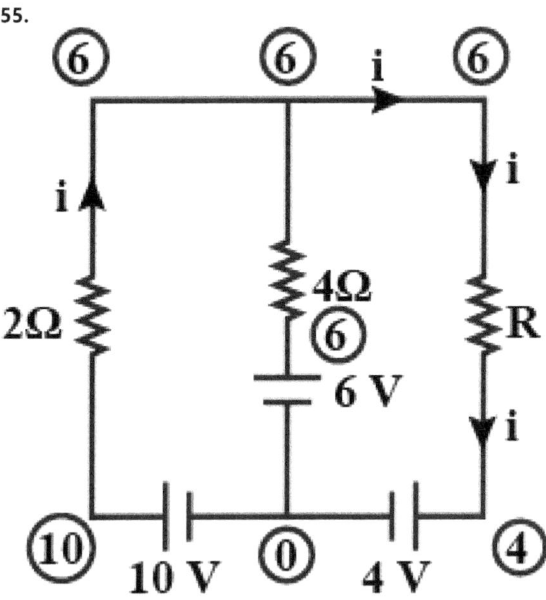

किरचॉफ के वोल्टेज नियम को लागू करने से, हम प्राप्त करते हैं

-10 + 2i +6 = 0

⇒ 2i = 10 - 6

⇒ i = 2....(i)

किरचॉफ के वोल्टता नियम को पुनः लागू करने पर, हम प्राप्त करते हैं

-6 +iR + 4 = 0

⇒ iR = 6 - 4

समीकरण (i) से, हम प्राप्त करते हैं

$$\Rightarrow R = \frac{2}{2}$$

⇒ R = 1

अत: विकल्प (A) सही है।

56. दिया गया,

बल्ब की शक्ति = 100 W

गीजर की शक्ति = 1000 W

जैसा कि हम जानते हैं,

बिजली की आपूर्ति V = 220V

जैसा कि हम जानते हैं कि शक्ति P द्वारा दी जाती है, $= \frac{V^2}{R}$

तो, $R_{बल्ब} = \frac{V^2}{P}$

$$= \frac{220^2}{100}$$

$$= 484\Omega$$

$$R_{गीजर} = \frac{220^2}{1000}$$

$$= 48.4\Omega$$

जब केवल बल्ब चालू हो, समानांतर वोल्टेज प्रमेय द्वारा,

$$V_{बल्ब} = \frac{220 \times 484}{484 + 6}$$

$$= 217.4\ वोल्ट$$

जब गीजर भी चालू किया जाता है, तो बल्ब और गीजर का प्रभावी प्रतिरोध $= \frac{484 \times 48.4}{484 + 48.4}$

$$= 44\Omega$$

समानांतर वोल्टेज प्रमेय द्वारा,

$$V_{बल्ब} = \frac{220 \times 44}{(44 + 220)}$$

$$= 193.6\ V$$

तो, विभव गिरावट है,

$$= (217.4 - 193.6)V$$

$$= 23.8\ V \approx 24\ V$$

अत: विकल्प (C) सही है।

57. हम जानते हैं कि दो चुंबकीय ध्रुवों के बीच बल इस प्रकार दिया गया है:

$$F = \frac{\mu_0}{4\pi} \times \frac{m_1 \times m_2}{r^2} \quad .....(i)$$

समीकरण (i) से यह स्पष्ट है कि दो चुंबकीय ध्रुवों के बीच का बल माध्यम, ध्रुव सामर्थ्य और ध्रुवों के बीच की दूरी पर निर्भर करता है।

दो चुंबकीय ध्रुवों के बीच लगने वाला बल चुंबक के आकार पर निर्भर नहीं करता है।

अत: विकल्प (D) सही है।

58. चुंबकत्व की तीव्रता का चुंबकत्व बल से अनुपात को संवेदनशीलता रूप में जाना जाता है।

विद्युत चुंबकत्व में, चुंबकीय संवेदनशीलता एक सामग्री के चुंबकीय गुणों का एक माप है। संवेदनशीलता यह इंगित करती है कि क्या कोई पदार्थ चुंबकीय क्षेत्र से आकर्षित होता है या बाहर निकलता है।

अतः विकल्प (B) सही है।

59. केस 1 : पहले प्रकरण में, यह दिया गया है कि, जब कुंजी K_1 बंद है लेकिन K_2 खुला है तो गैल्वेनोमीटर में विक्षेपण θ_0 क○बर○बरह○ोत○ह○।.

माना गैल्वेनोमीटर में प्रवाहित धारा i_g है और गैल्वेनोमीटर में विक्षेपण θ_0 द्वारा दिया जाता है। हम जानते हैं कि गैल्वेनोमीटर में धारा गैल्वेनोमीटर में विक्षेपण के समानुपाती होती है।

इस प्रकार, $i_g \propto \theta_0$

आनुपातिक चिन्ह को हटाने पर हमें एक अचर C प्राप्त होता है,

$$i_g = C\theta_0 \quad \text{......(1)}$$

मान लें कि बैटरी का ईएमएफ E है।

हम जानते हैं कि परिपथ में प्रवाहित धारा बैटरी के विद्युत वाहक बल और परिपथ के कुल प्रतिरोध के अनुपात के बराबर होती है।

तो, $i_g = \dfrac{E}{220+R_g} \quad \text{......(2)}$

समीकरण (1) और (2) से, हम प्राप्त करते हैं

$$\dfrac{E}{220+R_g} = C\theta_0 \quad \text{......(3)}$$

अब, दूसरी स्थिति के अनुसार जब K_2 को बंद किया जाता है और R_2 को 5Ω में समायोजित किया जाता है, गैल्वेनोमीटर में विक्षेपण $\dfrac{\theta_0 ह○ज○ात○त○ह○}{5}$।

हम जानते हैं कि गैल्वेनोमीटर में धारा गैल्वेनोमीटर में विक्षेपण के समानुपाती होती है। यहाँ विक्षेपण $\dfrac{\theta_0}{5}$ है

$$i_g = C\dfrac{\theta_0}{5} \quad \text{........(4)}$$

हम जानते हैं कि परिपथ में प्रवाहित धारा बैटरी के विद्युत वाहक बल और परिपथ के कुल प्रतिरोध के अनुपात के बराबर होती है।

$$i_g = \left(\dfrac{E}{220+\frac{5R_g}{5+R_g}}\right) \times \left(\dfrac{5}{R_g+5}\right) \quad \text{..........(5)}$$

समीकरण (4) और (5) से, हम प्राप्त करते हैं

$$\left(\dfrac{E}{220+\frac{5R_g}{5+R_g}}\right) \times \left(\dfrac{5}{R_g+5}\right) = C\dfrac{\theta_0}{5}$$

इसे और हल करने पर, हम प्राप्त करते हैं

$$\Rightarrow \dfrac{5E}{225R_g+1100} = \dfrac{C\theta_0}{5} \quad \text{.......(6)}$$

अब अंत में स्थिति 1 और 2 से क्रमशः समीकरण (3) और (6) को हल करने पर, हम प्राप्त करते हैं,

$$\Rightarrow \dfrac{225R_g+1100}{1100+5R_g} = 5$$

आगे हल करने पर, हम प्राप्त करते हैं

$$\Rightarrow 5500 + 25R_g = 225R_g + 1100$$

$$\Rightarrow 200R_g = 4400$$

अंत में इसे हल करने पर, हम प्राप्त करते हैं

$$R_g = 22\Omega$$

इस प्रकार, गैल्वेनोमीटर का प्रतिरोध 22Ω है।

अत: विकल्प (A) सही है।

60. दिया गया:

विद्युत क्षेत्र $E = 100\,V/m$

चुंबकीय क्षेत्र $B = 0.265\,A/m$

ऊर्जा प्रवाह पॉयटिंग वेक्टर द्वारा दिया जाता है

$$\vec{S} = \vec{E} \times \vec{B}$$

$$\Rightarrow S = EB\sin\varnothing$$

$$\Rightarrow S = EB \quad [\varnothing = 90°, \text{ क्योंकि } E \text{ और } B \text{ एक दूसरे के लंबवत हैं}]$$

$$S = 100\,V/m \times 0.265\,A/m$$

$$\Rightarrow S = 26.5\,W/m^2$$

अत: विकल्प (A) सही है।

61. दिया गया:

$$T_1 = 4K, T_2 = 24K$$

अनुचुम्बकीय पदार्थ के लिए,

क्यूरी नियम के अनुसार,

$$M = \chi H, \left(\chi = \dfrac{C}{T}\right)$$

जहां,

$\chi > 0$ (आयतन) चुंबकीय संवेदनशीलता है,

M परिणामी चुम्बकत्व (A/m) का परिमाण है,

H अनुप्रयुक्त चुंबकीय क्षेत्र (A/m) का परिमाण है

T निरपेक्ष तापमान है (K),

C एक सामग्री-विशिष्ट क्यूरी स्थिरांक (K) है।

$$\chi \propto \dfrac{1}{T}$$

$$\Rightarrow \chi_1 T_1 = \chi_2 T_2$$

$$\Rightarrow \dfrac{6}{0.4} \times 4 = \dfrac{I}{0.3} \times 24$$

$$I = \dfrac{0.3}{0.4} = 0.75\,A/m$$

अत: विकल्प (B) सही है।

62. दिया गया है,

$$\theta = 30°$$

बाह्य चुंबकीय क्षेत्र, $B = 0.25\,T$

बल आघूर्ण $\tau = 4.5 \times 10^{-2}\,J$

बाह्य चुंबकीय क्षेत्र B के साथ कोण θ पर रखे गए बार चुंबक द्वारा अनुभव किया गया बल आघूर्ण इस प्रकार दिया गया है,

$\tau = MB\sin\theta$

$\Rightarrow 4.5 \times 10^{-2} = M \times 0.25\sin30°$

$\Rightarrow 4.5 \times 10^{-2} = M \times 0.25 \times \frac{1}{2}$

$\Rightarrow M = 0.36 JT^{-1}$

अतः विकल्प (D) सही है।

63. दिया गया है,

$B = 2500$ न्यूटन/एम्पियर-मी

$v = 4 \times 10^5$ मी/से

q = प्रोटोन पर आवेश

$= 1.6 \times 10^{-19}$ कुलाम

प्रोटॉन, चुम्बकीय क्षेत्र के समान्तर प्रवेश करता है।

$\therefore \theta = 180°$

$F = q \cdot v \cdot B \cdot \sin\theta$

$= 1 \cdot 6 \times 10^{-19} \times 4 \times 10^5 \times 2500 \times \sin180°$

$= 1 \cdot 6 \times 10^{-19} \times 4 \times 10^5 \times 2500 \times 0 \quad (\because$

$\sin180° = 0)$

$= 0$

अतः विकल्प (C) सही है।

64. प्रतिष्टम्भ:

प्रतिष्टम्भ चुम्बक प्रभावन बल और चुंबकीय प्रवाह के अनुपात के बराबर चुंबकीय प्रवाह रेखाओं के मार्ग का विरोध करने वाले चुंबकीय परिपथ का गुण होता है।

MMF = प्रतिष्टम्भ × प्रवाह

NI = Sφ

$\Rightarrow$ S = $\frac{NI}{\phi}$

इसे AT/weber में मापा जाता है।

प्रतिष्टम्भ चुम्बकीय प्रवाह की रेखाओं के गमन का विरोध करता है। इसलिए चुम्बकीय प्रवाह को प्रेरित करने के लिए एक चुम्बकीय परिपथ में प्रतिष्टम्भ न्यूनतम होना चाहिए।

अतः विकल्प (A) सही है।

65. एक चुंबक का चुंबकीय आघूर्ण वह सदिश राशि होती है जो बलाघूर्ण निर्धारित करती है जिसका अनुभव यह बाहरी चुंबकीय क्षेत्र में करती है। इसे परिमाण और दिशा वाली सदिश राशि मानी जाती है। चुंबकीय आघूर्ण की दिशा चुंबक के दक्षिण ध्रुव से उत्तरी ध्रुव तक संकेत करती है।

अतः विकल्प (D) सही है।

66. दिया गया,

धारिता $(C) = 18\mu F$

$= 18 \times 10^{-6} \ F$

प्रेरकत्व $(L) = 8H$

अब,

अनुनाद आवृत्ति $(f) = \frac{1}{2\pi\sqrt{LC}}$

$= \frac{1}{2\pi\sqrt{8 \times 18 \times 10^{-6}}}$

$= \frac{1}{2\pi\sqrt{144 \times 10^{-3}}}$

$= \frac{1000}{24\pi}$

$= \frac{125}{3\pi}$

अनुनाद आवृत्ति $(f) = \frac{125}{3\pi} Hz$

अतः विकल्प (C) सही है।

67. दिया गया,

$L = 50mH$

$= 50 \times 10^{-3}H$

$I = 4\ A$

अब,

हम जानते है कि,

तब,

$U = \frac{1}{2}LI^2$

प्रेरक की चुंबकीय स्थितिज ऊर्जा (U) निम्न है:

$U = \frac{1}{2} \times 50 \times 10^{-3} \times (4)^2$

$\Rightarrow U = \frac{1}{2} \times 50 \times 10^{-3} \times 16$

$\Rightarrow U = 400 \times 10^{-3}H$

$\Rightarrow U = 0.4\ J$

अतः विकल्प (A) सही है।

68. एक बेलनाकार छड चुंबक को एक गोलाकार कुंडली के अक्ष के साथ अक्षीय रूप से रखा जाता है। यदि कुंडली को इसके अक्ष के अनुरूप घुमाया जाता है, तो न तो e.m.f. न ही कुंडली में धारा प्रेरित होगी।

जब एक बेलनाकार छड चुंबक को एक गोलाकार कुंडली के अक्ष के साथ रखा जाता है और यदि कुंडली को उसके अक्ष के अनुरूप घुमाया जाता है, तो चुंबक के संबंध में कुंडली की दूरी और अभिविन्यास समान रहेगा। चूंकि चुंबक के संबंध में कुंडली की दूरी और अभिविन्यास नहीं बदल रहा है, इसलिए कुंडली से जुड़ा चुंबकीय अभिवाह स्थिर रहेगा। चूंकि कुंडली से जुड़ा अभिवाह नहीं बदल रहा है, इसलिए न तो e.m.f. और न ही धारा कुंडली में प्रेरित होगी।

अतः विकल्प (D) सही है।

69. विद्युतचुम्बकीय तरंग: वह तरंग जो विद्युत क्षेत्र और चुम्बकीय क्षेत्र के बीच कंपन के परिणामस्वरूप निर्मित होते हैं और वे एक-दूसरे और तरंग की दिशा के लंबवत होते हैं, उन्हें विद्युतचुम्बकीय तरंग कहा जाता है। त्वरित आवेशित कण एक विद्युतचुम्बकीय (EM) तरंग उत्पादित करते हैं। विद्युतचुम्बकीय तरंगों को एक स्थान से दूसरे स्थान तक प्रसारित होने के लिए किसी पदार्थ की आवश्यकता नहीं होती है क्योंकि इसमें फोटॉन शामिल होते हैं। वे निर्वात में गति कर सकते हैं।

पराध्वनि: मानव श्रवण की अधिकतम श्रव्य सीमा की तुलना में उच्चतम आवृत्तियों वाले ध्वनि तरंगों को पराध्वनि कहा जाता है। अधिकतम सीमा प्रत्येक व्यक्ति के लिए अलग होती है लेकिन अनुमानित रूप से 20,000 हर्ट्ज़ होती है। हम जानते

हैं कि ध्वनि तरंगों को यात्रा करने के लिए एक पदार्थ माध्यम की आवश्यकता होती है।

चूँकि पराबैंगनी किरणें, सूक्ष्म तरंगें और एक्स-रे निर्वात में यात्रा कर सकते हैं लेकिन पराध्वनि तरंगों को यात्रा करने के लिए एक माध्यम की आवश्यकता होती है, इसलिए पराध्वनि तरंगें विद्युतचुम्बकीय तरंगें नहीं हैं।

अत: विकल्प (B) सही है।

70. दिया गया,

निर्वात में,

$$\varepsilon_0 = 1$$

माध्यम में,

$$\varepsilon = 4$$

तो, अपवर्तक सूचकांक,

$$\mu = \left(\sqrt{\frac{\varepsilon}{\varepsilon_0}}\right) = 2$$

इसलिए, तरंग दैर्ध्य $\lambda' = \frac{\lambda}{\mu}$

$$\lambda' = \frac{\lambda}{2}$$

और तरंग वेग, $v = \frac{c}{\mu}$

$$v = \frac{c}{2}$$

इस प्रकार, यह स्पष्ट है कि तरंग दैर्ध्य और वेग आधे हो जाएंगे लेकिन जब तरंग किसी माध्यम से गुजर रही हो तो आवृत्ति अपरिवर्तित रहती है।

अत: विकल्प (C) सही है।

71. मैग्रस प्रभाव विद्युत चुम्बकीय तरंगों से संबंधित नहीं है।

- तेजी से घूमने वाले सिलेंडर या गोले पर हवा या किसी अन्य तरल पदार्थ के माध्यम से स्पिन की धुरी के कोण पर एक दिशा में चलने वाले बल को मैग्रस प्रभाव कहा जाता है।
- यह बल स्पिन के साथ हिट या फेंके जाने पर गेंदों के घूमने के लिए जिम्मेदार होता है।

डॉप्लर प्रभाव स्रोत और प्रेक्षक की सापेक्ष गति के कारण एक (विद्युत चुम्बकीय) तरंग की प्रेक्षित आवृत्ति में परिवर्तन है।

व्यतिकरण तब होता है जब कई तरंगों को एक साथ जोड़ा जाता है बशर्ते कि उनके बीच चरण अंतर अवलोकन समय के दौरान स्थिर रहे।

ध्वनि के साथ विवर्तन होता है; विद्युत चुम्बकीय विकिरण के साथ, जैसे प्रकाश, एक्स-रे और गामा किरणें; और बहुत छोटे गतिमान कणों जैसे परमाणु, न्यूट्रॉन और इलेक्ट्रॉनों के साथ, जो तरंग जैसे गुण दिखाते हैं।

इसलिए, मैग्रस प्रभाव हमारा आवश्यक उत्तर है।

अत: विकल्प (B) सही है।

72. विस्थापन धारा का विचार एम्पीयर परिपथीय नियम को सुसंगत बनाने के लिए धारा में पेश किया गया था।

$$\oint \vec{B} \cdot d\vec{l} = \mu_0(i_c + i_d) \quad \text{(संशोधित एम्पीयर परिपथीय नियम)}$$

जहाँ, μ_0 मुक्त स्थान की पारगम्यता है, i_d विस्थापन धारा है, और i_c चालन धारा है। $\oint \vec{B} \cdot d\vec{l}$ क्लोज्ड-लूप के ऊपर चुंबकीय क्षेत्र की रेखा समाकलन है।

विस्थापन धारा के लिए व्यंजक दिया जाता है,

$$i_d = \epsilon_0 \frac{d\phi_B}{dt}$$

जहां ϕ_E बंद वक्र से घिरे क्षेत्र के माध्यम से विद्युत क्षेत्र का प्रवाह है, i_d विस्थापन धारा है, और ϵ_0 मुक्त स्थान की पारगम्यता है।

अत: विकल्प (C) सही है।

73. अभिदृश्यक लेंस के बड़े एपर्चर के साथ, टेलीस्कोप में प्रकाश एकत्र करने की शक्ति अधिक होती है।

साथ ही, दो वस्तुओं को स्पष्ट रूप से देखने की क्षमता या समाधान शक्ति भी अभिदृश्यक के व्यास पर निर्भर करती है। इस प्रकार, बड़े व्यास के अभिदृश्यक को प्राथमिकता दी जाती है।

इसके अलावा, बड़े व्यास के साथ धुंधली वस्तुओं को देखा जा सकता है। इसलिए, यह छवियों की बेहतर गुणवत्ता और दृश्यता में भी योगदान देता है।

अत: विकल्प (D) सही है।

74.

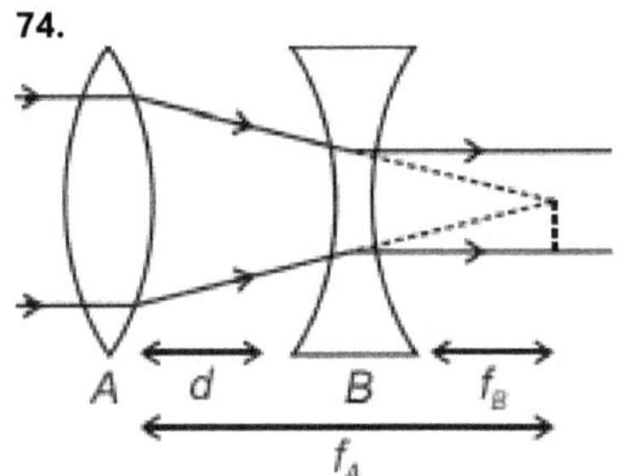

उत्तल लेंस से अपवर्तन के बाद प्रकाश की समानांतर किरण उत्तल लेंस के फोकस पर अभिसरित होती है। प्रश्न में अवतल लेंस से अपवर्तन गुजरने के बाद इसे प्रकाश दिया जाता है। इसलिए, उत्तल लेंस से अपवर्तित प्रकाश वस्तुतः अवतल लेंस के फोकस पर मिलता है।

दिया गया है:

$$f_A = 20 \text{ से.मी.}$$

तथा, $f_B = 5 \text{ से.मी.}$

उपरोक्त किरण आरेख के अनुसार,

$$d = f_A - f_B$$
$$= 20 - 5$$
$$= 15 \text{ से.मी.}$$

अत: विकल्प (C) सही है।

75. चित्र में दिखाए गए किरण आरेख से,

स्नेल के नियम से बिंदु P पर,

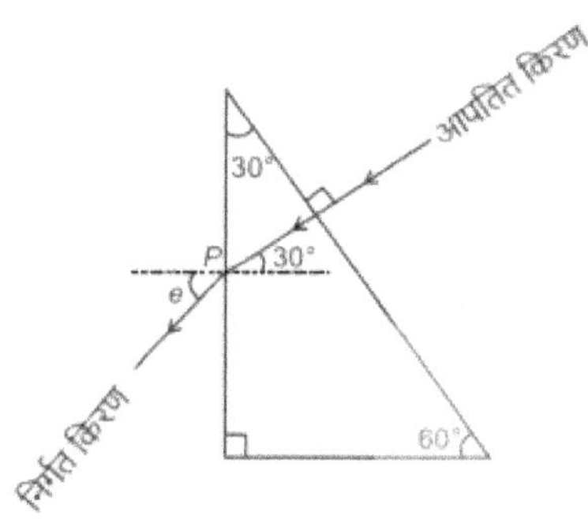

$$\frac{\sin i}{\sin r} = \mu_{\text{वायु}} / \mu_{\text{प्रिज्म}}$$

$$\Rightarrow \frac{\sin 30°}{\sin e} = \frac{1}{\sqrt{3}} \quad (\angle r = \angle e \text{ आपतित कोण})$$

$$\Rightarrow \sin e = \sqrt{3} \cdot \frac{1}{2}$$

$$\Rightarrow \angle e = 60°$$

अत: विकल्प (B) सही है।

76. विचलन का कोण $= \delta = i + e - A$

$$i = 0$$

इसलिए, $r_1 = 0$

इसलिए, $r_2 = 60°$ (दूसरे फलक का आपतन कोण)

$r_2 > $ कांच-वायु के लिए क्रांतिक कोण $= \sin^{-1}\frac{1}{1.5} = 41.81°$

यह पूरी तरह से आंतरिक रूप से परिलक्षित होगा और प्रिज्म के आधार पर $90°$ गिरेगा। यह उद्भव के कोण के साथ उभरेगा $e = 0°$

$$\delta = 0 + 0 - 60°$$

$$= 60°$$

अत: विकल्प (C) सही है।

77. दिया है:

तीव्रता $= I_0$ और परिणामी तीव्रता $I = 3I_0$, उस बिंदु पर परिणामी तीव्रता इस प्रकार दी गई है,

$$I = 4I_o \cos^2\left(\frac{\phi}{2}\right)$$

$$\Rightarrow 3I_o = 4I_o \cos^2\left(\frac{\phi}{2}\right)$$

$$\Rightarrow \cos\left(\frac{\phi}{2}\right) = \frac{\sqrt{3}}{2}$$

$$\Rightarrow \frac{\phi}{2} = \frac{\pi}{6}$$

$$\Rightarrow \phi = \frac{\pi}{3}$$

अत: विकल्प (C) सही है।

78. पहला मैक्सिमा $= \frac{D\lambda}{d}$

$$\beta_1 = \frac{1.5 \times 480 \times 10^{-9}}{0.25 \times 10^{-3}}$$

$$= 2.880 \times 10^{-3} \text{ मीटर}$$

$$\beta_2 = \frac{1.5 \times 600 \times 10^{-9}}{0.25 \times 10^{-3}}$$

$$= 3.600 \times 10^{-3} \text{ मीटर}$$

इसलिए, $\beta_2 - \beta_1 = 0.72 \times 10^{-3}$ मीटर

$$= 0.72 \text{ मिलीमीटर}$$

अत: विकल्प (A) सही है।

79. माना कि दो तरंगों की तीव्रता I_1 और I_2 है।

दिया गया,

$$I_1 : I_2 = 9 : 1$$

अधिकतम और न्यूनतम तीव्रता का अनुपात $\frac{I_{max}}{I_{min}} = \left(\frac{\sqrt{I_1} + \sqrt{I_2}}{\sqrt{I_1} - \sqrt{I_2}}\right)^2$

या,

$$\frac{I_{max}}{I_{min}} = \left(\frac{\sqrt{\frac{I_1}{I_2}} + 1}{\sqrt{\frac{I_1}{I_2}} - 1}\right)^2$$

या

$$\frac{I_{max}}{I_{min}} = \left(\frac{\sqrt{9} + 1}{\sqrt{9} - 1}\right)^2$$

$$= \left(\frac{3+1}{3-1}\right)^2$$

$$\Rightarrow \frac{I_{max}}{I_{min}} = \frac{16}{4}$$

$$= \frac{4}{1}$$

अत: विकल्प (A) सही है।

80. जैसा कि हम जानते हैं कि आइंस्टीन का फोटो-इलेक्ट्रिक समीकरण इस प्रकार दिया गया है,

$$K_{max} = h\nu - \phi_0 \quad \ldots \ldots \text{(i)}$$

हम यह भी जानते हैं कि प्रकाश तरंग की आवृत्ति इस प्रकार दी जाती है $\nu = \frac{c}{\lambda} \ldots \ldots \text{(ii)}$

(ii) से (i) के मान को प्रतिस्थापित करने पर, हम प्राप्त करते हैं

$$K_{max} = \frac{hc}{\lambda} - \phi_0$$

तो धातु का कार्य फलन इस प्रकार दिया गया है

$$\phi_0 = \frac{hc}{\lambda} - K_{max} \ldots \ldots \text{(iii)}$$

प्रश्न के अनुसार,

$$\lambda = 400 \, nm, K_{max} = 1.68 eV, hc = 1240 eVnm$$

इन मानों को (iii) में रखने पर, हमें प्राप्त होता है

$$\phi_0 = \frac{1240}{400} - 1.68$$

$$\Rightarrow \phi_0 = 1.42 eV$$

इस प्रकार धातु का कार्य फलन $1.42 eV$ के बराबर हो जाता है।

अतः विकल्प (B) सही है।

81. इलेक्ट्रॉनों के उत्सर्जन के लिए न्यूनतम ऊर्जा की आवश्यकता है:

$$\frac{hc}{\lambda} - \phi = (kE)_{max}$$

$$\lambda_1 = 500 \ nm$$

$$\lambda_2 = 200 \ nm$$

$$kE_1 = 3kE_2 \text{ (दिया गया है)}$$

$$\frac{hc}{\lambda_1} - \phi = kE_1 - (i)$$

$$\frac{hc}{\lambda_2} - \phi = 3kE_2 - (ii)$$

समीकरण (i) और (ii) से,

$$\frac{hc}{\lambda_1} - \phi = \frac{1}{3}\left(\frac{hc}{\lambda_2} - \phi\right)$$

$$\frac{hc}{\lambda_1} - \frac{1}{3} \times \frac{hc}{\lambda_2} = \frac{2\phi}{3}$$

$$hc\left(\frac{1}{\lambda_1} - \frac{1}{3\lambda_2}\right) = \frac{2\phi}{3}$$

$$\frac{1240\left(\frac{1}{500} - \frac{1}{600}\right)}{3000} \text{ (जहाँ } hc = 1240 \ eV)$$

$$\frac{1240}{3000} = \frac{2\phi}{3}$$

$$\phi = 0.62 eV$$

अतः विकल्प (A) सही है।

82. इलेक्ट्रॉन से संबंधित डी-ब्रोग्ली तरंग दैर्घ्य

$$\lambda_e = \frac{1.227}{\sqrt{V}} nm$$

हम पाते हैं,

$$V = \frac{(12.27)^2}{\lambda_e^2} \times 10^{-2}$$

$$\Rightarrow V = \frac{150}{\lambda_e^2} \times 10^{-2}$$

जहाँ,

$$\lambda_e = 0.2 \ nm$$

$$\Rightarrow V = \frac{150 \times 10^{-2}}{(0.2)^2}$$

$$\Rightarrow V = \frac{150 \times 10^{-2}}{4 \times 10^{-2}}$$

$$\Rightarrow V = 37.5 \text{ volts}$$

$$\therefore \text{ गतिज ऊर्जा } E = 37.5 eV$$

अतः विकल्प (A) सही है।

83. दिया हुआ,

इस सूक्ष्मदर्शी में इलेक्ट्रॉन का वेग (v) = 1.6×10^6 ms^{-1} है।

'h' = प्लैंक स्थिरांक = 6.63×10^{-34} Hz^{-1}

इलेक्ट्रॉन का द्रव्यमान (m) = 9.1×10^{-31} kg

डी ब्रोग्ली तरंग दैर्घ्य,

$$\lambda = \frac{h}{mv}$$

$$= \frac{6.63 \times 10^{-34}}{9.1 \times 10^{-31} \ 1.6 \times 10^6}$$

$$= 4.55 \times 10^{-10} \ m$$

अतः विकल्प (A) सही है।

84. दिया हुआ,

$$\lambda_1 = 600 \ \text{A और } \lambda_2 = 400 \ \text{A}$$

फोटॉन ऊर्जा सूत्र द्वारा दिया गया है,

$$E = \frac{hc}{\lambda} \quad \cdots (i)$$

जहाँ E = energy, c = प्रकाश की गति $(3 \times 10^8 \ m/s), \lambda$ = तरंग दैर्घ्य और h = प्लैंक स्थिरांक $(6.6 \times 10^{-34} \ Js)$

समीकरण (i) के द्वारा,

$$E_1 = \frac{hc}{\lambda_1}$$

$$\Rightarrow E_1 = \frac{hc}{600} \quad \cdots (ii)$$

$$\Rightarrow E_2 = \frac{hc}{\lambda_2}$$

$$\Rightarrow E_1 = \frac{hc}{400} \quad \cdots (iii)$$

समीकरण (ii) और समीकरण (iii) द्वारा,

$$\frac{E_1}{E_2} = \frac{\frac{hc}{600}}{\frac{hc}{400}}$$

$$\Rightarrow \frac{E_1}{E_2} = \frac{400}{600}$$

$$\Rightarrow \frac{E_1}{E_2} = \frac{2}{3}$$

अतः विकल्प (A) सही है।

85. सिद्धांत क्वांटम संख्या n के कार्य के रूप में एक इलेक्ट्रॉन की गति द्वारा दी जाती है,

$$v = (2.17 \times 10^7 \ m \ s^{-1}) \times \frac{Z}{n}$$

जहां,

v इलेक्ट्रॉन की गति है

Z परमाणु क्रमांक है

e इलेक्ट्रॉन पर आवेश है

ϵ_0 मुक्त स्थान में पारगम्यता है

h प्लैंक नियतांक है

हम लिख सकते हैं,

$$v \propto \frac{1}{n}$$

$$v = \text{स्थिरांक } /n$$

उपरोक्त समीकरण आयताकार अतिपरवलय का प्रतिनिधित्व करता है अर्थात यह एक आयताकार अतिपरवलय के सामान्य समीकरण के समान है। गति और प्रमुख क्वांटम संख्या के बीच का ग्राफ एक आयताकार अतिपरवलय है जिसे ग्राफ c द्वारा दर्शाया गया है।

अत: विकल्प (C) सही है।

86. आइंस्टीन के क्वांटम सिद्धांत के अनुसार प्रकाश पैकेट के रूप में यानि ऊर्जा के क्वांटा के रूप में फैलता है, जिसे फोटॉन कहा जाता है।

फोटॉन का शेष द्रव्यमान शून्य हो रहा है। इसे प्रकाश के सापेक्षता सिद्धांत के अनुसार दिखाया जा सकता है।

सापेक्षतावादी सिद्धांत समीकरण के अनुसार, फोटॉन के द्रव्यमान की गणना इस प्रकार की जाती है:

$$m = \frac{m_0}{\sqrt{1-\frac{v^2}{c^2}}}$$

$$\Rightarrow m_0 = m\sqrt{1-\frac{v^2}{c^2}}$$

जब $v = 0$

इसलिए, $m_0 = 0$

जहां, m_0 फोटॉन का शेष द्रव्यमान है।

अत: विकल्प (A) सही है।

87. जैसा कि हम जानते हैं,

विशिष्ट आवेश $= \dfrac{q}{m}$

माना प्रोटॉन का विशिष्ट आवेश p है।

इसलिए अल्फा कण का विशिष्ट आवेश $= 2p$ ($\because$ α-कण में 2 प्रोटॉन और 2 न्यूट्रॉन होते हैं, न्यूट्रॉन का द्रव्यमान समान होता है ($m_p = m_\alpha$) प्रोटॉन के रूप में लेकिन आवेश शून्य है।)

$$\text{अनुपात} = \frac{\left(\frac{q}{m}\right)_\alpha}{\left(\frac{q}{m}\right)_p}$$

$$= \frac{q_\alpha}{q_p} \times \frac{m_p}{m_\alpha}$$

चूँकि विशिष्ट आवेश का मान ऊपर दिया गया है, जो है

$$\frac{q}{m} = p$$

इसलिए हमें जो मान प्राप्त होता है, उसे रखने पर

$$= \frac{p}{2p}$$

$$= \frac{1}{2}$$

$\therefore$ एक α-कण के विशिष्ट आवेश और प्रोटॉन के विशिष्ट आवेश का अनुपात 1:2 है।

अत: विकल्प (C) सही है।

88. लाइमन श्रृंखला की पहली पंक्ति के लिए,

$$n_1 = 1$$

$$n_2 = 2$$

$$\therefore \frac{1}{\lambda} = Z^2 R \frac{3}{4}$$

हाइड्रोजन परमाणु की स्थिति में,

$$Z = 1$$

$$\frac{1}{\lambda} = R \frac{3}{4}$$

हाइड्रोजन जैसे परमाणु के लिए,

$$Z = 11$$

$$\frac{1}{\lambda'} = 121 R \frac{3}{4}$$

$$\Rightarrow \frac{\lambda'}{\lambda} = \frac{3R}{4} \times \frac{4}{121R \times 3}$$

$$\Rightarrow \lambda' = \frac{\lambda}{121}$$

$$\Rightarrow \lambda' = \frac{1210}{121}$$

$$\Rightarrow \lambda' = 10 \text{ Å}$$

अत: विकल्प (D) सही है।

89. विद्युतरोधी सामग्रियां ऐसी सामग्रियां है जिनमें विद्युत संचालन करने के लिए संयोजकता इलेक्ट्रॉन नहीं पाए जाते हैं। इसलिए इनमें निम्न चालकता पाई जाती है।

प्रतिरोधकता सामग्रियों का वह गुण है जो विद्युत धारा का विरोध करता है। विद्युतरोधियों की प्रतिरोधकता बहुत उच्च होती है।

विद्युतरोधी वे सामग्रियाँ होती है जिनमें बड़ा बैंड अंतराल पाया जाता है, या ये ऐसी सामग्रियाँ जिनके संयोजक और चालन बैंड के मध्य उच्च ऊर्जा अंतराल पाया जाता है। इस विशाल ऊर्जा अंतर के कारण इलेक्ट्रॉनों का उन चालान बैंड़ो में जाना कठिन हो जाता है जिसके माध्यम से वे प्रवाहित हो सकते हैं और विद्युत प्रवाह उत्पन्न कर सकते हैं।

किसी सामग्री में ऋणात्मक गणांक से यह आशय है कि इसका प्रतिरोध तापमान में वृद्धि के साथ घटता है। चालकों में धनात्मक गुणांक पाए जाते है। विद्युतरोधीयों में ऋणात्मक गुणांक पाया जाता है। इसलिए विकल्प (D) गलत है।

अत: विकल्प (D) सही है।

90. अपने शुद्धतम रूप में अर्धचालक को आंतरिक अर्धचालक के रूप में जाना जाता है।

एक आंतरिक (शुद्ध) अर्धचालक, जिसे एक अनोपेड अर्धचालक या आई-टाइप अर्धचालक भी कहा जाता है, बिना किसी महत्वपूर्ण डोपेंट प्रजाति के एक शुद्ध अर्धचालक है। इसलिए आवेश वाहकों की संख्या अशुद्धियों की मात्रा के बजाय स्वयं सामग्री के गुणों द्वारा निर्धारित की जाती है।

अत: विकल्प (D) सही है।

91. अर्धचालकों में, इलेक्ट्रॉन और छिद्र दोनों आवेश वाहक होते हैं और चलन में भाग लेंगे।

n-प्रकार के अर्धचालकों में वे इलेक्ट्रॉन होते हैं, जबकि p-प्रकार के अर्धचालकों में वे छिद्र होते हैं। कम प्रचुर मात्रा में आवेश वाहकों को n-प्रकार के अर्धचालकों में अल्पसंख्यक वाहक कहा जाता है, वे छिद्र होते हैं, जबकि p-प्रकार के अर्धचालकों में वे इलेक्ट्रॉन होते हैं।

अतः विकल्प (A) सही है।

92. अग्र अभिनति में PN जंक्शन का प्रतिरोध Ω के क्रम में लगभग 100Ω होता है। विपरीत अभिनति PN जंक्शन का प्रतिरोध $M\Omega$ के क्रम में होता है। आदर्श डायोड अग्र अभिनति में लघु परिपथ और विपरीत अभिनति की स्थिति में खुले परिपथ के रूप में कार्य करेगा। इसलिए आदर्श डायोड का अग्र प्रतिरोध शून्य होता है और आदर्श डायोड का विपरीत प्रतिरोध अनंत होता है।

अतः विकल्प (A) सही है।

93. p-n संधि (जंक्शन) दो अर्धचालक सामग्री प्रकारों के बीच की सीमा के रूप में परिभाषित किया गया है जो p-टाइप और n-टाइप है। तीन अभिनत स्थितियां हैं और ये स्थितियां लागू वोल्टेज पर आधारित हैं। आधार शर्तें नीचे दिखाई गई हैं;

- शून्य अभिनति - शून्य अभिनति को उस स्थिति के रूप में परिभाषित किया जाता है जिसमें p-n संधि पर कोई बाहरी वोल्टेज बाहरी रूप से लागू नहीं होता है।

- अग्र अभिनति - पॉजिटिव(धनात्मक) टर्मिनल में बैटरी p-टाइप से जुड़ी होती है और बैटरी का नेगेटिव(ऋणात्मक) टर्मिनल n-टाइप से जुड़ा होता है।

- पश्च अभिनति - पॉजिटिव(धनात्मक) टर्मिनल में बैटरी n-टाइप से जुड़ी होती है और बैटरी का नेगेटिव(ऋणात्मक) टर्मिनल p-टाइप से जुड़ा होता है।

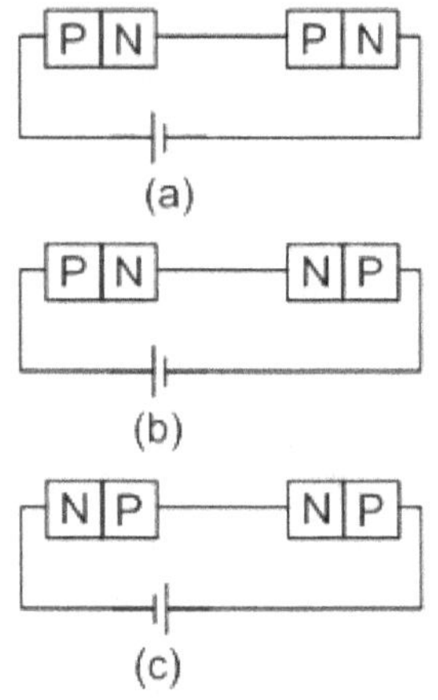

जब हम परिपथ में देखते हैं (a) धाराएँ एक ही दिशा में बह रही हैं अतः, इसकी विभव पात बराबर होगा। जैसा कि हम परिपथ में देख सकते हैं (b) धाराएँ विपरीत दिशा में हैं अतः, इसका विभव पात बराबर नहीं होगा और परिपथ में (c) धाराएं एक ही दिशा में बह रही हैं अतः, इसका विभव पात बराबर होगा।

अतः विकल्प (B) सही है।

94. माना तार की लम्बाई l,

उन्हें एक भार द्वारा खींचा जाता है जो दोनों तारों में प्रतिबल t उत्पन्न करता है।

माना लम्बाई में वृद्धि स्टील के लिए e और कॉपर के लिए c है।

स्टील के लिए यंग का मापांक इस प्रकार दिया गया है,

$$\gamma = \text{स्ट्रेस/स्ट्रेन}$$

$$2 \times 10^{11} = \frac{t}{e/l}$$

$$2 \times 10^{11} = \frac{tl}{e}$$

अभी,

स्टील और तांबे की लंबाई में वृद्धि का अनुपात है,

$$ec = \frac{\frac{t}{2 \times 10^{11}}}{\frac{d}{1.2 \times 10^{11}}}$$

$$ec = \frac{tl}{tl} \times \frac{1.2}{2} \times \frac{10^{11}}{10^{11}}$$

$$ec = 0.6$$

$$ec = \frac{6}{10} = \frac{3}{5}$$

इसलिए, लंबाई में वृद्धि का अनुपात $3:5$ है।

अतः विकल्प (B) सही है।

95. हुक के नियम की अवधारणा से, हमारे पास है-

लम्बवत प्रतिबल $(\sigma) = E\epsilon$

जहां, E = यंग प्रत्यास्थता मापांक और ϵ विकृति है जो वस्तु का रैखिक विरूपण देता है।

इसके अलावा, अपरूपण प्रतिबल $(\tau) = G\gamma$

जहां, G = सामग्री का प्रत्यास्थता का अपरूपण मापांक और γ अपरूपण विकृति है जो वस्तु के कोणीय विरूपण देता है।

जब हम एक कमानी को फैलाते हैं, तो तार की लंबाई नहीं बदलती है लेकिन कुंडल एक कोणीय मोड़ का अनुभव करता है। इसलिए अपरूपण मापांक का उपयोग कमानी के खिंचाव को निर्धारित करने के लिए किया जाता है।

$\therefore$ अभिकथन सत्य है।

इसके अलावा, हम जानते हैं कि किसी दिए गए आयाम के लिए, स्टील का यंग प्रत्यास्थता मापांक तांबे से अधिक है, इसलिए हम कह सकते हैं कि स्टील की तन्यता शक्ति Cu की तुलना में अधिक है।

$\therefore$ कारण गलत है।

अतः विकल्प (A) सही है।

96. $h \Rightarrow 0.29$

लंबवत स्तंभ $\Rightarrow$ आरंभिक $= 2 \times 0.29$

$$\Rightarrow (h_1 - 0.1) + h_2 = 2 \times 0.29$$

$$\Rightarrow h_1 + h_2 = 0.58 + 0.1 = 0.68 \dots\dots(i)$$

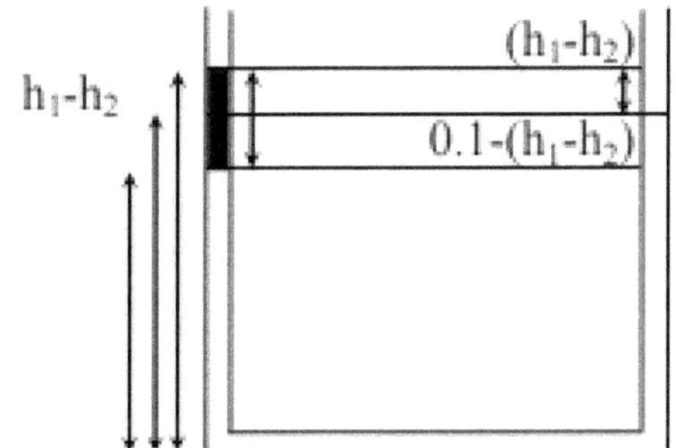

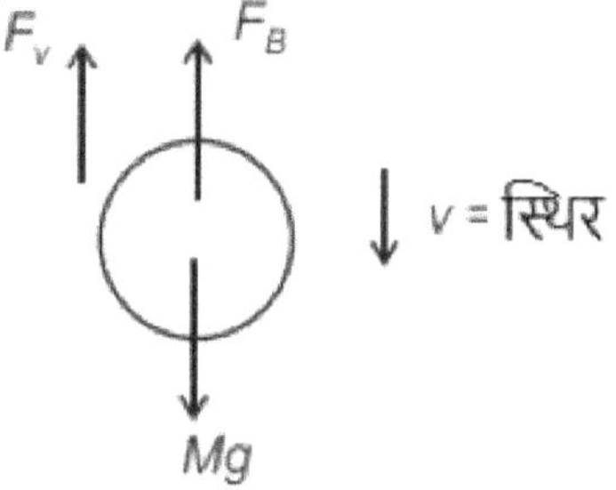

$$P_{atm} + 800\,g \times 0.1 = \big(0.1 - (h_1 - h_2)\big)1000 \times g$$

$$800\,g \times 0.1 = \big(0.1 - (h_1 - h_2)\big)1000 \times g$$

$$(h_1 - h_2)1000\,g = 20$$

$$(h_1 - h_2) = \frac{20}{100}$$

$$h_1 - h_2 = 0.02 \ \text{........(ii)}$$

समीकरण (i) और (ii) को जोड़ने पर:

$$\Rightarrow 2\,h_1 = 0.70$$

समीकरण (ii) से समीकरण (i) को घटाने पर:

$$\Rightarrow 2\,h_2 = 0.66$$

समीकरण (iii) को समीकरण (iv) से भाग देने पर

$$\Rightarrow \frac{h_1}{h_2} = \frac{35}{33}$$

अत: विकल्प (B) सही है।

97. यह दिया गया है कि वर्गाकार आकार वाली धातु की प्लेट को डोरी की सहायता से लटकाया जाता है। जब प्लेट को पानी में दुबाया जाता है, तो उस पर उत्प्लावन बल कार्य करेगा। उस समय बल की मात्रा स्थिर होती है और इसलिए डोरी में तनाव स्थिर रहता है। चूंकि बिंदु X को धीरे-धीरे निरंतर वेग से ऊपर उठाया जाता है और जैसे ही यह पानी से बाहर आता है, स्ट्रिंग में तनाव धातु की प्लेट के वजन से संतुलित होता है।

तनाव उत्प्लावन बल पर निर्भर करता है। धातु के गुटके पर संतुलन समीकरण लागू करने पर,

$$T + \rho g h = mg$$

$$\Rightarrow T = mg - rgh$$

यहाँ विस्थापन ऊँचाई के पद में है।

अत: विकल्प (A) सही है।

98. माना, F_v श्यान बल है और F_B गेंद पर लगने वाला उत्प्लावक बल है।

जब पिंड नियत वेग से गति करता है,

$$Mg = F_B + F_v \quad [a = 0]$$

$$F_v = Mg - F_B$$

$$= dVg - \frac{d}{2} \cdot Vg \quad (\because M = dVg)\ \text{जहाँ } V: \text{गेंद का आयतन}$$

$$= \frac{d}{2}Vg$$

$$F_v = \frac{M}{2}g$$

अत: विकल्प (B) सही है।

99. गतिज श्यानता तरल द्रव्यमान घनत्व और श्यानता के गुणांक का अनुपात है।

एक तरल के बढ़ते आणविक द्रव्यमान के साथ, श्यानता बढ़ जाती है।

अणुओं का प्रवाह इसके द्रव्यमान के व्युक्रमानुपाती होता है। इसलिए, उच्च आणविक द्रव्यमान वाले तरल पदार्थ में अधिक श्यानता होती है।

अत: विकल्प (B) सही है।

100. श्यान बल एक द्रव में दो ठोस सतहों के बीच घर्षण को खिसकाने का बल है। इस वजह से श्यानता को अक्सर द्रव घर्षण के रूप में जाना जाता है। अन्य घर्षण बलों की तरह श्यानता बल, पास की द्रव परतों की सापेक्ष गति को बाधित करती हैं। जब हम किसी गेंद को अत्यधिक श्यान द्रव में गिराते हैं तो प्रारंभ में गुरुत्वाकर्षण बल कार्य करता है। जैसे ही यह द्रव के अंदर जाता है तो श्यान बल बढ़ता है इसलिए इसकी गति समय के साथ स्थिर रहेगी क्योंकि गुरुत्वाकर्षण बल कर्षण या श्यान बल द्वारा संतुलित होता है। जब गुरुत्वाकर्षण बल को कर्षण बल (फोर्स) द्वारा संतुलित किया जाता है तो कण का त्वरण जिसे v और t ग्राफ के ढलान से मापा जाता है, जो शुरू में ऋणात्मक हो जाता है लेकिन कुछ समय बाद यह शून्य हो जाता है अर्थात वेग समय के साथ स्थिर हो जाता है

$v - t$ ग्राफ़ निम्न द्वारा दिखाया जाता है:

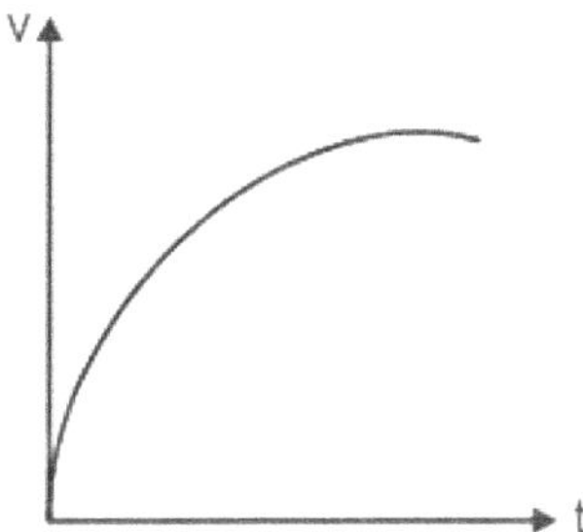

यह गति को ग्राफ के B भाग के रूप में दर्शाता है।

अतः विकल्प (D) सही है।

Q.1 निम्नलिखित में से किस समूह में SI प्रणाली के अनुसार मौलिक राशियों की सही इकाइयाँ हैं?

A. मीटर, किलोग्राम, सेकंड, कूलाम, केल्विन, मोल और कैंडेला

B. मीटर, न्यूटन, सेकंड, कूलाम, केल्विन, मोल और कैंडेला

C. मीटर, किलोग्राम, सेकंड, एम्पीयर, केल्विन, मोल और कैंडेला

D. मीटर, किलोग्राम, सेकंड, एम्पीयर, केल्विन, मोल और लक्स

Q.2 कैंडेला _______ की इकाई है।

A. ध्वनिक तीव्रता **B.** विद्युत् तीव्रता

C. चुम्बकीय तीव्रता **D.** ज्योति तीव्रता

Q.3 किसी तरल पदार्थ के पृष्ठीय तनाव की SI इकाई क्या है?

A. न्यूटन **B.** न्यूटन/मीटर

C. न्यूटन/मीटर ^{2} **D.** न्यूटन/मीटर ^{3}

Q.4 निम्नलिखित में से भौतिक राशियों के किस युग्म का विमीय सूत्र समान नहीं है?

A. कार्य और बलाघूर्ण

B. कोणीय वेग और प्लैंक स्थिरांक

C. तनाव और पृष्ठ तनाव

D. आवेग और रैखिक संवेग

Q.5 यदि पृथ्वी और सूर्य के बीच की दूरी इसके वर्तमान मूल्य से आधी है, तो एक वर्ष में कितने दिन होंगे

A. 64.5 **B.** 129 **C.** 182.5 **D.** 730

Q.6 एक गतिमान पिंड के त्वरण का परिमाण बराबर होता है

A. एक विस्थापन-समय ग्राफ की ढाल

B. वेग-समय ग्राफ का क्रम

C. एक विस्थापन-वेग ग्राफ की ढाल

D. वेग-समय ग्राफ का क्षेत्रफल

Q.7 एक वस्तु $6.25\ m\ s^{-1}$ की चाल से गतिमान है। $\frac{dv}{dt} = -2.5\sqrt{v}$ द्वारा दी गई दर से मंदित है, जहां v तात्क्षणिक चाल है। वस्तु द्वारा विराम में आने में लिया गया समय होगा:

A. $2\ s$ **B.** $4\ s$ **C.** $8\ s$ **D.** $1\ s$

Q.8 एक प्रक्षेप्य के उच्चतम बिंदु पर, इसका वेग और त्वरण _______ के कोण पर होता है।

A. $0°$ **B.** $45°$ **C.** $90°$ **D.** $180°$

Q.9 एक आदमी शांत जल में $4.0\ km/h$ की चाल से तैर सकता है। यदि नदी $3\ km/h$ की गति से निरंतर बहती है तो उसे $1.0\ km$ चौड़ी नदी को पार करने में कितना समय लगता है? जब वह दूसरे किनारे पर पहुँचता है तो वह नदी में कितनी दूर जाता है?

A. $450\ m$ **B.** $690\ m$ **C.** $750\ m$ **D.** $455\ m$

Q.10 तीन कण A, B और C एक ही बिंदु से एक ही प्रारंभिक गति के कोण बनाते हुए प्रक्षेपित होते हैं, और क्रमशः क्षैतिज के साथ $30°$, $45°$ और $60°$ बनाते हैं। नीचे दिये गये कथनों में से कौन सही है?

A. A, B और C की परास असमान हैं

B. A और C की परास बराबर और B से कम हैं

C. A और C की परास बराबर और B से बड़ी हैं

D. A, B और C की परास समान हैं

Q.11 m द्रव्यमान का एक चिकना गोला $2m$ द्रव्यमान के दूसरे गोले से टकराता है जो विरामावस्था में है। टक्कर के बाद उनकी गति की दिशाएँ समकोण पर होती हैं। तो पुनर्स्थापन का गुणांक क्या है ?

A. 0 **B.** $\frac{1}{2}$ **C.** $-\frac{1}{2}$ **D.** 1

Q.12 $2\ m/s^2$ के त्वरण के कारण एक निश्चित अवधि में पिंड का वेग $20\ m/s$ से $30\ m/s$ तक बढ़ जाता है। उस अवधि में शरीर का विस्थापन (m में) ज्ञात कीजिए।

A. 650 **B.** 125 **C.** 250 **D.** 325

Q.13 तालाब के तलछट या हरे शैवाल वाले रास्ते पर चलते समय हम फिसल जाते हैं क्योंकि:

A. गति की जड़ता

B. घर्षण शून्य है

C. पैरों और पथ के बीच घर्षण बढ़ जाता है

D. पैरों और पथ के बीच का घर्षण कम हो जाता है

Q.14 यदि ब्लॉक A का वेग दायीं ओर 0.6 m/s है, तो ब्लॉक B का वेग ज्ञात कीजिए।

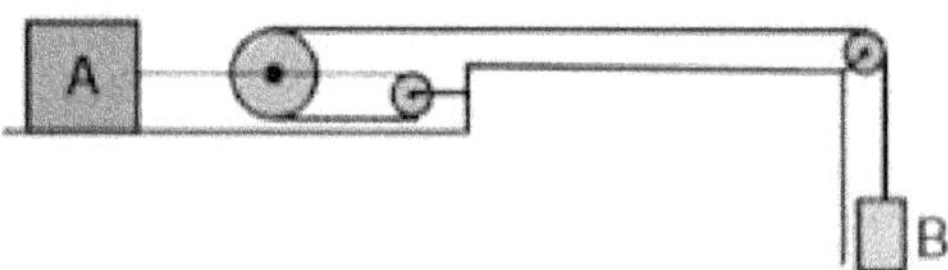

A. 1.8 m/s नीचे की दिशा में

B. 1.8 m/s ऊपर की दिशा में

C. 0.6 m/s नीचे की दिशा में

D. 0.6 m/s ऊपर की दिशा में

Q.15 एक 50 kg का आदमी अपने सिर पर 20 kg भार के साथ प्रत्येक 0.25 m ऊँचाई के 20 सीढ़ियां चढ़ता है। चढ़ाई में किया गया कार्य है:

A. 5 J **B.** 350 J **C.** 100 J **D.** 3430 J

Q.16 निम्नलिखित में से क्या अधिक कार्य कर सकता है?

A. एक घूमता हुआ पहिया **B.** एक चलती हुई गोली

C. एक फेंका गया पत्थर **D.** एक उठा हुआ हथौड़ा

Q.17 यदि किसी निकाय का वेग 4 गुना बढ़ जाता है तो इसकी गतिज ऊर्जा _______ बढ़ जाती है।

A. 16 गुना **B.** 4 गुना **C.** $\frac{1}{16}$ गुना **D.** $\frac{1}{4}$ गुना

Q.18 6 m की ऊंचाई पर और 50 kg के द्रव्यमान के साथ स्थिर वस्तु की स्थितिज ऊर्जा ज्ञात कीजिए। $(g = 10\ m/s^2)$

A. 3000 J **B.** 3×10^4 J **C.** 300 J **D.** 30 J

Q.19 एक परिपत्र डिस्क X त्रिज्या R मोटाई t की लोहे की प्लेट से बनाया गया है और एक और डिस्क Y जिसकी त्रिज्या $4R$ है $\frac{t}{4}$ मोटाई की लोहे की प्लेट से बनाया गया है। जड़ता प्रवृत्ति I_x और I_y के क्षणों के बीच का संबंध है ?

A. $I_y = 32I_x$ **B.** $I_y = 16I_x$

C. $I_y = I_x$ **D.** $I_y = 64I_x$

Q.20 एक द्रव्यमान M एवं लम्बाई l की पतली एवं एक समान छड़ का एक सिरा धुराग्रस्त है जिससे कि वह एक ऊर्ध्वधिर समतल में घूम सकती है (चित्र देखिये)। धुरी का घर्षण नगण्य है। छड़ के दूसरे सिरे को धुरी के ऊपर ऊर्ध्वाधर रखकर छोड़ दिया जाता है। जब छड़ ऊर्ध्व से θ कोण बनाती है तो उसका कोणीय त्वरण होगा:

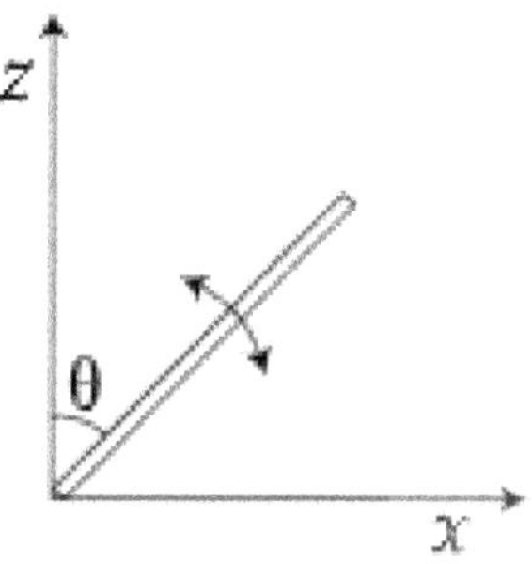

A. $\frac{3g}{2l}\sin\theta$ **B.** $\frac{2g}{3l}\sin\theta$ **C.** $\frac{3g}{2l}\cos\theta$ **D.** $\frac{2g}{3l}\cos\theta$

Q.21 एक विद्युत द्विध्रुव का स्थिर द्विध्रुव आघूर्ण $\vec{p}$ है जो कि x-अक्ष से θ कोण बनाता है। विद्युत क्षेत्र $\vec{E_1} = E\hat{i}$ में रखने पर यह बल आघूर्ण $\vec{T_1} = \tau\hat{k}$ का अनुभव करता है। विद्युत क्षेत्र $\vec{E_2} = \sqrt{3}E_1\hat{j}$ में रखने पर यह बल आघूर्ण $\vec{T_2} = -\vec{T_1}$ का अनुभव करता है। कोण θ का मान होगा:

A. 30° **B.** 45° **C.** 60° **D.** 90°

Q.22 $\mathbf{F}_g$ और F_e क्रमशः $0.1\ m$ की दूरी पर स्थित इलेक्ट्रॉनों के बीच गुरुत्वाकर्षण और इलेक्ट्रोस्टैटिक बल का प्रतिनिधित्व करते हैं $\frac{F_g}{F_e}$ का क्रम है:

A. 10^{-41} **B.** 10^{-45} **C.** 10^{40} **D.** 10^{-42}

Q.23 गुरुत्वाकर्षण $'g'$ के कारण त्वरण और पृथ्वी के औसत घनत्व $'\rho'$ का संबंध निम्नलिखित में से है जहां G गुरुत्वाकर्षण स्थिरांक है और R_e पृथ्वी का त्रिज्या है:

A. $\rho = \left(\frac{g}{G}\right)\frac{4\pi}{3}R_e^3$ **B.** $\rho = \frac{\left(\frac{g}{G}\right)}{\left(\frac{4\pi}{3}R_e\right)}$

C. $\rho = \frac{g}{G}\frac{4\pi}{3}R_e^2$ **D.** $\rho = \frac{\left(\frac{g}{G}\right)}{\left(\frac{4\pi}{3}R_e^3\right)}$

Q.24 अवधि T के साथ त्रिज्या r की एक गोलाकार कक्षा में एक बहुत बड़े पैमाने पर घूमने वाले प्रकाश ग्रह की कल्पना करें। यदि ग्रह और तारे के बीच गुरुत्वाकर्षण बल $r^{5/2}$ के समानुपाती है, तो समयावधि का वर्ग आनुपातिक होगा:

A. r^3 **B.** r^2 **C.** $r^{2.5}$ **D.** $r^{\frac{7}{2}}$

Q.25 यदि पृथ्वी की त्रिज्या उसके द्रव्यमान के समान रहते हुए 1% से सिकुड़ती है, तो पृथ्वी की सतह पर गुरुत्वाकर्षण के कारण त्वरण होगा:

A. 2% की कमी **B.** कोई बदलाव नहीं
C. 2% की वृद्धि **D.** 9.8% से बढ़ेगी

Q.26 एक आदमी लिफ्ट में रखी एक तौल मशीन पर खड़ा होता है, जब स्थिर होता है, तो उसका वजन $40\ kg$ दर्ज किया जाता है। यदि लिफ्ट को $2\ m/s^2$ के त्वरण के साथ ऊपर की ओर बढ़ाया जाता है, तो मशीन में दर्ज वजन होगा:

A. $48\ kg$ **B.** $32\ kg$ **C.** $64\ kg$ **D.** $80\ kg$

Q.27 ठोस के पिघलने के दौरान इसका तापमान ________ ।
A. ठोस की प्रकृति के आधार पर बढ़ या घट सकता है
B. घट जाता है
C. बढ़ जाता है
D. नहीं बदलता है

Q.28 वायुमंडलीय तापमान $-10°C$ होने के कारण झील का शीर्ष जम गया है। झील के तल पर तापमान ______ होने की सबसे अधिक संभावना है।
A. $0°C$ **B.** $-4°C$ **C.** $4°C$ **D.** $-10°C$

Q.29 γ घनीय विस्तार के गुणांक वाला एक तरल $\frac{\gamma}{3}$ रैखिक विस्तार के गुणांक वाले α बर्तन में निहित है गर्म करने पर बर्तन में द्रव के स्तर का क्या होगा?
A. यह गिर जाता है
B. यह बढ़ता है
C. कोई बदलाव नहीं
D. यह कंटेनर की प्रकृति के आधार पर बढ़ या गिर सकता है

Q.30 तापमान ________ के शुद्ध परिवर्तन की दिशा निर्धारित करता है।
A. सकल गतिज ऊर्जा
B. अंतर-आणविक गतिज ऊर्जा
C. सकल स्थितिज ऊर्जा
D. अंतर-आणविक स्थितिज ऊर्जा

Q.31 एक गैस अपने प्रारंभिक आयतन के आधे हिस्से तक समतापी रूप से संपीड़ित होती है। उसी गैस को फिर से संपीड़ित किया जाता है जब तक कि आयतन एक एडियाबेटिक प्रक्रिया के माध्यम से आधा न हो जाए। फिर ________।
A. आइसोथर्मल संपीड़न के दौरान किया गया कार्य अधिक होता है
B. किया गया कार्य संपीड़न के लिए उपयोग की जाने वाली प्रक्रियाओं से स्वतंत्र होता है
C. एडियाबेटिक प्रक्रम में किया गया कार्य अधिक होता है
D. किया गया कार्य गैस की परमाणुता पर निर्भर करता है

Q.32 $P - V$ आरेख पर एक बिंदु दर्शाता है:
A. एक ऊष्मागतिकीय प्रक्रिया
B. प्रणाली की स्थिति
C. सिस्टम पर या उसके द्वारा किया गया कार्य
D. उपरोक्त में से कोई नहीं

Q.33 अलग-अलग तापमान पर दो निकायों T_1 और T_2 यदि थर्मल संपर्क में लाया जाता है:
A. औसत तापमान पर स्थिर न रहें
B. औसत तापमान पर स्थिर रहें
C. किसी भी तापमान पर स्थिर रहें
D. उपरोक्त में से कोई नहीं

Q.34 एक उष्मागतिकी प्रणाली को एक मूल अवस्था से एक मध्यवर्ती अवस्था में ले जाया जाता है, जो नीचे दिए गए चित्र में दिखाई गई रैखिक प्रक्रिया द्वारा होती है

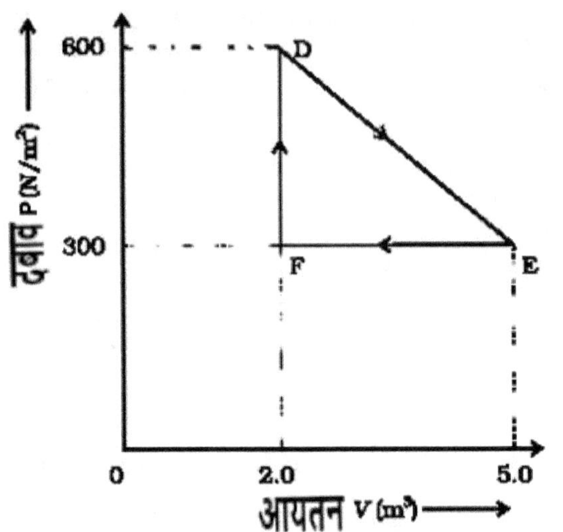

इसके आयतन को एक समदाब रेखीय प्रक्रिया द्वारा मूल मान E से घटाकर F कर दिया जाता है। गैस द्वारा D से E से F तक किए गए कुल कार्य की गणना करें।

A. 250J B. 450J C. 350J D. 550J

Q.35 44.8 लीटर नियत धारिता के एक बेलनाकार बर्तन में STP पर हीलियम गैस भरी है। इस गैस के ताप में $15.0°C$ वृद्धि करने के लिए कितनी ऊष्मा की आवश्यकता होगी? ($R = 8.31\ Jmo1^{-1}\ K^{-1}$)

A. 265 J B. 310.10 J C. 373.95 J D. 387.97 J

Q.36 वह तापमान ज्ञात कीजिए जिस पर ऑक्सीजन अणु की वर्ग माध्य मूल गति पृथ्वी की सतह से दूर ले जाने के लिए पर्याप्त होगी। दिया गया है: पृथ्वी की सतह से पलायन गति $= 11.2\ km\ s^{-1}$, ऑक्सीजन अणु का द्रव्यमान $= 2.76 \times 10^{-26}\ kg$, बोल्ट्जमान स्थिरांक $= 1.38 \times 10^{-23} JK^{-1}$

A. $5.16 \times 10^4 K$ B. $8.36 \times 10^4 K$
C. $2.45 \times 10^4 K$ D. $9.12 \times 10^4 K$

Q.37 एक गैसीय मिश्रण में $16\ g$ हीलियम तथा $16\ g$ ऑक्सीजन उपस्थित है। मिश्रण के C_ρ/C_V का अनुपात क्या होगा:

A. 1.59 B. 1.62 C. 1.4 D. 1.54

Q.38 $\dfrac{Cp}{C_V} = \dfrac{5}{3}$ के साथ एक आदर्श गैस के दो मोल्स $\dfrac{C_P}{C_V} = \dfrac{4}{3}$ के साथ एक अन्य आदर्श गैस के 3 मोल के साथ मिश्रित होते हैं। मिश्रण के लिए $\dfrac{C_p}{C_V}$ का मान है:

A. 1.45 B. 1.50 C. 1.47 D. 1.42

Q.39 एक आदर्श गैस के रूप में हीलियम गैस के n मोल और ऑक्सीजन गैस के 2n मोल्स (अणु को कठोर होने के लिए लिया गया) के मिश्रण पर विचार करें। इसका $\dfrac{Cp}{C_V}$ होगा:

A. $\dfrac{19}{13}$ B. $\dfrac{67}{45}$ C. $\dfrac{40}{27}$ D. $\dfrac{23}{15}$

Q.40 यदि 600 torr पर 1 L गैस A और 1000 torr पर 500 mL गैस B को 2 L फ्लास्क में रखा जाए, तो अंतिम दबाव होगा:

A. 500 torr B. 550 torr
C. 1000 torr D. 1100 torr

Q.41 निम्नलिखित में से कौन सा ग्राफ परमाणु संख्या (Z) और d-ब्लॉक तत्वों के चुंबकीय क्षण के बीच सही प्रतिनिधित्व है? [बाहरी इलेक्ट्रॉनिक कॉन्फ़िगरेशन : $(n-1)d^x ns^{1\ or\ 3}$]

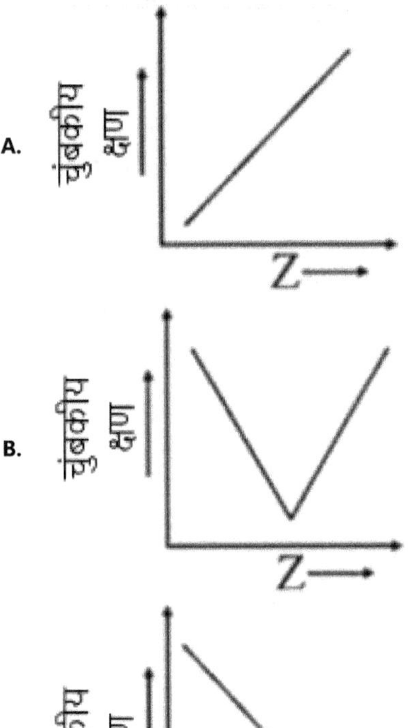

A.
B.
C.
D.

Q.42 यांत्रिक दोलनों में एक शरीर अपनी औसत स्थिति के बारे में दोलन करता है जो कि इसकी ___________ भी है।

A. वाट B. बल
C. गति D. संतुलन स्थिति

Q.43 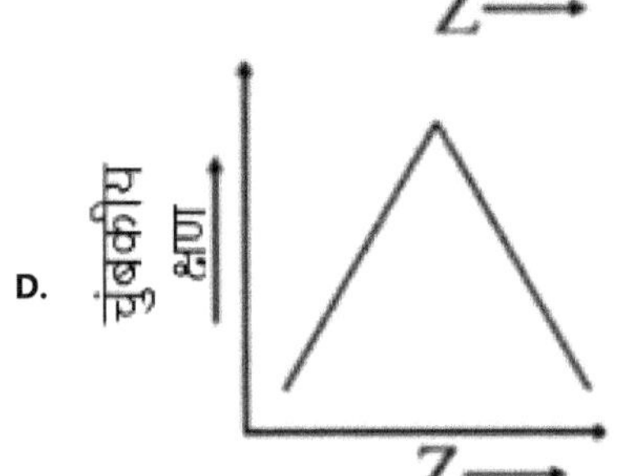 $CH_3CH = CHCH_2CHCH_2COOH$ (जिसमें CH पर NH_2) के लिए IUPAC नाम है:

A. $3-$amino $-5-$ हेप्टेनोइक एसिड
B. $\beta-$amino $-\delta$
C. $5-$amino $-2-$ हेप्टेनोइक एसिड
D. $5-$amino-hex $-2-$ एनेकारबॉक्सिलिक एसिड

Q.44 निम्नलिखित में से किस उर्वरक में नाइट्रोजन का प्रतिशत सर्वाधिक है?

A. अमोनियम सल्फेट B. कैल्शियम साइनामाइड
C. यूरिया D. अमोनियम नाइट्रेट

Q.45 विद्युत क्षेत्र E में एक आवेश Q पर बल का परिमाण _____ है।

A. $\frac{E}{Q}$ **B.** $\frac{Q}{E}$ **C.** EQ **D.** E^2Q

Q.46 निम्नलिखित में से कौन सा कथन निकाय पर आवेश के बारे में गलत है?

A. दो द्रव्यमानों के बीच गुरुत्वाकर्षण बल की तरह, आवेश हमेशा एक दूसरे को आकर्षित करते हैं

B. विपरीत आवेश एक दूसरे को आकर्षित करते हैं

C. समान आवेश एक दूसरे को प्रतिकर्षित करते है

D. उपरोक्त सभी सही कथन हैं

Q.47 एक आवेश q को r त्रिज्या के एक वलय पर एकसमान रूप से वितरित किया जाता है। समान त्रिज्या r का एक गोला, वलय की परिधि पर इसके केंद्र के साथ लगाया जाता है। गोले के पृष्ठ से गुजरने वाला विद्युत फ्लक्स है।

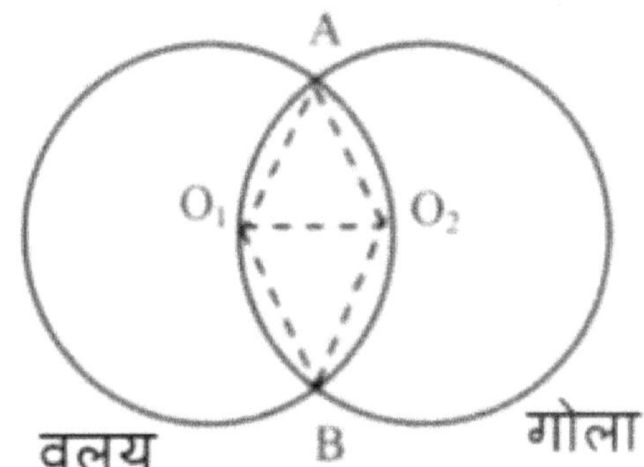

A. $\frac{q}{\epsilon_0}$ **B.** $\frac{2q}{\epsilon_0}$ **C.** $\frac{q}{2\epsilon_0}$ **D.** $\frac{q}{3\epsilon_0}$

Q.48 दो बिंदु चार्ज के बीच कूलम्ब बल _____ के संबंध में दूरी ' r ' से परिवर्तित होता है।

A. r **B.** $\frac{1}{r}$ **C.** r^2 **D.** $\frac{1}{r^2}$

Q.49 अंतरिक्ष के $0.2\ m^3$ आयतन के किसी निश्चित क्षेत्र में हर स्थान पर विद्युत विभव $5\ V$ पाया गया है। इस क्षेत्र में विद्युत क्षेत्र का परिमाण है:

[NEET UG, 2020], [MPPEB Sub Engineer (Mechanical), 2020]

A. शून्य **B.** $0.5\ N/C$ **C.** $1\ N/C$ **D.** $5\ N/C$

Q.50 DNA में एक बंध को खण्डित करने के लिए आवश्यक ऊर्जा $10^{-20}\ J$ है। eV में यह मान है, लगभग:

[NEET UG, 2020], [MPPEB Sub Engineer (Mechanical), 2020]

A. 6 **B.** 0.6 **C.** 0.06 **D.** 0.006

Q.51 किसी समान्तर पट्टिका संधारित्र, जिसमें माध्यम के रूप में वायु भरी है, की धारिता $6\mu F$ है। कोई परावैद्युत माध्यम भरने पर इसकी धारिता $30\mu F$ हो जाती है। इस माध्यम का परावैद्युतांक है:

$$(\epsilon_0 = 8.85 \times 10^{-12}\ C^2\ N^{-1}\ m^{-2})$$

[NEET UG, 2020], [MPPEB Sub Engineer (Mechanical), 2020]

A. $0.44 \times 10^{-13} C^2\ N^{-1}\ m^{-2}$

B. $1.77 \times 10^{-12} C^2\ N^{-1}\ m^{-2}$

C. $0.44 \times 10^{-10} C^2\ N^{-1}\ m^{-2}$

D. $5.00 C^2\ N^{-1}\ m^{-2}$

Q.52 किसी लघु विद्युत द्विध्रुव का द्विध्रुव आघूर्ण $16 \times 10^{-9} Cm$ है। इस द्विध्रुव के कारण, इस द्विध्रुव के अक्ष से $60°$ का कोण बनाने वाली

किसी रेखा पर स्थित $0.6\ m$ दूरी के किसी बिन्दु पर, विद्युत विभव होगा:

$$\left(\frac{1}{4\pi\epsilon_0} = 9 \times 10^9\ N\ m^2/C^2\right)$$

[NEET UG, 2020], [MPPEB Sub Engineer (Mechanical), 2020]

A. $50\ V$ **B.** $200\ V$ **C.** $400\ V$ **D.** शून्य

Q.53 ओम का नियम तब मान्य होता है जब चालक का तापमान _____ होता है।

A. बहुत कम **B.** बहुत अधिक

C. परिवर्तनीय **D.** स्थिर

Q.54 एक विभवमापी की विभव प्रवणता 3 mV/cm है। इसका उपयोग 20 Ω के प्रतिरोध में विभवांतर को मापने के लिए किया जाता है। यदि शून्य बिंदु को प्राप्त करने के लिए 60 cm के विभवमापी तार की आवश्यकता होती है, तो 20 Ω प्रतिरोधक से गुजरने वाली धारा _____ है।

A. 8 mA **B.** 9 mA **C.** 10 mA **D.** 11 mA

Q.55 नीचे दर्शाए गए परिपथ में धारा ज्ञात कीजिए।

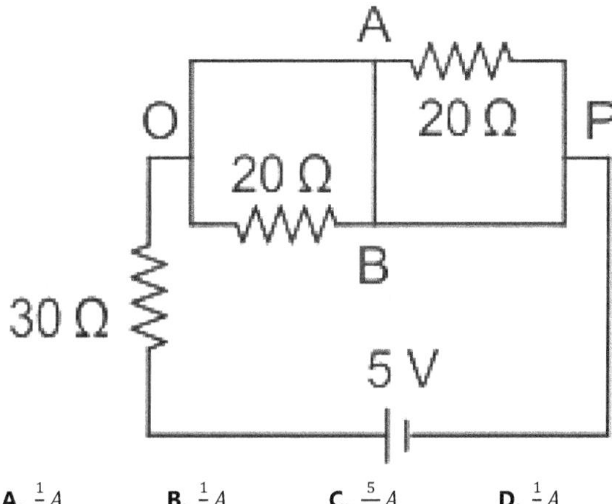

A. $\frac{1}{6}A$ **B.** $\frac{1}{8}A$ **C.** $\frac{5}{70}A$ **D.** $\frac{1}{3}A$

Q.56 विद्युत धारा की SI इकाई एम्पीयर है। एक एम्पीयर को किस प्रकार परिभाषित किया जाता है?

A. प्रति मिनट गुजरने वाला आवेश

B. प्रति सेकंड बहनेवाला 1 कूलंब आवेश

C. प्रति सेकंड बहनेवाला 2 कूलंब आवेश

D. प्रति सेकंड आवेश

Q.57 दो सीधे लम्बे धारावाही चालक I_1 और I_2 को x तथा Y अक्ष पर रखा गया है। तो शून्य चुम्बकीय प्रेरण बिंदु के बिन्दुपथ का समीकरण ज्ञात कीजिये।

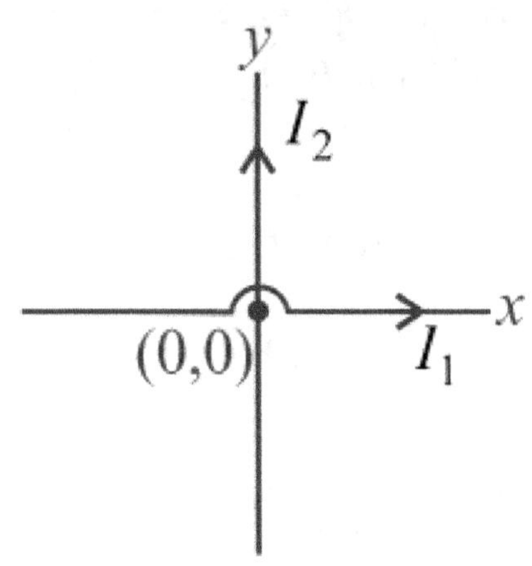

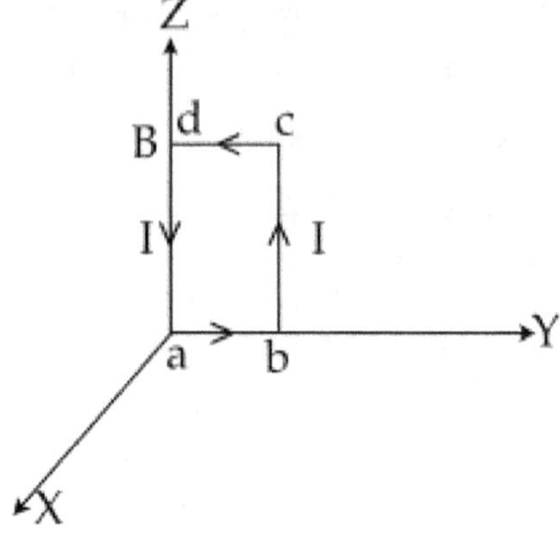

A.

A. $Y = X$ **B.** $Y = \frac{I_2}{I_1} X$

C. $Y = \frac{I_1}{I_2} X$ **D.** $Y = \frac{X}{I_1 I_2}$

Q.58 भूमध्य रेखा पर केंद्र से दूरी r पर (MKS प्रणाली में), चुंबकीय आघूर्ण M के एक छोटे से चुंबकीय द्विध्रुव के कारण चुंबकीय क्षेत्र क्या होगा?

A. $\frac{\mu_0}{4\pi} \times \frac{M}{r^2}$ **B.** $\frac{\mu_0}{4\pi} \times \frac{M}{r^3}$

C. $\frac{\mu_0}{4\pi} \times \frac{2M}{r^2}$ **D.** $\frac{\mu_0}{4\pi} \times \frac{2M}{r^3}$

Q.59 The negatively and uniformly charged non- conducting disc as shown is rotated clockwise. The direction of the magnetic field at point A in the plane of the disc is:

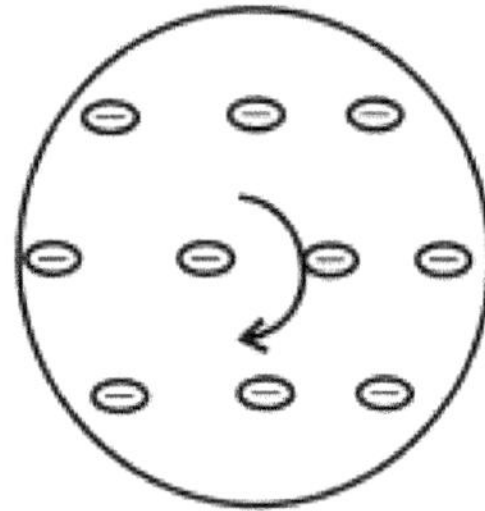

B.

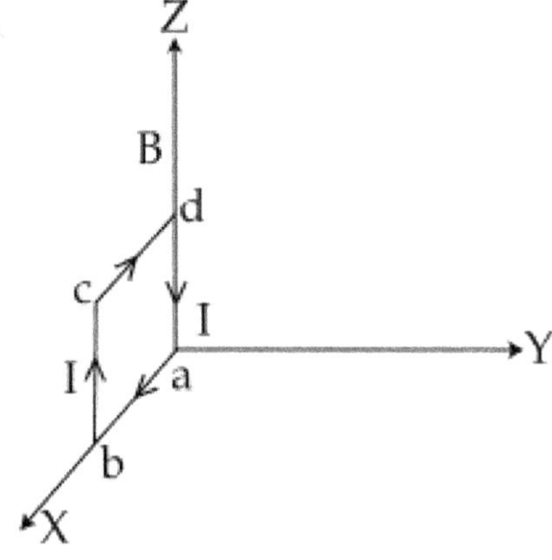

A. Into the page
B. Out of the page
C. Upwards in the plane of the page
D. Downwards in the plane of the page

Q.60 एक ऋणात्मक परीक्षण आवेश, एक सीधे लम्बे तार, जिसमें धारा बह रही है, के निकट चल रहा है। परीक्षण आवेश पर लगने वाला बल धारा की दिशा के समान्तर है। आवेश की गति होगी:

[JEE Main Advanced, 2017]

A. तार से दूर
B. तार की ओर
C. तार से समान्तर एवं धारा की दिशा में
D. तार के समान्तर एवं धारा की विपरीत दिशा में

C.

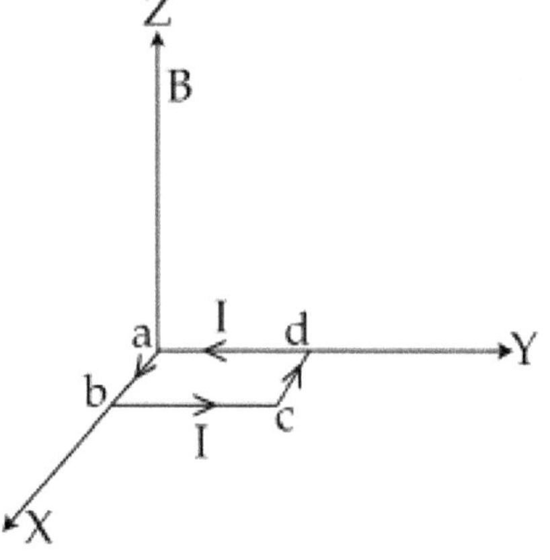

Q.61 $0.3\ T$ का एक समान चुम्बकीय क्षेत्र B धनात्मक Z -अक्ष की तरफ दिशित है। एक $10\ cm$ तथा $5\ cm$ भुजाओं वाले आयताकार पाश (abcd) में $12\ A$ धारा I बहती है। निम्न में से कौन-सा दिग्गिन्यास स्थिर साम्यावस्था को प्रदर्शित करता है?

[JEE Main Advanced, 2017]

D.

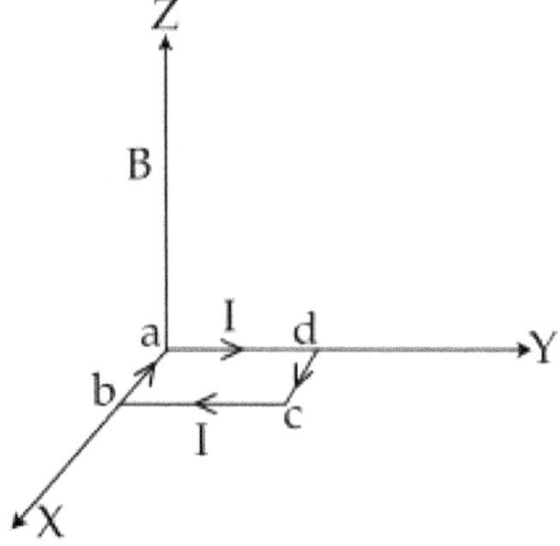

Q.62 एक LCR श्रेणी परिपथ में प्रेरकत्व, धारिता और प्रतिरोध के सिरों पर वर्ग माध्य मूल वोल्टता क्रमशः $4\,V, 8\,V$ और $5\,V$ हैं। परिपथ में प्रत्यावर्ती धारा स्रोत की वर्ग माध्य मूल वोल्टता है:

A. $17\,V$ **B.** $13\,V$ **C.** $5\,V$ **D.** $6.4\,V$

Q.63 अंत से अंत तक दो अलग-अलग धातुओं को मिलाया जाता है। एक छोर को स्थिर तापमान पर रखा जाता है और दूसरे सिरे को बहुत अधिक तापमान पर गर्म किया जाता है। थर्मो ईएमएफ का उचित ग्राफ है:

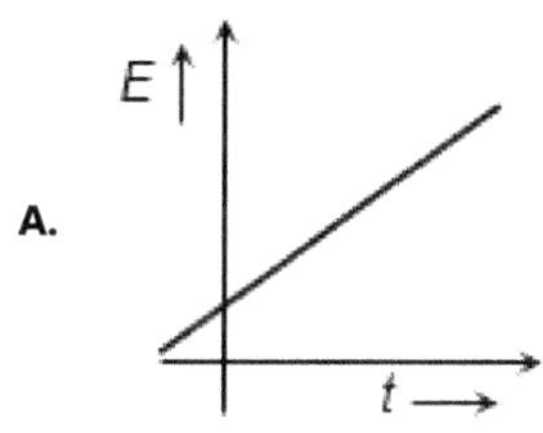
A.

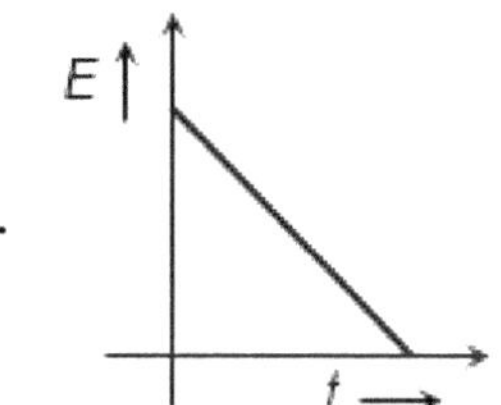
B.

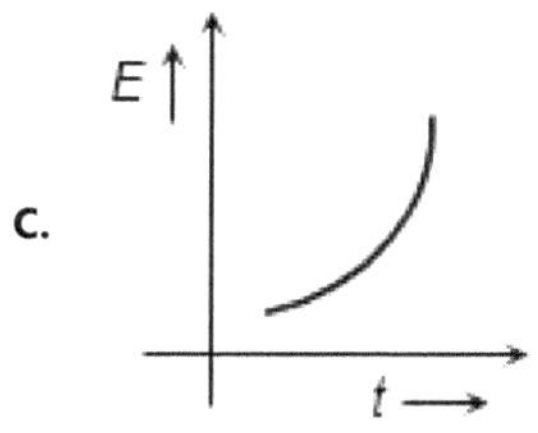
C.

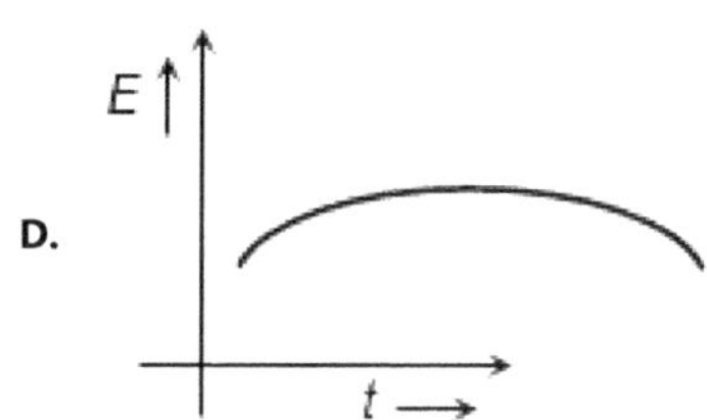
D.

Q.64 एक अनुचंबकीय सॉल्ट के एक नमूने में 2.0×10^{24} परमाणु द्विध्रुवीय प्रत्येक द्विध्रुवीय आघूर्ण $1.5 \times 10^{-23} JT^{-1}$ होता है। नमूने को $0.64T$ के एक सजातीय चुंबकीय क्षेत्र में रखा जाता है, और $4.2K$ के तापमान तक ठंडा किया जाता है। प्राप्त चुंबकीय संतृप्ति की डिग्री 15% के बराबर है। नमूने के लिए चुंबकीय क्षेत्र $0.98T$ और तापमान $2.8K$ है, तो कुल द्विध्रुवीय आघूर्ण क्या है?

A. $3JT^{-1}$ **B.** $6JT^{-1}$ **C.** $10JT^{-1}$ **D.** $12JT^{-1}$

Q.65 एक 20 फेरों की कुण्डली से बद्ध चुम्बकीय फ्लक्स 1 सेकण्ड में 0.3 वेबर से घटकर शून्य रह जाता है, तो कुण्डली के सिरों के बीच प्रेरित विद्युत वाहक बल क्या होगा?

[Joint Entrance Examination (Polytechnic), 2019]

A. 2.5 वोल्ट **B.** 6 वोल्ट **C.** 3 वोल्ट **D.** 1.5 वोल्ट

Q.66 सक्रिय शक्ति और आभासी शक्ति को क्रमशः ________ में मापा जाता है।

A. kW और kVA **B.** kV और kWA
C. kVA और kW **D.** kVW और kA

Q.67 लंबवत और कागज के तल में निर्देशित एकसमान चुंबकीय क्षेत्र है। एक अनियमित आकार का संवाहक लूप धीरे-धीरे कागज के तल में एक गोलाकार लूप में बदल रहा है। फिर ________।

A. लूप में AC प्रेरित होती है
B. लूप में कोई धारा प्रेरित नहीं होता है
C. लूप में धारा वामावर्त दिशा में प्रेरित होती है
D. लूप में धारा दक्षिणावर्त दिशा में प्रेरित होती है

Q.68 5.5×10^{-4} चुंबकीय अभिवाह रेखाएं 10 ओम प्रतिरोध और 1000 घुमावों की कुंडल से गुजर रही हैं। यदि अभिवाह रेखाओं की संख्या 0.1 सेकंड में घटकर 5×10^{-5} हो जाती है तो कुंडल में प्रेरित धारा का पता लगाएं।

A. $0.25A$ **B.** $0.5A$ **C.** $1.00A$ **D.** $1.5A$

Q.69 चुंबकीय क्षेत्र की रेखाओं के बारे में निम्नलिखित में से गलत कथन चुनें।

A. एक बिंदु पर चुंबकीय क्षेत्र की दिशा को एक चुंबकीय कम्पास सुई बिंदु के उत्तरी ध्रुव की दिशा में ले जाया जाता है।
B. चुंबकीय क्षेत्र लाइनें बंद वक्र हैं।
C. यदि चुंबकीय क्षेत्र रेखाएं समानांतर और समान हैं, तो वे शून्य क्षेत्र शक्ति का प्रतिनिधित्व करती हैं।
D. चुंबकीय क्षेत्र की सापेक्ष शक्ति को क्षेत्र लाइनों की निकटता की डिग्री द्वारा दिखाया गया है।

Q.70 विद्युत चुम्बकीय तरंग में औसत ऊर्जा घनत्व जुड़ा होता है:
A. केवल विद्युत क्षेत्र के साथ
B. केवल चुंबकीय क्षेत्र के साथ
C. समान रूप से विद्युत और चुंबकीय क्षेत्रों के साथ
D. इनमें से कोई नहीं

Q.71 विद्युत चुम्बकीय तरंगें हैं:
A. अनुदैर्ध्य तरंगें
B. अनुप्रस्थ तरंगें
C. अनुदैर्ध्य और अनुप्रस्थ दोनों तरंगें
D. इसकी प्रकृति माध्यम पर निर्भर करती है

Q.72 विद्युत चुम्बकीय तरंगों के गुणों के लिए निम्नलिखित में से कौन सा कथन गलत है?
A. इन तरंगों को प्रसार के लिए किसी भी भौतिक माध्यम की आवश्यकता नहीं होती है
B. विद्युत और चुंबकीय क्षेत्र सदिश दोनों एक ही स्थान और एक ही समय में उच्चिष्ठ और निम्निष्ठ प्राप्त करते हैं
C. विद्युत चुम्बकीय तरंग में, ऊर्जा विद्युत और चुंबकीय सदिश के बीच समान रूप से विभाजित होती है
D. विद्युत और चुंबकीय क्षेत्र के दोनों सदिश तरंग के प्रसार की दिशा में एक दूसरे के समानांतर और लंबवत होते हैं

Q.73 एक किरण एक छोटे कोणीय प्रिज्म (प्रिज्म A के कोण के साथ) की सतह पर i आपतन कोण के साथ आपतित होती है और सामान्य रूप से विपरीत सतह से निकलती है। यदि प्रिज्म की सामग्री का अपवर्तक सूचकांक μ है। फिर आपतन कोण लगभग बराबर है:

A. $\frac{\mu A}{2}$ **B.** $\frac{A}{2\mu}$ **C.** μA **D.** $\frac{A}{\mu}$

Q.74 एक कार फोकल लंबाई 20 के उत्तल पक्ष-दृश्य दर्पण से सुसज्जित है। पहली कार के 2.8 मी पीछे एक दूसरी कार 15 मी सेमी $^{-1}$ की सापेक्ष गति के साथ पहली कार को पार करती है। पहले कार की दर्पण में दूसरे कार की दिखाई दे रही छवि की गति होगी:

A. $\frac{1}{10}$ मी सेमी $^{-1}$ **B.** $\frac{1}{10}$ मी सेमी $^{-1}$
C. 10 मी सेमी $^{-1}$ **D.** 15 मी सेमी $^{-1}$

Q.75 एक प्रकाश किरण अपवर्तनांक $\sqrt{3}$ काँच की सतह पर $60°$ के कोण पर गिरती है। तो अपवर्तित और परावर्तित किरणों के बिच का कोण होगा:

[NEET UG, 2022]

A. $90°$ B. $120°$ C. $30°$ D. $60°$

Q.76 एक उभयोत्तल लेंस में वक्रता की त्रिज्या प्रत्येक में $20\ cm$ होती है। यदि लेंस के पदार्थ का अपवर्तनांक 1.5 है, तो लेंस की क्षमता है:

[NEET UG, 2022]

A. $+5D$ B. अनंत   C. $+2D$ D. $+20D$

Q.77 एक प्रेक्षक प्रकाश गति की आधी गति से $10 GHz$ आवृत्ति के एक स्थिर सूक्ष्म तरंग (माइक्रोवेव) स्रोत की तरफ जा रहा है। प्रेक्षक द्वारा मापी गयी सूक्ष्म तरंग की आवृत्ति का मान होगा:

(प्रकाश की चाल $= 3 \times 10^8 ms^{-1}$)

[JEE Main Advanced, 2017]

A. $10.1 GHz$ B. $12.1 GHz$

C. $17.3 GHz$ D. $15.3 GHz$

Q.78 यंग के एक द्विझिरी प्रयोग में, झिरियों के बीच की दूरी $0.5 mm$ एवं पर्दे की झिरी से दूरी $150 cm$ है। एक प्रकाश पुंज, जिसमें $650 nm$ और $520 nm$ की दो तरंगदैर्घ्य हैं, को पर्दे पर व्यतीकरण फ्रिन्ज बनाने में उपयोग करते हैं। उभयनिष्ठ केन्द्रीय उच्चिष्ठ से वह बिन्दु, जहाँ दोनों तरंगदैर्घ्यों की दीप्त फ्रिन्जें सम्पाती होती है, की न्यूनतम दूरी होगी:

A. $1.56 mm$ B. $7.8 mm$ C. $9.75 mm$ D. $15.6 mm$

Q.79 द्रव्यमान m एवं आरम्भिक वेग v के एक कण- A की टक्कर द्रव्यमान $\frac{m}{2}$ के स्थिर कण-B से होती है। यह टक्कर सम्मुख एवं प्रत्यास्थ है। टक्कर के बाद डि-ब्रॉग्ली तरंगदैर्यों λ_A एवं λ_B का अनुपात होगा:

A. $\frac{\lambda_A}{\lambda_B} = \frac{1}{3}$ B. $\frac{\lambda_A}{\lambda_B} = 2$

C. $\frac{\lambda_A}{\lambda_B} = \frac{2}{3}$ D. $\frac{\lambda_A}{\lambda_B} = \frac{1}{2}$

Q.80 आवृत्ति $6.0 \times 10^{14}\ Hz$ का एकवर्णी प्रकाश एक लेसर द्वारा निर्मित होता है। उत्सर्जित शक्ति $2.0 \times 10^{-3}\ W$ है। प्रकाश पुंज में फोटॉन की ऊर्जा क्या है?

A. $3.98 \times 10^{-19}\ J$ B. $5.98 \times 10^{-19}\ J$

C. $6 \times 10^{-19}\ J$ D. $2.98 \times 10^{-19}\ J$

Q.81 सीज़ियम का कार्य फलन $2.14 eV$ है। आपतित प्रकाश की तरंगदैर्घ्य ज्ञात कीजिए यदि $0.60\ V$ की रोक विभव द्वारा प्रकाश धारा को शून्य पर लाया जाता है।

A. $454\ nm$ B. $554\ nm$ C. $450\ nm$ D. $404\ nm$

Q.82 $5.4 \times 10^6\ m/s$ की गति से चलने वाले इलेक्ट्रॉन से जुड़ी डी ब्रोगली तरंग दैर्ध्य क्या है?

A. $5.135\ nm$ B. $3.135\ nm$

C. $0.135\ nm$ D. $2.135\ nm$

Q.83 आवृत्ति $7.21 \times 10^{14}\ Hz$ का प्रकाश धातु की सतह पर आपतित होता है। सतह से इलेक्ट्रॉनो की अधिकतम गति $6.0 \times 10^5\ m/s$ है। इलेक्ट्रॉनों के प्रकाश उत्सर्जन के लिए थ्रेसहोल्ड आवृत्ति क्या है?

A. $5.74 \times 10^{14}\ Hz$ B. $4.74 \times 10^{14}\ Hz$

C. $6.74 \times 10^{14}\ Hz$ D. $4 \times 10^{14}\ Hz$

Q.84 प्रकाश-विद्युत प्रभाव में, ऊर्जा $3 \times 10^{-19}\ J$ के आपतित फोटॉन का संवेग है :

A. $9 \times 10^{11} kgms^{-1}$ B. $10^{-27} kgms^{-1}$

C. $3 \times 10^{-11} kgms^{-1}$ D. शून्य

Q.85 एक जन्तु के शरीर में सक्रिय कोबाल्ट $_{27}^{60}Co$ के एक विलयन, जिसकी सक्रियता $0.8 \mu Ci$ तथा क्षय नियतांक λ है, की सूई लगाई जाती है। यदि सूई लगाने के 10 घण्टे बाद जन्तु के शरीर से $1\ cm^3$ रक्त निकाला जाये तो सक्रियता 300 क्षय प्रति मिनट पायी जाती है। जन्तु के शरीर में बहने वाले रक्त का आयतन कितना है? ($1 Ci = 3.7 \times 10^{10}$ क्षय प्रति सेकेण्ड तथा $t = 10$ घण्टे पर $e^{-\lambda t} = 0.84$)

[JEE Main Advanced, 2018]

A. 6 लीटर   B. 7 लीटर   C. 4 लीटर   D. 5 लीटर

Q.86 एक साइक्लोट्रॉन, त्वरित प्रोटॉन है, जहाँ अनुप्रयुक्त चुंबकीय क्षेत्र $2\ T$ है और विभवांतर $100 kV$ है। $20 MeV$ की गतिज ऊर्जा प्राप्त करने के लिए, चक्करों की संख्या, जिससे कि प्रोटॉन को डी के बीच गति करना पड़ता है:

A. 200 B. 300 C. 400 D. 100

Q.87 बोर मॉडल के अनुसार, $n^{वीं}$ कक्षा में इलेक्ट्रॉन की गति के कारण हाइड्रोजन परमाणु के केंद्र पर (नाभिक पर) चुंबकीय क्षेत्र के________ समानुपाती होता है।

A. $\frac{1}{n^3}$ B. $\frac{1}{n^5}$ C. n^5 D. n^3

Q.88 एक रेडियोधर्मी तत्व की सक्रियता नौ वर्षों की अवधि में मूल सक्रियता I_0 के एक- तिहाई तक कम हो जाती है। अगले नौ वर्ष व्यतीत होने के बाद इसकी सक्रियता होगी:

A. I_0 B. $\frac{2}{3} I_0$ C. $\frac{I_0}{9}$ D. $\frac{I_0}{6}$

Q.89 एक अर्धचालक की विद्युत चालकता बढ़ जाती है जब तरंग दैर्घ्य की विद्युत चुम्बकीय विकिरण उस पर 2480 नैनोमीटर से कम पर घटित होती है। अर्द्धचालक के लिए ऊर्जा अन्तराल (eV में) है

A. 0.9 B. 0.7 C. 0.5 D. 1.1

Q.90 एक जंक्शन डायोड में फॉरवर्ड-बायस्ड होने पर 25Ω का और जब रिवर्स-बायस्ड होता है तो 2500Ω का प्रतिरोध होता है। आकृति में दर्शाई गई व्यवस्था में धारा होगी

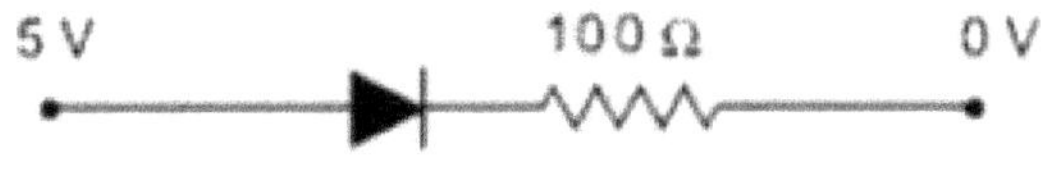

A. $\frac{1}{10}\ A$ B. $\frac{1}{25} A$ C. $\frac{1}{520} A$ D. $\frac{1}{480} A$

Q.91 चित्र में दिखाए गए सर्किट में दो डायोड हैं D_1 और D_2, प्रत्येक अग्रदिशिक 50 ओम और अनंत पश्च प्रतिरोध है। अगर बैटरी वोल्टेज है 6 वोल्ट, धारा (अम्पयीरस में) 100 ओम प्रतिरोध पर कितनी होगी ?

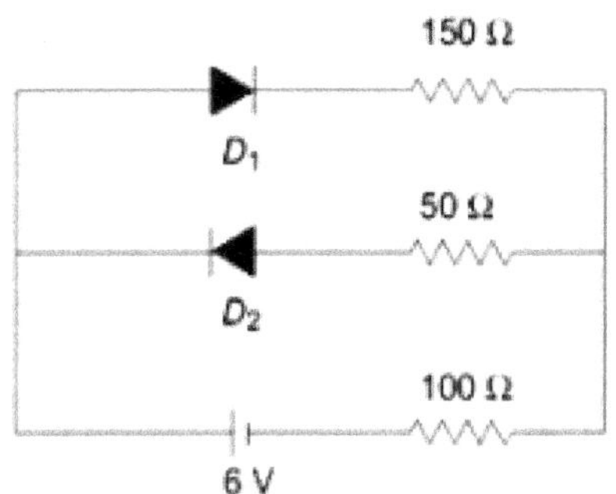

A. शून्य

B. 0.02 अम्पयीरस

C. 0.03 अम्पयीरस

D. 0.036 अम्पयीरस

A. 200N   **B.** 400N   **C.** 600N   **D.** 800N

Q.100 एक ही लंबाई के दो तार और एक ही पदार्थ से बने होते हैं, लेकिन 1: 2 के अनुपात में त्रिज्या को दो असमान बलों द्वारा बढ़ाया जाता है ताकि समान लम्बाई उत्पन्न हो सके। दोनों बलों का अनुपात ज्ञात कीजिए।

A. 1 : 4   **B.** 1 : 2   **C.** 2 : 1   **D.** 4 : 5

Q.92 एक आम एमिटर ट्रांजिस्टर एम्प्लीफायर का इनपुट प्रतिरोध कितना होगा , यदि आउटपुट प्रतिरोध है $500k\Omega$, धारा लब्धि $\alpha = 0.98$ शक्ति लब्धि 6.0625×10^6 है?

A. 198Ω **B.** 300Ω **C.** 100Ω **D.** 400Ω

Q.93 एक p-n-p ट्रांजिस्टर में, एक सामान्य आधार एम्प्लीफायर के रूप में काम करते हुए, 0.96 धारा प्राप्त है और उत्सर्जक धारा 7.2 mA है। आधार धारा है?

A. 0.20 mA   **B.** 0.36 mA   **C.** 0.29 mA   **D.** 0.45 mA

Q.94 एक नल से पानी $1.0ms^{-1}$ की प्रारंभिक गति के साथ लंबवत नीचे की ओर निकलता है। नल का अनुप्रस्थ क्षेत्रफल $10^{-4}m^2$ है। मान लें कि पानी की पूरी धारा में दबाव स्थिर है और वह प्रवाह सुव्यवस्थित है। धारा का क्रॉस-सेक्शनल क्षेत्र, नल के नीचे $0.15m$ होगा:

($take\ g = 110\ ms^{-2}$)

A. $2 \times 10^{-5}m^2$ **B.** $5 \times 10^{-5}m^2$

C. $5 \times 10^{-4}m^2$ **D.** $1 \times 10^{-5}m^2$

Q.95 एक कोष्ट मे साबुन पानी के दो बुलबुले A तथा B बन्द हैं, जिनकी त्रिज्यायें क्रमशः $2cm$ तथा $4cm$ हैं। इस कोष्ट के अन्दर वायु को $8N/m^2$ दाब पर रखा गया है। बुलबुले बनाने के लिये उपयोग किये गये पानी का पृष्ठ तनाव $0.04N/m$ है। अनुपात $\frac{n_B}{n_A}$, की गणना करें जहाँ n_A तथा n_B क्रमशः A तथा B बुलबुलों में वायु के मोलों की संख्या है। (गुरुत्वाकर्षण के प्रभावों को नगण्य मानें)

A. 2   **B.** 9   **C.** 8   **D.** 6

Q.96 प्रत्यास्थता गुणांक __________ पर निर्भर करता है।

A. प्रतिबल

B. विकृति

C. प्रयुक्त बल

D. इनमें से कोई नहीं

Q.97 एक स्टील का तार जिसका अनुप्रस्थ-काट का क्षेत्रफल $3 \times 10^{-6}\ m^2$ है और यह अधिकतम विकृति 10^{-3} सहन कर सकता है। स्टील का यंग मापांक $2 \times 10^{11}\ N/m^2$ है। यह तार का अधिकतम द्रव्यमान है:

A. $40\ kg$ **B.** $60\ kg$ **C.** $80\ kg$ **D.** $100\ kg$

Q.98 एक तार l मिमी द्वारा लम्बा होता है जब इससे एक भार W लटकाया जाता है। यदि तार एक चरखी के ऊपर जाता है और दो भार W प्रत्येक को दो सिरों पर लटका दिया जाता है, तो बढ़ाव _______ होता है।

A. 1   **B.** 2   **C.** 0   **D.** $\frac{l}{2}$

Q.99 एक तार को 200N का भार लगाकर तोड़ा जा सकता है। समान लंबाई और समान पदार्थ के एक और तार को तोड़ने के लिए आवश्यक बल, लेकिन व्यास में दोगुना _______ है।

// स्मार्ट उत्तर पुस्तिका //

सही उत्तर	उन छात्रों का प्रतिशत जिन्होंने प्रश्नों का सही उत्तर दिया था।		छोड़ दिया	उन छात्रों का प्रतिशत जिन्होंने प्रश्नों को छोड़ दिया था।

प्रश्न संख्या	उत्तर	सही उत्तर / छोड़ दिया	प्रश्न संख्या	उत्तर	सही उत्तर / छोड़ दिया	प्रश्न संख्या	उत्तर	सही उत्तर / छोड़ दिया	प्रश्न संख्या	उत्तर	सही उत्तर / छोड़ दिया	प्रश्न संख्या	उत्तर	सही उत्तर / छोड़ दिया	प्रश्न संख्या	उत्तर	सही उत्तर / छोड़ दिया
1	C	49.37 % 1.47 %	18	A	61.45 % 1.93 %	35	C	42.37 % 1.28 %	52	B	59.93 % 1.73 %	69	C	42.95 % 1.84 %	86	D	59.49 % 1.94 %
2	D	79.23 % 0.0 %	19	D	86.29 % 0.0 %	36	B	64.37 % 1.65 %	53	D	67.91 % 1.97 %	70	C	67.08 % 1.68 %	87	B	48.63 % 1.93 %
3	B	54.65 % 1.16 %	20	A	44.13 % 1.51 %	37	B	14.62 % 4.33 %	54	B	17.72 % 4.99 %	71	B	81.34 % 0.0 %	88	C	40.38 % 1.12 %
4	C	19.68 % 4.28 %	21	C	81.33 % 0.0 %	38	D	51.53 % 1.2 %	55	A	63.61 % 1.0 %	72	D	85.63 % 0.0 %	89	C	65.86 % 1.7 %
5	B	54.12 % 1.0 %	22	D	41.41 % 1.87 %	39	A	64.4 % 1.59 %	56	B	48.88 % 1.83 %	73	C	54.47 % 1.46 %	90	A	62.27 % 1.93 %
6	B	84.13 % 0.0 %	23	B	40.22 % 1.85 %	40	B	59.16 % 1.87 %	57	C	53.07 % 1.58 %	74	B	40.27 % 1.9 %	91	B	64.34 % 1.83 %
7	A	25.17 % 3.59 %	24	D	62.16 % 1.34 %	41	D	46.96 % 1.39 %	58	B	66.37 % 1.75 %	75	A	15.55 % 4.63 %	92	A	60.38 % 1.21 %
8	C	88.17 % 0.0 %	25	C	65.53 % 1.31 %	42	D	60.62 % 1.28 %	59	A	40.56 % 1.02 %	76	A	61.79 % 1.2 %	93	C	41.67 % 1.8 %
9	C	50.96 % 1.03 %	26	A	50.31 % 1.08 %	43	A	43.75 % 1.32 %	60	B	44.0 % 1.58 %	77	C	50.34 % 1.09 %	94	B	62.5 % 1.44 %
10	B	47.74 % 1.63 %	27	D	86.41 % 0.0 %	44	C	62.38 % 1.5 %	61	C	60.03 % 1.41 %	78	B	64.49 % 1.76 %	95	D	25.24 % 3.98 %
11	B	61.44 % 1.75 %	28	C	87.22 % 0.0 %	45	C	53.61 % 1.82 %	62	D	42.02 % 1.4 %	79	B	67.22 % 1.0 %	96	D	86.33 % 0.0 %
12	B	89.97 % 0.0 %	29	C	68.65 % 1.16 %	46	A	86.32 % 0.0 %	63	D	58.61 % 1.44 %	80	A	12.63 % 3.63 %	97	B	54.61 % 1.73 %
13	D	62.61 % 1.15 %	30	B	87.32 % 0.0 %	47	D	59.61 % 1.03 %	64	C	14.52 % 4.08 %	81	A	29.53 % 3.67 %	98	A	56.88 % 1.31 %
14	A	17.96 % 3.89 %	31	C	49.22 % 2.0 %	48	D	60.12 % 1.96 %	65	B	51.21 % 1.58 %	82	C	57.82 % 1.05 %	99	D	43.24 % 1.01 %
15	D	44.98 % 1.71 %	32	B	84.51 % 0.0 %	49	A	83.13 % 0.0 %	66	A	76.46 % 0.0 %	83	B	29.69 % 4.89 %	100	A	53.67 % 1.28 %
16	B	87.46 % 0.0 %	33	A	58.81 % 1.34 %	50	C	66.54 % 1.41 %	67	C	51.06 % 1.83 %	84	B	45.71 % 1.35 %			
17	A	61.97 % 1.26 %	34	B	53.18 % 1.58 %	51	C	47.95 % 1.94 %	68	B	59.85 % 1.29 %	85	D	15.36 % 3.73 %			

//संकेत और समाधान//

1. मौलिक राशि वे राशियां होते हैं जिसे किसी अन्य भौतिक राशियों के संदर्भ में व्यक्त नहीं किया जा सकता या मापा नहीं जा सकता है। सात मौलिक राशियां उनके आयामों के साथ निम्न हैं:

मौलिक राशि	आयाम	इकाई
समय	T	सेकंड (s)
द्रव्यमान	M	किलोग्राम (kg)
विद्युत धारा	A	एम्पीयर (A)
ऊष्मागतिकीय तापमान	K	केल्विन (K)
पदार्थ की मात्रा	mol	मोल (mol)
ज्योति तीव्रता	cd	कैंडेला (cd)
लंबाई	L	मीटर (m)

अतः विकल्प (C) सही है।

2. कैंडेला ज्योति तीव्रता की एक इकाई है। प्रकाशमिति में, प्रकाश स्रोत से दिशा विशेष में, इकाई ठोस कोण में, निकलने वाली तरंग-दैर्घ्य-भारित शक्ति को ज्योति तीव्रता कहते हैं। यह प्रकाशीय सूत्र पर आधारित है, जो की एक मानवीय आँख की संवेदनशीलता का एक मानकीकृत प्रतिरूप है।

अतः विकल्प (D) सही है।

3. पृष्ठीय तनाव किसी तरल पदार्थ द्वारा अपनी सतह पर किसी बाहरी बल का प्रतिरोध करने का गुण होता है। पृष्ठीय तनाव सतह पर तरल पदार्थ के अणुओं के बीच ससंजक बल के कारण होता है।

गणितीय रूप में,

पृष्ठीय तनाव, $(S) = \dfrac{F}{l}$

जहाँ, $F =$ बल, और $l =$ तरल पदार्थ के फिल्म की लम्बाई

पृष्ठीय तनाव विमीय रूप से बल और लम्बाई के अनुपात के बराबर होता है।

इसलिए, पृष्ठीय तनाव की SI इकाई न्यूटन/मीटर है।

अतः विकल्प (B) सही है।

4. विकल्प (C):

तनाव (बल) $= [MLT^{-2}]$

पृष्ठ तनाव $=$ बल/लंबाई

$= \dfrac{[MLT^{-2}]}{[L]} = [ML^0T^{-2}]$

विकल्प (A):

कार्य $= F \times \Delta x$

बल की विमा, $F = [MLT^{-2}]$

दूरी की विमा, $\Delta x = [MLT^{-2}]$

$= [MLT^{-2}][L] = [ML^2T^{-2}]$

बलाघूर्ण $=$ बल $\times$ दूरी

$= [ML^2T^{-2}]$

विकल्प (B):

कोणीय वेग $= mvr$

$= [M][LT^{-1}][L] = [ML^2T^{-1}]$

प्लैंक स्थिरांक $= \dfrac{E}{\nu}$

$= \dfrac{[ML^2T^{-2}]}{[T^{-1}]} = [ML^2T^{-1}]$

विकल्प (D):

आवेग $= F \times \Delta t$

$= [MLT^{-2}][T] = [MLT^{-1}]$

रैखिक संवेग $=$ द्रव्यमान $\times$ वेग

$= [M][LT^{-1}] = [MLT^{-1}]$

इस प्रकार, उपरोक्त युग्मों में केवल तनाव और पृष्ठ तनाव का विमीय सूत्र समान नहीं होता है। वे दोनों एक जैसे लगते हैं लेकिन उन दोनों के अलग-अलग अर्थ और अलग-अलग अनुप्रयोग हैं।

अतः विकल्प (C) सही है।

5. केप्लर के नियम के अनुसार $\dfrac{T_1^2}{T_2^2} = \dfrac{R_1^3}{R_2^3}$

यहाँ, $T_1 = 365$ दिन, $T_2 = ?, R_1 = R, R_2 = \dfrac{R}{2}$

$\Rightarrow rT_2 = T_1 \left(\dfrac{R_2}{R_1}\right)^{\frac{3}{2}} = 365 \left[\dfrac{\frac{R}{2}}{R}\right]^{\frac{3}{2}} = 129$ दिन,

अतः विकल्प (B) सही है।

6. एक गतिमान पिंड के त्वरण का परिमाण एक वेग-समय ग्राफ के ढाल के बराबर होता है।

$\vec{a} = \dfrac{d\vec{v}}{dt} \Rightarrow |\vec{a}| = \left|\dfrac{d\vec{v}}{dt}\right|$

अतः विकल्प (B) सही है।

7. जैसा कि दिया गया है

$\dfrac{dv}{dt} = -2.5\sqrt{v}$

$\Rightarrow \dfrac{dv}{\sqrt{v}} = -2.5dt$

जहाँ, $v = 6.25 \; m \, s^{-1}$

$\Rightarrow \int_{6.25}^{0} v^{-1/2} \; dv = -2.5 \int_{0}^{t} d\,t$

$\Rightarrow -2.5[t]_0^t = \left[2v^{\frac{1}{2}}\right]_{6.25}^{0}$

$\Rightarrow t = 2 \; s$

अतः विकल्प (A) सही है।

8. प्रक्षेप्य के सबसे ऊपरी बिंदु पर वेग का ऊर्ध्वाधर घटक शून्य हो जाता है, जबकि क्षैतिज घटक स्थिर रहता है। गुरुत्वाकर्षण के कारण त्वरण हमेशा लंबवत होता है गुरुत्वाकर्षण के कारण हमेशा लंबवत नीचे की ओर होता है। इसलिए, एक प्रक्षेप्य के सबसे ऊपरी बिंदु पर, इसका वेग और त्वरण $90°$ के कोण पर होता है।

अतः विकल्प (C) सही है।

9. मनुष्य की गति $= 4.0 \; km/h$

तय की गई दूरी $= 1.0 \; km$

नदी की गति $= 3kmh^{-1}$

तब, समय $(t) = $ दूरी/गति

$$\frac{1\ km}{4\ km}$$

$$= \frac{1}{4}\ h$$

$$= \frac{60}{4}\ \text{min}$$

$$= 15\ \text{min}$$

आदमी नदी के पानी के वेग से धारा द्वारा नीचे ले जाया जाता है।

$\therefore$ में आदमी द्वारा तय की गई दूरी $15\ \text{min}$ (या $\frac{1}{4} h$) है

$$= 3 \times \frac{1}{4}\ h$$

$$= 3000 \times \frac{15}{60}$$

$$= 750\ m$$

अतः विकल्प (C) सही है।

10. सभी कण A, B और C एक ही बिंदु से एक ही प्रारंभिक गति के कोणों से प्रक्षेपित होते हैं, और क्रमशः क्षैतिज के साथ $30°$, $45°$ और $60°$ बनाते है। प्रक्षेप्य गति के नियम के अनुसार, यदि दो पिंडों को एक ही गति से ऐसे कोणों पर फेंका जाए कि उनका योग $\pi/2$ हो तो दोनों की परास बराबर होगी, इसलिए A और C की परास समान होगी। साथ ही परास तब अधिकतम होती हैं जब प्रक्षेपण कोण $45°$ होता है। तो A और C की परास बराबर और B से कम हैं।

अतः विकल्प (B) सही है।

11. दिया गया है,

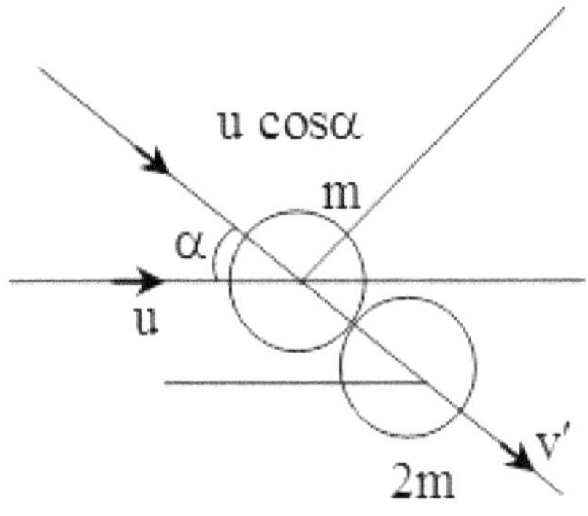

संतुलन पर,

$$mu\cos\alpha = 2mv'$$

$$\Rightarrow v' = \frac{u\cos\alpha}{2}$$

$$\Rightarrow \frac{1}{2} = \frac{v'}{u\cos\alpha}\ \ldots\ldots (1)$$

जैसा कि हम जानते हैं कि,

पुनर्स्थापन का गुणांक

$$e = \frac{v'}{u\cos\alpha}\ldots (2)$$

समीकरण (1) और (2) से, हम प्राप्त करते हैं

$$e = \frac{1}{2}$$

अतः विकल्प (B) सही है।

12. दिया गया है,

त्वरण, $a = 2\ m/s^2$

$$u = 20\ m/s$$

$$v = 30\ m/s$$

गति के समीकरण से,

$$v^2 - u^2 = 2as$$

$$\Rightarrow s = \frac{(v^2 - u^2)}{(2 \times a)}$$

$$\Rightarrow s = \frac{(30^2 - 20^2)}{(2 \times 2)}$$

$$\Rightarrow s = \frac{500}{4}$$

$$\Rightarrow s = 125\ m$$

अतः विकल्प (B) सही है।

13. तालाब के तलछट या हरे शैवाल वाले रास्ते पर चलते समय हम फिसल जाते हैं क्योंकि पैरों और रास्ते के बीच घर्षण कम हो जाता है।

घर्षण दो सतहों के बीच एक बल है जो एक दूसरे के आर-पार खिसक रहा है, या खिसकने का प्रयास कर रहा है। उदाहरण के लिए, जब आप सामान को फर्श पर धकेलने या खींचने की कोशिश करते हैं, तो घर्षण से यह मुश्किल हो जाता है। घर्षण हमेशा उस दिशा के विपरीत कार्य करता है जिसमें वस्तु गति कर रही है या गति करने का प्रयास कर रही है। स्थैतिक घर्षण वस्तुओं पर कार्य करता है जब वे एक सतह पर आराम कर रहे होते हैं। इस स्थिर घर्षण के बिना, पैर फिसल जाएंगे और चलना मुश्किल हो जाएगा।

अतः विकल्प (D) सही है।

14. दिया गया है कि ब्लॉक A का वेग दायीं ओर 0.6 m/s है।

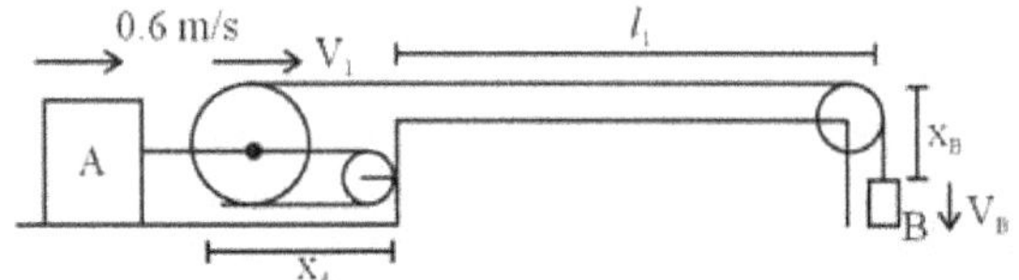

जैसे A दाहिनी ओर बढ़ रहा है,

$$V_1 = V_A = \frac{dX_A}{dt} = 0.6\ \text{m/s}$$

पुलियों के बीच की स्ट्रिंग की लंबाई के लिए,

$$3X_A + l_1 + X_B = L$$

t के संबंध में अंतर करने पर,

$$3\frac{dX_A}{dt} + 0 + \frac{dX_B}{dt} = 0$$

$$3V_A + V_B = 0$$

$$-3(0.6) = V_B$$

$$V_B = -1.8\ \text{m/s}$$

तो, B का वेग नीचे की दिशा में 1.8 m/s है।

अतः विकल्प (A) सही है।

15. दिया गया,

भार का द्रव्यमान $= 20$ kg

आदमी का द्रव्यमान $= 50$ kg

कुल द्रव्यमान $= (50 + 20)$

$= 70$ kg

कुल ऊंचाई $= 20 \times 0.25$

$= 5$ m

$\therefore$ किया गया कार्य $=$ mgh

$\Rightarrow$ w $= 70 \times 9.8 \times 5$

$\Rightarrow$ w $= 3430$ J

अतः विकल्प (D) सही है।

16. एक चलती हुई गोली अधिक कार्य कर सकती है।

गोली द्वारा किया जाने वाला कार्य एक घूमने वाले पहिये , एक फेंके गए पत्थर, और एक उठे हुए हथौड़े की तुलना में अधिक होगा।न्यूटन के गति के दूसरे नियम के अनुसार, वस्तु द्वारा लगाई गई शक्ति उनके द्रव्यमान और उस से उत्पन्न त्वरण के गुणनफल के बराबर है। एक वस्तु जो तेजी से चलती है वह अपेक्षाकृत धीमी गति से चलती एक समान वस्तु की तुलना में अधिक कार्य कर सकती है।

अतः विकल्प (B) सही है।

17. दिया है:

किसी निकाय का वेग 4 गुना बढ़ जाता है

इसलिए $v' = 4v$ अर्थात परिवर्तित वेग

गतिज ऊर्जा $E = \frac{1}{2}(m \times v^2)$

गतिज ऊर्जा $E' = \frac{1}{2}(m \times v'^2) = \frac{1}{2}(m \times (4v)^2)$

$E' = 16E$

अतः विकल्प (A) सही है।

18. दिया है:

द्रव्यमान (m) = 50 Kg

ऊंचाई (h) = 6 m

हम जानते हैं कि,

स्थितिज ऊर्जा = द्रव्यमान × ऊंचाई × g

स्थितिज ऊर्जा = $50 \times 10 \times 6$

स्थितिज ऊर्जा = 3000 J

अतः विकल्प (A) सही है।

19. डिस्क का द्रव्यमान $=$ आयतन x घनत्व $= \pi r^2 t \times \sigma$

डिस्क का द्रव्यमान x $= (\pi R^2 t)\sigma$ जहाँ $\sigma =$ घनत्व

$\therefore \quad I_X = \frac{MR^2}{2} = \frac{(\pi R^2 t \sigma)R^2}{2} = \frac{\pi R^4 \sigma t}{2}$

इसी तरह, $I_Y = \frac{(\text{Mass})(4R)^2}{2} = \frac{\pi(4R)^2}{2} \frac{t}{4} \sigma \times 16R^2$

या $I_Y = 32\pi R^4 t\sigma$

$\therefore \frac{I_X}{I_Y} = \frac{\pi R^4 \sigma t}{2} \times \frac{1}{32\pi R^4 \sigma t} = \frac{1}{64}$

$\therefore I_Y = 64 I_X$

अतः विकल्प (D) सही है।

20. जब छड़ को छोड़ा जाता है, तो यह बलाघूर्ण के कारण घूर्णी गति करेगी।

टॉर्क, $\tau = I\alpha = r \times F$

समानांतर अक्ष प्रमेय:

$$I = I_{cm} + Md^2$$

जहाँ। समानांतर अक्ष के बारे में जड़ता का क्षण है,

I_{cm} केंद्र के बारे में क्षण जड़ता है,

M छड़ का द्रव्यमान है,

d दो अक्षों के बीच की दूरी है।

इस प्रकार छड़ पर लगने वाला बल आघूर्ण होगा:

$\tau = I\alpha$ ...(1)

साथ ही, $\tau = r \times F$ ...(2)

अब, चूँकि छड़ प्रकृति में एकसमान है, इसलिए इसका भार सीधे इसके मध्य बिंदु पर कार्य करना चाहिए जो इसकी लंबाई। के आधे भाग पर स्थित होगा।

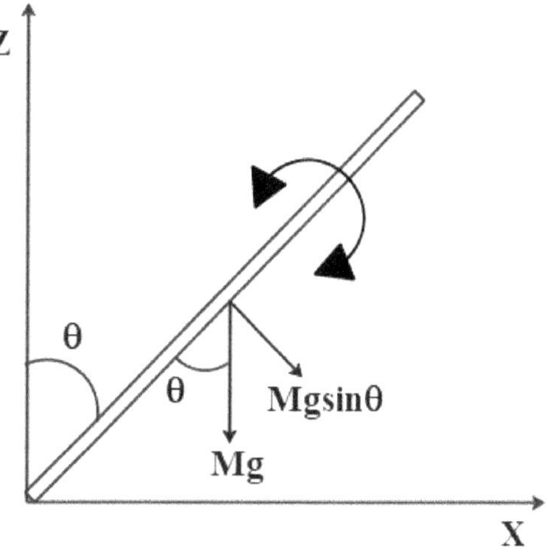

चित्र देखें

तो, समीकरण (2) से हमारे पास है:

$\tau = r \times F$

$\tau = Mg\frac{l}{2}\sin\theta$ ...(3)

दोनों समीकरण (1) और समीकरण (2) समान भौतिक राशियों का प्रतिनिधित्व करते हैं, इसलिए दोनों को समान करने पर, हम प्राप्त करते हैं:

$r \times F = I\alpha$

$\Rightarrow Mg\frac{l}{2}\sin\theta = I\alpha$ ...(4)

धुरी बिंदु के बारे में छड़ की जड़ता का क्षण इस प्रकार दिया जाएगा:

$$I = I_{cm} + Md^2 \quad I = \frac{Ml^2}{12} + M\left(\frac{l}{2}\right)^2 \left[\because I_{cm} = \frac{Ml^2}{12}\right]$$

$$I = \frac{Ml^2}{12} + \frac{Ml^2}{4}$$

$$I = \frac{Ml^2 + 3Ml^2}{12}$$

$$I = \frac{Ml^2}{3}$$

जड़त्व आघूर्ण का मान समीकरण (4) में रखने पर, हम पाते हैं:

$$mg\frac{l}{2}\sin\theta = \frac{Ml^2}{3}\alpha$$

$$\Rightarrow \alpha = \frac{3gl\sin\theta}{2l^2}$$

$$\therefore \alpha = \frac{3g}{2l}\sin\theta$$

अतः विकल्प (A) सही है।

21. $\vec{T} = \vec{p} \times \vec{E}$

$\vec{p}$ द्विध्रुव आघूर्ण है।

$\vec{E}$ विद्युत क्षेत्र है।

$\vec{p} = p_x\hat{i} + p_y\hat{j}$

p_y सदिश $\vec{p}$ का y घटक है

p_x सदिश $\vec{p}$ का x घटक है

$$T\hat{k} = \left(p_x\hat{i} + p_y\hat{j}\right) \times (E\hat{i})$$

$$T\hat{k} = (p_x\hat{i}) \times (E\hat{i}) + (p_y\hat{j}) \times (E\hat{i})$$

$$T\hat{k} = p_y E(\hat{j} \times \hat{i})$$

$$T\hat{k} = -p_y E\hat{k}$$

$$T = -p_y E$$

$$\Rightarrow p_y = -\frac{T}{E}$$

साथ ही,

$$-T\hat{k} = \left(p_x\hat{i} + p_y\hat{j}\right) \times (\sqrt{3}E\hat{j})$$

$$-T\hat{k} = (p_x\hat{i}) \times (\sqrt{3}E\hat{j}) + (p_y\hat{j}) \times (\sqrt{3}E\hat{j})$$

$$-T\hat{k} = \sqrt{3}p_x E(\hat{i} \times \hat{j})$$

$$T\hat{k} = -\sqrt{3}p_x E\hat{k}$$

$$T = -\sqrt{3}p_x E$$

$$\Rightarrow p_x = -\frac{T}{\sqrt{3}E}$$

x-अक्ष के साथ सदिश द्वारा बनाया गया कोण:

$$\tan\theta = \frac{p_y}{p_x} = \sqrt{3}$$

$$\Rightarrow \theta = 60°$$

अतः विकल्प (C) सही है।

22. F_g और F_e क्रमशः दूरी $= 0.1m$ पर स्थित इलेक्ट्रॉनों के बीच गुरुत्वाकर्षण और इलेक्ट्रोस्टैटिक बल का प्रतिनिधित्व करते हैं

$$F_e = \frac{1}{4\pi\epsilon_0}\frac{q^2}{d^2}$$

$$F_g = G\frac{m^2}{d^2}$$

$$\frac{1}{4\pi\epsilon_0} = 9 \times 10^9$$

$$G = 6.67 \times 10^{-11}$$

$$q = 1.6 \times 10^{-19}$$

$$m = 9.1 \times 10^{-31}$$

हम अनुपात लेते हैं $\dfrac{F_e}{F_g} = \dfrac{\frac{1}{4\pi\epsilon_0}\frac{q^2}{d^2}}{G\frac{m^2}{d^2}}$

$$\frac{F_e}{F_g} = \frac{1}{4\pi\epsilon_0} \times \frac{1}{G} \times \frac{q^2}{m^2}$$

$$\frac{F_e}{F_g} = 9 \times 10^9 \times \frac{1}{6.67\times10^{-11}} \times \frac{(1.6\times10^{-19})^2}{(9.1\times10^{-31})^2}$$

$$\Rightarrow \frac{F_e}{F_g} = 4.17 \times 10^{42}$$

या, $\dfrac{F_e}{F_g}$, 10^{-42} का क्रम है

अतः विकल्प (D) सही है।

23. पृथ्वी की सतह पर गुरुत्वाकर्षण त्वरण है $g = \dfrac{GM}{R_e^2}$

अब, घनत्व $\rho = $ द्रव्यमान/आयतन $= \dfrac{M}{V}$

या $M = \rho V = \rho \times \left(\frac{4}{3}\right)\pi R_e^3$

इस प्रकार, $\rho = \dfrac{G_p\left(\frac{4}{3}\right)\pi R_e^3}{R_e^2}$

या $\rho = \dfrac{\left(\frac{g}{G}\right)}{\left(\frac{4}{3}\right)\pi R_e}$

अतः विकल्प (B) सही है।

24. गुरुत्वाकर्षण बल, $F_G \Rightarrow \dfrac{1}{r^{5/2}}$ कच्छ में परिक्रमा करता है, इसलिए, $F_G = $ केन्द्राभिमुख शक्ति

केन्द्राभिमुख बल $\propto r^{-5/2}$

$$mr\omega^2 \propto r^{-5/2}$$

द्रव्यमान स्थिर है, इसलिए,

$$\omega^2 \propto \frac{r^{-5/2}}{r}$$

$$\omega^2 \propto r^{-7/2} \quad \omega = \frac{2\pi}{T}$$

$$\left(\frac{2\pi}{T}\right)^2 \propto r^{-7/2}$$

$$T^2 \propto r^{\frac{7}{2}}$$

अतः विकल्प (D) सही है।

25. g के लिए व्यंजक $g = \dfrac{GM}{R^2}$ द्वारा दिया जाता है

त्रिज्या में परिवर्तन 1% है

त्रिज्या में परिवर्तन के कारण गुरुत्वाकर्षण में परिवर्तन द्वारा दिया जाता है,

$$\frac{dg}{g} = \frac{2dR}{R}$$

$$= 2 \times 1\%$$

$$\frac{dg}{g} = 2\%$$

अतः विकल्प (C) सही है।

26. आदमी का द्रव्यमान $m = 40\ kg$

$$g = 10\ m/s^2$$

ऊपर की दिशा में लिफ्ट का त्वरण $a = 2\ m/s^2$

माना मशीन द्वारा दर्शाया गया वजन N है

पिंड के लिए गति का समीकरण:

$$ma = N - mg$$

$$N = m(a + g)$$

$$\therefore N = (40)(2 + 10) = 480\ N$$

इस प्रकार मशीन द्वारा दर्ज किए गए आदमी का वजन

$$W' = \frac{N}{g}$$

$$\therefore W' = \frac{480}{10}$$

$$= 48\ kg$$

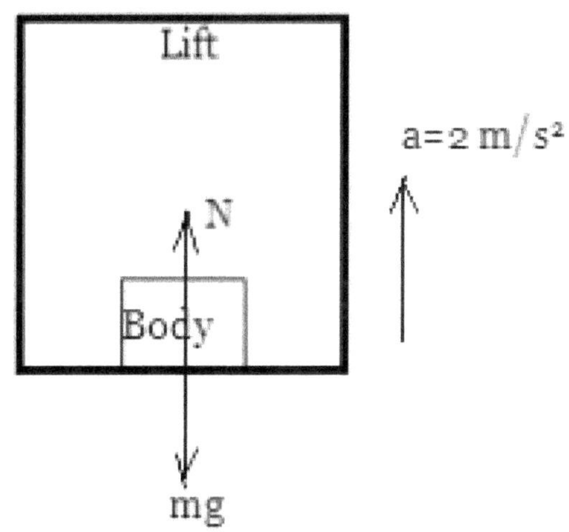

अतः विकल्प (A) सही है।

27. ठोस के पिघलने के दौरान इसका तापमान नहीं बदलता है।

ठोस के पिघलने के दौरान, ठोस को दी गई सारी ऊष्मा ठोस से तरल अवस्था में बदलने में खर्च होती है। इसलिए सामग्री का तापमान नहीं बदलता है।

अतः विकल्प (D) सही है।

28. जैसा कि हम जानते हैं, हवा की तुलना में पानी को गर्म होने या ठंडा होने में लंबा समय लग सकता है। जब पानी $0°C$ तक ठंडा हो जाता है, तो बर्फ बनने

लगती है और अपेक्षाकृत गर्म पानी के ऊपर तैरने लगती है; किसी झील या नदी के तल पर पानी आमतौर पर $4°C$ होता है।

अतः विकल्प (C) सही है।

29. चूँकि द्रव के घनाकार प्रसार का गुणांक बर्तन के घनीय प्रसार के गुणांक के बराबर होता है, गर्म करने पर द्रव का स्तर नहीं बदलेगा।

यदि रैखिक प्रसार α है, तो $\gamma = 3\alpha$

यहाँ, $\alpha = \dfrac{\gamma}{3}$ तो $\gamma' = 3 \times \dfrac{\gamma}{3}$

इस प्रकार, $\gamma' = \gamma$.

अतः विकल्प (C) सही है।

30. तापमान अंतर-आणविक गतिज ऊर्जा के शुद्ध परिवर्तन की दिशा निर्धारित करता है।

गर्म करने पर तापमान बढ़ता है, कण ऊर्जा प्राप्त करते हैं। जैसे-जैसे गतिज ऊर्जा बढ़ती है, जैसे-जैसे वे एक-दूसरे से अलग होते जाते हैं, अंतर-आणविक स्थान बढ़ता जाता है और कणों के एक-दूसरे से दूर जाने पर आकर्षण बल कम होता जाता है।

अतः विकल्प (B) सही है।

31. एक गैस अपने प्रारंभिक आयतन के आधे हिस्से तक आइसोथर्मल रूप से संपीडित होती है। उसी गैस को फिर से संपीडित किया जाता है जब तक कि आयतन एक एडियाबेटिक प्रक्रिया के माध्यम से आधा न हो जाए। तब एडियाबेटिक प्रक्रिया के दौरान किया गया कार्य अधिक होता है।

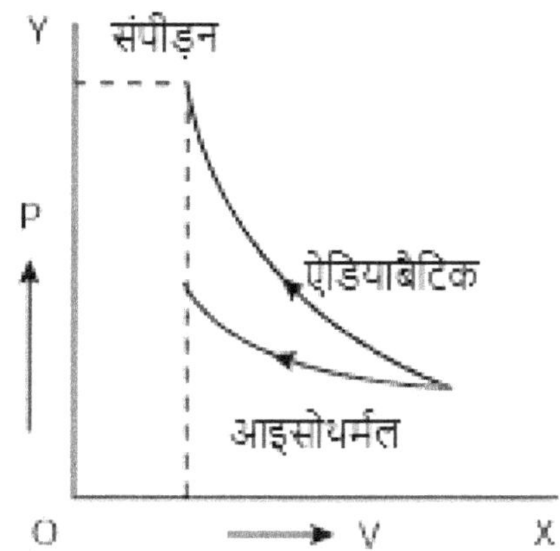

ग्राफ से हम देख सकते हैं कि गैस के संपीड़न के लिए, एडियाबेटिक के लिए वक्र के नीचे का क्षेत्र आइसोथर्मल प्रक्रिया से अधिक है। इसलिए, एडियाबेटिक प्रक्रिया के माध्यम से गैस को संपीड़ित करने के लिए और अधिक काम करने की आवश्यकता होगी।

$W_{ext} =$ आयतन-अक्ष वाले क्षेत्रफल का ऋणात्मक

W (एडियाबेटिक) $> W$ (आइसोथर्मल)

अतः विकल्प (C) सही है।

32. $P - V$ आरेख पर एक बिंदु प्रणाली की स्थिति को दर्शाता है। $P - V$ आरेख पर प्रत्येक बिंदु गैस की एक अलग अवस्था से मेल खाता है। दबाव ऊर्ध्वाधर अक्ष पर दिया जाता है और आयतन क्षैतिज अक्ष पर दिया जाता है, जैसा कि नीचे देखा गया है।

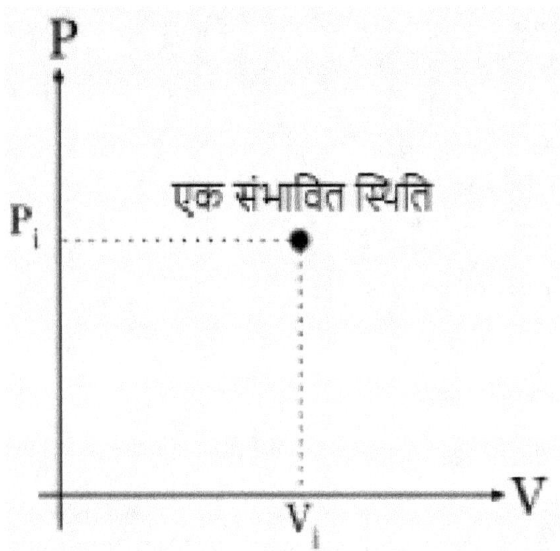

$P - V$ आरेख पर प्रत्येक बिंदु गैस के लिए एक अलग स्थिति का प्रतिनिधित्व करता है (प्रत्येक संभावित मात्रा और दबाव के लिए एक)।

अतः विकल्प (B) सही है।

33. यदि अलग-अलग तापमानों पर दो निकायों T_1 और T_2 को थर्मल संपर्क में लाया जाता है, तो ऊष्मा को शरीर से उच्च तापमान पर कम तापमान पर शरीर में तब तक प्रवाहित किया जाता है जब तक कि एक संतुलन प्राप्त नहीं हो जाता है, अर्थात, जब तक दोनों का तापमान नहीं हो जाता है। शरीर समान हो जाता है। संतुलन तापमान औसत तापमान के समान होता है, जिसे के रूप में दर्शाया जा सकता है $\frac{(T_1 + T_2)}{2}$ केवल तभी जब दोनों निकायों की तापीय क्षमता समान हो।

अतः विकल्प (A) सही है।

34. उष्मागतिकी प्रणाली में दी गई रैखिक प्रक्रिया को ध्यान में रखते हुए, यह समझा जा सकता है कि,

D से E से F तक गैस द्वारा किया गया कुल कार्य $\triangle DEF$ के क्षेत्रफल के बराबर है।

$\triangle DEF$ का क्षेत्र $= \frac{1}{2} \times DF \times EF$

जहां,

$DF =$ दबाव में बदलाव

$\Rightarrow DF = 600N/m^2 - 300N/m^2$

$\Rightarrow DF = 300N/m^2$

$FE =$ मात्रा में परिवर्तन $= 5 - 2 = 3m^3$

इस प्रकार,

$\triangle DEF$ का क्षेत्र $= \frac{1}{2} \times 300 \times 3 = 450J$

स्पष्ट रूप से, D से E से F तक गैस द्वारा किया गया कुल कार्य $450J$ है।

अतः विकल्प (B) सही है।

35. हीलियम के 1 मोल का आयतन $STP = 22.4$ litres

हीलियम का कुल आयतन $STP = 44.8$ litres

$\therefore$ हीलियम के मोलो की संख्या, $n =$ हीलियम का कुल आयतन $/1$ मोल का आयतन $= \frac{44.8}{22.4} = 2$

स्थिर आयतन में हीलियम (मोनोएटोमिक गैस) की मोलर विशिष्ट ऊष्मा,

$$C_V = \frac{3}{2}R = \frac{3}{2} \times 8.31 \, J \, mol^{-1} \, K^{-1}$$

$$\Delta T = 15°C$$

आवश्यक ऊष्मा, $Q = nC_V \Delta T = 2 \times \frac{3}{2} \times 8.31 \times 15$

$$Q = 373.95 \, J$$

अतः विकल्प (C) सही है।

36. जैसा कि हम जानते हैं, गतिज ऊर्जा $= \frac{3}{2}k_B T$

$$\frac{3}{2}k_B T = \frac{1}{2}mv_{es}^2$$

तापमान, $T = \frac{mv_m^2}{3k_B}$ ... (i)

यहाँ, पलायन वेग, $v_{es} = 11.2 \, km/s = 11.2 \times 10^3 \, m/s$

$m = 2.76 \times 10^{-26} \, kg$ (द्रव्यमान)

$k_B = 1.38 \times 10^{-23} JK^{-1}$ (बोल्ट्जमान स्थिरांक)

(i) में मान रखने पर, हम प्राप्त करते हैं,

$$T = \frac{\left(11.2 \times 10^3\right)^2 \times 2.76 \times 10^{-25}}{3 \times 1.38 \times 10^{-23}}$$

या, $T = \frac{346.2144 \times 10^{-20}}{4.14 \times 10^{-21}}$

$$\therefore T = 8.36 \times 10^4 K$$

अतः विकल्प (B) सही है।

37. दिया है,

$M_{He} = 4, m_{He} = 16 \, g$

$M_{ox} = 32, m_{ox} = 16 \, g$

स्थिर मात्रा में मिश्रण की विशिष्ट ऊष्मा, द्वारा दी जाती है,

$$C_V = \frac{n_1 C_{V_1} + n_2 C_{V2}}{n_1 + n_2} \qquad \ldots \ldots (1)$$

हीलियम गैस के लिए,

मोलो की संख्या, $n_1 = \frac{m_{He}}{M_{He}}$

$n_1 = \frac{16}{4} = 4$

$\gamma_1 = \frac{5}{3}$

ऑक्सीजन गैस के लिए,

मोलो की संख्या, $n_2 = \frac{m_{Ox}}{M_{Ox}}$

$n_2 = \frac{16}{32} = \frac{1}{2}$

$\gamma_2 = \frac{7}{5}$

और हीलियम गैस के विशिष्ट ताप स्थिर आयतन,

$$C_{V_1} = \frac{R}{\gamma_1 - 1} = \frac{R}{\frac{5}{3} - 1} = \frac{3}{2} R$$

नियतांक आयतन में ऑक्सीजन की विशिष्ट ऊष्मा,

$$C_{V_2} = \frac{R}{\gamma_2 - 1} = \frac{R}{\frac{7}{5} - 1} = \frac{5}{2} R$$

समीकरण (1) से,

$$C_V = \frac{4 \times \frac{3}{2} R + \frac{1}{2} \times \frac{5}{2} R}{4 + \frac{1}{2}}$$

$$= \frac{6R + \frac{5}{4} R}{\frac{9}{2}}$$

$$= \frac{29R \times 2}{9 \times 4} = \frac{29R}{18}$$

अब, $C_V = \frac{R}{\gamma - 1}$

$\Rightarrow \gamma - 1 = \frac{R}{C_V}$

या $\gamma = \frac{R}{C_V} + 1 = \frac{R}{\frac{29}{18} R} + 1$

$\frac{C_p}{C_V} = \frac{18}{29} + 1$

$= \frac{18 + 29}{29} = 1.62$

अतः विकल्प (B) सही है।

38. दिया हुआ है,

$n_1 = 2, \frac{C_{P_1}}{C_{V_1}} = \frac{5}{3}, n_2 = 3$ और $\frac{C_{P_2}}{C_{V_2}} = \frac{4}{3}$

हम जानते हैं कि,

$$\left(\frac{C_P}{C_V}\right)_{mix} = \frac{n_1 C_{P_1} + n_2 C_{P_2}}{n_1 C_{V_1} + n_2 C_{V_2}} \quad ....(1)$$

तथा CP - CV = nR

$\Rightarrow \frac{C_P - 1}{C_V} = \frac{nR}{C_V}$

समीकरण (1) को व्यवस्थित करके, हम प्राप्त करते हैं,

$$\frac{n_1}{\frac{C_{P_1}}{C_{V_1}} - 1} + \frac{n_2}{\frac{C_{P_2}}{C_{V_2}} - 1} = \frac{n_1 + n_2}{\left(\frac{C_P}{C_V}\right)_{mix} - 1}$$

$\Rightarrow \frac{2}{\frac{5}{3} - 1} + \frac{3}{\frac{4}{3} - 1} = \frac{5}{\left(\frac{C_P}{C_V}\right)_{mix} - 1}$

$\Rightarrow \frac{2 \times 3}{2} + \frac{3 \times 3}{1} = \frac{5}{\left(\frac{C_P}{C_V}\right)_{mix} - 1}$

$\Rightarrow 12 = \frac{5}{\left(\frac{C_P}{C_V}\right)_{mix} - 1}$

$\Rightarrow \left(\frac{C_P}{C_V}\right)_{mix} - 1 = \frac{5}{12}$

$\Rightarrow \left(\frac{C_P}{C_V}\right)_{mix} = \frac{5}{12} + 1$

$= \frac{17}{12}$

$= 1.42$

अतः विकल्प (D) सही है।

39. दिया हुआ है:

$n_{He} = n, C_{V_H} = \frac{3R}{2}$

$C_{P_{He}} = \frac{5R}{2}$

$n_{O_2} = 2n$

$C_{V_{O_2}} = \frac{5R}{2}$

$C_{P_{O_2}} = \frac{7R}{2}$

$\frac{C_{P_{mit}}}{C_{V_{mit}}} = \frac{n_{He} C_{P_{He}} + n_{O_2} C_{P_{O_2}}}{n_{He} C_{V_{He}} + n_{O_2} C_{V_{O_2}}}$

$= \frac{n \times \left(\frac{5R}{2}\right) + 2n \times \left(\frac{7R}{2}\right)}{n \times \left(\frac{3R}{2}\right) + 2n \times \left(\frac{5R}{2}\right)} = \frac{\frac{19n}{2}}{\frac{13n}{2}} = \frac{19}{13}$

अतः विकल्प (A) सही है।

40. गैस A का आंशिक दबाव $= \frac{P_1 V_1}{V_2}$

$= \frac{600 \times 1000}{2000}$

$= 300$ torr

इसी प्रकार गैस का आंशिक दबाव B $= \frac{1000 \times 500}{2000}$

$= 250$ torr

अतः मिश्रण का कुल दबाव $= 300$ torr $+ 250$ torr

$= 550$ torr

अतः विकल्प (B) सही है।

41. चुंबकीय क्षण $= \sqrt{n(n+2)} BM$

n: अयुग्मित e^- की संख्या

जैसे-जैसे डी-ब्लॉक में परमाणु संख्या बढ़ती है, अयुग्मित e^- की संख्या पहले मध्य तक बढ़ती है फिर घटती है।

अतः विकल्प (D) सही है।

42. यांत्रिक दोलनों में एक शरीर अपनी औसत स्थिति के बारे में दोलन करता है जो कि इसकी संतुलन स्थिति भी है। यह स्थिति तब होती है जब शरीर पर कोई शुद्ध बल कार्य नहीं करता है, यह इस स्थिति में होता है। किसी भी मात्रा या माप के समय में उसके संतुलन मूल्य के बारे में बार-बार उतार-चढ़ाव की प्रक्रिया को यांत्रिक दोलन के रूप में जाना जाता है।

अतः विकल्प (D) सही है।

43. जैसे - COOH समूह सर्वोच्च प्राथमिकता वाला समूह है, यह पहले नंबर पर है। तो, IUPAC नाम $3-$एमिनो $-5-$हेप्टानोइक एसिड है।

$$\overset{7}{CH_3} - \overset{6}{CH} = \overset{5}{CH} - \overset{4}{CH_2} - \overset{3}{\underset{\underset{NH_2}{|}}{CH}} - \overset{2}{CH_2} - \overset{1}{CHOO}$$

अतः विकल्प (A) सही है।

44. यूरिया में नाइट्रोजन का प्रतिशत सबसे अधिक है, अर्थात् (46.6%)।

अन्य यौगिकों में हैं,

अमोनियम सल्फेट $(NH_4)_2SO_4 = 21.2\%$

कैल्शियम साइनामाइड $CaCN_2 = 35.0\%$

और अमोनियम नाइट्रेट $NH_4NO_3 = 35.0\%$

अत: विकल्प (C) सही है।

45. विद्युत क्षेत्र में आवेशित कण द्वारा अनुभव किए गए विद्युत बल का परिमाण निम्नानुसार है,

$$F = Eq_0$$

जहाँ E = विद्युत क्षेत्र की तीव्रता, q_0 = कण पर आवेश

इसलिए जब एक आवेश Q को विद्युत क्षेत्र E में रखा जाता है, तो आवेश Q पर बल का परिमाण होगा,

$$F = EQ$$

अत: विकल्प (C) सही है।

46. एक धन आवेश, ऋण आवेश को आकर्षित करता है और धन आवेश को प्रतिकर्षित करता है। एक ऋण आवेश धन आवेश को आकर्षित करता है और ऋण आवेश को प्रतिकर्षित करता है। इसका अर्थ है समान आवेश एक दूसरे को प्रतिकर्षित करते है और विपरीत आवेश एक दूसरे को आकर्षित करते हैं ,सभी आवेश हमेशा अन्य सभी आवेशों को आकर्षित नहीं करते हैं।

अत: विकल्प (A) सही है।

47.

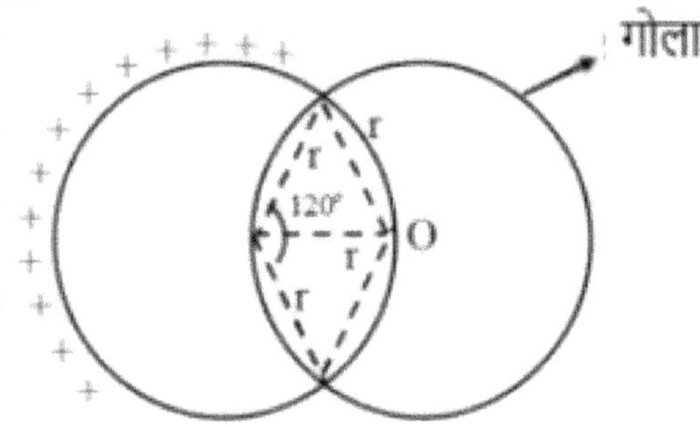

यदि केंद्र पर कोण $360°$ है, तो आवेश q है।

यदि केंद्र पर कोण $120°$ है, तो आवेश $\frac{q}{360} \times 120$ है।

इसीलिए $q_{eq} = \frac{q}{3}$

गॉस के नियम से,

$$\phi = \frac{q_{eq}}{\varepsilon_0}$$

$$\Rightarrow \phi = \frac{q}{3\varepsilon_0}$$

अत: विकल्प (D) सही है।

48. कूलम्ब का नियम: जब चार्ज q_1 और q_2 के दो आवेशित कण एक दूसरे से r दूरी से पृथक होते हैं, तो उनके बीच स्थिरवैद्युत बल दो कणों के चार्ज के गुणनफल के समानुपातिक होता है और उनके बीच की दूरी के वर्ग के व्युत्क्रमानुपाती होता है।

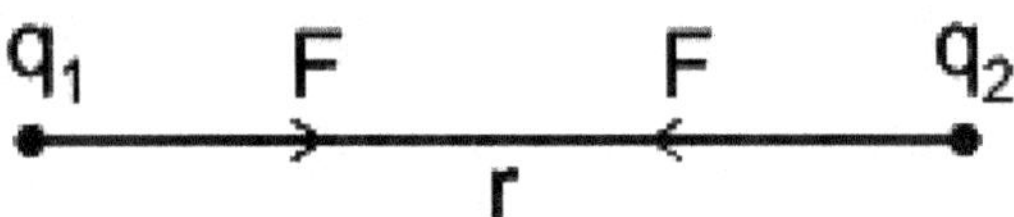

बल $(F) \propto q_1 \times q_2$

$$F \propto \frac{1}{r^2}$$

$$F = K\frac{q_1 \times q_2}{r^2}$$

जहाँ K स्थिरांक $= 9 \times 10^9 Nm^2/C^2$

उपरोक्त से यह स्पष्ट है कि,दो बिंदु चार्ज के बीच कूलम्ब बल $\frac{1}{r^2}$ के संबंध में दूरी ' r' के साथ परिवर्तित होता है।

अत: विकल्प (D) सही है।

49. दिया गया है,

आयतन $V = 0.2m^3, V = 5V$

विभव के रूप में विद्युत क्षेत्र को इस प्रकार लिखा जा सकता है;

$$E = -\frac{dV}{dr} \cdots (1)$$

जहां V विभव है।

समीकरण (1) का उपयोग करने पर, हमारे पास है,

$$E = -\frac{dV}{dr}$$

$$\Rightarrow E = -\frac{d(5)}{dr}$$

$$\Rightarrow E = 0$$

अत: विकल्प (A) सही है।

50. दिआ गया है,

इलेक्ट्रॉन वोल्ट में ऊर्जा इस प्रकार दी गई है:

$$1eV = 1.602 \times 10^{-19} J$$

DNA बंधन को खण्डित करने के लिए आवश्यक ऊर्जा $10^{-20} J$ है।

तो, ऊर्जा eV के संदर्भ में होगी:

$$10^{-20} J = \frac{1}{1.602 \times 10^{-19}} \times 10^{-20}$$

$$eV = 0.062$$

अत: विकल्प (C) सही है।

51. वायु संधारित्र की क्षमता

$$C_0 = \frac{\varepsilon_0 A}{d} = 6\mu F \ldots\ldots\ldots(i)$$

जब परावैद्युत ε_r और परावैद्युतांक K का परावैद्युत प्लेटों के बीच प्रविष्ट कराया जाता है, तब

धारिता, $C = \frac{K\varepsilon_0 A}{d} = 30\mu F \ldots\ldots(ii)$

समीकरण (ii) को (i) से विभाजित करने पर, हम पाते हैं

$$\frac{C}{C_0} = \frac{\frac{K\varepsilon_0 A}{d}}{\frac{\varepsilon_0 A}{d}} = \frac{30}{6}$$

$$\Rightarrow K = 5$$

$\therefore$ माध्यम का परावैद्युतांक $= \varepsilon_0 K$

$= 8.85 \times 10^{-12} \times 5 = 0.44 \times 10^{-10} C^2\, N^{-1}\, m^{-2}$

अतः विकल्प (C) सही है।

52. विद्युत विभव जो $60°$ के कोण पर है:

$$V = \frac{KP\cos\theta}{r^2}$$

यहां $K = \frac{1}{4\pi\epsilon_0} = 9 \times 10^9 Nm^2/C^2$

$P = 16 \times 10^{-9} Cm$

$r = 0.6\, m$

$\therefore V = \frac{9\times10^9\times16\times10^{-9}\times\cos60°}{(0.6)^2}$

$V = \frac{9\times16\times1}{0.6\times0.6\times2}$

$V = 200\, Vol$

अतः विकल्प (B) सही है।

53. ओम का नियम तब मान्य होता है जब चालक का तापमान स्थिर होता है।

प्रतिरोध प्रतिरोधकता पर निर्भर है और प्रतिरोधकता परिवर्तनशील तापमान पर परिवर्तनशील है, प्रतिरोध को स्थिर रखने के लिए हमें प्रतिरोधकता को स्थिर रखना होगा और प्रतिरोधकता को स्थिर रखने के लिए हमें तापमान को स्थिर रखना होगा। इसलिए ओम के नियम को स्थिर तापमान पर ही मान्य कहा जाता है।

इसलिए, $V \alpha I$ या $I \alpha V$

और $I \alpha \frac{1}{R}$

$$V = IR$$

अतः विकल्प (D) सही है।

54. दिया गया है:

$x = 3mV/cm = 0.3\, V/m$

$R = 20\Omega$

$l = 60\, cm = 0.6\, m$

माना कि 20Ω प्रतिरोध में धारा I है।

तो 20Ω प्रतिरोध में विभवांतर इस प्रकार दिया गया है,

$\Rightarrow V = IR$ ....(1)

यदि विभव प्रवणता x है और शून्य बिंदु लंबाई I पर आता है, तो,

$\Rightarrow V = xl$ ....(2)

समीकरण 1 और समीकरण 2 से,

$\Rightarrow I = \frac{xl}{R}$

$\Rightarrow I = \frac{0.3\times0.6}{20}$

$\Rightarrow I = 9 \times 10^{-3}\, A$

$\Rightarrow I = 9\, mA$

अतः विकल्प (B) सही है।

55. गणना:

दिया गया आरेख है,

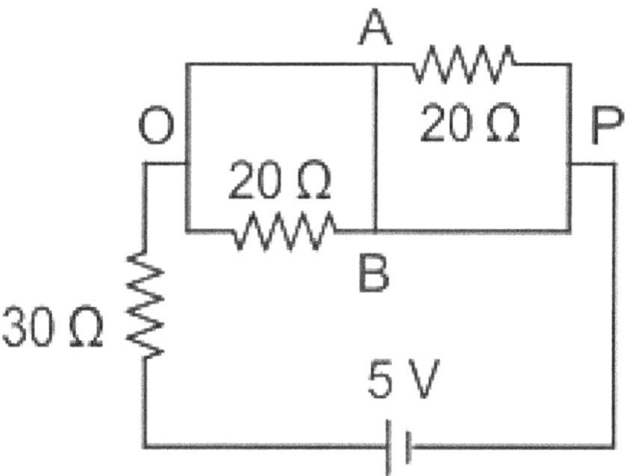

चूँकि पथ O-A-B-P में कोई प्रतिरोध नहीं है इसलिए इस पथ से धारा प्रवाहित होगी और दोनों 20 Ω प्रतिरोध में कोई धारा प्रवाहित नहीं होगी।

अतः परिपथ से दोनों 20Ω प्रतिरोध को हटाया जा सकता है।

उपरोक्त आरेख को इस प्रकार खींचा जा सकता है,

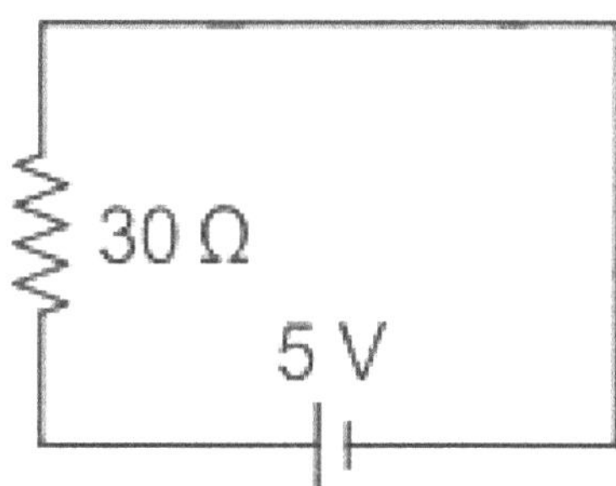

ओम के नियम से,

$\Rightarrow I = \frac{V}{R}$

$\Rightarrow I = \frac{5}{30}$

$\Rightarrow I = \frac{1}{6}\, A$

अतः विकल्प (A) सही है।

56. अवधारणा:

विद्युत धारा: चालक के सिरों के बीच अनुरक्षित एक विभव अंतर के तहत एक चालक में आवेश का प्रवाह चालक में एक 'विद्युत धारा' का गठन करता है। दूसरे शब्दों में, आवेश के प्रवाह की दर को 'विद्युत धारा' कहा जाता है।

इस प्रकार, यदि एक विद्युत परिपथ में, आवेश Q की मात्रा t सेकंड में प्रवाहित होती है, तो परिपथ में विद्युत धारा (I) निम्न द्वारा दी जाती है:

I = Q/t

- विद्युत धारा की SI इकाई 'एम्पीयर' (A) है एम्पीयर S.I प्रणाली में एक मूलभूत इकाई है। एम्पीयर को दो धारा-वहन, समानांतर चालकों के बीच लगने वाले बल के आधार पर परिभाषित किया गया है।

स्पष्टीकरण:

यदि आवेश (Q) = 1 कूलंब (C) , t = 1 सेकंड (s) तब i = 1 एम्पीयर (A) , इस प्रकार

1 एम्पीयर = 1 कूलंब / सेकंड

$1A = 1\ Cs^{-1}$

अतः विकल्प (B) सही है।

57. दिया गया,

दो सीधे लम्बे धारावाही चालक I_1 और I_2 को x तथा Y अक्ष पर रखा गया है

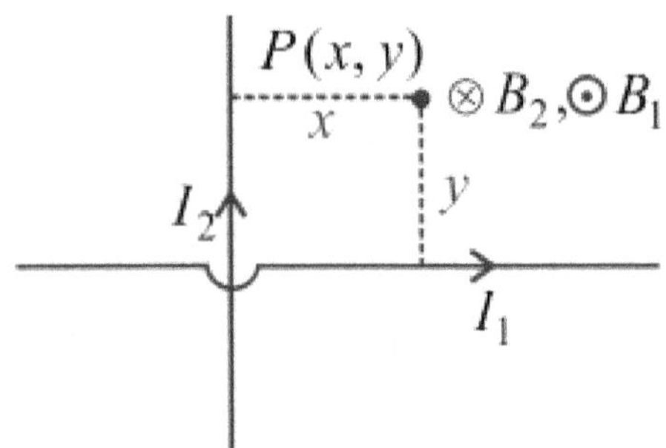

बिंदु P पर चुंबकीय क्षेत्र,

$$B_P = 0$$

दोनों धाराओं के चुंबकीय क्षेत्र की दिशा अलग-अलग होती है। इसलिए,

$$B_1 - B_2 = 0$$

$$\Rightarrow B_1 = B_2$$

$$\Rightarrow \frac{\mu_0 I_1}{2\pi Y} = \frac{\mu_0}{2\pi}\frac{I_2}{X}$$

$$\therefore Y = \frac{I_1}{I_2} X$$

अतः विकल्प (C) सही है।

58. चुंबकीय द्विध्रुव: यह एक संवृत-पाश के माध्यम से धारा के प्रवाह के कारण गठित एक छोटा चुंबक है और एक छोटे चुंबक की तरह कार्य करता है जिसमें चुंबकीय उत्तर और दक्षिण ध्रुव होते हैं।

चुंबकीय द्विध्रुव आघूर्ण:

चुंबकीय द्विध्रुवीय आघूर्ण धारा और क्षेत्रफल का गुणनफल है और यह इस प्रकार है:

$$M = I \times A$$

जहां, I =धारा और A = क्षेत्रफल

भूमध्य रेखा पर चुंबकीय क्षेत्र इस प्रकार है:

$$B_e = \frac{\mu_0}{4\pi}\left(\frac{M}{r^3}\right)$$

अतः विकल्प (B) सही है।

59. The disc behaves made up of coils arranged in a plane in which current is flowing in an anticlockwise direction since the negative charge is rotating in a clockwise direction. The magnetic field at

point A due to small elements of a ring will be into the plane of the page using Biot-Savart law.

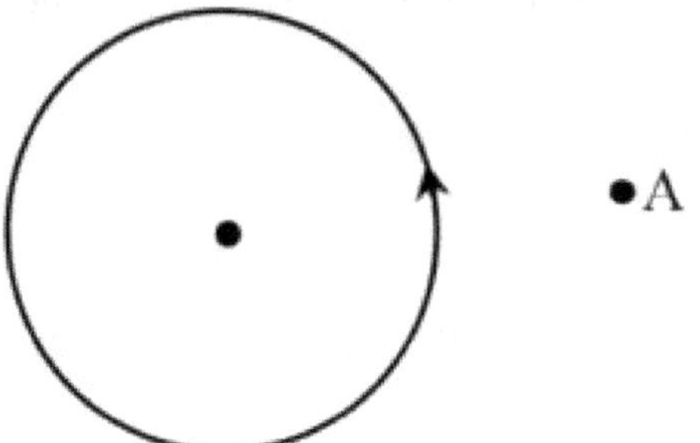

$$\vec{B} = \frac{\mu_0 \times i}{4\pi r^3}\left(\vec{dl} \times \vec{r}\right)$$

By the right-hand rule, the direction of the magnetic field at point A in the plane of the disc is into the page.

Hence, the correct option is (A).

60. एक ऋणात्मक परीक्षण आवेश धारावाही एक लम्बे सीधे तार के पास घूम रहा है। परीक्षण आवेश पर कार्य करने वाला बल धारा की दिशा के समानांतर होता है। आवेश की गति तार की ओर होती है।

यह दिया गया है कि एक ऋणात्मक आवेश धारा प्रवाहित करने वाले एक लंबे सीधे तार के पास घूम रहा है। मान लीजिए कि तार में y-अक्ष के अनुदिश प्रवाहित होने वाली धारा I है और आवेश तार की ओर x-अक्ष के अनुदिश चल रहा है। मान लीजिए A तार और परीक्षण आवेश के निकट एक बिंदु है। फिर फ्लेमिंग के बाएं हाथ के अंगूठे के नियम के अनुसार बिंदु A पर चुंबकीय क्षेत्र की दिशा z-अक्ष के साथ होगी, जो कागज के तल से बाहर है। ए पर चुंबकीय क्षेत्र की तीव्रता $\vec{B} = B_0 \times \hat{k}$ द्वारा दी जाती है, जहां $\hat{k}$ z-अक्ष के साथ इकाई वेक्टर है। यदि वेग वेक्टर है, तो

परीक्षण आवेश पर कार्य करने वाला बल इसके द्वारा दिया जाता है,

$$\vec{F} = -q \times \vec{v} \times \vec{B}$$

$$\Rightarrow \vec{F} = -q \times v \times \hat{x} \times B_0 \times \hat{k}$$

$\hat{x} \times \hat{k}$ का सदिश गुणनफल $-\hat{j}$ है।

इसलिए, $\vec{F} = +q \times v \times B_0 \times \hat{j}$

इसलिए, कण तार की ओर गति करेगा।

अतः विकल्प (B) सही है।

61. $0.3\ T$ का एक समान चुम्बकीय क्षेत्र B धनात्मक Z -अक्ष की तरफ दिशित है। एक $10\ cm$ तथा $5\ cm$ भुजाओं वाले आयताकार पाश (abcd) में $12\ A$ धारा I बहती है। निम्न दिग्न्यास स्थिर साम्यावस्था को प्रदर्शित करता है,

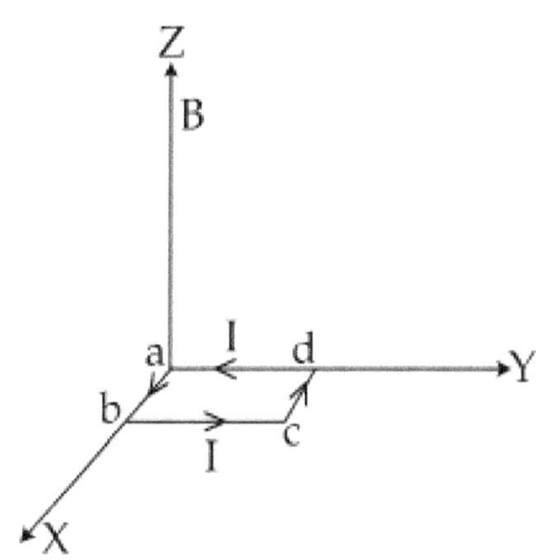

अतः विकल्प (C) सही है।

62. दिया गया है,

$V_L = 4\ V$,

$V_C = 8\ V$,

$V_R = 5\ V$

$V = \sqrt{V_R^2 + (V_C - V_L)^2}$ का प्रयोग करने पर

$\Rightarrow V = \sqrt{5^2 + (8-4)^2}$

$\Rightarrow V = \sqrt{41}$

$\Rightarrow V = 6.4\ V$

अतः विकल्प (D) सही है।

63. $E = \alpha t + \frac{1}{2}\beta t^2$,

उपरोक्त समीकरण परवलय के मानक रूप में है। इसके अनुसार, E और t के बीच का ग्राफ एक परवलय होगा, जैसे कि पहले ईएमएफ बढ़ता है और फिर घटता है।

E और t के बीच का ग्राफ:

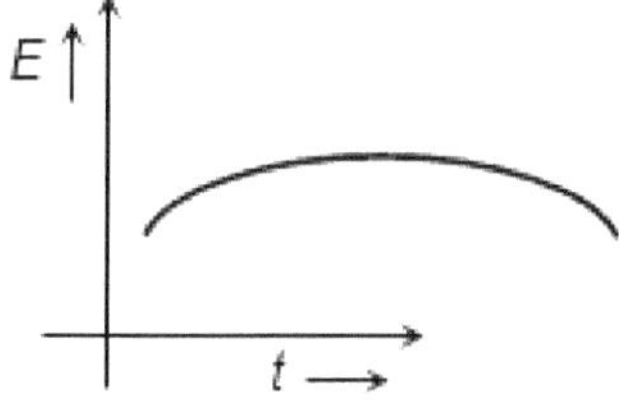

अतः विकल्प (D) सही है।

64. परमाणु द्विध्रुव का कुल द्विध्रुवीय आघूर्ण $= n \times M$

$= 2 \times 10^{24} \times 1.5 \times 10^{-23}$

$= 30 JT^{-1}$

चुंबकीय संतृप्ति 15% पर प्राप्त की जाती है

$M_1 = \frac{15}{100} \times 30 = 4.5 JT^{-1}$

जब चुंबकीय क्षेत्र होता है $B_2 = 0.98T, T_2 = 2.8K$, इसका कुल द्विध्रुवीय आघूर्ण है M_2

क्यूरी के नियम के अनुसार, हमारे पास,

$\frac{M_2}{M_1} = \frac{B_2}{B_1} \times \frac{T_1}{T_2}$

$\Rightarrow M_2 = 10.336 JT^{-1} \approx 10 JT^{-1}$

अतः विकल्प (C) सही है।

65. दिया गया है,

$N = 20$

$\Phi = 0.3$ वेबर

$t = 1$ सेकण्ड

प्रेरित विद्युत वाहक बल $=$ संपूर्ण कुंडली में फ्लक्स में परिवर्तन/समय

$E = \frac{Nd\Phi}{dt}$ (N = फेरों की संख्या)

$E = 20 \times 0.3$

$= 6\ V$

अतः विकल्प (B) सही है।

66. सक्रिय शक्ति और आभासी शक्ति को क्रमश kW और kVA में मापा जाता है।

AC परिपथ के शक्ति कारक को उसी परिपथ द्वारा खपत की गई आभासी शक्ति के लिए परिपथ द्वारा खपत सक्रिय शक्ति के अनुपात के रूप में परिभाषित की गई है। जो शक्ति वास्तव में AC परिपथ में उपभोग या उपयोग की जाती है, उसे सक्रिय शक्ति कहा जाता है। इसे kW अथवा MW में मापा जाता है। वोल्टेज और धारा के वर्ग माध्य मूल मान के गुणनफल को आभासी शक्ति के रूप में जाना जाता है। इसे kVA अथवा MVA में मापा जाता है।
अतः विकल्प (A) सही है।

67. लंबवत और कागज के तल में निर्देशित एकसमान चुंबकीय क्षेत्र है। एक अनियमित आकार का संवाहक लूप धीरे-धीरे कागज के तल में एक गोलाकार लूप में बदल रहा है। फिर लूप में धारा वामावर्त दिशा में प्रेरित होती है।

लूप के आकार में परिवर्तन के कारण लूप का क्षेत्रफल बदल जाता है। तो चुंबकीय अभिवाह φ लूप के साथ जुड़ा हुआ है। तो, फैराडे के नियम के अनुसार लूप में प्रेरित emf होगा इसलिए लूप में धारा इस तरह से प्रेरित होती है कि यह अभिवाह में वृद्धि का विरोध करे।
अतः विकल्प (C) सही है।

68. दिया गया,

प्रारंभिक चुंबकीय अभिवाह $(\phi_1) = 5.5 \times 10^{-4}\ Wb$,

अंतिम चुंबकीय अभिवाह $(\phi_2) = 5 \times 10^{-5}\ Wb$,

प्रतिरोध $(R) = 10\Omega$,

घुमावों की संख्या $(N) = 1000$,

समय में परिवर्तन $(\Delta t) = 0.1$ सेकंड

अब,

अभिवाह में परिवर्तन:

$d\phi = (\phi_2 - \phi_1)$

$= (5 \times 10^{-5} - 5.5 \times 10^{-4})$

$$= -5 \times 10^{-4} wb$$

कुण्डल में प्रेरित emf,

$$e = -N\frac{d\phi}{dt}$$

$$= -1000\frac{(-5 \times 10^{-4})}{0.1}$$

$$= 5V$$

कुण्डल में प्रेरित धारा

$$i = \frac{e}{R}$$

$$= \frac{5}{10}$$

$$= 0.5A$$

अतः विकल्प (B) सही है।

69. यह कथन चुंबकीय क्षेत्र रेखाओं के बारे में गलत है कि यदि चुंबकीय क्षेत्र रेखाएं समानांतर और समान हैं तो वे शून्य क्षेत्र शक्ति का प्रतिनिधित्व करती हैं क्योंकि यदि वे समानांतर हैं और समान दूरी पर हैं तो उनके पास एक समान चुंबकीय क्षेत्र हैं और उनके पास शून्य चुंबकीय क्षेत्र शक्ति नहीं है।

अतः विकल्प (C) सही है।

70. विद्युत चुम्बकीय तरंग में ऊर्जा को विद्युत और चुंबकीय क्षेत्रों में बांधा जाता है। सामान्य तौर पर, विद्युत क्षेत्र में प्रति इकाई आयतन की ऊर्जा द्वारा दी जाती है:

विद्युत क्षेत्र में ऊर्जा घनत्व $= \frac{1}{2}\epsilon_0 E^2$

एक चुंबकीय क्षेत्र में, प्रति इकाई आयतन ऊर्जा है:

चुंबकीय क्षेत्र में ऊर्जा घनत्व $= \frac{1}{2}\frac{B^2}{\mu_0}$

एक विद्युत चुम्बकीय तरंग में विद्युत और चुंबकीय दोनों क्षेत्र होते हैं, इसलिए एक विद्युत चुम्बकीय तरंग से जुड़ा कुल ऊर्जा घनत्व है

$$u = \frac{1}{2}\epsilon_0 E^2 + \frac{1}{2}\frac{B^2}{\mu_0}$$

यह पता चला है कि एक विद्युत चुम्बकीय तरंग के लिए, विद्युत क्षेत्र से जुड़ी ऊर्जा चुंबकीय क्षेत्र से जुड़ी ऊर्जा के बराबर है, इसलिए ऊर्जा घनत्व को सिर्फ एक या दूसरे के संदर्भ में लिखा जा सकता है:

$$u = \frac{1}{2}\epsilon_0 E^2 = \frac{1}{2}\frac{B^2}{\mu_0}$$

इसका तात्पर्य यह भी है कि विद्युत चुम्बकीय तरंग में, $E = cB$.

अतः विकल्प (C) सही है।

71. विद्युत चुम्बकीय तरंगें अनुप्रस्थ तरंगें हैं।

अनुप्रस्थ तरंगें:

वे तरंगें जिनके प्रसार की दिशा और विक्षोभ की दिशा हमेशा लंबवत होती है, अनुप्रस्थ तरंग कहलाती हैं।

ये तरंगें एक ऐसे माध्यम में उत्पन्न होती हैं जो कतरनी तनाव को बनाए रख सकती है।

उदाहरण: विद्युत चुम्बकीय तरंगें, पानी की सतह पर तरंगें, गिटार के तार में कंपन।

अतः विकल्प (B) सही है।

72. अवधारणा:

- विद्युत चुम्बकीय तरंगें या EM तरंग: वे तरंगें जो किसी विद्युत क्षेत्र और चुंबकीय क्षेत्र के बीच कंपन के परिणामस्वरूप बनती हैं और वे एक-दूसरे के एवं तरंग की दिशा के लंबवत होती हैं, उन्हें विद्युत चुम्बकीय तरंग कहते हैं।

- त्वरित आवेशित कण एक विद्युत चुम्बकीय (EM) तरंग पैदा करता है।

- एक संतुलन स्थिति के अनुरूप दोलन करने वाला आवेशित कण एक त्वरित आवेशित कण है।

- विद्युत चुम्बकीय तरंगों गति करने के लिए किसी भी पदार्थ की आवश्यकता नहीं होती है क्योंकि इसमें फोटॉन होते हैं। वे निर्वात में भी गति कर सकते हैं।

विद्युत चुम्बकीय तरंगों के गुणधर्म:

- इन पर कोई आवेश नहीं है या हम कह सकते हैं कि ये उदासीन हैं।

- अनुप्रस्थ तरंग के रूप में गति करती है।

- इनका वेग प्रकाश के वेग के समान है अर्थात 3×10^8 m/s.

- इसमें ऊर्जा होती है और उनमें संवेग भी है।

- ये निर्वात में भी गति कर सकते हैं।

ऊपर से यह स्पष्ट है कि विद्युत चुम्बकीय तरंगों को गति करने के लिए किसी पदार्थ की आवश्यकता नहीं है क्योंकि इसमें फोटॉन होते हैं। इसलिए विकल्प 1 सही है।

एक विद्युत चुम्बकीय तरंग में, विद्युत क्षेत्र और चुंबकीय क्षेत्र एक ही स्थान और एक ही समय में उच्छिष्ठ और निम्निष्ठ के साथ लगातार बदलते रहते हैं। इसलिए विकल्प 2 सही है।

विद्युत चुम्बकीय तरंग में ऊर्जा को विद्युत और चुंबकीय क्षेत्रों के बीच समान रूप से विभाजित किया जाता है। इसलिए विकल्प 3 सही है।

विद्युत चुम्बकीय तरंग विद्युत क्षेत्र (E) और चुंबकीय क्षेत्र (B) दोनों में लंबवत रूप से परिवर्तित होती है। इसलिए विकल्प 4 गलत है।

अतः विकल्प (D) सही है।

73.

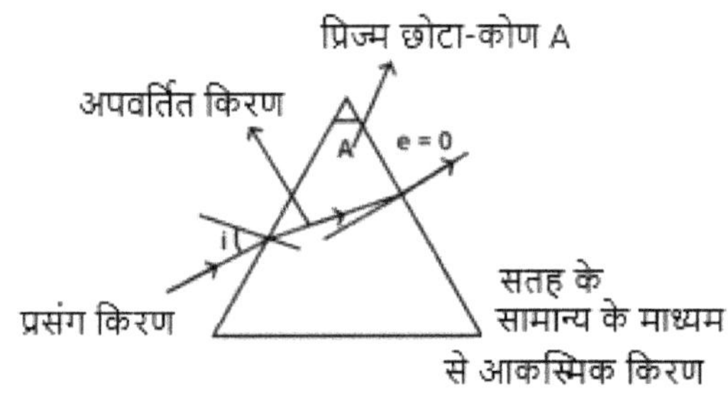

दिया गया है,

आपतित कोण $= i$

प्रिज्म का छोटा कोण $= A$

प्रिज्म की अपवर्तक सामग्री $= \mu$

माना उद्भव का कोण $= e$

अब यह दिया जाता है कि आपतित किरण सामान्य रूप से प्रिज्म की विपरीत सतह से निकलती है इसलिए उद्भव का कोण शून्य हो जाता है।

$$\Rightarrow \angle e = 0 \ldots\ldots\ldots (i)$$

प्राइम में विचलन के कोण δ

इसलिए जैसा कि हम जानते हैं कि विचलन के कोण (δ), प्रिज्म के छोटे कोण (A) और प्रिज्म का अपवर्तक सूचकांक μ के बीच का सम्बन्ध इस प्रकार दिया गया है,

$$\Rightarrow \delta = (\mu - 1)A \ldots\ldots\ldots (ii)$$

अब जैसा कि हम एक प्रिज्म में जानते हैं, प्रिज्म का एक छोटा कोण और प्रिज्म में विचलन कोण का योग आपतित कोण और उद्भव के कोण के बराबर होता है।

इसलिए, हमारे पास,

$$\Rightarrow \delta + A = i + e \ldots\ldots\ldots\ldots (iii)$$

अब समीकरण (i) और (ii) के मान को समीकरण (iii) में प्रतिस्थापित करने पर हमारे पास है,

$$\Rightarrow (\mu - 1)A + A = i + 0$$

अब ऊपर के समीकरण को सरलीकृत करने पर हमारे पास है,

$$\Rightarrow \mu A - A + A = i$$

अब हमारे पास सकारात्मक, नकारात्मक समान पद हैं,

$$\Rightarrow i = \mu A$$

तो यह आपतन का आवश्यक कोण है इस प्रकार कि प्रिज्म का एक छोटा कोण (A) है और सामान्य रूप से विपरीत सतह से निकलता है।

अत: विकल्प (C) सही है।

74. दिया गया है,

फोकल लम्बाई $= 20$ सेमी

सापेक्ष गति $= 15$ मी सेमी $^{-1}$

दर्पण के लिए, $\dfrac{1}{u} + \dfrac{1}{v} = \dfrac{1}{f}$

इस समीकरण को अलग करने पर t के सम्बन्ध में हम प्राप्त करते हैं

$$\Rightarrow -\frac{1}{u^2}\frac{du}{dt} - \frac{1}{v^2}\frac{dv}{dt} = 0$$

$$\Rightarrow \frac{dv}{dt} = -\frac{v^2}{u^2}\left(\frac{du}{dt}\right)$$

परंतु $\dfrac{v}{u} = \dfrac{f}{u-f}$

$$\therefore \frac{dv}{dt} = -\left(\frac{f}{u-f}\right)^2\left(\frac{du}{dt}\right)$$

$$= \left(\frac{0.2}{-2.8 \cdot 0.2}\right)^2 \times 15 = \frac{1}{15} \text{ मी सेमी }^{-1}$$

अत: विकल्प (B) सही है।

75. दिया है:

घटना का अपवर्तनांक, $n_1 = 1$

अपवर्तन का अपवर्तनांक, $n_2 = \sqrt{3}$

घटना का कोण, $\theta_1 = 60°$

और अपवर्तन कोण, $\theta_2 = r$

एक प्रकाश किरण अपवर्तनांक $\sqrt{3}$ की कांच की सतह पर $60°$ के कोण पर गिरती है जैसा कि नीचे दिए गए चित्र में दिखाया गया है,

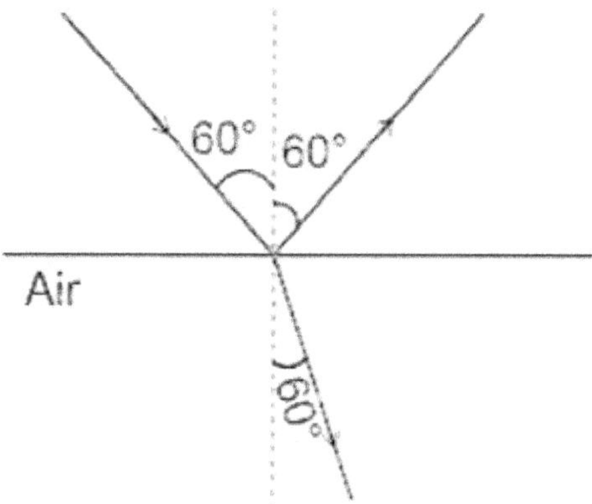

अब, स्नेल के नियम के अनुसार, हमारे ज्ञात है की;

$$n_1 \sin\theta_1 = n_2 \sin r \quad \cdots (1)$$

अब, दिए गए मानों को समीकरण (1) में रखने पर हमें प्राप्त होता है;

$$1 \times \sin(60°) = \sqrt{3} \times \sin(r)$$

$$\Rightarrow \sin(r) = \frac{\sin(60°)}{\sqrt{3}}$$

$$\Rightarrow \sin(r) = \frac{\frac{\sqrt{3}}{2}}{\sqrt{3}}$$

$$\Rightarrow \sin(r) = \frac{1}{2}$$

$$\Rightarrow r = 30°$$

अपवर्तन का कोण . $r = 30°$

अपवर्तन और परावर्तन के बिच का कोण $= 60° + 30° = 90°$

अतः विकल्प (A) सही है।

76. दिया है: वक्रता त्रिज्या, $R_1 = +0.2\,m, R_2 = -0.2\,m$

अपवर्तनांक, $\mu = 1.5$

उभयोत्तल लेंस नीचे दिखाया गया है,

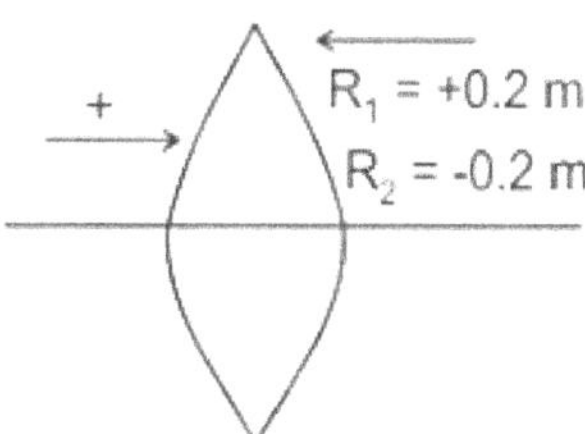

अब उभयोत्तल की क्षमता का उपयोग करना जो है

$$P = \frac{1}{f} = (\mu - 1)\left(\frac{1}{R_1} - \frac{1}{R_2}\right)$$

सभी मानों को रखने पर;

$$P = (1.5 - 1)\left(\frac{1}{0.2} + \frac{1}{0.2}\right)$$

$\Rightarrow P = 0.5 \times \dfrac{1}{0.1}$

$\Rightarrow P = +5D$

अतः विकल्प (A) सही है।

77. दिया है,

प्रकाश स्रोत की आवृत्ति, $f_0 = 10GHz$

हम पर्यवेक्षक की गति जानते हैं, $v = \dfrac{C}{2}$

प्रेक्षक के स्थिर स्रोत की ओर बढ़ने की स्थिति में सापेक्ष डॉपलर प्रभाव का उपयोग करना।

पर्यवेक्षक द्वारा मापी गई स्पष्ट आवृत्ति, $f' = f_0\sqrt{\dfrac{C+v}{C-v}}$

$= f_0\sqrt{\dfrac{C+\frac{C}{2}}{C-\frac{C}{2}}}$

$= f_0\sqrt{\dfrac{\frac{3C}{2}}{\frac{C}{2}}}$

$= 10\sqrt{3}$

$= 10 \times 1.73$

$= 17.3GHz$

इस प्रकार, प्रेक्षक द्वारा मापी गई सूक्ष्म तरंग की आवृत्ति $17.3GHz$ है

अतः विकल्प (C) सही है।

78. केवल λ_1 तरंग दैर्ध्य के कारण पैटर्न की फ्रिंज चौड़ाई $= \dfrac{\lambda_1 D}{d} = \beta_1$

केवल λ_2 तरंग दैर्ध्य के कारण पैटर्न की फ्रिंज चौड़ाई $= \dfrac{\lambda_2 D}{d} = \beta_2$

इसलिए, केंद्रीय उच्चिष्ठ से उस बिंदु तक की दूरी जहां दीप्त फ्रिंज पहले मिलते हैं, दोनों के लिए लघुत्तम समाकल गुणज उभयनिष्ठ होना चाहिए।

$n_1\beta_1 = n_2\beta_2$

$\Rightarrow n_1\dfrac{\lambda_1 D}{d} = n_2\dfrac{\lambda_2 D}{d}$

$\Rightarrow n_1(650) = n_2(520)$

$\Rightarrow n_1 = 4, n_2 = 5$

तो आवश्यक दूरी $= n_1\dfrac{\lambda_1 D}{d}$

$= 4 \times \dfrac{(150\times10^{-2})\times(650\times10^{-9})}{(0.5\times10^{-3})}$

$= 7.8\ mm$

अतः विकल्प (B) सही है।

79. रैखिक संवेग के संरक्षण से, $mv = mv_A + \dfrac{m}{2}v_B$

$v = v_A + \dfrac{v_B}{2}$

$v = v_A + \dfrac{v_B}{2}$

साथ ही, गतिज ऊर्जा के संरक्षण द्वारा,

$v^2 = v_A^2 + \dfrac{v_B^2}{2}$

$\left(v_A + \dfrac{v_B}{2}\right)^2 = v_A^2 + \left(\dfrac{v_B}{2}\right)^2$

$v_A v_B = \dfrac{v_B^2}{4}$

$\Rightarrow v_B = 4v_A$ and $m_B = \dfrac{m_A}{2}$

$P_A = m_A v_A$

$P_B = \dfrac{m_A}{2} \times 4v_A = 2P_A$

$\Rightarrow \dfrac{\lambda_A}{\lambda_B} = \dfrac{P_B}{P_A} = \dfrac{2P_A}{P_A} = 2$

$\Rightarrow \dfrac{\lambda_A}{\lambda_B} = \dfrac{P_B}{P_A} = \dfrac{2P_A}{P_A} = 2$

अतः विकल्प (B) सही है।

80. दिया गया,

प्रकाश की आवृत्ति, $v = 6.0 \times 10^{14}\ Hz$

प्रकाश द्वारा उत्सर्जित शक्ति, $P = 2.0 \times 10^{-3}\ W$

हम जानते हैं कि, $h = 6.63 \times 10^{-34}\ J\ s$

प्रकाश पुंज में फोटॉन की ऊर्जा,

$E = hv$

$= (6.63 \times 10^{-34} Js)(6.0 \times 10^{14}\ Hz)$

$= 3.98 \times 10^{-19}\ J$

अतः विकल्प (A) सही है।

81. दिया गया,

सीज़ियम का कार्य फलन, $\phi_0 = 2.14 eV$

स्टॉपिंग पोटेंशिअल $eV_0 = 0.60\ V$

प्लैंक स्थिरांक, $h = 6.63 \times 10^{-34} Js$

प्रकाश की गति $c = 3 \times 10^8\ m/s$

आइंस्टीन का फोटोइलेक्ट्रिक समीकरण इस प्रकार दिया गया है,

$eV_0 = hv - \phi_0 = \dfrac{hc}{\lambda} - \phi_0$

$\lambda = \dfrac{(6.63\times10^{-34}\ J\ s)\times(3\times10^8\ m/s)}{(0.60eV + 2.14eV)}$

$= \dfrac{19.89\times10^{-26}\ J\ m}{(2.74eV)}$

$\lambda = \dfrac{19.89\times10^{-26}\ J\ m}{2.74\times1.6\times10^{-19}\ J} = 454\ nm$

अतः विकल्प (A) सही है।

82. दिया गया,

इलेक्ट्रॉन के लिए:

द्रव्यमान $m = 9.11 \times 10^{-31}\ kg$

गति $v = 5.4 \times 10^{6}\ m/s$

फिर, गति

$p = mv$

$= 9.11 \times 10^{-31}(\ kg) \times 5.4 \times 10^{6}(\ m/s)$

$p = 4.92 \times 10^{-24}\ kg\ m/s$

डी ब्रोगली तरंग दैर्घ्य, $\lambda = \dfrac{h}{p}$

$= \dfrac{6.63 \times 10^{-34} Js}{4.92 \times 10^{-24}\ kg\ m/s}$

$\lambda = 0.135\ nm$

अतः विकल्प (C) सही है।

83. दिया गया है,

$\nu = 7.21 \times 10^{14}\ Hz$

$v_{\max} = 6 \times 10^{5}\ ms^{-1}$

प्लैंक स्थिरांक, $h = 6.62 \times 10^{-34} Js$

प्रकाश की गति $c = 3 \times 10^{8}\ m/s$

जैसा कि हम जानते हैं,

$\nu_0 = \nu - \dfrac{mV_{\max}^2}{2\,h}$

$= 7.21 \times 10^{14} - \dfrac{9.1 \times 10^{-31} \times \left(6 \times 10^{5}\right)^2}{2 \times 6.62 \times 10^{-34}}$

$= 7.21 \times 10^{14} - 2.47 \times 10^{14}$

$= 4.74 \times 10^{14}\ Hz$

अतः विकल्प (B) सही है।

84. दिया गया है,

ऊर्जा के आपतित फोटॉन का संवेग, $P = 3 \times 10^{-19}\ J$

प्रकाश की गति $c = 3 \times 10^{8}\ m/s$

फोटॉन का संवेग $P = \dfrac{E}{c}$

इसलिए, $P = \dfrac{3 \times 10^{-19}}{3 \times 10^{8}} = 10^{-27}\ kg\ m/s$

अतः विकल्प (B) सही है।

85. गतिविधि समीकरण को इस प्रकार लिखा जा सकता है:

$-\dfrac{dN}{dt} = \lambda N_0 e^{-\lambda t}$

दिया गया है कि

$\lambda N_0 = 0.8 \mu C_i$

मूल्यों को रखना,

$\lambda N_0 = 2.96 \times 10^{4}$

मान लें कि रक्त प्रवाहित हो रहा है V,

गतिविधि $\dfrac{10^{-3}}{V}$ के एक कारक से कम हो जाएगी

इसलिये,

$\dfrac{\lambda N_0 10^{-3}}{V} e^{-\lambda t} = \dfrac{300}{60}$ (R.H.S. और L.H.S. दोनों क्षय हैं)

$e^{-\lambda t}$ और λN_0 के मानों को रखने पर हमें प्राप्त होता है

$V = 5$ लीटर

अतः विकल्प (D) सही है।

86. दिया गया है,

चुंबकीय क्षेत्र $\mathbf{B} = 2\ T$

विभवांतर $\Delta V = 100 kV$

हम जानते हैं कि,

$r = \dfrac{mv}{qB}$

$\Rightarrow V = 100 \times 10^{3} = 10^{5}$ वोल्ट

इसलिए, प्रत्येक चक्कर में गतिज ऊर्जा प्राप्त हुई $= e(V) + e(V)$

$\Rightarrow 2e(V) = 2e \times 10^{5}$

इस प्रकार, चक्करों की संख्या, $N = \dfrac{20 \times 10^{6}}{2 \times 10^{5}} = 100$ चक्कर

अतः विकल्प (D) सही है।

87. हाइड्रोजन परमाणु के केंद्र अर्थात, नाभिक पर चुंबकीय क्षेत्र,

$B = \dfrac{\mu_0 i}{2r}$;

$i = \dfrac{e}{T} = ef \propto \dfrac{z^2}{n^3}$

और $r \propto \dfrac{n^2}{Z}$

और $B \propto \dfrac{i}{r} \propto \dfrac{Z^3}{n^5}$

हल करने पर,

$B \propto \dfrac{1}{n^5}$

अतः विकल्प (B) सही है।

88. मूल सक्रियता $= I_0$

$t = 9$ वर्ष

$\dfrac{I}{I_0} = \left(\dfrac{1}{2}\right)^{\frac{t}{T}}$

$\Rightarrow \dfrac{1}{3} = \left(\dfrac{1}{2}\right)^{\frac{9}{T}}$

अगले नौ वर्ष व्यतीत होने के बाद,

$t = 18$ वर्ष

$$\Rightarrow \frac{I'}{I_0} = \left(\frac{1}{2}\right)^{\frac{18}{T}}$$

$$= \left\{\left(\frac{1}{2}\right)^{\frac{9}{T}}\right\}^2$$

$$\Rightarrow I' = \frac{I_0}{9}$$

अतः विकल्प (C) सही है।

89. ऊर्जा अंतराल,

$$E_g = \frac{hc}{\lambda}$$
$$= \frac{(6.63 \times 10^{-34})(3 \times 10^8)}{2480 \times 10^{-9} \times 1.6 \times 10^{-19}} \; eV$$
$$= 0.5 \; eV$$

अतः विकल्प (C) सही है।

90. जंक्शन डायोड फारवर्ड बायस्ड है

इसलिए, प्रभावी प्रतिरोध

$$= 25 + 100$$
$$= 2500\Omega$$

∴ डायोड में धारा है

$$\frac{5v}{100 \; \Omega} = \frac{1}{10A}$$

अतः विकल्प (A) सही है।

91. दिया हुआ, $R = 50 + 150 + 100 = 300\Omega$

$V = 6$ वोल्ट

सर्किट डायोड में D_1 अग्रदिशिक है जबकि D_2 पश्चदिशिक है

इसलिए धारा I होगी

$$I = \frac{V}{R}$$
$$= \frac{6}{300}$$
$$= 0.02 \text{ अम्पयीरस}$$

अतः विकल्प (B) सही है।

92. दिया हुआ: $\alpha = 0.98$

सूत्र के अनुसार:

शक्ति लब्धि = वोल्टता लब्धि × धारा लब्धि ...... (1)

वोल्टता लब्धि $= A_V = \beta \dfrac{R_2}{R_1}$

जहां $R_1 = $ इनपुट प्रतिरोध, $R_2 = $ आउटपुट प्रतिरोध

अब, $A_V = (49)\left[\dfrac{500 \times 10^3}{R_1}\right]$

और, धारा लब्धि $\beta = \dfrac{\alpha}{1-\alpha} = \dfrac{0.98}{1-0.98} = 49$

1 से,

शक्ति लब्धि $= 49 \times \beta \times \dfrac{R_2}{R_1}$

$\Rightarrow$ शक्ति लब्धि $= 6.0625 \times 10^6 = 49 \times \left[\dfrac{500 \times 10^3}{R_1}\right] \times$ .98

$\therefore R_1 = 198\Omega$

अतः विकल्प (A) सही है।

93. संग्राहक धारा $= \dfrac{I_C}{I_B}$

$I_C = $ संग्राहक धारा

$I_B = $ आधार धारा

इसलिए, $I_B = I_C$ / संग्राहक धारा

$$= \frac{7.2}{0.96} \text{ mA}$$
$$= 7.5 \text{ mA}$$

जैसे, $E = I_B + I_C$

इसलिए, $I_B = I_E - I_C$

$$= (7.5 - 7.2) \text{ mA}$$
$$= 0.3 \text{ mA}$$
$$\approx 0.29 \text{ mA}$$

अतः विकल्प (C) सही है।

94. मान लीजिए A_1, V_1 नल से निकलने वाले पानी का क्षेत्रफल और वेग है और A_2, V_2 नल के नीचे $0.15 \; m$ पानी का क्षेत्रफल और वेग है।

द्रव कण के लिए गति के समीकरण को लागू करने पर,

$$V_2^2 = V_1^2 + 2gh$$
$$V_2 = \sqrt{1^2 + (2 \times 10 \times 0.15)}$$
$$V_2 = 2 \; m/s$$

असम्पीडित प्रवाह के लिए निरंतरता समीकरण को लागू करना,

$$A_1 V_1 = A_2 V_2$$
$$10^{-4} \times 1 = A_2 \times 2$$
$$\Rightarrow A_2 = 5 \times 10^{-5} \; m^2$$

अतः विकल्प (B) सही है।

95. जैसा कि हम जानते हैं,

$$P = P_0 + \frac{4T}{r}$$

जहां, P एक बुलबुले के अंदर दबाव है, ' P_0' बाहरी दबाव है, ' T' सतह तनाव है और ' r' बुलबुले की त्रिज्या है.

$$V = \frac{4}{3}\pi r^3$$

जहाँ V साबुन के बुलबुले का आयतन है

आदर्श गैस समीकरण से हम यह जानते हैं

$$PV = nRT$$

दिया है, $P_0 = 8N/m^2$, $R_A = 2\,cm$, $R_B = 4\,cm$, $T = 0.04N/m$

बुलबुले B और A में वायु के मोलों की संख्या का अनुपात:

$$\frac{P_A V_A}{P_B V_B} = \frac{n_A R_A T}{n_B R_B T}$$

$$\Rightarrow \frac{(16)\left(\frac{4}{3}\pi \times (2\times10^{-2})^3\right)}{(12)\left(\frac{4}{3}\pi(4\times10^{-2})^3\right)} = \frac{n_A R_A T}{n_B R_B T}$$

$$\Rightarrow \frac{(16)(2\times10^{-2})^3}{(12)(4\times10^{-2})^3} = \frac{n_A}{n_B}$$

$$\Rightarrow \frac{n_A}{n_B} = \frac{1}{6}$$

$$\Rightarrow \frac{n_B}{n_A} = 6$$

अतः विकल्प (D) सही है।

96. प्रतिबल: प्रतिबल उस पदार्थ के अनुप्रस्थ-काट का क्षेत्रफल के भार या बल का अनुपात है जिस पर भार लगाया जाता है। प्रतिबल की मानक इकाई N/m² है।

विकृति: विकृति लागू बल के परिणामस्वरूप पदार्थ के विरूपण का एक उपाय है। विकृति एक इकाई रहित मात्रा है।

हुक के नियम में कहा गया है कि प्रत्यास्थ सीमा के भीतर किसी पिंड पर लगाया गया प्रतिबल उत्पन्न विकृति के सीधे आनुपातिक होता है।

$\Rightarrow$ विकृति $\propto$ प्रतिबल

$\Rightarrow$ विकृति $= E \times$ प्रतिबल

(जहाँ E = प्रत्यास्थता गुणांक)

$$\Rightarrow \sigma = \frac{F(N)}{A(m^2)} \Rightarrow \text{विकृति } = \frac{dl}{l} \Rightarrow \sigma = \text{विकृति } \times E$$

जहाँ σ = प्रतिबल,

F = प्रयुक्त बल

A = अनुप्रस्थ-काट का क्षेत्रफल

dl = लंबाई में परिवर्तन

l = प्रारंभिक लंबाई और

E = यंग प्रत्यास्थता गुणांक

यंग प्रत्यास्थता गुणांक एक आनुपातिकता स्थिरांक है और यह पदार्थ पर निर्भर करता है। इसलिए प्रत्यास्थता गुणांक प्रतिबल और विकृति पर निर्भर नहीं करता है।

अतः विकल्प (D) सही है।

97. $A = 3 \times 10^{-6}\,m^2$

$$\frac{\frac{\Delta l}{l}}{Y} = 10^{-3}$$

ज्ञात करना है : अधिकतम द्रव्यमान,

$$\therefore \quad \frac{F}{A} = Y\frac{\Delta l}{l}$$

$$\Rightarrow \frac{mg}{A} = Y\frac{\Delta l}{l}$$

$$\Rightarrow m = Y\left(\frac{\Delta l}{l}\right)\frac{A}{g}$$

$$\Rightarrow \quad m = \frac{2\times10^{11}\times10^{-3}\times3\times10^{-6}}{10} = 6\times10 = 60\,kg$$

अतः विकल्प (B) सही है।

98. हुक के नियम के अनुसार

प्रत्यास्थता गुणांक, $E = \frac{W}{A} \times \frac{L}{1}$

जहाँ, L = तार की मूल लंबाई

A = तार का अनुप्रस्थ काट क्षेत्रफल

बढ़ाव $\Delta = \frac{WL}{E}$

तार के दोनों ओर W प्रतिबल है और $\frac{1}{2}$ लंबाई है

$$\Delta l = \frac{\frac{WL}{2}}{AE} = \frac{WL}{2AE} = \frac{1}{2}$$

तार में कुल बढ़ाव $= \frac{1}{2} + \frac{1}{2} = 1$

अतः विकल्प (A) सही है।

99. चूंकि तारों में एक ही पदार्थ है, इसलिए उनकी प्रत्यास्थता का मापांक समान होना चाहिए।

इस प्रकार, अनुदैर्घ्य प्रतिबल और अनुदैर्घ्य विकृति का अनुपात (जो कि यंग प्रत्यास्थता मापांक है) समान होना चाहिए। अब, टूटने से पहले, दोनों तारों में खिंचाव भी समान होना चाहिए।

इसलिए, प्रतिबल = यंग मापांक × विकृति, दोनों तारों के लिए समान होना चाहिए।

दूसरे तार का व्यास पहले तार से दोगुना है, इसलिए दूसरे तार का अनुप्रस्थ काट का क्षेत्रफल पहले तार की तुलना में 4 गुना बड़ा है। इसलिए, उसी तनाव को विकसित करने के लिए, दूसरे तार पर लगाया गया बल पहले तार पर लगाए गए बल से 4 गुना बड़ा होना चाहिए (क्योंकि प्रतिबल = बल/अनुप्रस्थ-काट का क्षेत्रफल)।

इस प्रकार, दूसरे तार को तोड़ने के लिए उस पर लगने वाला बल 4×200=800N है

अतः विकल्प (D) सही है।

100. $Y = \frac{Fl}{a\Delta l}$

दिए गए प्रश्न में, Y, l और Δl स्थिरांक हैं।

$$\Delta F \propto a$$

$$F \propto \pi r^2$$

$$F \propto r^2$$

$$\frac{F_1}{F_2} = \frac{r_1^2}{r_2^2} = \frac{1}{4}$$

अतः विकल्प (A) सही है।

Q.1 निम्नलिखित में से किन राशियों से दबाव मापा जाता है?

A. द्रव्यमान और घनत्व
B. किया गया कार्य
C. बल और क्षेत्रफल
D. बल और दूरी

Q.2 पृथ्वी से 0.01 आर्कसेक से कम लंबन कोण को मापना
______________ के कारण बहुत मुश्किल है।

A. सूर्य से प्रकाश की परिवर्तनीय तीव्रता
B. पृथ्वी और अन्य खगोलीय पिंडों के बीच की बड़ी दूरी
C. बाहरी स्थान के निर्वात में माप की अशुद्धि
D. बाहरी स्थान के निर्वात में माप की अशुद्धि

Q.3 फोटोइलेक्ट्रिक प्रभाव में उपयोग की जाने वाली धातु के कार्य फलन की इकाई क्या है?

A. जूल (J)
B. न्यूटन (N)
C. पास्कल (Pa)
D. हर्ट्ज़ (Hz)

Q.4 निम्नलिखित में से कौन सी इकाई विमाओं को दर्शाती है $\left[\dfrac{ML^2}{Q^2}\right]$, जहां Q विद्युत आवेश को दर्शाता है?

A. Wb/m^2
B. H/m^2
C. वेबर (Wb)
D. हेनरी (H)

Q.5 दो या तीन आयामों में गति के लिए, वेग और त्वरण सदिशों के बीच का कोण क्या है?

A. $0°$
B. $180°$
C. $0°$ और $180°$ के बीच
D. $90°$

Q.6 एक तल में किसी पिंड की गति को परिभाषित करने के लिए कितने चरों की आवश्यकता होती है?

A. 3
B. 2
C. 1
D. 4

Q.7 एक पिंड वृत्तीय गति प्रदर्शित कर रहा है। इसे किस प्रकार की गति कहा जा सकता है?

A. एक रेखा के साथ गति
B. एक समतल में गति
C. अंतरिक्ष में गति
D. इनमे से कोई नहीं

Q.8 एक स्प्रिंग बैलेंस लिफ्ट की छत से जुड़ा होता है। एक आदमी अपने बैग को स्प्रिंग पर टांगता है और स्प्रिंग $49\ N$ पढ़ती है, जब लिफ्ट स्थिर होती है। यदि लिफ्ट $5\ m/s^2$ के त्वरण के साथ नीचे की ओर जाती है, तो स्प्रिंग बैलेंस का पाठ्यांक होगा:

A. 24 N
B. 74 N
C. 15 N
D. 49 N

Q.9 फुटबॉल के खेल में एक गोलकीपर गेंद को गोल में पकड़ने के बाद अपने हाथों को पीछे की ओर खींचता है। यह गोलकीपर को ______ के लिए सक्षम बनाता है

A. गेंद पर अधिक बल लगाने
B. हाथों पर गेंद द्वारा लगाए गए बल को कम करने
C. गति के परिवर्तन की दर में वृद्धि
D. गति के परिवर्तन की दर कम करने

Q.10 एक कार $18\ km/h$ से $36\ km/h$ तक $5\ s$ में समान रूप से गति करती है। m/s^2 में त्वरण क्या है?

A. $0.5\ m/s^2$
B. $3\ m/s^2$
C. $1\ m/s^2$
D. $2\ m/s^2$

Q.11 तीन बराबर भार A, B और $C,$ द्रव्यमान $2\ kg$ प्रत्येक एक निश्चित घर्षण रहित चरखी के ऊपर से गुजरने वाले तार पर लटके हुए हैं जैसा कि चित्र में दिखाया गया है। भार B और C को जोड़ने वाली स्ट्रिंग में तनाव है:

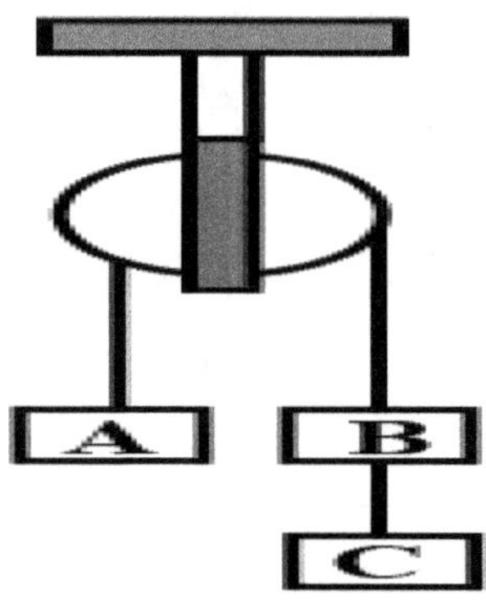

A. शून्य
B. $13N$
C. $3.3N$
D. $19.6N$

Q.12 15 मीटर सेकेंड $^{-1}$ के क्षैतिज वेग से किसी सरल रेखा के अनुदिश गतिमान कोई 40 किग्रा द्रव्यमान का पिण्ड 10 किग्रा द्रव्यमान के किसी स्थिर लकड़ी के गुटके से टकराकर चिपक जाता है। यदि पृष्ठ चिकना है तो संघट्ट के पश्चात संयुक्त पिण्ड (पिण्ड एवं लकड़ी का गुटका) उसी सरल रेखा के अनुदिश किस वेग से गति करेगा?

[KVS PRT, 2018]

A. 9 मीटर सेकेंड $^{-1}$
B. 10 मीटर सेकेंड $^{-1}$
C. 12 मीटर सेकेंड $^{-1}$
D. 12.5 मीटर सेकेंड $^{-1}$

Q.13 यांत्रिक ऊर्जा को विद्युत ऊर्जा में परिवर्तित करने के लिए प्रयुक्त उपकरण को एक कहा जाता है?

A. ट्रांसफार्मर
B. डायनेमो
C. सेल
D. विद्युत मोटर

Q.14 एक स्थिर शक्ति प्रदान करने वाली मशीन द्वारा एक पिंड को एक सीधी रेखा में ले जाया जाता है। t समय में पिंड द्वारा चली गई दूरी के समानुपाती होती है:

A. $t^{\frac{3}{4}}$
B. $t^{\frac{3}{2}}$
C. $t^{\frac{1}{4}}$
D. $t^{\frac{1}{2}}$

Q.15 द्रव्यमान m का एक कण एक मशीन द्वारा संचालित होता है जो एक स्थिर शक्ति k वाट देता है। यदि कण विराम से शुरू होता है तो समय t पर कण पर बल है:

A. $\sqrt{2mk}\ t^{-1/2}$
B. $\frac{1}{2}\sqrt{mk}\ t^{-1/2}$
C. $\sqrt{\frac{mk}{2}}\ t^{-1/2}$
D. $\sqrt{mk}\ t^{-1/2}$

Q.16 3 किग्रा द्रव्यमान का एक स्थिर पिंड तीन बराबर टुकड़ों में फट जाता है। दो टुकड़े एक दूसरे के समकोण पर उड़ते हैं। एक $2\hat{i}\,m/s$ के वेग के साथ और अन्य $3\hat{j}\,m/s$ के एक वेग के साथ। यदि विस्फोट $10^{-5}s$ पर होता है, तीसरे टुकड़े पर कार्यरत औसत बल न्यूटन में है,

A. $(2\hat{i}+3\hat{j})\times 10^{-5}$
B. $-(2\hat{i}+3\hat{j})\times 10^{5}$
C. $(3\hat{i}+2\hat{j})\times 10^{-5}$
D. $(2\hat{i}-3\hat{j})\times 10^{-5}$

Q.17 एक पिंड जिसकी औसत त्रिज्या भूस्थैतिक के 9 गुना है, पृथ्वी की परिक्रमा कर रहा है। यह पृथ्वी के चारों ओर एक परिक्रमण कितने दिनों में पूरा करेगा और इसका कोणीय वेग क्या है?

- **A.** 20 दिन; 2.693×10^{-9} त्रिज्या / सेकंड
- **B.** 23 दिन; 2.693×10^{-6} त्रिज्या / सेकंड
- **C.** 27 दिन; 2.693×10^{-6} त्रिज्या / सेकंड
- **D.** 29 दिन; 2.693×10^{-10} त्रिज्या / सेकंड

Q.18 द्रव्यमान 'M' और लंबाई 'L' की एक पतली छड़ का इसके मध्य बिंदु पर छड़ के लंबवत अक्ष के ओर जड़त्वाघूर्ण क्या है?

- **A.** $\frac{ML^2}{6}$
- **B.** $\frac{ML^2}{12}$
- **C.** $\frac{ML^2}{3}$
- **D.** $\frac{ML^2}{2}$

Q.19 एक पत्थर को u की गति से ऊपर की ओर फेंका जाता है, इस गति से प्राप्त अधिकतम ऊँचाई ज्ञात कीजिए। (दिया गया है, g गुरुत्वीय त्वरण है।)

- **A.** $\frac{u^2}{2g}$
- **B.** $\frac{2u^2}{g}$
- **C.** $\frac{u}{g}$
- **D.** $\frac{u^2}{g}$

Q.20 द्रव्यमान 'm' और त्रिज्या 'r' के गोलाकार खोल के केंद्र पर गुरुत्वाकर्षण क्षेत्र की तीव्रता होगी:

- **A.** $\frac{Gm}{r^2}$
- **B.** $\frac{Gm}{r}$
- **C.** शून्य
- **D.** इनमें से कोई नही

Q.21 पृथ्वी के चारों ओर वृत्ताकार कक्षा में चक्कर लगाने वाला उपग्रह टक्कर के कारण कुछ ऊर्जा खो देता है। इसकी गति v है और पृथ्वी से दूरी d____ है।

- **A.** d बढ़ेगा, v बढ़ेगा।
- **B.** d बढ़ेगा, v घटेगा।
- **C.** d घटेगा, v घटेगा।
- **D.** d घटेगा, v बढ़ेगा।

Q.22 गुरुत्वाकर्षण के कारण त्वरण का मान _________।

- **A.** भूमध्य रेखा और ध्रुवों पर समान है
- **B.** ध्रुवों पर कम से कम है
- **C.** भूमध्य रेखा पर सबसे कम है
- **D.** ध्रुव से भूमध्य रेखा की ओर बढ़ता है

Q.23 एक कण अनंत से पृथ्वी पर गिरता है। त्रिज्या R की पृथ्वी पर पहुंचने पर इसका वेग _______ है।

- **A.** $2Rg$
- **B.** Rg
- **C.** $\sqrt{Rg}$
- **D.** $\sqrt{2Rg}$

Q.24 ऊष्मीय संतुलन का तात्पर्य ______ की समानता से है।

- **A.** ऊर्जा
- **B.** आंतरिक ऊर्जा
- **C.** गतिज ऊर्जा
- **D.** तापमान

Q.25 एक धातु की गेंद के केंद्र में एक गोलाकार छेद है। यदि गेंद को गर्म किया जाता है, तो छेद का क्या होता है?

- **A.** इसका आयतन घटता है
- **B.** इसका आयतन बढ़ता है
- **C.** इसका आयतन अपरिवर्तित रहता है
- **D.** धातु की प्रकृति के आधार पर इसका आयतन बढ़ या घट सकता है

Q.26 बर्फ के दो ब्लॉक जब एक साथ दबाए जाते हैं तो एक ब्लॉक का निर्माण होता है। ऐसा इसलिए होता है क्योंकि:

- **A.** गलनांक दाब के साथ ऊपर उठता है
- **B.** गलनांक दाब के साथ गिर जाता है
- **C.** ऊष्मा बाहर को खारिज कर दी जाती है
- **D.** ऊष्मा बाहर से अवशोषित होती है

Q.27 आयतन विस्तार के गुणांक वाला एक तरल γ एक सामग्री के कंटेनर में भरा जाता है जिसमें रैखिक विस्तार का गुणांक α है। यदि द्रव गर्म करने पर अतिप्रवाह हो जाता है, तो _________।

- **A.** $\gamma = 3\alpha$
- **B.** $\gamma > 3\alpha$
- **C.** $\gamma < 3\alpha$
- **D.** $\gamma = a^3$

Q.28 निम्नलिखित में से कौन उष्मागतिकी का अनुप्रयोग है?

- **A.** रेफ्रिजरेटर
- **B.** गैस कम्प्रेसर
- **C.** पावर प्लांट
- **D.** उपरोक्त सभी

Q.29 पथ के साथ सिस्टम द्वारा किए गए कुल कार्य में ADC, है $85J$, बिंदु C पर आयतन ज्ञात कीजिए।

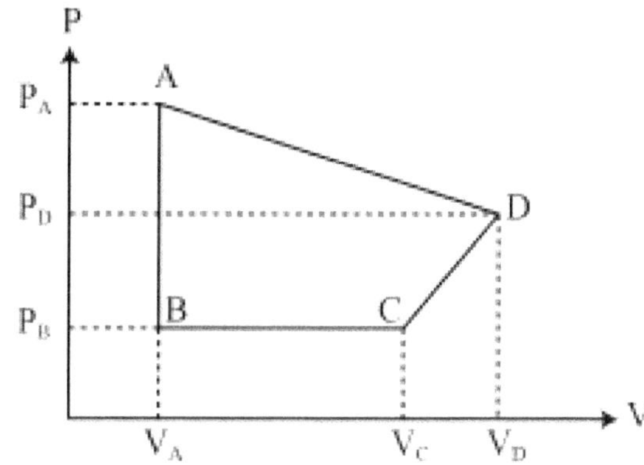

- **A.** 4.033 लीटर
- **B.** 1.003 लीटर
- **C.** 2.233 लीटर
- **D.** 1.233 लीटर

Q.30 एक अणुपरमाणुक गैस के एक मोल के अणुओं की स्थानांतरीय गतिज ऊर्जा $U = \frac{3NkT}{2}$ है। स्थिर दाब पर गैस की परमाणु विशिष्ट ऊष्मा का मान होगा :

- **A.** $\frac{3}{2}R$
- **B.** $\frac{5}{2}R$
- **C.** $\frac{7}{2}R$
- **D.** $\frac{9}{2}R$

Q.31 पारा कमरे के तापमान पर वाष्पित क्यों नहीं होता है?

- **A.** क्योंकि पारा का गलनांक ज्यादा होता है
- **B.** क्योंकि पारा का क्थनांक अधिक होता है
- **C.** क्योंकि पारा का क्थनांक कम होता है
- **D.** क्योंकि पारा का क्थनांक कमरे के तापमान के बराबर होता है

Q.32 पांच अणुओं की क्रमशः गति 2,1,5,1.6,1.6 और 1.2 किमी / सेकंड है। किमी / सेकंड में सबसे संभावित गति होगी:

- **A.** 2
- **B.** 1.58
- **C.** 1.6
- **D.** 1.31

Q.33 नियत दाब पर ऑक्सीजन की मोलर विशिष्ट ऊष्मा $C_P = 7.03\,cal/mol - °C$ और $R = 8.31\,J/mol - °C$ है। जब 5 मोल ऑक्सीजन को नियत आयतन पर $(10°C$ से $20°C)$ गर्म किया जाता है तो इसके द्वारा ली गई ऊष्मा की मात्रा लगभग होगी:

- **A.** 25 cal
- **B.** 50 cal
- **C.** 253 cal
- **D.** 500 cal

Q.34 आयतन V के एक परिमाण में पूर्ण तापमान T पर ऑक्सीजन का $8g$ नाइट्रोजन का $14g$ और कार्बन डाइऑक्साइड $22g$ का मिश्रण है। गैसों के मिश्रण का दबाव है: (R सार्वभौमिक गैस स्थिरांक है)

- **A.** $\frac{RT}{V}$
- **B.** $\frac{3RT}{2V}$
- **C.** $\frac{5RT}{4V}$
- **D.** $\frac{7RT}{5V}$

Q.35 एक आदर्श गैस की दी गई मात्रा दबाव P और पूर्ण तापमान T पर है। गैस का समतापी बल्क मापांक है

- **A.** $\frac{2}{3}P$
- **B.** P
- **C.** $\frac{3}{2}P$
- **D.** $2P$

Q.36 त्रिपरमाणुक अणुओं की एक गैस लीजिये। ये अणु त्रिकोणीय आकार के हैं और यह माना जा सकता है कि इसके परमाणु द्रव्यमान रहित अनम्य (rigid) छड़ों से जोड़े गये हैं। इस गैस की तापमान T पर एक मोल की आन्तरिक ऊर्जा होगी:

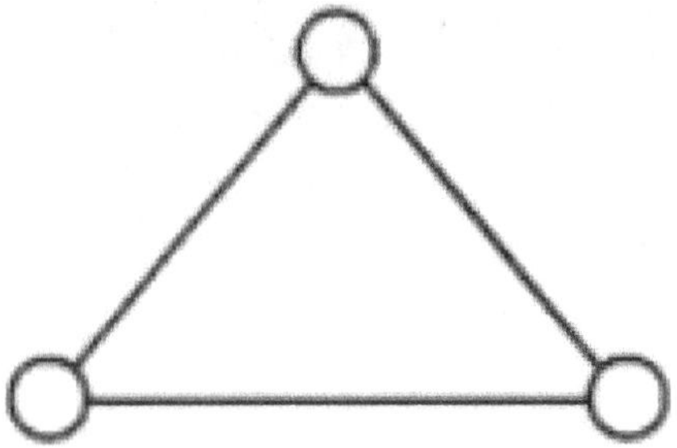

A. $\frac{9}{2}RT$ **B.** $\frac{3}{2}RT$ **C.** $\frac{5}{2}RT$ **D.** $3RT$

Q.37 लंबाई L के एक साधारण पेंडुलम के दोलन की अवधि _________ है।

A. $2\pi\sqrt{\left(\frac{g}{L}\right)}$ **B.** $4\pi\sqrt{\left(\frac{L}{g}\right)}$

C. $2\pi\sqrt{\left(\frac{L}{g}\right)}$ **D.** $4\pi\sqrt{\left(\frac{g}{L}\right)}$

Q.38 तरंगें, जिनमें माध्यम के कण तरंग गति की दिशा के लंबवत दिशा में कंपन करते हैं, उन्हें कहा जाता है:

A. अनुप्रस्थ तरंगें **B.** अनुदैर्ध्य तरंगें
C. प्रवर्धन तरंगें **D.** इनमें से कोई नहीं

Q.39 माना कि तरंग $y = (5\ mm)\sin[(1\ cm^{-1})x - (60\ s^{-1})t]$ है। तरंग संख्या का पता लगाऐं।

A. $10\ cm^{-1}$ **B.** $2\ cm^{-1}$
C. $0.1\ cm^{-1}$ **D.** $1\ cm^{-1}$

Q.40 स्थिर तरंग के लिए यदि आवृत्ति _________ के बराबर होती है तो इसे दूसरी गुणावृत्ति कहा जाता है। (v लंबाई L की स्ट्रिंग पर प्रगामी तरंगों की गति है)

A. $\frac{v}{2L}$ **B.** $\frac{2v}{L}$ **C.** $\frac{v}{L}$ **D.** $\frac{v}{4L}$

Q.41 एक स्प्रिंग खंड प्रणाली है जिसमें स्प्रिंग नियतांक K और खंड का द्रव्यमान M है। अगर हमें SHM की समयावधि को 3 गुना कम करना है तो नया स्प्रिंग स्थिरांक क्या होगा?

A. 3K **B.** 9K **C.** 27K **D.** K

Q.42 प्रति इकाई लंबाई λ के आवेश वाली एक लंबी स्ट्रिंग किनारे के एक काल्पनिक घन से होकर गुजरती है। घन के माध्यम से विद्युत क्षेत्र का अधिकतम प्रवाह होगा:

A. $\frac{\lambda a}{\varepsilon_0}$ **B.** $\frac{\sqrt{2}\lambda a}{\varepsilon_0}$ **C.** $\frac{6\lambda a^2}{\varepsilon_0}$ **D.** $\frac{\sqrt{3}\lambda a}{\varepsilon_0}$

Q.43 गॉस के नियम के बारे में निम्नलिखित में से कौन सा कथन सत्य नहीं है?

A. गॉस का नियम किसी भी बंद सतह के लिए सत्य है।
B. गॉस के नियम के दाईं ओर शब्द q में सतह से घिरे सभी शुल्कों का योग शामिल है।
C. गॉस का नियम इलेक्ट्रोस्टैटिक क्षेत्रों की गणना में बहुत उपयोगी नहीं है, जब सिस्टम में कुछ समरूपता होती है।
D. गॉस का नियम कूलम्ब के नियम में निहित दूरी पर व्युत्क्रम वर्ग निर्भरता पर आधारित है।

Q.44 चार्ज पृथक्करण एक इलेक्ट्रॉन को उत्तेजित करने की एक प्रक्रिया है। चार्ज पृथक्करण की प्रक्रिया के दौरान _________ होगा।

A. परमाणु का निर्माण
B. आवेशित कणों का निर्माण
C. ऊर्जा का निर्माण
D. न्यूट्रॉन का निर्माण

Q.45 जब एक इलेक्ट्रॉन के साथ आवेशित किया जाता है तो द्रव्यमान m की पानी की एक बूंद को निलंबित रखने के लिए आवश्यक विद्युत क्षेत्र क्या होगा?

A. $\frac{mg}{e}$ **B.** mge **C.** $\frac{eg}{m}$ **D.** $\frac{em}{g}$

Q.46 m द्रव्यमान और आवेश q का एक कण एक समान विद्युत क्षेत्र E में विराम में रखा जाता है और फिर निर्मुक्त किया जाता है। y दूरी बढने पर कण द्वारा प्राप्त की गई गतिज ऊर्जा है:

A. qEy^2 **B.** qEy **C.** qE^2y **D.** q^2Ey

Q.47 समानांतर प्लेट संधारित्र की दो प्लेटें के बीच संभावित अंतर स्थिर है। जब प्लेटों के बीच हवा को एक अपरिचालक पदार्थ से बदल दिया जाता है, तो विद्युत क्षेत्र की तीव्रता:

A. कम हो जाती है **B.** अपरिवर्तित
C. शून्य हो जाता है **D.** बढ़ती है

Q.48 विभवान्तर का विमीय सूत्र और मात्रक है:

A. $ML^2T^{-3}A^{-1}$, वोल्ट **B.** $MLT^{-2}A^{-1}$, वाट
C. $ML^2T^{-2}A$, वोल्ट **D.** $MLT^{-2}A$, जूल

Q.49 निम्नलिखित में से कौन समविभव सतहों का गुण नहीं है?

A. विद्युत क्षेत्र हमेशा एक समविभव सतह के लंबवत होता है।
B. समविभव सतह की दिशा निम्न विभव से उच्च विभव की ओर होती है।
C. उन पर दूरी के साथ क्षमता के परिवर्तन की दर शून्य होती है।
D. एक समान विद्युत क्षेत्र में, क्षेत्र की दिशा के लिए सामान्य कोई भी समतल एक समविभव सतह होता है।

Q.50 धारा i का मान ज्ञात कीजिए।

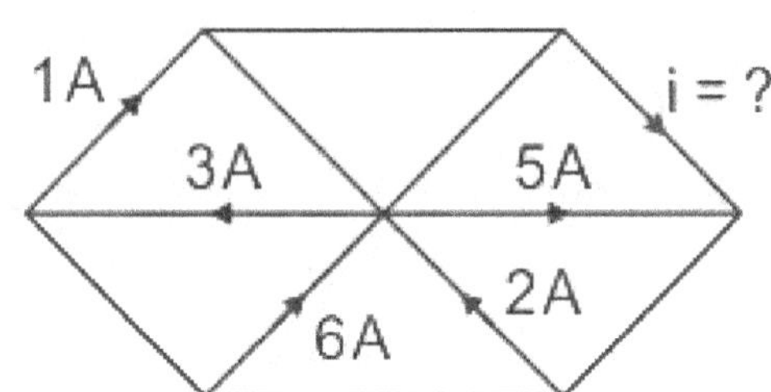

A. 2 A **B.** 3 A **C.** 1 A **D.** 5 A

Q.51 चलनशीलता का मान ______ है।

A. केवल धनात्मक
B. केवल ऋणात्मक
C. धनात्मक और ऋणात्मक दोनों
D. इनमें से कोई भी नहीं

Q.52 यदि लंबाई L और अनुप्रस्थ काट के क्षेत्र A के धातु के तार का प्रतिरोध R $= \frac{L}{\sigma A}$ के रूप में दिया जाता है, तो σ सामग्री की _________ का प्रतिनिधित्व करता है।

A. चालकता **B.** प्रतिरोधकता
C. विद्युतशीलता **D.** संवेदनशीलता

Q.53 दिए गए आरेख का समतुल्य emf कितना है?

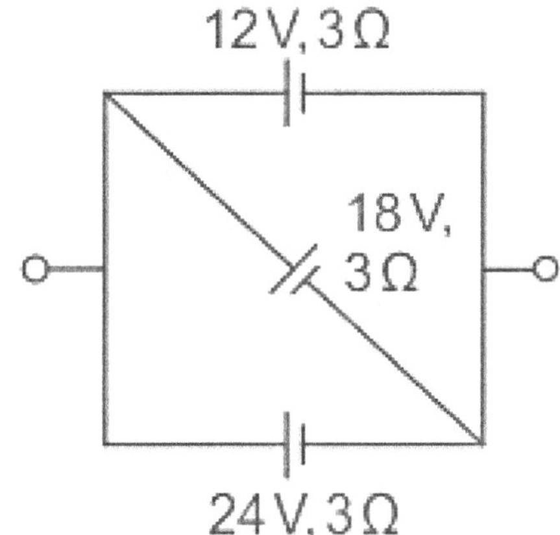

A. 12 वोल्ट **B.** 18 वोल्ट **C.** 24 वोल्ट **D.** 16 वोल्ट

Q.54 चुंबकत्व के लिए गॉस का नियम कहता है कि, किसी भी बंद सतह के माध्यम से नेट ________ शून्य है।

A. चुंबकीय संवेदनशीलता
B. चुंबकीय प्रवाह
C. सापेक्ष चुंबकीय पारगम्यता
D. चुंबकीय तीव्रता

Q.55 किस तापमान पर लौहचुम्बकीय पदार्थ अनुचुम्बकीय पदार्थ बन जाता है?

A. गलनांक तापमान
B. क्यूरी तापमान
C. नील तापमान
D. इनमें से कोई भी नहीं

Q.56 निम्नलिखित में से कौन सा नियम चुंबकीय क्षेत्र में धारा प्रवाहित करने वाले चालक पर कार्य करनेवाले बल की दिशा को दर्शाता है?

A. फ्लेमिंग के दाएं हाथ का नियम
B. मैक्सवेल का कॉर्क स्क्रू का नियम
C. फ्लेमिंग के बाएं हाथ का नियम
D. उपरोक्त में से कोई नहीं

Q.57 द्विध्रुव आघूर्ण $2Am^2$ का चुम्बक चुम्बकीय भूमध्य रेखा से $30°$ से विचलित होता है। वांछित विक्षेपित बलाघूर्ण है $(B_H = 0.4 \times 10^{-4}T)$

A. $0.4 \times 10^{-4}Nm$
B. $0.4Nm$
C. $0.2 \times 10^{-4}Nm$
D. इनमें से कोई नहीं

Q.58 एक धारावाही लम्बी परिनालिका अपनी अक्ष के अनुदिश एक चुंबकीय क्षेत्र B निर्मित करती है। यदि धारा को दोगुना किया जाता है और प्रति सेमी फेरो की संख्या को आधा कर दिया जाता है, तो चुबकीय क्षेत्र का नया मान है:

A. $\frac{B}{2}$ **B.** B **C.** $2B$ **D.** $4B$

Q.59 किसी पदार्थ की आपेक्षित पारगम्यता और चुंबकशीलता क्रमशः ϵ_r और μ_r हैं। प्रतिचुंबकीय पदार्थ के लिए इनमें से कौन-से मान की अनुमति है?

A. $\epsilon_r = 0.5, \mu_r = 0.5$
B. $\epsilon_r = 1.5, \mu_r = 1.5$
C. $\epsilon_r = 0.5, \mu_r = 1.5$
D. $\epsilon_r = 1.5, \mu_r = 0.5$

Q.60 निम्नलिखित में से कौन-से पदार्थ में चुम्बकत्व का उच्च प्रतिधारण होता है?

A. एलनिको **B.** मैंगनीज **C.** कॉपर **D.** बिस्मथ

Q.61 दूरी r पर अपनी अक्षीय रेखा के साथ निर्देशित एक छोटी छड़ चुंबक के कारण चुंबकीय क्षेत्र की प्रबलता B है। भूमध्य रेखा के साथ समान दूरी पर इसका मान क्या है?

A. B
B. $\frac{2}{B}$
C. $\frac{B}{2}$
D. इनमें से कोई नहीं

Q.62 दण्ड चुंबक के केंद्र में चुंबकत्व ________ होता है।

A. ध्रुवों का आधा
B. अधिकतम
C. न्यूनतम
D. शून्य

Q.63 संधारित्र के माध्यम से लागू की गई धारा लागू वोल्टेज से ________ है।

A. $\frac{\pi}{2}$ आगे **B.** $\frac{\pi}{2}$ पीछे **C.** π आगे **D.** π पीछे

Q.64 AC वोल्टेज $V = 200\sin300t$ है और यदि $R = 10\Omega$ और $L = 800mH$, धारा का शिखर मान क्या है?

A. 1.83 A **B.** 1.5 A **C.** 2.0 A **D.** 0.832 A

Q.65 50 सेमी ^{2} क्षेत्रफल की एक कुंडली में 1000 घुमाव हैं। 0.2 वेबर / मी ^{2} का चुंबकीय क्षेत्र कुंडली के लंबवत है। चुंबकीय क्षेत्र 0.2 सेकंड में शून्य तक कम हो जाता है। कुंडली में प्रेरित emf कितना है?

A. $1V$ **B.** $5V$ **C.** $10V$ **D.** $0V$

Q.66 एक विद्युत चुम्बकीय तरंग में विद्युत और चुंबकीय क्षेत्र ________ होते हैं।

A. सदैव एक कला में
B. सदैव विरोधी कला
C. सदैव 90 डिग्री कला अंतर पर
D. सदैव 45 डिग्री के कला अंतर पर

Q.67 विद्युत चुम्बकीय तरंगे ________ द्वारा उत्पादित होती है।

A. आवेशहीन कण
B. एक स्थैतिक आवेश
C. एक गतिशील आवेश
D. एक त्वरण आवेश

Q.68 मैक्सवेल की परिकल्पना के अनुसार, विद्युत क्षेत्र में परिवर्तन से उत्पन्न होता है:

A. चुंबकीय क्षेत्र
B. दबाव का एक माप
C. आवेश
D. वोल्टेज

Q.69 कृत्रिम उपग्रह के साथ संचार करने के लिए किस प्रकार की तरंगों का उपयोग किया जाता है?

A. x-किरणें
B. सूक्ष्म तरंगे
C. पराबैंगनी तरंगे
D. रेडियो तरंगे

Q.70 चार छात्रों P, Q, R और S ने कांच के किसी स्लैब से $40°$ के कोण पर आपतित होकर स्लैब से गुजरने वाली प्रकाश की किरण के मार्ग को खींचा और अपवर्तन-कोण की माप ली। उनके द्वारा ली गयी माप क्रमशः $18°; 22°; 25°$ और $30°$ थीं। प्रयोग को सही ढंग से करने वाला छात्र है:

[CBSE Class X, 2015]

A. P **B.** Q **C.** R **D.** S

Q.71 $250\ nm$ तरंगदैर्ध्य वाले प्रकाश के लिए एक टेलिस्कोप की विभेदन क्षमता की गणना कीजिए जिसके अभिदृश्यक लेंस में $0.5\ m$ का द्वारक होता है?

A. 3.28×10^6
B. 1.64×10^6
C. 6.4×10^6
D. 1.64×10^{-6}

Q.72 एक नेत्र विशेषज्ञ फोकल लंबाई 40 सेमी के उत्तल लेंस और 25 सेमी फोकल लंबाई के एक अवतल लेंस के संपर्क में संयोजन वाले चश्मे को निर्धारित करता है। इस लेंस के संयोजन की शक्ति है

A. $+1.5$ D   B. -1.5 D
C. $+6.67$ D   D. -6.67 D

Q.73 वेधशाला में एक विशाल दूरबीन का उद्देश्य फोकल लंबाई 19 मीटर और फोकल लंबाई 1.0 सेमी का एक आंख का टुकड़ा होता है। सामान्य समायोजन में, दूरबीन का उपयोग चंद्रमा को देखने के लिए किया जाता है। उद्देश्य द्वारा गठित चंद्रमा की छवि का व्यास क्या है? चन्द्रमा का व्यास 3.5×10^6 मीटर है और पृथ्वी के चारों ओर चंद्र कक्षा की त्रिज्या 3.8×10^8 मीटर/सेकंड है।

A. 10 सेमी   B. 12.5 सेमी   C. 15 सेमी   D. 17.5 सेमी

Q.74 एक कार एक उच्च चट्टान की ओर बढ़ रही है। कार चालक आवृत्ति f का श्रृंग करता है। चालक द्वारा सुनी गई परिलक्षित ध्वनि में आवृत्ति $2f$ होती है। यदि v ध्वनि का वेग है, तो उसी वेग की इकाइयों में कार का वेग होगा?

A. $\frac{v}{\sqrt{2}}$ B. $\frac{v}{3}$ C. $\frac{v}{4}$ D. $\frac{v}{2}$

Q.75 यंग के प्रयोग में, स्लिट में से एक मोटाई 3.6×10^{-3} सेमी की पारदर्शी शीट के साथ कवर किया गया है जिसके कारण मूल रूप से केंद्रीय फ्रिंज शिफ्ट की स्थिति 30वीं उज्ज्वल फ्रिंज के द्वारा अधिकृत किया हुआ है। शीट का अपवर्तक सूचकांक क्या होगा, यदि $\lambda = 6000$ Å है?

A. 1.5   B. 1.6   C. 1.55   D. 1.65

Q.76 एक पर्यवेक्षक वेग से 1/5वी ध्वनि वेग के साथ ध्वनि के एक स्थिर स्रोत की ओर बढ़ता है। आवृत्ति में स्पष्ट वृद्धि है:

A. 0   B. 5%   C. 20%   D. 0.1%

Q.77 $300\ nm$ तरंगधैर्य का प्रकाश एक प्रकाश सहज सतह पर आपतित होता है। उत्सर्जित फोटोइलेक्ट्रॉन्स के लिए निरोधी विभव $2.5V$ है। आपतित प्रकाश की तरंगदैर्ध्य में $150\ nm$ की कमी की जाती है। तो उत्सर्जित फोटोइलेक्ट्रॉन्स के लिए निरोधी विभव है:

A. बिल्कुल $5V$ B. $5V$ से थोड़ा कम
C. $5V$ से थोड़ा अधिक   D. $2.5V$

Q.78 फोटॉन का परिमाणीकरण क्या है?
A. फोटॉन द्रव्यमान रहित होते हैं।
B. फोटॉन असतत ऊर्जा पार्सल हैं।
C. फोटॉन स्थिर हैं।
D. फोटॉन ऊर्जा वहन करते हैं।

Q.79 एक प्रकाश विद्युत प्रयोग में, आपतित प्रकाश की तीव्रता तथा आवृत्ति दोनों को दोगुना कर दिया जाये तो संतृप्त प्रकाश विद्युत धारा होगी:

A. स्थिर रहेगी   B. आधी
C. दोगुनी   D. चार गुनी

Q.80 $6.0 \times 10^{14}\ Hz$ आवृत्ति का एकवर्णी प्रकाश किसी लेसर के द्वारा उत्पन्न किया जाता है। उत्सर्जन क्षमता $2.0 \times 10^{-3}\ W$ है। प्रकाश किरण-पुंज में किसी फ़ोटान की ऊर्जा कितनी है?

A. 3.0×10^{10} B. 5.0×10^{15}
C. 7.0×10^{12} D. 9.0×10^{12}

Q.81 एक्स-रे का उत्पादन करने के लिए एक इलेक्ट्रॉन बीम को एक धातु लक्ष्य को मारने के लिए विभव अंतर V से त्वरित किया जाता है। यह निरंतर और साथ ही साथ एक्स-रे का निर्माण करता है। यदि λ_{min} स्पेक्ट्रम में एक्स-रे की सबसे छोटी संभव तरंग दैर्घ्य है, $\log \lambda_{min}$ साथ से $\log V$ सही ढंग से प्रतिनिधित्व किया है:

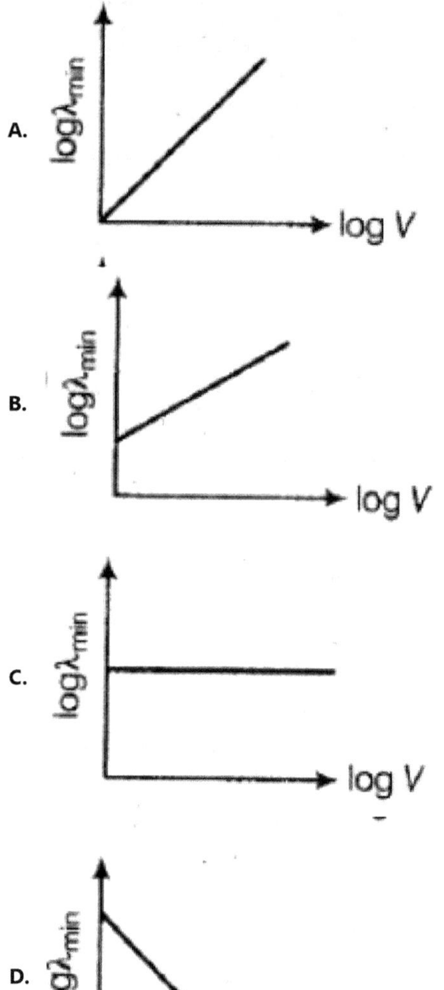

Q.82 $n = 3$ और $n = 4$ के साथ ऊर्जा स्तरों के बीच की दूरी कितनी गुना बड़ी है, फिर $n = 8$ और $n = 9$ के साथ ऊर्जा स्तरों के बीच की दूरी कितनी है हाइड्रोजन जैसे परमाणु या आयन के लिए?

A. 0.71   B. 0.41   C. 2.43   D. 14.82

Q.83 यदि हाइड्रोजन परमाणु में इलेक्ट्रॉन की बंधन ऊर्जा $13.6eV$ है, तो इलेक्ट्रॉन को Li^{2+} की पहली उत्तेजित अवस्था से निकालने के लिए आवश्यक ऊर्जा है:

A. $30.6eV$ B. $13.6eV$ C. $3.4eV$ D. $122.4eV$

Q.84 जब एक प्रकाशिक इलेक्ट्रॉन उत्सर्जक पर विकिरण आपतित होती है, तब निरोधी विभव $9\ V$ पाया जाता है। यदि इलेक्ट्रॉन के लिए $\frac{e}{m}, 1.8 \times 10^{11} CKg^{-1}$ है, तब निष्कासित इलेक्ट्रॉन का अधिकतम वेग है:

A. $6 \times 10^5\ m\,s^{-1}$ B. $8 \times 10^5\ m\,s^{-1}$
C. $1.8 \times 10^6\ m\,s^{-1}$ D. $1.8 \times 10^5\ m\,s^{-1}$

Q.85 यदि 61 न्यूट्रॉनों वाले एक नाभिक तथा हीलियम नाभिक की त्रिज्याओं का अनुपात 3 है, तब इस नाभिक की परमाणु क्रमांक है:

A. 27　　　**B.** 47　　　**C.** 51　　　**D.** 61

Q.86 निम्नलिखित कथनों (A) तथा (B) पर विचार कीजिए तथा सही उतर को चिन्हित कीजिए।

(A) एक जेनर डायोड उलक्रम अभिनति में जुड़ा है, जब विभव नियंत्रक की तरह प्रयुक्त होता है।

(B) p-n संधि का विभव प्राचीर 0.1 वोल्ट तथा 0.3 वोल्ट के बीच होता है।

[NEET UG, 2021]

A. (A) गलत है परन्तु (B) सत्य है।

B. (A) और (B) दोनों सत्य हैं।

C. (A) तथा (B) गलत दोनों हैं।

D. (A) सही है परन्तु (B) गलत है।

Q.87 सर्वनिष्ठ उत्सर्जक विन्यास में एक $n - p - n$ ट्रांजिस्टर एम्पलीफायर पर विचार करें। ट्रांजिस्टर को प्राप्त धारा 100 है। यदि संग्राही धारा $1\ mA$ में बदलती है तो उत्सर्जक धारा में क्या बदलाव होगा?

A. $1.1\ mA$　　　**B.** $1.01\ mA$

C. $10\ mA$　　　**D.** $0.01\ mA$

Q.88 एक पूर्ण तरंगित दिष्टकारी को 50 हर्ट्ज आवृत्ति के एसी मेन के साथ फीड किया जाता है। रिपल की आउटपुट धारा की मूलभूत आवृत्ति क्या है?

A. 25 हर्ट्ज　　**B.** 50 हर्ट्ज　　**C.** 75 हर्ट्ज　　**D.** 100 हर्ट्ज

Q.89 आकृति में, यह दिया गया है कि V_{BB} आपूर्ति 0 से लेकर $5.0V, V_{CC} = 5V, \beta_{dc} = 200, R_B = 100k\Omega, R_C = 1k\Omega$ और $V_{BE} = 1.0V$ तक भिन्न हो सकती है। न्यूनतम आधार धारा और इनपुट वोल्टेज जिस पर ट्रांजिस्टर संतृप्ति में जाएगा, क्रमशः होगा:

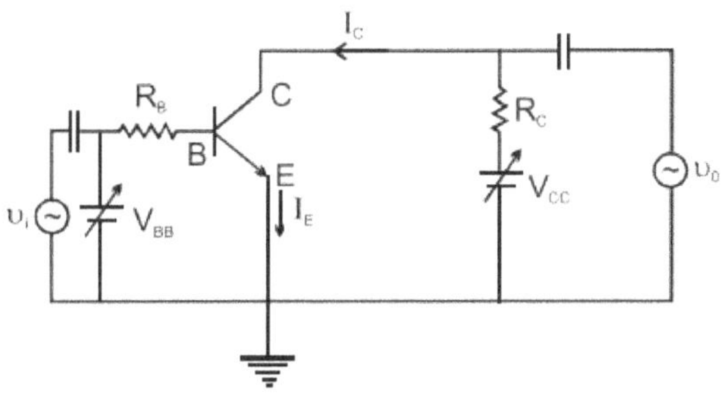

A. $20\mu A$ और $3.5V$　　　**B.** $25\mu A$ और $3.5V$

C. $25\mu A$ और $2.5V$　　　**D.** $20\mu A$ और $2.8V$

Q.90 दर्शाएं गए तर्क परिपथ के लिए, सत्यमान सारणी है:

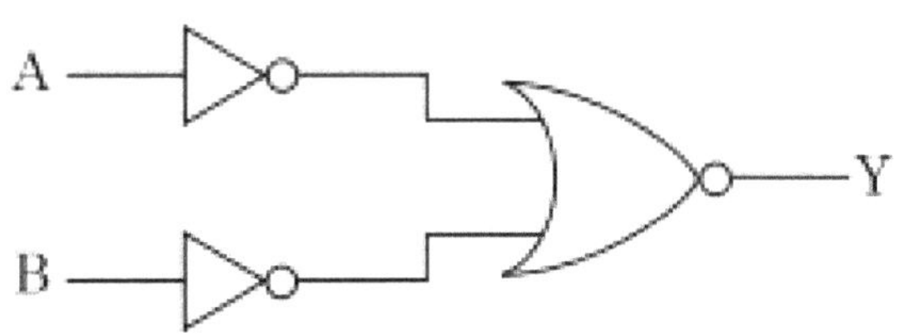

[NEET UG, 2020], [MPPEB Sub Engineer (Mechanical), 2020]

A.

A	B	Y
0	0	0
0	1	0
1	0	0
1	1	1

B.

A	B	Y
0	0	0
0	1	1
1	0	1
1	1	1

C.

A	B	Y
0	0	1
0	1	1
1	0	1
1	1	0

D.

A	B	Y
0	0	1
0	1	0
1	0	0
1	1	0

Q.91 एक गोली एक बंदूक से दागी जाती है। गोली पर बल निम्न प्रकार लगता है: $F = 600 - 2 \times 10^5 t$, जहाँ F न्यूटन में तथा t सेकण्ड में है। जैसे ही गोली बन्दूक की नली से बाहर निकलती है उस पर बल शून्य हो जाता है। गोली को दिया गया औसत आवेग है:

[HTET TGT Science, 2018]

A. शून्य　　**B.** 0.9 Ns　　**C.** 1.8 Ns　　**D.** 9.0 Ns

Q.92 एक कार विरामावस्था से प्रारम्भ करती है तथा 5 मी./से.^{2} से त्वरित होती है। $t = 4$ सेकण्ड पर कार में बैठे व्यक्ति द्वारा एक गेंद खिड़की के बाहर गिरायी जाती है। $t = 6$ सेकण्ड पर गेंद का वेग तथा त्वरण क्या होता है?

(दिया है: $g = 10$ मी./से.^{2})

[NEET UG, 2021]

A. $20\sqrt{2}$ मी./से., 10 मी./से.^{2}

B. 20 मी./से., 5 मी./से.^{2}

C. 20 मी./से., 0

D. $20\sqrt{2}$ मी. से., 0

Q.93 किसी मीनार के शिखर से किसी गेंद को $20\ m/s$ के वेग से ऊर्ध्वधर अधोमुखी फेंका गया है। कुछ समय पश्चात यह गेंद धरती से $80\ m/s$ के वेग से टकराती है। इस मीनार की ऊँचाई है: $(g = 10\ m/s^2)$

[NEET UG, 2020], [MPPEB Sub Engineer (Mechanical), 2020]

A. $360\ m$　　**B.** $340\ m$　　**C.** $320\ m$　　**D.** $300\ m$

Q.94 दो तारों A और B को एक ही लोड द्वारा खींचा जाता है। यदि तार A के अनुप्रस्थ काट क्षेत्रफल, B का दोगुना है, तो 'B' पर तनाव है:

A. A के समान　　　　　　**B.** A का दोगुना

C. A का आधा　　　　　　**D.** A का चार गुना

Q.95 प्वासों का अनुपात क्या है?

A. यह अनुदैर्घ्य विकृति और पार्श्व विकृति का अनुपात है

B. यह क्षेत्रफल और बल का अनुपात है

C. यह त्रिज्या या व्यास में परिवर्तन और मूल त्रिज्या या व्यास का अनुपात है

D. यह लंबाई में परिवर्तन और मूल लंबाई का अनुपात है

Q.96 प्रत्यास्था मापांक के बारे में गलत कथन चुनिये?

A. प्रत्यास्था मापांक जितना अधिक होगा, पदार्थ उतना अधिक प्रत्यास्थ होगा

B. तापमान में वृद्धि के साथ, सामग्री की प्रत्यास्था कम हो जाती है।

C. असंपीड़ित तरल पदार्थों के लिए आयतन मापांक अनंत है

D. तापमान में वृद्धि के साथ सामग्री का अपरूपण मापांक बढ़ जाता है

Q.97 हवाई जहाज से कूदते समय एक पैराशूट पैराशूटर की _______ के लिए मदद करता है।

A. उसे हवा की घर्षण बल से बचाने

B. पक्षियों के हमले से उसे बचाने

C. खुले पैराशूट पर हवा के ऊपरी प्रणोद के कारण अवरोहण की उसकी गति को कम करने के लिए

D. वायु धाराओं को नियंत्रित करते हुए अवरोहण की उसकी गति को कम करने के लिए

Q.98 कौन सी घटना छत के उड़ने की व्याख्या कर सकती है?

A. स्टोक का नियम
B. बर्नौली का सिद्धांत
C. पास्कल सिद्धांत
D. आर्किमिडीज का सिद्धांत

Q.99 एक गहरे समुद्र में गोताखोर डाइविंग के दौरान अपने कर्णपटह को किस कारण से चोट पहुंचा सकता है?

A. ऑक्सीजन की कमी
B. उच्च वायुमंडलीय दबाव
C. उच्च जल दबाव
D. उपरोक्त सभी

Q.100 कथन, "विराम अवस्था में एक तरल पदार्थ में दबाव सभी बिंदुओं पर समान होगा, अगर वे समान ऊंचाई पर हैं " निम्नलिखित में से किसका प्रतिनिधित्व करता है?

A. बर्नौली का सिद्धांत
B. आर्किमिडीज का सिद्धांत
C. पास्कल का नियम
D. बॉयल का नियम

// स्मार्ट उत्तर पुस्तिका //

सही उत्तर	उन छात्रों का प्रतिशत जिन्होंने प्रश्नों का सही उत्तर दिया था।		छोड़ दिया	उन छात्रों का प्रतिशत जिन्होंने प्रश्नों को छोड़ दिया था।

प्रश्न संख्या	उत्तर	सही उत्तर / छोड़ दिया	प्रश्न संख्या	उत्तर	सही उत्तर / छोड़ दिया	प्रश्न संख्या	उत्तर	सही उत्तर / छोड़ दिया	प्रश्न संख्या	उत्तर	सही उत्तर / छोड़ दिया	प्रश्न संख्या	उत्तर	सही उत्तर / छोड़ दिया	प्रश्न संख्या	उत्तर	सही उत्तर / छोड़ दिया
1	C	66.75 % / 1.72 %	18	B	52.83 % / 1.92 %	35	B	51.71 % / 1.2 %	52	A	44.09 % / 1.21 %	69	B	81.62 % / 0.0 %	86	D	43.81 % / 1.66 %
2	D	76.86 % / 0.0 %	19	A	16.63 % / 4.44 %	36	D	77.02 % / 0.0 %	53	B	46.5 % / 1.5 %	70	C	11.46 % / 3.77 %	87	B	66.28 % / 1.99 %
3	A	82.19 % / 0.0 %	20	C	29.66 % / 3.89 %	37	C	78.81 % / 0.0 %	54	B	76.12 % / 0.0 %	71	B	57.49 % / 1.28 %	88	D	62.36 % / 1.73 %
4	D	14.37 % / 4.44 %	21	D	55.64 % / 2.0 %	38	A	65.32 % / 1.38 %	55	B	65.83 % / 1.29 %	72	B	59.56 % / 1.57 %	89	B	60.48 % / 1.74 %
5	C	79.46 % / 0.0 %	22	C	82.34 % / 0.0 %	39	D	50.67 % / 1.67 %	56	C	54.65 % / 1.63 %	73	D	55.85 % / 1.46 %	90	A	68.69 % / 1.05 %
6	B	51.26 % / 1.47 %	23	D	28.15 % / 3.2 %	40	C	62.37 % / 1.62 %	57	A	86.19 % / 0.0 %	74	B	48.12 % / 1.64 %	91	B	42.25 % / 1.86 %
7	B	78.37 % / 0.0 %	24	D	79.87 % / 0.0 %	41	B	40.7 % / 1.72 %	58	B	55.38 % / 1.74 %	75	A	44.14 % / 1.99 %	92	A	41.7 % / 1.66 %
8	A	53.84 % / 1.16 %	25	B	68.6 % / 1.5 %	42	D	89.77 % / 0.0 %	59	D	64.4 % / 1.53 %	76	C	67.57 % / 1.31 %	93	D	55.86 % / 1.47 %
9	D	30.17 % / 4.94 %	26	B	81.22 % / 0.0 %	43	C	66.37 % / 1.95 %	60	A	84.88 % / 0.0 %	77	C	40.47 % / 1.34 %	94	B	60.68 % / 1.38 %
10	C	53.41 % / 1.12 %	27	B	86.56 % / 0.0 %	44	B	80.62 % / 0.0 %	61	C	65.09 % / 1.54 %	78	B	80.64 % / 0.0 %	95	A	56.47 % / 1.01 %
11	B	63.86 % / 1.55 %	28	D	46.94 % / 1.92 %	45	A	47.65 % / 1.27 %	62	D	87.38 % / 0.0 %	79	C	77.86 % / 0.0 %	96	D	12.18 % / 4.39 %
12	C	45.44 % / 1.09 %	29	D	19.36 % / 3.96 %	46	B	80.06 % / 0.0 %	63	A	76.98 % / 0.0 %	80	B	66.84 % / 1.04 %	97	C	69.85 % / 1.65 %
13	B	84.67 % / 0.0 %	30	B	46.68 % / 1.6 %	47	A	48.92 % / 1.21 %	64	D	19.06 % / 4.07 %	81	D	47.78 % / 1.51 %	98	B	16.13 % / 3.97 %
14	B	50.5 % / 1.17 %	31	B	57.33 % / 1.55 %	48	A	89.67 % / 0.0 %	65	B	30.49 % / 3.04 %	82	B	52.44 % / 1.21 %	99	C	83.79 % / 0.0 %
15	C	55.68 % / 1.59 %	32	D	64.04 % / 1.71 %	49	B	58.19 % / 1.17 %	66	A	85.05 % / 0.0 %	83	A	50.73 % / 1.78 %	100	C	52.06 % / 1.31 %
16	B	41.62 % / 1.34 %	33	C	27.01 % / 4.19 %	50	C	43.7 % / 1.22 %	67	D	22.55 % / 3.19 %	84	C	62.79 % / 1.74 %			
17	C	68.83 % / 1.0 %	34	C	56.5 % / 1.41 %	51	A	88.32 % / 0.0 %	68	A	56.74 % / 1.61 %	85	B	59.79 % / 1.66 %			

//संकेत और समाधान//

1. दबाव वस्तु की सतह के लंबवत दिशा में प्रति इकाई क्षेत्र पर लागू बल है। दबाव की SI इकाई पास्कल (Pa) है।

दबाव (P) = बल / क्षेत्रफल

उपरोक्त जानकारी से हम कह सकते हैं कि दबाव को बल और क्षेत्रफल के संदर्भ में मापा जाता है।

अतः विकल्प (C) सही है।

2. पृथ्वी से 0.01 आर्कसेक से कम लंबन कोण को मापना पृथ्वी के वायुमंडल का प्रभाव के कारण बहुत मुश्किल है। लंबन विधि प्रकाश के मार्ग से प्रभावित होती है जो पृथ्वी पर अवलोकन के बिंदुओं के लिए दूर के ग्रह से यात्रा करता है। एक दूर की वस्तु से पर्यवेक्षक तक पहुंचने वाला प्रकाश पृथ्वी के वातावरण की कई परतों से होकर गुजरता है। वातावरण की ये परतें प्रकाश को कई अपवर्तनों से गुजरती हैं और विधि की सटीकता को कम कर देती हैं। लंबन विधि का उपयोग बड़ी दूरियों जैसे कि पृथ्वी से किसी ग्रह या एक तारे की दूरी का निर्धारण करने के लिए किया जाता है।

अतः विकल्प (D) सही है।

3. फोटोइलेक्ट्रिक प्रभाव में प्रयुक्त धातु के कार्य फलन की इकाई जूल (J) है। कार्य फलन eV और $1eV = 1.6 \times 10^{-19} \, J$ में व्यक्त किया जाता है। इलेक्ट्रॉन वोल्ट (eV) एक वोल्ट के विद्युत संभावित अंतर में स्थानांतरित एक इलेक्ट्रॉन के चार्ज द्वारा प्राप्त ऊर्जा की मात्रा है। किसी इलेक्ट्रॉन को धातु की सतह से बाहर निकलने के लिए आवश्यक न्यूनतम ऊर्जा कार्य फलन कहलाती है।

अतः विकल्प (A) सही है।

4. चुंबकीय ऊर्जा $= \frac{1}{2} L I^2$

$= \frac{Lq^2}{2t^2}$ [जैसे $I = \frac{q}{t}$]

जहाँ $L = $ अधिष्ठापन, $I = $ वर्तमान ऊर्जा के आयाम $= [ML^2 \, T^{-2}]$ हैं

आयामों को समान करें, हमारे पास है

$$[ML^2 \, T^{-2}] = \text{[हेनरी]} \times \frac{[Q^2]}{[T^2]}$$

$$\text{[हेनरी]} = \frac{[ML^2]}{[Q^2]}$$

अतः विकल्प (D) सही है।

5. एक आयाम में गति के लिए, वेग और त्वरण हमेशा एक ही रेखा के साथ या तो एक ही दिशा में या विपरीत दिशा में होते हैं। दो या तीन आयामों में गति के लिए, वेग और त्वरण सदिशों के बीच के कोण का मान $0°$ और $180°$ के बीच होता है।

अतः विकल्प (C) सही है।

6. एक तल में किसी पिंड की गति को 2 चरों का उपयोग करके परिभाषित किया जा सकता है। ये समन्वय प्रणाली, X और Y के दो परिभाषित अक्ष हैं। X और Y-अक्ष पर एक बिंदु से अलग-अलग बिंदुओं पर जाने वाला पिंड एक विमान में गति को क्रियान्वित करने वाला कहा जाता है। एक तल में X और Y-अक्ष शामिल होता है, जिस पर यदि हम X-अक्ष पर दूरी बनाते हैं और जिस समय पर शरीर लंबवत या Y-अक्ष के साथ चलता है, तो समय से तय की गई दूरी को विभाजित करने पर हमें वेग मिलता है।

अतः विकल्प (B) सही है।

7. वृत्तीय गति किसी वृत्त की परिधि के साथ किसी वस्तु की गति या वृत्ताकार पथ के साथ घूर्णन है। यह घूर्णन की निरंतर कोणीय दर और निरंतर गति के साथ एक समान हो सकता है। इसलिए यदि कोई पिंड वृत्तीय गति प्रदर्शित कर रहा है, तो इसे समतल में गति कहा जाता है। वृत्तीय गति समतल में गति का एक उदाहरण है। चूंकि एक वृत्त एक द्वि-आयामी इकाई है और पिंड एक वृत्त में चल रहा है, इसलिए इसे एक समतल में गति कहा जाता है।

अतः विकल्प (B) सही है।

8. जब लिफ्ट स्थिर होती है तो स्प्रिंग बल वजन को संतुलित करता है:

$$kx = mg = 49 \, N \ldots (1)$$

जहां,

$k = $ स्प्रिंग का बल स्थिरांक

$x = $ बढ़ाव

शुद्ध वजन $= 49 \, N$

समीकरण (1) से, हम प्राप्त करते हैं

$$k = \frac{49}{x}$$

$$m = \frac{49}{9.8} = 5 \, kg$$

जब लिफ्ट त्वरण $5 \, m/s^2$ नीचे की ओर के साथ चलती है, हमारे पास है:

$$kx_2 = mg - 5 \times m$$

जहां,

लिफ्ट फ्रेम में छद्म बल $= 5m$ ऊपर की ओर

$x_2 = $ नया बढ़ाव

$$\Rightarrow kx_2 = 49 - 5 \times 5 = 24 \, N$$

तो स्प्रिंग बैलेंस का पाठ्यांक $= 24$ N

अतः विकल्प (A) सही है।

9. फुटबॉल के खेल में एक गोलकीपर गेंद को गोल में पकड़ने के बाद अपने हाथों को पीछे की ओर खींचता है। यह गोलकीपर को गति के परिवर्तन की दर कम करने के लिए सक्षम बनाता है।

न्यूटन के गति के द्वितीय नियम के अनुसार:

$$\text{बल } (F) = \frac{\Delta p}{\Delta t}$$

जब गेंद कीपर की ओर आती है, तो इसकी गति अधिक होती है (क्योंकि यह तेजी से आ रही है।)

चूँकि संवेग द्रव्यमान और वेग $(p = mv)$ का गुणनफल है, इस गेंद का संवेग बड़ा है।

(i) यदि हाथ विराम की स्थिति में होंगे तो वेग 0 होगा:

$$p = mv; \, p = 0 \text{ यदि } v = 0$$

- हाथों का कोई संवेग नहीं होगा, इसलिए जब गेंद उनकी ओर आएगी, संवेग परिवर्तन की दर बड़ी होगी और हाथों पर अधिक बल लगेगा क्योंकि:

$$F \propto \frac{dp}{dt}$$

- इसलिए, जब संवेग परिवर्तन की दर अधिक होती है तो बल भी अधिक होगा

(ii) यदि हाथों को विराम की स्थिति से पीछे की ओर ले जाया जाता है,

- कुछ वेग प्रदान किए जाने पर हाथ की गति बढ़ जाती है।

- अब, जब गेंद उनकी ओर आएगी, संवेग परिवर्तन की दर कम होगी और हाथों पर कम बल लगेगा क्योंकि:

$$F \propto \frac{dp}{dt}$$

- इसलिए जब संवेग परिवर्तन की दर कम होगी तो बल भी कम होगा।

- इससे यह स्पष्ट होता है कि गोलकीपर अपने हाथों को पीछे की ओर खींचता है, गोल में गेंद को पकड़कर गति के परिवर्तन की दर को कम करता है जो बदले में गेंद द्वारा हाथों पर लगाए गए बल को कम कर देता है।

अतः विकल्प (D) सही है।

10. दिया गया है,

प्रारंभिक वेग, $u = 18 \, km/h = 18 \times \frac{5}{18} = 5 \, m/s$

अंतिम वेग, $v = 36 \, km/h$ में $5 \, s = 36 \times \frac{5}{18} = 10 \, m/s$

$t = 5 \, s$

गति के पहले समीकरण से,

$$v = u + at$$

$$10 = 5 + a \times 5$$

$$a = 1 \, m/s^2$$

अतः विकल्प (C) सही है।

11. सिस्टम का फ्री बॉडी आरेख दिखाया गया है,

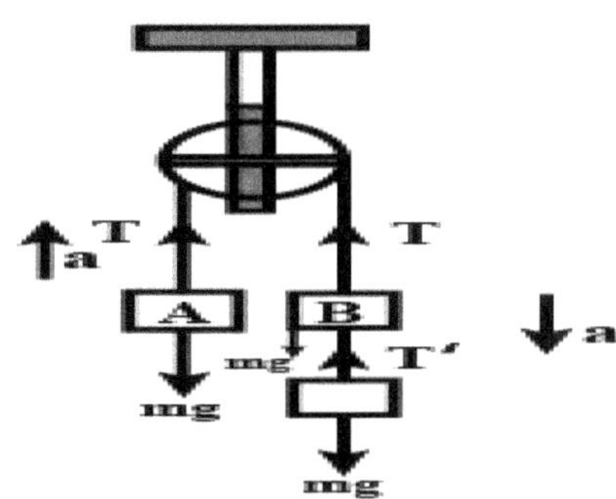

ब्लॉक

A के लिए:

$$T - mg = ma$$

$$T - 2g = 2a$$

$$T = 2a + 2g$$

ब्लॉक $B + C$ सिस्टम के लिए:

$$mg + mg - T = (m + m)a$$

$$2g + 2g - T = (2 + 2)a$$

$$4g - T = 4a$$

$$4g - 2a - 2g = 4a$$

$$2g = 6a$$

$$a = \frac{g}{3}$$

ब्लॉक C के लिए:

$$mg - T' = ma$$

$$2g - T' = 2a$$

$$2g - T' = \frac{2g}{3}$$

$$T' = \frac{4g}{3}$$

$$= \frac{4 \times 10}{3} = 13 \, N$$

अतः विकल्प (B) सही है।

12. दिया गया है,

पहली वस्तु का द्रव्यमान $= m_1 = 40$ किग्रा

दूसरी वस्तु का द्रव्यमान $= m_2 = 10$ किग्रा

पहली वस्तु की प्रारंभिक गति $= v_1 = 15$ मीटर सेकेंड $^{-1}$

दूसरी वस्तु की प्रारंभिक गति $= v_2 = 0$ मीटर सेकेंड $^{-1}$ (चूंकि लकड़ी का गुटका स्थिर है)

रेखीय गति के संरक्षण से,

$$m_1 v_1 + m_2 v_2 = (m_1 + m_2)v$$

$$v = \frac{m_1 v_1 + m_2 v_2}{m_1 + m_2}$$

अब मान रखें,

$$\Rightarrow v = \frac{40 \times 15 + 0}{40 + 10}$$

$$\Rightarrow v = 12 \text{ मीटर सेकेंड } ^{-1}$$

इसलिए, उपरोक्त बिंदुओं से, हम स्पष्ट रूप से अनुमान लगा सकते हैं कि संयुक्त पिण्ड 12 मीटर सेकेंड $^{-1}$ के वेग के साथ आगे बढ़ेगी।

अतः विकल्प (C) सही है।

13. डायनेमो यांत्रिक ऊर्जा को विद्युत ऊर्जा में परिवर्तित करता है।

इसका काम प्रेरण के फैराडे के नियम पर आधारित है। स्टेटर एक चुंबकीय क्षेत्र प्रदान करता है और चुंबकीय क्षेत्र में आर्मेचर (घूर्णन वाइंडिंग) मुड़ता है। यह चुंबकीय क्षेत्र एक विद्युतवाहक बल का उत्पादन करता है जो इलेक्ट्रॉनों को धक्का देता है जिससे धारा उत्पन्न होती है।

अतः विकल्प (B) सही है।

14. मान लें कि एक स्थिर शक्ति P देने वाली मशीन द्वारा एक पिंड को एक सीधी रेखा के साथ ले जाया जाता है। पिंड द्वारा चली गई दूरी S है।

शक्ति, $P = F.v \, ...(1)$

बल, $F = ma....(2)$

जहां, $v = \frac{S}{t}$

त्वरण, $a = \frac{S}{t^2}$

$m =$ द्रव्यमान

समीकरण (1) और समीकरण (2) से, हम प्राप्त करते हैं

$$P = \frac{ms}{t^2} \times \frac{s}{t}$$

$$S^2 = \frac{Pt^3}{m}$$

उपरोक्त समीकरण से, हम प्राप्त करते हैं

$$S^2 \propto t^3$$

$$S \propto t^{\frac{3}{2}}$$

∴ समय t में पिंड द्वारा तय की गई दूरी $t^{\frac{3}{2}}$ के समानुपाती होती है।

अतः विकल्प (B) सही है।

15. द्रव्यमान m के कण पर स्थिर शक्ति k वाट है।

या $P = k$

$$\frac{dW}{dt} = k; \quad dW = kdt$$

दोनों पक्षों को समाकलित करते हुए, $\int_0^W dW = \int_0^t k \, dt$

$$\Rightarrow W = kt \text{ ...(i)}$$

कार्य ऊर्जा प्रमेय का उपयोग करके,

$$W = \frac{1}{2}mv^2 - \frac{1}{2}m(0)^2$$

$$kt = \frac{1}{2}mv^2$$

[समीकरण (i) का उपयोग करके]

$$v = \sqrt{\frac{2kt}{m}}$$

कण का त्वरण, $a = \frac{dv}{dt}$

$$a = \frac{1}{2}\sqrt{\frac{2k}{m}} \frac{1}{\sqrt{t}} = \sqrt{\frac{k}{2mt}}$$

कण पर बल, $F = ma$

$$= \sqrt{\frac{mk}{2t}} = \sqrt{\frac{mk}{2}} \ t^{-1/2}$$

अतः विकल्प (C) सही है।

16. चूंकि पिण्ड तीन बराबर टुकड़ों में फट जाता है,

इसलिए,

$$m_1 = m_2 = m_3 = \frac{m}{3} = 1 \text{ किग्रा}$$

माना तीसरे टुकड़े का वेग $\vec{v}$ है,

रेखीय गति के संरक्षण के सिद्धांत के अनुसार-

विस्फोट से पहले प्रणाली का गति = विस्फोट के बाद प्रणाली की गति

या

$$mv = m_1v_1 + m_2v_2 + m_3v_3$$

या

$$3 \times 0 = 1 \times 2i^2 + 3j^- + 1 \times \vec{v}$$

या

$$v = -(2i + 3j^-)m/s$$

तीसरे टुकड़े पर औसत बल लगाया गया,

$$\vec{F} = \frac{m\vec{v}}{t} = \frac{-1 \times (2\hat{i}+3\hat{j})}{10^{-5}} = (2\hat{i} + 3\hat{j}) \times 10^5 N$$

अतः विकल्प (B) सही है।

17. $\left(\frac{T_1^2}{T_2^2}\right) = \left(\frac{R_1^3}{R_2^3}\right)$

$$\Rightarrow T_2^2 = \left(\frac{R_2}{R_1}\right)T_1^2 \Rightarrow T_2 = \left(\frac{R_2}{R_1}\right)^{\frac{3}{2}} T_1$$

भूस्थैतिक उपग्रह के लिए, $T_1 = 1$ दिन (24) घंटे।

$$\therefore T_2 = \left(\frac{9R}{R}\right)^{\frac{3}{2}} = 27 \text{ दिन}$$

इसलिए यह 27 दिनों में एक परिक्रमण को पूरा करेगा।

अब, $\omega = \frac{2\pi}{T_2} = \frac{2\pi}{27 \times 24 \times 3600}$ त्रिज्या / सेकंड

$$= 2.693 \times 10^{-6} \text{ त्रिज्या / सेकंड}$$

अतः विकल्प (C) सही है।

18. जड़त्वाघूर्ण: जड़त्वाघूर्ण घूर्णी गति में ठीक वही भूमिका निभाता है जो भूमिका रैखिक गति में द्रव्यमान निभाता है। यह निकाय का एक गुण है जिसके कारण यह अपने विरामावस्था में या एक समान घूर्णन की अवस्था में किसी भी परिवर्तन का विरोध करता है।

एक कण का जड़त्वाघूर्ण है,

$$I = mr^2$$

नगण्य मोटाई वाले एकसमान रॉड के लिए द्रव्यमान के केंद्र के चारों ओर जड़त्वाघूर्ण निम्नवत है:

$$I_{cm} = \frac{1}{12}ML^2$$

जहां $M = $ रॉड का द्रव्यमान

$L = $ रॉड की लंबाई

$r = $ घूर्णी अक्ष से कण की लंबवत दूरी।

उपरोक्त स्पष्टीकरण से, हम देख सकते हैं कि,

- छड़ का जड़त्वाघूर्ण जब अक्ष इसके लंबवत होता है और इसके केंद्र से गुज़रता है

$$I_c = \frac{ML^2}{12}$$

अतः विकल्प (B) सही है।

19. जब कोई पिंड नियत त्वरण के अधीन एक सरल रेखा में चलता है, तो यह गति के तीन समीकरणों का अनुसरण करता है।

इन समीकरणों द्वारा सभी अज्ञात राशियों को ज्ञात किया जा सकता है।

$$\Rightarrow v = u + at$$

$$\Rightarrow s = ut + \left(\frac{1}{2}\right)at^2$$

$$\Rightarrow v^2 = u^2 + 2as$$

जहाँ u = प्रारंभिक वेग, v = अंतिम वेग, a = स्थिर त्वरण, t = समय और s = विस्थापन

दिया गया है कि, व्यक्ति 'u' गति के साथ गेंदों को लंबवत ऊपर की ओर हवा में फेंकता है।

इस प्रारंभिक गति से गेंद जिस ऊँचाई तक उठेगी (उच्चतम बिंदु पर v शून्य होगी)

गति के तीसरे समीकरण का उपयोग करने पर:

$v = 0; u = u; a = -g; s = h$ (नीचे की दिशा)

$$\Rightarrow v^2 = u^2 + 2as$$

$$\Rightarrow 0^2 = u^2 - 2gh$$

$$\Rightarrow u^2 = 2gh$$

$$\Rightarrow h = \frac{u^2}{2g}$$

अतः विकल्प (A) सही है।

20. गुरुत्वाकर्षण विभव: गुरुत्वाकर्षण क्षेत्र के अंदर किसी भी बिंदु पर गुरुत्वाकर्षण विभव अनंत दूरी से इसके केंद्र से एक अनंत दूरी r तक एक इकाई द्रव्यमान लाने में किए गए कार्य के बराबर है।

इस प्रकार, इसे व्यक्त किया जा सकता है

$$V = -\frac{GM}{r}$$

यहां V गुरुत्वाकर्षण विभव है, G गुरुत्वाकर्षण स्थिरांक है, M ग्रह का द्रव्यमान है और r द्रव्यमान M और अनंत से लाए गए अन्य निकाय के बीच की दूरी है।

- खोखले गोले के अंदर, विभव गुरुत्वाकर्षण क्षेत्र में सतह के हर बिंदु पर समान रूप से वितरित है। तो किसी भी बिंदु पर, विभव शून्य होगा।

अतः विकल्प (C) सही है।

21. पृथ्वी के चारों ओर वृत्ताकार कक्षा में चक्कर लगाने वाला उपग्रह टक्कर के कारण कुछ ऊर्जा खो देता है। इसकी गति v है और पृथ्वी से दूरी d घट जाएगी, v बढ़ जाएगी।

यह देखते हुए कि टक्कर के कारण कण ने कुछ ऊर्जा खो दी। इसलिए, यह अब उस कक्षा में जारी नहीं रह सकता क्योंकि पृथ्वी का गुरुत्वाकर्षण बल अभिकेन्द्रीय बल से अधिक है। इसके कारण, दूरी d धीरे-धीरे कम हो जाती है और कण निश्चित त्वरण गति से पृथ्वी की ओर बढ़ता है। इस प्रकार दूरी d घट जाती है और गति v बढ़ जाती है।

अतः विकल्प (D) सही है।

22. गुरुत्वाकर्षण के कारण त्वरण का मान भूमध्य रेखा पर सबसे कम होता है।

$$g = \frac{GM}{R_e^2}$$

चूँकि भूमध्य रेखा पर त्रिज्या R_e अधिकतम है, गुरुत्वाकर्षण के कारण त्वरण का मान भूमध्य रेखा पर सबसे कम होता है।

अतः विकल्प (C) सही है।

23. अनंत पर $P.E$ शून्य है और $K.E$ भी शून्य है क्योंकि कण अनंत पर आराम से शुरू होता है।

पृथ्वी की सतह पर और अनंत पर यांत्रिक ऊर्जा के संरक्षण का उपयोग करना,

$$K \cdot E_R + P \cdot E_R = 0$$

$$\frac{1}{2}mv^2 + \left(-\frac{GMm}{R}\right) = 0$$

$$\left(\frac{1}{2}\right)mv^2 = \left(\frac{GMm}{R}\right)$$

$$v^2 = \left(\frac{2GM}{R}\right)$$

$$v^2 = 2gR \quad \left(\text{चूंकि } g = \frac{GM}{R^2}\right)$$

$$\Rightarrow v = \sqrt{2gR}$$

अतः विकल्प (D) सही है।

24. ऊष्मीय संतुलन का तात्पर्य तापमान की समानता से है जो औसत आणविक गतिज ऊर्जा पर निर्भर करता है।

ऊष्मीय संतुलन को उस स्थिति के रूप में परिभाषित किया जाता है जिसमें पारगम्य बाधा से जुड़ी दो वस्तुओं के बीच कोई ऊष्मा स्थानांतरण नहीं होता है। या दूसरे शब्दों में, दो वस्तुएं जहां वस्तुओं के बीच ऊष्मा स्थानांतरित नहीं हो रही है, भले ही वे जुड़ी हुई हों। ऐसा तब होता है जब उनका तापमान समान होता है।

अतः विकल्प (D) सही है।

25. धातु की गेंद को कई पतली परतों से बना माना जा सकता है। गर्म करने पर इनमें से प्रत्येक परत त्रिज्या में बढ़ जाएगी। जैसे-जैसे सबसे भीतरी परत भी अपनी त्रिज्या बढ़ाती है, इसके अंदर का आयतन यानी खोखले हिस्से का आयतन भी बढ़ता जाएगा।

अतः विकल्प (B) सही है।

26. दाब बढ़ाने पर बर्फ का गलनांक दाब के साथ गिर जाता है।

जब बर्फ के दो ब्लॉकों को एक-दूसरे के खिलाफ दबाया जाता है, तो बर्फ के ब्लॉकों पर लगाया जाने वाला दबाव बढ़ जाता है और गलनांक बढ़ जाता है। इस प्रकार बर्फ के दो ब्लॉक आपस में जुड़ जाते हैं।

अतः विकल्प (B) सही है।

27. सामग्री के विस्तार का वॉल्यूमेट्रिक गुणांक 3α है।

जैसे ही सिस्टम गर्म होता है द्रव बॉक्स से बाहर बहने लगता है, इसका मतलब है कि द्रव के विस्तार का वॉल्यूमेट्रिक गुणांक कंटेनर से अधिक होता है।

इसलिए, $\gamma > 3\alpha$

अतः विकल्प (B) सही है।

28. ऊष्मागतिकी का दूसरा नियम सभी रेफ्रिजरेटर डीप फ्रीजर औद्योगिक प्रशीतन प्रणाली सभी प्रकार के एयर कंडीशनिंग सिस्टम हीट पंप और इसी तरह लागू होता है। ऊष्मागतिकी चक्र सभी प्रकार के वायु और गैस कम्प्रेसर, ब्लोअर और पंखे के संचालन को नियंत्रित करते हैं। घरेलू और व्यावसायिक उद्देश्यों के लिए अक्षय ऊर्जा स्रोतों के विभिन्न रूपों को नियोजित करने की व्यवहार्यता का अध्ययन ऊष्मागतिकी का एक महत्वपूर्ण विषय क्षेत्र है।

अतः विकल्प (D) सही है।

29. $ADC =$ के साथ किया गया कार्य $= AD$ के साथ किया गया कार्य (विस्तार) - DC के साथ किया गया कार्य (संविदा), AD के साथ किए गए कार्य

की गणना रेखा AD के अंतर्गत क्षेत्रफल की गणना करके आसानी से की जा सकती है जो कि $88J$ है।

$85 = 88 - CD$ क्षेत्रफल के तहत

अंतर्गत क्षेत्र $CD = 3$

मान लीजिए कि E, C और D से आने वाली रेखाओं का प्रतिच्छेदन है और F और G क्रमशः C और D से x-प्रतिच्छेदन हैं।

CD के अंतर्गत क्षेत्र $= \frac{1}{2} \times DE \times EC + CG \times EC$

$CD = \frac{1}{2}(P_D - P_B) \times (V_D - V_C) + P_B \times (V_D - V_C)3$

$= \frac{1}{2} \times 0.3 \times 10^5 \times (1.3 - V_C) + 0.3 \times 10^5 \times (1.3 - V_C)$

हम जानते है $10^{-3} m^3 = 1l$

इसलिए, बिंदु C पर आयतन है $V_C = 1.3 - \frac{3}{45 \times 10^4}$

$= 1.3 - 0.66 \times 10^3$

$= 1.233$ लीटर

अतः विकल्प (D) सही है।

30. स्थिर दाब पर गैस की परमाणु विशिष्ट ऊष्मा का मान है:

$$C_P = C_V + R$$

स्थिर आयतन में गैस की परमाणु विशिष्ट ऊष्मा का मान भी गणितीय संबंध द्वारा होता $C_V = \frac{f}{2} R$ है।

अणुपरमाणुक गैसों के लिए, $f = 3$, क्योंकि उनके पास स्वतंत्रता की केवल अनुवादकीय डिग्री होती है।

$$C_V = \frac{f}{2} R = \frac{3}{2} R$$

स्थिर दाब पर गैस की परमाणु विशिष्ट ऊष्मा का मान होता $C_P = C_V + R$ है।

$$C_P = C_V + R = \frac{3}{2} R + R = \frac{5}{2} R$$

चूँकि, स्थिर दाब पर गैस की परमाणु संख्या $N = 1$ विशिष्ट ऊष्मा का मान $C_P = \frac{5}{2} R$ है।

अतः विकल्प (B) सही है।

31. जब कणों को ऊष्मा दी जाती है, तो वे ऊर्जा प्राप्त करते हैं। पर्याप्त ऊर्जा प्राप्त करने पर, कण गतिज ऊर्जा प्राप्त करने के लिए बेतरतीब ढंग से घूमने लगते हैं और हवा में मौजूद कणों के साथ मिल जाते हैं। यह एक सतही घटना है।

हम जानते हैं कि पारा कमरे के तापमान पर वाष्पित नहीं होता है। इसके विभिन्न अनुप्रयोग हैं जैसे इसका उपयोग थर्मामीटर में शरीर के तापमान की जांच के लिए भी किया जाता है। हम देखेंगे कि पारा का क्वथनांक अधिक होता है, इसलिए यह कमरे के तापमान पर वाष्पीकरण की प्रक्रिया नहीं दिखाता है।

अतः विकल्प (B) सही है।

32. दिया हुआ है:

v_1, v_2, v_3, v_4, v_5 क्रमशः $2, 1.5, 1.6, 1.6, 1.2$ है।

गैस अणुओं का RMS वेग है,

$$v_{rms} = \sqrt{\left[\frac{(v_1^2 + v_2^2 + v_3^2 + v_4^2 + v_5^2)}{5}\right]}$$

$$v_{rms} = \sqrt{\left[\frac{(2^2 + 1.5^2 + 1.6^2 + 1.6^2 + 1.2^2)}{5}\right]}$$

$$v_{rms} = \sqrt{\frac{12.8}{5}}$$

$$v_{rms} = 1.6 \ m/s$$

सबसे संभावित गति है,

$$v_{mp} = \sqrt{\frac{2}{3}} \times v_{rms}$$

$$v_{mp} = 0.816 \times 1.6$$

$$v_{mp} = 1.306 \approx 1.31 \ km/s$$

इसलिए, गैस की सबसे संभावित गति 1.31 किमी / सेकंड है।

अतः विकल्प (D) सही है।

33. मोलर विशिष्ट ऊष्मा वह क्षमता है जिसमें किसी पदार्थ के 1 मोल के तापमान को 1 केल्विन या $1°C$ तक स्थिर मात्रा में उठाने के लिए ऊष्मा की आवश्यकता होती है। यह प्रति इकाई तापमान पर आवश्यक ऊष्मा ऊर्जा की मात्रा है।

$$C_p - C_v = R$$

यहाँ R सार्वभौमिक गैस नियतांक है।

अब प्रश्न से:

दिया है, $C_p = 7.03 \ cal/mol°C$

$R = 8.32 \ J/mol°C = \frac{8.32}{4.2} \ cal/mol°C$ (चूँकि 1 कैलोरी $=4.2$ जूल लगभग)

$T_1 = 10°C$ और $T_2 = 20°C$

तापमान में परिवर्तन $\Delta T = T_2 - T_1 = 20 - 10 = 10°C$

स्थिर मात्रा में मोलर ताप धारिता,

$$C_p - C_v = R$$

$$C_v = C_p - R$$

$$C_v = 7.03 \ cal/mol°C - \frac{8.32}{4.2} \ cal/mol°C$$

$$C_v = 5.05 \ cal/mol°C \ \text{लगभग}$$

ऊष्मा की अवशोषित मात्रा, $\Delta Q = nC_v \Delta T$

$$= (5 \times 5.05)10 \ cal$$

$$= 252.5 = 253 \ cal \ \text{लगभग}$$

अतः विकल्प (C) सही है।

34. दिया गया है:

ऑक्सीजन, नाइट्रोजन और कार्बन-डाई-ऑक्साइड का द्रव्यमान $8g, 14g, 22g$ है

ऑक्सीजन, नाइट्रोजन और कार्बन-डाई-ऑक्साइड के परमाणु भार $32, 28, 44$ है

गैस द्वारा दबाव डाला जाता है

$$P = \frac{nRT}{V}$$

$$= (\text{द्रव्यमान/परमाणु भार}) \times \frac{RT}{V}$$

ऑक्सीजन द्वारा दबाव डाला गया $P_1 = \dfrac{8RT}{32V}$

$= \dfrac{1RT}{4V}$

नाइट्रोजन द्वारा दबाव डाला गया $P_2 = \dfrac{14RT}{28V}$

$= \dfrac{1RT}{2V}$

कार्बन डाइऑक्साइड द्वारा दबाव डाला गया $P_3 = \dfrac{22RT}{44V}$

$= \dfrac{1RT}{2V}$

डाल्टन के आंशिक दबाव के नियम से, मिश्रण द्वारा लगाए गए कुल दबाव द्वारा दिया जाता है

$P = P_1 + P_2 + P_3$

$= \dfrac{1RT}{4V} + \dfrac{1RT}{2V} + \dfrac{1RT}{2V}$

$= \dfrac{5RT}{4V}$

अतः विकल्प (C) सही है।

35. दिया हुआ:

एक आदर्श गैस दबाव P और पूर्ण तापमान T पर है।

हमें गैस के समतापी बल्क मापांक को खोजना होगा।

एक समतापी प्रक्रिया में एक आदर्श गैस के लिए समीकरण है

PV = स्थिर........(i)

जहां,

P: गैस का दबाव

V: गैस द्वारा ग्रहण की गई मात्रा

समी 1 का अवकलन करने पर

P dV + VdP = 0

$\Rightarrow \left(\dfrac{dP}{dV}\right) = -\left(\dfrac{P}{V}\right)$......(ii)

अब, एक आदर्श गैस का थोक मापांक है

$B = -[\dfrac{dP}{\left(\dfrac{dV}{V}\right)}]$......(iii)

$\Rightarrow B = -\left(\dfrac{dP}{dV}\right)V$

समी (ii) और (iii) का उपयोग, हम प्राप्त करते हैं

$\Rightarrow B = -\left(\dfrac{-P}{V}\right)V$

$\Rightarrow B = P$

अतः विकल्प (B) सही है।

36. एक त्रि-परमाणु (गैर-रैखिक) गैस अणु में कमरे के तापमान पर 6 डिग्री की स्वतंत्रता (3 अनुवाद, 3 घूर्णी और कोई कंपन) नहीं है। ऊर्जा के संचार के नियम के अनुसार, कमरे के तापमान पर एक त्रिपरमाणुक गैस के अणु की औसत ऊर्जा T है

$E = \dfrac{1}{2}fRT$

$= \dfrac{1}{2}6RT = 3RT$

अतः विकल्प (D) सही है।

37. एक साधारण पेंडुलम की समय अवधि और ऊर्जा:

तार की लंबाई L है, निकाय का द्रव्यमान m है और यह एक छोटे कोण θ द्वारा विस्थापित किया जाता है। फिर

T – mg cosθ $= mv^2 L$

द्रव्यमान को अपनी साम्यावस्था स्थिती में लाने के लिए बलाघूर्ण,

τ = mgL × sinθ = mgsinθ × L = I × α

दोलन के छोटे कोणों के लिए ≈ θ,

इसलिए, Iα = -mgLθ

$α = - \dfrac{(mgLθ)}{I}$

SHM की परिभाषा से $α = -ω^2θ$

$- ω^2 θ = - \dfrac{(mgLθ)}{I}$

$ω^2 = \dfrac{(mgL)}{I}$

$ω = \sqrt{\dfrac{mgL}{I}}$

$I = ML^2$ का उपयोग करते हुए, [जहां I बॉब के जड़त्वाघूर्ण को निरूपित करता है]

हमें मिलता है, $ω = \sqrt{\dfrac{g}{L}}$

तो, लंबाई L के एक साधारण पेंडुलम की अवधि इसके द्वारा दी जाती है,

$T = \dfrac{2π}{ω} = 2π × \sqrt{\dfrac{L}{g}}$

अतः विकल्प (C) सही है।

38. तरंग गति: विक्षोभ का वह प्रकार जो एक माध्यम में कणों के बार बार दोलन के कारण अपनी माध्य स्थिति में गति करता है, को तरंग गति कहा जाता है।

तरंग गति दो प्रकार की होती है:

अनुदैर्ध्य तरंग गति: यह वह तरंग गति है जिसमें मध्यम के एकल कण उसी दिशा में अपनी माध्य स्थिति के अनुरूप सरल आवर्त गति करते हैं, जिसमें तरंग प्रसारित होती है।

उदाहरण के लिए: ध्वनि तरंगें

अनुप्रस्थ तरंग गति: एक माध्यम में कणों का कंपन और तरंग का प्रसार जो एक दूसरे के लिए लंबवत हैं।

अतः विकल्प (A) सही है।

39. दिया गया है,

तरंग फलन, $y = (5\ mm)\sin[(1\ cm^{-1})x - (60\ s^{-1})t]$

$\Rightarrow y = A\sin(kx - ωt) \Rightarrow y = (5mm)\sin\left[(1\ cm^{-1})x - (60 s^{-1})t\right]$

$\Rightarrow k = 1\ cm^{-1}$

अतः विकल्प (D) सही है।

40.

दूसरी गुणावृत्ति के लिए $n = 2$

अप्रगामी तरंग में दूसरी गुणावृत्ति की आवृत्ति,

$$v = \frac{nv}{2L}$$

$$v = \frac{2v}{2L}$$

$$v = \frac{v}{L}$$

अतः विकल्प (C) सही है।

41. स्प्रिंग खंड प्रणाली के लिए समय-अवधि है,

$$T = 2\pi\sqrt{\frac{m}{k}} \quad \left(\omega = \sqrt{\frac{k}{m}}\right)$$

जहां m = जड़त्व कारक और k = स्प्रिंग कारक

दिया गया है, नई प्रणाली की समयावधि (T_2) दी गई समयावधि (T) का $\frac{1}{3}$ है,

$$T_2 = \frac{T}{3}$$

हम जानते हैं, $T\alpha\dfrac{1}{\sqrt{k}}$

$$\Rightarrow \frac{T_2}{T} = \sqrt{\frac{k}{k_2}}$$

जहाँ k = पहले स्प्रिंग का स्प्रिंग नियतांक और k_2 = दूसरे स्प्रिंग का स्प्रिंग नियतांक

$$\Rightarrow \sqrt{k_2} = \left(\frac{T}{T_2}\right)\sqrt{k}$$

दोनों तरफ वर्ग करने पर,

$$\Rightarrow k_2 = \left(\frac{T}{T_2}\right)^2 k$$

$$\Rightarrow k_2 = \left(\frac{T}{\left(\frac{T}{3}\right)}\right)^2 k$$

$$\Rightarrow k_2 = (3)^2 K$$

$$\Rightarrow k_2 = 9 K$$

अतः विकल्प (B) सही है।

42. यदि संलग्न आवेश अधिकतम है (गॉस के नियम से) तो अधिकतम फ्लक्स घन से होकर गुजरेगा।

गॉस के नियम के अनुसार,

$$\phi = \frac{Q_{in}}{\epsilon_0}$$

इसलिए, घन के माध्यम से अधिकतम विद्युत प्रवाह प्राप्त करने के लिए, हमें घन के अंदर अधिकतम आवेश की आवश्यकता होती है, जो कि घन के अंतरिक्ष विकर्ण के साथ तार को जोड़कर प्राप्त किया जाता है। घन में फिट होने वाली स्ट्रिंग की अधिकतम लंबाई $\sqrt{3}a$ है, जो इसके शरीर के विकर्ण के बराबर है। घन के अंदर का कुल आवेश $\sqrt{3}a\lambda$ है

$$\phi = \frac{Q_{in}}{\epsilon_0} = \frac{\sqrt{3}\lambda a}{\epsilon_0}$$

अतः विकल्प (D) सही है।

43. गॉस के नियम के अनुसार, किसी भी बंद सतह के अंदर के कुल आवेश को उसके माध्यम से प्रवाह द्वारा मापा जाता है। नतीजतन, गॉस कानून बंद सतहों के लिए सही है। केवल सममित शरीर आवेश वितरण, जैसे गोलाकार, बेलनाकार और समतल समरूपता, गॉस के नियम के लिए मान्य हैं। सतह से घिरे सभी आवेशों का योग गॉस के नियम के दायीं ओर पद q में शामिल है। आरोप सतह के भीतर कहीं भी हो सकते हैं। एक सममित प्रणाली के इलेक्ट्रोस्टैटिक क्षेत्र की गणना गॉस के नियम का उपयोग करके की जा सकती है। कूलम्ब के नियम में निहित दूरी पर व्युक्रम वर्ग निर्भरता गॉस के नियम का आधार है। व्युक्रम वर्ग नियम से कोई विचलन गॉस के नियम के उल्लंघन द्वारा इंगित किया जाएगा।

गॉस का नियम अक्सर इलेक्ट्रोस्टैटिक क्षेत्र की अधिक आसान गणना के लिए उपयोगी होता है जब सिस्टम में कुछ समरूपता होती है। यह एक उपयुक्त गाऊसी सतह के चुनाव से सुगम होता है।

अतः विकल्प (C) सही है।

44. एक परमाणु में केवल दो प्रकार के आवेश उपलब्ध होते हैं। एक को सकारात्मक और दूसरे को नकारात्मक कहा जाता है। प्रतिकर्षण होगा जो समान आवेश कणों में होता है और आकर्षण विपरीत आवेशों में होता है।

इलेक्ट्रॉनों में प्रोटॉन के समान आवेश का परिमाण समान होता है लेकिन संकेत में विपरीत होता है। आम तौर पर परमाणु विद्युत रूप से तटस्थ होते हैं। लेकिन चार्ज कणों को अलग किया जा सकता है।

चार्ज पृथक्करण एक इलेक्ट्रॉन को उत्तेजित करने की एक प्रक्रिया है। इलेक्ट्रॉन निम्न ऊर्जा स्तर से उच्च ऊर्जा स्तर तक उत्तेजित होते हैं। अलग होने के बाद, इलेक्ट्रॉन परमाणु छोड़ देते हैं और परमाणु को सकारात्मक चार्ज करते हैं। इसलिए आवेशित कण आवेश पृथक्करण द्वारा निर्मित होते हैं।

अतः विकल्प (B) सही है।

45. यदि एक आवेशित कण को गुरुत्वाकर्षण के प्रभाव में रखा जाता है, तो साम्यावस्था के लिए गुरुत्वाकर्षण बल विद्युत बल के बराबर होना चाहिए।

$$\Rightarrow F_E = F_g$$

$$\Rightarrow qE = mg$$

इलेक्ट्रान के लिए, उपरोक्त समीकरण को निम्न रुप से लिखा जा सकता है,

$$\Rightarrow eE = mg$$

$$\Rightarrow E = \frac{mg}{e}$$

अतः विकल्प (A) सही है।

46. यह दिया गया है कि,

कण का द्रव्यमान m है, जिसका आवेश q एकसमान विद्युत क्षेत्र E में रखा गया है और फिर निर्मुक्त किया गया है।

हमें एक दूरी y पर जाने के बाद कण द्वारा प्राप्त गतिज ऊर्जा को हमें ज्ञात करना होगा।

गति के तीसरे समीकरण का प्रयोग इस प्रकार करने पर:

$$v^2 - u^2 = 2as$$

यहाँ, $u = 0$ (कण शुरू में है विराम में है)

$s = y$ (विस्थापन)

$$v^2 = 2ay \quad \ldots\ldots\ldots\ldots(i)$$

विद्युत क्षेत्र में एक कण पर बल है,

$$F = qE$$

चूँकि, $F = ma$

इसलिए, $a = \dfrac{qE}{m}$ .... (ii)

समीकरण (i) में a का मान लें

$$v^2 = 2\dfrac{qEy}{m} .... (iii)$$

हम जानते हैं कि कण की गतिज ऊर्जा इस प्रकार दी जाती है,

$$E_k = \dfrac{1}{2}mv^2$$

उपरोक्त समीकरण में समीकरण (iii) रखने पर

$$E_k = qEy$$

अत: विकल्प (B) सही है।

47. सामान्य रुप में समानांतर प्लेट की संधारित्र होता है:

$$C = \dfrac{k\epsilon_0 A}{d}$$

जहाँ C संधारित्र है, k अचालक पदार्थ की सापेक्ष पारगम्यता है, ϵ_0 मुक्त स्थान स्थिर की पारगम्यता है, A प्लेटों का क्षेत्र है और d उनके बीच की दूरी है।

इसलिए, एक अचालक पदार्थ के सम्मिलन से समानांतर प्लेटों की संधारित्रता बढ़ जाती है। इसके अलावा, संधारित्र प्लेटों के बीच विद्युत क्षेत्र के व्युत्क्रमानुपाती होती है, और इसलिए अचालक पदार्थ की उपस्थिति प्रभावी विद्युत क्षेत्र को कम कर देती है।

अत: विकल्प (A) सही है।

48. विभवान्तर के लिए गणितीय समीकरण को परिभाषित किया गया है

$$V = \dfrac{W}{q}$$

यहाँ, V क्षमता है, W किया गया कार्य है और q आवेश है।

कार्य W के लिए विमीय सूत्र ML^2T^{-2} है

आवेश q के लिए विमीय सूत्र AT^1 है

विभवान्तर के लिए विमीय सूत्र,

$$V = \dfrac{ML^2T^{-2}}{AT^2}$$

$$V = ML^2T^{-3}A^{-1} \text{ वोल्ट}$$

अत: विकल्प (A) सही है।

49. कोई भी सतह जिस पर हर जगह विद्युत क्षमता समान होती है, एक समविभव सतह कहलाती है। किसी आवेश को समविभव सतह पर एक बिंदु से दूसरे बिंदु तक ले जाने के लिए किसी कार्य की आवश्यकता नहीं होती है। समविभव सतह के गुण हैं:

- विद्युत क्षेत्र हमेशा एक समविभव सतह के लंबवत होता है।
- दो समविभव सतह कभी भी प्रतिच्छेद नहीं कर सकते।
- एक बिंदु आवेश के लिए, समविभव सतह संकेंद्रित गोलाकार कोश होते हैं।
- एकसमान विद्युत क्षेत्र के लिए, समविभव सतह x-अक्ष के अभिलंबवत तल होते हैं।

- समविभव सतह की दिशा उच्च विभव से निम्न विभव की ओर होती है।

अत: विकल्प (B) सही है।

50.

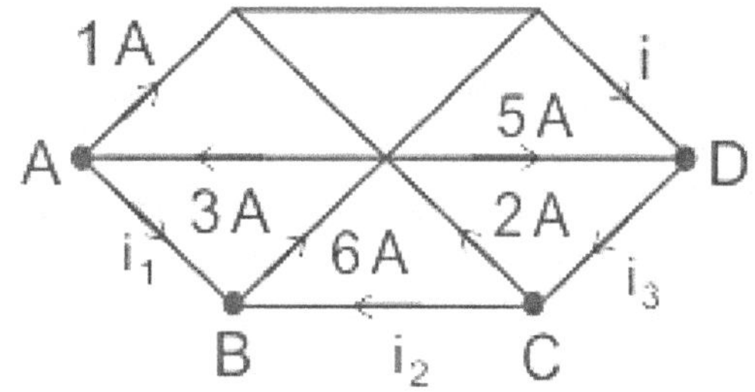

नोड A पर KCL

I_1 + 1A = 3A

I_1 = 2A

नोड B पर KCL

I_2 + 2A = 6A

I_2 = 4 A

नोड C पर KCL

I_3 = 4A + 2A

I_3 = 6A

नोड D पर KCL

I = 6A - 5A = 1 A

अत: विकल्प (C) सही है।

51. चलनशीलता: प्रति इकाई विद्युत क्षेत्र में अपवाही वेग की तीव्रता को चलनशीलता कहा जाता है। यह μ द्वारा निरूपित की जाती है।

$$\Rightarrow \mu = \dfrac{|v_d|}{E} \text{ जहाँ } v_d \text{ अपवाही वेग है और } E \text{ विद्युत क्षेत्र है}$$

चलनशीलता की SI इकाई m²/ Vs है

चलनशीलता एक धनात्मक राशि है।

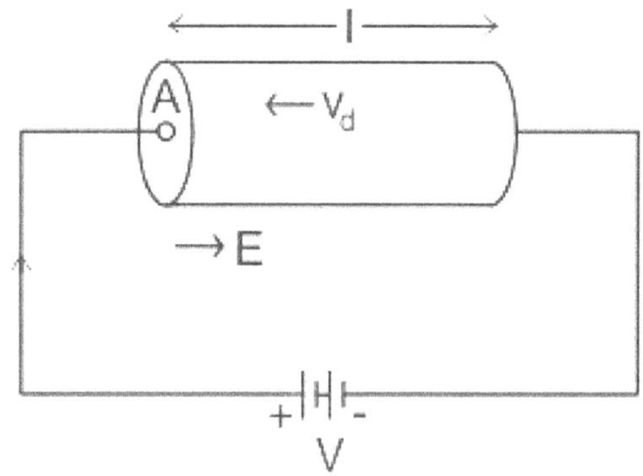

अपवाही वेग: बाहरी विद्युत क्षेत्र के प्रभाव में, अपवाही वेग वह औसत वेग होता है, जिसमें इलेक्ट्रॉनों का बहाव चालक के धनात्मक छोर की ओर होता है।

इलेक्ट्रॉनों का अपवाह वेग 10^{-4} ms⁻¹ कोटि का होता है।

$$\Rightarrow \mu = \dfrac{|v_d|}{E} = \dfrac{q\tau}{m}$$

जहाँ, $v_d = \frac{qE\tau}{m}$ जहां, q आवेश है, E विद्युत क्षेत्र है और τ विश्रांति का समय

धनात्मक धारा वाहक और ऋणात्मक धारा वाहक के लिए चलनशीलता धनात्मक होती है।

अतः विकल्प (A) सही है।

52. प्रतिरोध: विद्युत परिपथ में विद्युत धारा के विरोध के माप को इसका प्रतिरोध कहा जाता है।

एक तार का प्रतिरोध उसकी लंबाई, क्षेत्र और धातु प्रतिरोधकता पर निर्भर करता है।

प्रतिरोध की गणना निम्नप्रकार की जाती है:

$$R = \rho \frac{l}{A}$$

$$R = \frac{l}{\sigma A}$$

जहां l इसकी लंबाई, A क्षेत्र है और ρ इसकी धातु प्रतिरोधकता है, σ चालकता है।

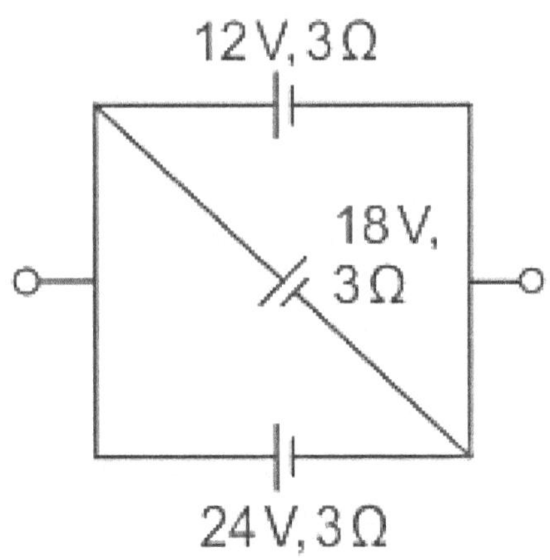

प्रतिरोध, $R = \frac{l}{\sigma A}$

जहां l इसकी लंबाई, A क्षेत्रफल है और ρ चालकता है।

अतः विकल्प (A) सही है।

53. दिया गया है:

$E_1 = 12$ वोल्ट, $r_1 = 3\Omega, E_2 = 18$ वोल्ट, $r_2 = 3\Omega, E_3 = 24$ वोल्ट, and $r_2 = 3\Omega$

दिया गया आरेख है,

- उपरोक्त आरेख से, यह स्पष्ट है कि यह व्यवस्था सेलों का समानांतर संयोजन है।
- दी गई व्यवस्था का समतुल्य emf निम्नानुसार है,

$$\Rightarrow E_{eq} = \frac{\frac{E_1}{r_1} + \frac{E_2}{r_2} + \frac{E_2}{r_2}}{\frac{1}{r_1} + \frac{1}{r_2} + \frac{1}{r_3}}$$

$$\Rightarrow E_{eq} = \frac{\frac{12}{3} + \frac{18}{3} + \frac{24}{3}}{\frac{1}{3} + \frac{1}{3} + \frac{1}{3}}$$

$$\Rightarrow E_{eq} = (4 + 6 + 8) \text{ वोल्ट}$$

$$\Rightarrow E_{eq} = 18 \text{ वोल्ट}$$

अतः विकल्प (B) सही है।

54. चुंबकत्व के लिए गॉस का नियम: चुंबकीय क्षेत्र का शुद्ध चुंबकीय प्रवाह किसी भी बंद सतह पर हमेशा शून्य होना चाहिए।

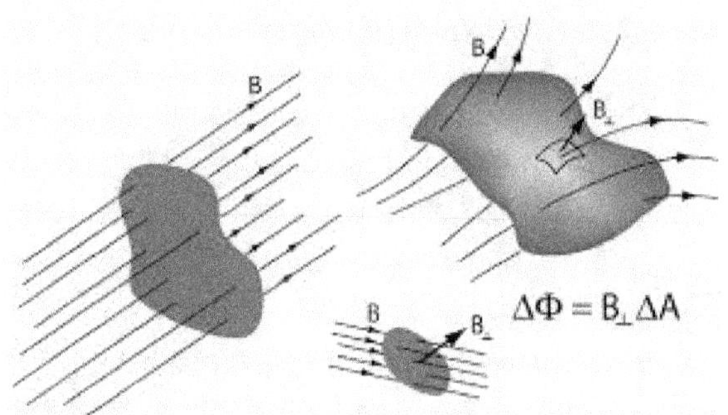

इसका अर्थ यह है कि सतह पर जितनी क्षेत्र रेखाएँ प्रवेश करती हैं, उतनी ही रेखाएँ इसे छोड़ती हुई प्रतीत होती हैं।

कुल चुंबकीय प्रवाह $(\phi_B) = \sum B \cdot \Delta A = 0$

अभिन्न रूप: $\int B.nds = 0$

जहां B चुंबकीय क्षेत्र है और A सतह क्षेत्र है।

अतः विकल्प (B) सही है।

55. क्यूरी तापमान वह तापमान है जिसके ऊपर, एक लौहचुंबकीय पदार्थ अनुचुंबकीय पदार्थ बन जाता है।

क्यूरी तापमान वह तापमान है जिस पर एक चुंबकीय पदार्थ अपने चुंबकीय गुणों में तेज परिवर्तन से गुजरती है। इस तापमान के ऊपर, कुछ पदार्थ अपना चुंबकत्व खो देते हैं। इस तापमान के ऊपर लौहचुम्बकीय पदार्थ अनुचुम्बकीय हो जाता है।

जब एक लौहचुम्बकीय पदार्थ को क्यूरी तापमान पर गर्म किया जाता है, तो यह अणुओं की व्यवस्था को बाधित कर देता है और एक कमजोर चुंबकीय व्यवहार बना रहता है। इस कमजोर चुंबकीय व्यवहार को अनुचंबकीय कहा जाता है।

अतः विकल्प (B) सही है।

56. फ्लेमिंग के बाएं हाथ का नियम:

बाएं हाथ का अंगूठा और पहली दो उंगलियां एक दूसरे को परस्पर लंबवत रखकर फैलाएँ।

यदि तर्जनी चुंबकीय क्षेत्र की दिशा दर्शाती है मध्य उंगली धारा की दिशा को दर्शाती है तो अंगूठा आवेशित कण पर बल की दिशा को दर्शाता है।

अत: विकल्प (C) सही है।

57. जैसा कि हम जानते हैं,

बलाघूर्ण, $\tau = \vec{\mu} \times \vec{B_H}$

जहाँ μ चुंबकीय द्विध्रुवीय क्षण है और B_H पृथ्वी के चुंबकीय क्षेत्र का क्षैतिज घटक है।

हमें दिया गया है कि चुंबक का द्विध्रुवीय क्षण, $\mu = 2 Am^2$ और पृथ्वी के चुंबकीय क्षेत्र का क्षैतिज घटक $B_H = 0.4 \times 10^{-4} T$ है।

यह भी दिया गया है कि चुंबक और चुंबकीय मध्याह्न के बीच का कोण $30°$ है।

इसलिए, हम स्थिति को अनुसरण के रूप में वर्णन कर सकते हैं।

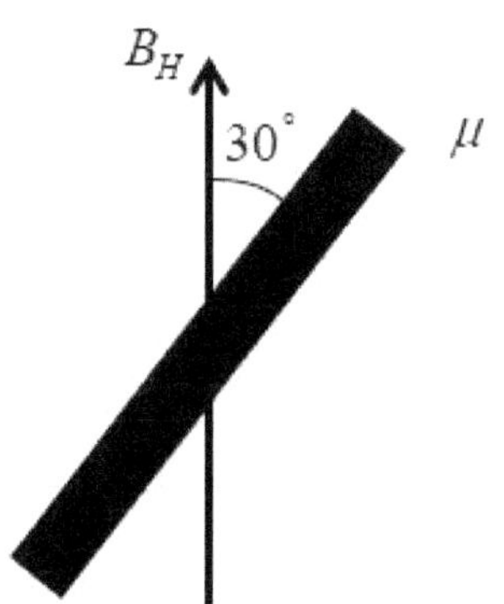

अब, हम सूत्र का उपयोग करके उत्पन्न बलाघूर्ण ज्ञात कर सकते हैं,

$\tau = \vec{\mu} \times \vec{B_H} = \mu B_H \sin\theta$, जहाँ μ चुंबकीय द्विध्रुवीय क्षण है, B_H पृथ्वी के चुंबकीय क्षेत्र का क्षैतिज घटक है और θ चुंबक और चुंबकीय मध्याह्न के बीच का कोण है।

इसलिए, $\tau = 2 \times 0.4 \times 10^{-4} \sin 30°$

$= \frac{0.8}{2} \times 10^{-4}$

$= 0.4 \times 10^{-4} Nm$

अतः विकल्प (A) सही है।

58. यह दिया गया है कि धारा ले जाने वाला एक परिनालिका अपने अक्ष के साथ एक चुंबकीय क्षेत्र B उत्पन्न करती है।

हमें चुंबकीय क्षेत्र को ज्ञात करने की आवश्यकता होती है जब परिनालिका में धारा दोगुनी हो जाती है और प्रति cm बदल जाती है।

हम जानते हैं कि परिनालिका में चुंबकीय क्षेत्र धारा और घुमावों की संख्या पर सीधे निर्भर करता है।

एक परिनालिका चुंबकीय क्षेत्र प्रेरण ज्ञात करने के लिए समीकरण के रूप में दिया गया है,

$$B = \mu_0 n i$$

जहाँ, μ_0 मुक्त स्थान में पारगम्यता है, i माध्यम से बहने वाली धारा है और n कुंडली के घुमावों की संख्या है।

माना प्रारंभिक धारा i_1 है और घुमाव की संख्या n_1 है।

तब चुंबकीय क्षेत्र प्रेरण होगा,

$\Rightarrow B = \mu_0 n_1 i_1$

अब हम अंतिम चुंबकीय क्षेत्र की गणना करते हैं।

माना नयी धारा i_2 होगा और घुमावों की संख्या n_2 होगी।

यह दिया जाता है कि नयी धारा प्रारंभिक धारा की दोगुनी है।

$\Rightarrow i_2 = 2i_1$

घुमावों की संख्या प्रारंभिक मान का आधा है।

$\Rightarrow n_2 = \frac{n_1}{2}$

तो, नये चुंबकीय क्षेत्र के रूप में दिया जाता है,

$\Rightarrow B' = \mu_0 n_2 i_2$

$\Rightarrow B' = \mu_0 \frac{n_1}{2} 2 i_1$

$\Rightarrow B' = \mu_0 n_1 i_1$

यह मान प्रारंभिक चुंबकीय क्षेत्र के समान है।

$\Rightarrow B' = B$

इसका अर्थ यह है कि यदि आप धारा को दोगुना करते हैं और घुमावों की संख्या को घटाकर आधा कर देते हैं तो चुंबकीय क्षेत्र में कोई बदलाव नहीं होता है।

अतः विकल्प (B) सही है।

59. प्रतिचुंबकीय पदार्थ के लिए, μ_r और ϵ_r में निम्नलिखित सीमाएं होनी चाहिए $0 < \mu_r < 1$ और किसी भी पदार्थ के लिए $\epsilon_r > 1$ प्रतिचुंबकीय पदार्थ बाहरी अनुप्रयुक्त चुंबकीय क्षेत्र के विपरीत दिशा में एक प्रेरित चुंबकीय क्षेत्र बनाते हैं और अनुप्रयुक्त चुंबकीय क्षेत्र द्वारा प्रतिकर्षित होते हैं। प्रतिचुंबकीय पदार्थों की चुंबकीय पारगम्यता एकता से थोड़ी कम होती है।

अतः विकल्प (D) सही है।

60. एलनिको में चुम्बकत्व का उच्च प्रतिधारण होता है। जब चुंबकीय क्षेत्र को शून्य तक कम किया जाता है तो एक पदार्थ के चुम्बकत्व की तीव्रता का मान प्रतिधारण कहलाता है। विद्युतीय चुम्बक के लिए उपयुक्त पदार्थ में उच्च प्रतिधारण होना चाहिए।

अतः विकल्प (A) सही है।

61. हम जानते हैं कि,

किसी भी अक्षीय बिंदु पर चुंबकीय क्षेत्र इस प्रकार होगा,

$$B_a = \frac{2\mu_o}{4\pi r^3} \ldots(1)$$

किसी भी विषुवत बिंदु पर चुम्बकीय क्षेत्र इस प्रकार होगा,

$$B_e = \frac{\mu_o}{4\pi r^3} \ldots(2)$$

समीकरण (2) में, 2 से गुणा और विभाजित करने पर, हम प्राप्त करते हैं,

$$B_e = \frac{1}{2}\frac{2\mu_o}{4\pi r^3}$$

(1) का मान रखने पर,

$$B_e = \frac{B_a}{2} \quad [\because B_a = B]$$

$$B_e = \frac{B}{2}$$

अतः विकल्प (C) सही है।

62. दण्ड चुंबक के केंद्र में चुंबकीय क्षेत्र शून्य होता है।

- केंद्र के पास की क्षेत्र रेखाएँ दण्ड चुंबक के समानांतर होती हैं।
- क्षेत्र रेखाओं का घनत्व दण्ड चुंबकों के ध्रुवों पर अधिकतम होता है और केंद्र में कम होता है जिसका अर्थ है कि केंद्र में चुंबकीय क्षेत्र का परिमाण शून्य है।

अतः विकल्प (D) सही है।

63. संधारित्र के माध्यम से लागू की गई धारा लागू वोल्टेज से $\frac{\pi}{2}$ है।

परिपथ में प्रत्यावर्ती emf है:

$$e = e_o \sin\omega t$$

संधारित्र परिपथ में धारा है:

$$I = I_o \sin\left(\omega t + \frac{\pi}{2}\right)$$

उपर्युक्त से यह स्पष्ट है कि संधारित्र के माध्यम से विद्युत धारा लागू वोल्टेज से $\frac{\pi}{2}$ आगे है।

अतः विकल्प (A) सही है।

64. दिया गया,

$$V = 200\sin300t$$

$$V_0 = 200\ V,$$

$$\omega = 300 rad/s\ (\because V = V_0\sin\omega t)$$

$$R = 10\Omega$$

$$L = 800mH$$

$$= 800 \times 10^{-3} H$$

प्रेरणिक प्रतिघात, $X_L = L\omega = 800 \times 10^{-3} \times 300\Omega$

हम जानते है कि,

$$Z = \sqrt{R^2 + (X_L - X_C)^2}$$

अब,

$$Z = \sqrt{R^2 + (X_L - 0)^2}$$

$$\Rightarrow Z = \sqrt{10^2 + (800 \times 10^{-3} \times 300)^2}$$

$$\Rightarrow Z = 240.2\Omega$$

ओम के नियम द्वारा,

$$V_0 = I_0 R$$

$$\Rightarrow I_0 = \frac{V_0}{R}$$

एक LCR परिपथ के लिए, शुद्ध प्रतिरोध प्रतिबाधा Z है

$$\therefore I_0 = \frac{V_0}{Z}$$

$$= \frac{200}{240.2}$$

$$= 0.832\ A$$

अतः विकल्प (D) सही है।

65. दिया गया,

$$\theta = 0,$$

$$A = 50\ \text{सेमी}^2$$

$$N = 1000,$$

$$B_1 = 0.2\ \text{वेबर}/\text{मी}^2$$

$$B_2 = 0\ \text{वेबर}/\text{मी}^2$$

$$dt = 0.2sec$$

$$A = 50\ cm^2$$

$$= 50 \times 10^{-4}\ \text{मी}^2$$

चुंबकीय क्षेत्र में परिवर्तन इस प्रकार है:

$$dB = B_2 - B_1$$

$$\Rightarrow dB = 0 - 0.2$$

$$\Rightarrow dB = -0.2\ \text{वेबर}/\text{मी}^2$$

जब चुंबकीय क्षेत्र बदल रहा होता है और क्षेत्रफल स्थिर रहता है, चुंबकीय अभिवाह इस प्रकार होगा:

$$d\phi = A \times dB \times \cos\theta$$

$$\Rightarrow d\phi = A \times dB \times \cos0$$

$$\Rightarrow d\phi = A \times dB$$

$$\Rightarrow d\phi = -50 \times 10^{-4} \times 0.2$$

$$\Rightarrow d\phi = -10 \times 10^{-4}$$

$$\Rightarrow d\phi = 10^{-3}\ \text{वेबर} \quad \ldots(i)$$

विद्युत चुम्बकीय प्रेरण के फैराडे के नियम से, कुंडली में प्रेरित emf का परिमाण इस प्रकार है:

$$e = -N\frac{d\phi}{dt}$$

$$\Rightarrow e = -1000 \times \frac{(-10)^{-3}}{0.2}$$

$$\Rightarrow e = 5\ V$$

अतः विकल्प (B) सही है।

66. विद्युत चुम्बकीय तरंग में, विद्युत और चुंबकीय क्षेत्र सदैव एक ही कला में होते हैं।

विद्युत चुम्बकीय तरंगें या EM तरंगें ऐसी तरंगें होती हैं जो विद्युत क्षेत्र और चुंबकीय क्षेत्र के बीच कंपन के परिणामस्वरूप बनाई जाती हैं विद्युत चुम्बकीय तरंग के विद्युत क्षेत्र और चुंबकीय क्षेत्र एक दूसरे के लंबवत (समकोण पर-90°) हैं। ये EM तरंग की दिशा के लंबवत भी हैं। लेकिन वे एक ही कला में होते हैं।

अतः विकल्प (A) सही है।

67. विद्युत चुम्बकीय तरंगें एक त्वरण आवेश द्वारा उत्पादित होती है।

* जैसा कि हम जानते हैं कि आवेशित कण एक विद्युत क्षेत्र का उत्पन्न करता है और यह अन्य आवेशित कणों पर बल लगाता है। चूँकि विद्युत क्षेत्र की दिशा धनात्मक आवेश से ऋणात्मक आवेश की ओर होती है, इसलिए धनात्मक आवेश क्षेत्र की दिशा में त्वरित होते हैं और ऋणात्मक आवेश क्षेत्र के विपरीत दिशा में त्वरित होते हैं।

* हान्स क्रिश्चियन ओर्स्टेड प्रयोग के अनुसार हमें पता चलता है कि एक गतिमान आवेशित कण एक चुंबकीय क्षेत्र का निर्माण करता है। यदि एक आवेशित कण चुंबकीय क्षेत्र में गति करता है तो वह एक बल का अनुभव करता है। इन आवेशों पर बल हमेशा उनके वेग की दिशा के लंबवत होता है और इसलिए केवल वेग की दिशा बदलती है, न कि गति।

* एक त्वरित आवेशित कण एक विद्युत चुम्बकीय (EM) तरंग उत्पन्न करता है।

* मूल रूप से, विद्युत चुम्बकीय तरंगें या EM तरंगें वे तरंगें होती हैं जो किसी विद्युत क्षेत्र और एक चुंबकीय क्षेत्र के बीच कंपन के परिणामस्वरूप बनती हैं और वे एक-दूसरे के और तरंग की दिशा के लंबवत होती हैं।

* एक साम्यवस्था स्थिति के चारों तरफ दोलन करने वाला आवेशित कण एक त्वरित आवेशित कण है।

अतः विकल्प (D) सही है।

68. मैक्सवेल के विद्युतचुंबकीय सिद्धांत से, विद्युतचुंबकीय तरंग प्रसार में विद्युत और चुंबकीय क्षेत्र होते हैं जो एक दूसरे से लंबवत कंपन करते हैं। इस प्रकार, विद्युत क्षेत्र में परिवर्तन चुंबकीय क्षेत्र को जन्म देता है।

तब मैक्सवेल का समीकरण,

$$\nabla \times B = \mu_0 \left(J + \epsilon_0 \frac{dE}{dt} \right)$$

मैक्सवेल के इस समीकरण का उपयोग करके हम कह सकते हैं कि विद्युत क्षेत्र बदलना $\frac{dE}{dt}$ चुंबकीय क्षेत्र को प्रेरित करता है।

अतः विकल्प (A) सही है।

69. कृत्रिम उपग्रह के साथ संचार करने के लिए सूक्ष्म तरंगों का उपयोग किया जाता है।

सूक्ष्म तरंगें:

* कृत्रिम उपग्रहों में, ज्यादातर सूक्ष्म तरंगों का उपयोग संचार के लिए किया जाता है।

* यह एक विद्युत चुम्बकीय तरंग है जिसकी आवृत्ति विद्युतचुंबकीय स्पेक्ट्रम में $300 MHz (0.3 GHz)$ और $300 GHz$ के बीच होती है।

* यह विशेष रूप से अंतरिक्ष यान संचार, टीवी और लंबी दूरी की टेलीफोन लाइनों में उपयोग किया जाता है।

अतः विकल्प (B) सही है।

70. छात्र R ने प्रयोग विधिपूर्वक किया। स्नेल के नियम का उपयोग करके कारण को समझाया जा सकता है।

स्नेल के नियम के अनुसार,

$$\frac{\sin i}{\sin r} = \mu_g$$

यहाँ,

$i = $ आपतन कोण

$r = $ अपवर्तन-कोण

$\mu_g = $ कांच के लिए अपवर्तनांक

छात्र R द्वारा मापा गया अपवर्तन-कोण सबसे उपयुक्त है क्योंकि यह स्नेल के नियम की पुष्टि करता है।

दिया गया है,

$$i = 40°$$

छात्र R द्वारा मापा गया अपवर्तन कोण,

$$r = 25°$$

साथ ही,

$$\sin 40° = 0.642$$

$$\sin 25° = 0.422$$

अब,

$$\frac{\sin 40°}{\sin 25°} = \frac{0.642}{0.422} = 1.52$$

कांच के लिए अपवर्तनांक 1.5 है; यह उपरोक्त परिणाम की पुष्टि करता है।

अतः विकल्प (C) सही है।

71. दिया गया है,

$$तरंगदैर्घ्य = \lambda = 250\ nm = 2.5 \times 10^{-7}\ m$$

$$द्वारक = D = 0.5\ m$$

जैसा कि हम जानते हैं,

$$टेलिस्कोप की विभेदन क्षमता = \frac{D}{1.22 \times \lambda}$$

$$= \frac{0.5}{1.22 \times 2.5 \times 10^{-7}}$$

$$= 1.64 \times 10^6$$

अतः विकल्प (B) सही है।

72. उत्तल लेंस की फोकल लंबाई, $f_1 = +40$ सेमी

अवतल लेंस की फोकल लंबाई, $f_2 = -25$ सेमी

और, चूंकि लेंस संपर्क में हैं, इसलिए उनके बीच दूरी है, $d = 0$

लेंस की शक्ति $= \frac{100}{f}$ है

संयोजन की शक्ति है:

$$P_{net} = P_1 + P_2 - d P_1 P_2$$

$\Rightarrow P_{net} = \frac{100}{40} - \frac{100}{25} - 0$

$\Rightarrow P_{net} = 2.5 - 4$

$\Rightarrow P_{net} = -1.5D$

अतः विकल्प (B) सही है।

73. जैसे, $u >> f_0$

$\Rightarrow v = f_0 = 19m$

अब, $u = -3.8 \times 10^8$

इसलिए, उद्देश्य द्वारा उत्पन्न आवर्धन होता है,

$m_0 = \frac{v}{u}$

$= -\frac{19}{3.8 \times 10^8}$ मीटर

$= -0.5 \times 10^{-7}$

$\therefore$ चंद्रमा की छवि का व्यास है,

$= 3.5 \times 10^6 \times 0.5 \times 10^{-7}$

$= 0.175$ मीटर

$= 17.5$ सेमी

अतः विकल्प (D) सही है।

74. दिया गया है,

$v =$ ध्वनि का वेग, $v_s =$ कार का वेग

हमारे पास है, $v = \frac{v+v_s}{v-v_8} v$

या, $2f = \frac{v+v_s}{v-v_e} f$

या, $2(v - v_s) = v + v_s$

या, $2v - 2v_z = v + v_s$

$\therefore v = 3v_s$

या, $v_s = \frac{v}{3}$

अतः विकल्प (B) सही है।

75. 30वी उज्ज्वल फ्रिंज की स्थिति

$y_{30} = \frac{30\lambda D}{d}$

अब, केंद्रीय फ्रिंज के लिए स्थान परिवर्तन है

$my_0 = \frac{30\lambda D}{d}$

लेकिन हम जानते हैं, $y_0 = \frac{D}{d}(\mu - 1)t$

$\frac{30\lambda D}{d} = \frac{D}{d}(\mu - 1)t$

$(\mu - 1) = \frac{30\lambda}{t}$

$= \frac{30 \times 6000 \times 10^{-10}}{3.6 \times 10^{-5}} = 0.5$

$\Rightarrow \mu = 1.5$

अतः विकल्प (A) सही है।

76. माना वायु में ध्वनि का वेग v है।

पर्यवेक्षक का वेग, $V = \frac{v}{5}$

जब पर्यवेक्षक स्थिर स्रोत की ओर बढ़ रहा है तो डॉप्लर प्रभाव का उपयोग करना:

$n' = \left[\frac{v+v_0}{v}\right]n = \left[\frac{v+\frac{v}{5}}{v}\right]n = \frac{6}{5}n = 1.2n$

आवृत्ति में वृद्धि $= 0.2n,$

तो, आवृत्ति में प्रतिशत परिवर्तन $= \frac{0.2n}{n} \times 100$

$= 20\%$

अतः विकल्प (C) सही है।

77. सूत्र का उपयोग करने पर,

$e \times V_s = \frac{hc}{\lambda} - W$ ($W =$ कार्य फलन)

$\Rightarrow e \times 2.5 = \frac{hc}{300)} - W$

$\Rightarrow e \times 2.5 = \frac{1241.5 \times nm}{300} - W$

$\Rightarrow e \times 2.5 = \frac{1241.5}{300} - W$

$\Rightarrow e \times 2.5 = \frac{1241.5 \times (1.6 \times 10^{-19})}{300} - W$

$\Rightarrow e \times 2.5 = \frac{1241.5 \times e}{300} - W$ .....(i)

$\Rightarrow e \times V_s = \frac{1241.5 \times e}{150} - W$ .....(ii)

समीकरण (i) और (ii) घटाने पर

$e \times V_s - e \times 2.5 = \frac{1241.5 \times e}{150} - \frac{1241.5 \times e}{300}$

$\Rightarrow (V_s - 2.5) = \frac{1241.5}{150} - \frac{1241.5}{300}$

$\Rightarrow (V_s - 2.5) = \frac{1241.5}{150} - \frac{1241.5}{300} = \frac{1241.5}{300} = 4.138V$

$\Rightarrow V_s = 2.5 + 4.138 = 6.63V$

अतः विकल्प (C) सही है।

78. फोटॉन के परिमाणीकरण का अर्थ है कि फोटॉन असतत ऊर्जा खंड हैं।

- ये खंड निश्चित ऊर्जा, एक निश्चित संवेग और निश्चित संरेखण के द्रव्यमान रहित कण हैं।
- परिमाणीकरण का अर्थ है कि वे असतत कणों में मौजूद हैं, प्रत्येक असतत कण की एक अलग ऊर्जा, अलग संवेग, आदि है।

अतः विकल्प (B) सही है।

79. संतृप्त प्रकाश वैद्युत धारा घटना विकिरण की तीव्रता के अनुक्रमानुपाती होती है लेकिन यह अपनी आवृत्ति से स्वतंत्र होता है। इसलिए घटना प्रकाश की तीव्रता और आवृत्ति दोनों दोगुनी हो जाने पर संतृप्त प्रकाश वैद्युत धारा दोगुना हो जाती है।

अतः विकल्प (C) सही है।

80. दिया हुआ,

प्रकाश की आवृत्ति, $v = 6.0 \times 10^{14}\ Hz$

प्रकाश द्वारा उत्सर्जित ऊर्जा, $P = 2.0 \times 10^{-3}\ W$

हम जानते हैं कि $h = 6.63 \times 10^{-34}\ J\ s$

प्रत्येक फोटॉन में ऊर्जा होती है,

$$E = hv = (6.63 \times 10^{-34}\ Js)(6.0 \times 10^{14}\ Hz)$$

$$= 3.98 \times 10^{-19}\ J$$

यदि N प्रति सेकंड स्रोत द्वारा उत्सर्जित फोटॉनों की संख्या है, बीम में संचारित होने वाली शक्ति P प्रति फोटॉन E, N की ऊर्जा के बराबर होती है। इसलिए $P = NE$ तब,

$$N = \frac{P}{E} = \frac{2.0 \times 10^{-3}\ W}{3.98 \times 10^{-19}\ J}$$

$$= 5.0 \times 10^{15}\ \text{फोटॉन प्रति सेकंड}$$

अतः विकल्प (B) सही है।

81. हमारे पास है, $eV = hv + K \cdot E$

$$eV = \frac{hc}{\lambda_{\min}} + K.E$$

$$\log V + K \cdot E = -\log \lambda_{\min}$$

तो $\log V$, $\log \lambda_{\min}$ के व्युत्क्रमानुपाती है।

अतः विकल्प (D) सही है।

82. दिया गया,

हाइड्रोजन परमाणु के लिए,

$$Z = 1$$

$$r_4 = a_0 \times 4^2, \quad r_3 = a_0 \times 3^2$$

$$r_9 = a_0 \times 9^2, \quad r_8 = a_0 \times 8^2$$

परमाणुओं या आयनों की तरह हाइड्रोजन की कक्षा n^{th} की त्रिज्या दी जाती है,

$$r_n = a_0\frac{n^2}{Z}$$

जहां a_0 हाइड्रोजन की पहली कक्षा की त्रिज्या है और Z परमाणु या आयन की परमाणु संख्या है।

प्रश्न के अनुसार,

$$\frac{r_4 - r_3}{r_9 - r_8} = \frac{a_0 \times 4^2 - a_0 \times 3^2}{a_0 \times 9^2 - a_0 \times 8^2}$$

$$= \frac{16 - 9}{81 - 64}$$

$$= 0.41$$

अतः विकल्प (B) सही है।

83. दिया गया है,

हाइड्रोजन परमाणु में इलेक्ट्रॉन की बंधन ऊर्जा $= 13.6 eV$

जैसा कि हम जानते हैं कि परमाणु क्रमांक Z के परमाणु के लिए n वें कोश में इलेक्ट्रॉन की कक्षीय ऊर्जा किसके द्वारा दी जाती है,

$$E = -Z^2 \frac{13.6}{n^2} eV$$

इस प्रकार, Li^{2+} की पहली उत्तेजित अवस्था के लिए,

$$E_2 = -3^2 \times \frac{13.6}{4}$$

$$= 30.6 eV$$

इस प्रकार, Li^{2+} की पहली उत्तेजित अवस्था के लिए आयनीकरण ऊर्जा $30.6 eV$ है।

अतः विकल्प (A) सही है।

84. दिया गया है

निरोधी विभव $= 9\ V$

$$\frac{e}{m} = 1.8 \times 10^{11} CKg^{-1}$$

$$\frac{1}{2}mv^2_{\text{अधिकतम}} = eV_0$$

$$\Rightarrow v_{\text{अधिकतम}} = \sqrt{2\left(\frac{e}{m}\right)V_0}$$

$$\Rightarrow \sqrt{2 \times 1.8 \times 10^{11} \times 9}$$

$$\Rightarrow 18 \times 10^5\ m\ s^{-1}$$

$$\Rightarrow 1.8 \times 10^6\ m\ s^{-1}$$

अतः विकल्प (C) सही है।

85. जैसा कि दिया गया है, 61 न्यूट्रॉनों वाले एक नाभिक तथा हीलियम नाभिक की त्रिज्याओं का अनुपात 3 है।

जैसा कि हम जानते हैं, त्रिज्या, द्रव्यमान संख्या के $\frac{1}{3}$ घात के अनुक्रमानुपाती होती है,

अर्थात, $R \propto A^{\frac{1}{3}}$

या $\frac{A_1}{A_2} = \left(\frac{R_1}{R_2}\right)^3$

$$\Rightarrow \frac{A_2}{A_1} = \left(\frac{1}{3}\right)^3$$

$$\Rightarrow \frac{A_2}{A_1} = \frac{1}{27}$$

$$\Rightarrow \frac{A_2}{A_1} = 27$$

$$\Rightarrow A_2 = A_1 \times 27$$

$$A_2 = 4 \times 27 = 108$$

$$\Rightarrow Z_2 = A_2 - 61$$

$$Z_2 = 108 - 61 = 47$$

अतः विकल्प (B) सही है।

86. उत्क्रम अभिनति में, ब्रेकडाउन के बाद, जेनर डायोड में वोल्टेज स्थिर हो जाता है। इसलिए, जेनर डायोड को वोल्टेज रेगुलेटर के रूप में उपयोग करने पर उत्क्रम अभिनति में जोड़ा जाता है।

सिलिकॉन डायोड का विभव प्राचीर लगभग 0.7 V होता है।

इसलिए, कथन (A) सही है और कथन (B) गलत है।

अतः विकल्प (D) सही है।

87. प्राप्त धारा = धारा में परिवर्तन / बेस धारा में परिवर्तन

$$\beta = \frac{\Delta i_C}{\Delta i_B}$$

और,

$$i_E = i_B + i_C$$

$$\Rightarrow \Delta i_E = \Delta i_B + \Delta i_C$$

$$\beta = \frac{\Delta i_C}{\Delta i_E - \Delta i_C}$$

दिया हुआ,

$$\beta = 100, \Delta i_C = 1\ mA$$

$$\therefore 100 = \frac{1}{\Delta i_E - 1}$$

$$\Delta i_E - 1 = \frac{1}{100}$$

$$= 0.01$$

$$\Delta i_E = 1 + 0.01$$

$$= 1.01\ mA$$

अतः विकल्प (B) सही है।

88.

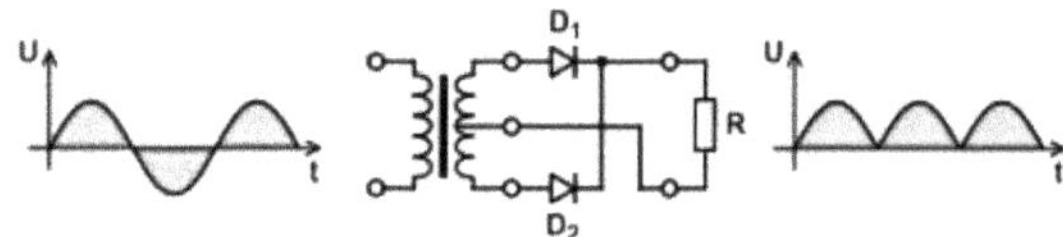

यदि हम इस पर विचार करते हैं, तो आउटपुट आवृत्ति निश्चित रूप से इनपुट आवृत्ति की तुलना में दोगुनी है।

इसलिए, यदि इनपुट आवृत्ति 50 हर्ट्ज है, तो आउटपुट आवृत्ति 100 हर्ट्ज होगी।

यह रंग का उपयोग करके छवि में दिखाए गए संकेत तरंग से दिखाई देता है।

संकेत का नकारात्मक पक्ष सुधार के बाद सकारात्मक पक्ष पर प्रकट होता है। चूंकि संकेत को ठीक किया जाता है। सुधार के बाद आमतौर पर संकेत प्रकृति में सममित होता है, आउटपुट पर संकेत की आवृत्ति दोगुनी होती है।

इसके अलावा, प्रत्यावर्तन प्रत्यावर्ती धारा को अप्रत्यावर्ती धारा में बदलने की एक प्रक्रिया है। यह डीसी बिजली उत्पादन इकाई का एक हिस्सा है। एक प्रत्यक्ष धारा, हमें आदर्श रूप से एक शून्य आवृत्ति संकेत की आवश्यकता होती है। इस प्रकार, फिल्टर सर्किट और वोल्टेज विनियमन सर्किट जैसे सर्किट इस चर वोल्टेज को स्थिर करके वोल्टेज को कम करते है और सभी आवृत्ति घटकों को हटाते हैं।

अतः विकल्प (D) सही है।

89. संतृप्ति पर,

$$V_{CE} = 0$$

$$V_{CE} = V_{CC} - I_C R_C$$

$$I_C = \frac{V_{CC}}{R_C}$$

$$= 5 \times 10^{-3}\ A$$

दिया गया है,

$$\beta_{dc} = \frac{I_C}{I_B}$$

$$I_B = \frac{5 \times 10^{-3}}{200}$$

$$I_B = 25 \mu A$$

इनपुट पक्ष में $V_{BB} = I_B R_B + V_{BE}$

$$= (25 mA)(100 k\Omega) + 1V$$

$$V_{BR} = 3.5V$$

अतः विकल्प (B) सही है।

90. सर्किट में NOR गेट के प्रत्येक इनपुट से जुड़े दो गेट नहीं होते हैं।

संयोजन की सही सत्यमान सारणी होगी:

A	B	Y
0	0	0
0	1	0
1	0	0
1	1	1

अतः विकल्प (A) सही है।

91. दिया गया है,

बंदूक पर लगा बल $F = 600 - 2 \times 10^5 t$

माना समय जिस पर $F = 0$ be t_0

$$\therefore t_0 = \frac{600}{2 \times 10^5}$$

$$= 3 \times 10^{-3} s$$

जैसा कि हम जानते हैं,

बंदूक से लगाया जाने वाला आवेग-

$$I = \int_0^{t_0} F\ dt$$

$$= \int_0^{t_0} (600 - 2 \times 10^5 t)\ dt$$

$$= [600t - 10^5 t^2]_0^{t_0}$$

$$\Rightarrow I = 600 \times t_0 - 10^5 t_0{}^2$$

$= 600 \times 3 \times 10^{-3} - 10^5 (3 \times 10^{-3})^2$

$= 1.8 - 0.9$

$= 0.9$ Ns

अतः विकल्प (B) सही है।

92. दिया गया है,

कार का प्रारंभिक वेग $= 0$

कार का त्वरण $= 5$ मी./से.^{2}

हम जानते हैं

$v = u + at$

$t = 4$ सेकण्ड पर कार का वेग;

$\Rightarrow v_x = 0 + 5 \times 4 = 20$ मी./से.$^{-1}$

$t = 4\ s$ पर, एक गेंद खिड़की से बाहर गिरती है, इसलिए, इस क्षण गेंद का वेग क्षैतिज के साथ $20\ ms^{-1}$ होता है।

2 सेकंड की गति के बाद:

गेंद का क्षैतिज वेग $= 20$ मी./से.$^{-1} (\because a_x = 0)$

गेंद का लंबवत वेग $(v_y) = u_y + a_y t$

$v_y = 0 + 10 \times 2 = 20$ मी./से.$^{-1} \big(\because a_y = g = 10$ मी./से.$^2 \big)$

इसलिए, गेंद के वेग का परिमाण,

$(v) = \sqrt{v_x^2 + v_y^2}$

$= \sqrt{(20)^2 + (20)^2}$

$= 20\sqrt{2}$ मी./से

$t = 6$ सेकण्ड पर गेंद का त्वरण $g = 10$ मी./से.^{2} है।

क्योंकि गेंद मुक्त अवस्था में गिर रही है।

अतः विकल्प (A) सही है।

93. दिया गया है,

गेंद का प्रारंभिक वेग $= 20\ m/s$

गेंद का अंतिम वेग $= 80\ m/s$

गुरुत्वाकर्षण के कारण त्वरण $= 10\ m/s^2$

इसलिए, मीनार की ऊँचाई व्यंजक से प्राप्त की जा सकती है:

$v^2 = u^2 + 2gh$

उपरोक्त व्यंजक में मानों को प्रतिस्थापित करने पर:

$80^2 = 20^2 + (2 \times 10 \times h)$

$\Rightarrow h = \frac{6400 - 400}{20}$

$\Rightarrow h = \frac{6000}{20} \Rightarrow 300\ m$

अतः विकल्प (D) सही है।

94. दिया गया है,

दोनों तारों पर बल/लोड (F) समान है,

मान लीजिये B का अनुप्रस्थ काट क्षेत्रफल A के अनुप्रस्थ काट क्षेत्रफल समान है

तार A का अनुप्रस्थ काट क्षेत्रफल $(A_1) = 2 \times$ तार B अनुप्रस्थ काट क्षेत्रफल $(A_2) = 2A$

तार पर तनाव $A(S) =$ बल $(F)/$तार का क्षेत्रफल $A(A_1) = \frac{F}{2A}$ ...(1)

तार पर तनाव $B(S') =$ बल $(F)/$तार का क्षेत्रफल $B(A_2) = \frac{F}{A}$ ...(2)

समीकरण 1 और 2 को विभाजित करने पर, हम प्राप्त करते हैं,

तार पर तनाव $A(S)/$ तार पर तनाव $B(S') = \frac{1}{2}$

$\Rightarrow$ तार $B(S')$ पर तनाव $= 2 \times$ तार $A(S)$ पर तनाव

अतः विकल्प (B) सही है।

95. **प्वासों का अनुपात:** अनुदैर्ध्य विकृति और पार्श्व विकृति के अनुपात को प्वासों का अनुपात (σ) कहा जाता है।

σ = पार्श्व विकृति/अनुदैर्ध्य विकृति

$$\sigma = \frac{-\frac{dr}{r}}{\frac{dL}{L}} = -\frac{dr \times L}{dL \times r}$$

- ऋणात्मक चिह्न इंगित करता है कि छड़ की त्रिज्या कम जाती है जब इसे खींचा जाता है।

- प्वासों का अनुपात एक आयामहीन और एक इकाईहीन राशि है।

- क्षेत्र और बल का अनुपात दाब है।

- त्रिज्या या व्यास में परिवर्तन और मूल त्रिज्या या व्यास के अनुपात को पार्श्व विकृति कहा जात है।

- लंबाई में परिवर्तन और वास्तविक लंबाई के अनुपात को अनुदैर्ध्य विकृति कहा जाता है।

अतः विकल्प (A) सही है।

96. प्रत्यास्था मापांक के बारे में कथन, "तापमान में वृद्धि के साथ सामग्री का अपरूपण मापांक बढ़ जाता है" गलत है।

- प्रत्यास्था मापांक सामग्री का गुणधर्म है, इसलिए यदि प्रत्यास्था मापांक का मान अधिक है, सामग्री अधिक प्रत्यास्थ होगी।

- जैसा कि हम जानते हैं कि यंग मापांक सामग्री की कठोरता को दर्शाती है, इसलिए जब सामग्री का तापमान बढ़ जाता है, तो यह नरम हो जाता है, और इस प्रकार सामग्री की प्रत्यास्था कम हो जाती है।

- आयतन मापनक की उपरोक्त अभिव्यक्ति से, यह स्पष्ट है कि आयतन में परिवर्तन भाजक में आता है, और एक असंपीड़ित द्रव आयतन परिवर्तन शून्य है। इसलिए असंपीड़ित तरल पदार्थों के लिए, आयतन मापांक अनंत है।

- अपरूपण मापांक की उपरोक्त अभिव्यक्ति से, यह स्पष्ट है कि सामग्री का अपरूपण मापांक तापमान से स्वतंत्र है।

अतः विकल्प (D) सही है।

97. हवाई जहाज से कूदते समय एक पैराशूट पैराशूटर की खुले पैराशूट पर हवा के ऊपरी प्रणोद के कारण अवरोहण की उसकी गति को कम करने के लिए मदद करता है।

- जब पैराशूटर हवाई जहाज से कूदता है, तो गुरुत्वाकर्षण के कारण उसका वेग बढ़ता चला जाता है। इसलिए, ऊपर की ओर कार्य करने वाले श्यान ड्रैग का विरोध भी बढ़ता चला जाता है।

- पैराशूट प्रभावशाली तरीके से हवा प्रतिरोध को बढ़ाकर पैराश्यूटर के टर्मिनल वेग को कम करता है।

- पैराशूट खोलकर और भारी मात्रा में ड्रैग के साथ सामग्री का एक बड़ा सतह क्षेत्र बनाकर हवा प्रतिरोध में वृद्धि होती है।

- इस प्रकार, एक चरण तब पहुंचता है जब शरीर का असली वजन उत्प्लावन के कारण ऊर्ध्वगामी प्रणोद और ऊर्ध्वगामी श्यान ड्रैग के योग के बराबर होता है। इस स्तर पर, शरीर को त्वरित करने के लिए कोई शुद्ध बल नहीं है।

- इसलिए आप अपेक्षाकृत कम गति पर जमीन पर पहुँचते हैं।

अतः विकल्प (C) सही है।

98. बर्नौली का सिद्धांत छत के उड़ने की व्याख्या कर सकती है।

बर्नौली के सिद्धांत में कहा गया है कि एक सुवीही अनियमित प्रवाह में असम्पीड्य, अश्यान द्रव के प्रति इकाई आयतन में दाब ऊर्जा, गतिज ऊर्जा और स्थितिज ऊर्जा का योग एक सुवीही के समानांतर में स्थिर रहता है। इसका अर्थ है कि एक तरल पदार्थ में सुवीही के साथ स्थिर प्रवाह में यांत्रिक ऊर्जा के सभी रूपों का योग उस सुवीही पर सभी बिंदुओं पर समान होता है।

- कुछ तूफान या चक्रवात के दौरान, कुछ घरों की छतें घर के दूसरे हिस्सों को नुकसान पहुंचाए बिना उड़ जाती हैं।

- बर्नौली के सिद्धांत के अनुसार, छत पर चलने वाली उच्च हवा एक निम्न दाब P_2 बनाती है।

- छत के नीचे दाब P_1 वायुमंडलीय दाब के बराबर होता है जो P_2 से अधिक है।

- दाब $(P_1 - P_2)$ का अंतर एक ऊर्ध्वमुखी प्रणोद का कारण बनता है और छत ऊपर उठ जाती है।

- एक बार छत को ऊपर उठाने के बाद, यह हवा के साथ उड़ जाती है।

अतः विकल्प (B) सही है।

99. एक गहरे समुद्र में गोताखोर डाइविंग के दौरान अपने कर्णपटह को उच्च जल दबाव के कारण से चोट पहुंचा सकता है।

- सामान्य स्थिति या मानक दबाव (वायु में सामान्य वायुमंडलीय दबाव) पर कर्णपटह के अंदर और बाहर दबाव समान होता है, इसका अर्थ है कि कर्णपटह के दोनों पक्षों पर लगाया गया बल समान है।

- अब यदि हम पानी के अंदर जाते हैं तो कर्णपटह के बाहर का दबाव अंदर के दबाव से अधिक होगा।

- और यह कर्णपटह के अंदर और बाहर के बीच एक दबाव अंतर निर्मित करेगा, इसके कारण पानी कर्णपटह पर बल लगाएगा।

- इसलिए, जैसे-जैसे गोताखोर गहरे समुद्र में आगे बढ़ते हैं पानी का दबाव बढ़ता जाएगा जिससे इस दबाव के अंतर के कारण इसके कर्णपटह को स्थायी नुकसान होगा।

अतः विकल्प (C) सही है।

100. कथन, "विराम अवस्था में एक तरल पदार्थ में दबाव सभी बिंदुओं पर समान होगा, अगर वे समान ऊंचाई पर हैं" पास्कल के नियम का प्रतिनिधित्व करता है।

पास्कल का नियम: पास्कल का नियम तरल पदार्थ-दबाव के संचरण का सिद्धांत है। इसमें कहा गया है कि "परिरुद्ध तरल पदार्थ के एक बिंदु में कहीं भी लगाया गया दबाव पूरे तरल पदार्थ में सभी दिशाओं में समान रूप से फैलता है।"

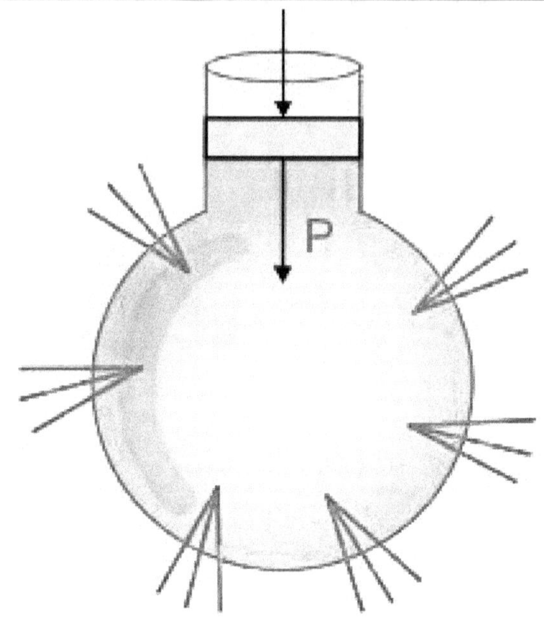

अतः विकल्प (C) सही है।

Q.1 सतह तनाव की इकाई है

[UPSESSB TGT Science, 2016]

A. डायन सेमी
B. डायन सेमी-1
C. डायन सेमी-2
D. इनमे से कोई नहीं

Q.2 भौतिक मात्रा के संख्यात्मक मान (n) और इकाई (u) एक दूसरे से किस प्रकार संबंधित हैं:

[UPSESSB TGT Science, 2016]

A. $n \propto u$ B. $n \propto \sqrt{u}$ C. $n \propto \frac{1}{u}$ D. $n \propto \frac{1}{\sqrt{u}}$

Q.3 निम्नलिखित में से कौन सी व्युत्पन्न इकाई नहीं है:

[UPSESSB TGT Science, 2016]

A. आवृत्ति
B. प्लांक स्थिरांक
C. गुरुत्वाकर्षण स्थिरांक
D. विद्युत धारा

Q.4 यदि बल (F), त्वरण (A), समय (T) का मौलिक इकाइयों के रूप में उपयोग किया जाता है तो लंबाई के लिए आयामी सूत्र क्या होगा?

[UPSESSB TGT Science, 2016]

A. $[F^0 AT^2]$
B. $[FA^0 T^2]$
C. $[FA^0 T^0]$
D. $[FAT]$

Q.5 विभिन्न परिमाणों के सह-योजनाकार सदिशों की न्यूनतम संख्या क्या है जो शून्य परिणाम दे सकते हैं?

A. 1   B. 4   C. 3   D. 6

Q.6 जमीन से दागा गया एक प्रक्षेप्य एक परवलयिक पथ का अनुसरण करता है। प्रक्षेप्य की गति किस स्थिति में न्यूनतम होगी?

A. पथ के शीर्ष पर
B. पथ के आरंभ में
C. पथ के साथ यात्रा करते समय
D. कभी नही

Q.7 प्रक्षेप्य गति के बारे में निम्नलिखित में से कौन सा सत्य नहीं है?

A. यह समतल में गति का एक उदाहरण है
B. यह वक्र के साथ गति का एक उदाहरण है
C. यह अंतरिक्ष में गति का उदाहरण नहीं है
D. प्रक्षेप्य गति में त्वरण बदलता रहता है

Q.8 एक बल $\vec{F} = 6\hat{i} - 8\hat{j} + 10\hat{k}$ की क्रिया के तहत निकाय 1 मीटर/से² का त्वरण प्राप्त करता है। इस निकाय का द्रव्यमान______ होना चाहिए।

A. 10 किलोग्राम
B. 20 किलोग्राम
C. $10\sqrt{2}$ किलोग्राम
D. $2\sqrt{10}$ किलोग्राम

Q.9 गति वेक्टर के साथ $120°$ के कोण पर बल के साथ एक गतिमान वस्तु को एक आवेग की आपूर्ति की जाती है। आवेग वेक्टर और संवेग वेक्टर में परिवर्तन के बीच का कोण है:

A. $120°$ B. $0°$ C. $60°$ D. $240°$

Q.10 4 किग्रा द्रव्यमान का एक पिंड उस पर लगाए गए बल के कारण 5 सेकंड में 15 मीटर/सेकेंड से 25 मीटर/सेकेंड तक चलता है। इस बल के परिमाण की गणना कीजिए।

A. 32 N   B. 8 N   C. 16 N   D. 64 N

Q.11 एक खिलाड़ी, एक क्रिकेट गेंद को पकड़ की कोशिश करता है, वह आमतौर पर अपने हाथ धीरे से पीछे खींचता है। यह सिद्धांत है-

A. न्यूटन का गति का पहला नियम
B. न्यूटन का गति का दूसरा नियम
C. न्यूटन का गति का तीसरा नियम
D. न्यूटन का गति का चौथा नियम

Q.12 एक पिंड $r_1 = \left(2\hat{i} - 3\hat{j} - 4\hat{k}\right)m$ स्थिति से एक स्थिर बल $F = \left(4\hat{i} + \hat{j} + 6\hat{k}\right)N$ के प्रभाव में $r_2 = \left(3\hat{i} - 4\hat{j} + 5\hat{k}\right)m$ की स्थिति में गति करता है। बल द्वारा किया गया कार्य है:

A. 57 J   B. 58 J   C. 59 J   D. 60 J

Q.13 द्रव्यमान M का एक पिंड एक आंतरिक विस्फोट द्वारा दो भागों α और $(1 - \alpha)M$ में विभाजित हो जाता है जो गतिज ऊर्जा T उत्पन्न करता है। विस्फोट के बाद यदि दोनों भाग पहले की तरह एक ही दिशा में चलते हैं, तो उनकी सापेक्ष गति होगी-

A. $\sqrt{\frac{T}{(1-\alpha)M}}$
B. $\sqrt{\frac{2T}{\alpha(1-\alpha)M}}$
C. $\sqrt{\frac{T}{2(1-\alpha)M}}$
D. $\sqrt{\frac{2T}{(1-\alpha)M}}$

Q.14 एक m द्रव्यमान का अल्फा कण किसी अज्ञात द्रव्यमान के रिथर नाभिक से एक-विमीय प्रत्यास्थ संघट्ट करके अपनी प्रारम्भिक गतिज ऊर्जा का 64% भाग क्षय करके ठीक विपरीत दिशा में प्रकीर्णित हो जाता है। नाभिक का द्रव्यमान होगा:

[JEE Main Advanced, 2019]

A. $1.5\,m$ B. $2\,m$ C. $3.5\,m$ D. $4\,m$

Q.15 जब हम पत्थर फेंकने के लिए गुलेल (गुलेल) की डोरी को पीछे खींचते हैं, तो उसमें ऊर्जा होती है। यह किस प्रकार की ऊर्जा है?

A. गतिज ऊर्जा
B. स्थितिज ऊर्जा
C. (A) और (B) दोनों
D. इनमे से कोई भी नहीं

Q.16 उपेक्षणीय द्रव्यमान की $1\,m$ लम्बी किसी वृढ़ छड़ के दो सिरों से $5\,kg$ और $10\,kg$ द्रव्यमान के दो कण जुड़े हैं।

$5\,kg$ के कण से इस निकाय के संहति केन्द्र की दूरी (लगभग) है:

[NEET UG, 2020], [MPPEB Sub Engineer (Mechanical), 2020]

A. $33\,cm$ B. $50\,cm$ C. $67\,cm$ D. $80\,cm$

Q.17 लंबाई के एक समान धातु की छड़ L और द्रव्यमान M एक अक्ष के साथ घूम रहा है ω एक धुरी के बारे में जो कि छोरों और रॉड के लंबवत से होकर गुजरती है। यदि तापमान $t°C$ से बढ़ता है, तो इसकी कोणीय गति में परिवर्तन आनुपातिक है:

A. $\sqrt{\omega}$ B. ω C. w^2 D. $\frac{1}{\omega}$

Q.18 डिस्क के तल में एक स्पशरिखा अक्ष से एक वृत्तीय डिस्क के घुमाव की त्रिज्या से और वलय की तल में एक स्पशरिखा अक्ष के एकसमान त्रिज्या के एक गोलाकार वलय का अनुपात है:

A. $2:3$ B. $2:1$ C. $\sqrt{5}:\sqrt{6}$ D. $1:\sqrt{2}$

Q.19 निम्नलिखित में से कौन सा कथन किसी वस्तु के वजन और द्रव्यमान के बारे में सही है?

A. एक निकाय का चंद्रमा पर उतना ही वजन और उतना ही द्रव्यमान होता है जितना पृथ्वी पर होता है

B. एक निकाय का केवल द्रव्यमान पृथ्वी और चंद्रमा पर समान है

C. एक निकाय का केवल वजन पृथ्वी और चंद्रमा पर समान है

D. एक निकाय का चंद्रमा पर वजन और द्रव्यमान भिन्न होते हैं जैसा कि पृथ्वी पर है

Q.20 प्रत्येक 10 किलो द्रव्यमान की दो गोलाकार गेंदों को 10 सेमी अलग रखा गया है। उनके बीच आकर्षण का गुरुत्वाकर्षण बल ज्ञात करें।

A. $6.67 \times 10^{-7} N$ **B.** $4.67 \times 10^{-7} N$

C. $8.67 \times 10^{-14} N$ **D.** $3.67 \times 10^{-6} N$

Q.21 न्यूटन के गुरुत्वाकर्षण का नियम वैध है:

A. केवल आवेशित निकायों के लिए

B. सभी निकाय

C. केवल भारी निकाय

D. केवल छोटे निकाय के लिए

Q.22 ग्रह B की तुलना ग्रह A की त्रिज्या दोगुनी है। यदि ग्रह A का द्रव्यमान ग्रह B के द्रव्यमान से 4 गुना भारी है, तो वस्तु के भार के बारे में निम्नलिखित में से कौन सा कथन सही है?

A. ग्रह B की तुलना में ग्रह A पर भारी

B. ग्रह A की तुलना में ग्रह B पर भारी

C. दोनों ग्रहों पर समान

D. इसे B ग्रह पर मापा नहीं जा सकता

Q.23 पृथ्वी की सतह के ऊपर एक निश्चित ऊंचाई H पर गुरुत्वाकर्षण के कारण त्वरण का मान सतह के अंदर 200 km की गहराई पर होनेवाले गुरुत्वाकर्षण के कारण त्वरण के मान के समान होता है। तब पृथ्वी की सतह से दूरी H क्या होगी?

A. 400 km **B.** 300 km **C.** 200 km **D.** 100 km

Q.24 गैस थर्मामीटर तरल थर्मामीटर की तुलना में अधिक संवेदनशील होते हैं क्योंकि गैसें _________ होती हैं।

A. तरल की तुलना में अधिक विस्तार

B. आसानी से प्राप्त हो जाते हैं

C. ज्यादा हल्के होते हैं

D. इनमें से कोई नहीं

Q.25 जब लोहे की एक ठोस गेंद को गर्म किया जाता है, तो _______ में सबसे अधिक प्रतिशत वृद्धि होगी।

A. घनत्व **B.** सतह क्षेत्र **C.** व्यास **D.** आयतन

Q.26 प्रेशर कुकर में, भोजन जल्दी पक जाता है क्योंकि वाष्प के दबाव में वृद्धि _______ ।

A. गलनांक को बढ़ाता है **B.** क्वथनांक को बढ़ाता है

C. क्वथनांक को घटाता है **D.** गलनांक को घटाता है

Q.27 निम्नलिखित में से कौन सा कथन गलत है?

A. धातु थर्मामीटर में बायमेटल का उपयोग किया जाता है

B. बिजली उत्पन्न करने के लिए बायमेटल का उपयोग किया जाता है

C. बायमेटल रिले का उपयोग इलेक्ट्रिक सर्किट को खोलने या बंद करने के लिए किया जाता है

D. थर्मोस्टैट्स में बायमेटल का उपयोग कमरे के हीटिंग या कूलिंग को विनियमित करने के लिए किया जाता है

Q.28 आदर्श गैस पर अधिकतम कार्य करने के लिए निम्नलिखित में से किस प्रक्रिया का उपयोग किया जाता है यदि गैस को उसके प्रारंभिक आयतन के आधे तक संपीड़ित किया जाता है?

A. आइसोथर्मल **B.** आइसोकोरिक

C. आइसोबैरिक **D.** एडियाबेटिक

Q.29 जब एक वास्तविक गैस एक परिमित दबाव के विरुद्ध एडियाबेटिक रूप से फैलती है तो इसका _________ होता है।

A. आंतरिक ऊर्जा बढ़ जाती है

B. आंतरिक ऊर्जा घटती है

C. तापमान हमेशा बढ़ता रहता है

D. आंतरिक ऊर्जा स्थिर रहती है

Q.30 एक रेफ्रिजरेटर को $9°C$ खाने योग्य चीजों को रखना है। यदि कमरे का तापमान $36°C$ है, तो निष्पादन के गुणांक की गणना करें।

A. 10.44 **B.** 11.44 **C.** 9.04 **D.** 11.84

Q.31 ताप इंजन में कार्य करने के लिए तापमान T_1 और T_2 पर निरंतर ताप क्षमता वाले दो समान परिमित निकाय उपलब्ध हैं। अधिकतम कार्य के वितरण पर निकायों द्वारा पहुँचा गया अंतिम तापमान T_f है:

A. $T_F = \frac{T_1 + T_2}{2}$ **B.** $T_f = \sqrt{T_1 T_2}$

C. $T_f = T_1 = T_2$ **D.** $T_f = \sqrt{T_1^2 + T_2^2}$

Q.32 एक स्प्रिंग की लंबाई में विस्तार $12\ cm$ होता है, जब $5\ kg$ द्रव्यमान उस पर लटकाया जाता है। यदि स्प्रिंग लंबवत दोलन करता है, तो इसकी समयावधि है:

A. 0.7sec **B.** 0.9sec **C.** 1.1sec **D.** 1.4sec

Q.33 सरल दोलक के लिए L & T के बीच ग्राफ कैसा होगा?

[UPSESSB TGT Science, 2016]

A. अतिपरवलय **B.** परवलय

C. सरल रेखा **D.** वक्र रेखा

Q.34 दो कण एक ही आयाम और आवृत्ति के SHM को एक ही सीधी रेखा के साथ निष्पादित करते हैं। यदि वे विपरीत दिशाओं में जाने पर एक-दूसरे को पास करते हैं, तो हर बार उनका विस्थापन उनके आयाम का आधा होता है, उनके बीच का कलान्तर होगा -

A. $\frac{\pi}{2}$ **B.** $\frac{2\pi}{3}$ **C.** $\frac{2\pi}{3}$ **D.** $\frac{2\pi}{7}$

Q.35 l लंबाई के एक सरल लोलक में इसके निचले सिरे पर एक पीतल का बॉब लगा होता है। जिसकी अवधि T है। यदि समान आकार के स्टील बॉब को जिसका घनत्व पीतल के घनत्व से x गुना हो, को एक स्टील के बॉब द्वारा प्रतिस्थापित कर दिया जाता है और इसकी लंबाई बदल जाती है, जिससे इसकी अवधि $2T$ हो जाती है, फिर नई लंबाई है:

A. $2\ l$ **B.** $4\ l$ **C.** $4\ x$ **D.** $\frac{4\ l}{x}$

Q.36 एक प्रेक्षक किसी ध्वनि के स्थिर स्रोत की ओर चलता है, तो निम्न में से कौन-सा सही है?

A. प्रत्यक्ष आवृत्ति वास्तविक आवृत्ति से कम होगी।

B. प्रत्यक्ष आवृत्ति वास्तविक आवृत्ति से अधिक होगी।

C. प्रत्यक्ष आवृत्ति वास्तविक आवृत्ति के बराबर होगी।

D. केवल ध्वनि की गुणवत्ता परिवर्तित होगी।

Q.37 यदि तत्व में न्यूट्रॉन की संख्या इलेक्ट्रॉनों की संख्या से अधिक हो जाती है तो यह _______ ।

A. धन आवेशित होगा **B.** ऋण आवेशित होगा

C. उदासीन **D.** कह नहीं सकते

Q.38 निकाय पर धन आवेश किस प्रकार उत्पन्न किया जा सकता है?

A. प्रोटॉन मिलाकर

B. इलेक्ट्रॉन को निकालकर

C. इलेक्ट्रॉन मिलाकर

D. प्रोटॉन मिलाकर या इलेक्ट्रॉन को निकालकर

Q.39 समानांतर प्लेट संधारित्र की दो प्लेटों के बीच विभव अंतर __________ है। (Q दूरी d से अलग किए गए क्षेत्र A की प्रत्येक प्लेट पर आवेश का परिमाण है)

A. $Qd/(\varepsilon_0 A)$
B. $d\varepsilon_0/AQ$
C. $Ad/(\varepsilon_0 Q)$
D. $QA/d\varepsilon_0$

Q.40 इलेक्ट्रॉन में ऋणात्मक आवेश होता है:

A. $1.6 \times 10^{+18} C$
B. $1.6 \times 10^{-19} C$
C. $1.6 \times 10^{-18} C$
D. $1.6 \times 10^{-16} C$

Q.41 एक अनंत रेखा आवेश $9 \times 10^4 N/C$ का क्षेत्र $2\ cm$ की दूरी पर उत्पन्न करता है। रैखिक आवेश घनत्व की गणना करें।

A. $12\mu C/m$
B. $10\mu C/m$
C. $11\mu C/m$
D. $9\mu C/m$

Q.42 2.4 m व्यास के एक समान रूप से आवेशित संवाहक गोले का सतह आवेश घनत्व 80.0 μC/m² है। गोले की सतह से निकलने वाला कुल विद्युत प्रवाह कितना है?

A. $1.3 \times 10^8 Nm^2/C$
B. $1.6 \times 10^5 Nm^3/C$
C. $2.5 \times 10^8 Nm^2/C$
D. $1.6 \times 10^8 Nm^2/C$

Q.43 समानांतर प्लेट संधारित्र (हवा से भरी हुई से जुड़ी बैटरी के वोल्टेज (V में) का निर्धारण करें जब प्लेट का क्षेत्रफल 10 वर्ग सेंटीमीटर हो, प्लेटों के बीच का अंतर 5 mm हो और प्लेटों पर संग्रहीत आवेश 2 nC है।

A. 1230
B. 1030
C. 1130
D. 1430

Q.44 किसी बिन्दु पर विद्युत विभव $V = -5x + 3y + \sqrt{15}z$ है। विद्युत क्षेत्र का परिमाण है:

A. $3\sqrt{2}$
B. $4\sqrt{2}$
C. $5\sqrt{2}$
D. 7

Q.45 समानांतर प्लेट संधारित्र में संग्रहीत ऊर्जा है:

A. $\frac{3q^2}{2C}$
B. $\frac{q^2}{C}$
C. $\frac{q^2}{2C}$
D. $\frac{q^2}{3C}$

Q.46 R मान के पांच बराबर प्रतिरोधों को चित्र में दर्शाया गया है। नेटवर्क का समकक्ष प्रतिरोध

(a) B तथा D बिंदुओं के बीच $\frac{R}{2}$ होगा।

(b) A तथा C बिंदुओं के बीच R होगा।

(c) B तथा D बिंदुओं के बीच R होगा।

(d) A तथा C बिंदुओं के बीच $\frac{R}{2}$ होगा।

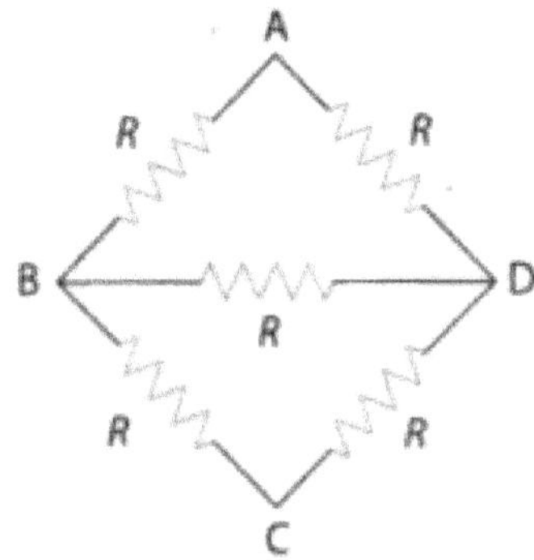

A. केवल (a)
B. केवल (b)
C. (a) और (b) दोनों
D. (a) और (c) दोनों

Q.47 त्रिभुज बनाने के लिए तीन 2Ω प्रतिरोधक जोड़े गए हैं। किन्ही भी दो कोनों के बीच प्रतिरोध होगा:

A. $\frac{4}{3}\Omega$
B. 6Ω
C. 2Ω
D. $\frac{3}{4}\Omega$

Q.48 एक अज्ञात प्रतिरोध R_1 श्रृंखला में 10Ω के प्रतिरोध के साथ जुड़ा हुआ है। यह संयोजन मीटर ब्रिज के एक गैप से जुड़ा होता है जबकि एक प्रतिरोध R_2 दूसरे गैप में जुड़ा है। संतुलन बिंदु 50 सेमी पर है। अब, जब 10Ω प्रतिरोध को हटा दिया जाता है, तो संतुलन बिंदु 40 सेमी प्रतिस्थापित हो जाता है। R_1 का मान (ओम में) है:

A. 20
B. 10
C. 60
D. 40

Q.49 __________ नियम एक समीकरण है जो धारा वहन करने वाले तार द्वारा उत्पन्न चुंबकीय क्षेत्र का वर्णन करता है, और आपको विभिन्न बिंदुओं पर इसकी क्षमता की गणना करने की अनुमति देता है।

A. एम्पीयर
B. लारेन्ट्स
C. बायो-सावर्ट्स
D. किरचॉफ

Q.50 एक समतल विद्युत-चुम्बकीय तरंग के विद्युत क्षेत्र $\vec{E} = E_0(\hat{x} + \hat{y})\sin(kz - \omega t)$ है। इसका चुम्बकीय क्षेत्र होगा:

A. $\frac{E_0}{c}(\hat{x} - \hat{y})\cos(kz - \omega t)$
B. $\frac{E_0}{c}(-\hat{x} + \hat{y})\sin(kz - \omega t)$
C. $\frac{E_0}{c}(\hat{x} - \hat{y})\sin(kz - \omega t)$
D. $\frac{E_0}{c}(\hat{x} + \hat{y})\sin(kz - \omega t)$

Q.51 निम्नलिखित में से कौन सा गुण चुंबकीय क्षेत्र से प्रभावित नहीं होता है?

A. मूविंग आवेश
B. चुंबकीय प्रवाह में परिवर्तन
C. एक चालक में प्रवाहित धारा
D. स्थिर आवेश

Q.52 चुंबकीय क्षेत्र में प्रतिचुंबकीय पदार्थ पर लगने वाला परिणामी बल किस दिशा में है?

A. चुंबकीय क्षेत्र के मजबूत से कमजोर हिस्से तक
B. चुंबकीय क्षेत्र के कमजोर से मजबूत हिस्से की ओर
C. चुंबकीय क्षेत्र के लंबवत
D. चुंबकीय क्षेत्र के लिए 60० बनाने की दिशा में

Q.53 दो घुमावों वाली एक वृत्तीय कुण्डली में विद्युत धारा ने इसके केंद्र में 0.2 T का चुंबकीय प्रेरण उत्पन्न किया। कुण्डली खुली है और फिर चार घुमावों के एक गोलाकार कुण्डली में बदल गयी है। यदि कुण्डली में समान धारा प्रवाहित होती है, तो कुण्डली के केंद्र में चुंबकीय प्रेरण अब है:

A. 0.2 T
B. 0.4 T
C. 0.6 T
D. 0.8 T

Q.54 दो गोलाकार कुंडल 1 और 2 एक ही तार से बने हैं, लेकिन पहली कुंडली की त्रिज्या दूसरी कुंडली की त्रिज्या के दोगुनी है। उनके पार लगाए गए संभावित अंतरों का अनुपात क्या है, ताकि उनके केंद्रों पर चुंबकीय क्षेत्र समान हो?

A. 3
B. 4
C. 6
D. 2

Q.55 साइड का एक चौकोर धातु का तार लूप $10cm$ का और प्रतिरोध 1Ω एक निरंतर वेग v के साथ स्थानांतरित किया जाता है, एक समान चुंबकीय क्षेत्र में $B = 2T$ जैसा कि चित्र में दिखाया गया है। चुंबकीय क्षेत्र लूप के विमान के लंबवत है और कागज में निर्देशित है। लूप प्रतिरोधों के एक नेटवर्क से जुड़ा हुआ है, प्रत्येक 3ω के बराबर है। लूप की गति कितनी होनी चाहिए, ताकि लूप में $1mA$ का स्थिर प्रवाह हो?

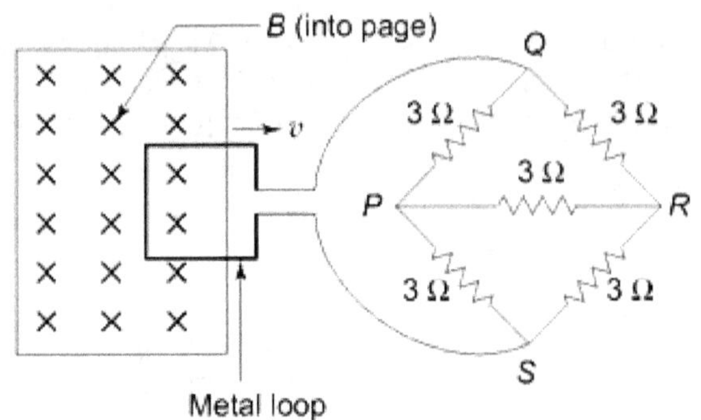

A. 1 cms^{-1} **B.** 2 cms^{-1} **C.** 3 cms^{-1} **D.** 4 cms^{-1}

Q.56 एक विद्युत चुम्बकीय तरंग में, विद्युत और चुंबकीय क्षेत्र का परिमाण 100 V/m और 0.265 A/m है। अधिकतम ऊर्जा प्रवाह है:

A. 26.5 W/m^2 **B.** 36.5 W/m^2

C. 46.7 W/m^2 **D.** 765 W/m^2

Q.57 10Ω प्रतिरोध के एक कॉइल के साथ जुड़ा हुआ चुंबकीय फ्लक्स ϕ (वेबर में), $\phi = 8t^2 - 4t + 1$ के रूप में समय t (सेकंड में) के साथ बदलता है। $t = 0.1$ सेकंड पर कॉइल में प्रेरित धारा है:

A. 10 एम्पियर   **B.** 0.24 एम्पियर

C. 0.12 एम्पियर   **D.** 4.8 एम्पियर

Q.58 एक ट्रांसफॉर्मर की भंवर धारा के नुकसान को किस प्रकार कम किया जा सकता है?

A. क्रोड के प्रतिरोध को कम करके

B. परतदार क्रोड का उपयोग करके

C. इसे कम करना संभव नहीं है

D. (A) और (B) दोनों

Q.59 एक कुण्डल में धारा 0.1 सेकंड में $4A$ से शून्य में बदल जाती है और प्रेरित emf $100V$ है। कुण्डल का स्व प्रेरकत्व क्या है?

A. $4H$ **B.** $2.5H$ **C.** $0.4H$ **D.** $0.25H$

Q.60 एक चुंबक NS को एक स्प्रिंग से निलंबित कर दिया जाता है और जब यह दोलन करता है तो चुंबक कुंडल के अंदर और बाहर गति करता है। कुंडल एक गैल्वेनोमीटर G से जुड़ा है। फिर जैसे चुंबक दोलन करता है:

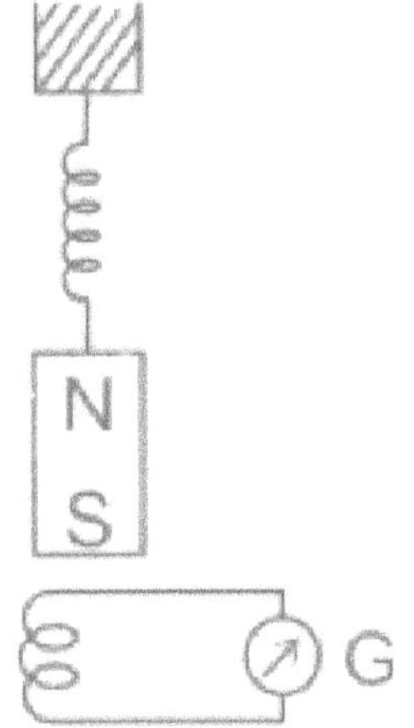

A. G स्थिर आयाम के साथ बाईं और दाईं ओर विक्षेपण दर्शाता है

B. G एक तरफ विक्षेपण दर्शाता है

C. G कोई विक्षेपण नहीं दिखाता है

D. G बाईं और दाईं ओर विक्षेपण दिखाता है लेकिन आयाम व्यवस्थित रुप से कम हो जाता है

Q.61 एक जेनर डायोड, जिसमें ब्रेकडाउन वोल्टेज के बराबर होता है, का उपयोग चित्र में दिखाए गए वोल्टेज रेगुलेटर सर्किट में किया जाता है। डायोड के माध्यम से धारा है:

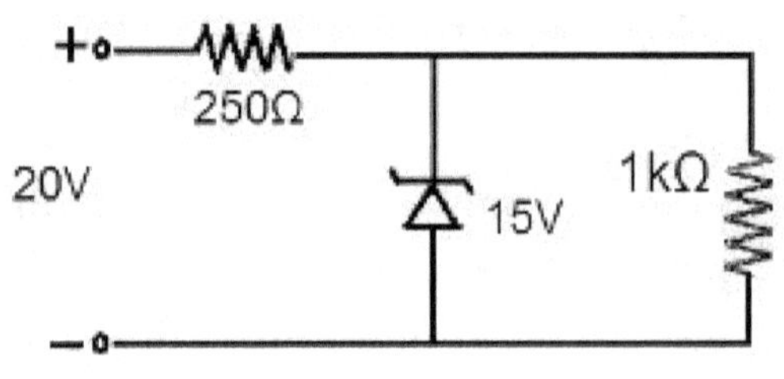

A. 10mA   **B.** 5mA   **C.** 20mA   **D.** 40mA

Q.62 थर्मल इमेजिंग के लिए निम्नलिखित में से किस विद्युत चुम्बकीय तरंग का उपयोग किया जाता है?

A. अल्ट्रावाइलेट   **B.** गामा किरण

C. इन्फ्रारेड   **D.** β-किरणें

Q.63 डी ब्रॉगली तरंग दैर्ध्य एक वेग के साथ गतिमान है 2.25×10^8 m/s एक फोटॉन के तरंग दैर्ध्य के बराबर है। फोटॉन की ऊर्जा के कण की गतिज ऊर्जा का अनुपात है (प्रकाश का वेग $= 3 \times 10^8$ m/s)

A. $\frac{1}{8}$ **B.** $\frac{3}{8}$ **C.** $\frac{5}{8}$ **D.** $\frac{7}{8}$

Q.64 द्रव्यमान M का एक कण आराम अवस्था में दो द्रव्यमान m_1 और m_2 में गैर-शून्य वेग से टूट जाता है। अनुपात $\frac{\lambda_1}{\lambda_2}$ डी ब्रोगली के कणों की तरंग दैर्ध्य है

A. $\frac{m_2}{m_1}$ **B.** $\frac{m_1}{m_2}$

C. 1 **D.** इनमें से कोई नहीं

Q.65 निम्नलिखित में से कौन सा कथन सही है?

[JEE Main Advanced, 2022]

A. प्राथमिक इंद्रधनुष में, प्रेक्षक को शीर्ष पर लाल रंग और नीचे की तरफ बैंगनी दिखाई देता है

B. प्राथमिक इंद्रधनुष में, प्रेक्षक को शीर्ष पर बैंगनी रंग और नीचे लाल रंग दिखाई देता है

C. प्राथमिक इंद्रधनुष में, प्रकाश तरंग पानी की बूंदों से बाहर आने से पहले दो बार पूर्ण आंतरिक परावर्तन झेलती है

D. प्राथमिक इन्द्रधनुष द्वितीयक इन्द्रधनुष से कम चमकीला होता है

Q.66 प्रकाश द्वारा समान मोटाई के अपवर्तक सूचकांक μ_A और μ_B की दो अलग-अलग सामग्रियों A और B में यात्रा करने में लगने वाला समय क्रमशः t_1 और t_2 है। यदि $t_2 - t_1 = 5 \times 10^{-10}s$ और μ_A से μ_B का अनुपात $1:2$ है. फिर, मीटर में सामग्री की मोटाई है: (दिया गया v_A और v_B क्रमशः A और B सामग्री में प्रकाश के वेग हैं)।

[JEE Main Advanced, 2022]

A. $5 \times 10^{-10} v_A m$ **B.** $5 \times 10^{-10} m$

C. $1.5 \times 10^{-10} m$ **D.** $5 \times 10^{-10} v_B m$

Q.67 एक समभुज प्रिज्म की सामग्री का अपवर्तक सूचकांक $\sqrt{3}$ है। न्यूनतम विचलन का कोण क्या है?

A. 30°   **B.** 45°   **C.** 60°   **D.** 75°

Q.68 राडार का उपयोग _______ के लिए किया जाता है।

A. जलमग्न पनडुब्बियों का पता लगाना

B. रेडियो रिसीवर में सिग्नल प्राप्त करना

C. भूस्थिर उपग्रहों का पता लगाना

D. हवाई जहाज जैसी वस्तुओं की स्थिति का पता लगाना

Q.69 किसी अन्तरापृष्ठ के लिए ब्रूस्टर कोण i_b होना चाहिए।

[NEET UG, 2020], [MPPEB Sub Engineer (Mechanical), 2020]

A. $0° < i_b < 30°$

B. $30° < i_b < 45°$

C. $45° < i_b < 90°$

D. $i_b = 90°$

Q.70 यंग के द्विझिरी प्रयोग में, यदि कलासंबद्ध स्रोतों के बीच का पृथकन आधा तथा पर्दे से कलासंबद्ध स्रोतों की दूरी को दो गुना कर दिया जाए, तो फ्रिंज चौड़ाई हो जाएगी:

[NEET UG, 2020], [MPPEB Sub Engineer (Mechanical), 2020]

A. दो गुनी

B. आधी

C. चार गुनी

D. एक-चौथाई

Q.71 यह मानिए कि किसी तारे से $600nm$ तरंगदैर्ध्य का प्रकाश आ रहा है। उस दूरदर्शक जिसके अभिदृश्यक का व्यास $2\,m$ है, के विभेदन की सीमा है:

[NEET UG, 2020], [MPPEB Sub Engineer (Mechanical), 2020]

A. $3.66 \times 10^{-7} rad$

B. $1.83 \times 10^{-7} rad$

C. $7.32 \times 10^{-7} rad$

D. $6.00 \times 10^{-7} rad$

Q.72 सोडियम सतह के लिए कार्य फलन $2.0eV$ है और वह एल्यूमीनियम सतह के लिए $4.2eV$ है। दो धातुओं को उपयुक्त विकिरणों से प्रकाशित किया जाता है, जिससे प्रकाश उत्सर्जन होता है। फिर:

A. सोडियम के लिए थ्रेशोल्ड आवृत्ति एल्यूमीनियम के लिए उससे कम होगी

B. सोडियम की थ्रेशोल्ड आवृत्ति एल्यूमीनियम की तुलना में अधिक होगी

C. सोडियम और एल्यूमीनियम दोनों की थ्रेशोल्ड आवृत्ति समान होगी

D. इनमें से कोई नहीं

Q.73 पृथ्वी की सतह तक पहुँचने वाले सूर्य के प्रकाश का ऊर्जा फ्लक्स $1.388 \times 10^3\,W/m^2$ है। पृथ्वी पर प्रति सेकंड कितने फोटॉन (लगभग) प्रति वर्ग मीटर आपतित होते हैं? मान लें कि सूर्य के प्रकाश में फोटॉन का औसत तरंगदैर्ध्य $550\,nm$ होता है।

A. 5.84×10^{21}

B. 9.84×10^{21}

C. 3.84×10^{21}

D. 4.84×10^{21}

Q.74 निम्नलिखित में से कौन सी घटना प्रकाश की क्वांटम प्रकृति की व्याख्या कर सकती है?

A. प्रकाश-विद्युत प्रभाव

B. हस्तक्षेप

C. विवर्तन

D. ध्रुवीकरण

Q.75 धातु के कार्य फलन 2.8 eV से सबसे तेज गति से चलने वाले फोटो इलेक्ट्रॉन की गतिज ऊर्जा 2 eV है। यदि प्रकाश की आवृत्ति दोगुनी कर दी जाए, तो फोटो इलेक्ट्रॉन की अधिकतम गतिज ऊर्जा ज्ञात कीजिए।

A. 6.8eV

B. 68eV

C. -6.8eV

D. -68eV

Q.76 फोटॉन ऊर्जा $1eV$ और $2.5eV$ के दो विकिरण क्रमिक रूप से कार्य फलन $0.5eV$ के एक फोटोसंवेदी धातु सतह को रोशन करते हैं। उत्सर्जित इलेक्ट्रॉनों की अधिकतम गतियों का अनुपात क्या है?

A. $1:4$

B. $1:2$

C. $1:1$

D. $1:5$

Q.77 एक इलेक्ट्रॉन हाइड्रोजन परमाणु की कक्षा में 4 ऊर्जा स्तर पर गति कर रहा है। यहां से जमीनी अवस्था में संक्रमण के लिए वर्णक्रमीय रेखाओं की संख्या ज्ञात कीजिए।

A. 8

B. 3

C. 6

D. 10

Q.78 जब हाइड्रोजन परमाणु में एक इलेक्ट्रॉन अपनी तीसरी से चौथी कक्षा तक उत्तेजित होता है तो इलेक्ट्रॉन के कोणीय संवेग में परिवर्तन होता है:

A. $1.05 \times 10^{-34}\,J/S$

B. $3.14 \times 10^{-34}\,J/S$

C. $6.64 \times 10^{-34}\,J/S$

D. $3.32 \times 10^{-34}\,J/S$

Q.79 n^{th} कक्षा में इलेक्ट्रॉन का कोणीय संवेग $3.17 \times 10^{-34} J\text{-}s$ है। n को ज्ञात करें।

A. n = 1

B. n = 2

C. n = 3

D. n = 4

Q.80 इलेक्ट्रॉन वोल्ट (eV) ___ की एक इकाई है।

A. ऊर्जा

B. विभव

C. धारा

D. आवेश

Q.81 एक ही तापमान पर दो अलग-अलग गैसों का मूल माध्य वर्ग वेग (C_{rms}) समान होता है। यदि M गैस का आणविक द्रव्यमान है, तो:

A. $C_{rms} \propto \sqrt{\frac{1}{M}}$

B. $C_{rms} \propto \sqrt{M}$

C. $C_{rms} \propto M$

D. $C_{rms} = 0$

Q.82 एक ही तापमान पर कार्बन मोनोऑक्साइड और नाइट्रोजन गैसों में गतिज ऊर्जा E_1 और E_2 क्रमशः होती है। फिर,

A. $E_1 = E_2$

B. $E_1 > E_2$

C. $E_1 < E_2$

D. E_1 and E_2 cannot be compared

Q.83 एक कण द्वारा स्थिरता से शुरू होकर तीसरे सेकंड में त्वरण $\frac{4}{3}\,m\,s^{-2}$ के साथ तय की गई दूरी है:

A. $6\,m$

B. $4\,m$

C. $\frac{10}{3}\,m$

D. $\frac{19}{3}\,m$

Q.84 हीलियम गैस के कितने परमाणु $30.0\,cm$ व्यास के एक गोलाकार गुब्बारे को $20.0°C$ और $1.00\,atm$ पर भरते हैं?

A. 4.493×10^{23}

B. 8.493×10^{23}

C. 7.493×10^{23}

D. 3.493×10^{23}

Q.85 एक ही आदर्श गैस के दिए गए तापमान पर दबाव p और आयतन V के बीच संबंध का प्रतिनिधित्व करने वाले दो अलग-अलग समतापों को द्रव्यमान m_1 और m_2 के लिए दिखाया गया है। , तब:

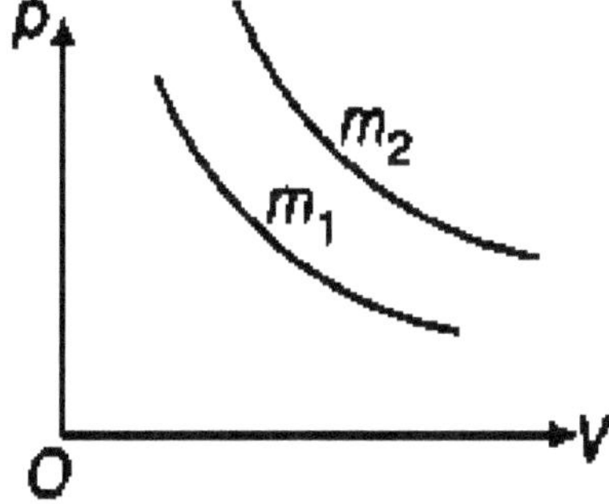

A. $m_1 = m_2$

B. $m_1 < m_2$

C. $m_1 > m_2$

D. कुछ भी अनुमान नहीं लगाया जा सकता है

Q.86 यदि अर्धचालकों के छिद्रों में इलेक्ट्रॉनों की सांद्रता का अनुपात $\frac{7}{5}$ है और धाराओं का अनुपात $\frac{7}{4}$ है तो बहाव वेग का अनुपात है:

A. $\frac{5}{8}$

B. $\frac{4}{5}$

C. $\frac{5}{4}$

D. $\frac{4}{7}$

Q.87 किस ठोस में सबसे कमजोर अन्तराण्विक बल होंगे?

A. बर्फ

B. फास्फोरस

C. नैप्थलीन

D. सोडियम फ्लोराइड

Q.88 LED का फुल फॉर्म है:

[Sainik School Entrance Class IX, 2022]

A. लाइट एमिटिंग डायोड

B. लाइट इमिशन डायोड

C. लेयर इमिशन डायोड

D. लेयर इलेक्ट्रॉन डिवाइस

Q.89 $p - n$ संधि में अवरोध विभव $0.3V$ है। आवश्यक धारा $6mA$ है। सर्किट में उपयोग के लिए आवश्यक सेल का ईएमएफ यदि 200Ω का प्रतिरोध श्रृंखला में एक जंक्शन के साथ जुड़ा हुआ है तो विभव (वोल्ट में) :

A. $2.0V$ **B.** $1.9V$ **C.** $1.5V$ **D.** $1.1V$

Q.90 एक $p - n$ जंक्शन डायोड में रिक्तिकरण परत $10^{-6}m$ चौड़ी है और इसकी नी क्षमता $0.5\ V$ है। रिक्तिकरण क्षेत्र में आंतरिक विद्युत क्षेत्र क्या है?

A. $5 \times (10)^6\ V/m$ **B.** $5 \times (10)^{-7}\ V/m$

C. $5 \times (10)^5\ V/m$ **D.** इनमें से कोई नही

Q.91 20 g द्रव्यमान की एक गोली की प्रारंभिक गति 1 ms^{-1} है, इससे ठीक पहले यह 20 cm मोटाई की मिट्टी की दीवार को भेदना शुरू करती है। यदि दीवार का औसत प्रतिरोध प्रदान करती है, $2.5 \times 10^{-2}N$ दीवार के दूसरी तरफ से निकलने के बाद गोली की गति करीब होती है।

A. 0.1 ms⁻¹ **B.** 0.7 ms⁻¹

C. 0.3 ms⁻¹ **D.** 0.4 ms⁻¹

Q.92 एक गोला जिसका द्रव्यमान 2.0 किग्रा है, का रेखीय संवेग समय t के साथ $P = 3t^2 + 4$ रूप में परिवर्तित होता है, जहाँ P तथा t, S.I. मात्रक में हैं। तदानुसार गोले को गति करनी चाहिए:

[HTET TGT Science, 2019]

A. नियत त्वरण से **B.** परिवर्तित त्वरण से

C. नियत चाल से **D.** परिवर्तित चाल से

Q.93 एक पिण्ड को ऊर्ध्वाधर ऊपर की तरफ फेंका जाता है। निम्न में से कौन सा ग्राफ समय के साथ वेग को सही दर्शाता है?

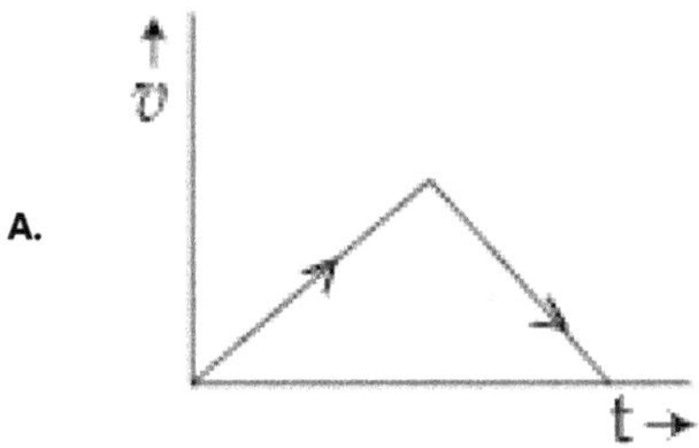

A.

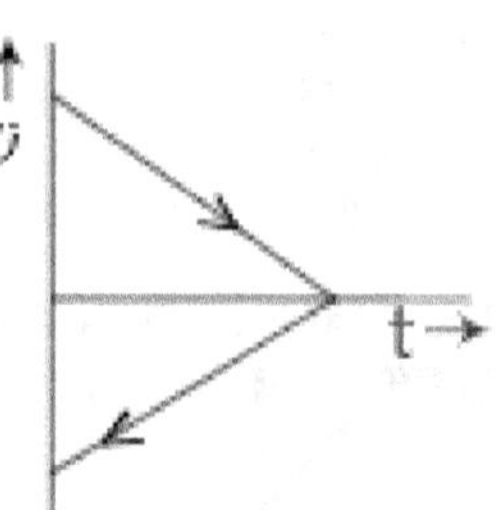

B.

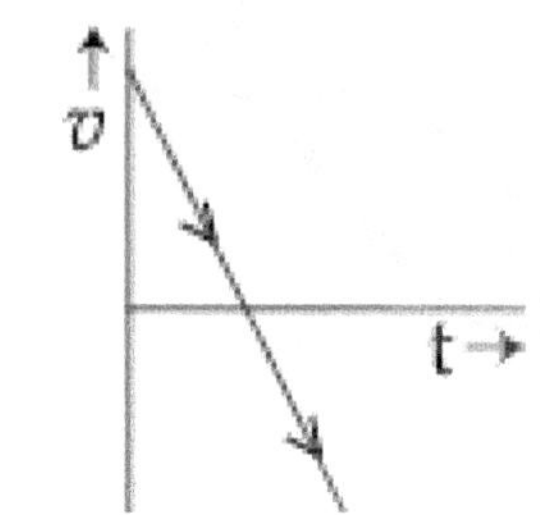

C.

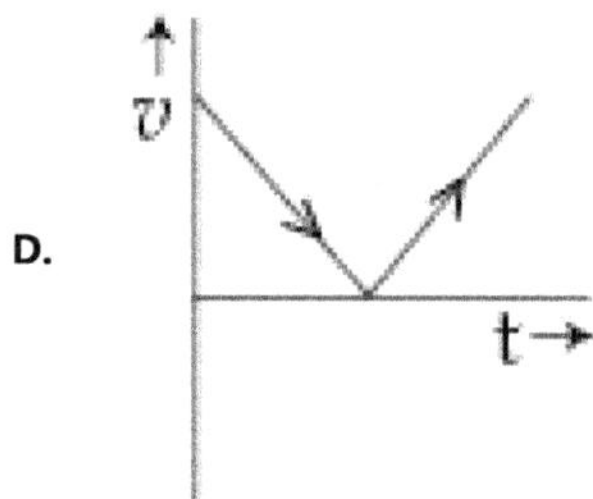

D.

Q.94 दो विभिन्न पदार्थों X और Y के लिए प्रतिबल-विकृति वक्र खींचे गए हैं। यह प्रेक्षण किया गया है कि पदार्थ X के लिए चरम सामर्थ्य बिन्दु और विभंग बिन्दु एक-दूसरे के निकट हैं परन्तु दूसरे पदार्थ Y के लिए ये एक-दूसरे के काफी दूर हैं। हम यह कह सकते हैं कि पदार्थ X और Y ______ क्रमश: हो सकते हैं।

A. भंगुर और प्लास्टिक **B.** प्लास्टिक और तन्य

C. तन्य और भंगुर **D.** भंगुर और तन्य

Q.95 दो तार जिनकी लम्बाइयां एक समान है और एक ही पदार्थ से बने है परन्तु उनके अनुप्रस्थ काट क्षेत्रफल 1 : 2 के अनुपात में है, एक भार को लटकाने के लिए प्रयुक्त होते हैं। उनकी लम्बाईयों में विस्तार इस अनुपात में होगा:

A. 1 : 2 **B.** 2 : 1 **C.** 4 : 1 **D.** 1 : 4

Q.96 एक छात्र ने एक तार पर एक प्रयोग किया और देखा कि तार की लंबाई में खिंचाव के कारण उसके आयतन में कोई परिवर्तन नहीं हुआ है। तार की सामग्री का प्वासों अनुपात कितना होगा?

A. 0.1 **B.** 0.5 **C.** 0.2 **D.** 0.3

Q.97 पृथ्वी की सतह पर एक तार की लम्बाई $10^{-4}m$ है। समान विमाओं का वही तार दूसरे ग्रह पर $6 \times 10^{-5}m$ लम्बा है। ग्रह पर गुरुत्वाकर्षण के कारण त्वरण ______ ms^{-2} होगा। (पृथ्वी की सतह पर गुरुत्वीय त्वरण लें $= 10ms^{-2}$)

A. 4 **B.** 5 **C.** 6 **D.** 7

Q.98 0.805 विशिष्ट गुरुत्व वाले दो लीटर पेट्रोल का वजन $15.8N$ है। तो kg/m^3 में इसके घनत्व की गणना कीजिए।

A. 780.30 **B.** 830.30 **C.** 805.30 **D.** 840.30

Q.99 एक तरल की सतह तनाव के तहत एक तनी हुई लोचदार झिल्ली की तरह काम करती है। यह मुख्य रूप से _______ के कारण है।

A. श्यानता
B. सतह तनाव
C. प्रवाह का वेग
D. कपिलैरिटि

Q.100 जब पानी नहीं बह रहा हो तो पाइप में पानी का दबाव $3 \times 10^5 Pa$ है और जब पानी बहता है तो दबाव $2.5 \times 10^5 Pa$ तक गिर जाता है। पानी के प्रवाह की गति ज्ञात कीजिए $(m/s$ में)?

A. 5
B. 10
C. 20
D. 1

// स्मार्ट उत्तर पुस्तिका //

सही उत्तर — उन छात्रों का प्रतिशत जिन्होंने प्रश्नों का सही उत्तर दिया था।

छोड़ दिया — उन छात्रों का प्रतिशत जिन्होंने प्रश्नों को छोड़ दिया था।

प्रश्न संख्या	उत्तर	सही उत्तर	छोड़ दिया
1	B	85.5 %	0.0 %
2	C	30.3 %	4.14 %
3	D	45.18 %	1.32 %
4	A	79.23 %	0.0 %
5	C	62.96 %	1.27 %
6	A	56.29 %	1.14 %
7	D	82.71 %	0.0 %
8	C	55.48 %	1.05 %
9	B	86.49 %	0.0 %
10	B	41.96 %	1.45 %
11	B	60.6 %	1.32 %
12	A	46.62 %	1.68 %
13	B	46.64 %	1.96 %
14	D	21.72 %	3.2 %
15	B	46.47 %	1.53 %
16	C	64.46 %	1.53 %
17	B	57.09 %	1.65 %
18	C	40.81 %	1.59 %
19	B	10.09 %	4.0 %
20	A	65.28 %	1.64 %
21	B	86.06 %	0.0 %
22	C	69.49 %	1.16 %
23	D	85.59 %	0.0 %
24	A	78.42 %	0.0 %
25	D	51.78 %	1.41 %
26	B	82.45 %	0.0 %
27	B	63.15 %	1.81 %
28	D	44.7 %	1.77 %
29	B	61.62 %	1.75 %
30	A	83.35 %	0.0 %
31	B	21.18 %	4.55 %
32	A	41.55 %	1.08 %
33	B	59.93 %	1.48 %
34	C	58.14 %	1.03 %
35	B	58.42 %	1.8 %
36	B	40.85 %	1.34 %
37	D	52.83 %	1.62 %
38	B	55.2 %	1.57 %
39	A	66.27 %	1.72 %
40	B	54.62 %	1.73 %
41	B	44.51 %	1.4 %
42	D	40.93 %	1.95 %
43	C	58.93 %	1.48 %
44	D	53.9 %	1.56 %
45	C	13.24 %	4.93 %
46	C	12.67 %	4.67 %
47	A	64.61 %	1.48 %
48	A	65.15 %	1.46 %
49	C	56.9 %	1.5 %
50	B	50.39 %	1.52 %
51	D	42.67 %	1.34 %
52	A	67.89 %	1.57 %
53	D	32.28 %	4.96 %
54	B	56.44 %	1.61 %
55	B	68.7 %	1.5 %
56	A	57.8 %	1.43 %
57	B	57.04 %	1.45 %
58	B	60.18 %	1.88 %
59	B	46.99 %	1.69 %
60	D	52.38 %	1.89 %
61	B	48.12 %	1.36 %
62	C	69.94 %	1.96 %
63	B	66.08 %	1.17 %
64	C	40.5 %	1.46 %
65	A	82.96 %	0.0 %
66	A	56.43 %	1.44 %
67	C	53.81 %	1.18 %
68	D	63.71 %	1.31 %
69	C	42.54 %	1.87 %
70	C	48.74 %	1.02 %
71	A	49.5 %	1.77 %
72	A	60.71 %	1.06 %
73	C	51.34 %	1.21 %
74	A	48.35 %	1.35 %
75	A	51.48 %	1.09 %
76	B	55.78 %	1.14 %
77	C	89.9 %	0.0 %
78	A	47.04 %	1.52 %
79	C	42.0 %	1.34 %
80	A	77.5 %	0.0 %
81	A	56.35 %	1.92 %
82	A	52.18 %	1.54 %
83	C	57.77 %	1.88 %
84	D	43.47 %	1.09 %
85	B	52.39 %	1.13 %
86	C	25.67 %	4.07 %
87	A	87.02 %	0.0 %
88	A	51.93 %	1.01 %
89	C	24.86 %	4.67 %
90	C	67.63 %	1.78 %
91	B	45.37 %	1.41 %
92	B	82.48 %	0.0 %
93	C	13.46 %	4.98 %
94	D	48.0 %	1.33 %
95	B	50.05 %	1.74 %
96	B	45.67 %	1.13 %
97	C	27.17 %	3.2 %
98	C	51.52 %	1.24 %
99	B	77.88 %	0.0 %
100	B	20.02 %	4.7 %

//संकेत और समाधान//

1. सतही तनाव वह गुण है जिसके आधार पर तरल अपने मुक्त सतह क्षेत्र को कम करने की कोशिश करता है।

गोलाकार आकार में सतह क्षेत्र न्यूनतम होता है और इस कारण से, वर्षा की बूंदें गोलाकार होती हैं।

सतह के तनाव को तरल सतह पर खींची गई काल्पनिक रेखा की प्रति इकाई लंबाई पर लगने वाले बल के रूप में मापा जाता है।

सतह तनाव $=$ बल /लम्बाई

$\therefore$ सतह तनाव की इकाई डायन /सेमी या डायन सेमी$^{-1}$ है।

अत: विकल्प (B) सही है।

2. एक मात्रा जिसे मापा जा सकता है और जिसके द्वारा विभिन्न भौतिक घटनाओं को कानूनों के रूप में समझाया जा सकता है, एक भौतिक मात्रा कहलाती है। उदाहरण के लिए लंबाई, द्रव्यमान, समय, बल आदि।

भौतिक मात्रा का परिमाण निर्धारित करने के लिए, दो समान भौतिक मात्राओं की तुलना करना और भौतिक नियमों या समीकरणों को सिद्ध करना आवश्यक है।

भौतिक मात्रा $(Q) =$ परिमाण $\times$ इकाई $= n \times u$

जहाँ n संख्यात्मक मान का प्रतिनिधित्व करता है और u इकाई का प्रतिनिधित्व करता है।

$nu = $ स्थिर

$n_1 u_1 = n_2 u_2 = $ स्थिर

$n \propto \dfrac{1}{u}$

अत: विकल्प (C) सही है।

3. विद्युत धारा: यह विद्युत धारा को मापने के लिए एक भौतिक मात्रा है। इसकी इकाई एम्पीयर (A) है।

आवृति: हर्ट्ज़ (प्रतीक: हर्ट्ज) इंटरनेशनल सिस्टम ऑफ़ यूनिट्स (SI) में आवृत्ति की व्युत्पन्न इकाई है और इसे प्रति सेकंड एक चक्र के रूप में परिभाषित किया जाता है। इसका नाम हेनरिक रुडोल्फ हर्ट्ज के नाम पर रखा गया है।

प्लांक की स्थिरांक: प्लांक स्थिरांक प्रकाश फोटॉनों की ऊर्जा को उनकी आवृत्ति से संबंधित करता है। इसका मान 6.626×10^{-34} जूल सेकंड है।

गुरुत्वाकर्षण त्वरण: गुरुत्वाकर्षण के प्रभाव में किसी पिंड की गति में उत्पन्न त्वरण को गुरुत्वाकर्षण के कारण त्वरण कहते हैं, इसे g द्वारा निरूपित किया जाता है।

पृथ्वी की सतह पर गुरुत्वाकर्षण के कारण त्वरण को निम्न प्रकार से दिया जाता है,

$$g = \frac{GM}{R^2}$$

जहाँ G = सार्वभौमिक गुरुत्वाकर्षण स्थिरांक, M = पृथ्वी का द्रव्यमान और R = पृथ्वी की त्रिज्या

इसलिए, विद्युत धारा एक व्युत्पन्न मात्रा नहीं है।

अत: विकल्प (D) सही है।

4. त्वरण की परिभाषा से,

$$A = \frac{dv}{dt} = \frac{d^2 x}{dt^2}$$

$$\int dv = \int A dt$$

$$V = A \times T$$

$$\frac{x}{T} = AT$$

$$\Rightarrow X = AT^2$$

आयामों के रूप में लिखना,

$$\Rightarrow x = [F^0 AT^2]$$

अत: विकल्प (A) सही है।

5. चूँकि सदिशों का परिमाण समान नहीं होता, इसलिए दो सदिश शून्य परिणाम नहीं दे सकते। सदिश योग के त्रिभुज नियम के अनुसार, शून्य परिणाम प्राप्त करने के लिए कम से कम तीन सदिशों की आवश्यकता होती है।

सदिशों का त्रिभुज नियम कहता है कि जब दो सदिशों को त्रिभुज की दो भुजाओं के रूप में निरूपित किया जाता है, तो यदि हम परिमाण और दिशा ज्ञात करना चाहते हैं तो त्रिभुज की तीसरी भुजा को परिणामी सदिश के परिमाण और दिशा का प्रतिनिधित्व करना चाहिए। विभिन्न परिमाणों के सह-योजनाकार सदिशों की न्यूनतम संख्या जो शून्य परिणाम दे सकती है, 3 है।

अत: विकल्प (C) सही है।

6. एक प्रक्षेप्य कोई वस्तु है जिस पर एकमात्र बल गुरुत्वाकर्षण है, प्रक्षेप्य गुरुत्वाकर्षण के प्रभाव के कारण एक परवलयिक प्रक्षेपवक्र के साथ यात्रा करता है, प्रक्षेप्य की गति पथ के शीर्ष पर न्यूनतम होगी। ऐसा इसलिए है क्योंकि वेग का एक क्षैतिज घटक पूरी गति में स्थिर रहेगा जबकि वेग का ऊर्ध्वाधर घटक शीर्ष पर शून्य है।

अत: विकल्प (A) सही है।

7. प्रक्षेप्य एक ऐसी वस्तु को संदर्भित करता है जो फेंकने या प्रक्षेपित होने के बाद उड़ान में होती है। एक प्रक्षेप्य गति में, कार्य करने वाला एकमात्र त्वरण ऊर्ध्वाधर दिशा में होता है जो गुरुत्वाकर्षण (g) के कारण त्वरण होता है। गति के समीकरण, इसलिए, X-अक्ष और Y-अक्ष में अलग-अलग लागू किए जा सकते हैं।

अत: विकल्प (D) सही है।

8. दिया हुआ है:

$$\Rightarrow \vec{F} = 6\hat{i} - 8\hat{j} + 10\hat{k}$$

बल का परिणामी निम्न द्वारा दिया जाता है;

$$\Rightarrow |\vec{F}| = \sqrt{6^2 + (-8)^2 + 10^2} = 10\sqrt{2}$$

$$\Rightarrow m = \frac{|\vec{F}|}{a} = \frac{10\sqrt{2}}{1} = 10\sqrt{2} \text{ किलोग्राम}$$

अत: विकल्प (C) सही है।

9. वेग वेक्टर के साथ $120°$ के कोण पर बल के साथ एक गतिमान वस्तु को एक आवेग की आपूर्ति की जाती है। आवेग वेक्टर और संवेग वेक्टर में परिवर्तन के बीच का कोण $0°$ है। एक बल का आवेग जिसे बल समय के रूप में परिभाषित किया जाता है, इसकी क्रिया की अवधि शरीर की गति में परिवर्तन के बराबर होती है। इसलिए आवेग की दिशा संवेग में परिवर्तन की दिशा के अनुदिश होगी।

अत: विकल्प (B) सही है।

10. दिया गया है,

पिंड का द्रव्यमान, $m = 4$ किग्रा

अंतिम वेग, $v = 25$ मीटर/सेकंड

प्रारंभिक वेग, $u = 15$ मीटर/सेकंड

समय, $t = 5$ s

गति के पहले समीकरण से,

$$25 = 15 + a \times 5$$

$$10 = a \times 5$$

$$a = 2$$

न्यूटन के दूसरे नियम से,,

$$F = ma$$

$$= 4 \times 2$$

$$= 8\,\text{N}$$

अतः विकल्प (B) सही है।

11. उपरोक्त सिद्धांत न्यूटन के गति के दूसरे नियम से सम्बंधित है।

एक क्रिकेट खिलाड़ी कैच करने के दौरान अपने हाथों को पीछे की ओर बड़ाता है ताकि गेंद को रोकने के लिए लंबा समय लगे, इससे चोट की संभावना कम हो जाती है।

गेंद को रोकने के लिए जितना अधिकसमय लगता है, वे हाथों पर गेंद के प्रभाव को कम करता है और इस प्रकार गेंद से चोट पहुंचाने और घायल होने की संभावना कम होती है।

अतः विकल्प (B) सही है।

12. दिया गया,

$$r_1 = (2\hat{i} - 3\hat{j} - 4k)\,\text{m}$$

$$r_2 = (3\hat{i} - 4\hat{j} + 5\hat{k})\,\text{m}$$

नेट विस्थापन, $r = r_2 - r_1 = \hat{i} - \hat{j} + 9\hat{k}$

$$F = 4\hat{i} + \hat{j} + 6\hat{k}$$

वेक्टर डॉट उत्पाद का उपयोग करके।

किया गया कार्य, $W = F.r$

$$\Rightarrow W = \left(4\hat{i} + \hat{j} + 6\hat{k}\right) \cdot \left(\hat{i} - \hat{j} + 9\hat{k}\right)$$

$$\Rightarrow W = 4 - 1 + 54$$

$$\Rightarrow W = 57\,J$$

अतः विकल्प (A) सही है।

13. बता दें कि विस्फोट से पहले शरीर की गति u है। विस्फोट के बाद, यदि दो भाग एक ही दिशा में u_1 और u_2 वेगों से गति करते हैं, तो संवेग के संरक्षण के अनुसार,

या $Mu_1 + (1 - \alpha)Mu^2 = Mu$

विस्फोट के दौरान मुक्त हुई गतिज ऊर्जा T दी गई है

द्वारा $T = \frac{1}{2}\alpha Mu_1^2 + \frac{1}{2}(1 - \alpha)Mu_2^2 - \frac{1}{2}Mu^2$

$$= \frac{1}{2}\alpha Mu_1^2 + \frac{1}{2}(1 - \alpha)Mu_2^2 - \frac{1}{2M}$$

$$[\alpha Mu_1 + (1 - \alpha)Mu_2]^2$$

$$= \frac{1}{2}M\alpha(1 - \alpha)[u_1^2 + u_2^2 - 2u_1u_2]$$

$$(u_1 - u_2)^2 = \frac{2T}{\alpha(1-\alpha)M}$$

$$\Rightarrow (u_1 - u_2) = \sqrt{\frac{2T}{\alpha(1-\alpha)M}}$$

अतः विकल्प (B) सही है।

14. जैसा कि हम जानते हैं,

$$mv_0 = mv_2 - mv_1$$

$$\frac{1}{2}mV_1^2 = 0.36 \times \frac{1}{2}mv_0^2$$

$$v_1 = 0.6v_0$$

$$\frac{1}{2}MV_2^2 = 0.64 \times \frac{1}{2}mV_0^2$$

$$V_2 = \sqrt{\frac{m}{M}} \times 0.8\,V_0$$

$$mV = \sqrt{mM} \times 0.8\,V_0 - m \times 0.6\,V_0$$

$$\Rightarrow 1.6\,m = 0.8\sqrt{mM}$$

$$4\,m^2 = mM$$

अतः विकल्प (D) सही है।

15. जब हम गुलेल (गुलेल) की रबर की डोरियों को खींचने का कार्य करते हैं तो हमारे द्वारा किया गया कार्य लोचदार स्थितिज ऊर्जा के रूप में खिंची हुई रबर की डोरियों में जमा हो जाता है।

गुलेल की खिंची हुई डोरियों में उनके आकार में परिवर्तन के कारण स्थितिज ऊर्जा होती है। गुलेल के खिंचे हुए तारों की इस ऊर्जा का उपयोग पत्थर के एक टुकड़े को तेज गति से फेंकने के लिए किया जा सकता है।

अतः विकल्प (B) सही है।

16.

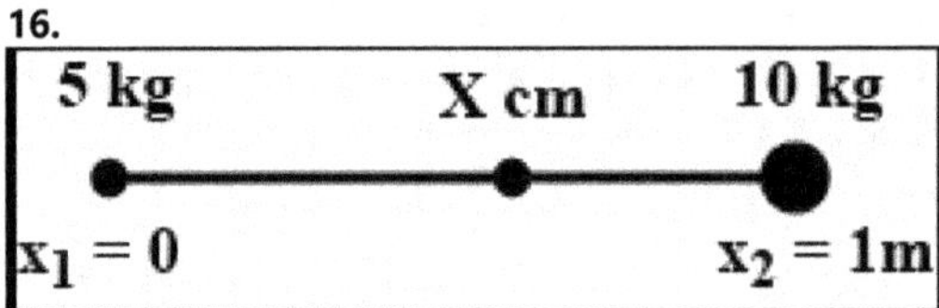

स्थिति 1: COM व्यंजक(चित्र देखिए)

$$X_{COM} = \left(\frac{m_1 x_1 + m_2 x_2}{m_1 + m_2}\right) \quad\text{...............(1)}$$

स्थिति 2:

द्रव्यमान $m_1 = 5\,kg$, $m_2 = 10\,kg$

माना दो द्रव्यमानों के बीच की दूरी $d = 1\,m$ बिंदु A को मूल मानते हुए, इसलिए $B \equiv (d, 0)$

समीकरण (1) का उपयोग करने पर

$$X_{COM} = \left(\frac{m_1 \times 0 + m_2\,d}{m_1 + m_2}\right) = \frac{m_2\,d}{m_1 + m_2}$$

उपरोक्त परिणाम को दो द्रव्यमानों के बीच COM की स्थिति ज्ञात करने के लिए याद किया जा सकता है।

$$X_{COM} = \frac{(10\,kg \times 1\,m)}{(5\,kg + 10\,kg)} = \frac{2}{3}\,m = 67\,cm$$

अतः विकल्प (C) सही है।

17. एक छड़ की जड़ता का क्षण उसके एक छोर के माध्यम से एक धुरी के बारे में और धुरी के लंबवत है $I = \frac{1}{3}ML^2$

जैसे-जैसे तापमान बढ़ता है, रॉड की लंबाई बढ़ती है।

की नई लंबाई $L_f = L(1 + \alpha t)$

छड़ की जड़ता का नया क्षण $I_f = \frac{ML_f^3}{3} = \frac{1}{3}ML^2(1 + \alpha t)^2$

कोणीय गति को कम होने दें $\Delta \omega$ से।

कोणीय गति के संरक्षण के सिद्धांत द्वारा, हम प्राप्त करते हैं $L_f = L$

$$\Rightarrow I\omega = I_f(\omega - \Delta\omega)$$

$$\Rightarrow \Delta\omega = \frac{I_f - I}{I_f}\omega$$

इस प्रकार, $\Delta\omega \propto \omega$

अतः विकल्प (B) सही है।

18. डिस्क तल में एक स्पर्शरेखा अक्ष से एक वृत्तीय डिस्क की जड़ता का क्षण है

$$I_1 = MK_1^2 = \frac{5}{4}MR^2, K_1 = \sqrt{\frac{5}{4}}R$$

वलय के तल में स्पर्श के लम्बवत से समान त्रिज्या के गोलाकार वलय का जड़ता है

$$I_2 = MK_2^2 = \frac{3}{2}MR^2$$

$$K_2 = \sqrt{\frac{3}{2}}R$$

$$\therefore \frac{K_1}{K_2} = \frac{\sqrt{5/4}R}{\sqrt{3/2}R}$$

$$= \sqrt{\frac{5}{4} \times \frac{2}{3}}$$

$$= \sqrt{\frac{5}{6}}$$

$$= \sqrt{5} : \sqrt{6}$$

अतः विकल्प (C) सही है।

19.

द्रव्यमान	वजन
किसी निकाय का द्रव्यमान इसके जड़त्व का माप होता है, जितना अधिक निकाय का द्रव्यमान होगा, उतना ही अधिक जड़त्व होगा।	किसी स्थान पर एक निकाय का वजन उस स्थान पर इसके द्रव्यमान और गुरूत्वीय त्वरण का गुणनफल होता है। W = mg
निकाय का द्रव्यमान सदैव स्थिर रहता है।	निकाय का वजन पृथ्वी पर स्थान से स्थान तक थोड़ा भिन्न हो सकता है।
इसका मान कभी भी किसी पदार्थ कण के लिए शून्य नहीं हो सकता है।	ध्रुव पर निकाय का वजन अधिकतम होता है, जबकि भूमध्य रेखा पर यह न्यूनतम होता है।

- किसी वस्तु का द्रव्यमान पृथ्वी और चंद्रमा पर समान रहता है।
- वजन किसी वस्तु पर गुरुत्वाकर्षण के खिंचाव का माप है।
- चूँकि गुरुत्वाकर्षण पृथ्वी और चंद्रमा पर अलग है, इसलिए पृथ्वी पर और चंद्रमा पर एक वस्तु का वजन अलग है।

अतः विकल्प (B) सही है।

20. गेंदों के बीच आकर्षण का गुरुत्वाकर्षण बल

$$F = \frac{Gm_1m_2}{r^2}$$

दिया गया है, $m_1 = m_2 = 10$ किलो

$r = 10$ सेमी $= 0.10$ मी

$$\therefore F = \frac{6.67 \times 10^{-11} \times 10 \times 10}{(0.10)^2}$$

$$= \frac{6.67 \times 10^{-11} \times 100}{0.01}$$

$$= 6.67 \times 10^{-11} \times 10^4$$

$$= 6.67 \times 10^{-7} \, N$$

अतः विकल्प (A) सही है।

21. गुरुत्वाकर्षण स्थिरांक एक अदिश राशि है। इसका मान पूरे ब्रह्मांड में समान है और निकायों के बीच की प्रकृति के साथ-साथ निकायों की प्रकृति और आकार से स्वतंत्र है।

इस प्रकार, न्यूटन का गुरुत्वाकर्षण का नियम दो वस्तुओं के लिए अच्छा है

1. किसी भी आकृति, आकार और द्रव्यमान का।
2. सभी स्थानों पर
3. पूरे ब्रह्मांड में हर समय।

अतः विकल्प (B) सही है।

22. माना ग्रह B का द्रव्यमान M है और ग्रह B की त्रिज्या R है।
दिया गया है:

ग्रह A की त्रिज्या $(R_A) = 2 \times$ ग्रह B की त्रिज्या $(R_B) = 2R$

ग्रह A का द्रव्यमान $(M_A) = 4 \times$ ग्रह B का द्रव्यमान $(M_B) = 4M$

ग्रह B पर गुरुत्वाकर्षण के कारण त्वरण $(g) = \frac{GM}{R^2}$

ग्रह B पर वस्तु का भार $(W_B) = mg$

ग्रह A पर गुरुत्वाकर्षण के कारण त्वरण $(g') = \frac{G(4M)}{(2R)^2} = \frac{GM}{R^2} = g$

ग्रह A पर वस्तु का भार $(W_A) = mg' = mg$
इसलिए दोनों ग्रह पर वस्तु का भार बराबर है।
अतः विकल्प (C) सही है।

23. दिया गया है कि:

$h = H$ और $d = 200 \, km$ पर, गुरुत्वाकर्षण के कारण त्वरण का मान समान है अर्थात $g' = g''$

$$\Rightarrow g\left(1 - \frac{d}{R_e}\right) = g\left(1 - \frac{2H}{R_e}\right)$$

$$\Rightarrow (R_e - d) = (R_e - 2H)$$

$$\Rightarrow d = 2H$$

$$\Rightarrow 200 = 2H$$

$$H = 100 \, km$$

अतः विकल्प (D) सही है।

24. गैस थर्मामीटर तरल थर्मामीटर की तुलना में अधिक संवेदनशील होते हैं क्योंकि तापमान में थोड़ी वृद्धि के लिए गैसों का तरल पदार्थ से अधिक विस्तार होता है, जो तापमान माप में बेहतर संवेदनशीलता देगा।

अतः विकल्प (A) सही है।

25. जब लोहे की एक ठोस गेंद को गर्म किया जाता है, तो आयतन में सबसे अधिक प्रतिशत वृद्धि होगी।

कारण: क्षेत्र विस्तार का गुणांक रैखिक विस्तार का दोगुना होता है जबकि आयतन विस्तार का गुणांक रैखिक विस्तार का तीन गुना होता है।

- लंबाई में प्रतिशत वृद्धि α के समानुपाती होती है
- क्षेत्रफल में प्रतिशत वृद्धि β के समानुपाती होती है
- आयतन में प्रतिशत वृद्धि γ के समानुपाती होती है

अब चूंकि $\alpha < \beta < \gamma$

हम पाते हैं कि आयतन में प्रतिशत वृद्धि अधिकतम होगी।

अतः विकल्प (D) सही है।

26. भाप इस ऊष्मीय ऊर्जा को पकाए जा रहे भोजन में स्थानांतरित करती है। इस गर्मी का उपयोग भोजन को ठीक से पकाने के लिए किया जाता है। इस प्रकार, प्रेशर कुकर में क्वथनांक बढ़ने के कारण, भाप में अधिक ऊष्मीय ऊर्जा होती है जिसे वह भोजन में स्थानांतरित कर सकता है और इसलिए खाना तेजी से बनता है।

अतः विकल्प (B) सही है।

27. द्विधातु दो अलग-अलग धातुओं से बने होते हैं जिनका विस्तार गुणांक अलग-अलग होता है। तापमान परिवर्तन को यांत्रिक विस्थापन में बदलने के लिए एक द्विधातु पट्टी का उपयोग किया जाता है। बायमेटल में गर्म होने पर झुकने का गुण होता है, इसलिए इसका उपयोग खुले या बंद सर्किट के लिए किया जाता है।

थर्मोस्टैट्स का निर्माण कई तरीकों से किया जा सकता है और तापमान को मापने के लिए विभिन्न प्रकार के सेंसर का उपयोग कर सकते हैं, आमतौर पर एक थर्मिस्टर या बाईमेटेलिक स्ट्रिप। सेंसर का आउटपुट तब हीटिंग या कूलिंग उपकरण को नियंत्रित करता है।

अतः विकल्प (B) सही है।

28. एडियाबेटिक प्रक्रिया, आइसोबैरिक प्रक्रिया और आइसोथर्मल प्रक्रिया का $P - V$ आरेख है।

प्रक्रिया में किया गया कार्य = आयतन अक्ष के साथ $P - V$ आरेख से घिरा क्षेत्र। चूँकि वक्र के नीचे का क्षेत्र एडियाबेटिक प्रक्रम के लिए अधिकतम होता है, अतः एडियाबेटिक प्रक्रिया के लिए गैस पर किया गया कार्य अधिकतम होगा।

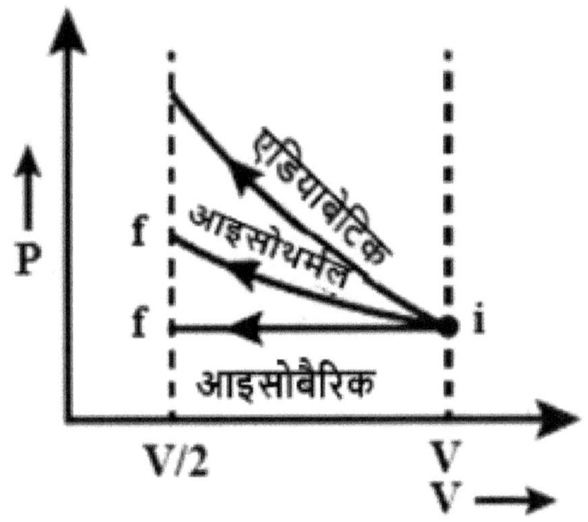

अतः विकल्प (D) सही है।

29. ऊष्मागतिकी के पहले नियम से,

$$dU = q - W$$

एडियाबेटिक प्रक्रम में ऊष्मा का कोई परिवर्तन नहीं होता है।

तो, $dU = -W$

चूँकि गैस का विस्तार हो रहा है, कार्य गैस द्वारा किया जाता है।

$$dU = -W.$$

अतः निकाय की आंतरिक ऊर्जा कम हो जाती है।

$$dU = C_v(T_2 - T_1) = W$$

चूँकि यहाँ W ऋणात्मक है, इसलिए $T_1 > T_2$ है।

ऐसे में तापमान में भी कमी आएगी।

अतः विकल्प (B) सही है।

30. यहाँ, रेफ्रिजरेटर के अंदर का तापमान इस प्रकार दिया जाता है,

$$T_1 = 9°C = 282K$$

कमरे का तापमान इस प्रकार दिया जाता है,

$$T_2 = 36°C = 309K$$

निष्पादन गुणांक संबंध द्वारा दिया जा सकता है,

$$COP = \frac{T_1}{(T_2 - T_1)}$$

$$\Rightarrow COP = \frac{282}{(309 - 282)}$$

$$\Rightarrow COP = 10.44$$

स्पष्ट रूप से, उल्लिखित रेफ्रिजरेटर के निष्पादन का गुणांक 10.44 है।

अतः विकल्प (A) सही है।

31.

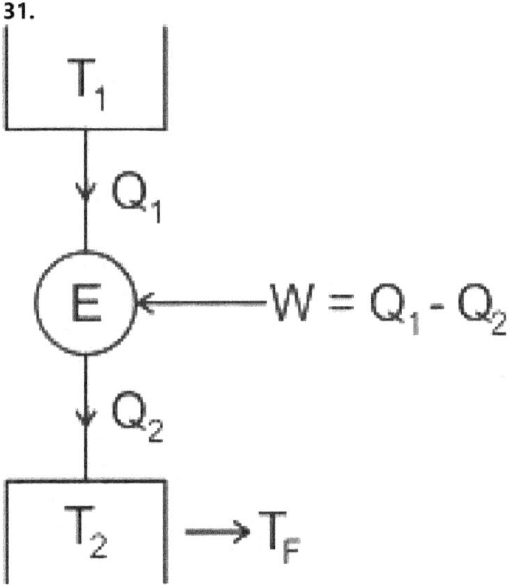

मान लेना $T_1 > T_2$

$$Q_1 = C_p(T_1 - T_F)$$

$$Q_2 = C_p(T_F - T_2)$$

$$\therefore W = Q_1 - Q_2 = C_p(T_1 + T_2 - 2T_F)$$

' W ' के लिए अधिकतम, T_F का न्यूनतम होना

$$\Delta S_1 = \int_{T_1}^{T_F} C_p \frac{dT}{T} = C_p \ln \frac{T_F}{T_1}$$

$$\Delta S_2 = \int_{T_1}^{T_F} C_p \frac{dT}{T} = C_p \ln \frac{T_F}{T_2}$$

जैसे,

$$(\Delta S)_{\text{univ}} \geq 0 \backslash$$

$$C_p \ln \frac{T_F}{T_1} + C_p \ln \frac{T_F}{T_2} \geq 0$$

$$\therefore C_p \ln \left[\frac{T_F^2}{T_1 T_2} \right] \geq 0$$

अभी,

T_F के न्यूनतम होने के लिए

$$\ln \frac{T_P^2}{T_1 T_2} = 0 \quad \therefore \ln \frac{T_P^2}{T_1 T_2} = \ln 1$$

$$\therefore T_F = \sqrt{T_1 T_2}$$

अतः विकल्प (B) सही है।

32. दिया हुआ,

विस्थापन $x = 12 \ cm = 0.12 \ m$ और द्रव्यमान $m = 5 \ kg$

हम जानते हैं कि जब स्प्रिंग-मास सिस्टम दोलन करता है, तो सरल हार्मोनिक गति होगी और समय अवधि इस प्रकार दी गई है,

$$\Rightarrow T = 2\pi \sqrt{\frac{m}{k}} \quad \cdots (i)$$

जहां $k =$ स्प्रिंग स्थिरांक

$$\Rightarrow k = \frac{F}{x} \quad \cdots (ii)$$

यहां,

$$\Rightarrow F = mg$$

जहां $g =$ गुरुत्वीय त्वरण $\approx 10 \ m/s^2$

$$\Rightarrow F = 5 \times 10 = 50 \ N$$

समीकरण (ii) के द्वारा,

$$\Rightarrow k = \frac{50}{0.12} \ N/m$$

समीकरण (i) के द्वारा,

$$\Rightarrow T = 2\pi \sqrt{\frac{5}{\frac{50}{0.12}}}$$

$$\Rightarrow T = 2\pi \sqrt{\frac{5 \times 0.12}{50}}$$

$$\Rightarrow T = 0.7 \, sec$$

अतः विकल्प (A) सही है।

33. एक आदर्श सरल दोलक में एक भारी बिंदु द्रव्यमान निकाय(बॉब) होता है, जिसे भारहीन, अवितान्य, और पूर्णतया लचीली समर्थन से पूरी तरह से लचीली रस्सी द्वारा दृढ़ आलम्बन से निलंबित किया जाता है, जिसके चारों ओर यह दोलन करने के लिए स्वतंत्र है।

एक साधारण पेंडुलम के लिए, एक दोलक के दोलन की अवधि रस्सी की लंबाई और गुरुत्वाकर्षण के कारण त्वरण पर निर्भर करती है।

सरल दोलक की समयावधि निम्न द्वारा दी जाती है:

$$T = 2\pi \sqrt{\frac{l}{g}}$$

उपरोक्त सूत्र केवल निम्न कोणीय विस्थापन के लिए मान्य है।

T = दोलन की समयावधि,

l = दोलक की लंबाई,

g = गुरुत्वीय त्वरण

एक साधारण दोलक के लिए, एक दोलक के दोलन की समयावधि स्ट्रिंग की लंबाई और गुरुत्वाकर्षण के कारण त्वरण पर निर्भर करती है।

$$T = 2\pi \sqrt{\frac{l}{g}}$$

दोनों पक्षों का वर्ग करने पर,

$$T^2 = 4\pi^2 \frac{l}{g}$$

$$l = \frac{g}{4\pi^2} \times T^2$$

इसलिए, हम कह सकते हैं कि दोलन की अवधि और दोलक की लंबाई के बीच का संबंध निम्न होगा:

$$T^2 \propto l$$

जिसका अर्थ है कि दोलक की लंबाई के संबंध में दोलन की समय अवधि का ग्राफ नीचे दिखाया गया है।

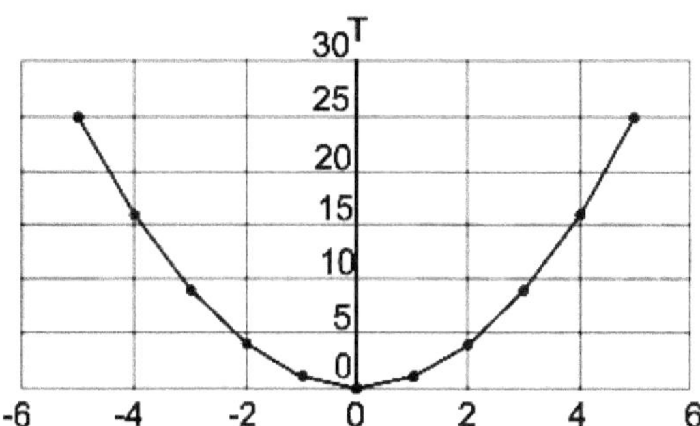

अतः विकल्प (B) सही है।

34. सरल आवर्त तरंग का समीकरण है

$$y = A \sin(\omega t + \phi)$$

यहाँ, $y = \frac{A}{2}$

$$\therefore A \sin(\omega t + \phi) = \frac{A}{2}$$

इसलिए, $\delta = \omega t + \phi = \frac{\pi}{6}$ या $\frac{5\pi}{6}$

तो, दो कणों का कलान्तर जब वे

एक दूसरे को $y = \frac{A}{2}$ विपरीत दिशाओं में पार करते हैं

$$\delta = (\delta_1 - \delta_2)$$

$$= \left(\frac{5\pi}{6} - \frac{\pi}{6}\right)$$

$$= \left(\frac{2\pi}{3}\right)$$

अतः विकल्प (C) सही है।

35. $T \propto \sqrt{l}$

समय अवधि केवल प्रभावी लंबाई पर निर्भर करती है। समय अवधि पर घनत्व का कोई प्रभाव नहीं होता है। यदि लंबाई 4 गुनी हो तो समय अवधि 2 गुनी हो जाती है।

अतः विकल्प (B) सही है।

36. जब एक प्रेक्षक ध्वनि के स्थिर स्रोत की ओर गतिमान होता है, तो प्रत्यक्ष आवृत्ति वास्तविक आवृत्ति से अधिक होगी। तो प्रत्यक्ष आवृत्ति को इस स्थिति में सुना जाता है।

$$v' = \left[\frac{(v-v_m)-v_0}{(v+v_m)-v_s}\right]v^o$$

चूँकि स्रोत स्थिर है और माध्यम स्थिरांक है, तो $v_m = 0$ और $v_s = 0$ है।

$$v' = \left[\frac{v-(-v_0)}{v}\right]v^o = \left[\frac{v+v_0}{v}\right]v^o$$

अतः विकल्प (B) सही है।

37. धन आवेश: एक निकाय जिसमें इलेक्ट्रॉनों की कमी होती है और प्रोटॉन की संख्या इलेक्ट्रॉनों की संख्या से अधिक हो जाती है।

ऋण आवेश: एक निकाय जिसमें इलेक्ट्रॉनों की अधिकता होती है और इलेक्ट्रॉनों की संख्या प्रोटॉन की संख्या से अधिक हो जाती है।

न्यूट्रॉन, तत्व पर आवेश के लिए जिम्मेदार नहीं है।

न्यूट्रॉन की संख्या तत्व में इलेक्ट्रॉनों की संख्या से अधिक हो जाती है, इस कथन से, हम यह भविष्यवाणी नहीं कर सकते कि प्रोटॉन की संख्या तत्व में इलेक्ट्रॉनों की संख्या से अधिक है, या कम है।

तो हम तत्व पर आवेश के प्रकार की भविष्यवाणी नहीं कर सकते।

अतः विकल्प (D) सही है।

38. धन आवेश: एक निकाय जिसमें इलेक्ट्रॉनों की कमी होती है।

हम जानते हैं कि प्रोटॉन नाभिक में मौजूद है इसलिए हम तत्व में प्रोटॉन नहीं मिला सकते हैं या निकाल सकते हैं लेकिन हम तत्व से इलेक्ट्रॉनों को मिला या निकाल सकते हैं।

तो इलेक्ट्रॉनों को निकालकर निकाय को धनात्मक रूप से आवेशित किया जा सकता है और इलेक्ट्रॉनों को मिलाकर ऋणात्मक रूप से आवेशित किया जा सकता है

प्रोटॉन जोड़ कर या निकाल कर आवेश उत्पन्न नहीं किया जा सकता।

अतः विकल्प (B) सही है।

39. **धारिता**: विद्युत आवेश को संग्रहित करने के लिए विद्युत प्रणाली की क्षमता को धारिता के रूप में जाना जाता है।

जहाँ Q उस पर आवेश है, V वोल्टेज है, और C इसकी धारिता है।

समानांतर प्लेट संधारित्र के लिए धारिता को निम्न द्वारा दिया जाता है:

$$C = \frac{KA\varepsilon_0}{d}$$

जहां A प्लेट का क्षेत्र है, d प्लेट के बीच की दूरी है, K सामग्री का पारद्युतिक स्थिरांक है और ϵ स्थिरांक है।

हवा या वैक्यूम के लिए K = 1

दिया है कि समानांतर प्लेट संधारित्र

$$C = \frac{A\varepsilon_0}{d}$$

और $C = Q/V$

$$V = Q/C$$

$$V = Qd/(\varepsilon_0 A)$$

अतः विकल्प (A) सही है।

40. परमाणु पदार्थ का सबसे छोटा कण है जो प्रकृति में अविभाज्य है अर्थात् इसे और विभाजित नहीं किया जा सकता है।

- परमाणुओं में तीन मूलभूत कण होते हैं - 1. प्रोटॉन 2. न्यूट्रॉन 3. इलेक्ट्रॉन।
- प्रोटॉन और न्यूट्रॉन एक परमाणु के नाभिक में मौजूद होते हैं।
- जबकि इलेक्ट्रॉन एक परमाणु की कक्षा में घूमते हैं।
- प्रोटॉन की खोज ई. गोल्डनस्टीन ने की और इसमें (+1.6 × 10-19) आवेश और द्रव्यमान (1.67 × 10-27 Kg) होता है।
- जे जे थॉमसन द्वारा इलेक्ट्रॉन की खोज की गई और इसमें (-1.6 × 10-19) आवेश और द्रव्यमान (9.1 × 10-31 Kg) होता है।
- न्यूट्रॉन की खोज जेम्स चैडविक ने की थी और यह प्रकृति में न्यूट्रल होता है अर्थात् शून्य आवेश या कोई आवेश नहीं और द्रव्यमान (1.67 × 10-27 kg) होता है।

अतः विकल्प (B) सही है।

41. दिया गया,

विद्युत क्षेत्र, $E = 9 \times 10^4 N/C$

दूरी, $r = 2 \times 10^{-2} m$

$$E = \frac{\lambda}{2\pi r \varepsilon_0}$$

$$\lambda = E \cdot 2\pi r \cdot \varepsilon_0$$

जहां, λ एक रैखिक चार्ज घनत्व है, और $\epsilon_0 = 8.854 \times 10^{-12}$

फिर, दिए गए सभी मान को उपरोक्त सूत्र में रखें:

$$\lambda = 9 \times 10^4 \times 2\pi \times 2 \times 10^{-2} \times 8.854 \times 10^{-12}$$

$$= 10 \times 10^{-6}$$

इसलिए,

रैखिक आवेश घनत्व, $\lambda = 10\mu C/m$

अतः विकल्प (B) सही है।

42. दिया गया:

गोले का व्यास = 2.4

$\therefore$ गोले की त्रिज्या, $r = \frac{2.4}{2} = 1.2\ m$

गोले के संचालन का सतही आवेश घनत्व,

$$\sigma = 80 \times 10^{-6} C/m^2$$

इसलिए,

गोले पर आवेश होगा:

$$q = \sigma A = \sigma 4\pi r^2$$

$$q = 80 \times 10^{-6} \times 4 \times 3.14 \times (1.2)^2$$

$$q = 1.45 \times 10^{-3} C$$

फिर, गोले की सतह से निकलने वाले कुल विद्युत प्रवाह की गणना गॉस सूत्र का उपयोग करके की जाएगी, अर्थात,

$$\phi = \frac{q}{\varepsilon_0}$$

$$\phi = \frac{1.45 \times 10^{-3}}{8.854 \times 10^{-12}} \quad (\because \epsilon_0 = 8.854 \times 10^{-12})$$

$$\phi = 1.6 \times 10^8 Nm^2/C$$

अत: विकल्प (D) सही है।

43. दिया गया:

आवेश, $(Q) = 2nC$

प्लेटों के बीच पृथक्करण, $(d) = 5\ mm$

प्लेट का क्षेत्रफल, $(A) = 10$ sq.cm.

हवा की सापेक्ष पारगम्यता $(\epsilon_r) = 1$

हम जानते हैं कि:

समाई, $C = \frac{\epsilon_0 \epsilon_r A}{d}$

दिए गए सभी मान को उपरोक्त सूत्र में रखें:

$$C = \frac{8.85 \times 10^{-12} \times 1 \times 10 \times 10^{-4}}{5 \times 10^{-3}}$$

$$C = 1.77pF$$

इसके अलावा, हम जानते हैं कि:

$$Q = CV$$

$$V = \frac{Q}{C}$$

$$= \frac{2 \times 10^{-9}}{1.77 \times 10^{-12}}$$

$$V = 1130\ V$$

अत: विकल्प (C) सही है।

44. $V = -5x + 3y + \sqrt{(15)}z$

जैसे $E_x = \left[\frac{dv}{dx}\right] = \left[\frac{-d}{dx}\right][-5x + 3y + \sqrt{(15)}z] = 5$

$Ey = \left[\frac{dv}{dy}\right] = \left[\frac{-d}{dy}\right][-5x + 3y + \sqrt{(15)}z] = -3$

$Ez = [(-dV)/dz] = [(-d)/dz][-5x + 3y + \sqrt{(15)}z\ ] = -\sqrt{(15)}$

$\therefore E = \sqrt{(Ex^2 + Ey^2 + Ez^2)}$

$$= \sqrt{(5)^2 + (-3)^2 + \{-\sqrt{(15)}\}^2}.$$

$$= \sqrt{(25 + 9 + 15)}$$

$$E = 7N/C$$

अत: विकल्प (D) सही है।

45. संधारित्र एक आवेश संग्राहक युक्ति है, जो संधारित्र में आवेशों को संचित करने के लिए किया जाता है। इस काम को संधारित्र में इलेक्ट्रोस्टैटिक विभव ऊर्जा के रूप में संग्रहीत किया जाता है।

मान लें कि q आवेश हो और V संधारित्र की प्लेटें के बीच विभव अंतर हो। यदि dq प्लेट को दिया गया अतिरिक्त आवेश है,

किया गया कार्य है,

$$dw = V\ dq\ dw$$

$$= \frac{q}{C}dq \quad \left(\because V = \frac{q}{C}\right)$$

संधारित्र को आवेशित करने के लिए किया गया कुल कार्य है,

$$w = \int dw$$

$$= \int_0^q \frac{q}{C}dq$$

$$= \frac{1}{2}\frac{q^2}{C}$$

इस काम को संधारित्र में इलेक्ट्रोस्टैटिक विभव ऊर्जा (U) के रूप में संग्रहीत किया जाता है।

$$U = \frac{1}{2}\frac{q^2}{C} = \frac{1}{2}CV^2 \quad (\because q = CV)$$

$$\mathbf{U} = \frac{\mathbf{q^2}}{\mathbf{2C}}$$

अत: विकल्प (C) सही है।

46.

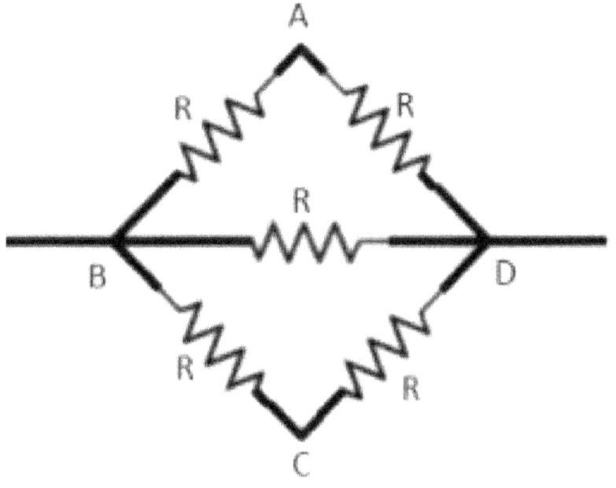

B तथा D के बीच प्रतिरोध

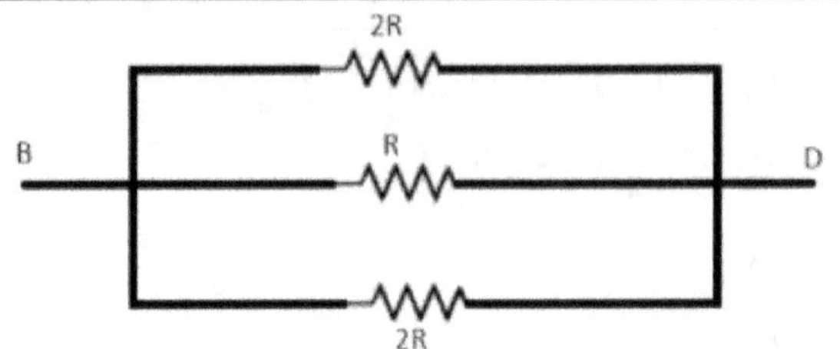

$$= \frac{1}{2R} + \frac{1}{R} + \frac{1}{2R}$$

$$= \frac{1+2+1}{2R}$$

$$R_{BD} = \frac{R}{2}$$

A तथा C के बीच प्रतिरोध

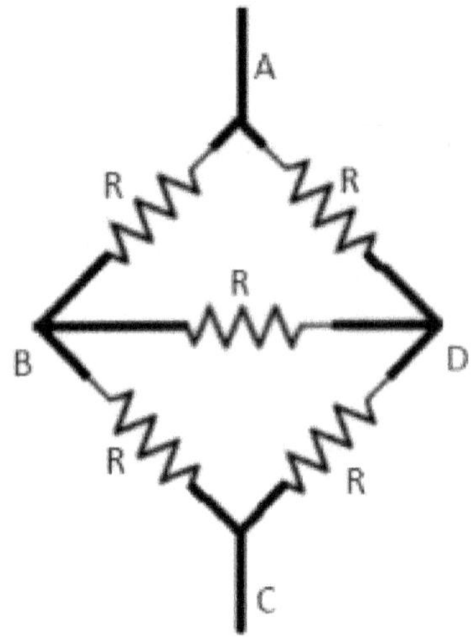

यह एक संतुलित व्हीटस्टोन सेतु है

$\therefore$ B तथा D के बीच प्रतिरोध नहीं माना जाएगा। सर्किट आरेख को निम्न प्रकार से बनाया जा सकता है

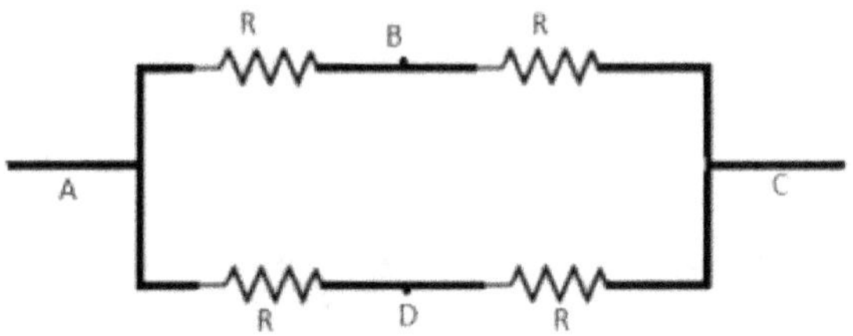

$\therefore R_{AC} = 2R| \ |2R$

$$\frac{1}{R_{AC}} = \frac{1}{2R} + \frac{1}{2R}$$

$$R_{AC} = R$$

इसलिए, (a) और (b) दोनों सही हैं।

अत: विकल्प (C) सही है।

47.

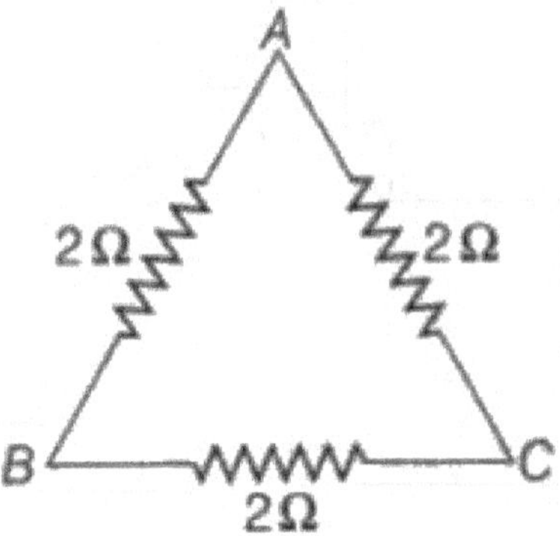

यह दिया गया है कि त्रिभुज बनाने के लिए तीन 2Ω के प्रतिरोधक जुड़े हुए हैं। इसलिए उपरोक्त आकृति से, यह स्पष्ट है कि प्रतिरोधक R_1 और R_2 श्रृंखला में हैं इसलिए, उनका समकक्ष प्रतिरोध होगा-

$$R = R_1 + R_2$$

$$R = 2\Omega + 2\Omega$$

$$R = 4\Omega$$

अब प्रतिरोधक R_3 और R एक दूसरे के समानांतर में हैं।

इसलिए, उनका समक्ष प्रतिरोध होगा -

$$\frac{1}{R'} = \frac{1}{R_3} + \frac{1}{R}$$

$$\frac{1}{R'} = \frac{1}{2} + \frac{1}{4}$$

$$\frac{1}{R'} = \frac{3}{4}$$

$$R' = \frac{4}{3}\Omega$$

अत: विकल्प (A) सही है।

48. मीटर ब्रिज प्रयोग में संतुलित स्थिति द्वारा दी गई है

$$\frac{R}{S} = \frac{L}{100-L} \ldots \ldots (i)$$

जहां R और S दो अंतरालों के बीच समान प्रतिरोध जुड़े हैं।

स्थिति-i:

संतुलन बिंदु $L = 50$ सेमी पर है:

$$R = R_1 + 10 \text{ और } S = R_2$$

समीकरण (i) में मानों को प्रतिस्थापित करके

$$\frac{R_1+10}{R_2} = \frac{50}{50} = 1$$

$$\Rightarrow R_1 + 10 = R_2 \ldots \ldots (ii)$$

स्थिति-ii:

जब केवल प्रतिरोध R_1 का उपयोग किया जाता है और शेष बिंदु को $L = 40$ सेमी में स्थानांतरित कर दिया जाता है:

$$R = R_1 \text{ और } S = R_2$$

$$\Rightarrow \frac{R_1}{R_2} = \frac{40}{60}$$

समीकरण (ii) से R_2 का मान रखने पर

$$\Rightarrow \frac{R_1}{R_1+10} = \frac{40}{60}$$

$$\Rightarrow 60R_1 = 40R_1 + 400$$

$$\Rightarrow R_1 = \frac{400}{20}\Omega = 20\Omega$$

अत: विकल्प (A) सही है।

49. बायो-सावर्ट का नियम: वह नियम जिसके अनुसार निरंतर विद्युत धारा द्वारा चुंबकीय क्षेत्र उत्पन्न करता होता है ,बायो-सावर्ट नियम कहलाता है।

मानें कि धारा वहन करने वाले तार की धारा । है और हमें तार से r दूरी पर चुंबकीय क्षेत्र का पता लगाना है, जिसे निम्न द्वारा दिया जाता है।

$$dB = \frac{\mu_0 I}{4\pi}\left(\frac{\vec{d} \times \hat{r}}{r^2}\right)$$

जहाँ $\mu_0 = 4\pi \times 10^{-7} T.m/A$ मुक्त स्थान/निर्वात की पारगम्यता है, $dl =$ तार का छोटा घटक और $\hat{r}$ बिंदु का इकाई सदिश है जहाँ हमें चुंबकीय क्षेत्र का पता लगाना है।

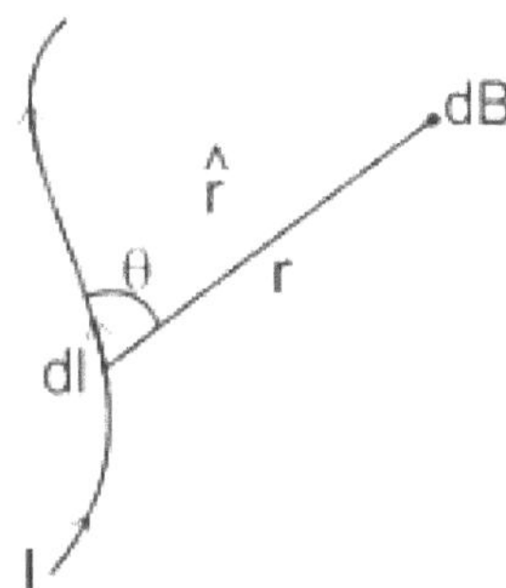

अत: विकल्प (C) सही है।

50. समतल विद्युत चुम्बकीय तरंग का विद्युत क्षेत्र दिया जाता है

$$\vec{E} = E_0(\hat{x} + \hat{y})\sin(kz - \omega t)$$

प्रसार की दिशा $= +\hat{k}$

$$\hat{E} = \frac{\hat{i} + \hat{j}}{\sqrt{2}}$$

$$\hat{k} = \hat{E} \times \hat{B}$$

$$\hat{k} = \left(\frac{\hat{i} + \hat{j}}{\sqrt{2}}\right) \times \hat{B}$$

$$\Rightarrow \hat{B} = \frac{-\hat{i} + \hat{j}}{\sqrt{2}}$$

$$\hat{B} = \frac{E_0}{c}(-\hat{x} + \hat{y})\sin(kz - \omega t)$$

अत: विकल्प (B) सही है।

51. एक स्थिर आवेश चुंबकीय क्षेत्र से प्रभावित नहीं होता है क्योंकि स्थिर आवेशों में कोई वेग नहीं होता है। शून्य वेग वाले कण में चुंबकीय क्षेत्र उत्पन्न नहीं हो सकता।

अत: विकल्प (D) सही है।

52. चुंबकीय क्षेत्र में प्रतिचुंबकीय पदार्थ पर लगने वाला परिणामी बल चुंबकीय क्षेत्र के मजबूत से कमजोर भाग की दिशा में होता है। प्रतिचुंबकीय पदार्थ वे होते हैं जिनमें बाहरी चुंबकीय क्षेत्र के मजबूत से कमजोर हिस्से में जाने की प्रवृत्ति होती है। दूसरे शब्दों में, जिस तरह से एक चुंबक लोहे जैसी धातुओं को आकर्षित करता है, उसके विपरीत, यह एक प्रतिचुंबकीय पदार्थ को पीछे हटा देगा।

अत: विकल्प (A) सही है।

53. जब कुण्डली में दो घुमाव हों।

फिर, $l = 2 \times 2\pi r_1$

$$r_1 = \frac{l}{4\pi}$$

$$B_1 = \frac{\mu_0 N_1 I}{2r_1}$$

$$\Rightarrow B_1 = \frac{\mu_0 \times 2 \times I}{2 \times \left(\frac{1}{4}\pi\right)}$$

$$\Rightarrow B_1 = \frac{\mu_0 4\pi I}{l} \quad ....(i)$$

जब कुण्डली में चार घुमाव हों।

फिर, $l = 4 \times 2\pi r_2$

$$r_2 = \frac{1}{8\pi}$$

$$B_2 = \frac{\mu_0 N_2 I}{2r_2}$$

$$\Rightarrow B_2 = \frac{\mu_0 \times 4 \times I}{2 \times \left(\frac{1}{8}\pi\right)}$$

$$\Rightarrow B_2 = \frac{\mu_0 16\pi I}{l} \quad ...(ii)$$

दोनों समीकरणों को विभाजित करने पर, हम प्राप्त करते हैं

$$\frac{B_1}{B_2} = \frac{4}{16}$$

$$\Rightarrow \frac{B_1}{B_2} = \frac{1}{4}$$

$$\Rightarrow B_2 = 4B_1$$

$$\Rightarrow B_2 = 4 \times 0.2\ T$$

$$\Rightarrow B_2 = 0.8\ T$$

अत: विकल्प (D) सही है।

54. पहले कुंडल और दूसरे कुंडल के कारण चुंबकीय क्षेत्र केंद्र में समान है।

तब केंद्र में चुंबकीय क्षेत्र B है,

$$B = \frac{\mu_0 I_1}{2(2r)} = \frac{\mu_0 I_2}{2(r)} = \frac{I_1}{I_2} = 2$$

जैसा कि हम जानते हैं कि कुंडली का प्रतिरोध किससे संबंधित है,

$R = \rho\frac{l}{A}$ जहाँ $\rho =$ प्रतिरोधकता , $l =$ लंबाई , $A =$ क्रॉस सेक्शन का क्षेत्र।

ρ और A दोनों कुंडल के लिए समान है लेकिन $l_1 = 2\pi(2r)$ और $l_2 = 2\pi(r')$

यदि V_1 और V_2 पहले और दूसरे कुंडल में लागू किया गया,

$$I_1 = \frac{V_1}{R_1} \text{ और } I_2 = \frac{V_2}{R_2} \quad ...(1)$$

$$I_1 = \frac{V_1}{\rho\frac{l_1}{A}} \quad ...(2) \text{ and } I_2 = \frac{V_2}{\rho\frac{l_2}{A}} \quad ....(3)$$

1,2,3 से

$$\frac{V_1}{l_1} \times \frac{l_2}{V_2} = 2$$

$$\frac{V_1}{V_1} \times \frac{l_2}{l_1} = 2$$

$$\frac{V_1}{V_2} \times \frac{1}{2} = 2$$

$$\frac{V_1}{V_2} = 4$$

$$V_1 = 4V_2$$

अतः विकल्प (B) सही है।

55. हम जानते है,

$$\varepsilon = Blv = 2 \times 10^{-1} \times v = 0.2v \quad I = \frac{\varepsilon}{R} = 10^{-3} \Rightarrow$$

$\frac{0.2v}{4} = 10^{-3}$[प्रभावी प्रतिरोध के बाद से R ब्रिज का $R = \frac{6 \times 6}{6+6} = 3\Omega$ तो, कुल प्रतिरोध $= 1 + 3 = 4\Omega$]

$$\Rightarrow v = 2cms^{-1}$$

अतः विकल्प (B) सही है।

56. दिया गया है,

विद्युत क्षेत्र $E = 100$ V/m

चुंबकीय क्षेत्र $B = 0.265$ A/m

ऊर्जा प्रवाह दिशा वेक्टर द्वारा दिया जाता है-

$$\vec{S} = \vec{E} \times \vec{B}$$

$$\Rightarrow S = EB\sin\phi$$

$$\Rightarrow S = EB \quad (\phi = 90°, \text{तब } E \text{ और } B \text{ एक -दूसरे के लंबवत है।)}$$

$$\Rightarrow S = 100 \times 0.265$$

$$\Rightarrow S = 26.5 \text{ W/m}^2$$

अतः विकल्प (A) सही है।

57. दिया गया है,

कॉइल का प्रतिरोध $= 10\Omega$

$$\phi = 8t^2 - 4t + 1$$

हमारे पास है,

$$E = -\frac{d\phi}{dt}$$

$$\Rightarrow E = -\frac{d(8t^2 - 4t + 1)}{dt}$$

अवकलन करने पर, हम प्राप्त करते हैं

$$\Rightarrow E = -16t + 4$$

0.1 सेकंड पर

$$E = -1.6 + 4 = 2.4 \text{ वोल्ट}$$

$$i = \frac{E}{R}$$

$$\Rightarrow i = \frac{2.4}{10}$$

$$\Rightarrow i = 0.24 \text{ एम्पियर}$$

अतः विकल्प (B) सही है।

58. एक ट्रांसफॉर्मर की भंवर धारा के नुकसान को परतदार क्रोड का उपयोग करके कम किया जा सकता है।

कोर में जूल हीटिंग के कारण एडी करंट का नुकसान जो ट्रांसफार्मर के लागू वोल्टेज के वर्ग के समानुपाती होता है। प्लेटों के ढेर के कोर को एक ठोस ब्लॉक के बजाय विद्युत रूप से एक दूसरे से अछूता बनाकर एड़ी करंट के नुकसान को कम किया जा सकता है; कम आवृत्तियों पर काम करने वाले सभी ट्रांसफार्मर लैमिनेटेड या समान कोर का उपयोग करते हैं।

अतः विकल्प (B) सही है।

59. दिया गया,

धारा में परिवर्तन, $di = (0 - 4)A$

यहां धारा $4\,A$ से $0\,A$ में बदल रही है यानी धारा गिर रही है।

इसलिए,

धारा में परिवर्तन = (अंतिम - प्रारंभिक)

धारा, $= (0 - 4)A$

समय अंतराल, $dt = 0.1\,s$

प्रेरित emf, $e = 100\,V$

अब,

$$e = -L\frac{di}{dt}$$

$$\Rightarrow 100 = -L\left(\frac{0-4}{0.1}\right)$$

$$\Rightarrow L = \frac{10}{4}$$

तो, स्व-प्रेरकत्व, $L = 2.5H$

अतः विकल्प (B) सही है।

60. एक चुंबक NS को एक स्प्रिंग से निलंबित कर दिया जाता है और जब यह दोलन करता है तो चुंबक कुंडल के अंदर और बाहर गति करता है। कुंडल एक गैल्वेनोमीटर G से जुड़ा है। फिर, जैसे-जैसे चुंबक दोलन करता है, G बाईं और दाईं ओर विक्षेपण दिखाता है लेकिन आयाम लगातार कम होता जाता है।

जब चुंबक स्प्रिंग के अंदर और बाहर दोलन करता है तो यह EMF को प्रेरित करता है, जिस दिशा में EMF प्रेरित हो रहा है वह अलग होगा। प्रेरित EMF के कार, कुंडल में एक धारा स्थापित की जाएगी जो विपरित दिशाओं में गैल्वेनोमीटर में पॉइंटर को विक्षेपित करेगी, जैसे चुंबक स्प्रिंग के अंदर और बाहर दोलन करता है, इसमें स्थापित एक भंवर धारा दोलन का आयाम घटाती है। संक्षेप में EMF को विपरित दिशाओं में प्रेरित किया जाएगा, अर्थात: बाईं और दाईं, चूंकि चुंबक स्प्रिंग के अंदर और बाहर भी दोलन करता है, जैसे-जैसे समय बढ़ता है, भंवर धारा दोलन के आयाम को कम करेगी (अवमंदन)।

अतः विकल्प (D) सही है।

61. जेनर डायोड में वोल्टेज $15\,V$ है।

इस प्रकार 250Ω प्रतिरोध में वोल्टेज होगा:

$$V = 20\,V - 15\,V = 5\,V$$

$$R = 250\Omega$$

250Ω प्रतिरोध के माध्यम से धारा $= \frac{V}{R}$

$$= \frac{5}{250} = 20\,mA$$

$1k\Omega$ के लोड प्रतिरोध में वोल्टेज $15V$ है, इस प्रकार $1k\Omega$ के माध्यम से धारा होगी:

$$\frac{15}{1000} = 15\,mA$$

इसलिए,

जेनर से धारा = 250Ω प्रतिरोध से धारा $-$ $1k\Omega$ प्रतिरोध से धारा

$\therefore$ जेनर से धारा $= 20 - 15 = 5\ mA$

अतः विकल्प (B) सही है।

62. थर्मल इमेजिंग के लिए इन्फ्रारेड विद्युत चुम्बकीय तरंग का इस्तेमाल किया जाता है।

- विद्युतचुंबकीय स्पेक्ट्रम विद्युत चुम्बकीय तरंगों की उनके संबंधित तरंग दैर्ध्य के क्रम में व्यवस्था है।
- इन्फ्रारेड किरणें एक प्रकार की विद्युत चुम्बकीय तरंगें हैं जो गर्म पिंडों द्वारा उत्सर्जित होती हैं।
- विद्युत चुम्बकीय स्पेक्ट्रम के भीतर, इन्फ्रारेड तरंगें दृश्यमान लाल प्रकाश की तरंग दैर्ध्य के नीचे माइक्रोवेव के ऊपर आवृत्तियों पर होती हैं, जिसे इस प्रकार की विद्युत चुम्बकीय तरंगों को इन्फ्रारेड कहा जाता है।
- थर्मल इमेजिंग वह तकनीक है जिसमें वस्तुओं के बारे में जानकारी एकत्र करने के लिए थर्मल ऊर्जा और इन्फ्रारेड विकिरण का उपयोग किया जाता है।

अतः विकल्प (C) सही है।

63. हम जानते है,

$$K_{particle} = \frac{1}{2}mv^2 \text{ और}$$

डी-ब्रोगली वेवलेंथ, $\lambda = \frac{h}{mv}$

चूंकि, प्रश्न में दिया गया डेब्रोली वेवलेंथ फोटोन की तरंग दैर्ध्य के बराबर है:

$$\Rightarrow K_{particle} = \frac{1}{2}\left(\frac{h}{\lambda v}\right) \cdot v^2 = \frac{vh}{2\lambda} \dots \text{(i)}$$

इसके अलावा, $K_{photon} = \frac{hc}{\lambda} \dots \text{(ii)}$

$$\therefore \frac{K_{particle}}{K_{photon}} = \frac{v}{2c} = \frac{2.25 \times 10^8}{2 \times 3 \times 10^8} = \frac{3}{8}$$

अतः विकल्प (B) सही है।

64. डी ब्रोगली की परिकल्पना के अनुसार, कण की गति कण की तरंग दैर्ध्य के विपरीत आनुपातिक होती है। डी ब्रोगली की परिकल्पना का उपयोग करके दोनों कणों की गति से संबंधित गति के संरक्षण के नियम का उपयोग करें।

संवेग के संरक्षण के नियम से,

$$P_1 = P_2 \text{ (विपरीत दिशाओं में)}$$

अब डी-ब्रोगली तरंग दैर्ध्य द्वारा दिया जाता है

$\lambda = \frac{h}{p}$, जहाँ $h =$ प्लांक की स्थिरांक

गति के परिमाण के बाद से (p) दोनों कण समान हैं,

दोनों कण समान हैं,

दोनों कणों के बराबर है,

$$\therefore \lambda_1 = \lambda_2$$

$$\Rightarrow \frac{\lambda_1}{\lambda_2} = 1$$

अतः विकल्प (C) सही है।

65. सही कथन प्राथमिक इंद्रधनुष में है, पर्यवेक्षक शीर्ष पर लाल रंग और नीचे बैंगनी देखता है।

प्राथमिक इंद्रधनुष: एक इंद्रधनुष जिसमें प्रभावी किरणों को प्रत्येक बूंद में प्रवेश करने पर अपवर्तित किया जाता है, इसकी आंतरिक सतह से परिलक्षित होता है, और पर्यवेक्षक की आंख में पारित करने के लिए उभरने पर फिर से अपवर्तित किया जाता है और जिसमें धनुष के बाहरी किनारे पर लाल देखा जाता है।

अतः विकल्प (A) सही है।

66. $t_2 - t_1 = 5 \times 10^{-10}$

$$\Rightarrow \frac{d}{v_B} - \frac{d}{v_A} = 5 \times 10^{-10}$$

और, $\frac{v_B}{v_A} = \frac{\mu_A}{\mu_B} = \frac{1}{2}$

$$\Rightarrow d\left(1 - \frac{v_B}{v_A}\right) = 5 \times 10^{-10} \times v_B$$

$$\Rightarrow d\left(1 - \frac{1}{2}\right) = 5 \times 10^{-10} \times v_B$$

$$\Rightarrow d = 10 \times 10^{-10} \times v_B m$$

$$\Rightarrow d = 5 \times 10^{-10} \times v_A m$$

अतः विकल्प (A) सही है।

67. प्रिज्म का अपवर्तनांक, $\mu = \sqrt{3}$

प्रिज्म का कोण, $A = 60°$

अब प्रिज्म फॉर्मूला का उपयोग करते हुए,

$$\frac{\sin\frac{(A+\varepsilon_m)}{2}}{\frac{\sin A}{2}}$$

$$\sqrt{3} = \frac{\sin\frac{\delta_m + 60°}{2}}{\frac{\sin 60°}{2}}$$

$$\sqrt{3} \times \sin 30° = \sin\left(\frac{\delta_{m+60°}}{2}\right)$$

$$\sin\left(\frac{\delta_{m+60°}}{2}\right) = \sqrt{3} \times \frac{1}{2} = \sin 60°$$

$$\frac{\delta_m + 60^q}{2} = 60°$$

$$\delta_m + 60° = 120°$$

$$\delta_m = 60° \text{ विचलन का आवश्यक न्यूनतम कोण है।}$$

अत: विकल्प (C) सही है।

68. रडार (रेडियो डिटेक्शन एंड रेंजिंग) एक डिटेक्शन सिस्टम है जो वस्तुओं की दूरी (रेंज), कोण या वेग निर्धारित करने के लिए रेडियो तरंगों का उपयोग करता है। इसका उपयोग विमान, जहाजों, अंतरिक्ष यान, निर्देशित मिसाइलों, मोटर वाहनों, मौसम संरचनाओं और इलाके का पता लगाने के लिए किया जा सकता है।

रडार सिस्टम विद्युत चुम्बकीय, या रेडियो, तरंगों को प्रसारित करते हैं। अधिकांश वस्तुएं रेडियो तरंगों को परावर्तित करती हैं, जिनका पता रडार प्रणाली द्वारा लगाया जा सकता है। उपयोग की जाने वाली रेडियो तरंगों की आवृत्ति रडार अनुप्रयोग पर निर्भर करती है।

अत: विकल्प (D) सही है।

69. किसी अन्तरापृष्ठ के लिए ब्रूस्टर कोण के बीच होना चाहिए: $45° < i_b < 90°$

ब्रूस्टर के कोण को उस कोण के रूप में परिभाषित किया जाता है जिसमें एक विशेष ध्रुवीकरण के साथ प्रकाश के आपतन कोण एक परावैद्युत पपृष्ठ के माध्यम से पूरी तरह से प्रसारित होता है और कोई परावर्तन नहीं होता है और जब पृष्ठ पर अध्रुवित प्रकाश की घटना होती है जुहां प्रकाश पृष्ठ पर परावर्तित होगा।

ब्रूस्टर कोण के अंतरापृष्ठ को इस प्रकार लिखा गया है;

$$\mu = \tan i_b \cdots (1)$$

यहाँ μ दिए पदार्थ का अपवर्तनांक है।

जहां μ 1 से ∞ के बीच स्थित है।

$$1 < \mu < \infty$$

उपरोक्त समीकरण में समीकरण (1) रखने पर हमारे पास है;

$$1 < \tan i_b < \infty$$

जहां, i_b ध्रुवीकरण कोण है।

$$\tan^{-1}(1) < i_b < \tan^{-1}(\infty)$$

$$\Rightarrow 45° < i_b < 90°$$

अत: विकल्प (C) सही है।

70. यंग के द्विझिरी प्रयोग में फ्रिंज चौड़ाई दी जाती है,

$$\beta = \frac{\lambda D}{d}$$

यदि कलासंबद्ध स्रोतों के बीच का पृथकन को आधा कर दिया जाए और कलासंबद्ध स्रोतों से पर्दे की दूरी दोगुनी कर दी जाए, तो फ्रिंज की चौड़ाई,

$$\beta' = \frac{\lambda 2D}{d/2} = \frac{4\lambda D}{d} = 4\beta$$

इसलिए, नई फ्रिंज चौड़ाई चार गुनी है।

अत: विकल्प (C) सही है।

71. दूरदर्शक अभिदृश्यक का व्यास

$$D = 2\,m = 100 \times 2 = 200\,cm$$

प्रकाश की तरंगदैर्घ्य है:

$$\lambda = 600\,nm = 6 \times 10^{-5}\,cm$$

दूरदर्शक के विभेदन की सीमा,

$$d\theta = \frac{1.22\lambda}{D}$$

$$= \frac{1.22 \times 6 \times 10^{-5}}{200}$$

$$= 3.66 \times 10^{-7}\,rad$$

अत: विकल्प (A) सही है।

72. कार्य फलन के रूप में,

$$W = hf_0$$

जहां,

f_0 थ्रेशोल्ड आवृत्ति है।

कार्य फलन जितना अधिक होगा, थ्रेशोल्ड आवृत्ति उतनी ही अधिक होगी। इसलिए, सोडियम के लिए थ्रेशोल्ड आवृत्ति एल्यूमीनियम की तुलना में कम होगी।

अत: विकल्प (A) सही है।

73. दिया है,

पृथ्वी की सतह तक पहुँचने वाले सूर्य के प्रकाश का ऊर्जा प्रवाह,

$$\phi = 1.388 \times 10^3\,W/m^2$$

इस प्रकार, प्रति वर्ग मीटर सूर्य के प्रकाश की शक्ति,

$$P = 1.388 \times 10^3\,W$$

प्रकाश की गति,

$$c = 3 \times 10^8\,m/s$$

प्लांक स्थिरांक,

$$h = 6.626 \times 10^{-34}\,Js$$

सूर्य के प्रकाश में उपस्थित फोटॉनों की औसत तरंगदैर्घ्य,

$$\lambda = 550\,nm = 550 \times 10^{-9}\,m$$

पृथ्वी पर प्रति सेकंड प्रति वर्ग मीटर आपतित फोटॉनों की संख्या $= n$

इस प्रकार, शक्ति के समीकरण को इस प्रकार लिखा जा सकता है,

$$P = nE$$

$$\therefore n = \frac{P}{E}$$

जैसा कि हम जानते हैं,

$$E = \frac{hc}{\lambda}$$

तब,

$$\frac{P\lambda}{hc} = \frac{1.388 \times 10^3 \times 550 \times 10^{-9}}{6.626 \times 10^{-34} \times 3 \times 10^8}$$

$$= 3.84 \times 10^{21}\ \text{फोटॉन}\ /m^2 - s$$

अत: विकल्प (C) सही है।

74. प्रकाश-विद्युत प्रभाव घटना प्रकाश की क्वांटम प्रकृति की व्याख्या कर सकती है।

किसी धातु की सतह से मुक्त इलेक्ट्रॉनों का उत्सर्जन जब उस पर प्रकाश पड़ता है, तो इसे प्रकाश-उत्सर्जन या प्रकाश-विद्युत प्रभाव कहा जाता है।

इस प्रभाव ने निष्कर्ष निकाला कि प्रकाश पैकेट या ऊर्जा की मात्रा से बना है।

अत: विकल्प (A) सही है।

75. दिया गया:

$$\phi = 2.8eV, E = 2eV$$

हम जानते हैं कि अधिकतम गतिज ऊर्जा $(E) = h\nu - \phi$

दिए गए मानों को उपरोक्त सूत्र में रखने पर:

$$2 = h\nu - 2.8$$

$$\Rightarrow h\nu = 4.8eV$$

नई आवृत्ति, $\nu = 2\nu$

इसलिए, $E' = hv' - \phi$

$\Rightarrow E' = 2\,hv - \phi$

दिए गए मानों को उपरोक्त सूत्र में रखने पर:

$= 2 \times 4.8 - 2.8$

$= 6.8eV$

अतः विकल्प (A) सही है।

76. दिया गया, फोटॉन की ऊर्जा $E_1 = hV_1 = 1eV, E_2 = 2.5eV, W = 0.5eV,$

माना कि v_1 और v_2 उत्सर्जित इलेक्ट्रॉनों की गति है

आइंस्टीन के प्रकाशविद्युत समीकरण का उपयोग करके।

$K.E = E - \Phi$

$\Rightarrow \frac{1}{2}mv_1^2 = 1 - 0.5 \Rightarrow v_1 = \sqrt{\frac{2\times 0.5}{m}}$

$\Rightarrow \frac{1}{2}mv_2^2 = 2.5 - 0.5 \Rightarrow v_2 = \sqrt{\frac{2\times 2}{m}}$

$\Rightarrow \frac{v_1}{v_2} = \frac{1}{2}$

इसलिए, उत्सर्जित इलेक्ट्रॉनों की अधिकतम गतियों का अनुपात $1:2$ है।

अतः विकल्प (B) सही है।

77. यह देखते हुए कि संक्रमण n = 4 से n = 1 (जमीनी अवस्था) तक है। तो संक्रमण वर्णक्रमीय रेखाएं

$N = \frac{n(n-1)}{2}$

$N = \frac{4(4-1)}{2} = 6$

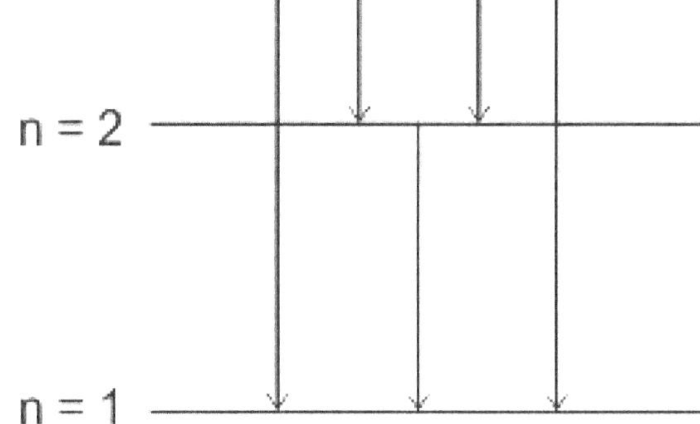

अतः विकल्प (C) सही है।

78. दिया गया:

$n_1 = 3$ और $n_2 = 4$

3 कक्षा में इलेक्ट्रॉन के कोणीय संवेग का परिमाण है:

$L_1 = \frac{3h}{2\pi}$

4 कक्षा में इलेक्ट्रॉन के कोणीय संवेग का परिमाण है:

$L_2 = \frac{4h}{2\pi}$

कोणीय संवेग में परिवर्तन

$\Delta L = L_2 - L_1$

$= \frac{h}{2\pi}(4 - 3)$

$\Rightarrow \Delta L = \frac{6.64\times 10^{-34}}{2\times 3.14}(4 - 3)$

$= 1.05 \times 10^{-34}J/S$

अतः विकल्प (A) सही है।

79. कोणीय गति $= \frac{nh}{2\pi}$

$\therefore n = \frac{3.17\times 10^{-13}\times 2\times 3.14}{(6.63\times 10^{-34})}$

n = 3

अतः विकल्प (C) सही है।

80. यह एक वोल्ट के विद्युत विभव अंतर में स्थानांतरित एक एकल इलेक्ट्रॉन के आवेश से प्राप्त ऊर्जा की मात्रा है। इलेक्ट्रॉन वोल्ट, ऊर्जा की इकाई जिसे आमतौर पर परमाणु और परमाणु भौतिकी में उपयोग किया जाता है, इलेक्ट्रॉन द्वारा प्राप्त ऊर्जा के बराबर (एक आवेशित कण इकाई इलेक्ट्रॉनिक आवेश ले जाती है) होती है जब इलेक्ट्रॉन में विद्युत क्षमता एक वोल्ट तक बढ़ जाती है। इलेक्ट्रॉन वोल्ट 1.602×10^{-12} erg, या 1.602×10^{-19} जूल के बराबर होता है।

अतः विकल्प (A) सही है।

81. मूल माध्य वर्ग वेग द्वारा दिया जाता है,

$C_{rms} = \sqrt{\frac{3RT}{M}}$

एक विशेष तापमान के लिए,

$C_{rms} \propto \sqrt{\frac{1}{M}}$ यानी C_{rms} के अलग-अलग गैसों के लिए अलग-अलग मान होंगे।

अतः विकल्प (A) सही है।

82. द्विपरमाणुक गैस की स्वतंत्रता की डिग्री 5 है।

ऊर्जा समविभाजन का नियम कहता है कि स्वतंत्रता की प्रत्येक डिग्री की ऊर्जा $\frac{1}{2}kT$ है।

कार्बन मोनोऑक्साइड (CO) और नाइट्रोजन (N_2) गैसें द्विपरमाणुक हैं। तो, दोनों की गतिज ऊर्जा समान है $\left(\frac{5}{2}kT\right)$ यानी, $E_1 = E_2$।

अतः विकल्प (A) सही है।

83. नवें सेकंड में तय की गई दूरी दी गई है:

$S_n = u + \frac{a}{2}(2n - 1)$

रख करके,

$u = 0$

$a = \frac{4}{3}\ m\ s^{-2}$

$n = 3$

$\therefore$ दूरी $= 0 + \frac{4}{3 \times 2}(2 \times 3 - 1)$

$= \frac{4}{6} \times 5$

$= \frac{10}{3}$ m

अतः विकल्प (C) सही है।

84. दिया गया,

व्यास $(d) = 30$ cm

त्रिज्या $(r) = \frac{d}{2} = 15$ cm $= 0.15$ m

$T = 20°C = 293$ K

$P = 1$ atm $= 10^5\ N/m^2$

गुब्बारे में हीलियम गैस का आयतन,

$V = \frac{4}{3}\pi r^3$

$= \frac{4}{3}\pi(0.150\ m)^3$

$= 1.41 \times 10^{-2}\ m^3$

आदर्श गैस समीकरण से मोल्स की संख्या प्राप्त की जा सकती है,

$PV = nRT$

$\Rightarrow n = \frac{PV}{RT}$

$\Rightarrow n = \frac{(10^5\ N/m^2)(1.41 \times 10^{-2}\ m^3)}{(8.314\ N \cdot m/mol - K)(293\ K)} = 0.588\ mol$

हीलियम गैस के अणुओं की संख्या,

$N = nN_A = (0.588\ mol)(6.02 \times 10^{23}$ अणु/mol$)$

$\Rightarrow N = 3.493 \times 10^{23}$

अतः विकल्प (D) सही है।

85.

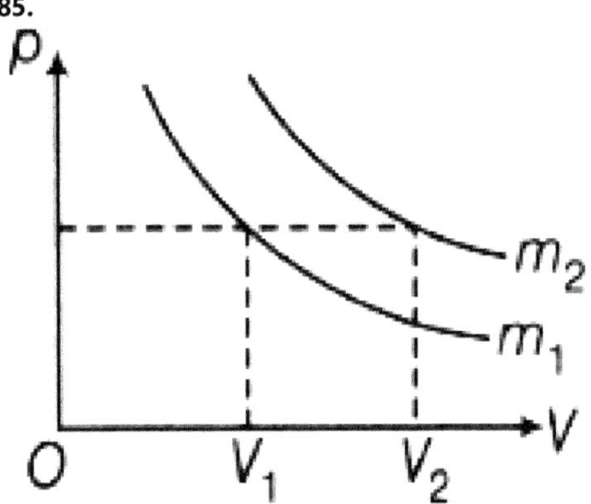

$\therefore pV = nRT = \frac{m}{M}RT$

m_1 के लिए, $P = \frac{m_1}{M} \cdot \frac{RT}{V_1}$ ......(i)

m_2 के लिए, $P = \frac{m_2}{M} \cdot \frac{RT}{V_2}$ ....(ii)

समीकरण (i) और (ii) से हम पाते हैं,

$\frac{m_1}{M} \cdot \frac{RT}{V_1} = \frac{m_2}{M} \cdot \frac{RT}{V_2}$

$\Rightarrow \frac{m_1}{V_1} = \frac{m_2}{V_2}$

इस प्रकार, $V \propto m$

$\therefore V_2 > V_1$

$\therefore m_2 > m_1$

अतः विकल्प (B) सही है।

86. निरंतर पार-अनुभागीय क्षेत्र A की सामग्री में आवेश वाहकों का बहाव वेग निम्नानुसार है:

$v = \frac{I}{nAq}$

(यहां I सामग्री के माध्यम से बहने वाला धारा है, n आवेश वाहक घनत्व है, और q आवेश-वाहक पर आवेश है)।

हमारे पास I का अनुपात $\frac{7}{4}$ के रूप में है और n के रूप में $\frac{7}{5}$ का अनुपात है।

इस प्रकार, हमें v का अनुपात $\frac{5}{4}$ के रूप में मिलता है।

अतः विकल्प (C) सही है।

87. तरल पदार्थ में अणुओं को अन्य अणुओं द्वारा अन्तराण्विक इंटरैक्शन द्वारा जुड़े होते हैं, जो अणु और पॉलीएटोमिक आयनों को एक साथ रखने वाली अंतर आणविक इंटरैक्शन से कमजोर होते हैं।

बर्फ में दिए गए ठोस पदार्थों में से सबसे कम पिघलने वाला बिंदु होता है, इसलिए इसमें सबसे कमजोर अन्तराण्विक बल होते हैं।

अतः विकल्प (A) सही है।

88. LED का फुल फॉर्म लाइट एमिटिंग डायोड है।

LED एक PN-जंक्शन डायोड है जो प्रकाश उत्पन्न करता है क्योंकि यह आगे के रास्ते में विद्युत प्रवाह से गुजरता है। चार्ज कैरियर का पुनर्संयोजन LED में होता है। N-साइड इलेक्ट्रॉन और P-साइड घोल मिश्रित होते हैं और प्रकाश और गर्मी के रूप में ऊर्जा प्रदान करते हैं। LED रंगहीन अर्धचालक पदार्थ से उत्पन्न होती है, और प्रकाश डायोड जंक्शन के माध्यम से विकिरणित होता है। उपयोग की गई अर्धचालक सामग्री और डोपिंग मात्रा के आधार पर, एक रंगीन प्रकाश एक निर्दिष्ट वर्णक्रमीय तरंग दैर्घ्य पर उत्सर्जित होगा जब LED आगे की ओर पक्षपाती हो।

अतः विकल्प (A) सही है।

89. दिया गया,

अवरोध विभव $V_D = 0.3V$ करंट $I = 6mA = 0.006A$, प्रतिरोध $R = 200\Omega$

यहाँ हम लिख सकते हैं,

$E - V_D = IR$

जहां E बैटरी का ईएमएफ है।

$E = IR + V_D \qquad (\because V = iR)$

$E = (0.006 \times 200) + 0.3$

$E = 1.2 + 0.3$

$= 1.5V$

अतः विकल्प (C) सही है।

90. आगे के बायसिंग और रिवर्स बायसिंग दोनों में, एप्लाइड पोटेंशिअल एक आंतरिक इलेक्ट्रिक फील्ड स्थापित करता है जो संभावित बैरियर के खिलाफ या उसके विपरीत कार्य करता है। यह आंतरिक विद्युत क्षेत्र जंक्शन पर कमजोर या मजबूत होता है। आगे के बायसिंग में नी वोल्टेज सबसे आगे का वोल्टेज होता है, जिस पर जंक्शन के माध्यम से करंट तेजी से बढ़ने लगता है। एक बार लगाए गए आगे के वोल्टेज के नी वोल्टेज से अधिक हो जाने पर, करंट तेजी से बढ़ने लगता है।

आगे की बायसिंग स्थिति में, आंतरिक विद्युत क्षेत्र $E = -\frac{\Delta V}{\Delta r}$ द्वारा दिया जाता है

या

$|E| = \frac{\Delta V}{\Delta r} = \frac{5 \times 10^{-1}}{10^{-6}}$

$= 5 \times 10^5 \, V/m$

अतः विकल्प (C) सही है।

91. दिया गया,

गोली का द्रव्यमान, $m = 20 \, g = 20 \times 10^{-3} \, kg$

प्रारंभिक गति, $u = 1 \, ms^{-1}$

गोली पर दीवार द्वारा लगाया गया माध्य प्रतिरोध या प्रतिरोधक बल है,

$F = 2.5 \times 10^{-2} \, N$

दीवार की मोटाई यानी गोली का विस्थापन, $s = 20 \, cm = 20 \times 10^{-2} \, m$

गति के तीसरे समीकरण से (स्थिति - वेग संबंध)

$v^2 - u^2 = 2as$

बल से, $F = ma$

$\Rightarrow a = \frac{F}{m}$

उपरोक्त समीकरण में a का मान प्रतिस्थापित करने पर,

$\therefore v^2 = u^2 - 2\left(\frac{F}{m}\right)s$

$\Rightarrow v^2 = (1)^2 - (2)\left[\frac{2.5 \times 10^{-2} \, 20 \times 10^{-3}}{\times}\right]\frac{20}{100}$

$v^2 = 1 - 2\left(\frac{1}{5}\right)\left[\frac{2.5}{2}\right]$

$v^2 = 1 - 0.5$

$v^2 = 1 - \frac{1}{2} = \frac{1}{2}$

$\Rightarrow v = \frac{1}{\sqrt{2}} \, m/s \approx 0.7 \, m/s$

इसलिए, दीवार के दूसरी ओर से निकलने के बाद गोली की गति $0.7 \, m/s$ के करीब होती है।

इसलिए, सही विकल्प (B) है।

92. परिवर्तनशील त्वरण के साथ गतिमान गोला।

दिया गया है:

द्रव्यमान $= 2$ किग्रा, रेखीय संवेग समय के साथ परिवर्तित होता है $P = 3t^2 + 4$

$F = \frac{dP}{dt}$

$\Rightarrow F = \frac{d(3t^2 + 4)}{dt}$

$= 6t$

जैसा कि हम जानते हैं,

बल $=$ द्रव्यमान $\times$ त्वरण

$F = 2 \times a$

$= 6t$

$\Rightarrow a = (3t)$ मी/सेकंड ^{2}

इसलिए, $a \propto t$

अतः विकल्प (B) सही है।

93. जब किसी वस्तु को सीधा ऊपर की ओर फेंका जाता है, तो वह गुरुत्वाकर्षण के कारण त्वरण का अनुभव करती है, g जो नीचे की ओर इशारा करता है।

जैसा कि हम जानते हैं,

$a = \frac{dv}{dt}$ [जहां $a = $ त्वरण, $\frac{dv}{dt} = $ समय के साथ वेग में परिवर्तन]

तो, वेग-समय ग्राफ का निर्धारण करना।

"t सेकंड" के समय में, हमारे पास एक पिंड है जो "$V \, m/s$" के वेग से ऊपर की ओर प्रक्षेपित होता है।

इसका प्रारंभिक वेग, $v = u_y$. हम यह कह सकते हैं कि $v = u_y$ चूंकि पिण्ड y दिशा में जोर देता है।

हम जानते हैं कि जब कोई पिंड ऊपर की ओर गति करता है तो गुरुत्वाकर्षण का त्वरण नीचे की ओर कार्य करता है।

गुरुत्वाकर्षण के कारण त्वरण शरीर के त्वरण के समान ही होगा।

$a = g$, जहां a शरीर के त्वरण को दर्शाता है और g गुरुत्वाकर्षण त्वरण को दर्शाता है।

हम सभी जानते हैं कि समय के संबंध में वेग का पहला व्युत्पन्न त्वरण है।

$a = \frac{dv}{dt} = g$

$\frac{dv}{dt} = g$

$dv = g \times dt$

एकीकरण लागू करें

आइए, अब हम समीकरण के दोनों पक्षों का समाकलन करें।

$\int_u^v dv = \int_0^g g \, dt$ [g is constant]

समाकलित करके हम प्राप्त करते हैं,

$v - u = gt$

$$v = u + gt$$

हम जानते हैं कि गुरुत्वाकर्षण त्वरण, संक्षिप्त रूप में ' g,' नीचे की ओर कार्य करता है। नतीजतन, g नकारात्मक है।

नतीजतन, समीकरण $v = u + gt$ को $v = u - gt$ के रूप में लिखा जा सकता है।

अब, सरल रेखा का समीकरण,

सीधी रेखा का समीकरण $y = mx + c$ है, जहां m ढलान है और c y अक्ष अवरोधन है।

आइए अब हम सीधी-रेखा समीकरण की तुलना हमारे द्वारा प्राप्त समीकरण से करें, $v = u - gt$

हम यह निष्कर्ष निकाल सकते हैं कि शरीर का वेग-समय वक्र ढलान के साथ एक सीधी रेखा है $-g$ और y अवरोधन u जब ऊपर की ओर प्रक्षेपित होता है।

अतः विकल्प (C) सही है।

94. दो विभिन्न पदार्थों X और Y के लिए प्रतिबल-विकृति वक्र खींचे गए हैं। यह प्रेक्षण किया गया है कि पदार्थ X के लिए चरम सामर्थ्य बिन्दु और विभंग बिन्दु एक-दूसरे के निकट हैं परन्तु दूसरे पदार्थ Y के लिए ये एक-दूसरे के काफी दूर हैं। हम यह कह सकते हैं कि पदार्थ X और Y भंगुर और तन्य क्रमश: हो सकते हैं।

जब दो अलग-अलग सामग्रियों X और Y के लिए प्रतिबल-विकृति वक्र खींचे जाते हैं। यह देखा गया है कि चरम सामर्थ्य बिंदु और फ्रैक्चर बिंदु सामग्री X के लिए एक दूसरे के करीब हैं लेकिन सामग्री Y के लिए बहुत दूर हैं।

इसलिए, तन्य सामग्रियों में, हमारे पास चरम सामर्थ्य की तुलना में फ्रैक्चर सामर्थ्य कम होती है, जबकि भंगुर सामग्री में, फ्रैक्चर सामर्थ्य परम तन्य सामर्थ्य के बराबर होती है।

भंगुर - एक सामग्री को भंगुर कहा जाता है यदि सामग्री पर दबाव डाला जाता है और यह महत्वपूर्ण प्लास्टिक विरूपण के बिना थोड़ा प्रत्यास्थ विरूपण के साथ फ्रैक्चर हो जाता है।

तन्यता- तन्य धातु का एक परिभाषित सगुण है जिसे तन्यता नामक एक पतले तार में खींचा जाता है और यह धातु का वह गुण है जो बिना टूटे तार को पतला या तार में खींचने की क्षमता से जुड़ा होता है।

अतः विकल्प (D) सही है।

95. यह दिया गया है कि दोनों तारों का पदार्थ समान है, इसलिए यंग का प्रत्यास्थता गुणांक दोनों तारों के लिए समान होगा।

दूसरे तार का अनुप्रस्थ काट का क्षेत्रफल पहले तार की तुलना में दोगुना है।

$\Rightarrow$ प्रथम तार का क्षेत्रफल $= A$, $\Rightarrow$ दूसरे तार का क्षेत्रफल $= 2A$

वे समान लंबाई (l) के हैं और दोनों तारों पर समान भार (F) लगाया जाता है।

लंबाई में विस्तार या परिवर्तन की गणना इस प्रकार की जाती है:

$\therefore$ प्रथम तार का तार का विस्तार $(\Delta l_1) = \dfrac{Fl}{EA}$

$\therefore$ दूसरे तार का विस्तार $(\Delta l_2) = \dfrac{Fl}{E(2A)} = \dfrac{Fl}{2EA}$

इसलिए दोनों तारों के विस्तार का अनुपात इस प्रकार दिया गया है

$$\Rightarrow \dfrac{\Delta l_1}{\Delta l_2} = \dfrac{\frac{Fl}{EA}}{\frac{Fl}{2EA}} = \dfrac{2}{1}$$

इसलिए दूसरे तार की तुलना में आधे अनुप्रस्थ-काट क्षेत्रफल वाला तार उसी भार के लिए 2 गुना बढ़ जाएगा।

लंबाई में विस्तार या परिवर्तन 2 : 1 के अनुपात में पाया जाता है।

अतः विकल्प (B) सही है।

96. माना तार की लंबाई l, r इसकी त्रिज्या और A इसका अनुप्रस्थ काट का क्षेत्रफल है।

प्वासों अनुपात, $\nu = -\dfrac{\epsilon_t}{\epsilon_l} = -\dfrac{\frac{dr}{r}}{\frac{dl}{l}}$ $\cdots(1)$

तार का आयतन, $V = $ लंबाई $\times$ अनुप्रस्थ काट क्षेत्रफल $= l \times \pi r^2$

$$dV = \pi r^2 \cdot dl + 2\pi r l \cdot dr$$

चूँकि आयतन में कोई परिवर्तन नहीं होता है, $dV = 0$

$$\Rightarrow 0 = \pi r^2 \cdot dl + 2\pi r l \cdot dr$$

$$\Rightarrow \pi r^2 \cdot dl = -2\pi r l \cdot dr$$

$$\Rightarrow \dfrac{dr}{r} = -\dfrac{1}{2}\dfrac{dl}{l}$$

$$\Rightarrow \dfrac{\frac{dr}{r}}{\frac{dl}{l}} = -\dfrac{1}{2} \quad \cdots(2)$$

(2) में (1) को प्रतिस्थापन करने पर,

प्वासों अनुपात, $\nu = -\dfrac{\frac{dr}{r}}{\frac{dl}{l}} = -\left(-\dfrac{1}{2}\right) = 0.5$

अतः विकल्प (B) सही है।

97. संकल्पना:

तार की लम्बाई में वृद्धि इस प्रकार हो सकती है:

$$\Delta L = \dfrac{FL}{AE} \quad \cdots(1)$$

जहाँ $F = $ वस्तु पर बल, $L = $ वस्तु की लंबाई, $E = $ लोच का मापांक, $A = $ area of object

जहाँ $F = Mg$ तो समीकरण (1) को इस प्रकार लिखा जा सकता है:

$$\Delta L = \dfrac{MgL}{AE} \text{ जो } \Delta L \propto g \quad \cdots(2) \text{ दिखाता है}$$

दिया गया:

पृथ्वी की सतह पर तार की लम्बाई $(\Delta L_1) = 10^{-4}m$

किसी अन्य ग्रह पर उसी तार की लम्बाई है $(\Delta L_2) = 6 \times 10^{-5}m$

पृथ्वी की सतह पर गुरुत्वीय त्वरण $= 10ms^{-2}$

समीकरण (2) का उपयोग करके हम इस प्रकार लिख सकते हैं: $\dfrac{\Delta L_1}{\Delta L_2} = \dfrac{g_{\text{earth}}}{g_{\text{planet}}}$ $\cdots(3)$

समीकरण (3) का प्रयोग करके हम पाते हैं: $\dfrac{10^{-4}}{6 \times 10^{-5}} = \dfrac{10}{g_{\text{planet}}}$ हल करने पर हमें $g_{\text{planet}} = 6m/s^2$ प्राप्त होता है

इसलिए, दूसरे ग्रह पर गुरुत्वीय त्वरण का मान $= 6m/s^2$ है

अतः विकल्प (C) सही है।

98. दिया हुआ:

पेट्रोल का विशिष्ट गुरुत्व $\left(S_p\right) = 0.805$

दो लीटर पेट्रोल का वजन $\left(W_P\right) = 15.8N$

पेट्रोल का घनत्व $\left(\rho\right) = ?$

दो लीटर पेट्रोल का वजन $\left(W_P\right) = 15.8N$

1 लीटर पेट्रोल का वजन $\left(W_P\right) = 7.9N$

हम जानते हैं कि

$1Kg = 9.81N$

1 लीटर पेट्रोल का वजन $(WP) = \dfrac{7.9}{9.81} = 0.80530kg$

पेट्रोल का घनत्व $(\rho) = 0.80530kg/lit$

पेट्रोल का घनत्व $(\rho) = 805.30kg/m^3$

अत: विकल्प (C) सही है।

99. एक तरल की सतह तनाव के तहत एक तनी हुई लोचदार झिल्ली की तरह काम करती है। यह मुख्यतः पृष्ठ तनाव के कारण होता है।

जब एक तरल हवा के संपर्क में आता है, तो यह एक तनी हुई झिल्ली की तरह व्यवहार करता है क्योंकि पानी के अणु एक दूसरे की ओर आकर्षित होते हैं। द्रव के इस गुण को पृष्ठ तनाव भी कहते हैं।

तरल-वायु इंटरफेस पर, सतह तनाव पानी के अणुओं के एक-दूसरे के प्रति आकर्षण का परिणाम है, जो एक संसजक बल है, फिर हवा में अणुओं के लिए, जो एक चिपकने वाला/प्रतिकारक बल है।

इन दो बलों का संयुक्त प्रभाव तरल की सतह पर एक आवक बल है जो सतह को ऐसा व्यवहार करने का कारण बनता है जैसे कि यह एक फैली हुई लोचदार झिल्ली से ढका हो।

अत: विकल्प (B) सही है।

100. दिया गया है:

आरंभिक वेग $\left(v_1\right) = 0m/s$, प्रारंभिक दबाव $\left(P_1\right) = 3 \times 10^5 Pa$, और अंतिम दाब $\left(P_2\right) = 2.5 \times 10^5 Pa$

बर्नोली के सिद्धांत के अनुसार

$$\Rightarrow P_1 + \frac{1}{2}\rho v_1^2 = P_2 + \frac{1}{2}\rho v_2^2$$

$$\Rightarrow P_1 = P_2 + \frac{1}{2}\rho v_2^2$$

उपरोक्त समीकरण को इस रूप में लिखा जा सकता है

$$\Rightarrow v_2^2 = \frac{2(P_1 - P_2)}{\rho}$$

$$\Rightarrow v_2^2 = \frac{2\left(3\times10^5 - 2.5\times10^5\right)}{10^3} = 10^2 m^2/s^2$$

$$\Rightarrow v_2 = 10m/s$$

अत: विकल्प (B) सही है।

Q.1 आवेश की SI इकाई _________ है।

[Rajasthan Police Sub Inspector, 2016]

A. एम्पियर **B.** वाल्ट **C.** कूलाम्ब **D.** ओम

Q.2 नॉटिकल मील प्रति घंटा इकाई का उपयोग निम्नलिखित में से किसकी गति को मापने के लिए किया जाता है?

A. मैग्लेव **B.** जहाज
C. बुलेट ट्रेन **D.** इनमें से कोई नहीं

Q.3 संबंध $\alpha = \beta t + \lambda$ में α और λ को मीटर (m) में मापा जाता है और t को सेकंड (s) में मापा जाता है। तब β की SI इकाई क्या होनी चाहिए?

A. m **B.** m s **C.** s **D.** ms^{-1}

Q.4 शक्ति का विमीय सूत्र है:

A. ML^2T^{-2} **B.** ML^2T^{-3}
C. M^2LT^{-3} **D.** M^2LT^{-2}

Q.5 घड़ी की सेकंड हैंड की नोक की गति _________ के लिए एक उदाहरण है।

A. एकसमान वृत्तीय गति
B. प्रक्षेप्य गति
C. एकसमान वेग वाले तल में गति
D. निरंतर त्वरण के साथ समतल में गति

Q.6 एक नए शहर में आने वाला यात्री स्टेशन से सीधी सड़क पर $10\ km$ दूर स्थित एक होटल में स्टेशन से जाना चाहता है। एक बेईमान कैबमैन उसे $23\ km$ लंबे घुमावदार रास्ते पर ले जाता है और $28\ min$ मिनट में होटल पहुंच जाता है, टैक्सी की औसत गति क्या है?

A. $21.43\ km/h$ **B.** $75\ km/h$
C. $49.3\ km/h$ **D.** $21\ km/h$

Q.7 एक लंबे हॉल की छत $25\ m$ ऊंची है। अधिकतम क्षैतिज दूरी क्या है जो $40\ m/s$ की गति से फेंकी गई गेंद हॉल की छत से टकराए बिना जा सकती है?

A. $150.5\ m$ **B.** $125.5\ m$ **C.** $360.5\ m$ **D.** $750.5\ m$

Q.8 $20\ cm$ की मोटी मिट्टी की दीवार में प्रवेश करने से पहले $20\ g$ ग्राम द्रव्यमान की गोली की प्रारंभिक गति $1\ ms^{-1}$ है, यदि दीवार $2.5 \times 10^{-2}\ N$ का औसत प्रतिरोध प्रदान करती है, तो दीवार के दूसरी तरफ से निकलने के बाद गोली की गति निकटतम होती है:

A. $0.3\ ms^{-1}$ **B.** $0.4\ ms^{-1}$
C. $0.1\ ms^{-1}$ **D.** $0.7\ ms^{-1}$

Q.9 किसी वस्तु का द्रव्यमान क्या है जिसके लिए $90\ N$ के बल की आवश्यकता होती है ताकि वह $2.6\ m/s^2$ की दर से गति कर सके?

A. $44.6\ kg$ **B.** $34.6\ kg$ **C.** $54.6\ kg$ **D.** $48\ kg$

Q.10 B का त्वरण ज्ञात कीजिए।

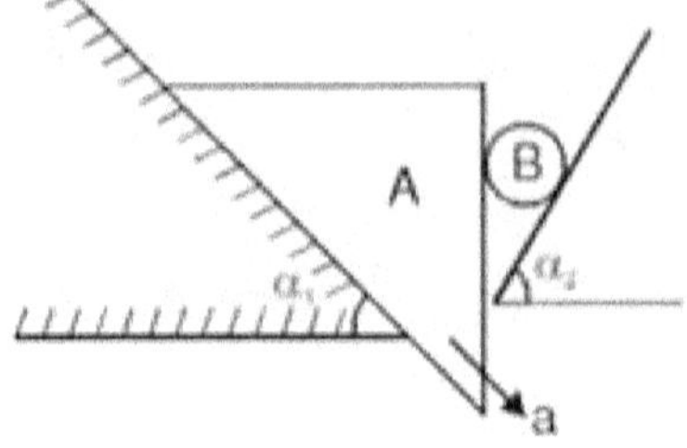

A. $\dfrac{a\cos\alpha_1}{\cos\alpha_2}$ **B.** $\dfrac{a\sin\alpha_1}{\cos\alpha_2}$ **C.** $\dfrac{a\cos_2}{\cos\alpha_1}$ **D.** $\dfrac{\cos\alpha_1}{\cos\alpha_2}$

Q.11 दौड़ती बस से नीचे उतरता हुआ एक व्यक्ति आगे की ओर गिर जाता है क्योंकि:

A. विराम की जड़त्व के कारण
B. गति की जड़त्व के कारण
C. दिशा की जड़त्व के कारण
D. इनमें से कोई नहीं

Q.12 एक बल $F = -K(y\hat{i} + a\hat{j})$ (जहां K एक धनात्मक स्थिरांक है) xy-समतल में गतिमान एक कण पर कार्य करता है। मूल से शुरू होकर, कण को धनात्मक x-अक्ष के साथ बिंदु $(a, 0)$ में ले जाया जाता है और फिर बिंदु y-अक्ष के साथ बिंदु (a, a) में ले जाया जाता है कणों पर बल F द्वारा किया गया कुल कार्य है:

A. $-2Ka^2$ **B.** $2Ka^2$ **C.** $-Ka^2$ **D.** Ka^2

Q.13 तोप और तोपों और तोप के गोले एक सील रेलमार्ग कार के अंदर है। तोप दाएं तरफ से फायर करती है, और कार बाईं ओर झुक जाती है। सुदूर दीवार से टकराने के बाद तोप के गोले गाड़ी में ही रहते हैं। अधिकतम दूरी का पता लगाएं, जो कार चलती है। यह मान लें कि यह विराम से शुरू होता है:

A. $\dfrac{L}{2}$
B. L
C. 0
D. निर्धारित नहीं कर सकते

Q.14 एक स्थिर शक्ति प्रदान करने वाली मशीन द्वारा एक शरीर को एक सीधी रेखा में ले जाया जाता है। समय में शरीर द्वारा चली गई दूरी t ____ के समानुपाती होती है।

A. $\sqrt{t}$ **B.** $t^{\frac{3}{4}}$ **C.** $t^{\frac{3}{2}}$ **D.** t^2

Q.15 $(3\hat{i} + \hat{j})N$ का एक समान बल $2\ kg$ द्रव्यमान के एक कण पर कार्य करता है। इसलिए कण स्थिति $(2\hat{i} + \hat{k})m$ से स्थिति $(4\hat{i} + 3\hat{j} - \hat{k})m$ पर विस्थापित हो जाता है। कण पर बल द्वारा किया गया कार्य है:

A. 9 J **B.** 6 J **C.** 13 J **D.** 15 J

Q.16 एक ठोस बेलन और एक ठोस गोला, जिसका व्यापक M और त्रिज्या R समान है, बिना फिसले ऊपर से एक ही आनत तल पर नीचे की ओर लुढ़कते हैं। वे अन्य से शुरू करते हैं। ठोस गोले के वेग से ठोस बेलन के वेग का अनुपात, जिसके साथ वे जमीन पर पहुँचते हैं, होगा:

[JEE Main Advanced, 2022]

A. $\sqrt{\dfrac{5}{3}}$ **B.** $\sqrt{\dfrac{4}{5}}$ **C.** $\sqrt{\dfrac{3}{5}}$ **D.** $\sqrt{\dfrac{14}{15}}$

Q.17 क्षैतिज अवस्था में रखे हुए एक तख्ते (plank) में एक छिद्र है जिसकी त्रिज्या r है। तख्ते के इस छिद्र पर एक $R(R > r)$ त्रिज्या वाले फुटबॉल को रखा गया है। जैसा कि नीचे चित्र में दिखाया गया है, इस तख्ते को अब एक छोर से ऊपर उठाया जाता है जिससे कि यह उन्नत हो कर क्षितिज से θ का कोण बनाता है। θ का अधिकतम मान जब तक कि फुटबॉल तख्ते पर लोटना प्रारंभ नहीं करती है, इस तरह है कि [चित्र प्रतीकात्मक (schematic) हैं तथा माप के अनुसार नहीं है]

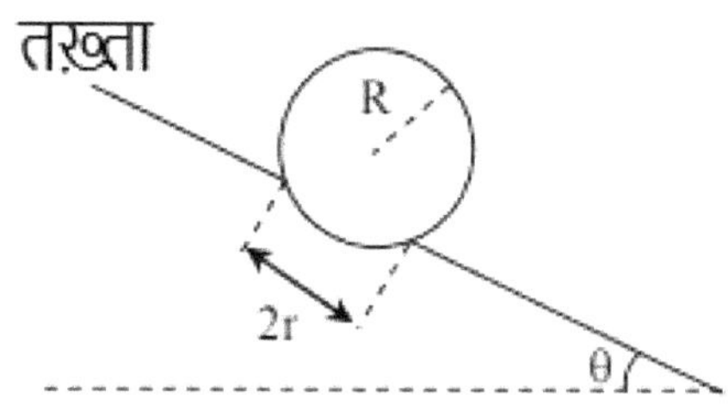

[JEE Main Advanced, 2020]

A. $\sin\theta = \dfrac{r}{R}$ **B.** $\tan\theta = \dfrac{r}{R}$

C. $\sin\theta = \dfrac{r}{2R}$ **D.** $\cos\theta = \dfrac{r}{2R}$

Q.18 जमीन के ऊपर किसी बिंदु पर किसी वस्तु की गुरुत्वाकर्षण क्षमता को ______ में किए गए कार्य के रूप में परिभाषित किया जाता है।

A. केंद्र में रखने

B. उस पर गुरुत्वाकर्षण बल लगाने

C. गुरुत्वाकर्षण से उस बिंदु तक जमीन से ऊपर उठाने

D. यह गुरुत्वाकर्षण के खिलाफ जमीन पर खड़े होने

Q.19 एक भारहीन बैग को 5 किग्रा पानी से भरा जाता है और फिर पानी में तौला जाता है। स्प्रिंग बैलेंस की रीडिंग है:

A. 5 किग्रा   **B.** 2.5 किग्रा

C. 1.25 किग्रा   **D.** शून्य

Q.20 एक कण को पृथ्वी की सतह से V चाल के साथ ऊर्ध्वाधर रूप से प्रक्षेपित किया जाता है। पृथ्वी की त्रिज्या R, V और g के पदों में कण द्वारा प्राप्त अधिकतम ऊंचाई है :

(V पलायन वेग, g पृथ्वी की सतह पर गुरुत्वीय त्वरण है।)

A. $\dfrac{3RV^2}{2gR - 2V^2}$ **B.** $\dfrac{2RV^2}{3gR - V^2}$ **C.** $\dfrac{RV^2}{2gR - V^2}$ **D.** $\dfrac{RV^2}{gR - V^2}$

Q.21 गुरुत्वीय त्वरण (g) का परिवर्तन पृथ्वी के केंद्र से दूरी x के साथ सबसे अच्छा निरूपित किया गया है:

($R \rightarrow$ पृथ्वी की त्रिज्या)

A.
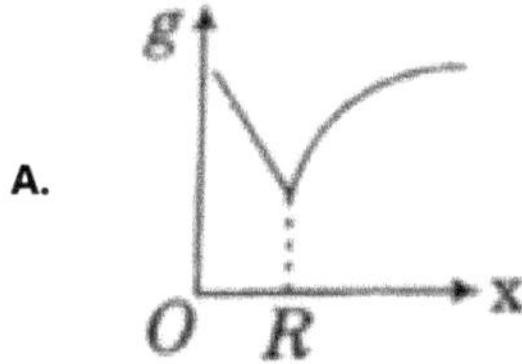

B.
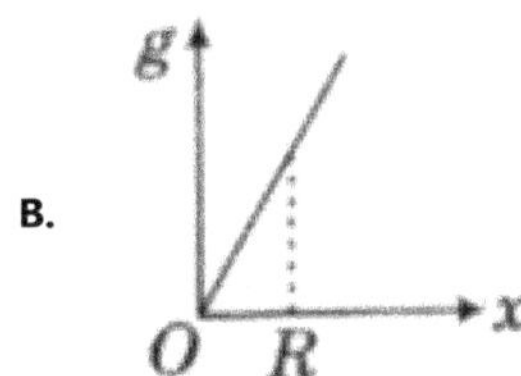

C.
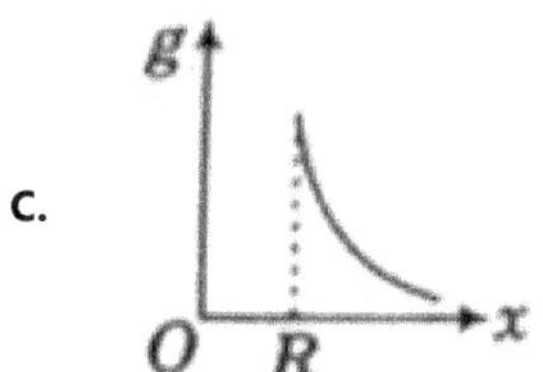

D.
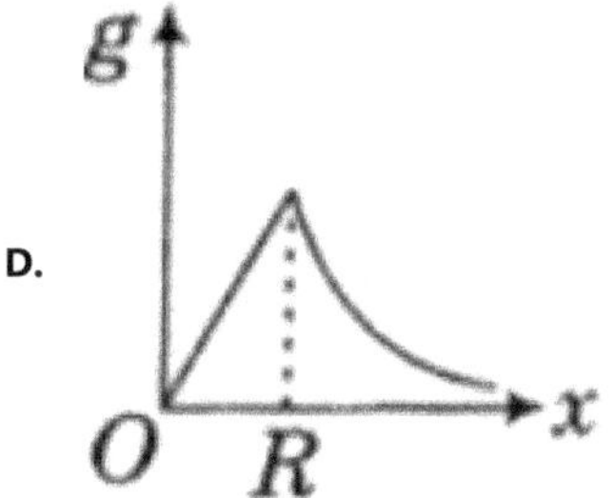

Q.22 m द्रव्यमान का एक गुटका θ आनत के एक चिकने वेज पर रखा गया है। पूरे निकाय को क्षैतिज रूप से त्वरित किया जाता है, ताकि गुटका वेज पर फिसले नहीं। गुटके पर वेज द्वारा लगाया गया बल (g गुरुत्वीय त्वरण है) होगा।

A. $\dfrac{mg}{\cos\theta}$ **B.** $mg\cos\theta$ **C.** $mg\sin\theta$ **D.** $\dfrac{mg}{\sin\theta}$

Q.23 किसी भी पदार्थ के रैखिक प्रसार का गुणांक ________ पर निर्भर करता है।

A. तापमान अंतर   **B.** सामग्री की लंबाई

C. सामग्री का आकार   **D.** इनमें से कोई नहीं

Q.24 थर्मस फ्लास्क की दीवारों के बीच ऊष्मा के कुचालक ______ की उपस्थिति, फ्लास्क के अंदर तरल के तापमान को बनाए रखती है।

A. लकड़ी   **B.** कपड़ा   **C.** पानी   **D.** वैक्यूम

Q.25 लोहे के एक गुटके का तापमान $140°F$ है। सेल्सियस पैमाने पर इसका तापमान है:

A. $32°C$ **B.** $60°C$ **C.** $108°C$ **D.** $140°C$

Q.26 एक पृथक प्रणाली की एन्ट्रापी लगातार ____ होती है और संतुलन की स्थिति में ____ बन जाती है।

A. घटता है, न्यूनतम   **B.** बढ़ता है, अधिकतम

C. बढ़ जाता है, न्यूनतम   **D.** घटता है, अधिकतम

Q.27 निम्नलिखित में से कौन सी प्रक्रिया बाह्य यांत्रिक अपरिवर्तनीयता प्रदर्शित करती है?

A. कार्य का आइसोथर्मल अपव्यय

B. कार्य का एडियाबेटिक अपव्यय

C. (A) और (B) दोनों

D. उपरोक्त में से कोई नहीं

Q.28 एक प्रतिवर्ती प्रक्रिया में, एक प्रणाली की एन्ट्रापी ________।

A. पहले बढ़ता है फिर घटता है

B. बढ़ती है

C. कोई परिवर्तन नहीं होता है

D. कम हो जाती है

Q.29 ब्रूस्टर के ध्रुवीकरण के नियम से, यह इस प्रकार है कि ध्रुवीकरण का कोण ____ पर निर्भर करता है।

A. प्रकाश की तरंग दैर्घ्य

B. ध्रुवीकरण के उन्मुखीकरण का समतल

C. कंपन के उन्मुखीकरण का समतल

D. इनमें से कोई नहीं

Q.30 रैखिक द्रव्यमान घनत्व 'μ' और तनाव 'T' की एक खींची गई स्ट्रिंग पर अनुप्रस्थ तरंगों की गति 'v' किसके बराबर होती है?

A. $\sqrt{(\mu/T)}$ **B.** $\sqrt{(T/\mu)}$
C. $(T/\mu)^2$ **D.** $(\mu/T)^2$

Q.31 अनुदैर्ध्य तरंग गति में, संपीड़न एक ऐसा क्षेत्र है जहां:

A. दाब बढ़ता है जबकी आयतन घटता है
B. दाब घटता है जबकी आयतन बढ़ता है
C. दाब और आयतन दोनों बढ़ते है
D. दाब और आयतन दोनों घटते हैं

Q.32 दो स्वरित्र द्विभुज में आवृत्तियाँ 200 Hz और x हैं। जब वे एक साथ आवाज़ करती है तो 4 बीट/सेकंड सुनाई पड़ते हैं। x का मान क्या है?

A. 196 Hz या 204 Hz   **B.** केवल 200 Hz
C. 205 Hz या 201 Hz   **D.** 200 Hz या 198 Hz

Q.33 पराश्रव्य तरंगों के बारे में निम्नलिखित में से कौन सा कथन गलत है?

A. पराश्रव्य तरंगों की ध्वनि आवृत्ति 20,000Hz से ऊपर है
B. धातु खंडों में दरारें और दोषों का पता लगाने के लिए अल्ट्रासाउंड का उपयोग किया जा सकता है
C. पराश्रव्य तरंगों की आवृत्ति रेंज 20Hz से कम है
D. आमतौर पर पराश्रव्य का उपयोग पहुँचने मे दुर्गम स्थानों में स्थित भागों को साफ करने के लिए किया जाता है।

Q.34 एक विद्युत द्विध्रुव को $10^5 NC^{-1}$ के तीव्रता वाले विद्युत क्षेत्र के साथ $60°$ के कोण पर रखा गया है। यह $8\sqrt{3} Nm$ के बराबर एक टॉर्क का अनुभव करता है। यदि द्विध्रुवीय लंबाई $2\ cm$ है तो द्विध्रुव पर आवेश c है।

A. -8×10^3 **B.** 8.54×10^{-4}
C. 8×10^{-3} **D.** 0.85×10^{-6}

Q.35 मान लीजिए कि पृथ्वी की सतह पर एक आवेश $+q$ और दूसरा $+q$ आवेश चंद्रमा की सतह पर रखा गया है। पृथ्वी और चंद्रमा के बीच गुरुत्वाकर्षण आकर्षण को संतुलित करने के लिए आवश्यक q के मूल्य की गणना करें।

($m_E = 5.9 \times 10^{24}\ kg$, $m_M = 7.9 \times 10^{22}\ kg$ लें)

A. $q = 5.86 \times 10^{13} C$ **B.** $q = 4.50 \times 10^{11} C$
C. $q = 4.18 \times 10^{13} C$ **D.** $q = 7.48 \times 10^{13} C$

Q.36 $+10\mu C$ के एक समान बिंदु आवेश से $20\ cm$ का एक बिंदु आवेश $+10\mu C$ की दूरी पर रखा जाता है। $-2\mu C$ का एक बिंदु आवेश बिंदु a से b तक ले जाया जाता है जैसा कि चित्र में दिखाया गया है। सिस्टम की स्तिथिज ऊर्जा में परिवर्तन की गणना करें?

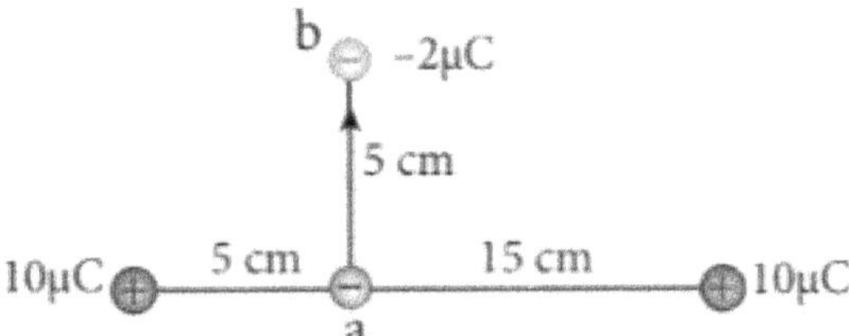

A. $W = 3.1172\ J$ **B.** $W = 2.1172\ J$
C. $W = 1.1172\ J$ **D.** $W = 4.1172\ J$

Q.37 $3.2 \times 10^{-15}\ m$ द्वारा अलग किए गए 2 अल्फा कणों के बीच कूलम्ब बल की गणना करें:

A. $60N$ **B.** $50N$ **C.** $90N$ **D.** $70N$

Q.38 10^{-7} कूलम्ब का एक बिंदु आवेश $1\ m$ भुजा वाले घन के केंद्र में स्थित होता है। इसकी सतह के माध्यम से विद्युत प्रवाह की गणना करें।

A. $0.13 \times 10^4 Nm^2 C^{-1}$
B. $1.1 \times 10^4 Nm^2 C^{-1}$
C. $13 \times 10^4 Nm^2 C^{-1}$
D. $1.13 \times 10^4 Nm^2 C^{-1}$

Q.39 एक बिंदु P पर वह क्षमता, जो आवेशों के साथ 93 मिमी के वर्ग के एक कोने का निर्माण कर रही है $Q_1 = 33nC$, $Q_2 = -51nC$, $Q_3 = 47nC$ अन्य तीन स्थानों पर स्थित है, लगभग है:

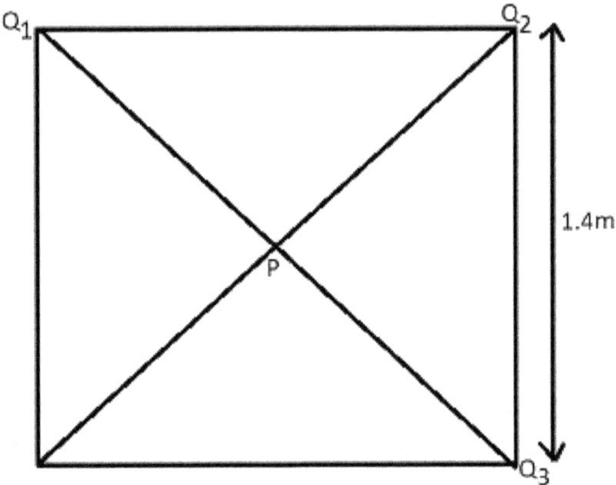

A. $16kV$ **B.** $4kV$ **C.** $400kV$ **D.** $160kV$

Q.40 **निर्देश:** दिए गए आंकड़े में, एक खोखले गोलाकार संधारित्र दिखाया गया है। विद्युत क्षेत्र शून्य नहीं होगा

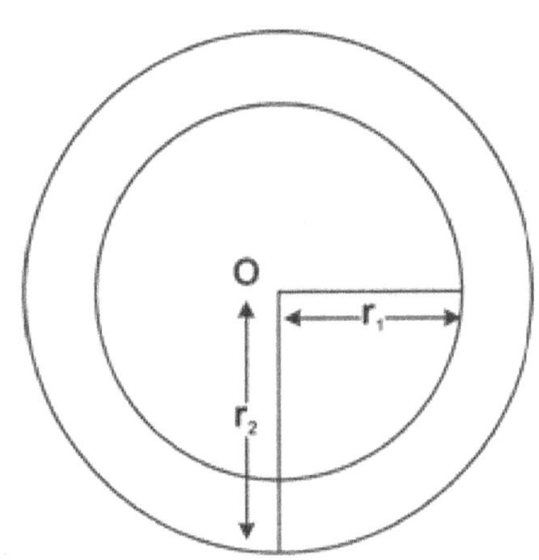

A. $r < r_1$ **B.** $r > r_2$
C. $r < r2$ **D.** $r_1 < r < r_2$

Q.41 दिये गये परिपथ में जब धारा स्थिरावस्था में पहुँच जाती है तो धारिता C के संधारित्र पर आवेश का मान होगा:

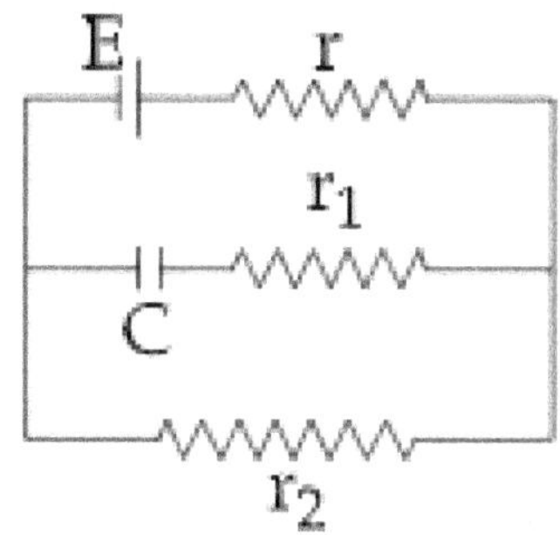

A. CE
B. $CE \frac{r_1}{(r_2+r)}$
C. $CE \frac{r_2}{(r+r_2)}$
D. $CE \frac{r_1}{(r_1+r)}$

Q.42

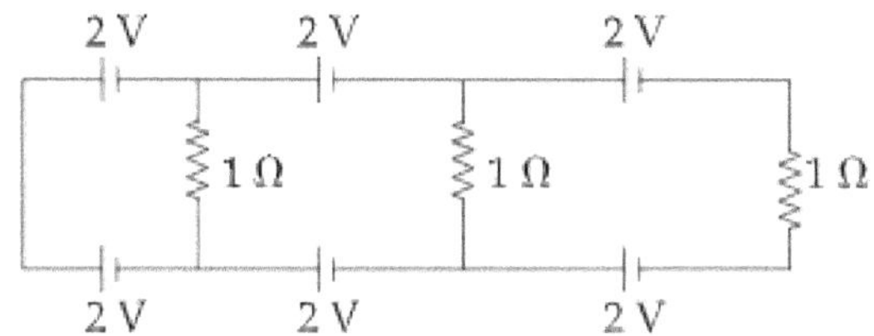

ऊपर दिये गये परिपथ में प्रत्येक प्रतिरोध में धारा का मान होगा:

[JEE Main Advanced, 2017]

A. 1 A
B. 0.25 A
C. 0.5 A
D. 0 A

Q.43 15Ω के कुण्डली प्रतिरोध के गैल्वेनोमीटर से जब $5mA$ की धारा प्रवाहित की जाती है तो वह पूर्ण स्केल विक्षेप दर्शाता है। इसे $0 - 10V$ परास के विभवमापी में बदलने के लिये किस मान के प्रतिरोध को गैल्वेनोमीटर के साथ श्रेणी क्रम में लगाना होगा:

A. $1.985 \times 10^3 \Omega$
B. $2.045 \times 10^3 \Omega$
C. $2.535 \times 10^3 \Omega$
D. $4.005 \times 10^3 \Omega$

Q.44 निम्नलिखित में से कौन सा कथन गलत है?

A. व्हीटस्टोन सेतु की सुग्राहीता सबसे अधिक तब होती है जब चारों प्रतिरोधों का परिमाण तुल्य होता है
B. एक संतुलित व्हीटस्टोन सेतु में, सेल एवं गैल्वेनोमीटर को आपस में बदलने पर शून्य विक्षेप बिन्दु प्रभावित होता है
C. एक धारा नियंत्रक को विभव विभाजक की तरह उपयोग कर सकते हैं
D. किरचॉफ का द्वितीय नियम ऊर्जा के संरक्षण को दर्शाता है

Q.45 एक लंबा कुचालक कॉपर का तार N फेरो के स्पाइरल के रूप में कुन्डलीबद्ध किया जाता है। स्पाइरल की आंतरिक त्रिज्या a तथा बाह्य त्रिज्या b है। स्पाइरल $X-Y$ तल में स्थित है तथा तार से स्थिर धारा I प्रवाहित होती है। स्पाइरल के केंद्र पर चुम्बकीय क्षेत्र का Z-घटक होगा:

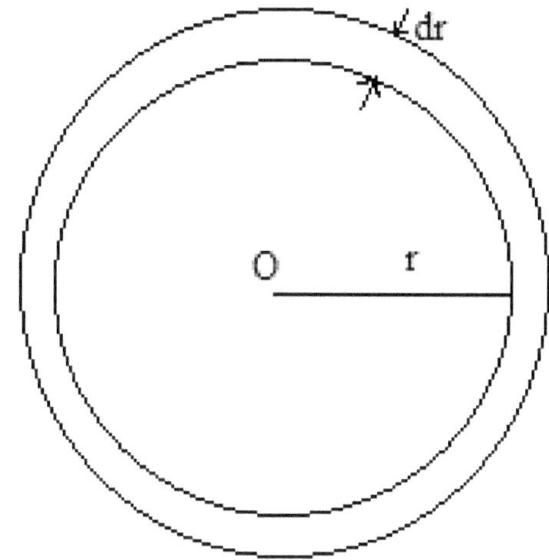

A. $\frac{\mu_0 NI}{2(b-a)} \ln\left(\frac{b}{a}\right)$
B. $\frac{\mu_0 NI}{2(b-a)} \ln\left(\frac{b+a}{b-a}\right)$
C. $\frac{\mu_0 NI}{2b} \ln\left(\frac{b}{a}\right)$
D. $\frac{\mu_0 NI}{2b} \ln\left(\frac{b+a}{b-a}\right)$

Q.46 एक छोटे चुम्बक की निग्राहिता जहाँ लौहचुम्बक विचुम्बकीय हो जाती है, $3 \times 10^3 \, A\,m^{-1}$ है। $10 \, cm$ लम्बाई और फैरो की संख्या 100 की परिनालिका में कितनी धारा (एम्पियर में) गुजरने की आवश्यकता होगी जिससे कि जब चुम्बक परिनालिका के भीतर हो तब विचुम्बकीय हो जाये।

A. $30mA$
B. $60mA$
C. $3A$
D. $6A$

Q.47 एक इलेक्ट्रॉन एक अनुप्रस्थ चुंबकीय क्षेत्र B में गति v के साथ त्रिज्या r के एक वृतीय पथ पर गतिमान है, तो $\frac{e}{m}$ का मान कितना होगा?

A. Bvr
B. $\frac{B}{rv}$
C. $\frac{v}{Br}$
D. $\frac{vr}{B}$

Q.48 चुंबक के केंद्र से दूरी r पर I की लंबाई की बार चुंबक की भूमध्य रेखा पर चुंबकीय क्षेत्र की तीव्रता B है। यदि चुंबकीय को दो समान भागों में विभाजित किया जाता है जैसे कि प्रत्येक भाग की चौड़ाई प्रारंभिक की आधी हो तो किसी भी भाग की दूरी r पर भूमध्य रेखा पर चुंबकीय क्षेत्र की तीव्रता _______ होगी। (l << r)

A. $\frac{B}{2}$
B. B
C. 2B
D. $\frac{B}{4}$

Q.49 $4 \times 10^5 \, ms^{-1}$ गति से चलने वाले प्रोटॉनों का एक पुंज $0.3 \, T$ मान के एकसमान चुम्बकीय क्षेत्र में प्रवेश करता है। प्रवेश करते समय पुंज चुम्बकीय क्षेत्र की दिशा से $60°$ का कोण बनाता है। इसके परिणाम स्वरूप बनने वाले प्रोटॉन के कुंडलीय (helical) पथ की पिच लगभग होगी :

(प्रोटॉन का द्रव्यमान $= 1.67 \times 10^{-27} \, kg$ प्रोटान का आवेश $= 1.69 \times 10^{-19}C$)

[JEE Main Advanced, 2020]

A. $2 \, cm$
B. $5 \, cm$
C. $4 \, cm$
D. $12 \, cm$

Q.50 599 धारणशीलता की किसी लोहे की छड़ पर $1200Am^{-1}$ तीव्रता का चुम्बकीय क्षेत्र लगाया गया है। इस छड़ के पदार्थ की पारगम्यता है:

$$(\mu_0 = 4\pi \times 10^{-7} TmA^{-1})$$

[NEET UG, 2020], [MPPEB Sub Engineer (Mechanical), 2020]

A. $2.4\pi \times 10^{-4} TmA^{-1}$
B. $8.0 \times 10^{-5} TmA^{-1}$
C. $2.4\pi \times 10^{-5} TmA^{-1}$
D. $2.4\pi \times 10^{-7} TmA^{-1}$

Q.51 पृथ्वी के किसी स्थान पर, पृथ्वी के चुंबकीय क्षेत्र का ऊर्ध्वाधर घटक उसके क्षैतिज घटक का $\sqrt{3}$ गुना है। इस स्थान पर आप्लावन का कोण है:

A. 60° **B.** 30° **C.** 45° **D.** 0°

Q.52 फैराडे के नियम के संबंध में निम्नलिखित में से कौन सा सही है?

A. चुंबकीय अभिवाह में परिवर्तन से वोल्टेज प्रेरित हो सकता है

B. प्रेरित emf धारा उत्पन्न नहीं कर सकता

C. कुण्डल में फेरों की संख्या में वृद्धि से प्रेरित विद्युत वाहक बल में कमी आएगी

D. इनमे से सभी

Q.53 वेबर में एक कुण्डली से जुड़ा चुंबकीय फ्लक्स समीकरण $\phi = 12t^2 + 10t + 6$ द्वारा दिया जाता है, तब कुण्डली में $t = 4$ सेकंड पर प्रेरित विद्युत वाहक बल का परिमाण होगा?

A. $106V$ **B.** $107V$ **C.** $108V$ **D.** $109V$

Q.54 एक कुंडल और एक चुंबक को एक ही दिशा में और समान गति के साथ स्थानांतरित किया जाता है। फिर क्या होगा?

A. कुंडल एक बल का अनुभव करेगा

B. चुंबक एक बल का अनुभव करेगा

C. कुंडल में विद्युत धारा प्रेरित होगी

D. कुंडल में विद्युत धारा प्रेरित नहीं होगी

Q.55 वर्गाकार प्लेटों के बीच विस्थापन धारा की गणना करें जिसमें विद्युत क्षेत्र $5 \times 10^{12} Vm^{-1} s^{-1}$ की दर से बदलता है। प्लेटों का भुजा $2.0\ cm$ है।

A. $35.4mA$ **B.** $17.7mA$ **C.** $27.7mA$ **D.** $0mA$

Q.56 त्रिज्या R के तार की एक कुण्डली में 200 फेरे हैं और 108 mH का स्वप्रेरकत्व है। 500 फेरों की एक समान कुण्डली का स्व-प्रेरकत्व _____ होगा।

A. 375 mH
B. 527 mH
C. 675 mH
D. इनमें से कोई नहीं

Q.57 किस विद्युत चुम्बकीय तरंग की तरंगदैर्घ्य अधिकतम होती है?

A. X-किरण
B. गामा किरण
C. रेडियो तरंग
D. अवरक्त तरंग

Q.58 वायु के लिए प्रकाश का अपवर्तनांक _____ होता है।

A. 1
B. 2
C. 1 के बहुत करीब
D. 0

Q.59 दो पतले इक्विको-नैक्स लेंस, प्रत्येक की फोकल लंबाई 0.2 मीटर, को उनके ऑप्टिक केंद्रों 0.5 मीटर के साथ समाक्षीय रूप से रखा जाता है। संयोजन की फोकल लंबाई क्या है?

A. −0.4 मीटर
B. 0.4 मीटर
C. −0.1 मीटर
D. 0.1 मीटर

Q.60 मोनोक्रोमैटिक प्रकाश की एक समानांतर किरण सामान्य रूप से एक संकीर्ण स्लिट पर होती है। एक विवर्तन पैटर्न घटना बीम की दिशा के लंबवत रखी गई स्क्रीन पर बनता है। विवर्तन पैटर्न के पहले न्यूनतम पर, स्लिट के दो किनारों से आने वाली किरणों के बीच का चरण अंतर होता है

A. शून्य **B.** $\frac{\pi}{2}$ **C.** π **D.** 2π

Q.61 प्रकाश के एक बिंदु स्रोत को अभिसारी लेन्स से इसके प्रकाशिक अक्ष पर $15\ cm$ की दूरी पर रखा जाता है। लेन्स की फोकस दूरी $10\ cm$ है और इसका व्यास $3\ cm$ है। लेन्स के दूसरी ओर एक परदा रखा जाता है, जो लेन्स के अक्ष के लंबवत, $20\ cm$ की दूरी पर होता है। तो परदे के प्रकाशित भाग का क्षेत्रफल ज्ञात कीजिए।

A. $\frac{\pi}{4}\ cm^2$ **B.** $\frac{\pi}{6}\ cm^2$ **C.** $\frac{\pi}{2}\ cm^2$ **D.** $\frac{\pi}{3}\ cm^2$

Q.62 एक प्रिज्म का अपवर्तनांक $\mu = \cot\frac{A}{2}$ के रूप में दिया गया है। तब, प्रिज्म कोण के पदों में, न्यूनतम विचलन कोण है :

A. $90° - A$ **B.** $2A$
C. $180° - A$ **D.** $180° - 2A$

Q.63 नीचे दिए गए चित्र में, PQ एक समतल तरंगदैर्घ्य का प्रतिनिधित्व करता है और AO तथा BP तरंगदैर्घ्य λ के एकवर्णीय प्रकाश की संलग्न चरम किरणों का प्रतिनिधित्व करता है। कोण θ का मान जिसके लिए किरण BP और परावर्तित किरण OP रचनात्मक रूप से हस्तक्षेप करती है:

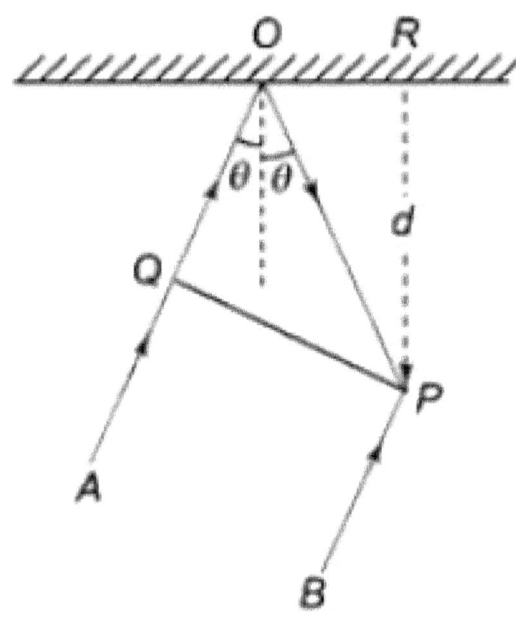

A. $\cos\theta = \frac{\lambda}{2d}$ **B.** $\cos\theta = \frac{\lambda}{4d}$
C. $\sec\theta = \frac{\lambda}{3d}$ **D.** $\sec\theta = \frac{2\lambda}{3d}$

Q.64 यदि किसी तनी हुई डोरी पर प्रारंभिक तनाव को दोगुना कर दिया जाए, तो डोरी के अनुदिश अनुप्रस्थ तरंग की प्रारंभिक और अंतिम गति का अनुपात है:

[NEET UG, 2022]

A. $1:\sqrt{2}$ **B.** $1:2$ **C.** $1:1$ **D.** $\sqrt{2}:1$

Q.65 यंग के द्वि-झिरी प्रयोग में, एक छात्र स्क्रीन के एक निश्चित खंड में 8 फ्रिंज देखता है जब $600\ nm$ तरंग दैर्घ्य के एक एकवर्णी प्रकाश का उपयोग किया जाता है तो यदि प्रकाश की तरंग दैर्घ्य को $400\ nm$ में बदल दिया जाता है, तो वह स्क्रीन के उसी क्षेत्र में कितने फ्रिंजों को देखेगा:

[NEET UG, 2022]

A. 9 **B.** 12 **C.** 6 **D.** 8

Q.66 एक रेडियो ट्रांसमीटर एक आवृत्ति $880kHz$ और शक्ति $10kW$ पर संचालित होता है। प्रति सेकंड उत्सर्जित फोटॉनों की संख्या है:

A. 1.71×10^{31} **B.** 1.327×10^{25}
C. 1.327×10^{37} **D.** 1.327×10^{45}

Q.67 जब क्रमशः λ_1 तथा λ_2 तरंगदैर्ध्य की रोशनी एक धातु की सतह पर पड़ती है तो K_1 और K_2 की अधिकतम गतिज ऊर्जा के फोटोइलेक्ट्रॉन उत्सर्जित होते हैं। यदि $\lambda_1 = 3\lambda_2$, फिर

A. $K_1 > \left(\frac{K_2}{3}\right)$
B. $K_1 < \left(\frac{K_2}{3}\right)$
C. $K_1 = 3K_2$
D. $K_2 = 3K_1$

Q.68 किसी पदार्थ का किया गया कार्य $4.0eV$ होता है। प्रकाश का सबसे लंबा तरंग दैर्ध्य जो इस पदार्थ से फोटोइलेक्ट्रॉन उत्सर्जन का कारण बन सकता है:

A. $540nm$
B. $400nm$
C. $310nm$
D. $220nm$

Q.69 सीज़ियम का कार्य फलन $2.27eV$ है। $600\ nm$ तरंग दैर्ध्य के प्रकाश से विकिरणित सीज़ियम कैथोड से इलेक्ट्रॉनों के उत्सर्जन को रोकने वाला कट-ऑफ वोल्टेज है:

A. $0.5eV$
B. $-0.2eV$
C. $0.2eV$
D. $2.06785eV$

Q.70 100 पिको मीटर से 50 पिको मीटर एक इलेक्ट्रॉन के डी ब्रोगली तरंग दैर्ध्य को कम करने के लिए ऊर्जा में आवश्यक वृद्धि होगी:

A. 600 इलेक्ट्रोवोल्ट
B. 450 इलेक्ट्रोवोल्ट
C. 300 इलेक्ट्रोवोल्ट
D. 150 इलेक्ट्रोवोल्ट

Q.71 लोहे के नाभिक के द्रव्यमान को 55.85 u और A = 56 के रूप में देखते हुए, परमाणु घनत्व ज्ञात कीजिए।

A. $2.29 \times 10^{17}\ kg/m^3$
B. $4.29 \times 10^{17}\ kg/m^3$
C. $5.30 \times 10^{17}\ kg/m^3$
D. $8.39 \times 10^{17}\ kg/m^3$

Q.72 एक परमाणु द्रव्यमान इकाई के बराबर ऊर्जा पहले जूल में और फिर MeV में ज्ञात कीजिए। इसका प्रयोग करते हुए $_8^{16}O$ के द्रव्यमान क्षति को MeV/C^2 में व्यक्त करें।

A. $1.49 \times 10^{-10}J$, $14905.6\ MeV/C^2$
B. $5.49 \times 10^{-10}J$, $15805.6\ MeV/C^2$
C. $1.50 \times 10^{-10}J$, $13205.6\ MeV/C^2$
D. $2.49 \times 10^{-10}J$, $15605.6\ MeV/C^2$

Q.73 यदि अल्फा, बीटा और गामा किरणों का संवेग समान हो, तो किसकी तरंगदैर्ध्य सबसे अधिक है?
A. अल्फा किरणें
B. बीटा किरणें
C. गामा किरणें
D. सभी की तरंग दैर्ध्य समान होती है

Q.74 आदर्श गैस के लिए कौन सा ग्राफ सही नहीं है?

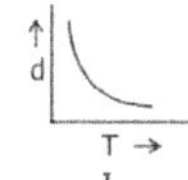 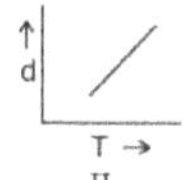 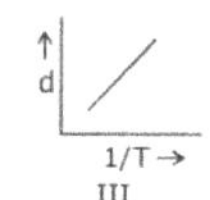 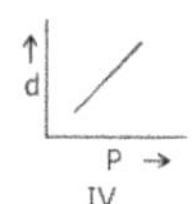

$d =$ घनत्व, $P =$ दाब, $T =$ ताप

[JEE Main Advanced, 2020]

A. I
B. II
C. III
D. IV

Q.75 एक गैस के मिश्रण में 3 मोल ऑक्सीजन और 5 मोल ऑर्गन दोनों T तापमान पर है। यह मानते हुए कि दोनों गैस आदर्श है तथा ऑक्सीजन में अणु द्रढ़ हैं, इस मिश्रण की आंतरिक ऊर्जा (RT की इकाई में) होगी :

[JEE Main Advanced, 2020]

A. 11
B. 13
C. 15
D. 20

Q.76 एक आदर्श गैस नीचे दिए गए $P-V$ आरेख में दर्शाए अनुसार चार स्टेप वाले चक्र से गुजरती है। इस चक्र के दौरान गैस द्वारा ऊष्मा अवशोषित होती है:

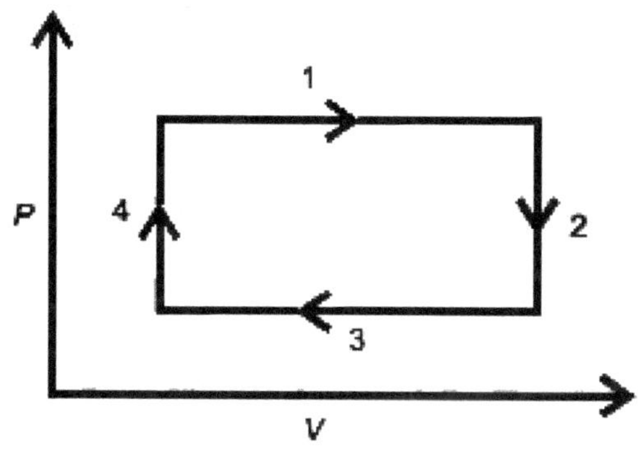

[JEE Main Advanced, 2021]

A. स्टेप 1 व 2 में
B. स्टेप 1 व 3 में
C. स्टेप 1 व 4 में
D. स्टेप 2 व 4 में

Q.77 STP पर $4.5\ kg$ जल में निहित अणुओं द्वारा अध्यासित आयतन ____ है, यदि अंतर-आणविक बल नष्ट हो जाता है।

[NEET UG, 2022]

A. $5.6 \times 10^{-3}m^3$
B. $5.6m^3$
C. $5.6 \times 10^6 m^3$
D. $5.6 \times 10^3 m^3$

Q.78 परिपथ में $A = 1$ या $B = 1$ का तार्किक मान जब A या B की संभाव्यता $5V$ होती है और $A = 0$ या $B = 0$ का तार्किक मान A या B का तार्किक मान A या B होता है।

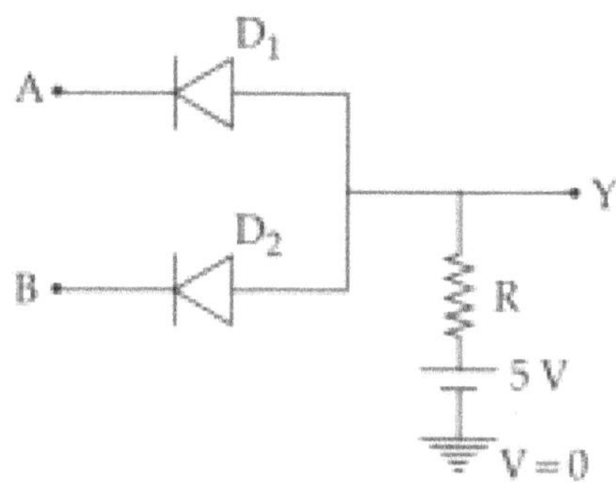

The truth table of the given circuit will be:

[JEE Main Advanced, 2022]

	A	B	Y			A	B	Y
	0	0	0			0	0	0
A.	1	0	0		**B.**	1	0	1
	0	1	0			0	1	1
	1	1	1			1	1	1
	A	B	Y			A	B	Y
	0	0	0			0	0	1
C.	1	0	0		**D.**	1	0	1
	0	1	0			0	1	1
	1	1	0			1	1	0

Q.79 जब एक आंतरिक अर्धचालक को त्रिसंयोजक अशुद्धता के साथ डोप किया जाता है तो किस प्रकार का पदार्थ प्राप्त होता है?
A. बाहरी अर्धचालक
B. विसंवाहक
C. n-प्रकार अर्धचालक
D. p-प्रकार अर्धचालक

Q.80 दिए गए सर्किट में, PQ विभवांतर होगा:

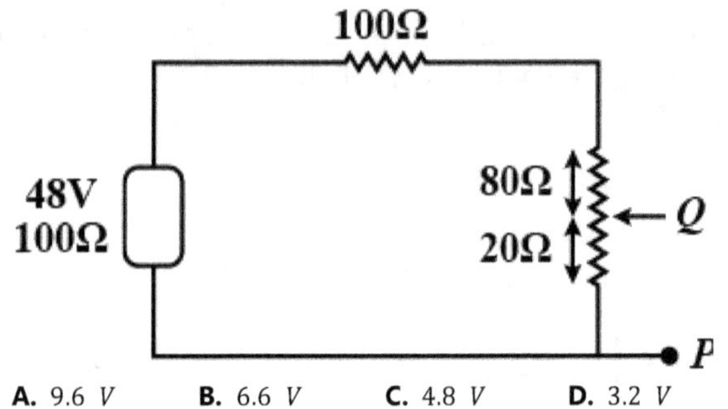

A. $9.6\ V$ **B.** $6.6\ V$ **C.** $4.8\ V$ **D.** $3.2\ V$

Q.81

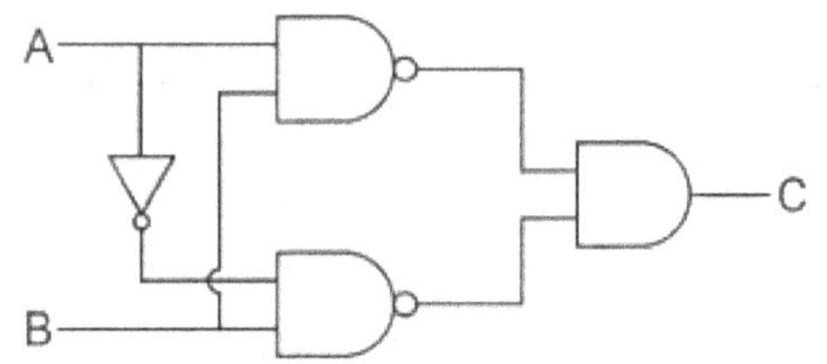

दिए गए तर्क परिपथ के लिए सत्य तालिका है:

[NEET UG, 2022]

A	B	C
0	0	1
A. 0	1	0
1	0	1
1	1	0

A	B	C
0	0	0
B. 0	1	1
1	0	0
1	1	1

A	B	C
0	0	0
C. 0	1	1
1	0	1
1	1	0

A	B	C
0	0	1
D. 0	1	0
1	0	0
1	1	1

Q.82 $1\ cm^2$ अनुप्रस्थ-काट वाले एक तार की लंबाई को खींच कर दोगुना करने के लिए कितने बल की आवश्यकता होती है? दिया हुआ है $Y = 2 \times 10^{11}\ N/m^2$

A. $2 \times 10^7\ N$ **B.** $2 \times 10^8\ N$
C. $2 \times 10^{11}\ N$ **D.** कोई भी नहीं

Q.83 दो तारों A और B को एक ही लोड द्वारा खींचा जाता है। यदि तार A के अनुप्रस्थ काट क्षेत्रफल, B का दोगुना है, तो 'B' पर तनाव है:

A. A के समान **B.** A का दोगुना
C. A का आधा **D.** A का चार गुना

Q.84 त्वरित गति में एक सरल रेखा में गतिमान वस्तु के लिए निम्नलिखित में से कौन सा कथन सही नहीं है?

A. इसकी गति बदलती रहती है
B. इसका वेग हमेशा बदलता रहता है
C. यह हमेशा पृथ्वी से दूर जाता है
D. उस पर एक बल कार्य कर रहा है

Q.85 एक कार, आरंभ में विराम से नियत त्वरण के साथ एक सरल रेखा के अनुदिश 4 सेकंड में $20m$ की गति करती है। कार का त्वरण क्या होगा?

A. $4.9\ m/s^2$ **B.** $2.5\ m/s^2$
C. $0.4\ m/s^2$ **D.** $1.6\ m/s^2$

Q.86 बारिश की बूंदें _____ के कारण गोलाकार होती हैं।

A. श्यानता **B.** हवा प्रतिरोध
C. पृष्ठीय तनाव बल **D.** वायुमण्डलीय दबाव

Q.87 एक तरल वह होता है, जिसे ऐसे पदार्थ के रूप में परिभाषित किया जा सकता है, _____।

A. जिसके सभी बिन्दुओं पर समान अपरूपण प्रतिबल होता है
B. जो न्यूनतम अपरूपण बल की क्रिया के फलस्वरूप अनिश्चित रूप से विरूपित हो सकता है
C. जिसमें सभी दिशाओं में लघु अपरूपण प्रतिबल होता है
D. जो व्यावहारिक रूप से असंपीड्य होता है

Q.88 समतापीय परिस्थिति में एक आदर्श गैस का समतापीय आयतन प्रत्यास्थता मापांक _______ के बराबर होता है।

A. स्थिरांक **B.** दबाव **C.** तापमान **D.** श्यानता

Q.89 द्रव बूँद के आंतरिक और बाह्य दाब के बीच अंतर _____ होता है।

A. $p = T \times r$ **B.** $p = \dfrac{T}{r}$
C. $p = \dfrac{T}{2r}$ **D.** $p = \dfrac{2T}{r}$

Q.90 एक वस्तु विरामावस्था से प्रारंभ करती है और $20\ m/s^2$ के एकसमान त्वरण के साथ यात्रा करती है। तो $90\ m$ की दूरी तय करने के लिए वस्तु द्वारा लिए जाने वाले समय की गणना कीजिए।

A. $6\ s$ **B.** $3\ s$ **C.** $13\ s$ **D.** $12\ s$

Q.91 एक त्वरण-समय ग्राफ की ढलान _______ प्रदान करेगी।

A. वेग **B.** आवेग **C.** बल **D.** प्रतिक्षेप

Q.92 निम्नलिखित में से किस यंत्र (डिवाइस) में प्रकाश ऊर्जा, वैद्युत ऊर्जा में रूपांतरित होती है?

A. प्रकाश उत्सर्जक डायोड **B.** लेज़र डायोड
C. सौर सेल **D.** ट्रांजिस्टर

Q.93 कोई वस्तु दो बराबर आयतन वाले भागों से बनी हुई है; एक भाग का घनत्व ρ_0 है और दूसरे भाग का घनत्व $2\rho_0$ है। वस्तु का औसत घनत्व क्या है?

A. $3\rho_0$ **B.** $\dfrac{3}{2}\rho_0$ **C.** ρ_0 **D.** $\dfrac{1}{2}\rho_0$

Q.94 एक एकपरमाणुक गैस के अणु में स्वतंत्रता की स्थानांतरणीय डिग्रियाँ केवल तीन होती हैं। इस प्रकार तापमान 'T' पर एक अणु की औसत ऊर्जा _______ होती है।

A. $3k_BT$ **B.** $\left(\dfrac{3}{4}\right)k_BT$ **C.** $\left(\dfrac{1}{3}\right)k_BT$ **D.** $\left(\dfrac{3}{2}\right)k_BT$

Q.95 $1\ m$ की दूरी पर रखे गये 2 आवेशित कण के बीच में न्यूनतम विद्युत बल _______ होता है।

A. $2.3 \times 10^{-28}\ N$ **B.** $6.2 \times 10^{-34}\ N$
C. $1.02 \times 10^{-26}\ N$ **D.** $4.2 \times 10^{-27}\ N$

Q.96 ये पदार्थ चुंबकीय क्षेत्र द्वारा प्रतिकर्षित होते हैं। इनमें प्रयुक्त चुंबकीय क्षेत्र विपरीत दिशा में एक प्रेरित चुंबकीय क्षेत्र का निर्माण करता है, जिससे एक प्रतिकर्षी बल उत्पन्न होता है। इस प्रकार के पदार्थ का नाम क्या है?

A. अनुचंबकीय **B.** प्रतिचुंबकीय
C. लोहचुंबकीय **D.** फेरीचुम्बकत्व

Q.97 यदि एक घूर्णन पिंड का जड़त्व आघूर्ण बढ़ जाता है तो कोणीय वेग पर क्या प्रभाव पड़ेगा?

A. यह बढ़ेगा

B. यह घटेगा

C. कोई असर नहीं होगा

D. पहले बढ़ेगा और फिर घटेगा

Q.98 यदि $27°C$ पर एक गैस को अपने मूल आयतन के तीन गुना बढ़ने की अनुमति दी जाती है और दबाव आधा कर दिया जाता है तो इसका नया तापमान ($°C$ में) क्या होगा?

A. 227   B. 450   C. 550   D. 177

Q.99 एक आदर्श गैस ऊष्मा इंजन $227°C$ और $127°C$ के बीच कार्नोट के चक्र में संचालित होता है यह उच्च तापमान पर $6 \times 10^4 \, J$ अवशोषित करता है। कार्य में परिवर्तित ऊष्मा की मात्रा है।

A. $4.8 \times 10^4 \times J$ B. $3.5 \times 10^4 \times J$

C. $1.6 \times 10^4 \times J$ D. $1.2 \times 10^4 \times J$

Q.100 किसी पदार्थ की आपेक्षित पारगम्यता ϵ_r हैं। प्रतिचुंबकीय पदार्थ के लिए इनमें से कौन-से मान की अनुमति है?

A. $\epsilon_r = 0$ B. $\epsilon_r = 1.5$

C. $\epsilon_r = 0.5$ D. इनमें से कोई नहीं

// स्मार्ट उत्तर पुस्तिका //

सही उत्तर उन छात्रों का प्रतिशत जिन्होंने प्रश्नों का सही उत्तर दिया था।   **छोड़ दिया** उन छात्रों का प्रतिशत जिन्होंने प्रश्नों को छोड़ दिया था।

प्रश्न संख्या	उत्तर	सही उत्तर / छोड़ दिया	प्रश्न संख्या	उत्तर	सही उत्तर / छोड़ दिया	प्रश्न संख्या	उत्तर	सही उत्तर / छोड़ दिया	प्रश्न संख्या	उत्तर	सही उत्तर / छोड़ दिया	प्रश्न संख्या	उत्तर	सही उत्तर / छोड़ दिया	प्रश्न संख्या	उत्तर	सही उत्तर / छोड़ दिया
1	C	80.9% / 0.0%	18	C	43.86% / 1.79%	35	A	62.78% / 1.1%	52	A	52.23% / 1.52%	69	D	68.41% / 1.23%	86	C	67.77% / 1.98%
2	B	63.99% / 1.71%	19	D	49.66% / 1.78%	36	C	12.43% / 4.52%	53	A	61.07% / 1.27%	70	B	16.78% / 4.62%	87	B	54.15% / 1.91%
3	D	54.78% / 1.13%	20	C	69.94% / 1.83%	37	C	60.59% / 1.5%	54	D	58.29% / 1.83%	71	A	22.74% / 4.49%	88	B	52.76% / 1.44%
4	B	54.28% / 1.46%	21	D	62.15% / 1.75%	38	D	41.24% / 1.89%	55	B	62.79% / 1.35%	72	A	41.93% / 1.23%	89	D	52.82% / 1.86%
5	A	78.61% / 0.0%	22	A	61.83% / 1.05%	39	B	21.12% / 3.59%	56	C	68.0% / 1.01%	73	D	76.65% / 0.0%	90	B	65.45% / 1.41%
6	A	54.1% / 1.95%	23	D	61.84% / 1.2%	40	D	64.72% / 1.62%	57	C	44.33% / 1.26%	74	B	79.73% / 0.0%	91	D	81.34% / 0.0%
7	A	22.81% / 4.84%	24	D	22.5% / 3.67%	41	C	59.02% / 1.29%	58	C	42.87% / 1.74%	75	C	68.54% / 1.26%	92	C	81.42% / 0.0%
8	D	13.18% / 4.99%	25	B	43.02% / 1.71%	42	D	28.66% / 3.11%	59	A	54.22% / 1.44%	76	C	68.48% / 1.32%	93	B	61.2% / 1.54%
9	B	78.68% / 0.0%	26	B	77.23% / 0.0%	43	A	85.52% / 0.0%	60	D	76.66% / 0.0%	77	B	78.98% / 0.0%	94	D	56.44% / 1.7%
10	A	59.48% / 1.04%	27	C	83.77% / 0.0%	44	B	77.03% / 0.0%	61	A	66.58% / 1.02%	78	A	52.12% / 1.5%	95	A	56.78% / 1.28%
11	B	68.44% / 1.16%	28	C	49.92% / 1.47%	45	A	22.77% / 3.3%	62	D	51.6% / 1.88%	79	D	61.6% / 1.83%	96	B	68.28% / 1.36%
12	C	66.15% / 1.45%	29	A	51.14% / 1.03%	46	C	16.08% / 4.78%	63	B	17.93% / 4.51%	80	D	18.14% / 4.37%	97	B	40.46% / 1.13%
13	B	40.88% / 1.31%	30	B	64.84% / 1.19%	47	C	54.69% / 1.72%	64	A	51.07% / 1.61%	81	A	17.18% / 3.42%	98	D	56.44% / 1.76%
14	C	62.73% / 1.02%	31	A	58.06% / 1.46%	48	A	55.57% / 1.77%	65	B	64.53% / 1.77%	82	A	53.21% / 1.11%	99	D	41.83% / 1.47%
15	A	42.54% / 1.48%	32	A	42.29% / 1.5%	49	C	32.72% / 3.44%	66	A	57.77% / 1.79%	83	B	63.83% / 1.87%	100	B	64.42% / 1.73%
16	D	69.71% / 1.13%	33	C	61.36% / 1.07%	50	A	69.01% / 1.47%	67	C	60.34% / 1.36%	84	C	56.82% / 1.56%			
17	A	53.17% / 1.08%	34	C	56.97% / 1.82%	51	A	56.95% / 1.57%	68	C	86.34% / 0.0%	85	B	59.47% / 1.73%			

//संकेत और समाधान//

1. कूलाम्ब:

- आवेश की SI इकाई कूलम्ब है।
- इसे C के रूप में दर्शाया गया है।
- कूलम्ब को एक एम्पीयर की धारा द्वारा एक सेकंड में परिवहन की जाने वाली बिजली की मात्रा के रूप में परिभाषित किया गया है।

अतः विकल्प (C) सही है।

2. जहाज की गति को मापने के लिए नॉटिकल मील प्रति घंटा इकाई का उपयोग किया जाता है।

नॉटिकल माइल:

- यह पृथ्वी की परिधि पर आधारित है।
- पृथ्वी पर 360 में से एक मिनट का चाप 1 समुद्री मील है।
- यह एक मिनट के अक्षांश के बराबर भी है।
- प्रति घंटे नॉटिकल मील को समुद्री मील कहा जाता है।
- 1 क्नॉट = 1.15 मील प्रति घंटा
- 1 क्नॉट = 1.852 किमी/घंटा

अत: विकल्प (B) सही है।

3. दिया है: α = βt + λ

⇒ मीटर = (β × समय) + मीटर

⇒ (मीटर-मीटर) = (β × समय)

⇒ β = मीटर/समय ⇒ m t^{-1} ⇒ m s^{-1}

SI इकाई: यह फ्रांसीसी नाम ले सिस्टेम इंटरनेशनल डी'यूनाइट्स (Le Systeme International d'Unites) का संक्षिप्त नाम है।

अत: विकल्प (D) सही है।

4. अवधारणा:

- किए गए कार्य की दर को शक्ति कहा जाता है।
- इसे P द्वारा दर्शाया जाता है। शक्ति की SI इकाई वाट (W) है।

शक्ति $(P) = \dfrac{W}{t}$

W = किया गया कार्य

t = समय

बल का विमीय सूत्र MLT^{-2} है।

ऊर्जा या किया गया कार्य = बल × दूरी

ऊर्जा का विमीय सूत्र ML^2T^{-2}.

शक्ति का आयाम = (कार्य का आयाम) / समय (t) $= \dfrac{ML^2T^{-2}}{T} = ML^2T^{-3}$

अत: विकल्प (B) सही है।

5. एकसमान वृत्तीय गति में वस्तु एक वृत्त की परिधि के अनुदिश एकसमान चाल से गति करती है। लेकिन वेग की दिशा में परिवर्तन के कारण अलग-अलग बिंदुओं पर वेग भिन्न होते हैं। कोई वस्तु एकसमान चाल से चलती है और वह समान समय अंतराल में समान दूरी तय करती है। यदि कोई कण वृत्ताकार पथ पर नियत चाल से गति करता है तो उसकी गति एकसमान वृत्तीय गति कहलाती है। अतः घड़ी की सेकंड हैंड की नोक की गति एकसमान वृत्तीय गति का उदाहरण है।

अतः विकल्प (A) सही है।

6. कुल तय की गई दूरी $= 23\ km$

लिया गया कुल समय $= 28\min = \dfrac{28}{60}\ h$

$= \dfrac{23}{\frac{28}{60}}$

$= 23 \times \dfrac{60}{28}$

$= 49.29\ km/h$

अब,

होटल और स्टेशन के बीच की दूरी $= 10\ km =$ कार का विस्थापन

तो, औसत वेग $= \dfrac{10}{\frac{28}{60}}$

$= 10 \times \dfrac{60}{28}$

$= 21.43\ km/h$

अतः विकल्प (A) सही है।

7. दिया हुआ है,

दीवार की ऊँचाई $(H) = 25\ m,$

गेंद की गति $(u) = 40\ m/s$

अब,

मान लीजिए कि गेंद को क्षैतिज दूरी के साथ θ कोण पर फेंका जाता है।

हम जानते है,

$H = \dfrac{u^2\sin^2\theta}{2g}$

$\therefore 25 = \dfrac{(40)^2\sin^2\theta}{2\times 9.8}$

या $\sin^2\theta = \dfrac{25\times 2\times 9.8}{(40)^2}$

या $\sin\theta = \dfrac{\sqrt{490}}{40} = 0.5534$

$or\ \theta = 33.6°$

अब, $R = \dfrac{u^2\sin 2\theta}{g}$

$= \dfrac{(40)^2\sin 2(33.6°)}{9.8}$

$= \dfrac{(40)^2\sin 67.2°}{9.8}$

$= \dfrac{(40)^2\times 0.9219}{9.8}$

$= 150.5\ m$

अतः विकल्प (A) सही है।

8. दिया गया है,

$m = 20\ g = 20 \times 10^{-3}\ kg$

प्रारंभिक गति $m = 1\ ms^{-1}$

मोटाई, $s = 20\ cm = 20 \times 10^{-2}\ m$

दीवार द्वारा दिया गया प्रतिरोध, $F = -2.5 \times 10^{-2}\ N$

तो, गोली का त्वरण,

$F = ma$

$a = \dfrac{F}{m}$

$= \dfrac{-2.5 \times 10^{-2}}{20 \times 10^{-3}}$

$= -\dfrac{5}{4}\ ms^{-2}$

अब, गति के समीकरण का उपयोग करते हुए,

$v^2 = u^2 + 2as$

$v^2 = 1 + 2\left(-\dfrac{5}{4}\right)(20 \times 10^{-2})$

$v^2 = \dfrac{1}{2}$

$v = \dfrac{1}{\sqrt{2}} = 0.7\ ms^{-1}$

अतः विकल्प (D) सही है।

9. दिया गया है,

बल, $F = 90\ N$

त्वरण, $a = 2.6\ m/s^2$

द्रव्यमान m को त्वरण a के साथ त्वरित करने के लिए आवश्यक बल द्वारा दिया जाता है,

$F = ma$

$90 = m \times 2.6$

$m = \dfrac{90}{2.6}$

$m = 34.6\ kg$

अतः विकल्प (B) सही है।

10. प्रणाली के मुक्त पिंड का आरेख,

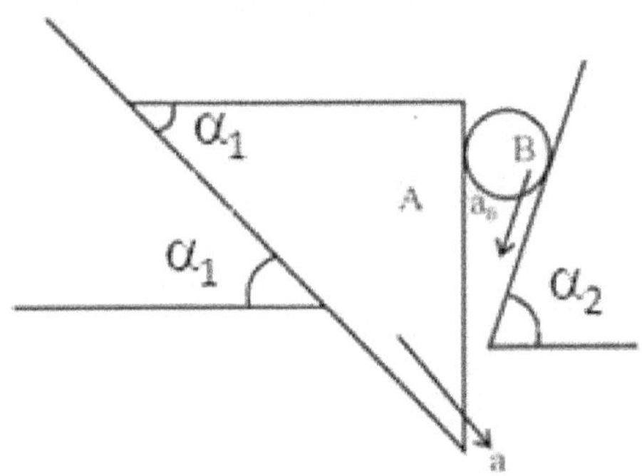

for B,

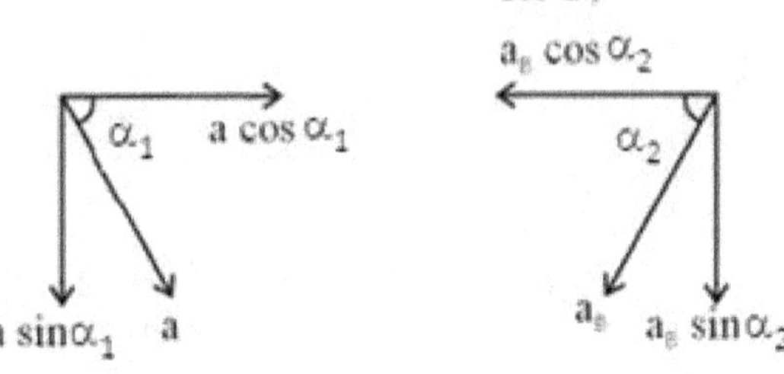

चूंकि संपर्क में सतह से लंबवत त्वरण समान होगा।

$a\cos\alpha_1 = a_B\cos\alpha_2$

$a_B = \dfrac{a\cos\alpha_1}{\cos\alpha_2}$

अतः विकल्प (A) सही है।

11. चलती बस से नीचे उतरता हुआ व्यक्ति गति के जड़त्व के कारण आगे की ओर गिर जाता है।

न्यूटन का पहला नियम जड़त्व को परिभाषित करता है और इसे ठीक ही जड़त्व का नियम कहा जाता है। एक पिंड तब तक आराम की स्थिति में या एक सीधी रेखा के साथ एकसमान गति की स्थिति में बना रहता है जब तक कि उस पर किसी बाहरी बल द्वारा राज्य को बदलने के लिए कार्य नहीं किया जाता है। गति की जड़त्व एक शरीर की अपनी एकसमान गति की स्थिति को बदलने में असमर्थता है, अर्थात, एक समान गति में एक शरीर न तो गति कर सकता है और न ही अपने आप मंद हो सकता है।

जब कोई व्यक्ति चलती बस से नीचे उतरता है, तो वह आगे की ओर गिर जाता है क्योंकि उसके शरीर का निचला हिस्सा जमीन के साथ विराम करता है लेकिन ऊपरी भाग गति की जड़त्व के कारण अपनी गति को जारी रखता है।

अतः विकल्प (B) सही है।

12. $(0,0)$ से $(a,0)$ पर जाते समय

धनात्मक x-अक्ष, $y = 0$ के साथ

$\therefore \vec{F} = -Kx\hat{j}$

अर्थात बल ऋणात्मक y-दिशा में है जबकि विस्थापन धनात्मक $x-$ दिशा में है।

$\therefore W_1 = 0$

क्योंकि बल विस्थापन के लिए लंबवत है।

तब कण $(a,0)$ से (a,a) तक एक रेखा के साथ y-अक्ष $(x = +a)$ के दौरान गति करता है।

$\vec{F} = -K(y\hat{i} + a\hat{j})$

बल का पहला घटक, $-Ky\hat{i}$ किसी भी कार्य में योगदान नहीं करेगा, क्योंकि यह घटक विस्थापन के दौरान ऋणात्मक x-दिशा $(-\hat{i})$ के साथ है। धनात्मक y-दिशा $(a,0)$ से (a,a) में है।

बल का दूसरा घटक अर्थात $-Ka\hat{j}$

$\therefore W_2 = (-Ka\hat{j})(a\hat{j}) = (-Ka)(a) = -Ka^2$

इसलिए कण पर किया गया कुल कार्य है,

$W = W_1 + W_2$

$= 0 + (-Ka^2) = -Ka^2$

अतः विकल्प (C) सही है।

13.

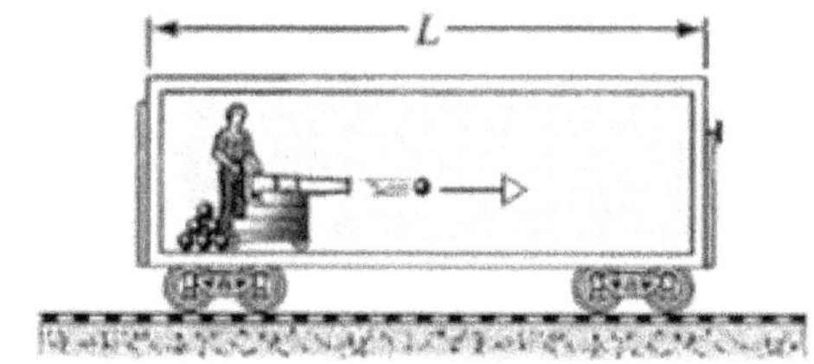

प्रारंभ में, पूरी प्रणाली विराम में है, इसलिए
$v_{CM} = 0.$
चूंकि प्रणाली पर कोई बाहरी बल कार्य नहीं करता है,
$v_{CM} =$ स्थिर $= 0$
इसलिए प्रणाली के द्रव्यमान के केंद्र की स्थिति निश्चित रहती है।
$$x_{CM} = \frac{mx_1 + Mx_2}{m+M} \quad ....(i)$$
जहां m तोप के गोले का द्रव्यमान और M (कार + तोप) प्रणाली का द्रव्यमान है।
जैसा $\Delta x_{CM} = 0$
$$m\Delta x_1 + M\Delta x_2 = 0 \quad ....(ii)$$
जैसे कि तोप के गोले कार को नहीं छोड़ सकता, इसलिए कार के सापेक्ष गेंदों का अधिकतम विस्थापन L है और ऐसा करने पर कार एक दूरी $\Delta x_2 = D$ (माना) को स्थानांतरित कर देगी जमीन पर, गेंदों के विस्थापन के विपरीत है; फिर जमीन के सापेक्ष गेंदों का विस्थापन होगा
$$\Delta x_1 = L - D \quad ....(iii)$$
समीकरण (ii) से समीकरण (iii) में हम Δx_1 के मान को प्राप्त करते हैं
$$m(L - D) - MD = 0$$
$$\Rightarrow D = \frac{mL}{M+m}$$
$$= \frac{L}{1 + \frac{M}{m}}$$
$\Rightarrow D$ अर्थात, रेल रोड कार L से अधिक यात्रा नहीं कर सकती है।
अत: विकल्प (B) सही है।

14. शक्ति $= \dfrac{\text{K.E}}{\text{time}} = \dfrac{\frac{1}{2}mv^2}{t} =$ स्थिरांक

इसलिए, $\dfrac{v^2}{t} =$ स्थिरांक

$$v = \sqrt{Ct}$$

$$\Rightarrow v = Kt^{\frac{1}{2}}$$

$$\Rightarrow \frac{dx}{dt} = Kt^{\frac{1}{2}}$$

$$\Rightarrow dx = Kt^{\frac{1}{2}}dt$$

दोनों पक्षों को एकीकृत करना

$$x = \int Kt^{\frac{1}{2}} \, dt$$

$$\Rightarrow x = \frac{Kt^{\frac{3}{2}}}{\frac{3}{2}} + C$$

$$\Rightarrow x \propto t^{\frac{3}{2}}$$

अत: विकल्प (C) सही है।

15. मान लीजिये,

एक समान बल, $\vec{F} = 3\hat{i} + \hat{j}$

द्रव्यमान, $m = 2 \, kg$

कण की प्रारंभिक स्थिति, $\vec{r_1} = \left(2\hat{i} + \hat{k}\right)m$

कण की अंतिम स्थिति, $\vec{r_2} = \left(4\hat{i} + 3\hat{j} - \hat{k}\right)m$

कण का कुल विस्थापन,

$$\vec{\Delta r} = \vec{r_2} - \vec{r_1} = \left(2\hat{i} + 3\hat{j} - 2\hat{k}\right)m$$

कण पर बल द्वारा किया गया कार्य,

$$W = \vec{F} \cdot \vec{\Delta r}$$

$$\Rightarrow W = 6 + 3$$

$$\Rightarrow W = 9 \, J$$

अत: विकल्प (A) सही है।

16. $a = \dfrac{g\sin\theta}{1 + \frac{K^2}{R^2}}$

$$v = \sqrt{\frac{2Sg\sin\theta}{1 + \frac{K^2}{R^2}}}$$

$$\Rightarrow \frac{v_c}{v_{ss}} \sqrt{\frac{1 + \frac{K_{ss}^2}{R^2}}{1 + \frac{K_c^2}{R^2}}}$$

$$= \sqrt{\frac{1 + \frac{2}{5}}{1 + \frac{1}{2}}}$$

$$\Rightarrow \sqrt{\frac{\frac{7}{5}}{\frac{3}{2}}}$$

$$= \sqrt{\frac{14}{15}}$$

अत: विकल्प (D) सही है।

17. उपरोक्त के लिए, मुक्त पिंड आरेख बनाने पर:

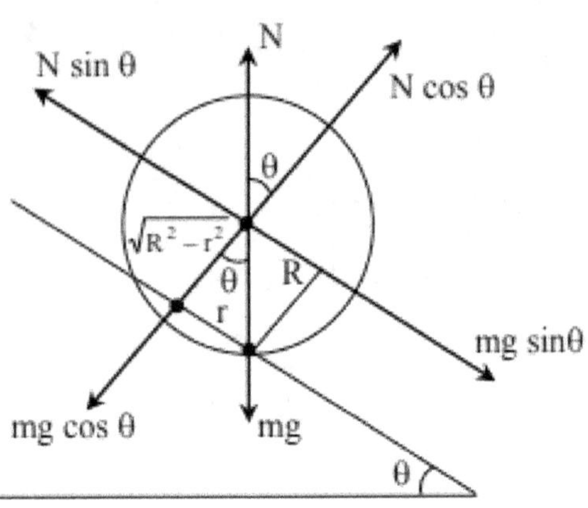

भार के घटकों के लिए बलाघूर्ण संतुलन समीकरण लिखने पर:

$$mg\sin\theta\sqrt{R^2 - r^2} = mg\cos\theta r$$

$$\tan\theta = \frac{r}{\sqrt{R^2-r^2}}$$

तथा, $\sin\theta = \frac{r}{R}$

अत: विकल्प (A) सही है।

18. जमीन के ऊपर किसी बिंदु पर किसी वस्तु की गुरुत्वाकर्षण क्षमता को गुरुत्वाकर्षण से उस बिंदु तक जमीन से ऊपर उठाने में किए गए कार्य के रूप में परिभाषित किया जाता है।

- गुरुत्वाकर्षण ऊर्जा, जैसे कि पृथ्वी के गुरुत्वाकर्षण के विपरीत वस्तुओं को ऊपर उठाना, गुरुत्वाकर्षण बल के साथ सहसंबद्ध ऊर्जा है।

- यदि कोई वस्तु एक बिंदु से दूसरे बिंदु पर गुरुत्वाकर्षण क्षेत्र के अंदर गिरती है, तो गुरुत्वाकर्षण बल वस्तु पर सकारात्मक कार्य करेगा, और गुरुत्वाकर्षण क्षमता ऊर्जा समान मात्रा में घट जाएगी।

- पृथ्वी की सतह के पास, उत्पाद mgh एक ऊंचाई h के माध्यम से किसी वस्तु को ऊपर उठाने में किया जाने वाला कार्य है, इसलिए U = mgh

- न्यूटन का गुरुत्वाकर्षण का नियम: यह नियम कहता है कि ब्रह्मांड में प्रत्येक बिंदु द्रव्यमान हर दूसरे बिंदु को एक बल के साथ आकर्षित करता है जो सीधे उसके द्रव्यमान के उत्पाद के अनुक्रमानुपाती है और समतल में उनके बीच की दूरी के व्युत्क्रमानुपाती है।

अत: विकल्प (C) सही है।

19. चूंकि, पानी के साथ बैग का वजन, विस्थापित पानी के वजन के बराबर है, इसलिए स्प्रिंग बैलेंस (कमानीदार तुला) की रीडिंग शून्य है।

कमानीदार तुला एक प्रकार की तुला (तराजू) है। इसमें एक स्प्रिंग होती है जिसका एक सिरा फिक्स रहता है और दूसरे सिरे पर हुक के द्वारा वह भार लटकाया जाता है जिसका वजन ज्ञात करना हो। यह हुक के नियम पर कार्य करती है।

अत: विकल्प (D) सही है।

20. ऊर्जा के संरक्षण के नियम द्वारा,

$$\frac{1}{2}mV^2 - \frac{GMm}{R} = \frac{-GMm}{R+h}$$

$$\Rightarrow \frac{1}{2}V^2 - \frac{GM}{R^2}\cdot R = \frac{-Gm}{R^2}\cdot\frac{R^2}{(R+h)}$$

$$\Rightarrow \frac{1}{2}V^2 - gR = \frac{-gR^2}{(R+h)}$$

$$\Rightarrow R + h = \frac{-2gR^2}{V^2-2gR}$$

$$\Rightarrow h = \frac{-2gR^2}{V^2-2gR} - R$$

$$\Rightarrow h = \frac{-RV^2}{V^2-2gR}$$

$$\Rightarrow h = \frac{RV^2}{2gR-V^2}$$

अतः विकल्प (C) सही है।

21. पृथ्वी की सतह पर g का मान अधिकतम है, और पृथ्वी के केंद्र पर $g = 0$ है। यदि कोई पृथ्वी की सतह से दूर जाता है, तो फिर से g का मान कम हो जाता है। इस प्रकार, ग्राफ (D), g के सही परिवर्तन को दर्शाता है।

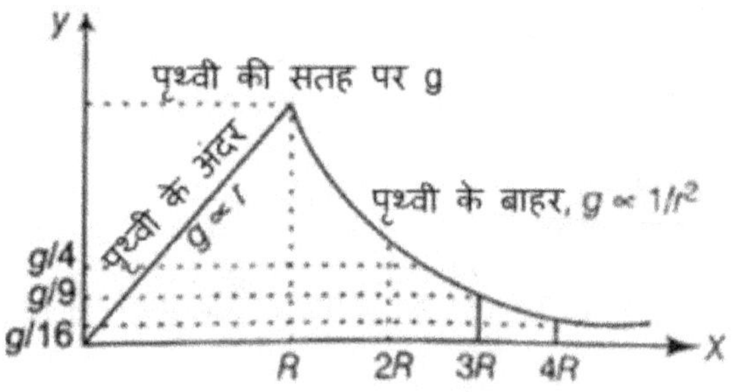

अतः विकल्प (D) सही है।

22.

$N = ma\sin\theta + mg\cos\theta$ ....(i)

साथ ही, $mg\sin\theta = ma\cos\theta$ ....(ii)

(i) और (ii) से a का मान प्रतिस्थापित करने पर, हम प्राप्त करते है

$$a = g\tan\theta$$

$$\therefore N = mg\frac{\sin^2\theta}{\cos\theta}(+mg\cos\theta)$$

$$\therefore N = \frac{mg}{\cos\theta}(\sin^2\theta + \cos^2\theta) = \frac{mg}{\cos\theta}$$

अथवा,

$$N = \frac{mg}{\cos\theta}$$

अतः विकल्प (A) सही है।

23. नीचे दिए गए स्पष्टीकरण से, हम देख सकते हैं कि, हम संबंध द्वारा रैखिक विस्तार की मात्रा का अनुमान लगा सकते हैं:

$\Delta L = L\alpha\Delta T$ इसमें L और ΔL क्रमशः मूल लंबाई और लंबाई में परिवर्तन है।

जबकि ΔT और α तापमान में अंतर हैं और स्थिरांक को रैखिक विस्तार के गुणांक के रूप में जाना जाता है, जो केवल किसी वस्तु की सामग्री पर निर्भर करता है।

रैखिक विस्तार का गुणांक तापमान अंतर, सामग्री की लंबाई और सामग्री के आकार से स्वतंत्र है।

अतः विकल्प (D) सही है।

24. थर्मो फ्लास्क की दीवारों के बीच वैक्यूम की उपस्थिति फ्लास्क के अंदर तरल के तापमान को बनाए रखती है। थर्मो फ्लास्क एक कंटेनर है जिसका उपयोग तरल के तापमान को विस्तारित अवधि के लिए बनाए रखने के लिए किया जाता है।

थर्मो फ्लास्क में, गर्म तरल गर्म रहता है और ठंडा तरल पदार्थ ठंडा रहता है। वैक्यूम ऊष्मा का कुचालक है। संवहन और चालन के माध्यम से गर्मी के नुकसान को कम करने के लिए थर्मस फ्लास्क की दीवारों के बीच वैक्यूम का उपयोग किया जाता है।

परिणामस्वरूप थर्मस फ्लास्क की दीवारों के बीच वैक्यूम की उपस्थिति तरल को बिना किसी बदलाव के लंबे समय तक इष्टतम तापमान पर बनाए रखने में मदद करती है।

अतः विकल्प (D) सही है।

25. संकल्पना:

तापमान को तीन अलग-अलग इकाइयों फारेनहाइट, सेल्सियस और केल्विन में मापा जा सकता है। $°F$, $°C$ और K क्रमशः फारेनहाइट, सेल्सियस और केल्विन इकाइयों का प्रतिनिधित्व करने के लिए उपयोग किया जाता है। उनके रूपांतरण के लिए अलग-अलग सूत्र हैं।

गणना:

दी गई समस्या में तापमान $°F$ में दिया जाता है। इसे $°C$ में परिवर्तित करना होगा। इस रूपांतरण का सूत्र है,

$$°C = \frac{5}{9}(°F - 32)$$

$$T°C = \frac{5}{9}(140°F - 32) = 0.556 \times 108$$

$$T°C = 60°C$$

$140°F$ का सेल्सियस पैमाने पर तापमान $60°C$ है।

अतः विकल्प (B) सही है।

26. एक विलगित निकाय की एन्ट्रॉपी लगातार घटती जाती है और संतुलन की स्थिति में न्यूनतम हो जाती है।

यदि एक पृथक सिस्टम की एन्ट्रॉपी कुछ पैरामीटर से भिन्न होती है, तो उस पैरामीटर का एक निश्चित मान होता है जो एन्ट्रॉपी को अधिकतम करता है।

अतः विकल्प (B) सही है।

27. कार्य का आइसोथर्मल अपव्यय और कार्य का एडियाबेटिक अपव्यय बाह्य यांत्रिक अपरिवर्तनीयता प्रदर्शित करता है।

गैस के आइसोथर्मल संपीडन में आयतन कम करने और दाब बढ़ाने के लिए तंत्र पर कार्य किया जाता है। एडियाबेटिक प्रक्रिया व्युत्पत्ति में किए गए कार्य को आंतरिक ऊर्जा dU में परिवर्तन से संबंधित उष्मागतिकी के पहले नियम से सिस्टम द्वारा किए गए कार्य dW और उसमें जोड़े गए ऊष्मा dQ से प्राप्त किया जा सकता है। dV द्वारा आयतन V में परिवर्तन के लिए किया गया dW कार्य PdV के रूप में दिया गया है।

अतः विकल्प (C) सही है।

28. यदि निकाय पृथक है, तो पृथक निकाय के लिए परिवेश और $\Delta S \geq 0$, की एन्ट्रॉपी में कोई परिवर्तन नहीं होता है।

इसलिए किसी विलगित निकाय की एन्ट्रॉपी या तो बढ़ जाती है या सीमा में स्थिर रहती है। समानता चिन्ह अच्छा होता है जब सिस्टम द्वारा की गई प्रक्रिया प्रतिवर्ती होती है, प्रक्रिया में कोई अपरिवर्तनीयता मौजूद होने पर असमानता का संकेत अच्छा होता है। इस कथन को आमतौर पर एन्ट्रॉपी वृद्धि का सिद्धांत कहा जाता है।

अपरिवर्तनीय या स्वतःस्फूर्त प्रक्रियाएं केवल उसी दिशा में हो सकती हैं जिसके लिए ब्रह्मांड या एक पृथक प्रणाली की एन्ट्रॉपी बढ़ जाती है। ये प्रक्रियाएं घटती एन्ट्रॉपी की दिशा में नहीं हो सकती हैं।

एक पृथक प्रणाली के लिए,

- $\Delta S < 0$, अपरिवर्तनीय प्रक्रियाओं के लिए
- $\Delta S = 0$, प्रतिवर्ती प्रक्रियाओं के लिए
- $\Delta S > 0$, प्रक्रिया असंभव है

लेकिन प्रतिवर्ती प्रक्रिया के लिए, $\Delta S = 0$ (अर्थात एन्ट्रॉपी स्थिर रहती है।)

अतः विकल्प (C) सही है।

29. ब्रूस्टर लॉ,

$$\tan i_p = \mu$$

लेकिन $\mu \propto \dfrac{1}{\lambda}$

$$\therefore \tan i_p \propto \frac{1}{\lambda}$$

जहां i_p, μ और λ ध्रुवीकरण के कोण (आपतन), सामग्री का अपवर्तनांक और प्रकाश की तरंग दैर्ध्य क्रमशः हैं। इस प्रकार, ब्रूस्टर के ध्रुवीकरण के नियम से, यह निम्नानुसार है कि ध्रुवीकरण का कोण प्रकाश की तरंग दैर्ध्य पर निर्भर करता है।

अत: विकल्प (A) सही है।

30. अवधारणा:

सरल आवर्त गति (SHM) : सरल आवर्त गति एक विशेष प्रकार की आवधिक गति या दोलन है, जहाँ प्रत्यानयन बल विस्थापन के समानुपाती होता है और विस्थापन के विपरीत दिशा में कार्य करता है।

- उदाहरण: एक अनवमंदित लोलक की गति, अनवमंदित स्प्रिंग - द्रव्यमान प्रणाली।

एक तनित स्ट्रिंग पर अनुप्रस्थ तरंग की गति निम्न द्वारा दी गई है:

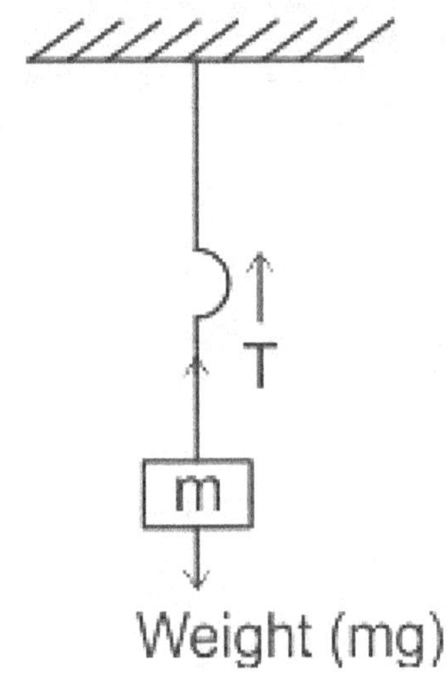

$$v = \sqrt{\frac{T}{\mu}}$$

जहां

v = तरंग का वेग,

T = स्ट्रिंग में तनाव,

μ = प्रति इकाई लंबाई में द्रव्यमान

व्याख्या:

एक तनित स्ट्रिंग पर अनुप्रस्थ तरंगों की गति निम्न द्वारा दी जाती है

$$v = \sqrt{\frac{T}{\mu}}$$

अतः विकल्प (B) सही है।

31. अनुदैर्ध्य तरंग गति वह तरंग गति होती है जिसमें माध्यम के एकल कण समान दिशा के साथ अपनी माध्य स्थिति के अनुरूप में सरल आवर्त गति को निर्मित करते हैं, जिसमें तरंग का प्रसार होता है।

यह संपीड़न (C) और विरलन (R) के रूप में गति करता है।

संपीड़न माध्यम का एक क्षेत्र है जिसमें कण संकुचित होते हैं अर्थात कण निकट आते हैं अर्थात कणों के बीच की दूरी उनके बीच की सामान्य दूरी से कम हो जाती है।

इस प्रकार, आयतन में एक अस्थायी कमी है और परिणामस्वरूप संपीड़न के क्षेत्र में माध्यम में दबाव में अस्थायी वृद्धि हुई है।

अतः विकल्प (A) सही है।

32. यदि n_1 और n_2 दो स्रोतों की आवृत्तियाँ हैं तो दोनो स्रोतों की आवृत्तियों में अंतर

⇒ m = (n₁ - n₂) या (n₂ - n₁)

जहाँ m = स्पंदन आवृत्ति

गणना :

दिया – m = 4, n₁ = 200 Hz और n₂ = x

स्पंदन आवृत्ति की गणना इसप्रकार की जा सकती है

⇒ m = (n₁ ± n₂)

⇒ x = 200 - 4 = 196 HZ

⇒ m = (n₂ - n₁)

⇒ x = 200 + 4 = 204 HZ

अतः विकल्प (A) सही है।

33. ध्वनि तरंगों का प्रकार जिनकी आवृत्ति मानव श्रवण की ऊपरी श्रव्य सीमा से अधिक होती है, उन्हें पराश्रव्य कहा जाता है। पराध्वनिक तरंगों की ध्वनि आवृत्ति 20,000Hz से ऊपर है। इस प्रकार विकल्प (A) सही है।

धातु खंडों में दरारें और दोषों का पता लगाने के लिए पराश्रव्य का उपयोग किया जा सकता है। इस प्रकार, विकल्प (B) सही है।

अवरक्त तरंगों की आवृत्ति रेंज 20Hz से कम है। इस प्रकार विकल्प (C) गलत है।

आमतौर पर पराश्रव्य का उपयोग पहुँचने मे दुर्गम स्थानों में स्थित भागों को साफ करने के लिए किया जाता है।इस प्रकार विकल्प (D) सही है।

अतः विकल्प (C) सही है।

34. दिया गया है:
$$\theta = 60°, E = 10^5 NC^{-1}, T = 8\sqrt{3} Nm$$
विद्युत क्षेत्र की तीव्रता $= E = \left[\frac{T}{(P\sin\theta)}\right]$

जहाँ P द्विध्रुव आघूर्ण है

$\therefore 10^5 = \left[\frac{(8\sqrt{3})}{(P\sin 60°)}\right]$

$\therefore P = \left[\frac{(8\sqrt{3})}{\{(\sqrt{3}/2)\times 10^5\}}\right] = 16 \times 10^{-5} c-m$

जैसा $P = q \cdot (2\ell)$

यहाँ $2\ell = $ द्विध्रुव की लंबाई $= 2 \times 10^{-2}\ m$

$\therefore q = \left(\frac{P}{2\ell}\right)$

$= \left[\frac{(16\times 10^{-5})}{(2\times 10^{-2})}\right] = 8 \times 10^{-3} c$

अतः विकल्प (C) सही है।

35. दिया हुआ है:
$$m_E = 5.9 \times 10^{24} Kg$$
$$G = 6.626 \times 10^{-11} Nm^2 Kg^{-2}$$
$$m_M = 7.9 \times 10^{22} Kg$$
$$K = 9 \times 10^9 Nm^2 C^{-2}$$
$$F_G = \frac{Gm_E m_M}{r^2}$$
$$F_e = \frac{Kq^2}{r^2}$$
$$\therefore \frac{Kq^2}{r^2} = \frac{Gm_E m_M}{r^2}$$
$$q^2 = \frac{Gm_E m_M}{K} = \frac{6.626\times 10^{-11}\times 5.9\times 10^{24}\times 7.9\times 10^{22}}{9\times 10^9}$$
$$q^2 = 34.31 \times 10^{26}$$
$$q = 5.86 \times 10^{13} C$$
अतः विकल्प (A) सही है।

36. दिया हुआ है:
$$q_1 = 10\mu C \quad q_2 = 10\mu C \quad q_3 = -2\mu C$$
$$r_{13} = 20\ cm = 0.2\ m$$
$$r_{12} = 5\ cm = 0.05\ m$$
$$r_{23} = 15\ cm = 0.15\ m$$
$$r'_{13} = 5\sqrt{2}\ m; r'_{12} = 0.05\ m$$
$$r'_{23} = \sqrt{15^2 + 5^2} = \sqrt{225 + 25} = \sqrt{250}$$

$$r'_{23} = 5\sqrt{10} \times 10^{-2}\ m$$

प्रारंभिक स्तिथिज ऊर्जा,

$$U_i = \frac{1}{4\pi\varepsilon_0}\left[\frac{q_1 q_2}{r_{12}} + \frac{q_2 q_3}{r_{23}} + \frac{q_1 q_3}{r_{13}}\right]$$

$$= 9 \times 10^9$$
$$\left[\frac{10 \times 10^{-6} \times (-2 \times 10^{-6})}{0.05} + \frac{(-2 \times 10^{-6} \times 10 \times 10^{-6})}{0.15} +\right.$$
$$\left.\frac{10 \times 10^{-6} \times 10 \times 10^{-6}}{0.2}\right]$$

$$= 9 \times 10^9 \left[\frac{-20 \times 10^{-12}}{5 \times 10^{-2}} + \frac{(-20 \times 10^{-12})}{15 \times 10^{-2}} + \frac{100 \times 10^{-12}}{20 \times 10^{-2}}\right]$$

$$= 9 \times 10^9 \left[-4 \times 10^{-10} - \frac{4}{3} \times 10^{-10} + 5 \times 10^{-10}\right]$$

$$= 9 \times 10^9 \left[\frac{(-12-4+15)}{3} \times 10^{-10}\right]$$

$$= 3 \times 109 \times [-1 \times 10^{-10}]$$

$$U_i = -0.3\ J$$

अंतिम स्तिथिज ऊर्जा

$$U_F = \frac{1}{4\pi\varepsilon_0}\left[\frac{q_1 q_2}{r'_{12}} + \frac{q_2 q_3}{r'_{23}} + \frac{q_1 q_3}{r'_{13}}\right]$$

$$= 9 \times 10^9 \left[\frac{10 \times 10^{-6} \times (-2 \times 10^{-6})}{\sqrt{2} \times 5 \times 10^{-2}} + \frac{(-2 \times 10^{-6} \times 10 \times 10^{-6})}{5\sqrt{10} \times 10^{-2}}\right] +$$
$$\frac{10 \times 10^{-6} \times 10 \times 10^{-6}}{20 \times 10^{-2}}$$

$$U_F = 9 \times [0.0908]$$

$$U_F = 0.8172\ J$$

$$\therefore\ \text{किया गया कार्य} = U_F - U_i = -0.8172 - (0.3)$$

$$W = 1.1172\ J$$

एक धनात्मक संकेत इंगित करता है कि a से b तक $-2\mu C$ आवेश को स्थानांतरित करने के लिए बाहरी कार्य की आवश्यकता है।

$\Delta U = -3.246\ J$, नकारात्मक संकेत का अर्थ है कि आवेश को स्थानांतरित करने के लिए $-2\mu C$ की आवश्यकता नहीं है। सिस्टम आवेश a को पॉइंट a से पॉइंट b में स्थानांतरित करने के लिए अपनी संग्रहीत ऊर्जा खर्च करता है।

अतः विकल्प (C) सही है।

37. दिया गया:

अल्फा कण पर आवेश $q_1 = q_2 = +2e$

कणों के बीच की दूरी $(r) = 3.2 \times 10^{-15}\ m$

हम जानते हैं कि:

इलेक्ट्रॉन पर $q_1\ (e) = 1.6 \times 10^{-19}$

$$\frac{1}{4\pi\epsilon_0} = 9 \times 10^9$$

अब, कूलम्ब के नियम का उपयोग करते हुए, कणों पर कार्य करने वाला बल दिया जाता है,

$$F = \frac{1}{4\pi\epsilon_0}\frac{q_1 q_2}{r^2}$$

दिए गए सभी मानों को उपरोक्त सूत्र में रखें:

$$F = \frac{9 \times 10^9 \times 2 \times 1.6 \times 10^{-19} \times 2 \times 1.6 \times 10^{-19}}{3.2 \times 10^{-15} \times 3.2 \times 10^{-15}}$$

$$F = 90N$$

अतः विकल्प (C) सही है।

38. दिया गया:

10^{-7} कूलम्ब का एक बिंदु आवेश $1\ m$ भुजा वाले घन के केंद्र में स्थित होता है।

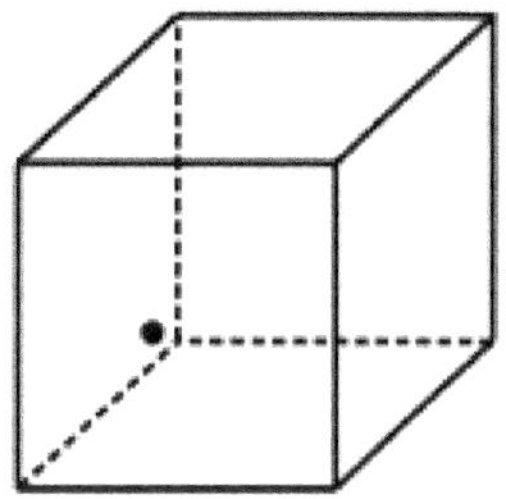

घन की सतहों के माध्यम से विद्युत प्रवाह

$$= \text{आवेश संलग्न}\ /\epsilon_0$$

$$= \frac{10^{-7}}{8.854 \times 10^{-12}}$$

$$= 1.13 \times 10^4\ Nm^2 C^{-1}$$

अतः विकल्प (D) सही है।

39. दिया है,

एक वर्ग के किनारे का कोना $= 93\ mm$

$$\therefore\ a = 93 \times 10^{-3}$$

एक बिंदु P पर क्षमता = एक बिंदु Q_1 पर क्षमता $+$ एक बिंदु Q_2 पर क्षमता $+$ एक बिंदु Q_3 पर क्षमता

$$V = \frac{1}{4\pi\varepsilon_0}\left(\frac{Q_1}{r_1} + \frac{Q_2}{r_2} + \frac{Q_3}{r_3}\right)$$

$$= \frac{1}{4\pi\varepsilon_0}$$
$$\left(\frac{33 \times 10^{-9}}{93 \times 10^{-3}} - \frac{51 \times 10^{-9}}{\sqrt{2} \times 93 \times 10^{-3}} + \frac{47 \times 10^{-9}}{93 \times 10^{-3}}\right)$$

$$= \frac{1}{4\pi\varepsilon_0} \times \frac{10^{-9}}{93 \times 10^{-3}}\left(33 - \frac{51}{\sqrt{2}} + 47\right)$$

$$\approx 4 \times 1000\ V$$

$$= 4kV$$

अतः विकल्प (B) सही है।

40. एक खोखले गोलाकार संधारित्र का विद्युत क्षेत्र गोलाकार कंडक्टर की आंतरिक और बाहरी सतहों के बीच स्थानीयकृत होता है। इसलिए, बिंदु $r_1 < r < r_2$, पर, विद्युत क्षेत्र शून्य नहीं होगा।

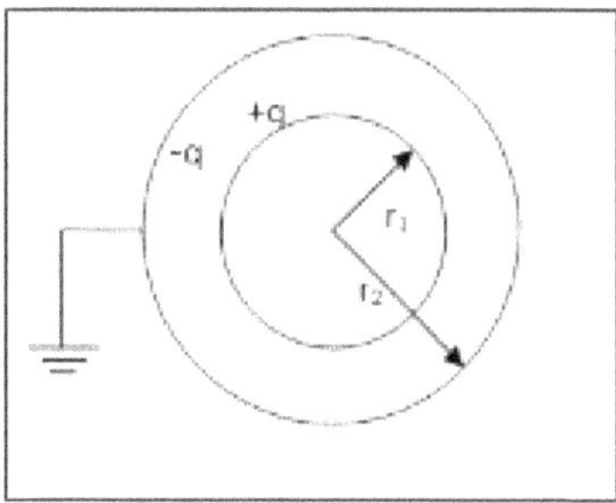

अतः विकल्प (D) सही है।

41. स्थिर अवस्था में, संधारित्र के माध्यम से धारा शून्य होती है

चूंकि संधारित्र एक खुले सर्किट के रूप में व्यवहार करता है, इसलिए r_1 के माध्यम से धारा 0 है, इसलिए

परिपथ में धारा $I = \dfrac{E}{r+r_2}, \ldots \ldots$ द्वारा दी जाती है (1)

अब कैपेसिटर V_C पर वोल्टेज की गणना करें और प्रतिरोध r_1 हटा दें क्योंकि इससे कोई करंट प्रवाहित नहीं होता है।

संधारित्र भर में वोल्टेज द्वारा प्राप्त किया जाता है

$V_C = I \cdot r_2 - - -$ (समीकरण 1 से)

$V_C = \left(\dfrac{E}{r+r_2}\right) r_2$

$V_C = \dfrac{Er_2}{r+r_2} - - - - (2)$

संधारित्र $Q = CV_C - - -$ (समीकरण 2 से) में संग्रहीत चार्ज को खोजने के लिए $Q = CV$ सूत्र का उपयोग करें

$Q = C \cdot \dfrac{Er_2}{r+r_2}$

$= CE\left(\dfrac{r_2}{r+r_2}\right)$

अतः विकल्प (C) सही है।

42. दिए गए सर्किट को 3 लूप में विभाजित किया जा सकता है, लूप 1 में दो 2V स्रोत और 1 ओम रेसिस्टर और दूसरा लूप जिसमें दो 2V स्रोत और दो 1 ओम रेसिस्टर होते हैं और अंतिम लूप दूसरे लूप के समान होता है।

प्रत्येक लूप पर करंट की पहचान करने के लिए हम किरचॉफ के वोल्टेज नियम और ग्राउंडिंग विधि का उपयोग कर सकते हैं।

किरचॉफ का वोल्टेज नियम को नोड 1 पर लागू करना,

अब, लूप1 पर करंट को i_1 माना जाता है, लूप2 पर करंट को i_2 माना जाता है और लूप3 पर करंट को i_3 माना जाता है।

$2 - 2 + (i_1 - i_2) \times 1 = 0$

$\Rightarrow i_1 = i_2$

किरचॉफ का वोल्टेज नियम को नोड 2 पर लागू करना,

$2 + ((i_1 - i_2) \times 1) - 2 + ((i_2 - i_3) \times 1) = 0$

चूंकि, $i_1 = i_2$

$2 - 2 + ((i_2 - i_3) \times 1) = 0$

$\Rightarrow i_2 = i_3$

लूप 3 पर किरचॉफ का वोल्टेज नियम लगाना,

$2 + ((i_2 - i_3) \times 1) - 2 + (i_3 \times 1) = 0$

चूँकि $i_2 = i_3$

$\Rightarrow 2 - 2 + (i_3 \times 1) = 0$

$\Rightarrow i_3 = 0$

इसलिए $i_2 = i_3$, $i_2 = 0$ का मान

और चूँकि $i_1 = i_2$ का मान

लूप 1 में वर्तमान मान भी 0 के बराबर है।

यह पाया जाता है कि सभी प्रतिरोधों में धारा का मान शून्य होता है।

अतः विकल्प (D) सही है।

43. ओम के नियम के अनुसार

$V = IR$

$$V = IR$$

जहां, V सर्किट में विभांतर है, I सर्किट के माध्यम से करंट है और R सर्किट का प्रतिरोध है।

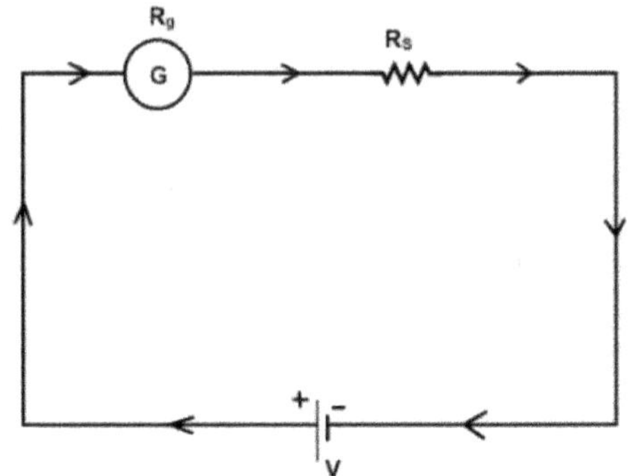

यहां,

$V = 10\,V$

$I = I_g = 5\,mA = 5 \times 10^{-3}\,A$

$R_g = 15\Omega$

$$R_g = 15\Omega$$

अब,

R_g और R_S श्रृंखला में हैं।

इस प्रकार, कुल प्रतिरोध $\left(R_g + R_S\right)$ होगा।

अब,

$V = I_g\left(R_g + R_S\right)$

$$V = I_g\left(R_g + R_S\right)$$

मूल्यों में रखने पर, हमें प्राप्त होता है

$10 = (5 \times 10^{-3})(15 + R_S)$

$$10 = (5 \times 10^{-3})(15 + R_S)$$

आगे, हमें मिलता है

$15 + R_S = \dfrac{10}{5 \times 10^{-3}}$

$$15 + R_S = \dfrac{10}{5 \times 10^{-3}}$$

साथ ही, हमें मिलता है

$15 + R_S = 2 \times 10^3$

$R_S = 2000 - 15$

$R_S = 1985\Omega = 1.985 \times 10^3\,\Omega$

$$R_S = 1985\Omega = 1.985 \times 10^3\,\Omega$$

अतः विकल्प (A) सही है।

44. व्हीटस्टोन ब्रिज एक इलेक्ट्रिकल सर्किट है जिसका उपयोग ब्रिज सर्किट के दो पैरों को संतुलित करके अज्ञात विद्युत प्रतिरोध को मापने के लिए किया जाता है, जिसमें से एक चरण में अज्ञात घटक शामिल होता है। सर्किट का प्राथमिक लाभ अत्यंत सटीक माप प्रदान करने की इसकी क्षमता है इसका संचालन मूल पोटेंशियोमीटर के समान है।

एक गैल्वेनोमीटर विद्युत प्रवाह के लिए एक इलेक्ट्रोमैकेनिकल मापक यंत्र है। शुरुआती गैल्वेनोमीटर अनकैलिब्रेट किए गए थे, लेकिन उन्नत संस्करण, जिन्हें एमीटर कहा जाता है, को कैलिब्रेट किया गया था और करंट के प्रवाह को अधिक सटीक रूप से माप सकते थे।

एक संतुलित व्हीटस्टोन ब्रिज में, अशक्त बिंदु की स्थिति पर कोई प्रभाव नहीं पड़ता है, हम बैटरी और गैल्वेनोमीटर का आदान-प्रदान करते हैं।

संतुलित स्थिति $\dfrac{P}{Q} = \dfrac{R}{S}$, जब बैटरी और गैल्वेनोमीटर का आदान-प्रदान किया जाता है, तो यह बन जाता है $\dfrac{P}{R} = \dfrac{Q}{S}$

अतः विकल्प (B) सही है।

45. माना प्राथमिक वलय की त्रिज्या r और मोटाई dr जिसमें धारा I बह रही है।

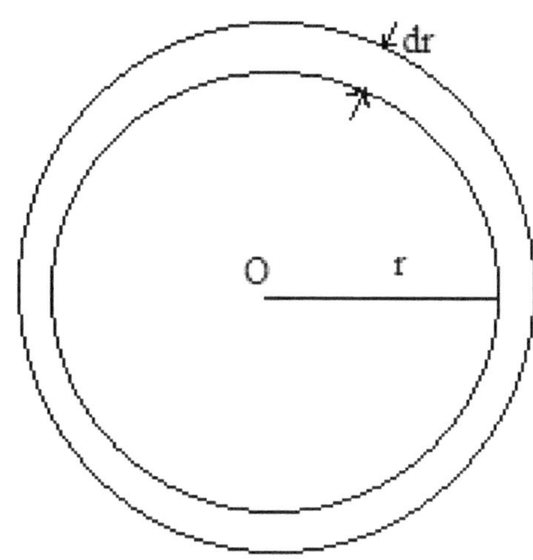

इस प्राथमिक वलय में घुमावों की संख्या $dN = \dfrac{N}{b-a}dr$

हम जानते हैं कि एक वलय के केंद्र में चुंबकीय क्षेत्र द्वारा दिया जाता है:

$$B = \frac{\mu_0 NI}{2r}$$

जहाँ,

μ_0 मुक्त स्थान की पारगम्यता है।

N पदों की संख्या है।

L धारा बह रही है।

r वलय की त्रिज्या है।

इस प्रकार इस वलय के कारण केंद्र O पर चुंबकीय क्षेत्र: $dB = \dfrac{\mu_0 dNI}{2r}$,

dN का मान रखते हैं, हमें मिला:

$$dB = \frac{\mu_0 NIdr}{2(b-a)r}$$

कुंडली के केंद्र में शुद्ध चुंबकीय क्षेत्र प्राप्त करने के लिए, हम उपरोक्त समीकरण को 'a' से 'b' तक एकीकृत करेंगे।

$$\int_0^B dB = \int_a^b \frac{\mu_0 NIdr}{2(b-a)r} = \frac{\mu_0 NI}{2(b-a)}\int_a^b \frac{dr}{r} = \frac{\mu_0 NI}{2(b-a)}\big[\ln r\big]_a^b$$

$$\Rightarrow B = \frac{\mu_0 NI}{2(b-a)}\ln\frac{b}{a}$$

इसलिए, आवश्यक चुंबकीय क्षेत्र है,

$$\Rightarrow B = \frac{\mu_0 NI}{2(b-a)}\ln\frac{b}{a}$$

अतः विकल्प (A) सही है।

46. चुम्बकीय क्षेत्र की विशेष तीव्रता जिस पर चुम्बक को विखंडित किया जाता है उसे चुम्बक की सहक्रियाशीलता कहा जाता है।

चुंबक की निग्राहिता $H = \dfrac{B}{\mu_0}$ के रूप में लिखी जा सकती है।

एक परिनालिका के लिए, चुंबकीय क्षेत्र होगा,

$$B = \mu_0 nI$$

जहाँ B चुंबकीय क्षेत्र है, n प्रति यूनिट लंबाई में फेरों की संख्या है, μ_0 मुक्त स्थान की पारगम्यता है, और I प्रत्येक फेरों के माध्यम से धारा होती है,

$$\therefore \frac{B}{\mu_0} = H = nI$$

छोटे चुम्बक की सहक्रियाशीलता द्वारा दी जाती है,

$$H = 3 \times 10^3\,Am^{-1}$$

परिनालिका की लंबाई द्वारा दी जाती है,

$$L = 10\,cm = 0.1\,m$$

परिनालिका के फेरों की संख्या द्वारा दी गई है,

$$N = 100$$

प्रति यूनिट लंबाई में फेरों की संख्या निम्नानुसार लिखी जा सकती है,

$$n = \frac{100}{0.1}$$

इससे हमें मिलता हैं,

$$I = \frac{H}{n}$$

यह दिया गया है कि, $H = 3 \times 10^3\,Am^{-1}$ और $n = \dfrac{100}{0.1}$

उपरोक्त समीकरण में मानों को प्रतिस्थापित करते हुए, हम प्राप्त करते हैं,

$$I = \frac{3\times 10^3}{\frac{100}{0.1}} = \frac{300}{100} = 3A$$

इसलिए आवश्यक है कि लंबाई के एक परिनालिका में पारित किया जाए तो $10\,cm$ और 100 की संख्या बदल जाती है, चूँकि परिनालिका के अंदर होने पर चुंबक $3A$ विघटित हो जाए।

अतः विकल्प (C) सही है।

47. दिया है:

m = इलेक्ट्रॉन का द्रव्यमान, q = e (इलेक्ट्रॉन पर आवेश), r = त्रिज्या, v = गति, और B = चुंबकीय क्षेत्र

जब आवेशित कण का वेग, चुंबकीय क्षेत्र के लंबवत है, तो यह एक वृत का निर्माण करता है और वृत की त्रिज्या इस प्रकार है:

$$r = \frac{mv}{qB} \quad \text{......(1)}$$

$$r = \frac{mv}{eB}$$

$$\Rightarrow \frac{e}{m} = \frac{v}{rB}$$

अत: विकल्प (C) सही है।

48. हम जानते हैं कि बार चुंबक की भूमध्य रेखा पर दूरी r पर चुंबकीय क्षेत्र की तीव्रता इस प्रकार है,

$$B = \frac{\mu_0}{4\pi} \frac{m \times 2l}{(r^2+l^2)^{\frac{3}{2}}} \quad \text{.....(1)}$$

जहाँ, μ = पारगम्यता, m = ध्रुव सामर्थ्य, और $2l$ = चुंबक की लंबाई

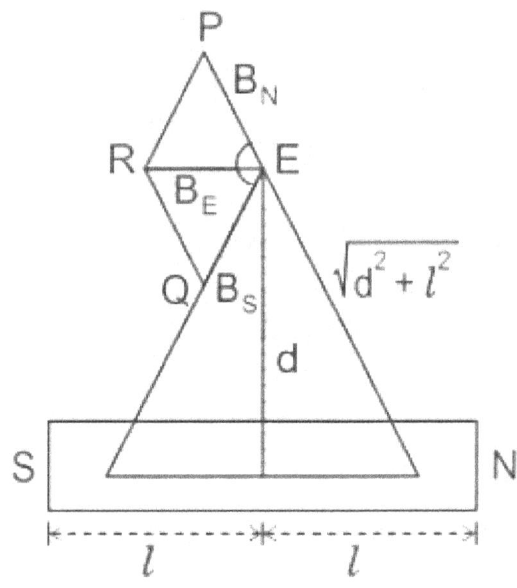

जब चुंबक अपनी चौड़ाई को दो बराबर भागों में काटता है तो इसका ध्रुव सामर्थ्य आधा हो जाता है।

तो प्रत्येक भाग का सामर्थ्य होगा,

$$m' = \frac{m}{2} \quad \text{.....(2)}$$

तो चुंबक बार किसी भी भाग की भूमध्य रेखा पर दूरी r पर चुंबकीय क्षेत्र की तीव्रता निम्नानुसार है,

$$B' = \frac{\mu_0}{4\pi} \frac{m' \times 2l}{(r^2+l^2)^{\frac{3}{2}}}$$

$$= \frac{\mu_0}{4\pi} \frac{m \times 2l}{2(r^2+l^2)^{\frac{3}{2}}}$$

$$= \frac{1}{2} \times \frac{\mu_0}{4\pi} \frac{m \times 2l}{(r^2+l^2)^{\frac{3}{2}}}$$

$$= \frac{B}{2}$$

अत: विकल्प (A) सही है।

49. दिया गया है:

प्रोटॉन के बीम का वेग $= 4 \times 10^5 \, ms^{-1}$

प्रोटॉन का द्रव्यमान $= 1.67 \times 10^{-27} \, kg$

चुंबकीय क्षेत्र का कोण $= 60°$

जैसा कि हम जानते हैं,

जब एक आवेशित कण को चुंबकीय क्षेत्र के कोण θ पर प्रक्षेपित किया जाता है, तो क्षेत्र के समानांतर वेग का घटक $v\cos\theta$ होता है जबकि क्षेत्र $v\sin$ थीटा के लंबवत होता है, इसलिए कण त्रिज्या के एक वृत में घूमेगा

$$r = \frac{m(v\sin\theta)}{qB}$$

$$= \frac{(1.67 \times 10^{-27}) \times (4 \times 10^5 \times \sin 60°)}{1.6 \times 10^{-19} \times 0.3}$$

$$= \frac{(1.67 \times 10^{-27}) \times \left(4 \times 10^5 \times \frac{\sqrt{3}}{2}\right)}{1.6 \times 10^{-19} \times 0.3}$$

$$= \frac{2 \times 10^{-2}}{\sqrt{3}}$$

समय अवधि: $T = \frac{2\pi r}{v\sin\theta}$

$$= \frac{2\pi \times \frac{2 \times 10^{-2}}{\sqrt{3}}}{4 \times 10^5 \times \sin 60^0}$$

$$= \frac{2\pi \times \frac{2 \times 10^{-2}}{\sqrt{3}}}{4 \times 10^5 \times \frac{\sqrt{3}}{2}}$$

$$= \frac{2\pi}{3} \times 10^{-7}$$

तारत्व: $P = v\cos\theta T$

$$= (4 \times 10^5) \times \cos 60^0 \times \frac{2\pi}{3} \times 10^{-7}$$

$$= \frac{4\pi}{3} \times 10^{-2}$$

$$= 4.35 \times 10^{-2} \, m$$

$$= 4 \, cm$$

अत: विकल्प (C) सही है।

50. दिया गया है,

धारणशीलता $(\gamma_m) = 599$

जैसा कि हम जानते हैं,

$$(\mu_r) = 1 + (\gamma_m)$$

इसलिए, $\mu_r = 599 + 1 = 600$

अब,

छड़ के पदार्थ की पारगम्यता है $(\mu) = \mu_0 \mu_r$

$$\mu = 600 \times 4\pi \times 10^{-7}$$

$$= 2.4\pi \times 10^{-4} TmA^{-1}$$

अतः विकल्प (A) सही है।

51. दिया गया है,

पृथ्वी के किसी स्थान पर, पृथ्वी के चुंबकीय क्षेत्र का ऊर्ध्वाधर घटक उसके क्षैतिज घटक का $\sqrt{3}$ गुना है।

पृथ्वी के चुंबकीय क्षेत्र के ऊर्ध्वाधर घटक के रूप में,

$$B_V = \sqrt{3}\, B_H$$

किसी भी स्थान पर आप्लावन का कोण इस प्रकार दिया जाता है,

$$\tan\delta = \frac{B_V}{B_H}$$

$$\tan\delta = \frac{\sqrt{3}\, B_H}{B_H} = \sqrt{3}$$

$$\Rightarrow \delta = \tan^{-1}(\sqrt{3}) = 60°$$

अतः विकल्प (A) सही है।

52. फैराडे के नियम के संबंध में "चुंबकीय अभिवाह में परिवर्तन से वोल्टेज प्रेरित हो सकता है।

तार के चुंबकीय अभिवाह में कोई भी परिवर्तन कुण्डल में वोल्टेज (प्रेरित emf) को "प्रेरित" करने का कारण बनेगा। यह परिवर्तन चुंबकीय क्षेत्र सामर्थ को बदलकर, कुंडल को चुंबकीय क्षेत्र में या उससे बाहर ले जाकर, चुंबक को कुंडली की ओर या उससे दूर ले जाकर, चुंबक के सापेक्ष कुंडल को घुमाकर, आदि से उत्पन्न किया जा सकता है।

अतः विकल्प (A) सही है।

53. दिया गया,

$$\phi = 12t^2 + 10t + 6 \text{ and } t = 4 \text{ सेकंड}$$

अब,

एक कुंडली के साथ जुड़ा चुंबकीय अभिवाह इस प्रकार है:

$$\phi = 12t^2 + 10t + 6$$

$$\Rightarrow \frac{d\phi}{dt} = \frac{d}{dt}(12t^2 + 10t + 6)$$

$$\Rightarrow \frac{d\phi}{dt} = 24t + 10$$

तो प्रेरित emf इस प्रकार है:

$$e = \frac{d\phi}{dt}$$

$$\Rightarrow e = 24t + 10$$

अब,

$t = 4\text{sec}$ सेकंड पर प्रेरित emf

$$e = 24 \times 4 + 10$$

$$\Rightarrow e = 106\, V$$

अतः विकल्प (A) सही है।

54. एक कुंडल और एक चुंबक को एक ही दिशा में और समान गति के साथ स्थानांतरित किया जाता है। फिर कुंडल में विद्युत धारा प्रेरित नहीं होगी।

जब एक बार चुंबक कुंडली की ओर धकेला जाता है तो कुंडली का चुंबकीय क्षेत्र बढ़ जाता है, इसलिए कुंडली में प्रेरित धारा / प्रेरित e.m.f. उत्पन्न होता है। इसलिए

गैल्वेनोमीटर दाहिनी तरफ विचलन दर्शाता है। जब बार चुंबक कुंडली से दूर ले जाया जाता है, तो कुंडली का चुंबकीय क्षेत्र घट जाता है, इसलिए कुंडली में प्रेरित धारा / प्रेरित e.m.f. उत्पन्न होता है। इसलिए गैल्वेनोमीटर बाईं तरफ विचलन दर्शाता है। जब बार चुंबक कुंडली के अंदर स्थिर रखा जाता है तो चुंबकीय क्षेत्र में कोई परिवर्तन नहीं होता है, इसलिए कोई प्रेरित धारा उत्पन्न नहीं होती है। इस स्थिति में गैल्वेनोमीटर किसी भी प्रकार का विचलन नहीं दर्शाता है। जब कुंडल और चुंबक एक ही दिशा में और समान गति से चले जाते हैं, तो कुंडल के पार चुंबकीय क्षेत्र में कोई परिवर्तन नहीं होता है और इसलिए कोई प्रेरित धारा नहीं होती है।

अतः विकल्प (D) सही है।

55. दिया गया:

विद्युत क्षेत्र में परिवर्तन, $\frac{dE}{dt} = 5 \times 10^{12} Vm^{-1}\, s^{-1}$,

प्लेट की भुजा $(i) = 2\, cm = 2 \times 10^{-2}\, m$,

और $\epsilon_0 = 8.85 \times 10^{-12} C^2\, N^{-1}\, m^{-2}$

प्लेट का क्षेत्रफल है:

वर्ग का क्षेत्रफल $= (\text{side})^2$

$$A = 2 \times 10^{-2} \times 2 \times 10^{-2} = 4 \times 10^{-4}\, m$$

हम जानते हैं कि विस्थापन धारा इस प्रकार दी गई है:

$$I_d = \epsilon_0 A \times \frac{dE}{dt}$$

दिए गए सभी मानों को उपरोक्त सूत्र में रखें:

$$I_d = 8.85 \times 10^{-12} \times 4 \times 10^{-4} \times 5 \times 10^{12}$$

$$= 177 \times 10^{-4} A$$

$$= 17.7\, mA$$

अतः विकल्प (B) सही है।

56. दिया गया:

पहले कुंडल का स्व-प्रेरण $(L_1) = 108 mH$,

दोनों कुंडलियों की त्रिज्या समान है अर्थात, $r_1 = r_2 = r$,

पहले कुंडल के घुमावों की संख्या $(N_1) = 200$, और

दूसरे कुंडल के घुमावों की संख्या $(N_2) = 500$

पहले कुंडल के लिए स्व-प्रेरण है:

$$L_1 = \frac{\mu_0 N_1^2 \pi r^2}{2} \quad \cdots (1)$$

दूसरे कुंडल के लिए स्व-प्रेरण है:

$$L_2 = \frac{\mu_0 N_2^2 \pi r^2}{2} \quad \cdots (2)$$

समीकरण (1) और (2) को विभाजित करने पर, हम प्राप्त करते हैं:

$$\frac{L_2}{L_1} = \left(\frac{N_2}{N_1}\right)^2$$

$$L_2 = L_1 \left(\frac{N_2}{N_1}\right)^2$$

$$= 108 \times \left(\frac{500}{200}\right)^2$$

$= 108 \times 6.25$

$= 675 mH$

अतः विकल्प (C) सही है।

57. रेडियो तरंग में अधिकतम तरंग दैर्घ्य होता है।

विद्युत चुम्बकीय तरंगें या EM तरंगें:

- वे तरंगें जो विद्युत क्षेत्र और चुंबकीय क्षेत्र के बीच कंपन के परिणामस्वरूप बनती हैं और वे एक दूसरे के लंबवत होती हैं और तरंग की दिशा में होती हैं, विद्युत चुम्बकीय तरंग कहलाती हैं।
- त्वरित आवेशित कण एक विद्युत चुम्बकीय (EM) तरंग उत्पन्न करता है।
- एक आवेशित कण एक संतुलन स्थिति के अनुरूप दोलन करता है एक त्वरित आवेशित कण है।
- विद्युत चुम्बकीय तरंगों को एक स्थान से दूसरे स्थान तक प्रसार करने के लिए किसी पदार्थ की आवश्यकता नहीं होती है क्योंकि इसमें फोटॉन होते हैं। वे निर्वात में गति कर सकते हैं।
- विद्युत चुम्बकीय वर्णक्रम तरंग दैर्घ्य के बढ़ते क्रम में विद्युत चुम्बकीय तरंगों की व्यवस्था है।

अतः विकल्प (C) सही है।

58. वायु के लिए प्रकाश का अपवर्तनांक 1 के बहुत करीब होता है।

- प्रकाश ऊर्जा का एक रूप है जो विद्युत चुम्बकीय तरंग का एक उदाहरण है।
- तरंगदैर्घ्य: दो क्रमागत शिखरों या गर्तों के बीच की दूरी को तरंग की तरंगदैर्घ्य कहते हैं।
- अपवर्तनांक: वायु में प्रकाश के वेग और माध्यम में प्रकाश के वेग के अनुपात को उस माध्यम का अपवर्तनांक कहते हैं।
- सफेद प्रकाश में सात घटक रंग होते हैं: बैंगनी (V), इंडिगो (I), नीला (B), हरा (G), पीला (Y), नारंगी (O), लाल (R)।
- निम्नतम से उच्चतम क्रम में रंगीन प्रकाश की तरंगदैर्घ्य को संक्षिप्त नाम VIBGYOR (V के रूप में दिया गया है:
- दृश्य प्रकाश की तरंग दैर्घ्य परिसर 400 से 700 नैनोमीटर है।

अतः विकल्प (C) सही है।

59. दूरी d द्वारा अलग किए गए दो लेंसों की समतुल्य फोकल लंबाई (F) द्वारा दी गई है

$$\frac{1}{F} = \frac{1}{f_1} + \frac{1}{f_2} - \frac{d}{f_1 f_2}$$
$$= \frac{1}{0.2} + \frac{1}{0.2} - \frac{0.5}{(0.2)(0.2)}$$
$$= 5 + 5 - 0.5 \times 5 \times 5$$
$$= 10 - 12.5$$
$$= -2.5$$
$$\therefore F = -\frac{1}{2.5} = -0.4 \text{ m}$$

अतः विकल्प (A) सही है।

60. स्लिट के दो किनारों से आने वाली किरणों के लिए पथ का अंतर है

$\Delta = a\sin\theta,\ a =$ स्लिट चौड़ाई

पहले न्यूनतम के लिए, $\alpha = \pi$

जहाँ $\alpha = \frac{\pi a}{\lambda} \sin\theta = \pi$

या $a\sin\theta = \lambda$

चरण अंतर $= \frac{2\pi}{\lambda} \Delta = 2\pi$

Hence, the correct option is (D).

61.

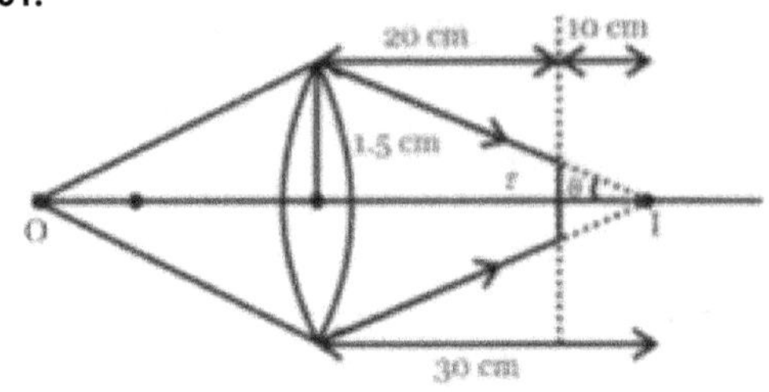

लेंस सूत्र द्वारा,

$$\frac{1}{v} - \frac{1}{u} = \frac{1}{f}$$
$$\Rightarrow \frac{1}{v} - \frac{1}{-15} = \frac{1}{10}$$
$$\Rightarrow \frac{1}{v} = \frac{1}{10} - \frac{1}{15}$$
$$\Rightarrow \frac{1}{v} = \frac{3-2}{30}$$
$$\Rightarrow v = 30\ cm$$

अतः विकल्प (A) सही है।

62. प्रिज़्म का अपवर्तनांक निम्न द्वारा दिया जाता है,

$$\mu = \frac{\sin\left(\frac{A+\delta_m}{2}\right)}{\sin\left(\frac{A}{2}\right)} \quad ...(i)$$

जहां, $A = $ प्रिज़्म कोण

$\delta_m = $ न्यूनतम विचलन कोण

दिया है, $\mu = \cot\left(\frac{A}{2}\right) = \frac{\cos\left(\frac{A}{2}\right)}{\sin\left(\frac{A}{2}\right)}$

इसलिए, समीकरण (i) से, हम प्राप्त करते है

$$\frac{\cos\left(\frac{A}{2}\right)}{\sin\left(\frac{A}{2}\right)} = \frac{\sin\left(\frac{A+\delta_m}{2}\right)}{\sin\left(\frac{A}{2}\right)}$$

$$\Rightarrow \sin\left(\frac{\pi}{2} - \frac{A}{2}\right) = \sin\left(\frac{A}{2} + \frac{\delta_m}{2}\right)$$

$$\Rightarrow \quad \delta_m = \pi - 2A$$
$$\Rightarrow \quad \delta_m = 180° - 2A$$

अतः विकल्प (D) सही है।

63. इस चित्र में Q और P एक ही कला में हैं। इसलिए P पर किरण BP और परिवर्तित किरण OP के बीच का पथान्तर है।

हम कह सकते हैं, QO और OP के कोण समान हैं।

POR त्रिभुज में, $OP = \frac{PR}{cos\theta} = \frac{d}{cos\theta}$

QOP त्रिभुज में, $QO = OP\sin(90° - 2\theta) = OP\cos2\theta$

$\Delta = OP\cos2\theta + OP$

$$= OP(\cos 2\theta + 1)$$
$$= 2OP\cos^2\theta$$
$$= 2 \times \frac{d}{\cos\theta} \times \cos^2\theta$$
$$= 2d\cos\theta$$

अब, पथान्तर $\frac{\lambda}{2}$

बिंदु P पर प्रतिबिंब के कारण

$$\Delta = \frac{\lambda}{2}, \frac{3\lambda}{2} \ldots \ldots \ldots \ldots$$
$$2d\cos\theta = \frac{\lambda}{2}, \frac{3\lambda}{2} \ldots \ldots \ldots$$
$$\cos\theta = \frac{\lambda}{4d}, \frac{3\lambda}{4d} \ldots \ldots \ldots$$

अतः विकल्प (B) सही है।

64. अनुप्रस्थ तरंग की गति v तनाव के वर्गमूल के अनुक्रमानुपाती होती है और इसे इस प्रकार लिखा जाता है;

$$v \propto \sqrt{T}$$

यहाँ, v गति है और T तनाव है।

डोर (स्ट्रिंग) का प्रारंभिक तनाव इस प्रकार लिखा जाता है;

$$v_1 \propto \sqrt{T} \cdots\cdots (1)$$

जब डोरी को खींचा जाता है, तो प्रारंभिक तनाव दोगुना हो जाता है।

$$v_2 \propto \sqrt{2T} \cdots\cdots (2)$$

अब, समीकरण (1) को समीकरण (2) से भाग देने पर हमें प्राप्त होता है;

$$\frac{v_1}{v_2} = \frac{1}{\sqrt{2}}$$

अतः विकल्प (A) सही है।

65. इसमें हम यंग का द्वि-झिरी प्रयोग करेंगे:

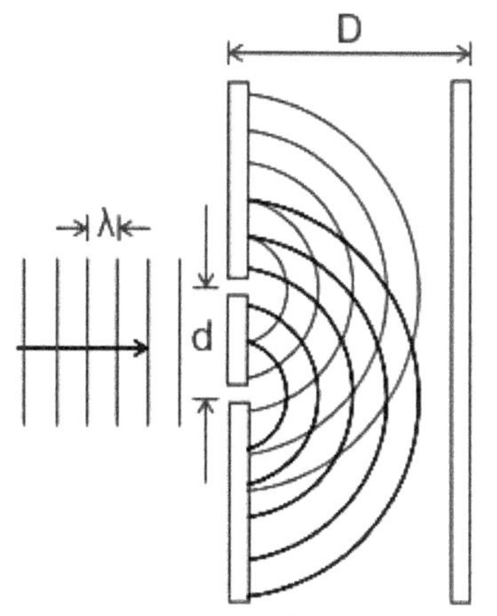

λ = बीम की तरंग दैर्ध्य,

D = झिरी और ऑप्टिक स्क्रीन के बीच अंतर,

n = फ्रिंजों की संख्या

पथ अंतर $= n\lambda \quad \cdots (1)$

समीकरण (1) से हमें ज्ञात हैं कि जब हम एक ही पथ में विभिन्न तरंग दैर्ध्य के फ्रिंजों का उपयोग करते हैं तो पथ अंतर समान रहेगा अर्थात।

$$\Rightarrow n_1\lambda_1 = n_2\lambda_2 \quad \cdots (2)$$

छात्र द्वारा प्राप्त फ्रिंज की संख्या $(n_1) = 8$

छात्र द्वारा प्रयुक्त बीम की तरंग दैर्ध्य $(\lambda_1) = 600 \, nm$

बीम की परिवर्तित तरंग दैर्ध्य $(\lambda_2) = 400 \, nm$

प्राप्त फ्रिंजों की संख्या $(n_2) = ?$

समीकरण (2) से हम प्राप्त करते हैं:

$$n_1\lambda_1 = n_2\lambda_2$$
$$\Rightarrow 8 \times 600 = n_2 \times 400$$
$$n_2 = 12$$

$400 \, nm$ की तरंग दैर्ध्य के लिए हमें 12 फ्रिंज मिलेंगी।

अतः विकल्प (B) सही है।

66. ट्रांसमीटर की शक्ति,

$$P = 10 kW$$
$$= 10 \times 10^3 W$$

ट्रांसमीटर की आवृत्ति,

$$v = 880 kHz$$
$$= 880 \times 10^3 Hz$$

प्रति सेकंड उत्सर्जित फोटॉनों की संख्या,

$$N = \frac{P}{hv} = \frac{10 \times 10^3}{6.6 \times 10^{-34} \times 880 \times 10^3}$$

$N = 1.71 \times 10^{31}$ फोटॉन प्रति सेकंड उत्सर्जित होते हैं।

अत: विकल्प (A) सही है।

67. दिया गया है,

$$\lambda_1 = 3\lambda_2$$

आइंस्टीन फोटोइलेक्ट्रिक समीकरण के अनुसार

$$\frac{hc}{\lambda} = \phi_0 + KE_{\max}$$

$$\therefore K_1 = \frac{hc}{\lambda_1} - \phi_0 \text{ और } K_2 = \frac{hc}{\lambda_2} - \phi_0$$

या

$$K_1 - K_2 = hc\left[\frac{1}{\lambda_1} - \frac{1}{\lambda_2}\right]$$
$$= hc\left[\frac{1}{3\lambda_2} - \frac{1}{\lambda_2}\right] = -\frac{2hc}{3\lambda_2}$$
$$\Rightarrow K_1 - K_2 = -\frac{2}{3}(K_2 + \phi_0)$$

$K_1 = K_2 - \frac{2}{3}\phi_0 = \frac{K_2}{3} - \frac{2}{3}\phi_0$ या $K_1 < \frac{K_2}{3}$

$\Rightarrow K_1 = 3K_2$

अत: विकल्प (C) सही है।

68. दिया गया है,

किसी पदार्थ का कार्य $= 4.0 eV$

धात्विक सतह से इलेक्ट्रॉनों को बाहर निकालने के लिए आवश्यक आपतित विकिरणों की न्यूनतम ऊर्जा को उस सतह के कार्य फलन के रूप में परिभाषित किया जाता है।

$$W_0 = hv_0 = \frac{hc}{\lambda_0}$$

जहां $\lambda_0 = $ प्रारंभिक तरंगदैर्ध्य

इलेक्ट्रॉन वोल्ट में किया कार्य $= W_0(eV)$

$$W_0 = \frac{12400}{\lambda_0} eV$$

$$4.0 = \frac{12400}{\lambda_0}$$

$$\lambda_0 = 310 nm$$

अत: विकल्प (C) सही है।

69. दिया गया है,

$\lambda = 600 \; nm$

हम जानते हैं कि,

$c = 3 \times 10^8 \; m/s$

$h = 4.1357 \times 10^{-15} eV$

तरंग दैर्ध्य लैम्ब्डा के साथ फोटॉन की ऊर्जा द्वारा दी गई है $E = \frac{hc}{\lambda}$

जहाँ h प्लांक नियतांक है

c प्रकाश की गति है

λ तरंगदैर्ध्य है

मानों को ऊपर दिए गए सूत्र में रखने पर।

$$E = \frac{4.1357 \times 10^{-15} \times 3 \times 10^8}{600 \times 10^{-9}}$$

$$= \frac{4.1357 \times 3}{6}$$

$$= 2.06785 eV$$

अत: विकल्प (D) सही है।

70. कण का संवेग $p = \frac{h}{\lambda}$

प्रारंभिक संवेग $p_i = \frac{6.63 \times 10^{-34}}{100 \times 10^{-12}}$

$= 6.63 \times 10^{-24}$ किलोग्राम.मीटर/सेकंड

प्रारंभिक ऊर्जा $E_i = \frac{p_i^2}{2m}$

$$= \frac{(6.63 \times 10^{-24})^2}{2 \times 9.1 \times 10^{-31}}$$

$$= 2.4 \times 10^{-17} J$$

अंतिम संवेग $p_f = \frac{6.63 \times 10^{-34}}{50 \times 10^{-12}}$

$= 13.26 \times 10^{-24}$ किलोग्राम.मीटर/सेकंड

अंतिम ऊर्जा $E_f = \frac{p_f^2}{2m}$

$$= \frac{(13.26 \times 10^{-24})^2}{2 \times 9.1 \times 10^{-31}}$$

$$= 9.7 \times 10^{-17} J$$

इस प्रकार, ऊर्जा $\Delta E = E_f - E_i$

$$= (9.7 - 2.4) \times 10^{-17}$$

$$= 7.3 \times 10^{-17} J$$

$\Rightarrow \Delta E = \frac{7.3 \times 10^{-17}}{1.6 \times 10^{-19}}$ इलेक्ट्रोवोल्ट

$= 450$ इलेक्ट्रोवोल्ट

अतः विकल्प (B) सही है।

71. दिया गया,

लोहे के नाभिक का द्रव्यमान = 55.85 u

लोहे की द्रव्यमान संख्या, A = 56

जहां,

$r_0 = 1.2 \times 10^{-15} \; m$

और A नाभिक की द्रव्यमान संख्या है।

लोहे के नाभिक का मान ज्ञात करने के लिए उपरोक्त समीकरण में दिए गए मानों को रखिए। हम पाते हैं,

$r_0 = 1.2 \times 10^{-15} m$

रदरफोर्ड के संबंध के अनुसार, नाभिक की त्रिज्या सूत्र द्वारा दी जाती है,

$$r' = r_0 \times A^{\frac{1}{3}}$$

$$r' = 1.2 \times 10^{-15} \times (56)^{\frac{1}{3}}$$

$$\Rightarrow r' = 1.2 \times 10^{-15} \times 3.8258$$

$$\Rightarrow r' = 4.59 \times 10^{-15} \; m$$

इसलिए, लोहे के नाभिक का मान $4.59 \times 10^{-15} \; m$ है।

अब लोहे के नाभिक के द्रव्यमान का मान ज्ञात कीजिए। हम जानते हैं कि,

$$1U = 1.67 \times 10^{-27} \; kg$$

इसलिए, लोहे के नाभिक का द्रव्यमान है,

$$= 55.85 \times 1.67 \times 10^{-27} \; kg$$

$$= 9.327 \times 10^{-26} \; kg$$

अंत में, लौह नाभिक के परमाणु घनत्व की गणना करें। घनत्व सूत्र द्वारा दिया जाता है,

$$\rho = \frac{m}{V}$$

जहाँ m द्रव्यमान है और V आयतन है।

मात्रा सूत्र द्वारा दी गई है,

$$V = \frac{4}{3}\pi r^3$$

जहां r नाभिक की त्रिज्या है।

लोहे के नाभिक के घनत्व का मान ज्ञात करने के लिए उपरोक्त समीकरण में मानों को रखिए। हम पाते हैं,

$$\rho = \frac{m}{V}$$

$$\Rightarrow \rho = \frac{m}{\frac{4}{3}\pi (r')^3}$$

$$\Rightarrow \rho = \frac{9.372 \times 10^{-26}}{\frac{4}{3} \times \frac{22}{7} \times (4.59 \times 10^{-15})^3}$$

$$\Rightarrow \rho = 2.3 \times 10^{17} \ kg/m^3$$

लोहे के नाभिक का परमाणु घनत्व $2.29 \times 10^{17} \ kg/m^3$ है।

अत: विकल्प (A) सही है।

72. दिया गया,

$$1 \ amu = 1.66 \times 10^{27} \ kg$$

$$C = \text{प्रकाश की गति} = 3 \times 10^8 \ m/s$$

$$E = mC^2$$

$$= 1.66 \times 10^{27} (3 \times 10^8)^2$$

$$= 1.49 \times 10^{-10} \ \text{J}$$

$$1 \ meV = 1.6 \times 10^{-13} \ \text{J}$$

$$E = \frac{1.49 \times 10^{-10}}{1.6 \times 10^{-13}} = 931.6 \ MeV$$

$$O_8^{16} = \text{द्रव्यमान संख्या} = 16$$

$$16 \ amu \ \text{के लिए ऊर्जा} = 16 \times 931.6$$

$$= 14905.6 \ MeV$$

$$\text{द्रव्यमान क्षति} = \text{ऊर्जा} / C^2$$

$$= 14905.6 \ MeV/C^2$$

अत: विकल्प (A) सही है।

73. प्रकाश की द्वैत प्रकृति के आधार पर, लुई डीब्रोगली ने सुझाव दिया कि द्वैत प्रकृति केवल प्रकाश की नहीं है, बल्कि प्रत्येक गतिमान भौतिक कण में दोहरी प्रकृति होती है। उन्होंने प्रत्येक गतिमान भौतिक कण के साथ एक तरंग को जोड़ा, जिसे पदार्थ तरंग कहा जाता है। इस तरंग की तरंग दैर्ध्य कण की गति से निर्धारित होती है।

यदि, p कण का संवेग है, तो इससे जुड़ी तरंग की तरंगदैर्घ्य है,

$$\lambda = \frac{h}{p}$$

जहाँ, h प्लांक नियतांक है।

चूंकि, यह दिया गया है कि, अल्फा, बीटा और गामा किरणों का संवेग समान होता है, इसलिए, उनकी तरंग दैर्ध्य समान होगी।

अत: विकल्प (D) सही है।

74. हम संबंध जानते हैं $d = \frac{[P \times M]}{RT}$। तो इसका उपयोग करके हम नीचे दिए गए संबंध को अरेखित कर सकते हैं:

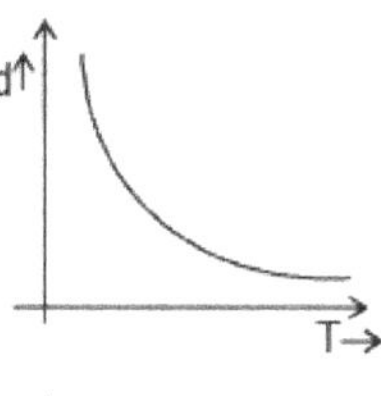

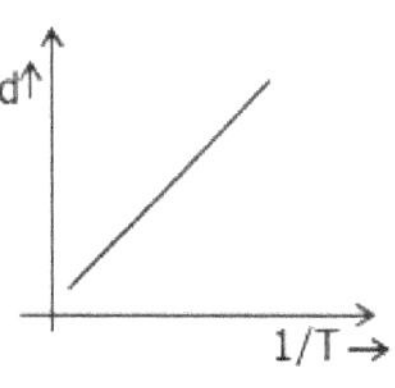

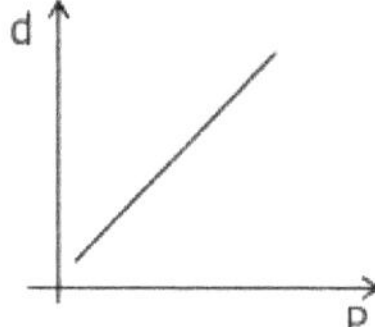

$\therefore$ ग्राफ II गलत है।

अत: विकल्प (B) सही है।

75. निकाय की आंतरिक ऊर्जा उसकी गतिज ऊर्जा का माप है। विभिन्न गैस अणुओं के लिए गतिज ऊर्जा भिन्न होती है। यह एकपरमाणुक गैस के लिए अलग है जबकि द्विपरमाणुक गैस के लिए यह अलग है। गैस की आंतरिक ऊर्जा किसके द्वारा दी जाती है:

$$U = n\frac{f}{2}RT$$

जहाँ $n = $ मोल्स की संख्या

$f = $ स्वतंत्रता की डिग्री

$T = $ तापमान

$R = $ सार्वत्रिक गैस नियतांक

ऑक्सीजन के मोल = 3

आर्गन के मोल = 5 ऑक्सीजन एक द्विपरमाणुक गैस है और द्विपरमाणुक अणु के लिए:

द्विपरमाणुक अणु की स्थानांतरीय गति की स्वतंत्रता की डिग्री $= 3$

घूर्णी गति की स्वतंत्रता की डिग्री $= 2$

स्वतंत्रता की कुल डिग्री $= 5$

$$\Rightarrow U_{\text{oxygen}} = 3\frac{5}{2}RT$$

$\Rightarrow U_{oxygen} = \frac{15}{2}RT$ आर्गन एकपरमाणुक गैस है और एक एकपरमाणुक गैस के लिए:

स्थानान्तरण गति की स्वतंत्रता की डिग्री = 3

घूर्णन गति की स्वतंत्रता की डिग्री = 0

स्वतंत्रता की कुल डिग्री = 3

$\Rightarrow U_{argon} = 5\frac{3}{2}RT$

$\Rightarrow U_{argon} = \frac{15}{2}RT$

आंतरिक ऊर्जा दो आंतरिक ऊर्जाओं का योग होगी।

$\Rightarrow U_{system} = U_{oxygen} + U_{argon}$

$\Rightarrow U_{system} = \frac{15}{2}RT + \frac{15}{2}RT$

$\therefore U_{system} = 15RT$

अत: विकल्प (C) सही है।

76. दिये गए $P-V$ आरेख में,

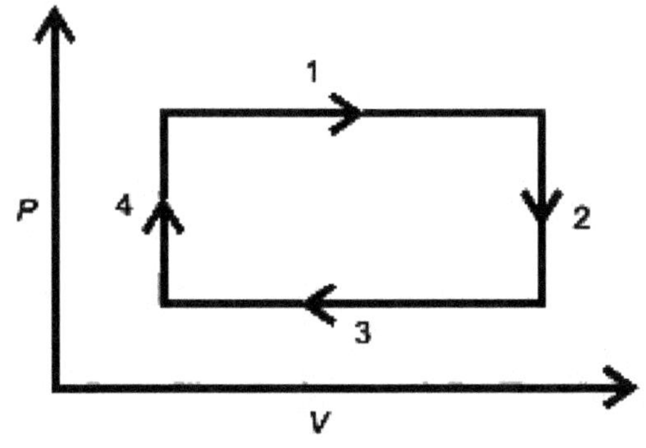

प्रक्रम -1

P = नियत, आयतन बढ़ता है और तापमान भी बढ़ता है

$\Rightarrow W$ = धनात्मक, ΔU = धनात्मक

$\Rightarrow$ ऊष्मा धनात्मक होती है और गैस की आपूर्ति होती है

प्रक्रम -2

V = नियत, दबाव में कमी

$\Rightarrow$ तापमान घटता है

$W = \int pdV = 0$

ΔT ऋणात्मक है और $\Delta U = \frac{f}{2}nR\Delta T$

$\Rightarrow \Delta U$ ऋणात्मक में

$\Delta Q = \Delta U + W$

$\therefore \Delta Q \rightarrow$ ऊष्मा ऋणात्मक होती है और गैस द्वारा अस्वीकृत होती है

प्रक्रम -3

P = नियत, आयतन घटता है

$\Rightarrow$ तापमान भी घटता है

$W = P\Delta V$ = ऋणात्मक

$\Delta U = \frac{f}{2}nR\Delta T$ = ऋणात्मक

$\Delta Q = W + \Delta U$ = ऋणात्मक

ऊष्मा ऋणात्मक होती है और गैस द्वारा अस्वीकृत होती है।

प्रक्रम -4

V = नियत, दबाव बढ़ता है

$W = \int pdV = 0$

$PV = nRT \Rightarrow$ तापमान बढ़ता है

$\Rightarrow \Delta U = \frac{f}{2}nRAT$ धनात्मक है

अत: विकल्प (C) सही है।

77. दिया गया है:

जल का भार $= 4.5\,Kg$

जब अंतर-आणविक बल नष्ट हो जाता है, तो हम जानते हैं कि तरल, तरल वाष्प में बदल जाता है।

जल वाष्प का आणविक भार $= 18g = 18 \times 10^{-3}Kg$

हम जानते हैं कि STP पर एक मोल जल का आयतन $= 22.4$ लीटर $= 22.4 \times 10^{-3}m^3$

$\therefore 4.5Kg$ जल के अणुओं का आयतन निम्न है= (जल का भार)/(जल का आणविक भार) $= \frac{22.4 \times 10^{-3} \times 4.5}{18 \times 10^{-3}} = 5.6m^3$

अतः विकल्प (B) सही है।

78. दिया गया परिपथ एक AND गेट के बराबर है।

$\therefore$

A	B	Y
0	0	0
0	1	0
1	0	0
1	1	1

अतः विकल्प (A) सही है।

79. p-प्रकार के अर्धचालक को त्रिसंयोजक अशुद्धता के साथ एक आंतरिक अर्धचालक को डोपिंग करके प्राप्त किया जाता है।

p का अर्थ धनात्मक है, जिसका अर्थ है कि अर्धचालक छिद्रों या धनात्मक आवेशित आयनों से समृद्ध है। जब हम पेंटावैलेंट अशुद्धियों के साथ आंतरिक सामग्री को डोप करते हैं तो हमें n-टाइप सेमीकंडक्टर मिलता है, जहां n का अर्थ नकारात्मक है।

अतः विकल्प (D) सही है।

80. PQ विभवांतर

यानी, 20Ω के प्रतिरोध विभवांतर जो है

$V = i \times 20$

$i = \frac{48}{100+100+80+20}$

$= 0.16A$

$V = 0.16 \times 20$

$= 3.2V$

अतः विकल्प (D) सही है।

81. यहां हमने AND, और NAND गेट अवधारणाओं की अवधारणा का उपयोग किया है।

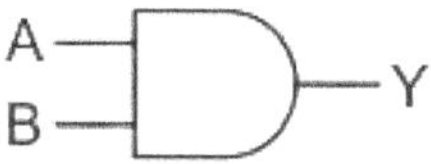

यदि दो इनपुट A, B, And गेट में जुड़े हुए हैं तो आउटपुट को इस प्रकार लिखा जा सकता है: $Y = A.B$ ⋯ (1)

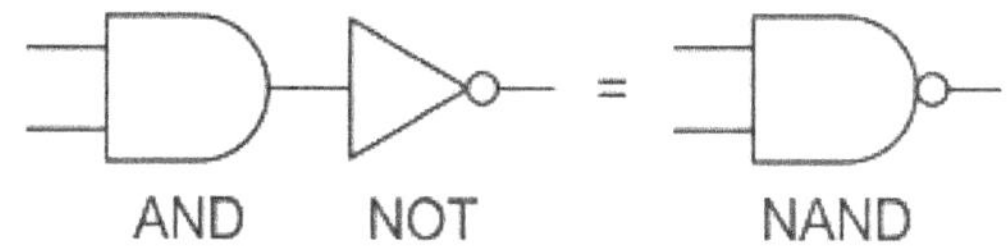

NAND गेट की स्थिति में जब हम दो इनपुट A और b को जोड़ते हैं तो आउटपुट होता है: $Y = A \cdot B$ ⋯ (2)

दिया गया है:

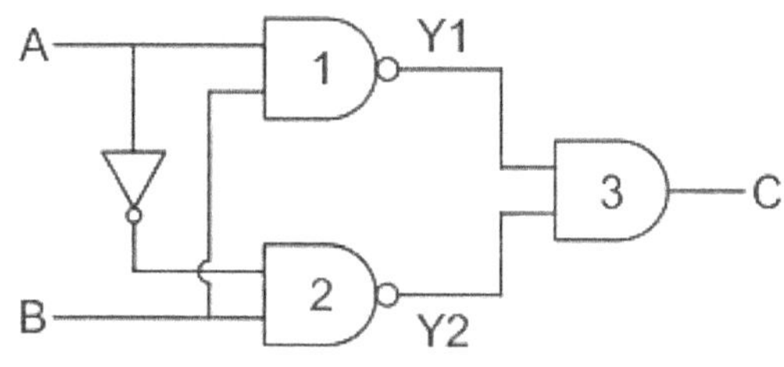

यहाँ इस परिपथ में, हमने इसे $Y1, Y2,$ और C आउटपुट वाले परिपथ के $1, 2, 3$ भाग के रूप में लेबल किया है।

$Y1$ = पहले दो इनपुट NAND गेट का हल,, $Y2$ = दूसरे दो इनपुट NAND गेट का हल

C = तीसरे AND गेट का हल दोनों NAND गेटों को दो इनपुट के रूप में जोड़ना परिपथ आरेख से, हम देख सकते हैं कि $Y1 = A.B$ ⋯ (3)

और $Y2 = \overline{A} \cdot B$ ⋯ (4)

यहाँ आउटपुट $C = Y2 \cdot Y1 = \overline{\overline{A} \cdot B} \cdot \overline{\overline{A} \cdot B} =$

$\overline{A} \cdot B + AB$ (डी मॉर्गन की प्रमेय द्वारा)

इसे इस प्रकार लिखा जा सकता है: $(\overline{A} + A)B = \overline{1} + \overline{B} = \overline{B}$

(जहां $A + \overline{A} = 1$)

तो, हम सत्य तालिका को इस प्रकार लिख सकते हैं $C = \overline{B}$

जब $B = 0$ तब $C = 1, B = 1$ फिर $C = 0$ ताकि हल, A पर पूरी तरह से स्वतंत्र हो।

तो, सत्य तालिका है:

A	B	C
0	0	1
0	1	0
1	0	1
1	1	0

अतः विकल्प (A) सही है।

82. अवधारणा

- यदि कोई तार बल के अधीन है, तो उत्पादित प्रतिबल और उसमें विकृति के कारण लंबाई में वृद्धि या कमी होगी।

- प्रतिबल की गणना बल को अनुप्रस्थ काट क्षेत्रफल (A) द्वारा विभाजित करके ज्ञात की जाती है जिस पर इसे लागू किया जाता है।

- प्रतिबल $= \dfrac{F}{A}$

- विकृति तार की लंबाई में परिवर्तन (x) को तार की वास्तविक लंबाई (L) से विभाजित करके प्राप्त किया जाता है।

- विकृति $= \dfrac{x}{L}$

- प्रत्यास्थता का हुक का नियम यंग मापांक = प्रतिबल / विकृति

$\Rightarrow Y = \dfrac{Fl}{A\Delta l}$

जहां F = लागू बल, A = अनुप्रस्थ-काट का क्षेत्र, l = मूल लंबाई और Δl = लंबाई में परिवर्तन

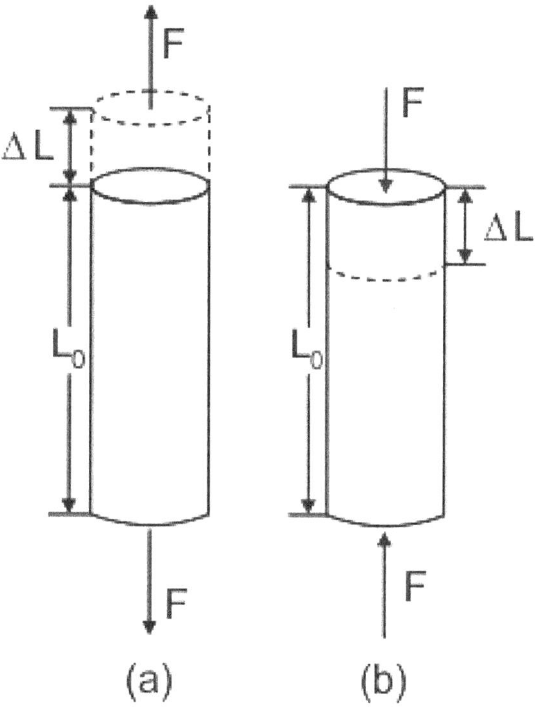

दिया हुआ

क्षेत्र $(A) = 1\ cm^2 = 10^{-4}\ m^2, L_1 = l, L_2 = 2l$

$\Delta l = L_2 - L_1 = l$

जैसा कि हम जानते हैं, यंग मापांक है

$$\Rightarrow Y = \frac{Fl}{A\Delta l}$$

$$\Rightarrow F = \frac{YA\Delta l}{l}$$

$$\Rightarrow F = \frac{2\times10^{11}\times10^{-4}\times l}{l} = 2 \times 10^7 \, N$$

अतः विकल्प (A) सही है।

83. दिया गया है:

दोनों तारों पर बल / लोड (F) समान है

मान लीजिये B का अनुप्रस्थ काट क्षेत्रफल A के अनुप्रस्थ काट क्षेत्रफल समान है

तार A का अनुप्रस्थ काट क्षेत्रफल $(A_1) = 2 \times$ तार B अनुप्रस्थ काट क्षेत्रफल $(A_2) = 2\,A$

तार पर प्रतिबल $A(S) = ($ बल F $) / ($ तारों का क्षेत्रफल$)$ $A(A_1) = \frac{F}{2A}$

तार पर तनाव $B(S') = ($ बल F $) / ($ तारों का क्षेत्रफल$)$ $B(A_2) = \frac{F}{A}$

समीकरण 1 और 2 को विभाजित करने पर, हम प्राप्त करते हैं

$$\Rightarrow \frac{\text{Stress on wire } A(S)}{\text{Stress on wire } B(S')} = \frac{1}{2}$$

$$\Rightarrow \text{तार } B(S') \text{ पर तनाव} = 2 \times \text{तार } A(S) \text{ पर तनाव}$$

अतः विकल्प (B) सही है।

84. गति त्वरित है, या वेग बदल रहा है, जिसका अर्थ है कि गति या दिशा बदल रही है या दोनों बदल रहे हैं।

- एक पिंड एक सरल रेखा में गतिमान है और गति त्वरित है।
- तो, दिशा नहीं बदल रही है और इसलिए गति बदल रही है।
- अब, इस तरह की गति का एक उदाहरण मुक्त पतन हो सकता है, जहां वस्तु को केवल शून्य प्रारंभिक वेग के साथ गिराया जाता है और इसलिए उस पर g द्वारा कार्य किया जाता है, जो पृथ्वी का गुरुत्वीय त्वरण है।
- यह पृथ्वी की ओर गिर रहा है।
- तो, 'यह हमेशा पृथ्वी से दूर जाता है' कथन गलत है।
- साथ ही, यदि त्वरण विद्यमान है, तो वहां असंतुलित बल होगा, इसलिए कथन 'एक बल उस पर कार्य कर रहा है' सही कथन है।,

तो, यहाँ सही विकल्प है 'यह हमेशा पृथ्वी से दूर जाता है'।

अतः विकल्प (C) सही है।

85. अवधारणा:

गति का समीकरण: वे गणितीय समीकरण जिनका उपयोग एक गतिमान निकाय पर कार्यरत बल को ध्यान में रखे बिना अंतिम वेग, विस्थापन, समय आदि को ज्ञात करने के लिए किया जाता है उन्हें गति के समीकरण कहा जाता है।

ये समीकरण तभी मान्य होते हैं जब निकाय का त्वरण नियत होता है और वे सरल रेखा में गतिमान होते हैं।

गति के तीन समीकरण हैं:

$$V = u + at$$

$$V^2 = u^2 + 2aS$$

$$S = ut + \frac{1}{2}at^2$$

जहां $V =$ अंतिम वेग, $u =$ प्रारंभिक वेग, $s =$ गति के अधीन निकाय द्वारा तय दूरी, $a =$ गति के अधीन निकाय का त्वरण और $t =$ गति के अधीन निकाय द्वारा लिया समय

दिया गया है:

प्रारंभिक वेग $(u) = 0$

दूरी $(S) = 20 \, m$

समय $(t) = 4$ सेकंड

$S = ut + \frac{1}{2}at^2$ का प्रयोग कीजिये

$$20 = 0 + \frac{1}{2} \times a \times 4^2$$

$$\text{त्वरण} = a = \frac{20}{8} = 2.5 \, m/s^2$$

अतः विकल्प (B) सही है।

86. बारिश की बूंदें पृष्ठीय तनाव बल के कारण गोलाकार होती हैं।

- एक तरल पदार्थ का गुणधर्म जिसके कारण वह अपनी अलग-अलग परतों के बीच सापेक्ष गति का विरोध करता है उसे श्यानता (या द्रव घर्षण या आंतरिक घर्षण) कहा जाता है इसलिए विकल्प (A) गलत है।
- पृष्ठीय तनाव के कारण एक छोटे तरल बूंद की एक गोलाकार आकृति होती है। तरल की सतह न्यूनतम पृष्ठीय क्षेत्रफल पर कब्जा करने के लिए प्रयास करती है और दिए गए आयतन के लिए गोले का एक न्यूनतम पृष्ठीय क्षेत्रफल होता है। इसलिए विकल्प (C) सही है।

अतः विकल्प (C) सही है।

87. एक तरल वह होता है, जिसे ऐसे पदार्थ के रूप में परिभाषित किया जा सकता है, जो न्यूनतम अपरूपण बल की क्रिया के फलस्वरूप अनिश्चित रूप से विरूपित हो सकता है।

- द्रव या गैसीय अवस्था में पाए जाने वाले पदार्थ को तरल कहा जाता है।
- वे अपरूपण प्रतिबल की क्रिया के तहत लगातार विरुपित होने में सक्षम होते हैं।
- तरल के मामले में, प्रतिबल विकृति दर के समानुपाती होता है।
- अपरूपण (स्पशरिखीय) बलों की क्रिया के तहत तरल प्रवाहित होते हैं। यही है, वे अपरूपण प्रतिबल का विरोध नहीं करते हैं जैसा कि ठोस करते हैं।

अतः विकल्प (B) सही है।

88. समतापीय परिस्थिति में एक आदर्श गैस का समतापीय आयतन प्रत्यास्थता मापांक दबाव के बराबर होता है।

संपीड्यता प्रत्यास्थता के आयतन प्रत्यास्थता मापांक के व्युत्क्रमानुपाती होती है।

संपीड्यता $(p) = \frac{1}{K}$, और $K =$ प्रत्यास्थता का आयतन प्रत्यास्थता मापांक

$K =$ दबाव का बढ़ना/वॉल्यूमेट्रिक स्ट्रेन $\frac{dP}{\frac{-dv}{v}} = \frac{-dP}{dv} \times V$ ....(i)

समतापीय प्रक्रिया के लिए:

$\frac{P}{\rho} =$ स्थिरांक $\Rightarrow P \times V =$ स्थिरांक .... (ii)

समीकरण (ii) का अवकलन करने पर,

$$PdV + Vdp = 0$$

$\Rightarrow PdV = -Vdp$

$\Rightarrow P = \frac{-VdP}{dV}$.......(iii)

समीकरण (i) और (iii) से हमें मिलता है

$K = P$

अतः विकल्प (B) सही है।

89. माना T = द्रव का पृष्ठ तनाव

p = छोटी बूँद के अंदर दाब तीव्रता (बाह्य दाब तीव्रता की अधिकता में)

d = छोटी बूँद का व्यास

r = छोटी बूँद का रेड

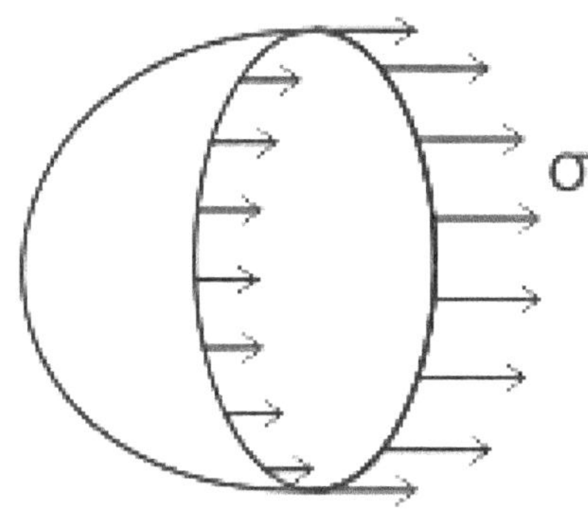

(छोटी बूँद को दो भागों में काटा जाता है)

पृष्ठ तनाव के कारण तनन बल $= T \times \pi d$

क्षेत्र पर दाब बल $\frac{\pi}{4} d^2 = p \times \frac{\pi}{4} \times d^2$

साम्यावस्था परिस्थिती से:

$T \times d = p \times \frac{\pi}{4} \times d^2$

$p = \frac{4T}{d} = \frac{4T}{2r} = \frac{2T}{r}$

याद रखने के लिए महत्वपूर्ण सूत्र:

दाब अंतर (a) खोखले बबल में $= \frac{4T}{r}$

(b) ᴌतरल जेट $= \frac{2T}{d} = \frac{T}{r}$

अतः विकल्प (D) सही है।

90. दिया गया है कि:

त्वरण $(a) = 20 \, m/s^2$

दूरी की यात्रा $(S) = 90 \, m$

प्रारंभिक वेग $(u) = 0$

$90 \, m$ की दूरी तय करने में लगने वाला समय (t) ज्ञात करने के लिए गति का समीकरण बताता है कि:

$S = ut + \frac{1}{2}at^2$

$90 = 0 \times t + \frac{1}{2} \times 20 \times t^2$

$t^2 = 9$

लिया गया समय $(t) = 3 \, s$

अतः विकल्प (B) सही है।

91. त्वरण समय-ग्राफ की ढलान, त्वरण में परिवर्तन समय अंतराल के अनुपात के बराबर है।

ढलान $= \frac{\Delta a}{\Delta t}$ = त्वरण के परिवर्तन की दर = प्रतिक्षेप

अतः विकल्प (D) सही है।

92. सौर सेल एक P-N संधि उपकरण है, जो सौर ऊर्जा को विद्युत ऊर्जा में परिवर्तित करता है।

- सौर सेल, प्रकाश-विद्युत प्रभाव के सिद्धांत पर कार्य करता है। प्रकाश-विद्युत प्रभाव सूर्य के प्रकाश से आयनकारी विकिरण के अवशोषण के कारण विद्युत वाहक बल उत्पन्न करने की प्रक्रिया है।

- सौर सेलों में, विभिन्न प्रकार के अर्धचालक पदार्थों का उपयोग किया जाता है जैसे कि GaAs, CdSe, आदि लेकिन उपयोग किया जाने वाला सबसे आम अर्धचालक पदार्थ सिलिकॉन है।

- लगभग 90% सौर सेल सिलिकॉन से बने होते हैं।

- जब N-प्रकार और P-प्रकार अशुद्धियों वाले अर्धचालक पदार्थ (सिलिकॉन) के दो टुकड़े किसी तरह से जुड़े होते हैं, तो P-N संधि निर्मित होता है।

- सौर सेलों द्वारा प्रकाश ऊर्जा को विद्युत ऊर्जा में परिवर्तित किया जाता है।

अतः विकल्प (C) सही है।

93. पहले भाग के घनत्व के लिए $= \rho_0$ और दूसरे भाग के लिए घनत्व $= 2\rho_0$ डेटा दिया गया है और दोनों भागों के लिए आयतन $= v$ समान है।

पहले भाग का द्रव्यमान $= m_1 = \rho_0 \times v$......(1)

दूसरे भाग का द्रव्यमान $= m_2 = 2\rho_0 \times v \cdots$ (2)

कुल आयतन $= v + v = 2v$......(3)

वस्तु का औसत घनत्व = कुल द्रव्यमान/कुल मात्रा

समीकरण 1, 2 और 3 से,

$\Rightarrow \rho = \frac{\rho_0 \times v + 2\rho_0 \times v}{2v}$

$\Rightarrow \rho = \frac{3}{2}\rho_0$

अतः विकल्प (B) सही है।

94. संकल्पना:

गतिज ऊर्जा सिद्धांत के अनुसार, यदि हम एक गैस के तापमान में वृद्धि करते हैं, तो यह अणु की औसत गतिज ऊर्जा को बढ़ाता है, जिससे अणुओं की गति बढ़ जाएगी।

यह बढ़ी हुई गति से गैस पर बाह्य दाब में वृद्धि होती है।

औसत गतिज ऊर्जा (KE) या गैस के प्रति अणुओं की स्थानांतरण की ऊर्जा (E) निम्न संबंध द्वारा तापमान से संबंधित होती है:

$KE = \frac{3}{2}k_B T$ (एकपरमाणुक गैस की स्वतंत्रता की डिग्री $= 3$)

जहाँ KE = गतिज ऊर्जा, k_B = बोल्ट्जमेन स्थिरांक और T = तापमान.

अणु की औसत ऊर्जा निम्न द्वारा दी जाती है:

$$KE = E = \left(\frac{3}{2}\right) k_B T$$

अतः विकल्प (D) सही है।

95. दिया गया है,

दूरी, $r = 1\, m$

कण q_1 पर न्यूनतम आवेश $= q_2 = ne = 1 \times e = 1.6 \times 10^{-19} C$

अब, $F_E = K \dfrac{q_1 q_2}{r^2}$

$$\Rightarrow F_E = 9 \times 10^9 \times \frac{(1.6 \times 10^{-19})^2}{1^2}$$

$$\Rightarrow F_E = 2.3 \times 10^{-28}\, N$$

अतः विकल्प (A) सही है।

96. प्रतिचुंबकीय पदार्थ चुंबकीय क्षेत्र द्वारा प्रतिकर्षित होते हैं;

- अनुप्रयुक्त चुंबकीय क्षेत्र विपरीत दिशा में उनमें एक प्रेरित चुंबकीय क्षेत्र निर्मित करता है, जिससे प्रतिकर्षी बल उत्पन्न होता है। अतः विकल्प 2 सही है।
- प्रतिचुंबकत्व सभी पदार्थों का एक गुण है, और चुंबकीय क्षेत्र में पदार्थ की प्रतिक्रिया में सदैव कमजोर योगदान देता है।
- पदार्थ, जिमें प्रतिचुंबकीय व्यवहार सबसे प्रबल प्रभाव डालता है, प्रतिचुंबकीय पदार्थ या प्रतिचुंबक कहलाते हैं।
- प्रतिचुंबकीय में जल, लकड़ी, अधिकांश कार्बनिक यौगिक जैसे पेट्रोलियम और कुछ प्लास्टिक शामिल हैं।

अतः विकल्प (B) सही है।

97. यदि प्रणाली पर कोई बाहरी बल आघूर्ण कार्य नहीं करता है तो प्रणाली का प्रारंभिक कोणीय संवेग (L_initial) अंतिम संवेग (L_final) के बराबर होगा।

इसलिए एक संवृत प्रणाली का संवेग संरक्षित रहेगा।

$$\therefore I\omega = \text{नियतांक}$$

$$\Rightarrow I \propto \frac{1}{\omega}$$

अर्थात जड़त्व आघूर्ण कोणीय वेग के विलोम आनुपातिक है।

इसलिए यदि एक घूर्णन पिंड का जड़त्व आघूर्ण बढ़ जाता है तो कोणीय वेग कम हो जाता है।

अतः विकल्प (B) सही है।

98. दिया है कि
$$V_2 = 3V_1;\ P_2 = \frac{P_1}{2};\ T_1 = 27^\circ C = 273 + 27 = 300K;$$
$$T_2 = ?$$

आदर्श गैस समीकरण

$$PV = nRT$$

$$\mathbf{n} = \frac{PV}{RT}$$

पूरी प्रक्रिया के दौरान मोल्स की संख्या नहीं बदलेगी। इसलिए,

$$n1 = n2$$

$$\frac{P_1 V_1}{RT_1} = \frac{P_2 V_2}{RT_2}$$

$$\frac{P_1 V_1}{300R} = \frac{\left(\frac{P_1}{2}\right)(3V_1)}{RT_2}$$

$$\frac{1}{300} = \frac{3}{2T_2}$$

$$T2 = 450\, K = 450 - 273 = 177^\circ C$$

अतः विकल्प (D) सही है।

99. दिया गया है:

$$T_1 = 227 + 273 = 500\, K$$

$$T_2 = 127 + 273 = 400\, K$$

इंजन द्वारा अवशोषित ऊष्मा $Q_1 = 6 \times 10^4\, J$ है।

ऊष्मा इंजन की दक्षता इस प्रकार है:

$$\Rightarrow \eta = \frac{W}{Q_1} = 1 - \frac{T_2}{T_1}$$

$$\Rightarrow \frac{W}{6 \times 10^4} = 1 - \frac{400}{500}$$

$$\Rightarrow \frac{W}{6 \times 10^4} = 1 - \frac{4}{5}$$

$$\Rightarrow \frac{W}{6 \times 10^4} = \frac{1}{5}$$

$$\Rightarrow W = \frac{6 \times 10^4}{5} = 1.2 \times 10^4\, J$$

अतः विकल्प (D) सही है।

100. प्रतिचुंबकीय पदार्थ के लिए, ϵ_r में निम्नलिखित सीमाएं होनी चाहिए $0 < \epsilon_r < 1$ और किसी भी पदार्थ के लिए $\epsilon_r > 1$ प्रतिचुंबकीय पदार्थ बाहरी अनुप्रयुक्त चुंबकीय क्षेत्र के विपरीत दिशा में एक प्रेरित चुंबकीय क्षेत्र बनाते हैं और अनुप्रयुक्त चुंबकीय क्षेत्र द्वारा प्रतिकर्षित होते हैं। प्रतिचुंबकीय पदार्थों की चुंबकीय पारगम्यता एकता से थोड़ी कम होती है।

अतः विकल्प (B) सही है।

// टिप्पणियाँ //

// टिप्पणियाँ //

// टिप्पणियाँ //